宗教改革と大航海時代におけるキリスト教共同体

小田 英

文生書院

宗教改革と
大航海時代による
キリスト教共同体

小田 英

文生書院

宗教改革と大航海時代におけるキリスト教共同体

フランシスコ・スアレスの政治思想

小田 英

文生書院

大航海時代：ヨーロッパへ伝えられた新世界のイメージ

先住民インディオの暮らし

埋葬の仕方

インカ帝国の太陽信仰

早稲田大学図書館所蔵

インディオ同士の戦争

戦争で打ち負かした敵を食うインディオ。食人のイメージは、インディオ＝野蛮人という理解の一因となった

早稲田大学図書館所蔵

スペインによる新世界の征服

スペイン人に奴隷化されるよりも自ら死を選ぶインディオ。征服の際、インディオの集団自殺が実際にみられた

強欲なスペイン人の口に、溶かした黄金を注ぎ入れるインディオ。金銀財宝への強欲さで知られたスペイン人への報復

早稲田大学図書館所蔵

征服者フランシスコ・ピサロによるインカ皇帝アタワルバの拿捕（1532年）。33年に処刑。中央にピサロ、アタワルバ、ならびに宣教師バルベルデ。新世界の布教と征服が渾然一体となっていたことは、すぐ後の東アジア布教に影響を与えただけでなく、ヨーロッパでの宗教改革にも理論的影響を与えることになる

Bibliotheque municipale de Lyon, res 23584 (5), planche 7

東アジア布教の展開

最初のキリシタン大名の大村純忠。1563年に受洗（洗礼名バルトロメオ）、1580年に長崎をイエズス会に寄進するなどして、日本布教に大いに貢献した

キリシタン大名の大友宗麟。1578年に受洗（洗礼名フランシスコ）

京都外国語大学付属図書館所蔵

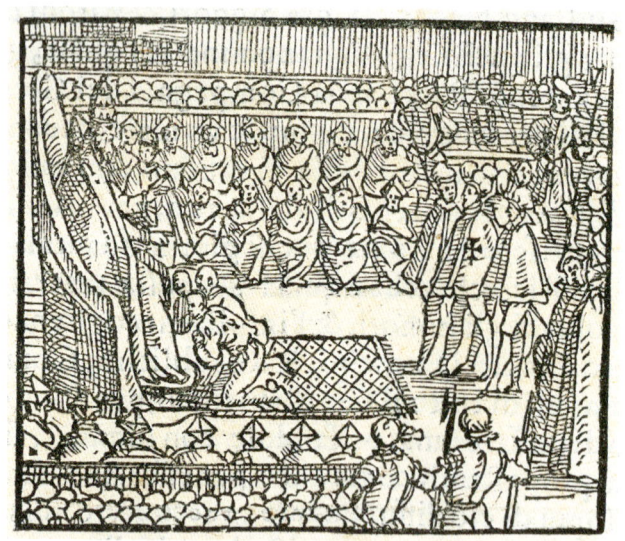

天正遣欧少年使節の教皇謁見(1585年)。グレゴリウス13世の足に少年使節が接吻している

京都外国語大学付属図書館所蔵

明末中国のマテオ・リッチと徐光啓。布教のために、リッチは徐光啓など改宗した知識人の助力で西洋の知識や技術を中国に持ち込んだ

公益財団法人東洋文庫所蔵

坤輿萬國全圖（1602年）。リッチにより、初めて中国で紹介された西洋式の世界地図 坤輿萬國全圖 6巻 日本写本（彩色） 宮城県図書館所蔵

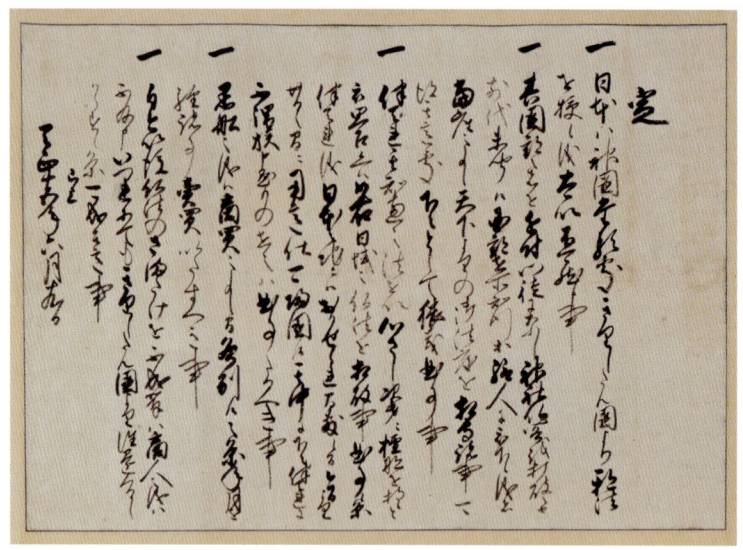

秀吉による伴天連追放令（1587年）。キリスト教のあらゆる宣教師を国外追放処分にする禁教令

松浦史料博物館所蔵

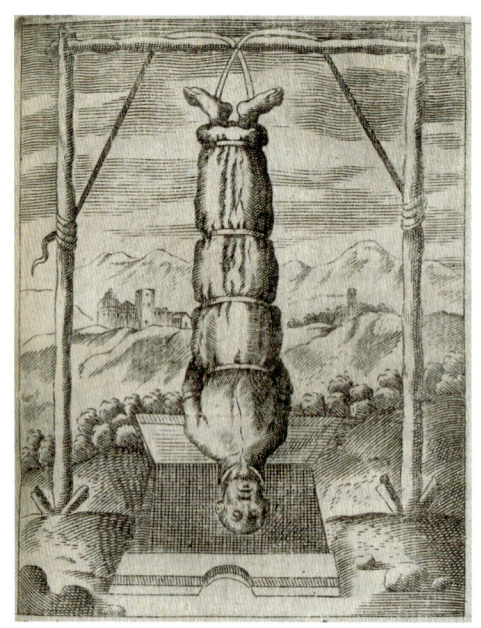

穴吊りされる中浦ジュリアン（1633年）。ジュリアンは天正遣欧少年使節の役目を終えて帰国し、長崎で司祭として活動したが、江戸幕府の迫害下で殉教

京都外国語大学付属図書館所蔵

ヴェネチアの発展

ヴェネチアの象徴。ライオンは使徒マルコのシンボル

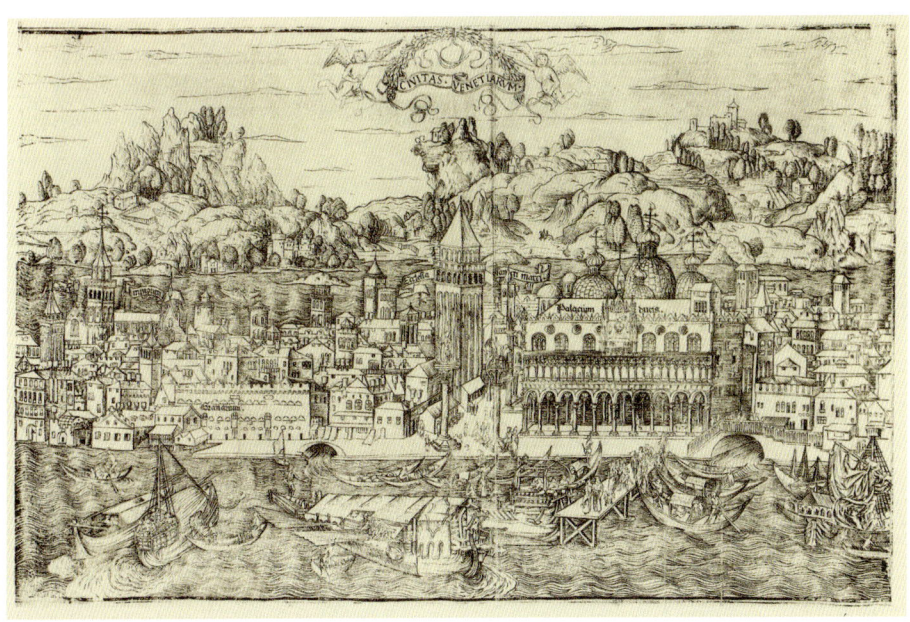

15世紀ヴェネチアの風景

早稲田大学図書館所蔵

宗教改革と対抗宗教改革の展開

イングランドの大聖書（1539年）。上部で、国王ヘンリー8世が大主教クランマーなどに聖書を手渡している

https://archive.org/details/GreatBible1540

トリエント公会議（1545 – 1563年）。対抗宗教改革の絶頂として知られている

©Museo Diocesano Tridentino

カトリックに帰順した女王メアリの治世下、火刑に処されるクランマー(1556年)

東京大学総合図書館所蔵

16世紀後半のフランスの宗教戦争。リーグ視点のもの

Bibliotheque municipale de Lyon, 157723, p. 125

フランス王のアンリ3世（左）と4世（右）。宗教的混乱などにより双方とも暗殺された。
左下は修道士クレマンによるアンリ3世暗殺の場面（1589年）

©BnF

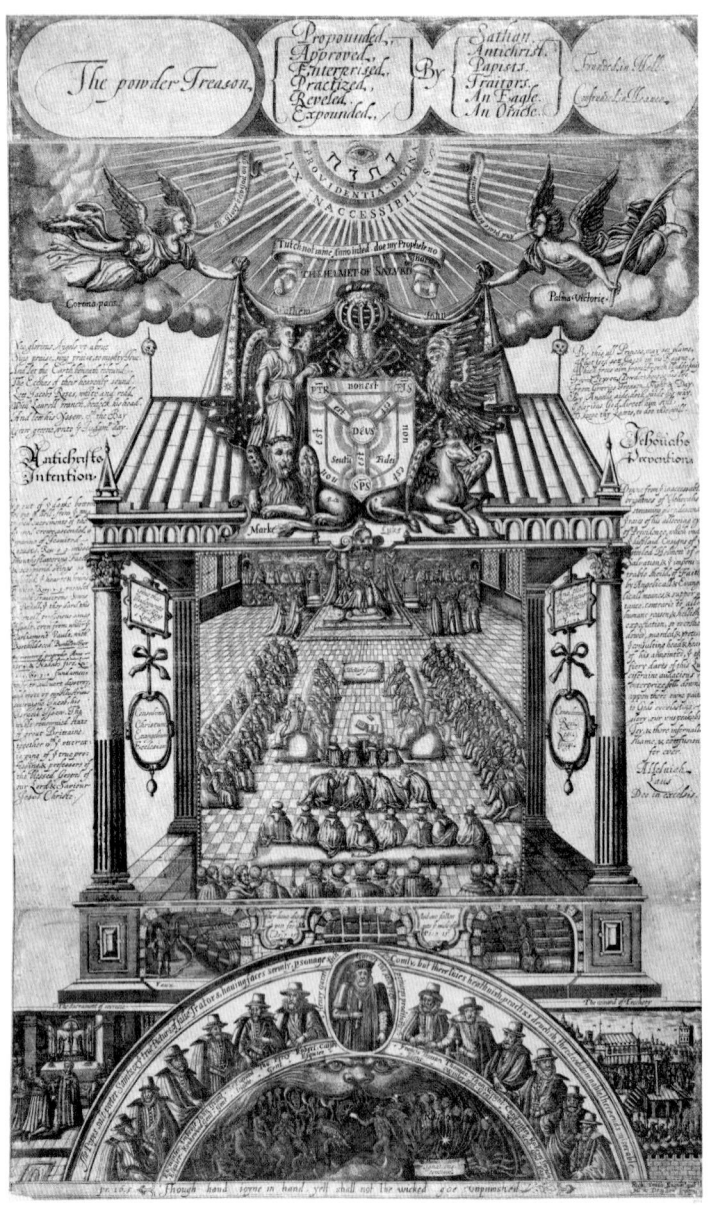

イングランドの火薬陰謀事件（1605年）に関する当時の印刷物。中央で、この一件のためにジェームズ一世の下で開催される貴族院。下部で、13人の容疑者がアーチ状に並べられ、その中心にはイエズス会士のガーネット

© Trustees of the British Museum

宗教改革と大航海時代におけるキリスト教共同体

フランシスコ・スアレスの政治思想

小田 英

文生書院

目次

宗教改革と大航海時代における キリスト教共同体

フランシスコ・スアレスの政治思想

序論 …………………………………………………………………………… 10
  本研究における重要な用語　18
  先行研究の整理　19
  本研究の方法　48
  本研究の構成　51

第一部
大航海時代におけるキリスト教共同体の拡大

  第一部の始まり ……………………………………………………… 54

第一章　中世の両権論とスアレス理論　61
  第一節　中世の両権論 ………………………………………………… 61
  第二節　スアレスの両権論の基本型 ………………………………… 89

第二章　インディアス問題とスアレス
　　　　　── 1580年代におけるスアレスの講義ノート ──　98
  第一節　アレクサンデル6世の贈与大教書から1512年ブルゴス会議まで ……… 100
    贈与大教書「インテル・カエテラ」　100
    パスの意見書　102
    パラシオス・ルビオスの意見書　104
  第二節　ビトリアやソトとその先行者 ……………………………… 108
    カジェタヌスの理論　109
    ソトの30年代における理論　113
    ビトリアの理論　116
  第三節　セプルベダとラスカサス ………………………………… 124
    メイジャーの布教論と自然的奴隷説　126
    セプルベダの理論　128
    ラスカサスの理論　134
  第四節　バリャドリード論争後 …………………………………… 141
    クルソラの理論　141
    ペニャの理論　143
    バニェスの理論　147
  第五節　スアレスの1580年代における理論 ……………………… 149
    法理論　151

政治共同体論　　154
　　　両権論 ── 間接的権力論 ──　　156
　　　正戦論　　157
　　　インディアス問題における征服の根拠 ── 野蛮性 ──　　159
　　　インディアス問題における征服の根拠 ── 異教性 ──　　163
　第二章のまとめと意義 ……………………………………………………………… 173

第三章　東アジア布教とスアレス
　　　── 1594年の書簡から死後出版まで ──　　**176**

　第一節　**16世紀後半から17世紀初頭までの東アジア布教の展開**
　　　　── 日本の場合 ── ……………………………………………………… 179
　第二節　**東アジア布教におけるスアレスの位置付けと影響力** …………………… 182
　　　ヒト ── 宣教師への影響 ──　　182
　　　モノ ── スアレスの著作等の移動 ──　　184
　　　思想 ── 伝播と反発 ──　　186
　第三節　**東アジア布教によるスアレスの布教論の発展 ── チナ事業 ──** ……… 189
　　　1592年の『キリストの生における神秘』　　189
　　　チナ事業の歴史的展開　　192
　　　ドミニコ会による批判 ── サラサールとベナビデス ──　　198
　　　チナ事業とスアレス　　205
　第四節　**東アジア布教によるスアレスの布教論の発展 ── 日本の迫害 ──** …… 210
　　　1601－3年のコインブラ大学における法学講義　　210
　　　1606－8年における神学講義　　214
　　　1606年の海上ミサに関する意見書　　215
　　　1608－9年における『宗教の徳と修道士の地位について』　　217
　　　直接的権力論 ── マルタとソロルサーノ ──　　222
　　　一律型間接的権力論 ── アセンシオンとヴァリニャーノ ──　　227
　　　峻別抑制型の間接的権力論 ── サラス ──　　231
　　　1612年の『法および立法者たる神について』　　233
　　　1613年の『信仰の防衛』　　237
　　　キリシタン時代における日本の迫害
　　　　── 征服隊の一員としての宣教師 ──　　238
　　　日本の言説をスアレスが知るに至った経路　　255
　　　1613－15年における「信仰について」の講義　　265
　第三章のまとめ ……………………………………………………………………… 276
　第一部のまとめと意義 ……………………………………………………………… 279

第二部
宗教改革におけるキリスト教共同体の防衛と再建

第二部の始まり ………………………………………………………… 282

第四章　聖務停止令論争とスアレス
　　　　　―1607年の『ヴェネチアが侵害した聖職者の免除について』― **285**

第一節　聖務停止令の歴史的背景 ……………………………………… 286
第二節　聖務停止令論争の思想的背景と大枠 ………………………… 290
　　　サラマンカ学派第一世代の論者における聖職者の免除論　290
　　　16世紀末のベラルミーノにおける聖職者の免除論　293
　　　16世紀末のベラルミーノにおける間接的権力論　296
　　　聖務停止令論争の大枠　301
第三節　聖務停止令論争の展開 ………………………………………… 306
　　　聖務停止令以前におけるサルピの様々な意見書　306
　　　サルピたち七人のヴェネチアの神学者による『聖務停止令論』　310
　　　サルピによるジェルソンの伊訳論文　311
　　　マルシリオの『或る神学博士の返答』　312
　　　ベラルミーノの『二冊の小冊子に対する反論』　315
　　　ペニャの『キリストの王権論』　320
　　　マルシリオの『ベラルミーノに対するマルシリオの弁護』　323
　　　サルピの『ジェルソンのための弁明』　327
　　　ベラルミーノの『ジェルソンのための弁明に対する反論』　330
　　　ベラルミーノの『マルシリオの弁護に対する反論』　332
　　　サルピの『パウロ5世の教会罰に関する考察』と
　　　ケリーニの『平穏なるヴェネチア共和国の正当性に対する意見書』　334
　　　ガリカニストの参戦　339
　　　レシャシエの『パウロ5世とヴェネチアの論争に関する思索』　341
　　　セルヴァンの『ヴェネチアの国家や国の自由のために』　343
第四節　スアレス ………………………………………………………… 346
　　　1601－3年のコインブラ大学における法学講義　348
　　　1603年と1606年の『教会罰について』　356
　　　1607年の『ヴェネチアが侵害した聖職者の免除について』　359
　　　『ヴェネチアが侵害した聖職者の免除について』の第三巻
　　　　：四つの削除箇所　360
　　　『ヴェネチアが侵害した聖職者の免除について』の第二巻　363

聖職者に対する俗権の逮捕や刑罰について　　363
　　　財産移転法について　　372
　　　教会新設法について　　374
　　　パウロ５世による教会罰の正当性について　　377
　　　パウロ５世の聖務停止令に対するヴェネチアの聖職者の不服従　　378
　第四章のまとめと意義……………………………………………………　382

第五章　忠誠宣誓論争とスアレス
　　　──『信仰の防衛』を中心に──　　387

　第一節　忠誠宣誓論争の歴史的および思想的背景と大枠……………　387
　　　16世紀後半のイングランドとジェームズ　　388
　　　16世紀後半のスコットランドとジェームズ　　389
　　　イングランド王の即位から火薬陰謀事件そして忠誠宣誓論争へ　　395
　　　忠誠宣誓論争の大まかな流れ　　397
　第二節　忠誠宣誓論争の展開……………………………………………　401
　　　忠誠宣誓の内容　　401
　　　ジェームズの『忠誠宣誓の弁明』　　403
　　　ベラルミーノの『マッタエウス・トルトゥスの反論』　　408
　　　パーソンズの『カトリックのイングランド人による見解』　　410
　　　ジェームズの『警告』　　411
　　　バルローの『カトリックのイングランド人に対する応答』　　417
　　　ベラルミーノの
　　　　『ジェームズに対するベラルミーノの反論のための弁明』　　419
　　　アンドリューズの『枢機卿ベラルミーノの弁明に対する反論』　　422
　　　バークリの『教皇権について』　　424
　　　ベラルミーノの『世俗的事柄における教皇権について』　　428
　　　サルピの『君主の権力について』　　432
　　　セルヴァンの『王の役人による建言と具申』　　438
　　　ムーランの『カトリックの信仰の擁護』　　442
　　　リシェの『政治権力と教会権力について』　　446
　　　プレストンの『君主の権利のための弁明』　　449
　　　ペニャの『キリストの王権について』　　453
　第三節　スアレス…………………………………………………………　454
　　　論点に沿った前節のまとめ　　455
　　　スアレスの『信仰の防衛』　　458
　　　火薬陰謀事件や忠誠宣誓　　458

           聖職者の免除　　461
           国教会原理あるいは王の霊的首位性　　470
           間接的権力論　　476
           僭主征伐論　　486

第六章　宗教改革と大航海時代の思想的な影響関係
　　　　── 忠誠宣誓論争の下で ──　　**493**
　第一節　新世界等に関する情報の流通……………………………………　**494**
           ハクルートの「西方植民論」　　496
           忠誠宣誓論争 ── 二つの論点 ──　　500
　第二節　地理的ないし空間的普遍性というカトリック性の基準……………　**501**
           ジェームズと英国教会のカトリック性　　501
           スアレスの『信仰の防衛』　　506
　第三節　異教君主とキリスト教君主に対する教皇権………………………　**509**
           近世という時代とは ── スアレスの視点から ──　　539

結論　　**541**

　本研究の意義（１）── スアレス研究の観点 ──　　541
　本研究の意義（２）── 近世両権論研究の観点 ──　　545
　最終的結論と意義および今後の課題　　548

補論　17世紀初頭におけるスアレス批判の様相　　**554**
　第一節　スペインとローマの黒い伝説………………………………………　**554**
           黒い伝説の始源としてのラスカサス　　554
           ベンゾーニの『新世界の歴史』　　556
           アコスタの『インディオの救済を求めて』　　559
           ブリーの『アメリカ』　　560
　第二節　スアレスの『信仰の防衛』に対する批判と弁護……………………　**562**
           セルヴァンの
           　『議会が1614年6月26日に下し27日に執行した判決』　　563
           リシュオムの『イエズス会の正当化の訴え』　　565
           三部会における第三身分の第一条項　　567
           ペロンの『聖職者の裁判所で行われた演説』　　568
           ジェームズとムーランの『ジェームズの声明』　　570

プレストンの『忠誠宣誓の神学論争への付録』　574
アボットの『王の最高権について』　578
ドミニスの『教会という国について』　582

あとがき　599
参考文献　602
事項索引　636
人名索引　656

序　論

　本研究の目的は、両権論を基本的視座とした場合に近世という時代がどのような時代であったかを明らかにすることであり、そのために考察の主軸を近世の代表的な教皇主義者スアレスの両権論に置く。この目的について説明する前に、まず両権論について説明する。

　両権論（a theory of spiritual and temporal powers）とは、政治権力と教会権力あるいは俗権と霊権の関係に関する理論である。両権論と政治思想史の関係は二通り考えられる。すなわち、政治思想史の一分野として、あるいは政治思想史と教会思想史の学際的研究としてである。その中核的要素は権力論である。そこにおいて、政治権力の範囲や主体などといった基本的要素が教会権力との関係で考察され、反対に教会権力の基本的要素が政治権力との関係で考察される。西洋の中世や近世において、君主の政治権力は多くの点で教会権力との関係で、とりわけローマ教皇の権力との関係で考察され理論面で洗練化されてきたことが既によく知られている。例えば、全キリスト教徒で構成された単一の普遍的共同体としてのキリスト教共同体（*Respublica Christiana*）において、皇帝と教皇が二つの頭として君臨しており、皇帝が世俗的最高権を持ち世俗的事柄を対象にするのに対して教皇が霊的最高権を持ち霊的事柄を対象にするとされていたが、様々な具体的事例が世俗的か霊的か判別しがたいこともあり、それらの事例において双方が両権の範囲を確定する上で対立し、結果として権力の範囲などに関して考察が深められていったと理解されている。このような両権論が中世や近世の政治思想において中心的テーマの一つであり続けたのであり、本研究はこの両権論を基本的視座とする[1]。

---

[1]　なお、本研究は第一章において中世における霊権と俗権の関係の理論について簡略的に要約することになるが、近世を主要な対象期間とするので、以下の理由により「両剣論」ではなく「両権論」という表記を用いる。霊権と俗権の関係は聖書（ルカ 22）の表記に基づいて、中世において長らく霊と世俗の二振りの剣として表象されていた。それでも、将基面が適切に

近世の両権論に関する古典的研究は、宗教改革に基軸を置いて近世という時代を理解してきた。この場合、近世は宗教改革が中世の普遍的なキリスト教共同体の理念を破壊し、宗教戦争をもたらし、そこにおいて人民の抵抗権論や教皇権論が主権論と対決し、近代の領域的な主権論が勝利していく時代として理解されてきた。端的に述べれば、近世は宗教改革によって中世の普遍的なキリスト教共同体から近代の領域的な主権国家システムへと転換した時代として理解されてきた。この古典的見方は二つの重要な問題を抱えている。

　第一の重要な問題は、教皇主義という中世以来の主流を捨象ないし周辺化していることである。たしかに、近世の論者の中には、宗教改革においてキリスト教共同体が解体したと考えていた者もいただろう。しかし、その解体は自明ではなかった。むしろ反対に、本論でみていくように、中世以来の教皇主義者たちは宗教改革の中でキリスト教共同体の防衛を唱えており、よってキリスト教共同体は教皇主義者たちからすれば攻撃され崩壊の危機に瀕しているにしても解体しておらず、存続しており、存続させるべき普遍的共同体であった。近世が主権論にとって草創期である点に鑑みれば、この中世以来の教皇主義は近世において主権論よりも主流的であったといえる。それゆえ、古典的見方はこの主流的立場を捨象ないし周辺化している。しかし、近世の思想家に依拠して近世という時代を理解するためには、教皇主義理論は主権論に劣らぬぐらい重要であり、よって主題的に扱われる必要がある。

　上述の古典的研究における第二の重要な問題であり、近世の教皇主義に関する研究にもみられる問題は、射程をヨーロッパ内部の宗教改革のみに限定してきたことである。近世の教皇主義理論に関する研究は、当時の教皇主義者が宗教改革においてキリスト教共同体の防衛を唱道して

論じているように、14世紀の主要論者ホスティエンシスが剣の比喩よりも権力として霊権を捉え、同世紀末から15世紀にかけて権力論に関する著作が多数登場するようになる。さらに、近世に至っては剣の比喩も残存するけれども権力が主流となる。したがって、本研究は基本的に両権論と表記する。将基面貴巳『ヨーロッパ政治思想の誕生』名古屋大学出版会、2013年、75－6頁

いたことを適切に論じており、この防衛に関して近世の教皇主義を中世の教皇主義の単なる反復や繰り返しとみなす傾向が根強い[2]。しかし、この研究や上述の古典的研究には、射程をヨーロッパ内部の宗教改革のみに限定するという根本的限界がみられる。

その根本的な限界を考察する上で重要な指摘が近年のカトリック史学でなされてきた。著名なカトリック史家 O'Malley は、従来のいわば宗教改革中心主義的な歴史観の偏りという問題を指摘している。O'Malley によれば、宗教改革は近世の重要な要素だが、排他的に重要なのではない。だが、反／対抗宗教改革の概念にみられるように、近世のカトリックの動きは宗教改革へと関連付けられ、還元さえされてきた。その結果、例えば、対抗宗教改革の絶頂としてのトリエント公会議で議題として全く扱われなかった、コロンブスが発見した新世界等の「布教」という重要な要素が見落とされた。それゆえ、上記の偏りを修正して近世という時代の理解を深めるために、布教を射程に入れる必要がある[3]。この重要な主張は徐々に受容されつつあり、他の研究とも共鳴している。例えば、同分野のカトリック史学において、布教は宗教改革と同様に近世の基本的な特徴として扱われ始めている[4]。他分野でも、例えば、近世の布教の重要性は布教論の古典的研究でも特に強調されており[5]、教会思想史研究でも布教が近世の基本的な特徴として認知されてきている[6]。

本研究の基本的視座である両権論においても、このヨーロッパ外部における布教を射程に入れる必要がある。宗教改革と大航海時代はほぼ同時期だった。大航海時代の下で、新世界等の布教が理論と実践において

---

[2] 例えば、Charles Lefebvre, Marcel Pacaut, and Laurent Chevailler, *Les Sources Du Droit Et La Seconde Centralisation Romaine* (Paris: Éditions Cujas, 1976). が挙げられる。
[3] John W. O'Malley, *Trent and All That: Renaming Catholicism in the Early Modern Era* (Cambridge: Harvard University Press, 2002).
[4] 例えば、R. Po-chia Hsia, *The World of Catholic Renewal, 1540-1770*, 2nd ed. (Cambridge: Cambridge University Press, 2005).
[5] David Jacobus Bosch, *Transforming Mission: Paradigm Shifts in Theology of Mission* (Maryknoll: Orbis Books, 1991).
[6] Paolo Prodi, *Il Paradigma Tridentino: Un'epoca Della Storia Della Chiesa* (Brescia: Morcelliana, 2010).

征服と渾然一体になっていたので、近世の布教論は帝国論や植民地主義論と密接な関係にあり、よって近世両権論の中心的要素でもあった。さらに、特にローマと協力関係にあったスペインやポルトガルにおいて、後続国であった英仏などにおいても、布教論は近代植民地主義のイデオロギー的基盤となっていく[7]。それゆえ、主権論と植民地主義論が近代の政治思想の基本的要素としてともに射程に入れられるべきであるように、主権論の思想的な土壌となった宗教改革と植民地主義論の思想的な土壌となった大航海時代の全世界的布教がともに射程に入れられるべきである。よって、布教論の捨象は植民地主義論の捨象のような決定的損失をもたらすことになるといえる。しかし、上述の古典的研究などは両文脈を切り離し、どちらか一方だけを、主に宗教改革だけを射程に入れてきた。それゆえ、この支配的慣行を改善すべく、宗教改革のみならず全世界的布教を同時に射程に入れる試みは、それ自体で既に一つの意義を有するといえよう。さらに、宗教改革におけるキリスト教共同体の防衛のみを射程に入れるならば、近世の教皇主義は中世の教皇主義の単なる反復とみなされるかもしれないが、全世界的布教におけるキリスト教共同体の拡大をも射程に入れるならば、近世の教皇主義の新たな展開を見て取ることができるだろう。その結果、近世という時代の理解が一層深まることになる。

　以上より、本研究では主に、近世において主流であった教皇主義の両権論を宗教改革のみならず全世界的布教の下で対象にしていく。教皇主義理論を対象にすることで、その対立項であった主権論の理解もまた深まるだろう。さらに、教皇主義理論は植民地主義論と密接な関係にあったので、主権論者の植民地主義論についても示唆が得られるだろう。

　本研究が近世の両権論を、とりわけ教皇主義的な両権論を基本的視座とする理由は次の通りである。上述のように教皇主義者が防衛ないし拡大しようとするキリスト教共同体は、一般的によく知られたキリスト教共同体ではなく、教皇主義的なキリスト教共同体である。すなわち、全

7　Anthony Pagden, *Lords of All the World : Ideologies of Empire in Spain, Britain and France c.1500-c.1800* (New Haven: Yale University Press, 1995), 37.

てのキリスト教徒を四肢として構成され皇帝と教皇を二つの頭とするキリスト教共同体ではなく、皇帝を含めた全てのキリスト教徒を四肢として構成され教皇を唯一の頭とするキリスト教共同体である。この教皇主義的なキリスト教共同体の理念はあまり知られておらず、世俗的事柄における教皇権を主要論点とするような教皇主義的な両権論に一定の関心を抱いていなければ、その理念の存在に気付かないだろう。しかし、この教皇主義的なキリスト教共同体の理念は、先述の第二の問題を、すなわち研究の射程をヨーロッパ内部に限定してしまうという問題を解決する上で非常に適している。なぜなら、教皇主義者にとって、ヨーロッパ大の一種の政治共同体としてのキリスト教共同体を、一方でヨーロッパの宗教改革において防衛しつつ他方でその外部で拡大することが同時に重要となるので、キリスト教共同体を基軸にすれば両文脈を同時に射程に入れることが容易となるからである[8]。以上より、本研究は近世のとりわけ教皇主義的な両権論を基本的視座とすることによって、教皇主義的なキリスト教共同体の理念に着目し、この理念を媒介項や軸とすることで、ヨーロッパ内外の各々における思想的流れを明らかにしつつ、内外における思想的な相互影響を明らかにし、そのようにして近世という時代の理解を深めることができるようになる。

　本研究の目的を達成するために、主にスアレスの両権論に着目する。近世において、大半の論者はヨーロッパの内部か外部のいずれかの文脈についてしか主題的に論じていない。それゆえ、本研究の目的を達成する上で適切な論者は限られている。その中で、スアレスを特に適切な論

---

[8] 反対に、両文脈を切り離してしまうことは、両権論の古典的見方のみならず西洋近世政治思想史の典型的問題でもある。おそらく、ヨーロッパ内部の主権国家論と外部の植民地主義的帝国論が領域性に関して矛盾すると考えられたことも一因となり、長らく両文脈を切り離してきたのだろう（James Muldoon, *Empire and Order: The Concept of Empire, 800-1800* (Houndmills, Basingstoke, Hampshire; New York: Macmillan Press ; St. Martin's Press, 1999)）。もっとも、複合国家論や礫岩国家論のような仕方で、国家と帝国の関係を捉え直す試みが近年よく見られる。これらの議論について、例えば、古谷大輔, 近藤和彦編『礫岩のようなヨーロッパ』山川出版社、2016 年を参照。

者として選出できる。その理由を示す上で、その略歴を示すことが有益であるので、ここで示す。ただし、田口が既に比較的詳細な説明をしているので[9]、本研究に必要な限りで簡単な説明のみ行う。

　1548年、スアレスはスペインのグラナダで生まれる。サラマンカ大学に入学し、カノン法学や哲学を学ぶ。その頃、イエズス会にも入会する。挫折を味わいながら学問を修めていき、初めて1571年にイエズス会のセゴビア学院で教鞭を執り、哲学の講義を担当する。これ以降、コインブラ大学に移るまで、スアレスは様々な地域におけるイエズス会の学院を転々とすることになる。1576年、バリャドリード学院に移り、神学を教授する。この頃から、スアレスは新奇な学説を唱える者として批判されるようになる。特に、当時カトリックで権勢をふるっていたドミニコ会と新生のイエズス会は勢力争いで対立を深めつつあり、スアレスもその渦中に巻き込まれていき、例えば異端審問所へ訴えられる。1580年、イエズス会の諸学院の最高学府であったローマ学院へ移り、スコラ神学を担当し、名声を高めていく。80年から85年までの諸講義で、正戦論や布教論など、両権論の様々なテーマを扱う。そこには、新世界におけるスペインの征服や布教のあり方をめぐって16世紀前半から生じたインディアス問題（*Causa Indorum* / Asuntos de Indias）という大論争に関する関心や知識が明確に見て取れる。なお、85年の前半に天正遣欧少年使節団がローマに到着し、イエズス会のジェズ教会に寄宿する。85年の後半に、スアレスはアルカラ学院に移る。そこで、イエズス会士のサンチェスに会う。サンチェスは東アジアで活動していた宣教師であり、キリスト教会の布教に門戸を閉ざしていた中国において、布教のための中国征服論というチナ事業（Empresa de China）を1580年代に主唱していた。スアレスはサンチェスからチナ事業について直接知り、この最新の布教事情を背景として布教論を発展させていく。1590年、処女作となる神学的著作を公刊し、それ以降哲学や神学の著作を公刊していく。1593年、サラマンカ学院に移り、97年に哲学上の

---

[9] 田口啓子『スアレス形而上学の研究』南窓社、1977年、9－41頁

主著『形而上学討論集』を公刊する。同年、スペイン王のフェリペ二世の要請により、ポルトガルのコインブラ大学へ移り、最も権威あるプリマの講義をイエズス会士のモリナから引き継ぐ。この頃、モリナの『自由意思と神の恩寵の調和』に端を発するいわゆる恩寵論争において、イエズス会とドミニコ会が激しく対立していた。コインブラ大学に着任後、スアレスはまずこの論争に関する著作を執筆していく。

　17 世紀に入り、1601 － 3 年にかけて、スアレスはまずコインブラ大学で法学講義を行う。ここにおいて、スアレスは両権論の基本的枠組みを示すことになる。1603 年、カノン法学に関する著作の『教会罰について』を公刊する。この著作の教皇主義的主張がヴェネチア政府の検閲で問題視されたため、1606 年のヴェネチア版ではスアレスに無断で削除される。その頃、スアレスは恩寵論争の一件でローマに召喚され、その後コインブラ大学に戻る。1606 年から、恩寵論に関する神学講義を行う。その頃、1606 年からローマとヴェネチアの間で聖務停止令論争が生じる。この論争は、ヴェネチア政府が自国の聖職者を逮捕などした際に、ローマがそれらの行いを教会の自由に反するとして断罪し、ヴェネチアに聖務停止令などの教会罰を下したことを発端とする。中世以来の反教皇主義的なカトリックの流れがヴェネチア陣営に流れ込み、当時極めて活発だったローマの教皇主義と対決する。『教会罰について』の一部が無断で削除されたことも一因となり、スアレスはローマの立場を擁護すべく『ヴェネチアが侵害した聖職者の免除について』を自ら進んで執筆し、教皇に献呈する。当時この著作は結局公刊されなかったが、少なくともローマ陣営では回覧される。スアレスはこの著作ゆえに教皇から「俊秀博士」の称号を得る。この頃、東インド航路の海上ミサに関する意見書を依頼され、執筆して提出する。他の著作においても、東アジア布教に関するスアレスの関心や知識の深まりが確認される。1612年、先述の法学講義をもとにした政治思想上の主著『法および立法者たる神について』を公刊する。1613 年、スアレスはローマとイングランドの間で生じていた忠誠宣誓論争においてローマの立場を正当化すべく、『アングリカン派の謬見に対するカトリックの信仰の防衛』（以下、『信仰の防衛』）を公刊する。この論争は、1605 年に国王ジェームズ 1 世な

どを標的とした火薬陰謀事件が生じ、その対応策としてイングランド議会が教皇権の否定を自国のカトリックに義務付けるべく忠誠宣誓を課したことに端を発する。忠誠宣誓論争と聖務停止令論争が同時期に生じ、ジェームズ陣営とヴェネチア陣営の利害が一致したので、フランスのガリカニストも巻き込んで反ローマの共同戦線が展開される。ここに、中世以来のカトリックの反教皇主義と宗教改革による反教皇主義が合流し、教皇主義と対決することになる。スアレスはローマ陣営の主要論者としてキリスト教共同体の統一性を守ろうとする。1613－15年において、コインブラ大学で神学講義を行う。その中で、かつてローマ学院で行った講義の一部を再論する。特に、当時の日本におけるキリスト教会への迫害の言説をおそらく主な背景の一つとして、布教論を発展させる。1615年、コインブラ大学を退任し、著作活動に打ち込んだり、リスボンの聖務停止令などに関する意見書を提出したりしながら、1617年に没する。死後まもなく、布教論や正戦論を扱った『神学的な三つの徳すなわち信仰と希望および慈愛』（以下、『神学的な三つの徳』）などが公刊される。

　以上のように、スアレスはヨーロッパ内部のみならず外部の文脈にも同時に強い関心を抱き、精通していき、主題的に論じていく。サラマンカ学派としてインディアス問題に関心を抱き、その論争における理論を批判的に継承する。さらに、イエズス会士として、東アジア布教にも関心を抱くようになり、布教論を発展させていく。同時に、イエズス会士としてヨーロッパ内部の対抗宗教改革にも関心を抱き、論争に加わり、論争相手からローマ陣営の主要論者として認知されていく。スアレスのように、ヨーロッパ内外の双方に強い関心を抱くのみならず、精通し、なおかつ主題的に論じた論者はやはり相当に限られるので、本研究は先述の目的を達成するためにスアレスに着目する[10]。

---

[10] 他の候補として、サラマンカ学派の祖ビトリアや、スアレスの同僚のイエズス会士ベラルミーノが挙げられるかもしれない。しかし、ビトリアは対抗宗教改革の絶頂として知られているトリエント公会議の初期に没しており、ベラルミーノは布教に関心を抱いていたがまとまった形で布教論を論じていないので、スアレスが最適である。

以上より、本研究の目的は両権論を基本的視座として近世という時代を理解することであり、そのために、宗教改革と全世界的布教の下で教皇主義理論を、主にスアレスの理論を考察する[11]。

本研究における重要な用語

　次に、従来のスアレス研究を整理していく。その前に、その研究状況の中身を理解しやすくするためにも、ここで、本研究の重要な用語について簡単に説明する。

　まず、裁治権（*jurisdictio*）は統治権とほぼ同義であり、中世や近世において人に対する支配権として広く普及していた概念である。次に、支配権（*dominium*）は中世や近世において人に対する支配権とモノに対する支配権の両方を意味した概念である。人に対する支配権に意味を限定したい場合には、裁治権的支配権（*dominium jurisdictionis*）という表現をとることもある。支配権の所有者は支配者（*dominus*）である。

　次に、教皇主義的な用語に移る。まず、教会について、狭義の教会は聖職者のみで構成されている共同体である。広義の教会は、キリスト教の諸君主を含んだ全てのキリスト教徒で構成されている共同体であり、教皇を唯一の頭としている。キリスト教共同体と基本的に同一である。次に、教会法について、カノン法（*ius canonicum*）はキリスト教会

---

[11] なお、本研究は近世ないし初期近代をおおよそ16世紀から17世紀半ないし18世紀初頭までの時代として捉えている。起点として、主権国家システムの形成に寄与した宗教戦争の主因として宗教改革を選ぶ方が一般的であるだろう。しかし、本研究は宗教改革より少し前の、ヨーロッパとその外部の関係について中世からの大きな転機となった1492年の新世界発見を選ぶ。終点として、しばしば着目されてきたように、主権国家システムが形成されたと考えられてきた1648年のウェストファリア条約ないし1713年のユトレヒト条約を選ぶ。このような期間としての近世について、本研究は教皇主義的な両権論を基本的視座とすることで古典的見方とは異なる見方を提示する。
　また、宗教改革と一口にいっても、実際には複数の改革派の思潮や運動が極めて複雑に展開されていた。よって本書でそれらの全てを扱うことはできない。スアレスが主に対峙したイングランドの宗教改革を中心的に扱い、その他は必要に応じて適宜扱う。

あるいはカトリック教会の全体を拘束するとされた教会法である。主な法源は原始教会から長らく公会議の教令などであったが、11世紀頃から教皇令に独占されていった。次に、教皇権について、直接的権力論（*potestas directa*）というラディカルな教皇主義理論である。直接的権力論は、教皇が霊権のみならず俗権としての俗権を全世界で持つという理論であり、よって教皇が諸君主の世俗的な上位者であり、いわば全世界の皇帝として君臨することになる。次に、間接的権力論（*potestas indirecta*）という穏健な教皇主義理論である。間接的権力論は、教皇が霊権のみならず、世俗的事柄における何らかの権力を霊的目的や事柄のために持ち、この権力ゆえに世俗的介入を行えるという理論である。本論でみていくように、間接的権力論の内実はより多様であり、下位区分が重要となってくる。次に、聖職者の免除論（*immunitas clericorum*）である。聖職者の免除論は、聖職者が自国の君主に対する服従を霊的事柄ないし世俗的事柄において部分的ないし全面的に免除されるという理論である[12]。

最後に、反教皇主義的な用語である。国教会原理は、君主が自国の教会的事柄ないし霊的事柄において最高権を持つという理論である。17世紀初頭においては、君主が少なくとも最高の教会統治権を持つとされた。

先行研究の整理

従来のスアレス研究を整理し、その功績と限界を示していく。その際に、スアレス研究を、日本における研究と海外における研究に区分する。さらに、海外における研究を、通史的研究と同時代史的研究に区分する。本研究の基本的性格は同時代史的研究であるため、特に同時代史的研究が重要となる[13]。

---

[12] この理論は司教の不逮捕特権や宗教法人の免税特権などとして近代以降にも残存し、リベラリズムが「法の下の平等」を求めて廃止しようとすることにもなる。John E. Downs, *The Concept of Clerical Immunity* (Washington, D.C.: Catholic University of America Press, 1941).

[13] 以下では、先行研究を可能な限り包括的に扱うことを重視している。な

〈一　日本における研究〉

　まず、日本におけるスアレス研究を整理する。その数は未だ少ない。テーマは、万民法論と契約論・主意主義の二つに大別される。

　第一に、万民法論に関する研究である。スアレスの万民法は慣習法であるため、阿南はスアレスの慣習法論の特徴を比較的詳しく整理して示した[14]。伊藤はより包括的にスアレスの万民法論を研究した。スアレスの万民法が実定法であり、国家間の法としての国際法であることを的確に示した。さらに、万民法に関するスアレスのテクストを抄訳した点も特筆に値する[15]。最後に、ヨンパルトはスアレスの万民法論を第二次世界大戦後の国際法との関係で考察し、国家よりも人間を重視するという後者の特徴がスアレス理論において既に見出せると論じた[16]。しかし、

ぜなら、スアレスは日本で特に政治思想についてあまり知られていないので、特に海外における研究状況を示すことが有益だからである。しかしながら、海外の先行研究について、包括性を重視した結果として、あまり優れていない研究が少なからず以下の整理に含まれることになった。それゆえ、そのような研究を整理する際には、その特徴を素描するにとどまる。

　本研究ではスアレス研究として次のものを対象としている。まず、論文や本の全体ないし章においてスアレスの政治思想を主題としている研究である。もっとも、本書のテーマは両権論であるので、政治思想からやや離れたテーマの研究であっても対象に含めている場合がある。それでも、スアレスの哲学や形而上学を主題とする研究は基本的に除外している。なぜなら、哲学の先行研究は政治思想の研究と同程度かそれ以上に数が多いためである。次に、このような狭義のスアレス研究に加えて、スアレス理論を主題としているとはいいがたいが、狭義のスアレス研究において重要な研究として言及ないし批判されるような研究を含める。

　文献収集においては、スアレスの一次文献と二次文献に関する現時点で最新版のビブリオグラフィーを利用している。Coujou の手によるこのビブリオグラフィーは、誤植が散見され、必ずしも網羅的でないが、現時点で最も有用なビブリオグラフィーである。Jean-Paul Coujou, *Bibliografía Suareciana* (Navarra: Universidad de Navarra, 2010).

14　阿南成一「スアレツの慣習法論」『季刊法律学』14 号、1952 年、39 － 56 頁

15　伊藤不二男『スアレスの国際法理論』有斐閣、1957 年

16　ホセ・ヨンパルト「スアレスの万民法理論と現代国際法」『自然法と国際法：ホセ・ヨンパルト教授著作集』吉田脩, 石司真由美編、成文堂、2011

「国家よりも人間を重視する」というテーゼの意味合いが曖昧であるので、その主張の正誤も判然としない。

　第二に、契約論や主意主義に関する研究である。主要な研究はヨンパルトによるものである。ヨンパルトはスアレスの契約論に注目した上で、契約論に関する思想の流れを古代から近世まで整理して示し、特にビトリアやバスケスなどに着目して近世のスペインにおける言説を再構成した上で、スアレス理論について説明した[17]。スアレスの契約論に関する説明は大部分で正しいといえる。さらに、スアレスの『法および立法者たる神について』の全体を抄訳と概要によって紹介している点にも功績が認められる。しかし、実のところ、スアレス理論それ自体に関するヨンパルト自身の解釈にはそこまで紙幅が割かれていない。さらに、スペイン語圏のスアレス研究にしばしばみられる欠点でもあるが、スアレスを民主主義の主唱者として捉えるという時代錯誤的な解釈がみられる。次に、筏津は私法の一般理論が歴史的に成立する際のスアレスの重要性を指摘した。特に、私法理論の成立要件としての契約理論における意思概念に関して指摘した[18]。さらに、半澤は意思概念を政治思想一般における鍵概念へと至らしめ、特に広義の社会契約論を生み出す際の鍵概念として登場させた論者として、スアレスの重要性を指摘した[19]。この指摘は独創的である。次に、阿南は主に主意主義と主知主義という伝統的枠組みの中で、法概念についてスアレスとアクィナスの比較を行った。スアレスを主意主義と主知主義の中道に置きつつ、全体的にみれば主意主義に位置付けた[20]。最後に、稲垣は同様の伝統的枠組みの中で、スア

年、67 − 82 頁
17　ホセ・ヨンパルト『人民主権思想の原点とその展開：スアレスの契約論を中心として』成文堂、1985 年
18　筏津安恕『義務の体系のもとでの私法の一般理論の誕生：スアレス・デカルト・グロチウス・プーフェンドルフ』昭和堂、2010 年。なお、この著作は未完成のまま死後出版されたので、そもそも評価自体が難しい状況にある。
19　半澤孝麿『ヨーロッパ思想史のなかの自由』創文社、2006 年
20　阿南成一「スアレスの「法律」概念：トマスとの相違を中心として」『中世思想研究』6 号、1965 年、43 − 50 頁

レスの自然法概念を同様の位置に置いた[21]。このような位置づけは他の研究においてもしばしばみられるものであり、基本的に正しいといえる[22]。

〈二 海外における通史的研究〉

次に、海外におけるスアレスの通史的研究について整理していく。通史的研究は五つのテーマに分類でき、以下では次の順でまとめていく。両権論は政治権力と教会権力の関係に関わるので、まず各々について理解すべきである。政治権力については、その基礎となる法や権利について先に理解すべきである。それゆえ、そのような順番で整理していく。

一）法・権利の一般理論

このテーマにおいて、鍵概念は二つある。ユス（ius）概念の近代性と主意主義である。これらは相互に連関した鍵概念である。

一つ目の鍵概念について、スアレスのユス概念は二点において近代的なものとして重要視されてきた。権利論と法実証主義である。

第一に、権利論である。ユス概念のいわゆる主観的権利と客観的法という区別にみられる議論である。近代における主要な概念の一つである主観的権利の思想史的由来について、研究者たちは関心を抱いてきた。この由来について、スアレスは重要な論者の一人として捉えられてきた。例えば Brust はスアレスの自然権が自己支配に関する各人の道徳的権能

---

[21] 稲垣良典「自然法における理性と意志：スアレス自然法理論の再検討」『自然法の復権』阿南成一, 水波朗, 稲垣良典編、自然法研究会、1989 年、21 － 49 頁
[22] なお、日本における西洋政治思想史の概説書では、万民法論や契約論に加えて、海外の研究にみられるように、自然法論（eg. 佐々木毅「自然法の世俗化とヨーロッパ国際社会」『政治思想史の基礎知識：西欧政治思想の源流を探る』有賀弘ほか編、有斐閣、1977 年、126 － 27 頁）、抵抗権論や立憲主義（eg. 森義宣『政治思想史』世界思想社、1952 年；大塚桂『ヨーロッパ政治理念の展開（普及版）』信山社、2006 年）などにもスアレス理論は関連付けられてきた。

であり、正統な権力と正当な理由の下で移転可能であるという特徴を正確に示した[23]。さらに、Brett は主観的権利について、最も頻繁に引き合いに出されるホッブズや、サラマンカ学派第一世代のソトと、スアレスを比較し、具体的にその特徴を示していった[24]。

　第二に、法を主権者の命令として捉える法実証主義である。スアレスが法を君主の命令として捉えたことは広く知られている。Villey はその他の点も考慮して、法実証主義の先駆としてスアレスの重要性を強調する。Villey によれば、スアレスは法を人々に義務付けられた命令へと限定する。法の内実から客観的正義が失われ、「法は正しいもの」という定式が意味を失う。それでも自然法が国法を制約するといわれるかもしれないが、スアレスにおいて自然法の内容が過度に漠然としているので、その制約は実質的に無に等しい。こうして、スアレスは後期トミズムの代表者として自然法論の下で法実証主義の前提をつくり上げ、後代に大きな影響を与えた[25]。Puy Muñoz もまた、スアレスにおいて近代のように実定法が自然法から解放されるという[26]。だが、Westermann はこのような流れに一定程度の妥当性を認めながら、スアレスが命令と真の法の相違を論じているので、スアレス理論が厳密には法実証主義に合致しないと指摘する[27]。以上の法実証主義について、Villey の主張は考慮されるべき重要なものであるが、Villey がスアレス理論を単純化して論じ

---

[23] Steven J Brust, "Retrieving a Catholic Tradition of Subjective Natural Rights from the Late Scholastic Francisco Suarez, S.J," *Ave Maria law review* 10, no. 2 (2012).

[24] Annabel Brett, "Individual and Community in the "Second Scholastic": Subjective Rights in Domingo De Soto and Francisco Suarez," in *Philosophy in the Sixteenth and Seventeenth Centuries : Conversations with Aristotle*, ed. Constance Blackwell and Sachiko Kusukawa (Aldershot: Ashgate, 1999).

[25] Michel Villey, *La Formation De La Pensée Juridique Moderne* (Paris: Presses universitaires de France, 2006).

[26] Francisco Puy Muñoz, "Los Conceptos De Derecho, Justicia Y Ley En El "De Legibus" De Francisco Suárez (1548-1617)," *Persona y derecho: Revista de fundamentación de las Instituciones Jurídicas y de Derechos* 40(1999).

[27] Pauline C Westermann, "Suárez and the Formality of Law," in *Politische Metaphysik. Die Entstehung Moderner Rechtskonzeptionen in Der Spanischen Scholastik*, ed. Matthias Kaufmann and Robert Schnepf (Frankfurt: Lang, 2007).

ると自ら述べているように、厳密にみれば Westermann の解釈がより正確であろう。

　二つ目の鍵概念について、スアレスは近世において主意主義の代表的論者として捉えられてきた。スアレス哲学は後期トミズムの代表という位置づけにあり、主意主義と主知主義の関係はスアレス哲学の主題である。法・権利論においても、スアレスのユス概念の主意主義的側面や主知主義的側面が議論の的になってきた。例えば、しばしばなされてきたように、Carpintero はスアレス理論において法の本質が命令に存するとしてその主意主義的側面を強調する[28]。Migliorino も同様である[29]。Bastit はアクィナスなどとスアレスを比較する。スアレスが一方でアクィナスの主知主義を遠ざけ、他方でオッカムやスコトゥスの主意主義にも難点を見出すが、様々な理論的工夫を行いつつも結局は明確な主意主義者であると述べる[30]。

　主意主義と主知主義のバランスという点で、法の解釈やその一種としての衡平が論点となりうる。なぜなら、立法者の意図が法の解釈にもたらす影響力の多寡によって、法におけるそのバランスが左右されるからである。そこで、例えば Brandi はイングランドのトミストであるフッカーとスアレスを法解釈について比較し、フッカーが主知主義的でアクィナスにより近いと述べる[31]。Doyle はスアレスにおける法解釈の基準として、法の文言や立法者の意図および法の制定された理由を挙げる。『法および立法者たる神について』の第六巻にも着目した珍しい研究である[32]。Idoya Zorroza はスアレスの衡平について比較的詳しくまとめ

---

[28] Francisco Carpintero, "Francisco Suarez," in *Justicia Y Ley Natural : Tomas De Aquino Y Los Otros Escolasticos* (Madrid: Universidad Complutense, Facultad de derecho, 2004).

[29] Francesco Migliorino, "Rileggendo Francisco Suarez," in *Amicitiae Pignus : Studi in Ricordo Di Adriano Cavanna*, ed. Antonio Padoa Schioppa (Milano: A. Giuffrè, 2003).

[30] Michel Bastit, *Naissance De La Loi Moderne: La Pensée De La Loi De Saint Thomas à Suarez* (Paris: Presses Universitaires de France, 1990).

[31] Sandra Brandi, "Suárez Y Hooker, Intérpretes De La Noción Tomista De "Ley"," *Cuadernos de Pensamiento Español* 36(2009).

[32] John P Doyle, "Francisco Suárez on the Interpretation of Laws," in

ている[33]。

　最後に、スアレスの主意主義は恣意的な僭主的統治をもたらすかという論点が挙げられる。すなわち、人民が自らの意志によって権力を君主へ完全に譲渡でき、法において君主の意志が共通善に優先すると解釈できるかが論じられた。前者について、Guerrero は人民が自らの意志によって権力を完全には譲渡できないと適切に論じる[34]。後者について、Jombart は君主の意志が法の完成に必要であるけれども自然法などから様々な制約を受けるとして、その制約を強調する[35]。

二）自然法論

　このテーマにおける鍵概念は主意主義である。

　特に、自然法論の主意主義的側面と主知主義的側面のバランスについて議論が積み重ねられてきた。Irwin は自然法の本質が神の命令に存するとして、スアレスの主意主義的側面を強調する[36]。だが、Bertelloni はスアレスが意志と理性のどちらかを特権化せず、それらの調和を目指すという。なぜなら、自然法は人間の視点において、神の命令であると同時に善悪の客観的尺度でもあるからである[37]。どちらかといえば、Bertelloni がより正確な研究である。その他に、自然法の不変性という

Collected Studies on Francisco Suárez, S.J. (1548-1617), ed. Victor M. Salas (Leuven: Leuven University Press, 2010).
33　María Idoya Zorroza, "Interpretación Y Equidad," in *La Gravitación Moral De La Ley Según Francisco Suárez*, ed. Juan Cruz Cruz (Navarra: EUNSA, 2009).
34　Eustaquio Guerrero, "Precisiones Del Pensamiento De Suárez Sobre El Primer Sujeto Del Poder Y Sobre La Legítima Forma De Su Transmisión Al Jefe Del Estado," *Razón y Fe* 138(1948).
35　E. Jombart, "Le « Volontarisme » De La Loi D'après Suarez," *Nouvelle revue de théologie* 59(1932).
36　Terence H. Irwin "Obligation, Rightness, and Natural Law: Suárez and Some Critics," in *Interpreting Suárez: Critical Essays*, ed. Daniel Schwartz (Cambridge, UK ; New York: Cambridge University Press, 2012).
37　Francisco Bertelloni, "Acerca Del Lugar De La Voluntas En La Teoría De La Ley Y De La Ley," in *La Gravitación Moral De La Ley Según Francisco Suárez*, ed. Juan Cruz Cruz (Navarra: EUNSA, 2009).

論点もまた上記のバランスに関わるものとして捉えることができるだろう[38]。

三）万民法論

このテーマにおける鍵概念は二つある。近代国際法と正戦論である。

第一に、近代国際法である。近代国際法の父と呼ばれてきたグロティウスの先駆者として、スアレスはビトリアとともに重要視されてきた。スアレスの万民法における近代的特徴は二点において見出されてきた。一点目は万民法の実定性である。例えば、Herrera は万民法が自然法と実定法のどちらに近いかという点において、アクィナスやビトリアなどが両義的態度を示していたが、スアレスが明確に実定法の立場を示したと適切に論じ、その先駆的意義を強調する[39]。二点目は国家間の法である。Toledano は各国間の関係を規制する国際法という性格をスアレスの万民法が得たと正しく論じ、スアレスの意義を強調する[40]。なお、スアレスの万民法論に関する適切な通史的要約として、Cruz Cruz と Doyle の研究が挙げられる[41]。

第二に、当時の万民法論における主要な構成要素であった正戦論である。スアレスは近世における正戦論の代表的論者の一人として捉えられてきた。そこで、例えば López Atanes はスアレスの正戦論にお

---

[38] James Gordley, "Suárez and Natural Law," in *The Philosophy of Francisco Suárez*, ed. Benjamin Hill. Henrik Lagerlund (Oxford ; New York: Oxford University Press, 2012); António Barata Tavares, "O Direito Natural E O Direito Das Gentes Em Francisco Suárez," *Revista Portuguesa de Filosofia* 11, no. 3-4 (1955).

[39] Daniel Alejandro Herrera, "Ius Gentium ¿Derecho Natural O Positivo?," *Cuadernos de pensamiento español* 36(2009).

[40] Andre Toledano, "La Concepción De La Souveraineté Dans La Philosophie Politique De Francisco Suárez," in *Actas Del Congreso Internacional De Filosoffa Barcelona* (Madrid: Instituto "Luis Vives" de Filosofia, 1949).

[41] Doyle, "Francisco Suárez on the Law of Nations; Juan Cruz Cruz, "La Costumbre Como Fundamento Del Derecho De Gentes," in *La Gravitación Moral De La Ley Según Francisco Suárez*, ed. Juan Cruz Cruz (Pamplona: EUNSA. Ediciones Universidad de Navarra, 2009).

ける基本的特徴として、防衛戦争や攻撃戦争の相違などを説明する[42]。Reichberg はスアレスの正戦論における基本的特徴として刑罰的戦争観を的確に指摘する。しかし、正戦論がキリスト教の防衛や布教から徐々に離れていく時代の中で、スアレスもまたこの世俗化の流れに属していたと論じており[43]、この主張において誤っている。

四）政治共同体論

　主な鍵概念は二つある。民主主義と契約論である。これら二点において、スアレスの政治共同体論は近代との連続性を問われてきたといえる。
　第一に、民主主義である。この鍵概念について、Pereña の研究が典型的である。Pereña は、政治的服従の義務が人民と王の契約や自然法に基づき、それらに反する僭主への抵抗が様々な仕方で認められているとして、スアレスをヨーロッパの民主主義の開拓者として捉える[44]。Torre Ángel もまた、君主が人民の権力を委任され、人民を代表するにすぎないとして、この解釈に賛同する[45]。Pérez Luño はスアレスを同時代人のロア・ダビラの民主主義論と比較しつつ、スアレス理論の民主主義的側面について論じる[46]。人民の抵抗権論や契約論ゆえに、スアレスが他のスコラ主義者とともに 19 世紀の中南米諸国における独立革命で

---

[42] Francisco Javier López Atanes, "El Derecho a La Guerra Y La Ley Natural," in *En La Frontera De La Modernidad: Francisco Suarez Y La Ley Natural*, ed. Carmen Fernández de la Cigoña and Francisco Javier López Atanes (Madrid: CEU, 2010).

[43] Gregory M. Reichberg, "Suárez on Just War," in *Interpreting Suárez : Critical Essays*, ed. Daniel Schwartz (Cambridge, UK ; New York: Cambridge University Press, 2012).

[44] Luciano Pereña Vicente, "Francisco Suárez, Pionero De La Democracia Europea," *Arbor* 363(1976).

[45] Jesús Antonio de la Torre Ángel, "Democracia Y Ley Natural Desde El Iusnaturalismo Católico De Suárez," *Revista de Investigaciones jurídicas* 24(2000).

[46] Antonio Enrique Pérez Luño, "La Concepción Democrática De Juan Roa Dávila Y El Orden Jurídico En Francisco Suárez," in *La Polémica Sobre El Nuevo Mundo: Los Clásicos Españoles De La Filosofía Del Derecho* (Madrid: Editorial Trotta, 1992).

利用され、例えばアルゼンチン革命の父と称されたことなどをStoetzerなどは詳しく論じている[47]。García de BertolacciはPereñaのような解釈を受容するが、スアレスが直接民主主義を支持していないとして、この解釈の限界を示す[48]。Castañoは、人民が君主に対して権力を譲渡した後、君主の権力行使が人民の同意に依存しないので、権力が人民に由来することはスアレス理論の民主主義的性格においてどれほど重要であるかを再考するよう促す[49]。さらに、Agostino Gemelliはスアレスを近代民主主義の論者として捉えることを明確に否定する。なぜなら、君主の権力が人民に由来する理由は、教皇権が神に由来することを引き立たせる点にあったからである[50]。以上のような民主主義とスアレス理論の関係について、先述のように、スアレスを民主主義の主唱者として捉えることは、スアレス理論それ自体の解釈としては厳密にみれば時代錯誤である。

　第二に、契約論である。特に、スアレスは人々が政治共同体を形成するための意志行為について論じているため、契約論について注目されてきた。Dalboscoはスアレスとホッブズの契約論を、政治社会が自然的

---

[47] Carlos Stoetzer, *The Scholastic Roots of the Spanish American Revolution* (New York: Fordham University Press, 1979). その他に、Roberto Bosca, "Suárez Y Rousseau. La Controversia Sobre La Legitimidad De Una Paternidad Revolucionaria," in *La Gravitación Moral De La Gravitación Moral De La Ley Según Francisco Suárez*, ed. Juan Cruz Cruz (Pamplona: EUNSA, Ediciones Universidad de Navarra, 2009); Martha Donicelli, "La Influencia Del Pensamiento De Suárez En Los Actores De La Revolución De Mayo De 1810. Aspectos Historiográficos," in *Proyecciones Sistemáticas E Históricas De La Teoría Suareciana De La Ley*, ed. María Idoya Zorroza (Pamplona: Servicio de Publicaciones de la Universidad de Navarra, 2009). も参照。

[48] Ángela García de Bertolacci, "Origen Y Naturaleza Del Poder Politico En La Defensio Fidei," in *La Gravitación Moral De La Ley Según Francisco Suárez*, ed. Juan Cruz Cruz (Pamplona.: Eunsa, 2009).

[49] Sergio Raúl Castaño, "Legitimidad Y Titulos Del Poder," ibid. (Pamplona).

[50] O.F.M Agostino Gemelli, "La Sovranità Del Popolo Nelle Dottrine Politiche Di F. Suarez," in *Scritti Varî Pubblicati in Occasione Del Terzo Centenario Della Morte Di Francesco Suarez*, ed. Agostino Gemelli O.F.M (Milano: Vita c Pensiero, 1918).

か否かや契約が一重か二重かなどの点で詳しく比較している[51]。Baciero Ruiz はフィルマーを介してスアレスの影響をロックに見出そうとした[52]。Skinner はスアレス理論に立憲主義的側面を見出しつつも、人民が生来の自由を契約によって君主へ譲渡するという点に絶対主義的側面を見出し、後者の側面でスアレスがグロティウスやホッブズの先駆者であると論じた[53]。しかし、Sánchez Garrido は自然法に由来する人民の抵抗権に注目し、スアレス理論と伝統とのつながりを強調し、Skinner のようにスアレスを近代の契約論に接近させすぎることがコンテクストの無視につながると批判した[54]。Jansen は、政治権力の正統性に関して契約論に注目する以上のような流れに対して、政治権力が正戦によっても移転される点を的確に指摘し、契約論自体の重要性の限界を示す[55]。

契約論について、スアレス理論は特に社会契約論との関連で注目されてきた。まず、そもそもスアレス理論が社会契約論であるか否かが論じられた。Schwartz Porzecanski は社会を形成するための同意が政治的服従の義務を生み出すとして、スアレスを社会契約論に帰属させる[56]。だが、Watt はスアレスにおいて権力が人民ではなく神に由来すると的確に指摘して、スアレスを社会契約論から引き離す[57]。さらに、Alves は社会が人為的なものか否かなどの基準においてスアレスとルソーを比較し、

---

51 Hugo Dalbosco, "Los Elementos Del Pacto En Suárez Y En Hobbes. Una Comparación," *Cuadernos de pensamiento español* 36(2009).
52 Francisco T. Baciero Ruiz, "El De Legibus De Suarez Y Locke," *Revista española de filosofia medieval* 10(2003).
53 Quentin Skinner, *The Foundations of Modern Political Thought*, vol. 2 (Cambridge: Cambridge University Press, 1978).
54 Pablo Sánchez Garrido, "El Contractualismo Político Suareciano: ¿Antecedente Premoderno O Alternativa Tardomedieval?," in *En La Frontera De La Modernidad: Francisco Suárez Y La Ley Natural*, ed. Carmen Fernández de la Cigoña and Francisco Javier López Atanes (Madrid: CEU, 2010).
55 A. Jansen, "L'origine Du Pouvoir Civil," *Revue de la Suisse catholique* 10(1892).
56 Daniel Schwartz Porzecanski, "Francisco Suárez Y La Tradición Del Contrato Social," *Contrastes: revista internacional de filosofía* 10(2005).
57 Lewis Watt, "Suarez on the Sovereignty of the People," *Studies: an Irish quarterly review* 5, no. 18 (1916).

Wattと同様の結論を下す[58]。Wattたちの指摘は重要であり考慮されなければならないが、本論で論じるように、スアレスに広義の社会契約論を見出すことは可能であろう。

次に、社会契約論と理論的に対立しうる政治的身体論が挙げられる。スアレスは政治共同体を政治的身体として捉えていた。Murillo Ferrolは政治的身体が有機体であるので、その成員間には有機的結びつきがあり、人の自由意志がこの有機的身体を生み出すと適切に論じた[59]。Péchamanは、社会を形成するためのこの契約という意志行為が政治的身体の不可欠な作用因である点に、政治的身体論におけるスアレスの新しさを見出す[60]。有機的な社会像を示す政治的身体論と人為的な社会像を示す社会契約論の間に、スアレスを置いたといえるだろう。

五）両権論

鍵概念は間接的権力論である。スアレスは間接的権力論の主要な論者として知られている。

主な論点は、中世や近世の両権論史におけるスアレスの位置づけである。一方で、Osunaは俗権の自律性に対する霊権の制約のありかたについて、スアレスの間接的権力論が中世盛期のボニファティウス8世に見られるようなラディカルな教皇主義理論の直接的権力論に近いという[61]。しかし、本論でみていくように、これら二つの教皇主義理論における相違は特に近世において根本的に重要であったといわなければならない。他方で、Canavanは、教会に対する国家の服従の根拠が国家の

---

[58] Paulo Durão Alves, *A Filosofia Politica De Suarez* (Braga: Livraria Cruz, 1949).
[59] Francisco Murillo Ferrol, "Sociedad Y Política En El "Corpus Mysticum Politicum" De Suárez," *Revista Internacional de Sociología* 8(1950).
[60] Martine Pécharman, "Les Fondements De La Notion D'unité Du Peuple Selon Suarez," in *Aspects De La Pensée Médiévale Dans La Philosophie De La Pensée Politique Moderne*, ed. Yves Charles Zarka (Paris: Presses universitaires de France, 1999).
[61] Antonio Osuna, "El Poder Temporal De La Iglesia De Vitoria a Suárez," *Cuadernos Salmantinos de Filosofía* 7(1980).

本性ではなく洗礼という偶然的なものであるので、国家が世俗化しており、よってスアレスが中世の理論から距離をとると論じる[62]。俗権が霊権に包摂されているので霊権に服従せねばならないという中世のラディカルな教皇主義理論を比較対象とすれば、この主張は正しい。Piazzi は Canavan と同様の主張を行う。Piazzi によれば、スアレスはボダンの国家（stato）論を基本的に受容した。それゆえ、スアレスにおける最重要問題は両権の間における序列関係の確立ではなく、両権に別々の道を行かせることであった。すなわち、教会が実質的に影響力を保持しながらも権力を直接に行使せず、国家が教会に対する干渉を控え、完全に世俗化することであった[63]。たしかに、世俗的事柄を君主に、霊的事柄を教皇に割り当てるという基本的傾向がスアレスにみられる。しかし、スアレスはスペインが新世界の布教に尽力することを否定せず奨励していたように、両権の分離がスアレスの最重要問題であったとはいいがたい。中間的立場として、Rivera de Ventosa はスアレスが中世盛期における教皇の直接的権力論を否定する点で中世から離れるが、間接的権力論や聖職者の免除を認める点で中世に近づくという[64]。中世と現代を両極としてスアレスを位置付けるならば、その主張は正しい。

次に、海外における同時代史的研究に移る。スアレスは主に当時の四つの論争に参加していた。先行研究はその中で主に二つの論争に注目してきた。イングランドとローマの忠誠宣誓論争やインディアス問題である。本項では、主にそれら二つの論争の下で、四つのテーマに先行研究を分類する。

---

[62] François P. Canavan, "Subordination of the State to the Church According to Suarez," *Theological. Studies* 12(1951).

[63] Alessandro Piazzi, "Lo Stato Moderno Dei Gesuiti: Bellarmino E Suarez," in *Il Politico : Antologia Di Testi*, ed. Mario Tronti (Milano: Feltrinelli economica, 1979).

[64] Enrique Rivera de Ventosa, "El Agustinismo Político a La Luz Del Concepto De Naturaleza En Suárez," *Cuadernos Salmantinos de Filosofía* 7(1980).

(a　忠誠宣誓論争)

　本項では、二つのテーマを扱う。立憲主義と教皇主義である。

　六）立憲主義

　忠誠宣誓論争において、スアレスは国王ジェームズ１世を批判するための著作を書いたため、特にジェームズとの理論的対立において注目されてきた。両者の対立は、立憲主義と絶対主義の対立として捉えられてきた。あるいは、モナルコマキの抵抗権論とプロテスタントの王権神授説の対立として捉えられてきた。

　このテーマにおいて、まず忠誠宣誓論争自体に注目する研究がある。Hubeňak はこの論争の経緯と展開について比較的詳しい概要を示す[65]。Marquer は忠誠宣誓の目的を政治秩序解体の回避と絶対主義の確立に見出した上で、忠誠宣誓に対するスアレスの批判を扱う。忠誠宣誓自体に関する批判を主題としている点で、Marquer の研究は珍しい[66]。Migliore はフィルマーやロックのようなイングランドの論者に対する、この論争を介したスアレスの影響を探っている[67]。

　次に、スアレス理論を立憲主義や抵抗権論の下で捉える研究がある。この種の研究は数多いため、その中でも特に引き合いに出される Sommerville の研究を中心に据えて説明する。Sommerville によれば、スアレス理論において、まず自由で平等な各人が政治共同体を形成する。君主ではなく政治共同体が神から俗権を得る。だが、政治共同体が自ら俗権を行使することは困難である。そこで、通常は君主に権力を契約によって譲渡する。譲渡の際に、政治共同体は自ら望むどのような条件を

---

[65] Florencio Hubeňak, "La Defensio Fidei En El Contesto Historico-Ideologico De Su Epoca," in *La Gravitación Moral De La Ley Según Francisco Suárez*, ed. Juan Cruz Cruz (Pamplona: Eunsa, 2009).

[66] Eric Marquer, "La Controverse Entre Francisco Suárez Et Jacques Ier D'Angleterre," in *Les Jésuites En Espagne Et En Amérique (Xvie-Xviiie Siècles) : Jeux Et Enjeux Du Pouvoir*, ed. Annie Molinié-Bertrand, Alexandra Merle, and Araceli Guillaume-Alonso (Paris: PUPS, 2007).

[67] Joaquin Migliore, "Suarez En Inglaterra," in *La Gravitación Moral De La Ley Según Francisco Suárez*, ed. Juan Cruz Cruz (Pamplona: Eunsa, 2009).

も付帯させることができる。その条件を無視した君主は俗権を返還しなければならない。この契約の破棄と自己防衛において、抵抗権の行使が認められる。ここで、Sommerville はこの契約がいわばホッブズの場合のように絶対主義の道具にもなりうるという反論に答える。スアレスの場合、政治共同体の共通善という俗権の目的に反するような俗権を譲渡するという契約は内在的に不正であるので、このような契約は無効となる。契約は、君主が共通善に資することと、君主が契約の破棄において廃位されることを最小限の内容としている。それゆえ、契約の目的は王権の制約であり、契約はそのように機能する。17世紀初頭におけるイングランドの論者はこのような理論が反乱を生み出すと考え、批判した[68]。

　Sommerville が明確に論じていない立憲主義的側面を他の研究者が的確に論じている。Izaga によれば、スアレスは政治共同体が契約において俗権の絶対的な譲渡（*absoluta alienatio*）を行うと述べているが、実際には契約後においても政治共同体に俗権が潜在的に残る。よって、政治共同体は抵抗などを行える[69]。Nuñez Rojo は生命が神の所有物であるので人や政治共同体は生命に対する権力を君主に譲渡できないとして、譲渡における限界を指摘する[70]。抵抗権に関して、Alluntis や Semeria は僭主征伐論について正確に詳述している[71]。

---

[68] Johann P. Sommerville, "From Suarez to Filmer: A Reappraisal," *The Historical Journal* 25, no. 3 (1982).

[69] Luis Izaga, "La Soberanía Civil Según Suárez," *Razón y Fe* 124(1941).

[70] David Nuñez Rojo, "El Origen De La Sociedad Y Autoridad Civil, Según El Doctor Eximio, Padre Francisco Suárez," *Revista Internacional de Sociologia* 10(1952).

[71] Félix Alluntis, "El Tiranicidio Según Francisco Suárez," Verdad y vida 88(1964); Giovanni Semeria, "Il Regicidio Nelle Morale Del Suarez," in *Scritti Varî Pubblicati in Occasione Del Terzo Centenario Della Morte Di Francesco Suarez*, ed. Agostino Gemelli (Milano: Vita e Pensiero, 1918). その他に、次を参照。Pedro Calafate, "A Ideia De Soberania Em Francisco Suárez," in *Francisco Suárez (1548-1617) : Tradição E Modernidade*, ed. Adelino Cardoso, António Manuel Martins, and Leonel Ribeiro dos Santos (Lisboa: Centro de Filosofia da Universidade de Lisboa, 1999); Benisto de Castro, "La Doctrina De Suarez Sobre El Deber De Cumplir Las Leyes," in *España Y America*

立憲主義的解釈に対して、スアレスを絶対主義の論者として解釈する研究もある。特に、Jarlot と Peña の研究が周到であり重要である。彼らによれば、スアレスは封建主義が崩壊した絶対的王権のスペインにおいて生きていた。それゆえ、忠誠宣誓論争のような論争における議論を除けば、絶対主義を受容していた。具体的特徴として、スアレス理論において、俗権は君主に対して委任ではなく譲渡される。譲渡後、君主が政治共同体の上に立つ。それゆえ、君主は課税や立法において人民の同意を基本的に必要としない。さらに、君主の権力を分有ないし制約する立憲的制度が設けられていない。すなわち、権力抑制の制度が設けられていない。たしかに、抵抗権という歯止めが存在する。だが、抵抗権は自然法に基づく例外的な措置でしかない。しかも、様々な条件を必要とする[72]。

En El Reencuentro De 1992, ed. Ramón L. Soriano Díaz and Cinta Castillo Jiménez (Huelva: El Monte Caja de Huelva y Sevilla, 1996); Adela Cortina, "Los Fundamentos Relacionales Del Orden Politico En Suarez," in *Francisco Suárez*, "Der Ist Der Mann" (Valencia: Facultad de Teología "San Vicente Ferrer", 2004); Alicia Oïffer-Bomsel, "Systeme Politico-Juridique, Philosophie Et Théologie Dans Le Tractatus De Legibus Ac Deo Legislatore De Francisco Suárez," in *Les Jésuites En Espagne Et En Amérique : Jeux Et Enjeux Du Pouvoir (Xvie-Xviiie Siècles)*, ed. Araceli Guillaume-Alonso and Alexandra Merle et Annie Molinié (Paris: Presses de l'université de Paris-Sorbonne, 2007); Luis Pérez-Cuesta, "Los Jesuitas Y La Autoridad: La Teoría De Francisco Suárez," *Iberoamericana Pragensia* 32(1998).

72　Georges Jarlot, "Les Idées Politiques De Suarez Et Le Pouvoir Absolu," *Archives de Philosophie* 18, no. 1 (1949); Javier Peña, "Souveraineté De Dieu Et Pouvoir Du Prince Chez Suárez," in *Potentia Dei. L'onnipotentia Divina Nel Pensiero Dei Secoli XVI E XVII*, ed. Guido Canziani, Miguel A. Granada, and Yves Charles Zarka (Milano: Franco Angeli, 2000). その他に、次も参照。Paul Pace, "Los Límites De La Obediencia Civil En El Siglo De Oro: Francisco Suárez," in *Cristianismo Y Culturas : Problemática De Inculturación Del Mensaje Cristiano*, ed. Facultad de Teología San Vicente Ferrer (Valencia: Facultad de Teología de San Vicente Ferrer, 1995); Armando Zerolo Durán, "La Ley Natural En Suarez: El Estaticidio O El Anacronismo De La Tirania," in *En La Frontera De La Modernidad : Francisco Suárez Y La Ley Natural*, ed. Carmen Fernández de la Cigoña and Francisco Javier López Atanes (Madrid: CEU, 2010).

以上のような立憲主義と絶対主義という枠組み自体を批判する研究もある。Brett はスアレス理論において立憲主義と絶対主義がいわばコインの両面として存在しており、それゆえスアレスをどちらか一方に帰属させる試み自体が批判されるべきと述べる[73]。Vieira は道徳的自由というスアレスの権利論に注目して、Brett の問題提起を継ぐ。Vieira によれば、神から授権された政治共同体は権力譲渡の際にどのような政体を選ぶこともできる。それゆえ、立憲主義的な政体であれ、ジェームズの望むような絶対主義的な政体であれ、選択できる。政治共同体がこのような選択の権利を持つので、スアレス理論をどちらか一方に帰属させることは困難である[74]。

　以上のような先行研究の議論について、次のようにいえる。たしかに、Brett が述べるように、スアレスの政治共同体論は立憲主義と絶対主義のいずれかに帰属できるほど一方に偏っているものではない。比較の参照点によっては、どちらとしても捉えることが可能であろう。通史的研究を行うのであれば、Peña のように近代の権力分立制度を比較の参照点とすることで、スアレスを絶対主義的な論者として描くことも可能かもしれない。

　同時代史的研究としては、スアレスの意図と文脈を考慮する必要があるだろう。その場合に、先行研究において文脈があまり活用されていない場合が少なくない。例えば、Pérez-Cuesta のように、スアレスの国家論を研究する意義を示すために忠誠宣誓論争を引き合いに出すだけの場合である（p.41）。だが、Sommerville のように、当時の文脈を活用した研究もある。Sommerville はその文脈におけるスアレスの意図やスアレス理論の受容のあり方を示しており、具体的な諸論点では大部分において適切な説明をしている。それでも、Sommerville のようにスアレ

---

[73] Annabel Brett, "Scholastic Political Thought and the Modern Concept of the State," in *Rethinking the Foundations of Modern Political Thought*, ed. Annabel Brett, James Tully, and Holly Hamilton (Cambridge: Cambridge University Press, 2006).

[74] Mónica Brito Vieira, "Francisco Suárez and the Principatus Politicus," *History of Political Thought* 29, no. 2 (2008).

スの理論的立場を立憲主義として捉えることには一定の疑問が残る。ここで、まずVieiraの指摘が考慮に値する。Vieiraは、契約の条件によってはジェームズの望むような絶対主義の政体さえ選択されうると述べる点で不正確であるが、それでも契約の条件によって幅広い政体が選択されうると指摘する（p.289）点で正しい。それでも、Sommervilleは契約が絶対主義の道具にもなりうるという反論を考慮していたので、Vieiraの指摘をあらかじめ踏まえて論じていたといえる。そのうえで、Sommervilleは契約論におけるスアレスの意図を王権の制約に見出した。だが、そもそも契約論における意図が国家内部における君主と共同体の権力関係に存したとどれだけいえるかが疑問である。たしかに、絶対主義と立憲主義の二者択一をあえて行えば、契約論の意図はジェームズの絶対的王権を制約する点に存したといえるだろう。だが、そもそも忠誠宣誓論争におけるスアレスの関心は国家内部におけるそのような権力関係よりもむしろ国家と教会の関係に存したことに注意すべきである。ジェームズの王権が批判された理由は、共同体に対する王権の優位というよりも教会の事柄に対する王権の伸張にある。すなわち、その王権の絶対性は前者に関する優位よりも国教会原理において批判されたのである。それゆえ、スアレスの契約論の意図もまた両権論に関連付けて理解すべきである。その場合、契約論は、教皇権が神に由来するのに対して、王権が人民に由来するに過ぎないことを示すために用いられた。さらに、教会の事柄を対象とする権力は人間ではなく神のみに由来して教皇へ与えられるので、王権が独力では教会の事柄を対象にできないことを示すために用いられた。このように、契約論の意図は、王権を教会の事柄から切り離し、教皇権に確固として服従させることに存する。Sommervilleの挙げた意図はおそらく誤りではないだろうが、忠誠宣誓論争において両権論に関する意図がより重要である。

七）教皇主義

　忠誠宣誓論争において、Sommervilleと同程度に重要視されている研究として、Elorduyの研究が挙げられる。この研究は大部分が前項の立憲主義や抵抗権論に関わるが、珍しく聖職者の免除論にも関わるので、

本節に組み込む。Elorduy によれば、一方で、ジェームズは王権が直接神授されていることを根拠として、人民の抵抗権を否定し、さらに、聖職者が自国の君主に対する政治的服従を完全に免除されるというスアレスやベラルミーノの理論を王権に対する侵害として批判する。他方で、スアレスとベラルミーノの理論は基本的に大差がない。スアレスは政治権力が自然法によって人民に与えられ、契約によって君主へ移転され、移転後も人民によって潜在的に保持されると論じる。よって、個々の王が持っている王権は、自然法ではなく人定的な契約に直接由来しつつ、自然法から制約を受ける。ここで、Elorduy はスアレスの独自性として、聖職者の免除が自然法に由来していると論じる。それゆえ、自然法により、王の権力は人民から直接移転され、移転後も人民によって奪還可能であり、自国の俗人を対象にできても聖職者を対象にできないことになる。このように、スアレスは自然法を基軸としてジェームズ批判を展開した[75]。以上のような Elorduy の説明は、実際にはベラルミーノもまた聖職者の免除を自然法に基礎づけていたように、幾らかの誤りがみられるが、大部分で正しい。それでも、国教会原理や間接的権力論のような中心的トピックがあまり論じられていない点で、その限界が明らかである。

　この論争においてスアレスが展開した教皇主義的理論の中でも、間接的権力論に関心が集中してきた。抵抗権論や間接的権力論によりジェームズの王権神授説と対峙することで、スアレスは対抗宗教改革の代表的な教皇主義者として捉えられてきた。Schoder はスアレスを、両権をともに教皇に帰属させる直接的権力論と距離をとりつつも、両権をともに世俗君主に帰属させるジェームズの王権神授説を間接的権力論により打破しようとする論者として捉えた[76]。Coxito もまた基本的に同様である。Coxito によれば、直接的権力論はスアレスの時代において決定的に乗

---

[75] Eleuterio Elorduy, "La Soberanía Popular Según Francisco Suárez," in *Defensio Fidei Iii*, ed. Eleuterio Elorduy and Luciano Pereña (Madrid: Consejo Superior de Investigaciones Científicas, 1965).
[76] Raymond Schoder, "Suarez on the Temporal Power of the Pope," *Studies: An Irish Quarterly Review* 30(1941).

り越えられていた。だが、スアレスはこの論争において教会に対する国家の干渉という問題に取り組む必要があった。そこで、両権の自律性を確保しつつ、教会の失われた統一性を回復させるために、間接的権力論を展開した[77]。だが、Battaglia は間接的権力により両権の区別や俗権の自律性が究極的に弱められるという。ジェームズは両権をともに獲得しようとして、教会の強制的性格を否定する。すなわち、教会が権力を行使せず、教えや助言のみ行うと主張する。スアレスは両権が別個であることを認めていたが、このようなジェームズの試みに対峙することで、教会が自身の利益のために権力を行使できることを強調することになる。特に、間接的権力による世俗的介入を正当化することで、両権の区別や俗権の自律性が究極的には弱められる[78]。

俗権の自律性に対する間接的権力の制約という以上のような論点は、立憲主義と絶対主義という論点のように、幅広い解釈が可能であろう。なぜなら、間接的権力論は中間的な位置に存する理論だからである。すなわち、俗権の自律性を根本的に否定する直接的権力論と、教会による世俗的強制力の行使を完全に否定する指導的権力論の中間に立つからである。そこで、再び論争におけるスアレスの意図に注目するならば、スアレスが直接的権力論と距離を取ろうとしたことは明らかである。だが、スアレスの論敵からすれば、間接的権力論は直接的権力論と酷似していたといえるだろう。

間接的権力論に関する研究の中では、Molina Meliá の研究が最も重要である。Molina Melia もまた、テオクラティックな直接的権力論から距離をとりつつ、ジェームズの絶対主義理論を批判するために間接的権力論を駆使した論者として、スアレスを捉える[79]。Molina Melia は俗

---

[77] Amândio A. Coxito, "Francisco Suárez: As Relações Entre a Igreja E O Estado," in *Francisco Suárez (1548-1617) : Tradição E Modernidade*, ed. Adelino Cardoso, António Manuel Martins, and Leonel Ribeiro dos Santos (Lisboa: Centro de Filosofia da Universidade de Lisboa, 1999).

[78] Felice Battaglia, "I Rapporti Dello Stato E Della Chiesa Secondo Francesco Suarez," *Rivista Internazionale di Filosofia del Ditrito* 28(1951).

[79] Antonio Molina Meliá, *Iglesia Y Estado En El Siglo De Oro Español: El Pensamiento De Francisco Suárez* (Valencia: Universidad de Valencia,

権の自律性に対する間接的権力の制約の根拠やあり方などについて、管見の限り最も詳細で適切な説明を行っている。それゆえ、Molina Melia の研究はスアレスのいわゆる間接的権力論に関しては古典的研究であるといえる。

　だが、Molina Melia の研究には見過ごせない欠点もある。本論で主題的に論じるように、スアレスは世俗君主に対する教皇の二種類の *potestas indirecta* について論じている。一つはいわゆる間接的権力であり、キリスト教君主に対して教皇が持つ正規の霊権の一部である。もう一つは、同じ綴りの *potestas indirecta* であり、ここでは便宜的に「間接的な権力」と記す。「間接的な権力」は異教君主に対して教皇が行使する教会の一時的な自己防衛権である。これらの間接的権力と「間接的な権力」は、同一の綴りであるが、スアレスによって基本的に区別され、君主に対する介入の仕方や根拠においても基本的に異なったものである。だが、Molina Melia は「間接的な権力」を間接的権力とほぼ同一のものとして捉えている。その結果、Molina Melia は異教君主に対する教皇権のあり方とキリスト教君主に対するそのあり方の区別を正確に捉え損ねている。それゆえ、「間接的な権力」に関する Molina Melia の説明に従う場合、ヨーロッパ外部のインディアス問題などの文脈におけるスアレス理論を正確に理解することが困難になる。したがって、Molina Melia の貢献はいわゆる間接的権力論に限定される。

　さらに、Molina Melia の研究を含め、教皇主義のテーマに関する先行研究に共通の欠点として、スアレス理論の中でも間接的権力論に議論を集中させてきた点が挙げられる。たしかに、間接的権力論は忠誠宣誓論争における主要な論点であった。だが、忠誠宣誓論争の論点はこの理論だけでは汲みつくされない。この論争やヴェネチアの聖務停止令の論争における主要な論点として、聖職者の免除論が挙げられる。本論で論じるように、16世紀後半以降の宗教戦争の時代において、すなわち、アンリ三世が聖職者に暗殺され、僭主征伐論がスアレスのような聖職者によって唱道されるような時代において、聖職者の免除は重要な論点と

Secretariado de Publicaciones, 1977).

なっていた。一般的にみれば、先行研究には論点に関するこのような限界が見出される。

（b　インディアス問題）
　二つのテーマを扱う。万民法論と布教論である。

八）万民法論
　新世界発見による万民法論の発展が注目されてきた。新大陸とそこに住む無数の人々が発見されることなどにより、Beau は従来の普遍帝国の理論的価値が失墜したと適切に論じる。スアレスにおいて、帝国の範囲はこれまで全世界を占めたことがないとされる。それどころか、その範囲はキリスト教共同体さえ占めることなく、ドイツ帝国の内部に収まる。この帝国の空間的普遍性は望ましさのみならず実現可能性においても否定される。それゆえ、ローマ法の適用範囲は帝国内部のみである。さらに、帝国は聖性を失い、理想としての地位を追われることになる[80]。García y García もまた帝国の空間的な局限性について的確に述べている[81]。

　新世界の発見は正戦論の発展を促すことにもなった。発見以降、スペインが新世界の征服を大々的に行ったため、正戦論が発展する。その寄与者の中にサラマンカ学派が見出される。スアレスはその一員として正戦論の発展に寄与すると考えられてきた。例えば、Rinaldi は戦争を布告する権利などの様々な論点について、ビトリアとの比較を通してスアレスの特徴を示す[82]。Cassi は無辜者の防衛というインディアス問題の特徴的な論点に関するスアレスの主張を比較的詳しく論じている[83]。

---

[80]　Albin Eduard Beau, "O Conceito E a Função Do "Imperium" Em Francisco Suárez," *Boletim da Faculdade de. Direito da Universidade de Coimbra* 25(1949).
[81]　Antonio García y García, "El Sacro Imperio Romano En Francisco Suarez.," *Revista da Universidade de Coimbra* 31(1985).
[82]　Teresa Rinaldi, "Moralità E Prassi Politica Nel Diritto Di Guerra in Francisco Suarez," *Rivista internazionale di filosofia del diritto* 79(2002).
[83]　Aldo Andrea Cassi, "Note a Margine Per Un'edizione Del De Bello Di

九）布教論

　大航海時代は空前絶後の布教の時代でもあった。新世界のみならず、同様に「発見」された日本や、布教が長らく途絶していた中国など、その対象地域は未曾有の広さであった。このような布教の試みの中で、布教理論もまた発展することになる。

　スアレスは当時の布教理論や経験を吸収し、理論を発展させたと考えられた。例えば、Monreal や Morali は、発見以前の新世界における先住民のように、異教徒が布教による改宗を経ていなくても救済されうるか等という当時の切迫した問いに関するスアレスの主張を詳細に扱う[84]。布教には、救済の道具というこの側面の他に、法・権利としての側面がある。Brasio はこの側面に軸を置いて、布教の権利や義務に関するスアレスの主張を、スアレスが論じた順に沿って正確にまとめている[85]。その他に、Solano は、布教により改宗する前の異教徒の知的・道徳的能力について、スアレスの見解を様々なテクストを下に詳しく論じている[86]。

　このテーマで最も重要な研究は Doyle のものである[87]。Doyle の研究には三点の利点がある。一点目は、インディアス問題という文脈を積極的に活用している点である。Doyle は単にインディアス問題をスアレス理論の文脈として引き合いに出すわけではない。その著作名に「アメリ

Francisco Suarez," in *Guerra E Diritto : Il Problema Della Guerra Nell'esperienza Giuridica Occidentale Tra Medioevo Ed Età Contemporanea* (Soveria Mannelli: Rubbettino, 2009).

[84] Porfirio Monreal, "Doctrina Del P. Suarez Sobre La Salvacion De Los Infieles," *El Siglo de las misiones* 4(1917); Ilaria Morali, "Gratia Ed Infidelitas: Nella Teologia Di Francisco De Toledo E Francisco Suarez Al Tempo Delle Grandi Missioni Gesuitiche," *Studia missionalia* 55(2006).

[85] A Brasio, "Principios Missiologicos Do Padre Suarez," in *Historia E Missiologia* (Luanda: Instituto de Investigação Cientifica de Angola, 1973).

[86] Jesús Solano, "Ideas-Guiones Para Una Teología Misionera Del Padre Francisco Suárez," *Misiones Extranjeras* 2(1949).

[87] John P Doyle, "Francisco Suárez: On Preaching the Gospel to People Like American Indians," *Fordham International Law Journal* 15(1992).

カのインディアン」という語が含まれているように、スアレスの布教論を極めて意識的にインディアス問題の文脈へと位置付けている。二点目は、1583年版の「信仰について」(*De fide*)という、全集に含まれていないテクストを用いている点である。このテクストはスアレスがイエズス会のローマ学院で講義を行っていた時に作成した講義用のノートである。例えば、Doyle はこのテクストの中でスアレスがインディオについて明確に一回言及していると指摘し、その箇所の記述から、「発見」当初におけるスペインの布教に対するスアレスの批判的態度を読み取っている（pp.911-912）。さらに、このテクストと全集版の「信仰について」の相違を、言い換えれば、1583年におけるスアレスの見解と最晩年における見解の相違ないし変化を指摘している。三点目は、スアレスの布教論を管見の限りで最も詳細に説明している点である。この点で Doyle は Brasio と同様であるが、布教論の背景にある自然法論などを事前に説明するなどして、より包括的な説明を行う。

　だが、Doyle の研究にも限界がみられる。上述の二点目について、たしかに Doyle は1583年版のテクストを用いている点で特筆に値する。だが、Doyle がこのテクストをどこまで精読しているかが不明瞭である。なぜなら、Doyle はこのテクストにおいてインディオに関する言及が一回だけなされたというが（p.948）、実際には五回なされているからである。さらに、Doyle はこのテクストと全集版の重要な相違に言及できているが、その相違ないし変化の原因について論じていない場合がある。相違や変化の原因として、当時の他地域における布教が推測されうる。Doyle はアフリカや東アジアの布教に言及しているが（Ibid）、相違や変化の原因とそれらの布教の関係について特に論じていない。その結果、スアレスの布教論全体をインディアス問題のみに還元させる傾向にある。さらに、上述の三点目について、一見して意味の不明瞭なスアレスの主張について説明がなされておらず、触れられてもいないので、解釈が不十分である。最後に、インディアス問題における他の論者の主張をあまり扱っていない。スアレスが布教論において批判したセプルベダの主張などを明確な仕方で扱うべきであろう。

（c　東アジア布教）

　東アジア布教という文脈については、Bernard による布教論の研究が唯一のものである。Bernard は 1580 年代のチナ事業にスアレスの布教論を関係づける。チナ事業の展開を説明し、主要な論者であるサンチェスやサラサールの議論を取り上げた上で、スアレスの主張を扱っている。具体的に、布教を望まない異教国に対する布教が許されるかという点に関するスアレスの主張を、宣教師を門前払いし続けていた中国を布教のために開国させるための戦争としてのチナ事業に関連付けている[88]。

　他の研究者がヨーロッパ外部の文脈についてスアレスをインディアス問題にしか関連付けてこなかった中で、Bernard は東アジアという 16 世紀の重要な文脈にスアレスを関連付けた点で際立った利点を有している。Bernard はマテオ・リッチという 16 世紀末の中国布教の成功者に関する研究で著名であるからこそ、スアレスをこの文脈に位置付けることができたのだろう。しかし、Bernard の扱ったテクストを考慮すれば、Bernard の限界は明らかである。Bernard はチナ事業に関するスアレスの書簡に言及しているが、おそらく現物を読んでいない。考察の基本的な対象は全集版の *De fide* である。この著作において、中国は明示的に言及されていない。それゆえ、Bernard が扱ったスアレスの主張はチナ事業と関連があると推測されるが、どれだけ関連があるかは不明なままである。スアレスを東アジア布教の下で論じるためには、Bernard が扱わなかった上述の書簡をはじめ、様々なテクストを渉猟する必要がある。

（d　インディアス問題と忠誠宣誓論争）

　複数の文脈を考慮に入れる研究は比較的近年になって登場してきた。

　インディアス問題と、忠誠宣誓論争というよりむしろ広く宗教改革の文脈において、Toledo と Amezúa Amezúa はスアレスの万民法論の研究を行ってきた。彼らによれば、一方で、宗教改革により、中世的な普遍帝国や普遍教会は解体し、諸国家が台頭する。そこで、国家間関係を

---

[88] Henri Bernard, "La Théorie Du Protectorat Civil Des Missions En Pays Infidèle; Ses Antécédents Et Sa Justification Théologique Par Suarez," *Nouvelle revue théologique* 64(1937).

規制する必要が出てくる。他方で、インディアス問題により、スペインが新世界を発見し、侵出を企てる。そこで、この征服を抑制する必要が出てくる。万民法／国際法の理論はこれらの必要により発展していくとして、彼らはスアレスの万民法論の特徴を示そうとする。このように彼らは論じているが、実際には二つの文脈の中でもインディアス問題に議論が集中している。当時の万民法論は正戦論を主要な構成要素としており、サラマンカ学派の正戦論は主にインディアス問題で論じられていたため、彼らの議論の大半がインディアス問題に偏ったのだろう[89]。

同様にインディアス問題と宗教改革において、Noreña は政治権力に関する研究を行った。Noreña によれば、一方においてインディアス問題における未知なる他者との接触は、政治権力の本性や国家間関係の再考を促した。他方において宗教改革は宗教戦争を生み出し、政治権力の限界や抵抗権に関する考察を促した。Noreña は二つの文脈をこのように捉えた上で、国家内部における君主と臣民の関係や国家間関係に関するスアレスの主張を論じようとする[90]。しかしながら、Noreña の議論もまたインディアス問題に偏っている。Noreña によれば、インディアス問題における他民族との接触により、恩寵ではなく人の理性的ないし社会的本性に基づいた考察がなされ、その結果として国家が自然的実体として捉えられるようになった。こうして、人類の平等性や統一性の基礎が発見されるに至った、とされる（p.269）。Noreña の議論はこのようにインディアス問題に偏るが、そこには別の問題も見出される。すなわち、自然的実体としての国家という捉え方がインディアス問題におけるどのような議論に由来するかが論証されていない。さらに、この捉え方

---

[89] Cezar de Alencar Arnaut de Toledo, "Francisco Suárez E O Nascimento Do Direito Internacional," *Acta scientiarum* 21, no. 1 (1999); Luis-Carlos Amezúa Amezúa, "Orden Internacional Y Derecho Cosmopolita: El Ius Gentium De Suárez," in *¿Hacia Un Paradigma Cosmopolita Del Derecho?. Pluralismo Jurídico, Ciudadanía Y Resolución De Conflictos*, ed. Alfonso de Julios Campuzano Nuria Belloso Martín (Madrid: Dykinson, 2008).

[90] Carlos G Noreña, "Francisco Suárez on Democracy and International Law," in *Hispanic Philosophy in the Age of Discovery*, ed. Kevin White (Washington, D.C: Catholic University of America Press, 1997).

が宗教改革において、あるいは Noreña も触れている忠誠宣誓論争においてどのように論じられたかについて論じていない。それゆえ、この捉え方が本当にインディアス問題の議論に由来するかが不明である。

　Courtine はインディアス問題と忠誠宣誓論争の文脈にスアレスを位置付けることで、政治権力の世俗化という特徴を炙り出そうとする。特に、スアレスが「純粋な自然（*pura natura*）」という概念により自然と超自然を峻別することで、政治権力の目的と起源を世俗化したことに注目している。まず、宗教改革を原因とする宗教戦争において、教皇は頻繁かつ熾烈に介入を行った。それゆえ、世俗国家は主権論や絶対主義の主張により自己の保存を試みた。この主権論や絶対主義は、忠誠宣誓論争において典型的にみられたように、世俗化ではなく再聖化へと向かった。ジェームズ１世は世俗君主を「小さな神」と呼んだように、聖書の特殊な解釈に基づいた神学的議論によって政治権力の強化を試みたのである。対照的に、スアレスは国家の世俗化を推し進めた。スアレスは「純粋な自然」という概念により自然と超自然を峻別する。その上で、政治権力の目的である共通善を純粋に自然的なものとして捉え、そこから魂の救済のような超自然的なものを排除する。このようにして政治権力を世俗化することで、霊的事柄を政治権力の対象に含めようとするジェームズを批判する。次に、新世界の発見により、キリスト教の統一性という概念は粉砕され、諸民族の多様性という概念に代替されていく。その際に、政治権力の起源に関する世俗化が重要となる。スアレスはルターを意識して、政治権力の起源が堕罪ではなく自然に存するという。すなわち、政治権力は人間の自然本性の結果であるという。政治権力は啓示に依存しないので、キリスト教徒の下でも異教徒の下でも同一である。このような起源における世俗化は国際社会における諸国家の多元性や協調を基礎づける[91]。

　「純粋な自然」という概念に着目した Courtine の研究は、スアレスの政治思想の一側面を的確に説明している。まず、忠誠宣誓論争において

91　Jean-François Courtine, *Nature Et Empire De La Loi : Etudes Suaréziennes* (Paris: Éditions de l'École des hautes études en sciences sociales : J. Vrin, 1999).

序論　45

スアレスがジェームズを批判するために政治権力を世俗化させたという主張は、既に行われてきたものである。それでも、スアレスの論敵である絶対主義や主権論を世俗化ではなく再聖化として捉えることで、両者の対照を描くことはあまり行われてこなかった。この対照により、スアレスの特徴は一層浮き彫りとなった。次に、政治権力の起源の世俗化に関する指摘もまたそれ自体としては正しいといえる。その際に、「純粋な自然」に着目した点は特にCourtineの貢献であるといえる。スアレス哲学の著名な研究者だからこそ、その概念に着目してそのような議論を発展させることができたのだろう。

　だが、Courtineの研究には二点の限界が見出される。

　第一に、スアレス理論における世俗化の限界を示していない点である。Courtineは世俗化を自然化として、言いかえれば超自然からの分離として捉えているといえる。このような意味において、たしかにスアレス理論は世俗化を推し進めている。例えば、魂の救済は政治共同体の共通善から排されている。だが、自然化という世俗化は宗教からの分離を意味しない。なぜなら、自然法における最も根本的な命令の一つに、真の神を崇拝することが含まれているためである。この崇拝すなわちレリギオ（*religio*）は自然法の根本的な命令であるため、自然化という世俗化が推し進められたスアレスの政治権力であってもこの崇拝に反することは許されない。その含意として、神の崇拝ないし宗教が、特に偶像を崇拝するような異教諸国における政治的正統性に根本的な影響を与える点を挙げられる。なぜなら、宗教は政治共同体の共通善の一部を構成するからである。それゆえ、偶像崇拝のような宗教は布教や征服に関して重要なトピックとなる。このように、スアレス理論における世俗化は超自然や恩寵からの分離を意味するが、宗教からの分離を意味しない。世俗化のこの限界は、スアレスが世俗化と関連付けられることが少なくないので、指摘されるべきである。

　第二に、「純粋な自然」という概念に議論を過度に集中させている点である。「純粋な自然」という概念は、キリスト教の啓示を捨象した自然である。人はキリスト教徒に改宗した場合、すなわちキリスト教の信仰を抱いた場合、「純粋な自然」から「信仰に照明された自然（*natura fide illuminata*）」という視点に移行する。キリスト教の諸国家と教会の関係は大部分で「信仰に照明された自然」に関わる。Courtine は「信仰に照明された自然」ではなく「純粋な自然」に議論を集中させているため、教皇とキリスト教君主の両権の関係についてあまり論じておらず、例えば間接的権力論について簡単に触れているのみであり、詳細な分析を行っていない。結局のところ、Courtine は両権論ではなく国家論を主題としている。

　以上のように、日本における先行研究と、海外における通史的および同時代史的な先行研究を扱ってきた。海外における通史的研究は、法・権利論、自然法論、万民法論、政治共同体論、両権論という五つのテーマにおいて整理した。同時代史的研究は、忠誠宣誓論争、インディアス問題、東アジア布教、忠誠宣誓論争とインディアス問題という四種類の文脈の下で、立憲主義、教皇主義、万民法論、布教論という四つのテーマにおいて整理した。

　本研究は基本的に同時代史的研究であるので、ここでは同時代史的研究の成果と限界について簡単にまとめ、本研究の位置づけを示す。まず、スアレスは主に忠誠宣誓論争の下で論じられてきた。基本的に、スアレスは主にヨーロッパ内部の宗教改革において対抗宗教改革の代表的な教皇主義者として捉えられてきた。特に、忠誠宣誓論争の下で、王権神授説に依拠したプロテスタントの絶対主義者であるジェームズ１世を、教皇主義的な間接的権力論で批判するか（例えば、Molina Melia や Coxito）、立憲主義な人民の抵抗権論で批判するような（例えば、Sommerville）、対抗宗教改革の代表者として捉えられてきた。対抗宗教改革の代表者という側面はスアレスにたしかに見出されるので、この側面について先行研究は功績を積み重ねてきたといえる。それでも、聖職者の免除論のように、当時の主要な論点を見落としてきたという問題が見出される。次に、スアレスはインディアス問題の下で論じられてきた。そこでは、万民法論や布教論におけるスアレスの貢献が示された。しかし、スアレスはインディアス問題の下でのみ論じられたので、ビトリアのような主要な論者よりは重要性の低いサラマンカ学派の

二次的論者として位置づけられてきた。この位置づけを適切に修正するためには、スアレスを東アジア布教の文脈にも置く必要がある。しかし、東アジア布教に関する研究は極めて稀であった。次に、ヨーロッパ内部の文脈のみならず外部の文脈をも同時に射程に入れる研究として、Courtine の研究が存在した。本研究は「純粋な自然」の重要性等に関して、Courtine の研究を参考にしている。本研究と Courtine の研究の主な違いは二つある。一点目として、Courtine の主軸が国家論であるのに対して、本研究は両権論である。二点目として、本研究は両文脈を同時に射程に入れるのみならず、文脈間の思想的影響を主題的に論じる。二点目は、スアレスが略歴で示したような位置づけにあったからこそ可能となるのであり、よってスアレス研究でこそ重視されるべき課題である。

　以上のような従来の同時代史的スアレス研究を踏まえると、本研究の位置づけないし特徴は次のようになる。本研究は、先行研究が扱ってきた間接的権力論のような主要論点を扱いつつ、聖職者の免除論のような新しい論点を加え、先行研究が射程に入れてきた忠誠宣誓論争のような論争を射程に入れつつ、東アジア布教の論争や聖務停止令論争のような論争を新たに射程に加え、それらの文脈間における思想的影響関係をスアレス理論の下で主題的に論じる。このようにしてスアレスの両権論を包括的に論じ、その全貌を示す。この全貌を明らかにして初めて、スアレス理論は近世という時代を理解するための主要な手段になることができる。

　以上を踏まえて、本研究はヨーロッパ内部の宗教改革のみならず外部の全世界的布教の下でスアレスの両権論を理解していく。

本研究の方法

　本研究はスアレスの両権論に関する主要テクストを、当時の時代的文脈とそれらの文脈における諸言説の下で読解する。時代的文脈は大別すれば宗教改革と大航海時代である。諸言説は、スアレスが主に関わった四つの論争である。すなわち、16 世紀前半のインディアス問題、16 世

紀後半の東アジア布教の論争、17 世紀初頭のヴェネチアとローマの聖務停止令をめぐる論争、同時期のローマとイングランドの忠誠宣誓をめぐる論争である。後述のように、本研究は基本的に時間軸に沿ってこの順番通りに、各章で各論争を扱うという構成になる。

　本研究の形式的な特色を示すために、本研究で扱うスアレスのテクストについて詳しい説明が必要になる。その特色は次の点である。本研究は二つの目的のために、すなわち先行研究が基本的に射程外においてきた重要な諸論争を射程に入れるという目的と、先行研究が行ってこなかったスアレスの思想的発展を通時的に追うという目的のために、先行研究では使用されてこなかった種類のテクストを扱う点である。

　スアレスのテクストは著作とそれ以外の二種類に大別でき、より細分化すると六種類に分けられる。まず、著作は三種類に分けられる。第一に、16 世紀末から 17 世紀の当時に公刊された諸著作である。大半はスアレスの生存中と死後すぐに出版された。第二に、近代に公刊された全集であり、特に 19 世紀半に公刊されたパリ版の全集である。この全集には、既に公刊されていたスアレスの著作のほとんどが所収されている。第三に、スアレスが当時執筆していたが公刊されなかった著作である。近代に至ってパリ版全集とは別の著作集に所収されたり、20 世紀に入って翻刻されて公刊されたり、様々な論文として公にされたりした。神学や哲学の著作が多い。本研究にとっては、聖務停止令論争に関する『ヴェネチアが侵害した聖職者の免除について』が主に重要である。次に、著作以外のテクストは三種類に分けられ、近現代に至って翻刻され公刊されたか、手稿のまま存在している。まず、第四に、当時の様々な時事問題に関して依頼されて執筆したスアレスの意見書である。依頼者は聖職者から俗人まで多岐に渡り、よってテーマも多岐に渡る。本研究にとっては、1607 年の東インド航路の海上ミサに関する意見書が重要である。第五に、スアレスが様々な学院や大学で教鞭を執った際の講義ノートである。第六に、書簡である。スアレスの書簡が多く残存しており、ヨーロッパの様々な古文書館などに所蔵されているようである[92]。

92　以下では、第五および第六のテクストについて、翻刻されていない手稿

本研究にとっては、1590年代のチナ事業に関する書簡が重要である。

　先行研究とは異なり、本研究はパリ版全集以外のテクストを主に扱う。ほとんどの先行研究は最も権威ある版としてパリ版全集を使用してきた。だが、パリ版全集に所収されている諸著作だけでは、上記二つの目的を達成できない。まず、一つ目の目的として、聖務停止令論争を射程に入れるために、第三の『ヴェネチアが侵害した聖職者の免除について』が必要である。さらに、東アジア布教を射程に入れるために、第四の東インド航路の海上ミサに関する意見書が重要であり、特に第六のチナ事業に関する書簡が必要である。次に、二つ目の目的として、スアレスの思想的発展を通時的に追うために、第五の様々な講義ノートが必要となる。これらの講義は、次の政治思想に関する主著へと結実していく。1612年の『法および立法者たる神について』、1613年の『信仰の防衛』、1621年の『神学的な三つの徳』である。まず、1580年代のローマ学院における講義はそれら三つの共通基盤を成している。1601-3年のコインブラ大学における法学講義は、後に加筆修正されて『法および立法者たる神について』として公刊される。1607年の同大学における神学講義はその著作における議論の深まりを理解する上で重要である。1613-15年の同大学における講義は1580年代のローマ学院における講義の一部の再論であり、特に布教論の発展が見て取れる。加筆修正されて、『神学的な三つの徳』として公刊される。以上の二つの目的を達成すべく、第三から第六までのテクストを本研究は扱う。さらに、パリ版全集と第一の当時のテクストは中身が競合しているが、第一のテクストを可能な限り優先して使用する。なぜなら、第一のテクストの欄外における書き込みがパリ版全集では削除されている場合があるからである[93]。

のテクストから引用する場合に限り、引用の原文を注にて転記する。
93　例えば、スアレスの『恩寵について』第一巻である。スアレスはプロレゴメナにおいて神の予知について論じる際に、「我々が読むところによれば、我々の時代においても、日本やインドにおいて、異教徒に我々の信仰を宣べ伝えていた宣教師に対して異教徒から同様の問いが提起された」（Francisco Suarez, *De Diuina Gratia* (Moguntiae: sumptibus Hermanni Mylij Birckmanni, 1620), 41.）と述べている。ここでスアレスが日本やインドに関する最新情報の典拠としているテクストは、1620年の初版の欄外において

さらに、スアレス理論に対する反ローマ陣営の批判を理解するためには、近代のテクスト・クリティークを経た版よりも当時の版が適しているためである。以上のように、スアレスが参与した諸論争をより適切に理解し、これまで扱われてこなかった諸論争を射程に入れ、それらの諸論争への参与によるスアレスの思想的発展を通時的に追うために、本研究は先行研究が扱ってこなかったテクストを主に扱う。

　最後に、東アジア布教の論争に関しては、別の諸論争とは幾らか異なるアプローチを採る。他の諸論争において、スアレスは各々の論争に関するまとまった主要テクストを執筆している。しかし、東アジア布教の論争ではそのような主要著作といえるテクストを書いていないので、主なテクストは書簡等になる。それゆえ、スアレス理論を理解する上で、テクスト上の直接的証拠よりも時代状況などの間接的証拠に依存する度合いが他の諸論争の場合よりも高まる。したがって、当時の時代状況に関する歴史学的説明などが紙幅を比較的多く占めることになる。その際に、これまで西洋政治思想史研究とほとんど接点を見出されてこなかった近世日本のキリシタン史研究等の成果を積極的に活用する。

本研究の構成

　本研究は二部と六章で構成されている。スアレスの思想的発展を通時的に追うために、基本的には時間軸に沿って各章を配置している。

　第一部では、16 - 17 世紀初頭のヨーロッパ外部の二つの論争においてスアレス理論をみていく。第一部の中心的論点は、教皇と異教君主の権力の関係である。第一章では、本論に備えて下準備を行う。すなわち、近世に至る中世の両権論の流れを簡略的に示す。その後に、スアレスの両権論のいわば基本型を示す。第二章では、インディアス問題の下でス

「部分的には、フランシスコ・ザビエル神父の生涯の歴史であり、部分的にはインドの書簡」（ibid.）であると書かれており、すなわちザビエルの伝記と書簡集であることが分かる。しかし、全集版の『恩寵について』では、この書誌情報が削除されてしまっている（*De Gratia*, vol. 7, Opera Omnia (Parisiis: Ludovicum Vivès, 1857), 66.）。

アレス理論をみていく。ビトリアやセプルベダのようなインディアス問題の主要論者による言説を再構成し、その中で1580年代ローマ学院の講義におけるスアレス理論を理解する。この講義で扱われた布教論や正戦論等の中に、インディアス問題に関する若きスアレスの強い関心が見て取れる。第三章では、16世紀後半以降の東アジア布教の下でスアレス理論をみていく。特に、日本と中国におけるイエズス会の布教の理論と経験がスアレスの布教論に与える影響を、書簡等の手稿史料や様々な著作によって明らかにする。

　第二部では、まず17世紀初頭のヨーロッパ内部の二つの論争においてスアレス理論をみていく。第二部の中心的論点は、教皇とキリスト教君主の権力の関係である。第四章では、ローマとヴェネチアの聖務停止令論争の下でスアレス理論を理解する。サルピやベラルミーノのような聖務停止令論争の主要論者による言説を再構成し、その中で当時公刊されなかった『ヴェネチアが侵害した聖職者の免除について』を読解する。中世以来の反教皇主義的カトリックの流れに属するヴェネチアに対して、スアレスは君主の世俗的最高権や国家理性論のような世俗的根拠をヴェネチア陣営の主張に見出して批判し、教皇主義を擁護することになる。第五章では、ローマとイングランドの忠誠宣誓論争の下でスアレス理論を理解する。ジェームズ1世やベラルミーノのような忠誠宣誓論争の主要論者による言説を再構成し、その中で『信仰の防衛』を理解する。ヘンリ8世以降宗教改革が進められてきたイングランドの国王ジェームズ一世に対して、スアレスは王の霊的首位性という霊的根拠をジェームズ陣営の主張に見出して批判し、教皇主義を擁護することになる。

　ここまでで四つの論争を個別に扱った上で、最後に第六章で各文脈間関係を、特にヨーロッパ内部に対する外部の思想的影響を主に忠誠宣誓論争の下で主題化する。第六章は、スアレス研究としての、さらに近世の両権論や政治思想の研究としての本研究において最も独創的な部分である。その後、本書の結論を示し、当時のスアレス批判を補論で扱う。

第一部

大航海時代における
キリスト教共同体の拡大

第一部は、16 世紀のヨーロッパ外部における異教君主と教皇の両権の関係を主題とする。1492 年のコロンブスによる新世界発見により、スペインは新世界の征服に着手する。征服事業は布教事業と渾然一体となっていたので、発見は未曾有の布教の時代をもたらした。さらに、布教地域は新世界に限られず、ザビエルの日本到来にみられるように、特に 16 世紀後半には東アジアへと拡大した。そこで、第二章で新世界を、第三章で東アジアを扱う。主に、布教における武力行使のあり方や根拠を主題とした布教論について論じていく。なお、序のサーヴェイで述べたように、従来のスアレス研究は大半がヨーロッパ内部の文脈に着目してきたため、ヨーロッパ外部の文脈に関する先行研究は比較的少ない。後者の研究は各章において具体的に挙げる。

　近世の西洋政治思想史において、布教論はどのような意義をもつのだろうか。これまで大別して二種類の意義が見出されてきた。第一に、帝国論における意義である。Pagden によれば、新世界の発見以降、ヨーロッパの帝国は外部へと拡大していく際に、布教をイデオロギー的基盤としていた。スペイン帝国のみならず、フランスやイギリスの帝国においても同様である。本論で論じるように、特にスペイン帝国は征服の正当性を教皇に依存しており、教皇は正当性の根拠として布教を挙げていたので、布教やその理論が帝国の拡大において非常に重要となった[1]。第二に、国際法論における意義である。Muldoon によれば、中世盛期から近世までのキリスト教徒と異教徒の関係に関する理論がグロティウスにみられるような近代国際法の形成に非常に重要な貢献を行った。布教論は前者の主要な構成要素であった。それゆえ、布教論は近代国際法の思想的源泉の一つとして重要な意義をもつ。この意義に関連した別の意義をさらに二つ挙げることができる。一つ目として、国際法論ないし万民法論に属している正戦論における意義である。本論でみていくように、布教は正戦論における主要な論点の一つだった[2]。二つ目として、「ヨー

---

[1] Anthony Pagden, *Lords of All the World : Ideologies of Empire in Spain, Britain and France c.1500-c.1800* (New Haven: Yale University Press, 1995).
[2] James Muldoon, Popes, *Lawyers and Infidels: The Church and the Non-Christian World, 1250-1550* (Philadelphia: Liverpool University Press, 1979).

ロッパ中心主義」や「他者性」などの現代的な問題関心の下で、布教で宣教師によって大量にもたらされた新世界などの先住民に関する情報が注目されてきた。ヨーロッパ人と非ヨーロッパ人の間に優劣関係を見出した近代の植民地主義に対して、宣教師たちは文化人類学的な差異や他者性を見出す場合があった[3]。そのような場合に、国際的ないし世界的秩序はヨーロッパ中心主義的な秩序とは異なる秩序となる可能性がある。

　帝国論や国際法論における意義を認めつつ、本書は近世の両権論において布教論の意義を見出す。その意義を示すために、布教論がどのようにして両権論に関わるかを説明する必要がある。

　まず、キリスト教共同体の概念についてより詳しく説明する必要がある。ここでは、スアレスの解釈を説明する。この概念の特徴として二点指摘できる。

　第一に、キリスト教共同体は教皇のみを頂点とする一種の政治共同体である。先述のように、教皇だけが頭であり、キリスト教の皇帝や諸君主を含めた全てのキリスト教徒が四肢である。それゆえ、キリスト教共同体は教皇が最高権を持つ統治体である。そのため、キリスト教共同体は（広義の）教会としばしば呼ばれる。

　第二に、キリスト教共同体は純粋な世俗的政治共同体ではない。キリスト教共同体すなわち広義の教会は、自身の共通善のために統治権を持ち行使するので一種の政治共同体であり、入退の自由な自発的結社とは異なる。さらに、一般的な世俗国家とも異なり、キリスト教共同体の成員は全世界のあらゆる地域におけるキリスト教徒である。キリスト教徒の中には、ヨーロッパの場合のように、キリスト教君主に服従する者もいれば、ヨーロッパ外部の場合のように、異教君主に服従する者もいる。後者の場合、それらのキリスト教徒は教皇に霊的に服従しているのでキリスト教共同体の成員であり、異教君主に世俗的に服従しているので異教国の臣民でもある。このように、同一人物が同時にキリスト教共同体と異教の世俗国家の成員になることが可能である。

3　Anthony Pagden, *The Fall of Natural Man: The American Indian and the Origins of Comparative Ethnology* (Cambridge: Cambridge University Press, 1986).

布教により狭義の教会やキリスト教共同体が拡大することで、異教君主の俗権と教皇権の関係が根本的に変化しうるので、布教論は両権論の主要な構成要素となる。異教君主の俗権は布教以前において、キリスト教会との関係において、少なくとも事実として自律的である。しかし、布教によって、二つの理由でその政治的自律性は根本的に弱体化されうる。第一に、布教自体が武力行使を伴うかもしれないからである。それゆえ、布教における武力行使の方法や正当性が第一部における主要な論点となる。第二に、布教によって改宗した者たちにおいて、「二人の主人」という古典的問題が生じるからである。異教君主に対して世俗的に服従している異教徒は、キリスト教への改宗によって、教皇に霊的に服従し、キリスト教共同体の成員にもなる。それゆえ、これらの改宗者は異教君主と教皇という二人の支配者に対して服従を義務付けられる。教皇と異教君主の命令が対立した時に、改宗者たちはどうすべきか。ここに、両権論の古典的問題が現れる。

　以上のような性格を有する布教論は、近世の両権論における本質的な側面の一つである。この点を理解する上で、序論で触れた O'Malley の議論が参考になる。O'Malley によれば、16 世紀のカトリックに関する歴史研究は、宗教改革によって過度に囚われてきた。トリエント公会議に重きを置く従来の研究において、カトリックの流れは反宗教改革ないし対抗宗教改革（Counter Reformation）やカトリック改革（Catholic Reformation）という概念枠組によって説明されてきた[4]。しかし、これらの枠組みを用いた場合に、トリエント公会議が布教を議題として全く扱わなかったように、布教に関するカトリックの重要な歴史的展開などを捉えることができない。それゆえ、16 世紀におけるカトリックの流れを部分的にしか捉えられない現状を打破するために、O'Malley は対

---

[4] 宗教改革期におけるカトリックの宗教運動について様々な見解が存在してきた。特に、カトリックの改革運動が反動的か自発的かという点や、その改革運動とプロテスタントの改革運動の関係がしばしば論点となってきた。それらの捉え方に応じて、反宗教改革や対抗宗教改革などの呼称が付されてきた。本書はこの時期のカトリックの改革運動を一般的に名指す場合には対抗宗教改革と呼んでいる。宗教改革による失地の回復という巻き返しの側面を強調する場合には、反宗教改革と呼ぶ。

抗宗教改革などよりも適した概念枠組を提示しようと試みる[5]。このような O'Malley の議論は、近世の両権論に関する思想史研究に対して重要な示唆を与えてくれる。少なくともカトリックにとっては、ヨーロッパ内部の宗教改革だけではなく外部の布教が極めて重要であった。布教論の古典的研究として広く認められている著作の中で Bosch が述べているように、大航海時代は布教が征服と渾然一体となっていたことも一因となり、規模等において「空前絶後の布教の時代」[6]だったのである。それゆえ、布教における武力行使の方法や根拠などが両権論における喫緊の論点として浮上した。実際に、サラマンカ学派やイエズス会などが当時の重要な理論的課題として布教論に取り組み、発展させた。サラマンカ学派とイエズス会はカトリックの主要なアクターであったので、布教論は近世の両権論における本質的側面の一つであった。

　以上より、布教論の意義について次のように結論する。布教論は近世の両権論において何らか特定の意義を有するというよりもむしろ、その本質的な構成要素である。それゆえ、布教論が何らか特定の意義を有するから近世の両権論の思想史研究に組み込まれるべきであるというよりもむしろ、そもそもその両権論における不可欠な要素であるから思想史研究に組み込むべきであるといえる。したがって、近世の政治思想史を描く上でも必要な要素の一つである。

　本論に移る前に、説明すべき点がもう一つある。本書における鍵概念の「間接的権力」（*potestas indirecta*）である。本論でみていくように、16 世紀において、間接的権力論は理論として未だ形成途上にあった。それゆえ、用語の揺れや内実の多様性がみられた。したがって、ここで間接的権力論の要件や特徴を示しておくべきであろう。間接的権力論の要件として、二点挙げることができる。

---

[5] John W. O'Malley, *Trent and All That: Renaming Catholicism in the Early Modern Era* (Cambridge: Harvard University Press, 2002), 136.

[6] David Jacobus Bosch, *Transforming Mission: Paradigm Shifts in Theology of Mission* (Maryknoll: Orbis Books, 1991), 227.（デイヴィッド・ボッシュ『宣教のパラダイム転換』上巻、東京ミッション研究所訳、東京ミッション研究所、1999 年、381 頁）

第一の要件は、教皇が霊的目的や事柄のために世俗的事柄に対して権力を持つことである。直接的権力論（potestas directa）において、教皇は一般的な世俗君主のように世俗的目的のために世俗的事柄に対して権力を持つ。教皇と世俗的事柄のこのような関係は直接的であり、教皇は世俗的事柄に対して権力を直接的に（directe）持つ。この場合、教皇は各国の世俗君主と同様の世俗的統治者であるといえる。なぜなら、世俗君主が自国の平和のような世俗的目的のために世俗的法を立てるように、教皇は各国の平和のためにそれらの国において世俗的法を立てるためである。間接的権力論において、教皇は世俗的目的のために世俗的事柄に対して権力を持つことができず、あくまで霊的目的や事柄に関する限りでその権力を持つにすぎない。世俗的事柄に対する教皇権は、世俗的事柄よりも上位の秩序に属する霊的な目的や事柄によって制約されている。この場合、教皇は世俗的事柄に対して権力を間接的に（indirecte）持つ。「間接的」という名称はこの霊的な上位の目的等による制約に由来するといえるので、この制約は間接的権力論のより本質的な特徴であり、要件である。この第一の特徴を「霊的な上位の目的等による制約」と呼ぶことにする。

　第二の要件は、間接的権力の対象となる者を、教皇が正規の統治者として恒常的に統治していることである。言い換えれば、その対象者が教皇に対して、戦争捕虜のように何らかの特別な理由によって例外的かつ一時的に服従しているわけではなく、正規の臣民として恒常的に服従していることである。あるいは、教皇がその対象に対して正規の裁治権を持っていることである。第二の要件を、教皇権に対する「正規の恒常的な服従」と呼ぶことにする。本論で見ていくように、第二の要件は少なくともヨーロッパ外部の文脈における論争を理解する上で重要であるので、間接的権力論の要件として設定されるべきである。

　第二の要件を考慮に入れると、二種類の間接的権力論を区別すべきであるといえる。一つ目は、第一および第二の要件が満たされた間接的権力の対象者をキリスト教君主に限定する理論である。二つ目は、同様の間接的権力の対象者をキリスト教君主のみならず異教君主へと拡張した理論である。

それら二種類の間接的権力論の間には、上述のような権力行使の対象とは別の重要な相違点が存在する。両権の明確な区別や配分である。スアレスが支持した一つ目の間接的権力論において、両権は明確に区別され、霊権が教皇へ、俗権が世俗君主へ配分される基本的傾向がみられる。だが、二つ目の間接的権力論において、この傾向は必ずしもみられない。

　二種類の相違点に基づいて区別された二種類の間接的権力論を、次のように名づける。第一に、スアレス等の理論である。この間接的権力論において、霊権と俗権が峻別され、間接的権力を行使すべき対象もまた峻別され、その結果として教皇権が明確に抑制される。第一の間接的権力論を、「峻別抑制型の間接的権力論」と名付ける。第二の間接的権力論において、俗権と霊権は必ずしも峻別されておらず、間接的権力を行使すべき対象は一律的にあらゆる世俗君主となる。第二の間接的権力論を、「一律型の間接的権力論」と名付ける [7]。

　二種類の間接的権力論を区別すべき主な理由は二つある。第一に、ヨーロッパ内部と外部の思想的影響関係を、特に内部に対する外部の影響関係をより明確に理解できるようにするためである。この影響関係の探

---

[7] 管見の限り、両権論に関する先行研究は、近世の両権論に関する思想史的関心の下で明確な仕方で間接的権力論を二種類に区別してこなかった（ただし、教皇の間接的権力を現代に適応させるという関心の下で、スアレスなどの古典的な間接的権力論とは異なる種類の間接的権力論を案出することで、二種類の間接的権力論を区別する研究は存在する。Thomas T. Love, "Roman Catholic Theories of "Indirect Power"," *A journal of church and state* 9(1967).)。主な理由は、先行研究の大半がヨーロッパ内部に関心を集中させてきた点に存するといえるだろう。一つの象徴的な例は、Höpfl の研究である。ヨーロッパ外部の布教がイエズス会の本質的特徴の一つであるにもかかわらず、Höpfl は『イエズス会の政治思想』において射程をヨーロッパ内部に限定し、ヨーロッパ外部を捨象した。その結果、異教君主に対する教皇権とキリスト教君主に対する教皇の間接的権力が論者によって異なったり同一であったりする可能性に Höpfl は気づいているにもかかわらず、その相違点などに基づいて二種類の間接的権力論を区別することの重要性を認識せず、区別を行わなかった（Harro Höpfl, *Jesuit Political Thought: The Society of Jesus and the State, c.1540-1630* (Cambridge, UK: Cambridge University Press, 2004), 339-65.)。だが、第二部で明らかになるように、その区別はヨーロッパ外部の文脈だけではなく内部の文脈においても重要な論点となるだろう。

求は第六章で主に行う。第二に、ヨーロッパ外部の文脈で両権の関係を考察する際に役立つからである。二つの間接的権力論の主な違いは上述のように正規の恒常的な服従である。一律型の場合、異教君主が自然法により正当な支配権を持つにもかかわらず、教皇は異教君主に対して恒常的な上位の支配権を持つ。この支配権を根拠として、異教徒による多様な罪を教皇は罰せるという基本的傾向がみられる。その罪には、布教妨害や迫害のように、キリスト教会に対する危害が含まれると同時に、不信仰や偶像崇拝ならびにソドミーのように、教会に対する実害を伴わないような罪も含まれる。以下で見ていくように、一律型において、教皇は霊的目的や事柄を介するならばどちらの罪であっても罰することができ、さらに、異教徒が罪を犯さなかったとしても、あるいは罪に先行して、諸々の異教君主の上に帝権を立て、キリスト教徒に帝権を授与できる。これら多くの権能が異教君主に対する間接的権力という恒常的な上位の支配権に基づく。しかし、峻別抑制型においては、状況が大きく異なる。したがって、異教君主と教皇の両権関係を分析する上で、近世に広く普及していたがゆえに多様であった間接的権力論を区別することが重要である。

　以上の諸点を踏まえて、本論で近世の両権論について論じていく。その前に、まず第一章でそのための下準備を行う。

第一章　中世の両権論とスアレス理論

　本章では下準備として、主に二点を行う。第一に、中世の両権論について簡略的にまとめて論じる。本論を理解する上で重要と思われる論者やテーマを選択しているので、包括的な概略をここでは意図していない。第二に、主に『法および立法者たる神について』をもとにして、スアレスの両権論のいわば基本型を簡略的に示す。第二章以降では、スアレスの両権論の発展を時系列に沿って追うことになるので、その全体像はかえって捉えにくくなるかもしれない。よって、ここでその全体像を簡略的に示しておく。

第一節　中世の両権論

　スアレスを含め、中世や近世の教皇主義者は基本的に11世紀のいわゆるグレゴリウス改革の流れに属している。このグレゴリウス改革自体は他の大きな流れに対抗する形で登場したといえる。その流れは「王の聖性」に関する流れであり、古代の異教から中世のキリスト教へと継承されていった流れである。王の聖性あるいは聖的王の流れにおいて、王は単なる俗人ではなく神的存在者である。旧約聖書に着目した論証においては、王は神によって選ばれた神の代理人ないし従者であり、霊俗の両事柄において人民を導く義務を負っていた。さらに、王が聖職者に塗油されるという異教そしてキリスト教の慣行により、王は聖職者の職位をも得ると考えられ、聖職者に固有の職務をも行えると主張された。中世初期以降も続いていくこの流れにおいて、教会統治と世俗統治は区別されず、双方とも聖的王の管轄だとみなされた[1]。この王の聖性の流れ

---

[1] Francis Oakley, *Empty Bottles of Gentilism: Kingship and the Divine in Late*

に対抗すべく、「教会の自由」をモットーとしてグレゴリウス改革が展開されていった。この改革において、グレゴリウス 7 世は、一方で皇帝や王を単なる俗人として捉え直し、他方で聖職者のみで構成される共同体として教会を捉え、さらに教会の問題や事柄から皇帝や王の関与を排除し、教会を教皇の王制として打ち立て、俗人に対する聖職者の優位を、とりわけ皇帝や王に対する教皇の優位を確立しようとした[2]。グレゴリウス改革は一定程度成功していくが、王の聖性の流れを根絶できず、双方がともに中世と近世を貫いていくことになる。

　グレゴリウス改革と同じ頃から、ローマ法の再発見と継受が行われていき、政治権力と教会権力の理論的発展を促していった。11 世紀後半のボローニャ大学におけるユスティニアヌス法典の編纂を契機として、俗権の神授説や王法（lex regia）理論などがキリスト教世界に本格的に流入していく。これらの理論は、帝権や王権の正当化と制約という両義的役割を担うことになる。他にも、皇帝が全世界の支配者であるというテーゼにみられる帝国論や、戦争論、団体理論なども流入していく。このローマ法の影響を受けて、教会権力やカノン法の理論が大いに発展していく。例えば、教皇は生ける法であり、最高の立法者であるなどと主張された[3]。

　13 世紀に入る頃、有名な教皇インノケンティウス 3 世が有名な教書を出した。インノケンティウス 3 世は例えば「キリストの代理人」という称号を教皇に専有させるなどして教皇主義理論を発展させた教皇として長らく重要視されてきたが、その教皇主義理論のラディカルさ

Antiquity and the Early Middle Ages (to 1050) (New Haven: Yale University Press, 2010), 143-75.

2　グレゴリウス 7 世は 1075 年の教書「ディクタトゥス・パパエ（*Dictatus Papae*）」で次のように主張している。教皇だけが教会の普遍的地位にあり、司教を廃したり公会議を召集したり緊急時に立法したりでき、教会裁判の終審院を担い、誰にも裁かれず、「皇帝を廃位することが許される」(Pope Gregorius VII, *Das Register Gregors VII* (München: Monumenta Germaniae Historica, 1990), 204.)。ただし、これらの主張の論拠を基本的に示していない。

3　将基面貴巳『ヨーロッパ政治思想の誕生』名古屋大学出版会、2013 年、45 － 8 頁

については中世から現代に至っても意見が大きく割れている[4]。重要なテクストは、帝権移転論を展開した「ウェネラビレム（*Venerabilem*）」の他に、「ペル・ウェネラビレム（*Per Venerabilem*）」や「ノーウィット（*Novit*）」などの教書が挙げられる。「ペル・ウェネラビレム」において、後代に影響を与えた箇所として二つ挙げられる。第一に、インノケンティウス３世がこの教書の発端となった依頼を断る理由として述べた主張であり、フランスの「王自身は世俗的事柄においていかなる者をも上位者として認めない」[5]という主張である。第二に、一般論として述べた主張であり、教皇は教皇領においてだけでなく、確かな根拠があれば他の地域においても「偶然的な仕方で（*casualiter*）世俗的裁治権を行使する」[6]という主張である。次に、「ノーウィット」でも、フランス王の世俗的最高権の尊重と教皇の偶然的な世俗的介入の二点について同様の主張がみられた。すなわち、教皇はフランス王の俗権を強奪するつもりがなく、特別な事情が生じない限り、フランス王の裁判権の下にある「封土について我々は裁くつもりがない」が、「全キリスト教徒のあらゆる大罪を矯正することは我々の職務に属する」ので、罪（*peccatum*）についてならば、平和に関するフランス王の罪であっても、教皇は裁ける[7]。教皇のこのような世俗的介入のあり方は、後の註解書において「罪を根拠として（*ratione peccati*）」と定式化されることになる。すなわち、教皇は例えばフランスの世俗的事柄をフランス王の世俗的な上位者として裁かないが、フランス王などが何らかの罪を犯した場合に、その罪を裁くという根拠の下でその世俗的事柄について介入できる。

　13世紀半ばに教皇となったインノケンティウス４世は特に二点で重要である。第一に、「ノーウィット」の註解において、教皇権論を発展させた点である。この時期のカノン法学者はインノケンティウス３世

---

[4]　現代については、James M Powell, ed. *Innocent III, Vicar of Christ or Lord of the World?* (Boston: Heath, 1963). を参照。
[5]　Pope Gregorius IX, *Decretales Gregorii Papae IX* (Venetiis: Giunta, Luca Antonio, il giovane, 1591), 1095 (X. 4. 17. 13).
[6]　Ibid., 1096.
[7]　Ibid., 378 (X. 2. 1. 13).

の教書に関する註解において、教皇権と世俗的事柄の関係を *directe* や *indirecte* という語で表していた[8]。インノケンティウス4世はこのような理論状況で、「ノーウィット」の註解において、教皇が封土について「直接的な仕方と異なり間接的な仕方で（*directe secus indirecte*）」[9]関わると述べる。後に、ベラルミーノはこの主張をもとにして、インノケンティウス4世を間接的権力論の始祖として名指すことになる[10]。第二に、Muldoonが適切に論じたように[11]、教皇と異教君主の権力関係に関する次のような中世のパラダイムを築いた点である。一方で異教君主は、自然法において人がみな平等であり、旧約聖書で支配権の所有を認められたので、正当に支配権を持つ。他方で、教皇は聖地のような旧支配地や全信徒を異教徒から防衛することが許されている。問題は、一度もキリスト教君主の支配権に属したことのない地域の異教君主である。全人類は神に創造されたのでキリストの羊であり、「わたしの羊を牧せ」というキリストの命令の下でキリストの代理人すなわち教皇に委ねられた。それゆえ、「教皇は事実においてでなく法・権利において全ての人々に対する裁治権や権力を持つ」[12]。よって、偶像崇拝のような自然法に反する罪において異教徒を罰することができる。さらに、全人類は神を称えるために創造されたので、教皇は布教を妨害する異教徒をも罰せる。布教妨害に対する罰はキリスト教会だけが行える。以上のパラダイムはホスティエンシスに対抗されるが、中世の主要なパラダイムとして影響力を行使し、近世に至っても一定程度行使し続けることになる。

　インノケンティウス4世の弟子で、ローマ法とカノン法の両法博士と

8　Michele Maccarrone, "«Potestas Directa» E «Potestas Indirecta» Nei Teologi Del Xii E Xiii Secolo," in *Sacerdozio E Regno Da Gregorio VII a Bonifacio VIII* (Roma: Pontificia Università gregoriana, 1954), 46.

9　Pope Innocentius IV, *Commentaria Innocentii Quarti Pont. Maximi Super Libros Quinque Decretalium* (Francofurti ad Moenum: Feierabendt Sigismundus, 1570), 193v.

10　Roberto Bellarmino, *De Potestate Summi Pontificis in Rebvs Temporalibus. Aduersus Gulielmum Barclaium* (Roma: Typographia B. Zannetti, 1610), 63.

11　Muldoon, *Popes, Lawyers and Infidels: The Church and the Non-Christian World, 1250-1550*, 3-48.

12　Innocentius IV, *Commentaria Innocentii Quarti*, 430.

して中世に絶大な影響力を行使したのはホスティエンシス(Henricus de Segusio c.1200-1271)であった。ホスティエンシスは教皇の十全な権力(plenitudo potestatis)の理論を発展させ、十全な権力としての絶対権力と通常権力という区別を打ち立てるなどして、教皇権論の発展に多大な貢献をした[13]。ここでは、上記のインノケンティウス4世のパラダイムに対抗して打ち出されたパラダイムをみていく。ホスティエンシスはインノケンティウス4世の註解として次のように論じる。「キリストの到来により、全ての財や全ての首位権ならびに全ての支配権や裁治権が、最高権を手中に収め誤ることがありえない彼によって、正当な根拠の下で、法・権利において全ての異教徒から引き抜かれ、信徒たちの下へと移転されたと私には思われる」[14]。さらに、王かつ聖職者であるキリストは「この王権と聖権の恒久的な首位権をペテロと彼の後継者へ委ねた」[15]。それゆえ、異教徒はキリスト教徒に、特に教皇に服従せねばならない。ここで、場合分けがなされる。教会の支配権を認める異教徒は、教会の許容により支配権を持つことができる。認めない異教徒は、支配権にふさわしくなく、キリスト教徒の土地を占有するならば教会の権威によって正戦がなされるべきである。平和的な異教徒ならば、布教によって教皇の法・権利上の権力を事実上の権力へと至らせるべきである。以上の主張について、後代の論者たちは、キリストの到来により異教徒が正当に支配権を持たなくなり、代わりに教皇が全世界で全ての支配権を持つという点に着目していくことになる。

　ホスティエンシスとほぼ同時期に、アクィナス(Thomas Aquinas 1225-1274)が活動していた。アクィナスの両権論は複雑であり、先行研究でも意見が割れている[16]。さらに、アクィナスの弟子が執筆したい

---

[13] Kenneth Pennington, *The Prince and the Law, 1200-1600: Sovereignty and Rights in the Western Legal Tradition* (Berkeley: University of California Press, 1993), 64-67.
[14] Henricus de Segusio, *Lectura Sive Apparatus Domini Hostiensis Super Quinque Libris Decretalium* (Argentini: Schott, 1512), 136v.
[15] Ibid.
[16] アクィナスの両権論に関する現代の諸解釈は、柴田平三郎『トマス・アクィナスの政治思想』岩波書店、2014年、336-56頁を参照。

わば偽アクィナス書といえるものもアクィナスの著作として流通していたため、アクィナスの受容史は一層複雑となる。ここでは、アクィナスの真意に沿うような解釈の提示を意図せず、後代の論者が注目することになるアクィナスのテクストの箇所を示すに留まる。両権論に関しては、主に三つある。

　第一に、『命題論集註解』である。第二巻の末尾で、アクィナスは両権の関係について次のように論じている。「霊権と俗権の両権は神の権力に由来している」[17]。それゆえ、一方で俗権は霊権に対して神が服するよう定めた魂の救済に関する事柄において服従する。他方で、霊権は俗権に対して神が服するよう定めた世俗的善に関する事柄において服従する。なぜなら、キリストはカエサルのモノをカエサルに返すよう命じたからである。「ただし、偶然に霊権と俗権がともに結合している場合を除く。すなわち、霊権と俗権という両権の頂点を占める教皇の場合である」[18]。教皇が「両権の頂点を占める」という表現やその解釈が後代の論者にとって重要な論点となっていく。

　第二に、『神学大全』II-IIの第十問であり、特にその第十項である。第十問は不信仰（infidelitas）を主題とする設問である。第八項において、アクィナスは異教徒が信仰を強制されうるかと問う。アクィナスによれば、異教徒は信仰の受容を強制されてはならない。なぜなら、信仰は意志によるからである。それでも、キリスト教に対する冒涜、異教へ改宗させるための説得、キリスト教徒の迫害という三つにおいては、異教徒がキリスト教の信仰を妨げないよう教会は強制力を行使することができる。第九項において、異教徒は教会の成員ではないので、教会は異教徒に霊的罰を下せないが、異教徒が教会に対して何らかの特別な罪を犯す場合に世俗的罰を下せると論じられる。より重要な第十項において、アクィナスはキリスト教徒に対して異教徒が持つ支配権について論じる。アクィナスは二つの場合に分けて論じる。第一に、異教徒がキリスト教徒に対する権力を新たに獲得する場合である。この新たな獲得は許容さ

---

[17] Thomas Aquinas, *In Quattuor Libros Sententiarum*, ed. Roberto Busa, vol. 1, Opera Omnia (Stuttgart: Frommann-Holzboog, 1980), 257.
[18] Ibid.

れない。なぜなら、異教徒の権力下において、キリスト教徒は容易に異教へと改宗してしまう恐れがあるためである。第二に、異教徒がキリスト教徒に対して既に権力を持っている場合である。この権力は許容される。なぜなら、支配権は自然理性に由来する人定法に基づき、キリスト教徒と異教徒の区別は神法に基づくが、恩寵は自然を破壊しないからである。それゆえ、異教徒は支配権を保持できる。それでも、異教徒は教会によって合法的に支配権を奪われうる。「神の権威を持っている教会の判決や命令によって、これらの支配や上位者の権利を正当に取り去ることができる。なぜなら、神の子となった信徒に対する権力を、異教徒は彼ら自身の不信仰ゆえに（merito suae infidelitatis）失うに値するからである」[19]。ここで二点に注意が必要である。第一に、教会は支配権を君主から実際に奪う場合と奪わない場合があるという点である。特に、キリスト教君主に世俗的に服従していない異教徒に対しては、教会は支配権を正当に奪う権利を持つにもかかわらず、躓きを避けるために、慣習として奪ってこなかった。第二に、アクィナスはキリスト教徒に対する異教徒の支配権を、教会が彼らの「不信仰ゆえに」奪うことができると述べた点である。この主張において、支配権が自然ではなく信仰や恩寵に基づくという解釈が生じうる。それゆえ、この主張は後代の論者に尾を引くことになる。

　第三に、『君主の統治について』である。今日において、この著作は冒頭から第二巻第三章までアクィナスが執筆し、その第四章から最後までをアクィナスの弟子のトロメオが執筆したと一般的に考えられている[20]。近世においてもこの著作全体がアクィナスに帰されるべきか否かで意見が分かれていたが、全体をアクィナスに帰す一群の論者がいた。それゆえ、ここではトロメオの執筆部分にも言及する。まず、第一巻第十四章で、アクィナスは両権の関係について次のように論じている。統

---

[19] *Summa Theologica. Secunda Secunde* (Venetiis: J. Rubeus Vercellensis, 1496), 13.（『神学大全』第15巻、稲垣良典訳、創文社、1977年、237頁）
[20] ただし、アクィナスの執筆部分を含めた本著作の全体にトロメオが最終的に手を加えたという指摘もなされている。James M. Blythe, *The Life and Works of Tolomeo Fiadoni (Ptolemy of Lucca)* (Turnhout: Brepols, 2009), 157-87.

治は操舵（*gubernatio*）という語に由来するように、被治者をその固有の目的へと適切に導くことである。一人の人間や人民の「究極目的は、徳に基づいた生ではなく、有徳な生によって神の享受へと達する点に存する」[21]。この究極目的の達成は、単なる人間の自然的力では不可能であり、神および人間であるキリストの力を必要とする。それゆえ、この究極目的へと被治者を導くのは、単なる人間の統治ではなく、王かつ聖職者としてのキリストの統治である。キリストはこの統治職を特に「キリストの代理人のローマ教皇に委ねた。我らの主イエス・キリストに服従するごとく、この教皇に対してキリスト教の人民のあらゆる王は服従せねばならない。なぜなら、究極目的の担当者に対して、先行する目的の担当者は服従させられたり、その統治権によって導かれたりする必要があるからである」[22]。このように、アクィナスは目的間の序列に基づいて俗権に対する霊権の優位を論証する。次に、トロメオの執筆部分である。トロメオは第三巻で次のように論じている。キリストは「実際に世俗的な仕方で全世界の支配者だった」[23]が、清貧のために自身の支配権を霊的生へと直接結びつけた。それゆえ、「キリストの支配権は魂の救済や霊的善へと秩序付けられている。それでも、後述のように、霊的事柄へと秩序付けられている限りの世俗的事柄とは分離されていない」[24]。よって、君主に対する廃位などにおいて、「教皇たちは罪という根拠においてのみ介入した」[25]。それでも、この罪の先行という条件が満たされる場合には、教皇は「あらゆる支配権に優位している」[26]。

　14世紀に入る頃、教皇とフランス王が両権の関係をめぐって激突し、両権論をめぐる大論争が巻き起こった。1215年のラテラン第四公会議において、教会の許可なく聖職者に課税することが禁止された。しか

---

[21] Thomas Aquinas, *De Regimine Principum Libri Quatuor* (Lugduni Batavorum: officina J. Maire, 1630), 79.（『君主の統治について』柴田平三郎訳、岩波書店、2009年、87頁）
[22] Ibid., 81.（柴田訳、89頁）
[23] Ibid., 254.
[24] Ibid., 241.
[25] Ibid., 226.
[26] Ibid., 227.

し、13世紀末に、フランス王フィリップ4世がイギリスとの戦争のための費用を自国の聖職者から徴収した。そこで、有名なボニファティウス8世はフランス王が聖職者の免除に反するとして、「ウナム・サンクタム（*Unam Sanctam*）」等の教書を出して対決に至った。「ウナム・サンクタム」は有名な教書であるが、内容において特に新しい点がないといわれている[27]。その内容は次の通りである。ボニファティウスによれば、教会の外に救済はなく、その頭はキリストであり、後継者はペテロや教皇である。教会には霊剣と俗剣という二振りの剣があり、ベルナールが述べたように、「一方は教会のために、他方は教会によって行使されるべきである」[28]。すなわち、霊剣は教会自らによって、俗剣は教会の命令の下で王や軍人によって行使される。さらに、フーゴーが述べたように、「霊権は俗権を設立し、善良でない俗権を裁く」[29]。それゆえ、俗権は霊権に服従する。このような教皇に対する服従は救済の要件である。以上のような教書を出したボニファティウスはフランス軍にアナーニで急襲され、拿捕を免れたが急逝し、教皇座はローマからアビニョンへ移されることになる。いわゆるアビニョン捕囚の時期が始まる。その後、1320年代には、教皇ヨハネ22世とバイエルン公ルートヴィヒが対決し、その際に再び両権に関する大論争が巻き起こる。

　ボニファティウスとフィリップ4世の論争において、フランス王権派から匿名の著作が登場する。ここでは、二つ扱う。第一に、『教会の高位聖職者と世俗君主に委ねられた権力に関する聖職者と軍人の論争』である。この著作は両権の峻別と分離の方針を示す。一方で、フランス王はかつて帝国に服したが、今や分離し、自国で皇帝と対等な権威を持つ。よって、フランスの聖職者は世俗的事柄において王に服従の義務を負い、何らかの特権を持つとしても王から得ており、撤回されうる。他方で教皇は、世俗的王権を持たない受難以前のキリストの代理人である。それ

---

[27] Joseph Canning, *Ideas of Power in the Late Middle Ages, 1296–1417* (New York: Cambridge University Press, 2011), 14-17.
[28] *The Vatican Decrees in Their Bearing on Civil Allegiance*, (New York: Catholic Publication Society, 1875), 173.
[29] Ibid.

ゆえ、聖職者でしかない「あなた方は、世俗君主があなた方の霊的事物について権力を受け取っていないので何も立法できないように、彼らの世俗的事物について権威を持たないので立法できない」[30]。したがって、あらゆる罪を裁こうとする教皇は誤りであり、世俗的罪は世俗裁判所で裁かれる。第二に、『教皇権の賛成派と反対派が論じた問題』である。一方で、フランス王は王権を神のみから直接得ており、「自身の王国において皇帝である」[31]ので、自国の世俗的事柄において皇帝や教皇などを基本的に上位者として認めない。他方で、教皇はキリストから権力を得たので、たしかに聖職者たちの頭である。それでも、キリストが清貧を求めて俗権の行使を控えたので、教皇権は霊権である。このように両権はともに神授されるが、「それら二つの権力は異なっており、分離されている」[32]。それゆえ、教皇は通常霊的事柄のみを対象とし、フランス王は通常霊的事柄のみにおいて教皇に服従する。しかし、世俗的事柄における教皇の裁治権を否定しようとする本書において、ここで「ノーウィット」などを根拠として、教皇の偶然的な世俗的介入が例外的に認められる。すなわち「教皇は封土の案件について直接的に審理できなかったが、宣誓に関する罪を根拠として間接的にそれについて介入した」[33]。教皇は世俗的裁治権を神授されていないが、このような偶然的な世俗的介入を例外的に認められている。

　教皇派として、クレモナのエンリコ（Enrico Casalorci da Cremona d.1312）がボニファティウスを擁護する。エンリコは、教皇の俗権を否定するギベリン党を批判すべく『教皇権について』を執筆した。エンリコによれば、キリストは王かつ聖職者であり、両権を持ち、「両権を行

---

[30] "Disputatio Inter Clericum Et Militem Super Potestate Commissa Praelatis Ecclesiasticis Atque Principibus Terrarum," in *Three Royalist Tracts, 1296-1302*, ed. R.W. Dyson (Bristol: Thoemmes, 1999), 14.

[31] "Quaestio Disputata in Utramque Patrem Pro Et Contra Pontificiam Potestatem," in *Three Royalist Tracts, 1296-1302*, ed. R.W. Dyson (Bristol: Thoemmes, 1999), 60.

[32] Ibid., 64.

[33] Ibid., 78.

使もした」[34]。ペテロを後継者として選び、両権を委ねた。よって、教皇は王かつ聖職者として霊権のみならず俗権をも持ち、帝権の移転や授与、皇帝の廃位などを行ってきた。ただし、教皇は自ら俗権を行使することをキリストに禁止され、さらに俗権が流血と結びついて卑しいという理由で、行使してこなかった。

　教皇主義者の中でも、ヒエロクラシーの極致として知られる論者がローマのエギディオ（Egidio Colonna da Roma 1243-c.1316）である。おそらくアクィナスに師事したことがあるエギディオはこの論争でボニファティウス 8 世を直接支え、「ウナム・サンクタム」を準備したとされている。エギディオによれば、キリストが全世界で両権を持ち、ペテロに委ねた。それゆえ、「教皇権は制限や制約を受けておらず、普遍的にあらゆる人々を対象にしている」[35]。教皇はこのように全世界で両権を持つが、通常において霊権のみを行使し、俗権の行使を諸君主に委ね、適宜命令する。俗権の行使がそのように委任される理由は、教皇が霊的事柄に専念する上で役立つ点にあり、よって君主は教会の召使として霊権のために俗権を行使するといえる。それでも、霊的善にとって重大な場合には、教皇は偶然的に世俗的事柄に介入できる。この介入は、平時において共通法に従い緊急時において法を超える教皇の絶対権力としての十全な権力に基づく。さらに、十全な権力ゆえに、教皇権は全権力の源でもある。よって、教皇はキリスト教君主に対して俗権を授与し、必要に応じて奪う。異教君主は正当に俗権を持たない。なぜなら、人は原罪によって神から分離されたので、教会の下で再生されない限り支配権を神から得られないからである。さらに、教会という神の国においてしか正義は存在しないからである。それゆえ、「異教徒の下には帝権や王権が存在せず」[36]、異教君主は不正な支配を事実として行うだけである

34　Enrico Casalorci, "De Potestate Papae," in *Die Publizistik Zur Zeit Philipps Des Schönen Und Bonifaz' VIII.: Ein Beitrag Zur Geschichte Der Politischen Anschauungen Des Mittelalters*, ed. R. Scholz (Stuttgart: F. Enke, 1903), 462.
35　Egidio Colonna, *Giles of Rome's on Ecclesiastical Power: A Medieval Theory of World Government : A Critical Edition and Translation* (New York: Columbia University Press, 2004), 92.
36　Ibid., 382. エギディオについて、より詳しくは Jose Antonio de Camargo

ので、教会は正戦を行える。

　エギディオと同様にラディカルな教皇主義者として知られ、教会理論の体系化で先駆的とされる論者がヴィテルボのジャコモ（Giacomo Capocci da Viterbo c.1255-1307）である。王権を王のみに帰し、教皇には聖職者の権力のみを帰すような立場に対抗して、ジャコモは次のように論じる。教会は一種の国や政治共同体であり、よって叙階権という聖職者の権力のみならず裁治権という統治のための王権を持つ。さらに、キリストは人間として聖職者の権力を、神かつ人間として王権を持つ。王権としては、霊的王権のみならず、世俗的君主が持つような世俗的王権をも持ち、よって霊俗の両事柄において諸王の王である。これらの聖職者の権力と両王権を全てペテロへ委ねた。それゆえ、教皇は「キリスト自身と同様に、世俗や霊の諸王の王であり、各信徒の王である」[37]。ただし、教皇は世俗的王権を通常行使せず、君主へ委任する。よって、ここで両王権の関係が重要な問題となる。ジャコモは「俗権が霊権に服従し、仕え、設立され、裁かれ、導かれ、秩序付けられ、包摂され、保持されている」[38]と論じ、俗権に対する霊権の一方的管理や介入を正当化する。その上で、教皇が罪などを根拠として例外的に俗権を直接行使で

R de Souza and João Morais Barbosa, *O Reino De Deus E O Reino Dos Homens: As Relações Entre Os Poderes Espiritual E Temporal Na Baixa Idade Média : Da Reforma Gregoriana a João Quidort* (Porto Alegre: EDIPUCRS, 1997), 135-40; Robert W. Dyson, *Normative Theories of Society and Government in Five Medieval Thinkers: St. Augustine, John of Salisbury, Giles of Rome, St. Thomas Aquinas, and Marsilius of Padua* (Lewiston, N.Y.: Edwin Mellen Press, 2003), 141-86; Pedro Roche Arnas, "Dos Poderes, Una Autoridad: Egidio Romano O La Culminación Del Pensamiento Teocrático Medieval Cristiano," in *El Pensamiento Político En La Edad Media*, ed. Pedro Roche Arnas (Madrid: Fundación Ramón Areces, 2010). を参照。

37　Giacomo Capocci, *De Regimine Christiano: A Critical Edition and Translation* (Leiden: Brill, 2009), 38-40.

38　Ibid., 218-20. ジャコモについて、より詳しくは Ugo Mariani, *Chiesa E Stato Nei Teologi Agostiniani Del Secolo XIV* (Roma: Edizioni di Storia e Letteratura, 1957), 151-74; Gianluca Briguglia, *La Questione Del Potere :Teologi E Teoria Politica Nella Disputa Tra Bonifacio VIII E Filippo Il Bello* (Milano, Italy: FrancoAngeli, 2010), 38-48, 69-82. を参照。

きると論じる。異教徒と教皇の関係については、ジャコモはエギディオより穏健である。異教君主に或る程度正統な自然的俗権を認める。それでも、改宗の対象者として、異教君主は教皇権に潜在的に服している。キリスト教徒に対する異教君主の権力について、既存の権力ならば許容されるが不信仰ゆえに教会によって奪われうるというアクィナス的見解に従っている。

　両派の中道的立場においてフランス王を擁護したのはパリのジャン（Jean Quidort de Paris c.1255-1306）である。王権は神から人民の同意を介して王へ委ねられる。霊権は神から教皇へ委ねられる。両権はそれ自体と行使主体において異なる。特に、両権の間には「一方から他方が由来するというような因果の序列が存在しない」[39]点で、すなわち俗権が霊権に由来するというエンリコ等の直接的権力論の特徴を否定した点でジャンは注目に値する。ジャンによれば、両権はともに神に由来するので、世俗的事柄では俗権が、霊的事柄では霊権が優位する。それゆえ、教皇は両権を神授されておらず、俗権を持つとすれば王か皇帝から委ねられただけである。ここで、ジャンもまた教皇権と世俗的事柄の関係を「間接的」という語で表す。しかし、その意味合いが次のように変更されている点に注意すべきである。教皇権は霊的であるので、霊的事柄のみを対象とする。よって、霊的罪を裁けるが、世俗的罪を裁けない。さらに、罪という根拠においてさえも、霊的罰しか下せない。それゆえ、教皇は異端の王に対しても独力で霊的罰しか下せないので、王に対する廃位を、人民を媒介にするという間接的な仕方でしか行えない。王を廃位させるべく、人民に破門を下すという仕方である。「あらゆる教会罰は破門や聖職停止令や聖務停止令において霊的であり、教会はそれ以上のことを偶然的に間接的な仕方でしか行えない」[40]。このように間接的という語は、教皇主義者において罪などという霊的事柄や目的を媒介にするという意味合いであるのに対して、ジャンにおいて、王と対比され

39　Jean Quidort, *De Regia Potestate Et Papali* (Stuttgart: Klett, 1969), 164.
40　Ibid., 141. ジャンについて、より詳しくは Janet Coleman, *A History of Political Thought: From the Middle Ages to the Renaissance* (Oxford: Wiley, 2000), 118-33. を参照。

た人民のような同一ヒエラルキーにおける下位者を媒介にするという意味合いに変更されており、その結果教皇の世俗的介入が抑制されている。さらに、ジャンは緊急時に王が枢機卿などの霊的ヒエラルキーにおける教皇の下位者を媒介として霊的事柄を間接的に対象にできるとして、緊急時の干渉を双方に認める。しかも、教皇が権力を濫用した場合には、王や皇帝による抵抗や、公会議による教皇の廃位などを対抗手段として認めている。

　中世の反教皇主義理論において、とりわけラディカルであった論者はマルシリウス（Marsilius de Padua 1275-1342）である。マルシリウスは近代以降に共和主義や人民主権論のような世俗理論で注目されるが、中世や近世においては主に両権論や教会理論で注目されていた。教会理論では公会議主義、両権論では国教会原理ないし皇帝教皇主義において理解されている。ここでは『平和の守護者』をみていく。マルシリウスによれば、人民や皇帝によって担われる人的立法者が国の各部分を設立し、分化させ、保護し、それら諸部分を調和させることで国の平和を確保する。人的立法者だけが現世で強制権を持ち、立法し、統治のヒエラルキーを打ち立てる。国の諸部分の中で最も重要な君主的部分を設立し、自らの法で拘束し、自らの法を執行させ、必要に応じて矯正し廃位する。人的立法者や君主が守るべき平和の最たる敵として、教皇の俗権が挙げられる。マルシリウスによれば、聖職者は教義の作成や秘蹟の執行を本来の役目としており、全ての聖職者が秘蹟などのための霊権をキリストから直接的に得ているが、清貧ゆえに世俗的強制権をキリストから得ていない。教会内部のヒエラルキーや強制権はキリストではなく人的立法者により設立されている。よって、聖職者は独力で強制的な罰を下せず、神法に反する罪についてさえ同様である。しかし、ペテロの後継者ですらない教皇がこれまで権力欲ゆえに、十全な権力などを根拠としながら全世界の世俗的強制権を強奪しようとしてきた。そのために公会議や聖職者の免除ならびに帝権移転論などを利用してきた。しかし、キリストを代表する公会議は教皇に優位しており、人的立法者によって召集され、運営される。さらに、聖職者の免除は君主の裁治権を無効化し政体を解体させることで国の危機を招来するので、君主に服従するよう求めたキ

リストに認められていない。帝権移転論はこれまでイタリアの分裂を生み出し、ヨハネ22世の下でドイツでも反乱を惹起する。このように、教皇は十全な権力を根拠として、「適切な仕方で制定された政治的法から一群の聖職者や他の仲間たちを免除し、君主や人民たちに甚大な危害を加えた。これに飽き足らず、彼ら自身が裁判官や官吏と呼ぶ者たちの下へと俗人を召喚し、弁明を行わせようと欲し、このようにして諸君主の裁治権を完全に破壊する。しかしながら、これが政治的な対立や不和の特別な原因である」[41]。したがって、教皇ないし聖職者が神から世俗的強制権を得たとは認められず、各国の聖職者をその国の君主の強制権に服従させなければならない。

　マルシリウスの『平和の守護者』は14－15世紀に手稿で少し流通するが、公刊は16世紀を待たなければならなかった。それゆえ、『平和の守護者』に関する教皇主義者の知識は長らく別の文献に依拠しており、その最たる文献がヨハネ22世の教書「リケット・ユクスタ・ドクトリナム（*Licet iuxta doctrinam*）」であった。この教書は『平和の守護者』に関する伝聞をもとに作成されたもので、マルシリウスなどを異端として断罪しており、その際に五つの点が批判対象として挙げられた。第一に、キリストは納税を義務付けられていたという点であり、この点により教会の世俗財産が皇帝の下に服することになってしまうと批判された。第二に、ペテロはキリストの代理人でも教会の頭でもなく、他の使徒たちと対等な権力しか持たない点である。第三に、皇帝が教皇を設立し、廃位し、罰する点である。第四に、全聖職者の権力は対等で、キリストに直接由来しており、「一方が他方よりも大きい権力を持つことは、皇帝が一方により多く他方により少なく与えることに基づいており、さ

---

[41] Marsilius de Padua, *Defensor Pacis* (Francofvrti: Moenvm Becker, 1612), 385. マルシリウスについて、より詳しくは John A. Watt, "Spiritual and Temporal Powers," in *The Cambridge History of Medieval Political Thought c.350–c.1450*, ed. James H Burns (Cambridge: Cambridge University Press, 1988); Bettina Koch, "Marsilius of Padua on Church and State," in *A Companion to Marsilius of Padua*, ed. Gerson Moreno-Riano and Cary Nederman (Leiden: Brill, 2011).; 将基面（2013）『ヨーロッパ政治思想の誕生』152－76頁を参照。

らに皇帝が或る者に与えたものを撤回できる」[42] という点である。すなわち、教会のヒエラルキーが皇帝によって設立される点である。第五に、皇帝が認めない限り、教皇は強制的な罰を下せない点である。

　マルシリウスと同様にヨハネ22世を批判した重要な論者はオッカム（William Ockham 1287 -1347）である。オッカムによれば、現在の教会や帝国の平和が乱れており、その主要因は教皇権が限界を超え出ている点である。それゆえ、教皇権の限界が喫緊の論点となる。オッカムによれば、教皇は支配欲ゆえに帝国の権利を奪い、皇帝を服従させようとしてきた。しかし、キリストは世俗的王権を拒否し、キリスト教徒の世俗的王ではなく霊的王でしかなかったので、教皇もまた世俗的王権を持たない。それゆえ、教皇の首位性はたしかにキリストによって設立されたが、通常世俗的事柄へと拡張せず、例えば教皇は俗権を設立したり確証したりできない。教皇の主な対象は霊的事柄であるが、霊的事柄においても信徒の利益に大いに反することを行えない。教皇が十全な権力を持つにしても、教皇権には両事柄において以上のような限界が定められており、限界を超出した教皇権は無効となる。それでも、世俗君主等が世俗的事柄において怠惰であるような場合には、教皇は「他者の断罪すべき危険な怠惰を補うべく、世俗的事柄において介入することが可能であり義務でもあるだろう。これが十全な権力である」[43]。この権力によって、キリスト教徒の統治に必要な全てを行える。同様に、皇帝は必要な場合において霊的事柄に対する介入を義務付けられている。

　マルシリウスなどに対抗して、ヨハネ22世を擁護したラディカルな教皇主義者はペラヨ（Alvaro Pelayo c.1275-1352）である。ペラヨはその擁護のために1330年代に『教会の政体と嘆きについて』を執筆し、

---

[42] *Thesaurus Novus Anecdotorum*, vol. 2 (Lutetiae Parisiorum: Sumptibus Florentini Delaulne, 1717), 711. マルシリウスの受容については、Thomas M. Izbicki, "The Reception of Marsilius," in *A Companion to Marsilius of Padua*, ed. Gerson Moreno-Riano and Cary Nederman (Leiden: Brill, 2011). を参照。

[43] William Ockham, *The De Imperatorum Et Pontificium Potestate: Of William of Ockham* (Oxford: Clarendon Press, 1927), 23. オッカムについては、詳しくは Anthony Black, *Political Thought in Europe, 1250-1450* (Cambridge: Cambridge University Press, 1992), 72-78. を参照。

1340年代に完成させるなどして、理論的に尽力した。その主著において、ペラヨによれば、キリストは全世界で両権を持ち、ペテロを代理人として選び、両権を委ねた。それゆえ、教皇は全世界で両権を持つ。ただし、清貧論争や「ノーウィット」の影響もあり、教皇は俗権を持つが例外的にしか行使できず、通常はその行使を君主に委任しているとされる。それでも、教皇が俗権を委ねるので、教皇の両権が全権力の源である。皇帝や王は教皇により授権され、確証され、塗油されるような、世俗的事柄における教皇の代理人でしかない。さらに、マルシリウスの主張に反して、皇帝が教皇を裁いたり教義に関与したりすることは許されない。なぜなら、皇帝や王は教皇から俗権しか得ていないからである。さらに、この委任の関係ゆえに、帝国は教会に由来し、反対に、類が種を包摂するごとく教会が帝国を包摂するからである。異教君主と教皇の権力関係について、ペラヨはインノケンティウス4世をホスティエンシスにひきつけながら、両者に依拠して論じる。全体的にみれば、ホスティエンシス寄りである。ペラヨによれば、ホスティエンシスが論じたように、キリストの到来により、全ての権力が異教徒からキリスト教徒へ、特にキリストへと移転され、キリストはそれらの全権力をペテロへ委ねた。それゆえ、「教皇は全キリスト教徒の普遍的な王であり、法・権利においては全世界の普遍的な王である」[44]。さらに、全世界における全権力の源でもある。同時に、「教会の外部には、いかなる真の権力や裁治権も存在しない」[45]ことになる。それゆえ、異教君主は教皇に服従せねばならない。それでも、教皇権を認める異教君主は教会の許容によって支配権を正統に持つことができる。しかし、認めない異教君主は教会により正戦などにおいて支配権を正当に奪われうる[46]。

44　Alvaro Pelayo, *De Statu Et Planctu Ecclesiae*, vol. 1 (Lisboa: Instituto Nacional de Investigação Científica, 1988), 472.
45　Ibid., 464. ペラヨについて、より詳しくはJoão Morais Barbosa, *O De Statu Et Planctu Ecclesiae* (Lisboa: Universidade Nova de Lisboa, Faculdade de Ciências Sociais e Humanas, 1982); Pedro Calafate, "Frei Alvaro Pais," in *História Do Pensamento Filosófico Português*, Vol.1 ed. Pedro Calafate (Lisboa: Caminho, 1999). を参照。
46　なお、ペラヨは別の主著『異端に対する信仰の治療薬』においても、「教

ペラヨと同様にヨハネ 22 世を擁護した重要な教皇主義者はアンコナのアゴスティノ（Agostino Trionfo da Ancona 1243-1328）である。アゴスティノによれば、教皇の権力だけが神から直接的に授与されており、この教皇権は両権である。それゆえ、教皇の「権力は他のあらゆる権力を生み出す。（中略）なぜなら、ローマ教皇はあらゆる秩序の権威や権力を設立し確証するからである」[47]。すなわち、全権力の源である。それでも、教皇は俗権を例外的にしか行使できず、通常は教会に奉仕させるべく諸君主に委任する。それゆえ、皇帝などは俗権を教皇から授与され、確証され、矯正されるような教会の従者であり、通常において俗権の行使を担当する。しかしながら、西欧の帝権の行使はコンスタンティヌス帝が教皇に譲渡したので、教皇はその行使をも担当でき、例えば西欧の皇帝を選出できる。それでも、霊的事柄への専念などのために、この行使を再び皇帝に委任している。異教君主と教皇の権力関係について、アゴスティノは基本的にインノケンティウス 4 世の立場を支持している。アゴスティノによれば、異教君主の自然的権力は自然法に属しており、「神がその自然的利益を全ての善人や悪人に与えているので」[48]、異教君主は正当に俗権を持っており、よって異教性という根拠の下で奪われてはならない。だが、異教徒は創造ゆえにキリストの羊であり、ペテロへ委ねられたので、法・権利において教皇に服している。それゆえ、教皇は異教君主に対して支配権を持っており、彼らによる自然法違反の罪を罰することができる。

　以上の 14 世紀の両論争における諸論者の立場は、以下の四つに大別できる。第一に、匿名のフランス王権派にみられたように、対等な両権

皇は全世界において霊的および世俗的な二つの剣や裁治権を持つ」（Alvaro Pelayo, *Collyrium Fidei Adversus Haereses*, vol. 1 (Lisboa: Instituto de Alda Cultura, 1954), 74.）と述べ、ラディカルな教皇主義理論を展開している。

47　Agostino Trionfo, *Summa De Potestate Ecclesiastica* (Roma: Ferrarius, 1584), 5.

48　Ibid., 138. アゴスティノについて、より詳しくは Mariani, *Chiesa E Stato Nei Teologi Agostiniani Del Secolo XIV*, 187-98; Eric L. Saak, *High Way to Heaven: The Augustinian Platform between Reform and Reformation, 1292-1524* (Leiden: Brill, 2002), 15-159. を参照。

の峻別と相互不干渉である。第二に、ジャンやオッカムにみられたように、対等な両権の峻別と緊急時の相互干渉や抑制である。第三に、マルシリウスにみられたように、国教会原理であり、すなわち教皇権の排除および自国の聖職者に対する君主の一方的管理と介入である。第四に、教皇主義者にみられたように、君主に対する教皇の一方的管理と介入である。Oakley が論じたように、教皇主義者はそれまで狭義の教会を聖職者の共同体として捉え、そこから世俗君主の関与を排除し、教会の頭として教皇を立てていたが、この時期に至るにつれて教皇を世俗的な王としても提示するようになった。すなわち、教皇は聖的王を教会という霊的共同体から追放するのみならず、王の世俗的共同体へと進出しようと試みたのである[49]。この試みに対して、フランス王権派の理論にみられたように、教皇は霊的事柄における頭であるが、それ以上ではなく、単なる聖職者でしかないという反論がしばしばみられた。教皇を単なる聖職者とみなすこの流れに対して明確に反対したのがジャコモであったように、王の聖性とともに、世俗的王としての教皇の性格もまた大きな争点となっていた。

1370 年代にアビニョン捕囚が終わると、まもなく大シスマが始まる。大シスマにおいて、教皇が同時に二人以上存在していたため、教皇主義ヒエラルキーが機能不全に陥る。この問題を解決すべく、15 世紀初めから公会議運動が隆盛していく。公会議運動で重要な公会議は、1414－18 年のコンスタンツ公会議と、1431－42 年のバーゼル公会議である。公会議運動それ自体としては、結局のところバーゼル公会議で失敗に終わることになる。それでも、公会議主義の流れ自体はこの失敗で途絶せず、近世に影響を与え続けることになる。さらに、それらの公会議では別の重要な論点も扱われていた。

近世の両権論に対する影響について、両公会議は、とりわけコンスタンツ公会議は五つの点で重要である。第一に、公会議主義と教皇主義の対決である。1415 年のコンスタンツ公会議の有名な教令「ハエック・

---

[49] Francis Oakley, *The Mortgage of the Past: Reshaping the Ancient Political Inheritance (1050-1300)* (New Haven: Yale University Press, 2012), 160-84.

サンクタ（*Haec sancta*）」において、教皇に対する公会議の優位が主張される。すなわち、正当な仕方で召集され、カトリック教会を代表する公会議は「キリストから直接的に権力を得ている。先述のシスマ解消や信仰、ならびに頭と四肢における神の先述の教会の全般的改革に関しては、いかなる地位や権威の誰であれ、教皇職の者であれ、それに服従することを義務付けられている」[50]。コンスタンツ公会議の教令に反する者は、教皇であっても、「適切な仕方で罰せられる」[51]。第二に、ウィクリフやフスの断罪である。同年の教令「サクロサンクタ（*Sacrosancta*）」において、ウィクリフとフスが異端として断罪され、その際に教皇の首位性を否定するなどのテーゼが異端的として多数列挙される。その中で、インディアス問題等に関わることになるテーゼは、恩寵に基づく支配権論に関するものである。例えば、ウィクリフについては、「君主や支配者は大罪の状態にある場合に彼の職務の称号を獲得しない」[52]点が、フスについては「大罪の状態にある間、いかなる者も政治的支配者や高位聖職者や司教ではない」[53]点が挙げられる。第三に、17世紀初頭の王殺し論で参照されることになる僭主征伐論の断罪である。ウィクリフやフスを断罪した後で、コンスタンツ公会議は国全体を危険に曝す謬見として、J. プティの僭主征伐論を断罪する。すなわち、あらゆる僭主は自身に忠誠を誓っている臣民や従者によってであっても、正当な判決なしに陰謀などで正当に殺害可能であるという「この原理を、信仰や習俗において誤りであり、それ自体で異端的であり、扇動的で、躓きをもたらすものであると宣言し、定め、確定する」[54]。第四に、教皇が公会議主義に

50　*Decrees of the Ecumenical Councils: Nicaea I to Lateran V*, (London: Sheed & Ward, 1990), 409.
51　Ibid. この教令について、より詳しくは *The Conciliarist Tradition : Constitutionalism in the Catholic Church 1300-1870* (Oxford: Oxford university press, 2003), 40-50; Esteban Peña Eguren, "El Concilio De Constanza (1414-1418)," in *Doctrinas Y Relaciones De Poder En El Cisma De Occidente Y En La Epoca Conciliar (1378-1449)*, ed. Jose Antonio de C. R. de Souza and Bernardo B. Aznar (Zaragoza: Prensas de la Universidad de Zaragoza, 2013). を参照。
52　*Decrees of the Ecumenical Councils: Nicaea I to Lateran V*, 424.
53　Ibid., 431.
54　Ibid., 432. より詳しくは、Mario Turchetti, *Tyrannie Et Tyrannicide De*

打ち勝つために諸君主の支持を求め、その代償として各国の国教会原理を事実として認めていった点である。第五に、後述のように、ポーランドとチュートン騎士団の対立という件において、異教君主と教皇の権力関係が公会議の議題として扱われた点である。

　コンスタンツ公会議を理論と実践で先導したのはジェルソン（Jean Gerson 1363-1429）である。ジェルソンは公会議主義やガリカン主義の代表者の一人として知られており、近世にも大きな影響を与えることになる。ジェルソンは1417年にコンスタンツ公会議に提示した『教会権力について』の中で、教会権力を叙階権と裁治権に区別し、後者について特に論じる。ジェルソンによれば、教会の外的裁治権は霊的目的へと導くために望まぬ者に対しても行使できる教会の強制権であり、刑罰や立法などを行える。ここで、教皇と公会議の優劣関係が問題となる。ジェルソンは「ハエック・サンクタ」に依拠しながら、「教会権力が教会に与えられた場合、教会を代表している公会議がそれを持っている」[55]と論じる。もっとも、教皇は教会の王であり、教会権力を持つ。しかし、教会権力は究極的には単一であり、教会を代表している公会議が持つ。それゆえ、教皇の権力は公会議の権力に包摂されており、同様に教皇は教会という「自身の全体における不可欠な部分を成し、部分が全体より大きくないように、教会全体より大きくなく上位でもない」[56]。したがって、公会議は教皇を罰したり自らの法で拘束したりできるが、逆は不可能である。もし教皇が公会議に優位するならば、教皇は可謬であるので権力を濫用し、シスマが恒常化してしまう。それゆえ、公会議は教皇が不在でも正統に召集可能であり、教皇権を抑制できる。さらに、俗権との関係においても、公会議は教皇に優位する。俗権は平和などの自然的目的のために存在し、信仰に基づかず、自然的な仕方で獲得されるので、異教徒でも持つことができる。俗権が霊的危害を加えないならば、

L'antiquité à Nos Jours (Paris: Presses universitaires de France, 2001), 320-25. を参照。

55　Jean Gerson, "De Potestate Ecclesiastica," in *Œuvres Complètes*, ed. Mgr Glorieux (Paris: Desclée & Cie, 1965), 217.

56　Ibid., 233.

教会は俗権から何も奪わない。しかし、霊的危害を加えるならば、俗権に対して「教会権力は統治や指導ならびに規制や秩序付けの何らかの支配権を持つ」[57]。よって、破門などの霊的罰を下すことができ、それでも事態が好転しないならば、財産没収などの世俗的罰をも下せる。このように、ジェルソンは俗権に対する教会の間接的な世俗的強制権を認めており、その上でこの教会権力においても公会議を教皇に優位させている。

公会議主義を批判し、間接的権力論の定礎に大きく貢献した15世紀の代表的な教皇主義者はトルケマダ（Juan de Torquemada 1388-1468）である。まず、教会内部のヒエラルキーについて、トルケマダは公会議主義に対する態度を次第に硬化させていき、マルシリウス等の異端を公会議主義の祖として提示するなどして公会議主義を批判し、教皇権の優位を打ち立てようとする[58]。次に、両権の関係について、以下のようにして間接的権力論の定礎に貢献する。一方で、世俗君主の権力は教皇に由来せず、神に由来する。他方で、キリストは使徒に対して世俗的事柄における支配を禁じたので、「教皇が全世界の支配者と称してしかるべき程度に教皇は教皇位の権利によって世俗的事柄における裁治権を持っているとはいうべきではない」[59]。すなわち、教皇はたしかに世俗的事柄において裁治権を持つが、全世界の支配者といえるほどではなく、よって全世界の支配者でもない。さらに、教皇は封土などについて直接的に裁けない。この間接的権力の根拠として、霊権の目的が俗権の目的に優位するので霊権は俗権に優位するという点や、「わたしの羊を牧せ」というキリストの命令によって霊俗の罪を裁くよう教皇が委ねられた点などが挙げられる。以上のような仕方でトルケマダは間接的権力論の定礎や体系化に大きく貢献しており、とりわけ教皇が全世界の支配者ではない

57　Ibid., 240. ジェルソンについて、より詳しくは G.H.M. Posthumus Meyjes, *Jean Gerson Et L'assemblée De Vincennes, 1329: Ses Conceptions De La Juridiction Temporelle De L'Église* (Leiden: E. J. Brill, 1978). を参照。

58　Thomas M. Izbicki, *Protector of the Faith: Cardinal Johannes De Turrecremata and the Defense of the Institutional Church* (Washington, D.C.: Catholic University of America Press, 1981), 97-104.

59　Juan de Torquemada, *Summa De Ecclesia* (Venetia: apud Michaelem Tramezinum, 1561), 263.

という否定においてインディアス問題でも影響を与えることになる。ただし、トルケマダは次のように直接的権力論を部分的に継承している面もあり、よっていわば過渡的である。信仰なくして正義は存在しないので、俗権は神に由来するといえども俗権として完成する上で作用因としての霊権に依存し、すなわち霊権に何らかの仕方で由来すると言われる。この過渡的性格は異教君主と教皇の権力関係についてもみられる。先述のように、教皇が全世界の支配者として両権を持つ点は明確に否定された。さらに、「外部の人々を裁くことは、わたしの務めでしょうか」（コリント１５-12）という聖句により、一度も改宗したのことない異教徒を教皇は不信仰の罪で罰せないと論じられる。それでも、トルケマダは「教皇が異教徒に関して持つ権力について」論じている箇所で、「教皇は異教徒が信徒に対して持つ支配のあらゆる権利や支配権を取り除くことができる」と述べ、根拠としてアクィナスの『神学大全』Ⅱ-Ⅱ、10-10の大部分を引用するだけで、その論証を終えている[60]。それゆえ、教皇が異教君主に対して何らかの権力を持つ点は示されたが、その権力の内実は不明確なままであり、例えば間接的権力か否かが判然としない。

　コンスタンツ公会議には、チュートン騎士団とポーランドの対決が議題として持ち込まれ、そこでは教皇と異教君主の権力関係が論点となっていた。その対決において、ポーランド側の有名な論者がウラディミリ（Paulus Vladimiri c. 1370-1435）である。ウラディミリはこの対決について、ポーランドでは布教が大きな成果を上げているにもかかわらず、チュートン騎士団が布教のためとして平和的な異教徒や改宗者を攻撃し続けている点をその原因として指摘する。さらに、チュートン騎士団の理論的基礎としてホスティエンシスの理論を挙げ、主にインノケンティウス４世の理論に基づいて批判を展開していく。ウラディミリによれば、神は裁治権や支配権を創った際に、特に何らの区別をも設けなかった。それゆえ、異教君主は正当に俗権を持てる。さらに、モノは原初において共有であったが、万民法の下で各人の所有となったので、正当な根拠なしに異教徒から支配権などを奪ってはならない。それでも、インノケ

60　Ibid., 269.

ンティウス 4 世が述べたように、異教徒は創造ゆえにキリストの羊であり、ペテロへ委ねられた。それゆえ、「教皇はキリストの代理人として、事実においてではなく法・権利において、キリスト教徒のみならず全ての異教徒に対して一般的に権力や裁治権を持つ」[61]。それゆえ、偶像崇拝のような自然法違反の罪において、教皇は異教徒を罰することができる。さらに、人は神を崇めるべく創造されたので、教皇は異教徒の布教妨害を禁止でき、妨害されたならば罰せる。しかも、異教君主が臣民のキリスト教徒に危害を加えないよう正当に命令でき、重大な状況においては、異教君主の権力を奪える。異教徒に対するこれらの強制権は皇帝ではなく主に教皇に関わる。なぜなら、神法や自然法によって「教皇が両方の裁治権を、すなわち霊的および世俗的裁治権を持つ」[62]からである。以上のようなインノケンティウス 4 世の理論に反して、ホスティエンシスの理論は異教君主が今日において裁治権を持たないとして、平和的な異教徒に対する戦争を扇動しており、チュートン騎士団は支配欲ゆえにこの理論によってポーランドにおける略奪を正当化している。しかし、アクィナスが『神学大全』II－II、10－10 で論じるように、異教君主はキリスト教徒に対する支配権さえ正当に持っている。

　コンスタンツ公会議が開催された時期は、まさに大航海時代の始まりと同時期であった。大航海時代は、1415 年におけるポルトガルの北アフリカ都市セウタ攻略に始まるとされている。ポルトガルは有名なエンリケ航海王子の指揮下で、アフリカを西岸沿いに南下していく。1420 年代に、アフリカ西岸のカナリア諸島の支配権がスペインとポルトガルの間で争われる。ポルトガルは嘆願書を教皇に出し、次のように論じて、教皇がその支配権をポルトガルに与えるよう求めた。宗教や法を欠き獣のように暮らすカナリアの人々に対して、エンリケ王子が多大な労苦の

---

[61] Paulus Vladimiri, "Opinio Hostiensis," in *Paulus Vladimiri and His Doctrine Concerning International Law and Politics*, ed. S.F. Belch (The Hague: Mouton, 1965), 871.
[62] Ibid., 874. この一件について、より詳しくは、山内進「異教徒に権利はあるか：中世ヨーロッパの正戦論」『「正しい戦争」という思想』山内進編、勁草書房、2006 年、45－74 頁を参照。

下で布教を行い、大量の改宗者を出し、政治的生を与えるためにポルトガル王権をそこへと拡張した。ところが、カナリアの司教はさらなる正戦を禁じた。しかし、これまでの布教の成果は大きいので今後も軽視されるべきではなく、さらにカナリアはポルトガル王の支配権下に存するので、正戦は妨害されるべきではない。ポルトガル王は自身の権力によって正戦を継続できるが、神は教皇「聖下に全世界の十全権力（*plenaria potestas*）を委ねたので、聖下の権威や許可の下で所有されるものは全能な神の特別な許しや許可によって所有されるように思われる」ので、カナリア諸島を「征服し保持する権威」を教皇に求める、と[63]。この嘆願を受けて、教皇はこの一件をイタリアの二名のカノニストのミヌッチとロゼッリに諮り、回答を得る。その頃、バーゼル公会議にスペイン代表として参加していたカルタヘナが教皇に抗議書を出す。結果として、教皇はスペイン側の主張を認めることになる[64]。

　ミヌッチとロゼッリは回答書でインノケンティウス4世に依拠する。ミヌッチ（Antonio Minucci da Pratovecchio 1380-c.1464）によれば、キリスト教徒の土地を奪った異教君主に対して、キリスト教君主は防衛や回復の戦争を自身の権力で行える。だが、その土地を持たない異教君主に対して、状況が異なる。この異教君主は自身の土地などに対して万民法ゆえに正統な支配権を持つので、正当な根拠なしに支配権を奪われない。それでも、インノケンティウス4世が述べたように、異教徒はキリストの羊としてペテロに委ねられている。それゆえ、「教皇は全ての人々に対して、事実においてではなく法・権利において権力や裁治権を持つ」[65]。よって、異教君主を自然法違反や布教妨害ゆえに罰せる。ロゼッリ（Antonio Roselli 1381-1466）も同様の意見である。ロゼッリによ

63　"Suplica Dirigida Pelos Embaixadores De El Rei D Duarte Ao Papa Eugenio IV," in *Monumenta Henricina*, ed. Manuel Lopes de Almeida (Coimbra: Oficina Gráficas d'Atlantida, 1963), 258.
64　この一件について、より詳しくは Joseph F. O'Callaghan, "Castile, Portugal, and the Canary Islands Claims and Counterclaims, 1344-1479," *Viator* 24(1993). を参照。
65　Antonio Minucci, "Parecer," in *Monumenta Henricina*, ed. Manuel Lopes de Almeida (Coimbra: Oficina Gráficas d'Atlantida, 1963), 301.

れば、人は自由な者として生まれ、万民法の下でモノを所有し、自己防衛を許されている。自然法がこのように教えるので、この教えは異教徒にも該当する。教皇は自然法に反せないので、正当な根拠なしに異教徒の権利を奪ったり戦争したりできない。それでも、正当な根拠として、自身や臣民の防衛や土地の奪還などが挙げられる。さらに、キリスト教徒の土地を持たない異教君主であっても、キリストの羊として改宗のためにペテロへ委ねられたので、布教妨害ゆえに正戦の対象になる。ロゼッリは以上のように論じた上で、ホスティエンシスとインノケンティウス４世を比較し、「ホスティエンシスやオルドラドゥスよりもインノケンティウス４世の意見がより真である」[66]と述べる。なぜなら、キリストの支配権は世俗的支配権ではないので、キリストの到来後も異教君主は俗権を失わず、万民法の下で今日も持っているからである。

　おそらくミヌッチやロゼッリの回答書を読まずに、カルタヘナ（Alfonso de Cartagena 1384-1456）は教皇権に依拠しない形でスペインの立場を正当化する。まず、カルタヘナはカナリア諸島に対するスペインの支配権を次のように論証する。カナリアはモロッコの一部である。モロッコは、かつてスペインを支配していたヴァンダル族の支配権下に服していた。スペイン王はヴァンダル族の支配権を継承したので、カナリアの支配権を持つ。次に、ポルトガルの論拠を批判する。例えば、カナリアの先占について、スペインの方が先に占有したと論じる。本研究においてより重要な論拠は布教である。カルタヘナは二つの布教を区別する。第一に、改宗者に対する支配権の獲得を伴わない布教である。この布教は「ローマ教皇の権威によって行われる限り」[67]認められる。第二に、その支配権の獲得を伴う布教である。カナリアはスペイン王の支配権下にあり、カナリアにおけるこの種の布教はスペイン王の支配権を害するので、認められない。このように、カルタヘナは明確な仕方では

66　Antonio Roselli, ibid., 341.
67　Alfonso de Cartagena, "Allegationes Factas Per Reuerendum Partrem Dominum Alfonsum De Cartaiena Episcopum," in *Descobrimentos Portugueses*, ed. João Martins da Silva Marques (Lisboa: Instituto para a alta cultura, 1944), 318.

教皇権を制限しようとしていない。それでも、スペイン王の世俗的支配権に反するとして、布教活動における世俗的支配権の獲得を斥けるので、教皇には布教や改宗に関する純粋な霊的権威しか認めていない。そのようにして、教皇にカナリア征服の権威を要求するポルトガルの嘆願を土台から切り崩そうとした。

　1450年代に、教皇は後のアレクサンデル6世の贈与大教書に連なる有名な教書を出す。1455年、ニコラス5世は教書「ロマーヌス・ポンティフェックス（*Romanus Pontifex*）」を出し、ポルトガルのアフリカ南下を後押しする。ニコラスによれば、教皇はキリストの代理人として布教を推進する立場にあるので、サラセン人を撃退するような信仰の篤い君主を支援する。エンリケ王子などは神の名を弘めるべく遠い地でもサラセン人を撃退したり教会を数多く設立したりしてきた。これらの成果はポルトガルの多大な労苦や費用の下で得られたので、ポルトガル王はさらなる成果を他国の者に妨害されることを恐れた。そこで、教皇はキリスト教の拡大のために征服する権力を既にポルトガル王に与えた。以上を考慮して、教皇は使徒の十全な権力により、これから獲得されるであろう地域にも既に与えた権力が通用すると明言する。ポルトガル王に対して、教皇は「既に獲得され、これから獲得されるであろうあらゆる地方や諸島ならびに港や海を（中略）恒久的に贈与し譲渡する」[68]。そのために、サラセン人などと交易することや、獲得した土地で教会を建設し宣教師を派遣することをポルトガル王に許可する。この教書に反する者は破門に処す。この教書は翌年のカリクトゥス3世の教書「インテル・カエテラ（*Inter caetera*）」などで追認されていく[69]。

　15世紀後半、先述のアゴスティノとペラヨのラディカルな教皇主義的著作が初めて公刊され、受容されていく。その影響を受け、なおかつ

68　Frances G. Davenport and Charles O. Paullin, eds., *European Treaties Bearing on the History of the United States and Its Dependencies to 1648: 1455-1648*, vol. 1 (Washington, D.C.: Carnegie Institution of Washington, 1917), 18.
69　布教と結びついたポルトガルの帝国イデオロギーについて、より詳しくは Giuseppe Marcocci, *A Consciência De Um Império : Portugal E O Seu Mundo, Séc. XV-XVII* (Coimbra: Imprensa da Universidade de Coimbra, 2012). を参照。

インディアス問題で名指しされることになる論者をここでは二名扱う。二名とも主にアゴスティノを参照している。
　第一に、フィレンツェの聖アントニノ（Antonino Pierozzi da Firenze 1389-1459）である。聖アントニノによれば、教皇はあらゆる霊権の源であり、よって諸地域の教会を設立したり教会会議を開催したりする。さらに、神から授与された俗権を持つ。ただし、例外的にしか自ら行使せず、通常は教会に奉仕させるべく世俗君主に委ねる。それゆえ、教皇が君主の俗権を設立し、確証し、規制し、矯正し、罰する。異教君主と教皇の権力関係について、アゴスティノと同様にインノケンティウス4世に依拠する。聖アントニノによれば、「教皇は全世界の裁治権や配慮を委ねられた」[70]。言い換えれば、世界における全ての人々を「神は教皇の足下へ、すなわち彼の裁治権の下へと服従させた」[71]。それでも、異教徒は神から俗権という自然的利益を得ているので、正当な根拠なしに奪われない。だが、キリスト教徒の土地を奪ったり、自然法に反したりすることは正当な根拠になる。
　第二の論者は、ルターに対する批判者として有名なプリエリオのシルヴェストロ（Silvestro Mazzolini da Prierio 1456-1527）である。プリエリオによれば、アクィナスが教皇を両権の頂点とみなしたように、教皇はキリストの代理人として、両事柄の最高権を持ち、十全な権力を唯一持つ者である。霊権は神から教皇を介するので、教皇は公会議に優位している。俗権もまた教皇を介するので、教皇が君主の俗権を設立したり確証したりする。ただし、例外的にしか自ら行使せず、通常は教会に奉仕させるべく君主に委ねる。異教君主と教皇の権力関係について、教皇は異教君主に対して「裁治権を持っている。なぜなら、全ての人々に対して裁治権を持つキリストの代理人だからである」[72]。たしかに、教皇は全世界で所有権を持つとは言えないが、「裁治権のみや保護については

---

[70] Pierozzi Antonino, *Summae Sacrae Theologiae, Juris Pontificii Et Caesarei, Prima Pars, Secunda, 3, 4* (Venetiis: Junctas, 1582), 394v.
[71] Ibid., 397.
[72] Silvestro Mazzolini, *Sylvestrina Summa, Quae Summa Summarum Merito Nuncupatur* (Antverpiae: Nutius, 1579), 229.

世界の支配者である」[73]。それでも、神が異教徒に与えた支配権を正当な根拠なく奪ってはならない。しかし、自然法違反などはその根拠となる。

　以上のように、教皇と異教君主の関係について、中世の教皇主義においてはインノケンティウス４世とホスティエンシスのパラダイムが主に存在しており、前者がより主流であった。同時に、双方のパラダイムには重要な共通点が存在していた。教皇が常に異教君主に対する裁治権を持っている点である。それゆえ、特に偶像崇拝などのような自然法違反の罪において、それまでキリスト教会と一度も接触したことのない異教君主をも教皇は罰することができ、そのために世俗的強制力を行使できることになる。さらに、公会議運動との対決をひとまず乗り切った教皇主義は自身の復活の時期を迎えることになり、アゴスティノなどのラディカルな教皇主義的著作を公刊しながら、直接的権力論を再び流布させていく。そのような中で、ニコラス５世などが未知の異教徒に対する支配権をもポルトガル王などに贈与しようとする。このような流れが新世界の発見につながっていく。したがって、新たに発見されるアメリカの異教徒と教皇の権力関係について、以上のような中世理論がまず適用されることになる。

第二節　スアレスの両権論の基本型

　以下では、主に『法および立法者たる神について』をもとにして、まず法論について、次に俗権、霊権、最後に両権の関係について簡略的にまとめていく。

　まず、法論についてである。当初、法律としてのレクス（*lex*）と、権利としてのユス（*ius*）をスアレスは区別していなかったが、次第に権利としてのユス概念を括り出すようになる。法は、正義と一致しているような立法者の命令である。アクィナスに従って、法は永遠法と自然

---

[73] Ibid., 230.

法ならびに実定法に区分される。実定法には神的実定法と人的実定法がある。後者の主な要素は万民法と国法およびカノン法である。

　永遠法は万物を統率するための最も根本的な神の法であり、自然法はその影である。永遠法は神が世界を創造する際に自由意志によって生み出した法である。神自身を拘束しないが、全被造物を拘束している。あらゆる法の礎であり、他のあらゆる法は永遠法から法としての効力を得ている。それ自体で直接的には人間を拘束しておらず、他の諸法を媒介として拘束している。自然法はいわば永遠法の影であり、人間の内面に記された自然理性の命令であり、十戒などを内容としている。「自然法は善と悪を示すのみならず、固有の意味での善の命令と悪の禁止を含んでいる」[74]。すなわち、自然法は神の意志によって生み出された命令であり、よって法として人間を義務付けることができるのみならず、人間からみれば内在的な善悪の客観的な基準であり、あらゆる時と場所で同一である。この普遍かつ不変な自然法が人間の政治権力に正統性を与えるので、それ自体がこの政治権力によって変更を被ることは不可能である。

　万民法は慣習法であり、各国相互の模倣等によって全世界的に広まった実定法である。皇帝であれ教皇であれ、一者が全世界を世俗的に統治することは可能ではなく望ましくもない。国が世界の世俗的秩序の基本単位であり、神聖ローマ帝国も国の一つにすぎず、その皇帝も君主の一人にすぎない。このように全世界的な皇帝は不要であるが、諸国間関係を規制するために万民法が必要である。万民法には二種類ある。第一に、ほぼ全ての国などが彼ら相互の関係において（*inter se*）守る法である。この法が固有の意味における万民法であり、国家間の戦争と平和などに関わる。第二に、ほぼ全ての国家が自国の内部で（*intra se*）守る法である。この法は厳密には各国の国法であるが、その内容が相互に共通する法である。

　次に、俗権に移る。「社会契約」と統治契約の二重契約説が採られている。

74　Francisco Suarez, *Tractatus De Legibus Ac Deo Legislatore* (Conimbricae: Didacum Gomez de Loureyro, 1612), 121.

自然的自由と政治的服従は両立しない。一方で、人は自然法から自然的自由を得る。他方で、人は社会的動物であるので、政治的共同体の形成へ向かう。しかし、両者は両立しない。なぜなら、政治的身体としての政治共同体を形成する際に、政治「共同体の各人は或る共通の権力に対する服従を義務付けられる」[75]が、人は自身の行為を自身の命令に従わせる自然的自由を持つからである。

　人は社会的動物であるので、自らの意志により自然的自由を放棄して政治共同体を形成する。ここで、自然的自由は自然法に由来するにもかかわらず人の意志によって放棄可能であるかが問題となる。答えは「可能」である。スアレスは自然法を命令的なもの、禁止的なもの、許容的なものに分ける。前者二つの場合、自然法が命令ないし禁止した事柄の内容は人の意志によって変更されえない。だが、許容的自然法の場合は変更可能である。例えば、許容的自然法は人類によるモノの共有を規定する。それでも、モノの共有状態は人の意志によって私有状態へと変更されることが可能である。許容的自然法は人の意志によるこの変更を許容する[76]。自然的自由もまた許容的自然法に由来するので、人の意志によって失われることが可能である。それゆえ、人は社会的動物として、「単一の社会的紐帯の下で単一の政治的目的のために相互に助け合うべく、特別な意志ないし共通の同意（specialis voluntas seu communis consensus）によって、ともに単一の政治的身体を形成するに至る」[77]。

　政治共同体は人々の同意によって形成された後に、神から自然法を介して俗権を授与される。俗権が政治共同体の維持に必要であるので、神は政治共同体すなわち人民に俗権を授与する。この授与は基本的に自然法を介して自然的な仕方で、すなわち共同体形成の自然必然的な結果として俗権が自然法を介して共同体に生じるという仕方で行われる[78]。俗権が授与されたならば、自然法は政治共同体の統一性を維持するために俗権に対する服従を成員に命じる。

75　Ibid., 203.
76　Ibid., 155-59.
77　Ibid., 202.
78　Ibid., 204-5.

神から授与された俗権を、人民が契約により君主へ譲渡し、君主の統治が開始される。スアレスによれば、人民は俗権を行使する能力を基本的に欠く。それゆえ、人民は君主を選出し俗権を譲渡すべきである。そこで、契約により俗権を君主へ譲渡する。この統治契約の際に、人民は統治期間等について様々な条件を課せる。だが、権力が一度譲渡されたならば「王は王国の上にも立ち」[79]、世俗的な最高の統治者として君臨することになる。その結果、君主は人民の同意なしに立法でき、人民は平時において君主の意に反して政治権力を奪い返すことができない。それでも、君主が自然法や統治契約に反するならば、僭主を征伐するなどの方法で奪い返すことができるようになる。以上のように、君主からみれば、政治「権力は直接的に共同体に、間接的に神に由来する」[80]。

　次に、霊権はキリストからペテロおよびその後継者としての教皇へと直接授与され、教皇が最高の霊的裁治権を持つ。教会権力は、秘跡を執行するための叙階権と、教会を統治するための裁治権に区別される。叙階権はキリストから各聖職者に直接与えられる場合もある。しかし、後者の霊的裁治権はキリストからペテロのみに直接委ねられた。中世や近世の教皇主義者と同様に、その根拠として「わたしの羊を牧せ」（ヨハネ21）などの聖句が挙げられる。教皇もまたペテロの後継者として教会全体の霊的裁治権をキリストから直接得ており、聖座宣言（*ex cathedra*）によって信仰と道徳の原理を不可謬な仕方で定めたり、公会議の召集や解散などの全般について単独で決定したりでき、さらに各聖職者が持っている全ての霊的裁治権が教皇に直接的に由来し依存している。

　以上のように教皇を頭に戴く教会は、狭義の教会と広義の教会に区別される。狭義の教会は聖職者の集団である。教皇がこのヒエラルキーの頂点に君臨する。広義の教会は聖職者と俗人から構成されており、先述のようにキリスト教共同体とも呼ばれている。その入り口は洗礼である。洗礼を受けたあらゆるキリスト教徒がこのヒエラルキーに組み込まれる。それゆえ、スアレスはアウグスブルクの宗教和議にみられるような棲み

79　Ibid., 208.
80　Ibid., 209.

分けの論理を否定していたといえる。

　次に、両権の関係に移る。従来は間接的権力論が重要視されてきたが、聖職者の免除論もまた重要である。まず、後者からみていく。

　聖職者は霊的および世俗的事柄について自国の君主に対する服従を全面的に免除されている。先述のように、人々が政治共同体を形成すると、神が自然法を介して俗権を政治的共同体に与え、自然法が俗権という共通の統一的権力に対する服従を臣民たちに命じる。しかし、聖職者はキリストの神的実定法などを根拠として、この自然法の命令を免れうる。さらに、当該国の俗人は統治契約により君主に対する服従を義務付けられているが、聖職者はこの服従を全面的に免除されている。なぜなら、聖職者は霊的事物の一部として全面的に教皇の霊権の下にあり、よって、霊的および世俗的事柄の全てにおいて教皇に服従せねばならないからである。それでも、教皇が実際に命令を下していない残余的な世俗的事柄において、聖職者は自国の国法を遵守する義務を負う。だが、その義務の源泉は君主の権力ではなく、自然法では不十分であり、カノン法が主である。このように、聖職者は自国の君主に対する服従を全面的に免除されているのみならず、俗権に対して服従するよう命じている自然法の義務を免れることもあり、国法遵守の範囲や義務は大いに教皇に依存している[81]。

　次に、間接的権力論に移る。この理論を理解する上で、権力の目的が重要である。なぜなら、「道徳において、目的は働きの原理であり、そのようにして究極目的はそれらの働きの第一原理である」[82]ので、「権力の限界はその目的によって定められるべきである」[83]からである。よって、権力の対象範囲は基本的には目的に依存する。

　俗権の目的は世俗的であり、霊権の目的は霊的である。一方で、俗権は恩寵や超自然から分離された「純粋な自然」（*pura natura*）に基づいているので、それ自体では霊的目的へと全く秩序付けられていない。

81　Ibid., 344-49.
82　Ibid., 39.
83　Ibid., 244.

よって、究極目的は霊的でなく[84]、政治共同体の共通善である。目的の性質と対象の事柄の性質は一致するので、俗権の対象は自然的で世俗的な事柄に限定される。ここで、君主や臣民がキリスト教に改宗した場合、「純粋な自然」から「信仰によって照明された自然」（*natura fide illuminata*）への移行が生じる。この場合でも、俗権の目的は政治共同体の共通善であり続けるので、権力の本質が変化せず、よって対象も変化しない。それでも、教皇の霊権に対する服従を新たに義務付けられる。それゆえ、教会の命令や同意があれば、俗権は霊的事柄をも対象にできる。他方で、霊権の目的は霊的であり、基本的な対象は霊的事柄である。教皇は神によって霊権しか与えられていない。なぜなら、俗権は霊的目的の手段として必要でなく、むしろ有害にすらなりうるからである。ただし、コンスタンティヌスの寄進により、教皇は教皇国における俗権を人定法によって得ている[85]。

スアレスは目的に基づいて両権を峻別する。俗権の目的が政治共同体の共通善であるのに対して、霊権の目的は魂の救済である。両権はこの目的において最も異なっている。まさに目的の相違において、「これら二つの権力は種（*genus*）においてよりも一層その存在（*esse*）において区別される」[86]。

それでも、教皇の霊権は一定の条件下で世俗的事柄へと対象を拡張でき、よって世俗的に介入できる。そのように拡張できる根拠は、例えば、霊権が上位であることに存する。すなわち、霊権は俗権よりも「上位の秩序に属するので、下位の事物が道具や従属物として何らかの仕方で上

---

84 ただし、俗権の究極目的は宗教を含む。この場合、宗教（*religio*）は神の崇拝を意味する。アクィナスは宗教を超自然的徳ではなく自然的徳の一つに分類している。さらに、自然法の根本的原理の一つとして、真の神に対する崇拝を含めている。それゆえ、スアレスにおいても、人は自然理性によってキリストや啓示を知りえないにもかかわらず真の神について知ることができ、その崇拝を自然法によって義務付けられている。したがって、俗権は純粋な自然に属しているにもかかわらず、この意味の宗教を目的の一部として含んでいる。Ibid., 237-38.
85　Ibid., 402.
86　Ibid.

位の事物に仕える限り、下位の事物をも包含する」[87] からである。さらに、このような場合に霊権は世俗的事柄において俗権に優位する。根拠として、教皇がキリスト教共同体の頭であるのに対してキリスト教君主が四肢であることや、霊権の目的が俗権の目的に優位しているという目的間の序列などが挙げられる。間接的権力はこのようにして世俗的事柄を対象とした場合の霊権を指す。キリスト教君主が教会に重大な危害を加える場合、教皇は間接的権力によって世俗的な命令や刑罰を下し、その一件に介入することができる。ボニファティウス 8 世などはまさにこのような仕方で介入したのである。

ただし、スアレスは両権を峻別した結果として、間接的権力の世俗的効果を制限する。「この間接的権力は、魂を破滅させうるような世俗的法を時々に修正ないし廃止する上で十分なものである。しかし、この権力は世俗的法を、とりわけ世俗的な形相を有し純粋に実定的であるような世俗的法を、制定ないし設立する上で厳密にみれば十分なものでない」[88]。すなわち、教皇が間接的権力によって主として行えることは、国法の制定ではなく改廃である。間接的権力は国法を打ち立てることでその国の臣民を恒常的に拘束し続けるための手段ではなく、霊的危害を加えるような国法を改廃することで、その危害を消失させるための手段である。スアレスは立法権を俗権の本質として捉えているので、間接的権力が国法の制定を行えないという主張は両権の相違を際立たせている[89]。

以上の間接的権力はキリスト教君主のみを対象としている。なぜなら、間接的権力は霊権であり、異教君主は教皇の霊権に服従していないからである。教皇と異教君主の関係は以下の通りである。

一方で、異教君主は基本的にキリスト教君主と同様の仕方で俗権を持

---

[87] Ibid., 403.
[88] Ibid., 217.
[89] なお、ビトリアは、教皇が間接的権力によって「世俗の諸君主が行えることを全て行える」（Francisco de Vitoria, "De Potestate Ecclesiae Prior," in *Relectiones Theologicae XII* (Lugduni: Jacobus Boyerius, 1557), 83.）と述べ、その世俗的効果の範囲を極めて広く認めていた。また、第二部で論じるように、スアレスもまた対抗宗教改革の渦中にあって、間接的権力の限界をめぐって葛藤することになる。

つ。俗権は純粋な自然に基づいているので、信仰を要件としていない。俗権は「キリストの到来以前には異教徒の下に存在していた。現在は、受洗していない不信仰者の下に、特に異教徒の下に存している。根拠は明らかである。すなわち、信仰や他の贈与物はより上位の秩序に属しているからであり、よって、この権力のために必要となることは自然法においてありえない」[90]のである。このように俗権は純粋な自然に基づくので、異教君主はキリスト教君主と基本的に対等な俗権を持つ。全世界的な帝国は存在していないので、世界にはキリスト教と異教の諸国が万民法の下で対等に存在している。

　他方で、教皇は異教君主に対して布教権と自己防衛権しか持たない。教皇は世俗的ないし霊的裁治権を恒常的な仕方では異教君主に対して持たない。よって、例えば新世界の俗権をキリスト教君主へ授与できない。しかし、全世界の布教権を持つ。ここで二点が重要である。第一に、教皇はキリスト教会全体の布教活動を統括でき、その責任を負う。その一環として、特定地域の布教権を一部のキリスト教君主に排他的に委任でき、当該地域の布教を成功させるべく、他のキリスト教徒に対してその地域での海洋の自由を制限できる。第二に、教皇はキリスト教共同体の頭として、一定の場合に異教君主に対して自己防衛権を持つ。教皇は自由な布教によって狭義および広義の教会を全世界へ拡張させることが許されている。布教地において、宣教師や改宗者はキリスト教共同体の成員であるので、教皇は彼らに対して裁治権を持つ。それゆえ、布教地の異教君主が布教を妨害したり、彼らに対して重大な危害を加えたりする場合、教皇はキリスト教共同体の頭として自己防衛権を行使できる。スアレスはこの自己防衛権を「間接的な権力」と呼ぶ。

　キリスト教君主に対する間接的権力と異教君主に対する「間接的な権力」の主な違いは次の通りである。教皇はキリスト教君主に対して霊的裁治権を持つので、霊的目的に必要ないし有益ならば、キリスト教君主の霊的ないし世俗的な罪を裁くべく、まず霊権によって霊的罰を下し、さらに必要ならば間接的権力によって様々な種類の世俗的罰を下せる。

90　Suarez, *Tractatus De Legibus Ac Deo Legislatore*, 233.

このように教皇はキリスト教君主に対して裁治権を持つので、その罪を根拠として（*ratione peccati*）世俗的介入を行う。しかし、「外部の人々を裁くことは、わたしの務めでしょうか」（コリント１５－12）と言われるように、教皇は異教君主に対しては裁治権を欠くので、異教君主による偶像崇拝などの罪を「裁く」ことができず、よって、その罪を根拠として世俗的介入を行えない。教皇はあくまでキリスト教共同体を防衛するためでなければ異教君主に世俗的介入を行えず、防衛の方法は実質的に正戦しか残されていない。この罪を罰するための霊的裁治権とキリスト教共同体を防衛するための自然的な自己防衛権という区別が間接的権力と「間接的な権力」の根本的な違いである[91]。

91　以上より、中世の二つのパラダイムである直接的権力論と一律型間接的権力論では異教君主は教皇の支配権に法・権利上で服しているのに対して、近世の峻別抑制型間接的権力論では通常服していないことになる。中世においてヨーロッパで知られていた世界の地理的範囲が狭かったからこそ、教皇主義理論において教皇は全世界の支配者と称せられていたのだろう。新世界等の地理的諸発見は、全世界の広大さを実感させ、その結果として教皇の支配権の法・権利上の範囲をも全世界からキリスト教共同体へと縮減させる思想的効果をもたらしたといえる。もっとも、第二章以降でみていくように、その効果は絶対的なものではなく、中世の思想的伝統は強力でもあった。

第二章　インディアス問題とスアレス
── 1580年代におけるスアレスの講義ノート ──

　序のサーヴェイで述べたように、スアレスをインディアス問題の文脈に位置付けてその政治思想や両権論を主題的に論じた先行研究は、スアレス研究の中で比較的少ない。それでも、一定数の研究が存在する。それらの主なテーマは万民法論や布教論であった。万民法論について、新世界の発見により、普遍帝国の理論的価値が失墜し、代わりに諸国家が全世界を構成する主体として重要となり、万民法が諸国間関係を規制する。万民法論の一環として、正戦論の発展もまた注目された。布教論について、インディアスの布教による布教論の発展がスアレスにも見出される。このように正しく論じられてきた。だが、多くの先行研究はインディアス問題をスアレス理論の文脈として指摘するだけである。それゆえ、例えばインディアス問題において展開された具体的な議論にスアレスの主張を関連付けて論じていない。それでも、Doyleはより明確で具体的な仕方でスアレスの主張をインディアス問題の文脈に位置付け、パリ版全集に所収されていない重要なテクストをも用いて、スアレスの布教論を説明しようとした点で特に注目に値する。だが、Doyleはそのスアレスのテクストを必ずしも精読しているとはいいがたい。さらに、スアレスをインディアス問題における他の論者とほとんど比較していないので、スアレスの位置付けや独自性を明らかにできていない。それゆえ、更なる精読や他の論者との比較が必要となる。

　本章の目的は二つある。一つ目は、インディアス問題の諸論者におけるスアレスの位置付けや独自性を示すことである。二つ目は、第三章以降で示されるスアレス理論の発展における開始地点を示すことである。このように共時的視点と通時的視点において、1580年代におけるスアレス理論の位置付けを示すことである。

　本章における諸論点の軸は、先住民インディオの野蛮性と異教性の二つである。野蛮性に関して、インディアス問題に固有ともいえる論点は

自然的奴隷説である。それゆえ、この論点を中心に論じる。異教性に関して、本書は両権論の研究を主題とするので、こちらの軸がより重視される。特に、異教君主の俗権と教皇権の関係が最も主要な問題である。

以下、基本的に時間軸に沿いながら、五つの節に分けて論じていく。第一節では、征服当初における教皇の教書とスペイン人の征服正当化の理論を扱う。1492年の「発見」から間もなく、教皇アレクサンデル6世が教書を出す。この教書は新世界に対するスペインの領有権を正当化する根拠として長らく論争の的となり続ける。未知なる新世界に対する教皇権のあり方を問う上で、理論的にみても重要な教書であった。この教書を紹介した上で、この教書を利用しながら征服を正当化した征服当初の代表的論者として、パスやパラシオス・ルビオスを扱う。第二節では、インディアス問題における主要な陣営として、サラマンカ学派の論者を扱う。特に、その祖として著名なビトリアとソトを扱う。1530年代における彼らの理論は広範な影響を与えることになる。第三節では、インディアス問題における主要な対決として知られている1550年のバリャドリード会議を扱う。王室が主催したこの会議において、征服に対する否定的立場の代表者ラスカサスと肯定的立場の代表者セプルベダが持論を戦わせる。第四節では、バリャドリード会議後からスアレスまでの期間における諸論者を扱う。具体的に、クルソラやペニャおよびバニェスである。彼らの理論をみていくことで、ビトリアやラスカサスの後であってもインディアス問題において理論的な多様性が存続したことが確認される。第五節では、1580年代におけるスアレスの理論を扱う。本章における二つの目的を達成するために、まず両権論に関するスアレスの一般的な理論を詳述する。次に、インディアス問題の文脈にスアレスを置くことで、その理論的位置づけや独自性を示す。

第一節　アレクサンデル6世の贈与大教書から
1512年ブルゴス会議まで

　1492年、コロンブスは新世界を「発見」する。1479年のスペインとポルトガルによるアルカソバス条約に基づいて、ポルトガルはこの発見地に対する領有権を主張する。スペインもまたその領有権を得ようとして、教皇に外交的折衝を行う。その結果、一連の教書を獲得することに成功する。その中でも特に重要な教書は、一般的に贈与大教書（Bulas de Donación）と呼ばれるアレクサンデル6世の二つの「インテル・カエテラ（Inter Caetera）」である。1493年5月3日と4日に発布された「インテル・カエテラ」の一般的な解釈は、新世界の支配権を教皇がスペイン王に「贈与」し、その後の発見地域に関する境界設定（Demarcación）をスペインとポルトガルに対して行った、というものである。本章においては、インディアス問題の論者によるこの教書の解釈が重要である。

贈与大教書「インテル・カエテラ」

　本項では、「インテル・カエテラ」の内容をみていく。先述のように、「インテル・カエテラ」には5月3日と4日の二つがある。5月4日版は3日版を加筆修正したものであるので、5月4日版をみていく。この教書において、まずアレクサンデルはスペイン王が1492年にレコンキスタを完了させたことの労をねぎらう。その後、信仰心に篤いスペイン王が「遠方にある未知の、これまで誰によっても発見されていなかった諸島や陸地を探し出し発見しようと試み、それらの島民や住民が我々の贖罪者を崇拝しカトリックの信仰を表明するように至らせようとした」[1]点に触れる。スペイン王がそのためにコロンブスを送り、実際にそのような諸島や陸地を発見した。その島民などは平和的に暮らしており、キリスト教の信仰や良俗の習得に適しているとされる。さらに、そ

---

[1] Laerzio Cherubini and Angelo Maria Cherubini, eds., *Magnum Bullarium Romanum* (Lugduni: sumptib. Philippi Borde, Laur. Arnaud, & Cl. Rigaud, 1655), 466.

の地では金や香辛料も見つかった。そこで、特にキリスト教の拡大を考慮に入れて、スペイン王は「神の恩寵の下で、先述の諸島や陸地およびそれらの島民や住民を服従させ、カトリックの信仰へと至らせるよう企図した」[2]。アレクサンデル6世はこの「聖的で賞賛すべき企図」[3] を奨励する。そこで、スペイン王がこの企図を実現できるようにすべく、アレクサンデルは「使徒の十全な権力（potestatis plenitudine）によって、見つけ出され発見された全ての諸島や陸地および見つけ出され発見されることになるそれらを（中略）それらにおける全ての所有権、都市、要塞、地域、村、権利と裁治権および関連する全てのものとともに、貴殿とその相続者および後継者（カスティーリャとレオンの王）に対して、永久に贈与し、譲渡する。さらに、貴殿と先述の相続者や後継者を、十全かつ自由で完全な権力や権威および裁治権を持つそれらの支配者として立て、設立し、定める」[4]。他の者達はスペイン王の許可なくその島々や陸地に近づいてはならず、近づいたならば破門に処す。

　スペイン王室はこの教書により、インディアスにおけるスペインの正統な支配権が委ねられたと解釈した。そこで、インディアスの征服事業に乗り出す。1503年にエンコミエンダという制度をインディアスに導入する。この制度はスペインの植民者に対して、一定数のインディオを一定期間委託して彼らから労働力を徴用する権利を与える代わりに、インディオにキリスト教の信仰を教え込むよう義務付けるという制度である。この制度が事実として奴隷制と化す。それゆえ、1511年に、ドミニコ会の宣教師モンテシノスが植民や征服の現状を糾弾する説教を新世界で行い、植民地を動揺させる。その動揺が本国にも伝わり、1512年にエンコミエンダや征服の是非をめぐりブルゴス会議が王室により開催される。

　ブルゴス会議の主要メンバーの中には、バリャドリード大学教授のパラシオス・ルビオスやサラマンカ大学教授のパスが含まれていた。両名はスペイン王の要請で、征服の正当性に関する意見書を書く。以下でみ

2　Ibid.
3　Ibid.
4　Ibid., 467.

ていくように、両者はともにその正当性を教皇権に基づいており、その立場はホスティエンシス的な伝統を引き継ぐものである。中世の理論的伝統を本書の用語で言い直すならば、次のようなものであった。インノケンティウス4世の一律型間接的権力論とホスティエンシスの直接的権力論がパラダイムであり、一律型間接的権力論がより主流であった。それでも、直接的権力論は中世を通して一定の影響力を行使し続け、大航海時代が始まっても、教書「ロマーヌス・ポンティフェックス」などに見出された。これらの中世の伝統的理論がパスやルビオスによって展開されることになる。

パスの意見書

パス（Fray Matías de Paz 1468-1519）はドミニコ会士であり、サラマンカ大学の教授であり、神学者である。彼の意見書は1512年の『インディオに対するスペイン王の支配権について』である。教皇と異教君主の関係を中心にみていく。

一方で、教皇はキリストの代理人として、全世界における世俗的支配者である。パスによれば、キリストは全世界の世俗的支配者であった。すなわち、キリストは「人間として、彼が生誕した時から、全世界の真の王であった」[5]。諸王の王であるキリストは、現世を去る時にペテロへ自身の権力を与えた。それゆえ、教皇に対して「全世界は恭順を義務付けられている」[6]。このように、教皇はキリストから全世界に対する俗権を得た。それゆえ、この点において、パスは直接的権力論の支持者であったといえる。

他方で、異教君主は神から自国における政治権力を得る真の支配者である。パスは三つの権力を区別して論じる。所有権、家父権、政治権力である。前者二つの権力を異教徒は確実に持ち、教会から奪われる余地

---

[5] Matías de Paz, "Del Dominio De Los Reyes De España Sobre Los Indios," in *De las Islas del Mar Oceano*, ed. Silvio Zavala and Agustin Millares Carlo (México: Fondo de Cultura Económica, 1954), 240.
[6] Ibid., 242.

も比較的少ない。問題は政治権力である。パスによれば、「すべての権力は神に由来する」[7]。それゆえ、異教徒もまた神から政治権力を正当に得ている。よって、異教徒は異教徒であるという事実自体によって政治権力を失うわけではなく、真の支配者である。

　だが、教皇は政治権力を異教君主から奪うことができる。神が教皇や諸王に権力を与える。一方で、全世界に対する支配権を教皇へ与える目的は、信仰の確立や拡大であり、端的に述べれば信仰である。他方で、神が異教徒に政治権力を与えた主な目的の一つは、布教におけるキリスト教徒たちの暴挙を抑止する点にある。すなわち、異教徒が「教会に服従する際に、キリスト教徒たちによる殺人や躓きおよび他の騒乱による罪によって信仰が拡大することがないように」[8]という目的である。異教徒が真の支配者ではなく無権者であれば、キリスト教徒は布教において容易に暴徒と化すという予見がパスにはあったといえよう。以上のように、神が教皇と異教君主に支配権を与えた目的は信仰である。パスによれば、異教徒は信仰に資する可能性をもつと同時に信仰を害する傾向をもつので、教皇は異教君主が信仰を害するならば支配権を奪えるべきである。そこで、神は信仰に益するか否かに応じて教皇がそのように奪えるよう予め定めた。すなわち神は、信仰の拡大などのためにその支配権が「教会によって要求されない限り、異教徒がその支配権を持つことを許容する」[9]。したがって、教皇は信仰に反する異教君主に対してその許容を撤回し、全世界の支配者としてその支配権を奪うことができる。

　ただし、教皇による支配権の奪取は無条件になされうるわけではない。主に、二つの制約がある。第一に、神の意志に由来する制約である。布教において、自発的に信仰について聞いたり受容したりすることを望む異教君主に対して戦争を行うべきではない。さらに、戦争前にまず信仰を受容させるべく説教すべきことである。予めの説教なく戦争を行った場合、この戦争はキリスト教徒と異教徒の双方にとって正当になる[10]。

7　Ibid., 245.
8　Ibid., 243.
9　Ibid., 245.
10　Ibid., 223.

第二に、戦争などによって、より大きな悪が生じないようにすることである。先述のように、信仰に資するので、神は異教徒に支配権を認めた。それゆえ、信仰という目的が「異教徒から彼らの支配権を奪うことで困難となる場合、そのような奪取はなされてはならない」[11]。

　それでも、教皇が異教性を根拠として異教君主から支配権を奪える点は重要である。たしかに、異教君主は異教徒という事実自体によって支配権を失うわけではない。それゆえ、異教君主は真の支配者である。さらに、予めの布教なしに支配権を奪うべきではない。それゆえ、特にキリスト教と接触したことのない異教君主の政治的自律はより確固としたものである。だが、一度布教がなされたならば、異教君主が信仰の受容を拒否することは、言い換えれば改宗せずに異教に留まり続けることは、異教君主が支配権を奪われる根拠となる。なぜなら、布教後に「異教徒は教会に対する服従を受け入れようと望まない時点で既に、信徒や教皇に対して平穏で平和的に振る舞っているようにみえない」[12]からである。すなわち、布教後の非改宗は教会に対する危害であるとパスは考えたからである。というのも、先述のように、全世界の人々は全世界の支配者としての教皇に対して服従する義務を負っているので、この義務について布教によって知らされたならば、改宗等によってその義務を果たす必要があるからである。このように、一度でも布教された後に異教に留まることは、この意味における異教性は教皇が異教君主から権力を奪う根拠とされた。

パラシオス・ルビオスの意見書

　インディアスという新たに発見された未知の土地や人々に対して、スペイン王は教皇の贈与により世俗的支配権を持つ。この主張が以下で論証される。

　キリストは全世界に対する両権を持ち、ペテロへ与えた。パラシオ

11　Ibid., 244.
12　Ibid., 234.

ス・ルビオスによれば、全ての権力は神に由来するので、世俗的裁治権も同様である。ここでパラシオス・ルビオスはホスティエンシスを参照して、キリストが現世に到来した後に、現世における全ての権力が神キリストの下へと移転されたと述べる。それゆえ、「キリストは、異教徒を含めた世界のあらゆる人々に対する権力を持っていた。（中略）霊的事柄に関する権力あるいは霊的権力のみならず、世俗的事柄に関する権力あるいは世俗的権力を持っていた」[13]。ただし、キリストは魂の救済という目的のために到来したので、俗権をまれにしか行使しなかった。キリストは全世界に対する両権を代理人のペテロに与えた。ペテロだけに対して「わたしの羊を牧せ（pasce oves meas）」（ヨハネ 21 − 17）と命令することで、「わたしの羊」たちを統治するための権力をペテロだけに与えたのである。「わたしの羊」という語句には、キリスト教徒や異教徒という区別が示されていなかった。それゆえ、「教皇は全世界に対して最高権を持つ」[14]。よって、例えば偶像崇拝のような自然法に反する罪においてインディオを罰せる。

　教皇は全世界における俗権の源泉であるが、通常は行使主体ではない。キリストの到来後、全世界の両権はキリストの手に帰し、さらにペテロや教皇へと移転された。それゆえ、一方で霊権は教皇から高位聖職者へと委ねられ、教皇自身によっても行使される。他方で、俗権は教皇から世俗の諸君主へと委ねられる。だが、キリストによって稀にしか行使されなかったように、通常は教皇自身によって行使されるべきでなく、「教会の譲渡や許可に基づいて、王や兵士の手によって、教会のために行使されるべきである」[15]。

　異教君主の俗権は教皇の許容に依存する。パラシオス・ルビオスによれば、キリストの到来以前、異教君主は正統な俗権を持っていた。だが、ホスティエンシスが論じるように、キリストの到来により、キリストを介して、「正当な理由に基づいて、あらゆる裁治権や権力は異教徒たち

---

[13] Juan López de Palacios Rubios, *De Las Islas Del Mar Océano* (Pamplona: EUNSA, 2013), 224.
[14] Ibid., 270.
[15] Ibid., 238.

から引き抜かれ、信徒へと移転された」[16]。さらに、アクィナスが『神学大全』Ⅱ−Ⅱ、10−10で論じるように、「異教徒は自身の不信仰ゆえに、信徒に対する権力を失うに値する」[17]。それゆえ、異教君主は俗権を、「異教徒であるという事実ゆえに、自身の権利によってではなく教会の許容のみによってしか持つことができない」[18]。すなわち、異教君主は教皇によって俗権を奪われない限り、その統治を許容されている限り、俗権を行使するにすぎない。しかも、教皇に許容されている間でさえ、正統な君主ではなく「むしろ僭主や反逆者である」[19]。なぜなら、異教君主はキリストが真の神であり全権力の源であるにもかかわらずキリストを信仰しないので、神に対する反逆罪を犯すからである。このように、異教君主は教皇から許容されている限りで、俗権を不正に行使するにすぎない。

　教皇は正当な理由に基づいてその許容を撤回することによって、異教君主の俗権を奪うことができる。パラシオス・ルビオスはキリスト教の信仰あるいはキリスト教への改宗を、俗権を奪うための正当な理由として認めない。それゆえ、異教君主は教会に対して平和的である限り、俗権を奪われない。だが、信仰に対する危害は神に対する反逆罪であるので正当な理由となる。例えば、キリスト教徒を異教へと引き込んだり、神を冒涜したり、キリスト教会を迫害したりすることである

　インディアスにおけるスペイン王の支配権は、アレクサンデル6世の贈与に基づく。教皇が全世界に対して俗権を持つので、教会に対して、「異教徒を含めた全ての人々や全世界は上位性や支配権を認めるよう義務付けられている。もし彼らがそうするよう要求された場合にそのようにしなかったならば、教会は自身かキリスト教君主を介して合法的に彼らと戦争し、彼らを彼ら自身の居住地から追放することが許され、可能であるだろう」[20]。すなわち、全ての人々は教皇に対する服従を義務付け

16　Ibid., 302.
17　Ibid.
18　Ibid., 304.
19　Ibid., 284.
20　Ibid., 332.

られているので、服従を要求されたにもかかわらず拒否するならば、俗権を教会によって正当に奪われる。その際に、教会はその役目の遂行者を選択できる。パラシオス・ルビオスによれば、アレクサンデルは贈与大教書において実際にスペイン王を選び、インディアスの俗権を与えた。それゆえ、スペイン王は異教徒たちに対して、キリスト教の宣教師を受け入れ、教会を支配者として認めるよう忠告することができる。もし異教徒たちが忠告を拒否するならば、スペイン王は彼らに戦争を仕掛けることができる[21]。

　以上のような直接的権力論をもとに、インディアスに対するスペイン王の支配がアレクサンデルの贈与大教書によって正当化されることになる。すなわち、教皇は全世界における両権を持つので、インディアスの俗権をキリスト教君主に委ねることができ、スペイン王に委ねたとされた。ただし、インディオはそれまで完全に未知の人々であり、それゆえキリスト教について全く無知であるので、まず教皇に対する服従の義務について教え、服従するよう忠告する必要性が感じられた。そこで、「催告（requerimiento）」という文書がパラシオス・ルビオスによって作成されることになった。

　催告は教皇の直接的権力論に基づいて作成され、実際に征服地で使用された公的文書である。その内容は次の通りである。神が教皇を全世界の支配者として選び、教皇が布教のためにスペイン王にインディアスを贈与したので、スペイン王がインディオたちの王であり、それゆえインディオはスペイン王に服従する義務を負う。もし服従を拒否するならば、スペイン王はインディオに戦争を仕掛ける、と。このような公的文書の携行が王室によって法的に義務付けられた。征服者たちは実際に催告を征服地でインディオに読み上げた。だが、催告はインディオにとって、そもそも理解の困難な代物であった。さらに、多くの場合、教皇がインディアスを贈与できたという主張はインディオたちに認められなかったようである[22]。

21　Ibid., 340-42.
22　詳しくは、Paulino Castañeda Delgado, *La Teocracia Pontifical En Las Controversias Sobre El Nuevo Mundo* (México: Universidad Autónoma de

第二節　ビトリアやソトとその先行者

　ブルゴス会議においてブルゴス法が制定される。ブルゴス法はパラシオス・ルビオスの理論にみられた立場に依拠していた。1530年代後半まで、ブルゴス法がインディアス問題の基本方針を決定することになる。その間の征服事業として、1519年から21年にかけてコルテスによるアステカ帝国の征服、31年から33年にかけてピサロによるインカ帝国の征服がなされた。20年代から30年代半ばまでに、未知なるインディアスの人[23]と環境に関する一群の情報がオビエドのような公式記録官などの働きによって本国に流れ込むことになる[24]。インカ帝国の征服に関するスペイン人の不正がサラマンカ学派の祖ビトリアの耳に届くのもこの頃である[25]。

México), 393-418 を参照。

[23] スペイン人にとってインディオが未知で異質な存在であったのと同様に、インディオにとってもスペイン人はとても異質な存在だった。インディオはスペイン人の馬や道具など見慣れぬものに驚いた。果たしてスペイン人が死ぬ存在であるのかどうかさえ疑い、水の中に数分間沈めて死ぬかどうか試したという。ルイス・ハンケ『スペインの新大陸征服』染田秀藤訳、平凡社、1979年、80頁

[24] Pagden, *The Fall of Natural Man*, 58. 当時スペイン人がインディオをどのような人々として捉えたかについては、染田秀藤『大航海時代における異文化理解と他者認識：スペイン語文書を読む』渓水社、1995年、3－50頁を参照。また、当時のスペイン人が有していた地理的知識については、増田義郎『新世界のユートピア：スペイン・ルネサンスの明暗』中央公論社、1989年、15－23頁を参照。

[25] この頃、1537年にパウロ3世の有名な教書「スーブリミス・デウス」が出される。当時、インディオがそもそも人間かどうかを疑う見解があり、人間でないならば野獣のように扱ってよいと論じられていた。このような背景で、パウロは次のようにインディオを擁護している。「教皇はインディオが真の人間であり、キリスト教の信仰を受容でき、しかもその信仰を極めて容易に受容することを宣明する。さらに、インディオがたとえ信仰の外部に存しているとしても、彼らから自由や彼らのモノの所有権を奪ったり、彼らを奴隷に貶めたりすることを禁止する」（*America Pontificia Primi Saeculi Evangelizationis, 1493-1592*, Metzler, Josef ed. (Città del Vaticano: Libreria editrice vaticana, 1991), 365.）。

ビトリア（Francisco de Victoria, 1492?-1546）はサラマンカ大学の教授であり、トマス主義者である。サラマンカ大学を拠点としたサラマンカ学派の祖として著名であり、インディアス問題の主要論者としても知られる。30年代後半からインディアス問題への関心を明確にし、39年と40年に「インディオについて」と「戦争法について」の特別講義（*relectio*）を行う。

　ビトリアの理論に入る前に、ビトリアなどへの影響を考慮して、カジェタヌスの理論をみていく。上述のように、アクィナスは直接的権力論の支持者によっても権威として利用されていたが、カジェタヌスは間接的権力論の権威として依拠している。

カジェタヌスの理論

　先述のように、アクィナスは『神学大全』Ⅱ－Ⅱ、第十問で「不信仰について」という問を設けている。この設問におけるアクィナスの議論がインディアス問題でしばしば参照された。カジェタヌス（Thomas de Vio Cajetanus 1469-1539）は枢機卿となった有名なトマス主義者であり、公会議主義に対して教皇主義を擁護した論者としても有名であり、『神学大全』の註解書を書いている。上記の設問等に関するカジェタヌスの註解をみていく。

　なお、以降の議論を理解する上で重要な点をあらかじめ三つ確認しておきたい。一点目として、*infideles*という語の邦訳である。この設問の第五項で論じられるように、不信仰（*infideles*）という語は、ユダヤ教、異端、異教を含む。よって、*infideles*は異教徒のみならず異端者やユダヤ教徒を意味しうる。だが、この語は文脈によって異教徒という意味に限定して用いられることもある。そこで、本書では、異教徒という意味に限定して用いられる場合に、*infideles*を「異教徒」と訳す。異教徒に必ずしも限定されていない場合、「不信仰者」と訳す。二点目として、多くの論者にとって、キリスト教君主に対して世俗的に服従している異教徒と服従していない異教徒の区別が重要である。言い換えれば、異教徒がキリスト教君主の世俗的な臣民であるか否かという区別が重要であ

る。ユダヤ人は多くの場合に世俗的な臣民の異教徒というカテゴリーの下で論じられている。世俗的な臣民ではない異教徒は、教皇に霊的に服従していないので、キリスト教共同体に対して世俗的にも霊的にも服従していない。このようなカテゴリーにインディオが組み込まれることになる。三点目として、異教徒は、かつてキリスト教を信仰していた者が棄教して異教へ改宗した場合と、一度もキリスト教を信仰したことのない場合がある。インディオは一般的に後者の異教徒として捉えられた。二点目と三点目を組み合わせると、インディオは一度もキリスト教を信仰したことがなく、キリスト教君主に世俗的に服従してもいない異教徒として位置づけられる。端的に表現すれば、キリスト教共同体の外部に存する異教徒として位置づけられる。このような異教徒が本書において主題となる異教徒である[26]。

　カジェタヌスは第十項について、アクィナスの主張に従った註解を詳細には行っていない。アクィナスはここで異教徒がキリスト教徒に対して既存の権力を保持できるが、不信仰ゆえに失うに値するので、教会によって正当に奪われうると述べていた。カジェタヌスによれば、教会に世俗的に服従しない不信仰者に対して、教会は「キリスト教徒に対する普遍的な支配権と特殊的な支配権を彼らから奪うことができるが、そのようにしない」[27]。すなわち、教会はそのような不信仰者の帝国や国の支配権を奪う権利を持つが、慣習として奪ってこなかったと述べる。しかし、異教徒がキリスト教徒に対する権力を「不信仰ゆえに」奪われるという部分に関する言及を行わないまま、カジェタヌスはこの箇所の註解を終える。

　カジェタヌスは、『神学大全』II–II、第六十六問の窃盗と強奪に関する設問の註解においても、インディアス問題の論者から参照された。

26　なお、スアレスはイスラム教徒についてキリスト教の敵という伝統的な見方を共有していたが、あまり関心を抱いていないようであり、言及も少ない。新世界の発見により、聖地が布教の中心から外れたため、スアレスにもその影響が及んだのだろう。
27　Thomas de Vio Cajetanus, *Secunda Secundae Partis Summae Sacrosanctae Theologiae Sancti Thomae Aquinatis* (Lugduni: apud Hugonem a Porta, 1558), 43.

そこで、特に第八項の「罪を犯すことなく強奪することは可能か」に関する註解をみていく。

アクィナスはこの第八項で正戦について以下のように説明する。公権力が正義に即した仕方でモノを奪うことは強奪ではない。だが、公権力が不正に奪うか、私人が奪うならば、それらの場合は強奪に該当する。さらに、公権力による正戦は強奪ではないが、公権力による不正な戦争は強奪である。後者の場合、強奪を行った国は損害賠償の義務を負う[28]。

カジェタヌスは第八項の註解において、真の支配者である異教徒に対して、教会やキリスト教の諸君主が彼らを服従させるために戦争を行えず、ただ平和的な仕方で布教する他ないと述べる。カジェタヌスは、法と事実という二つの基準により、不信仰者を四つに分類する。第一に、法と事実において教会に服従している不信仰者である。すなわち、異端である。第二に、事実としてキリスト教君主に世俗的に服従する異教徒である。第三に、事実ではなく法において教会に服従する異教徒である。例えば、キリスト教徒の旧領を現に占拠している異教徒である。第四に、法と事実において教会に全く服従していない異教徒である。カジェタヌスによれば、第四の異教徒は「不信仰者であるが、正統な支配者であり、王的あるいは政治的統治の下で支配されている。不信仰によって彼らの支配権は奪われなかった。この支配権は実定法に由来し、不信仰は神法に由来するが、神法は実定法を廃さない」[29]。すなわち、異教君主は真の支配者として、キリスト教君主と同様に正統な自己統治を行っている。このような異教君主に対して、キリスト教君主や教会は彼らの土地を占領したり彼らを服従させるために戦争できない。なぜなら、キリストはこの世界を占めるために軍隊ではなく平和的な宣教師を送ったためである。それゆえ、キリスト教を武器によって弘めるようなキリスト教の君主や教会は、その不正な戦争によって損害賠償の義務を負う[30]。

異教君主と教皇の関係について、ビトリアやソトは以上のような基本的枠組みを批判的に継承して、インディアス問題に参与することになる。

28　Aquinas, *Summa Theologica. Secunda Secunde*, 69.
29　Cajetanus, *Secunda Secundae Partis*, 229.
30　Ibid., 230.

その枠組みは次のようなものだった。正統な政治権力は自然理性に由来するので、異教君主もまた正統な支配者であるのに対して、教会は異教徒に対して信仰を強制できないが、冒涜や迫害等において強制力を行使できることである。この枠組みをサラマンカ学派がアクィナス自身から直接継承したと論じることは困難である。なぜなら、上述のように、アクィナスは直接的権力論の枠組みに組み込まれることもあり、よって、その解釈が多様だったからである。したがって、サラマンカ学派はトルケマダやカジェタヌスの解釈を介してアクィナスを受容したというべきである。

ビトリアやソトは以上の枠組みとともに、アクィナスが体系化したスコラ的正戦論を継承する。彼らはインディアス問題においてしばしば正戦論という枠組みで議論を展開しているので、ここでスコラ的正戦論について簡単に説明する[31]。

スコラ的正戦論は戦争を一定の条件下で正当化可能なものとして捉える。戦争は甚大な被害をもたらすので、それ自体で有害である。しかし、世界における正しい平和を回復させる手段としてならば、許容される。それゆえ、戦争は絶対悪ではなく、そのような回復の手段としてならば正当化される。一定の条件を満たすことでそのような手段として正当化された戦争が正当戦争（*bellum iustum* / just war）である。正戦論は戦争をこのように絶対悪として捉えずに正当化を行うと同時に、正当化の条件を設定することで戦争を抑制する。正当化の条件が主要な論点となる。

正戦論において正当化が問われる戦争は防衛戦争ではなく攻撃戦争である。防衛ないし自衛の戦争は正戦論において基本的に正当であり、その正当性はほぼ自明視されている。それゆえ、攻撃戦争が正当性を問われ、正当化の条件について論じられる。

攻撃戦争が正当化されるための条件は三つある。正当原因、正統権力、正当な方法である。正当な方法はアクィナスにおいて交戦者の正しい意

31　スコラ的正戦論については、伊藤不二男『ビトリアの国際法理論：国際法学説史の研究』有斐閣、1965年、121－130頁を参照。

図とされている。

　正当原因は敵国の重大な不正である。敵国が自国に対して、モノを奪って返還しない等の重大な不正を行うならば、この不正を根拠として戦争を行うことが許される。この場合、戦争は敵国の不正を罰する行いとして、すなわち刑罰的正義に関わる行いとして正当化される。

　正統権力は各君主の正統な権力である。私人や下位の執政者は自身に対する不正について君主の裁判所に訴えればよいが、君主は上訴すべき裁判所を持たない。しかし、君主が自身に対する不正を罰さないならば、世界の正しい平和が保たれない。それゆえ、被害国の君主は加害国による不正を、最終手段として戦争により罰せる。このように、刑罰の最終手段としての戦争は私人ではなく君主によってのみ可能である。

ソトの 30 年代における理論

　1535 年、サラマンカ大学の教授であったソト（Domingo de Soto 1494-1560）は「支配権について」[32] という題の特別講義を行い、その中でスペインによる新世界征服の正当性についても論じた。ビトリアがスペインのインカ帝国征服に関する疑義を手紙で示した時期は 1534 年であり、「インディオについて」の特別講義が 1539 年であったので、ソトはビトリアと同時期にインディアス征服の正当性について考察を深めていたことが窺われる。そこで、まずソトのこの講義をみていく。

　ソトはその講義において、三つの論点を扱う。支配権の本質、支配者という主体、支配権の対象である。その中で、本章において重要な議論は支配者という主体に関して展開される。

　ソトは意図的にインディアス問題に関連付けて、三つの問いを扱う。すなわち、皇帝は全世界の支配者か、教皇は全世界の支配者か、スペインによるインディアス征服の正当な根拠は何か、である。これらの問いにおいて、支配権は裁治権として理解されている[33]。

32　Domingo de Soto, *Relección "De Dominio"* (Granada: Universidad de Granada, 1964).
33　Ibid., 138.

一つ目の問いについて、ソトは皇帝が全世界の支配者であることを否定する。すなわち、「皇帝は世界の支配者ではなく、全世界へと及ぶほど十分に普遍的な裁治権を持たない」[34]。なぜなら、自然法の下では、各人の支配権は相互に対等であるからである。さらに、世界全体は一者による統治に適した規模ではないからである。しかも、全世界に対する一者支配が自然的であるならば、これまで一者支配がなされてきたはずだが、実際にはそうなっていないためである。

　ソトは、実際に帝権の外部に存してきた地域の例として、インディアスを挙げる。まずソトは、事実という点において、ローマ帝国でさえインディアスに到達したことがなかったという[35]。さらに、法・権利という点において、かつての帝国はインディアスに対して権利を全く持たなかった。理由は二つある。第一に、異教徒は「異教徒であるということによって自身の財産や裁治権的支配権を失わない」[36]からである。ここで、ソトはアクィナスの説明に従う。すなわち、支配権は人定法に由来し、不信仰者と信仰者の区別は神法に由来するが、神法は自然法と一致する人定法を破壊しない。よって、異教徒は真の支配者である。第二に、インディオから支配権を奪うための正当原因が存在しないためである。キリスト教徒の旧領を奪ったり、キリスト教に危害を加えたりする異教徒に対してしか、皇帝は何らかの権利を持たない。だが、インディオはそのような異教徒ではない。したがって、インディオは自然法から自国に対する正統な俗権を得ており、事実および法・権利においてキリスト教徒の帝権の外部に存してきた。

　二つ目の問いについて、ソトは教皇が全世界の支配者であることを否定する。なぜなら、教皇権の授与者である「キリスト自身は、何らかの世俗的権限によって王であったわけではなく、世界のみならず何らかの町に対しても世俗的支配権を持たず、贖罪という霊的目的に関する限りで世俗的事柄における権力を持つだけだった」[37]からである。それゆえ、

34　Ibid., 140.
35　Ibid., 152.
36　Ibid., 158.
37　Ibid., 160.

キリストは全世界に対する俗権を教皇に与えることもなかった。このように、ソトは直接的権力論を否定する。

　三つ目の問いについて、ソトはインディアスに対するスペイン王の支配権の根拠について疑念を示す。皇帝は全世界の支配者ではないので、スペイン王もまた全世界の支配者ではない。さらに、教皇は全世界の支配者ではないので、教皇がインディアスの支配権をスペイン王に贈与するという可能性も存在しない。では、インディアスにおける支配権の根拠は何であるか。ソトは「実のところ、私はわからない」[38] という。ここで、ソトは予想される反論として、布教権を挙げる。たしかに、キリスト教会は全世界における布教の権利を持っており、「我々の布教を妨害する全ての人に対して、自身を防衛する権利を我々は与えられた」[39] とソトは認める。だが、布教妨害に対する自己防衛を越えて、スペイン王が「彼らの財産を獲得したり我々の統治権に服従させたりすることの権利をどこから我々が得るかは不明である」[40]。すなわち、ソトによれば、異教君主が布教を妨害する度に、教皇やスペイン王が妨害を止めさせるために異教君主を一時的に服従させることは正当であるが、布教妨害を止めさせるために恒常的に服従させ臣民として統治することは正当性が疑わしい。なぜなら、キリストは布教を望まぬ異教徒に対してキリスト教徒が無理やり布教することを求めず、そのような異教徒のもとからキリスト教徒が去るよう求めたからである。このように、1530年代においてソトは布教妨害をインディアス支配の根拠としては認めない。

　以上のように、ソトはインディアス征服の正当性を立証することなく、この正当性に関する問いを開いたまま、この講義を閉じることになる。その問いは、1539年のビトリアの特別講義において継承されることになる。

38　Ibid., 162.
39　Ibid.
40　Ibid., 164.

ビトリアの理論

　1534年、ビトリアの弟子で、インカ帝国征服に随行していたドミニコ会士でクスコの初代司教にもなるバルベルデがスペインに帰国し、征服についてビトリアたちの面前で語った。ビトリアはバルベルデなどを介して、インディアスの現状を知り、関心を深めていく。その結果、1539年と1540年に、ビトリアはインディアス問題を主題とした特別講義「インディオについて」と「戦争法について」を行う。

　ビトリアによれば、異教徒は異教徒であっても真の支配者である。ここで、ビトリアはアクィナスの議論を援用する。すなわち、「信仰は自然法や人定法を廃しない。ところで、支配権は自然法か人定法に由来する。それゆえ、支配権は信仰の欠如によって廃されない」[41]。それゆえ、異教徒が異教徒であるという事実によって真の支配者ではないという主張は誤りであり、異端的ですらある。

　さらに、支配権は神に対する侮辱のような大罪によっても失われない。ビトリアによれば、ウィクリフのような異端は支配権が大罪によって奪われると主張する。しかし、この主張は誤りである。なぜなら、支配権の基礎は恩寵ではなく自然だからである。すなわち「支配権は神の似姿に基礎を置く。ところで、人は自然によって、すなわち自然的能力によって神の似姿である。よって、大罪によって失われない」[42]。超自然ではなく自然によって人は神の似姿であり、この神の似姿という点に支配権の基礎が存するので、支配権は大罪によって失われることがない。それゆえ、異教徒は不信仰のみならず大罪によっても支配権を失うことがなく、真の支配者である。

　以上のようにスペイン人の到来以前から真の支配者であったインディオを、スペイン王はいかなる権限によって支配できるだろうか。ビトリアはその支配を正当化しえない伝統的な権限と、正当化しえた権限を挙げる。まず、正当化しえない権限からみていく。

41　Vitoria, "De Indis Prior," 300.（ビトリア『人類共通の法を求めて』佐々木孝訳、岩波書店、1993年、25頁）
42　Ibid., 298.（佐々木訳、22頁）

ビトリアは全世界に対する帝権という権限を否定する。ビトリアは論敵の主張をまず取り上げる。すなわち、もし一人の皇帝が全世界を支配していたならば、インディオの諸王が真の支配者であってもこの皇帝を上位者として認めその支配下に存するであろう、と。しかし、ビトリアによれば「皇帝は全世界の支配者ではない」[43]。なぜなら、全世界における皇帝が存在することはいかなる法によっても根拠づけられないからである。例えば、聖書にそのような根拠を見出すことはできないからである。それゆえ、全世界に対する帝権という権限は否定される。

　次に、ビトリアは全世界に対する教皇の俗権という権限を否定する。ビトリアはこの直接的権力論をホスティエンシスやアゴスティノならびにプリエリオなどの理論として取り上げる。教皇は全世界を統べる世俗的な王であるので、世俗的な最高の支配者として、インディアスの支配権をスペイン王に与えることができる。さらに、もしインディオが教皇の俗権を承認しないならば、承認しないことを根拠としてインディオに対する戦争が正当化されるだろう。パスなどが展開していたこれらの主張をビトリアは否定する。ビトリアによれば、キリストは人間として全世界の世俗的支配者ではなかった[44]。それゆえ、トルケマダが論じるように、「教皇は、固有の意味における政治的支配権および権力について論じるならば、全世界の政治的あるいは世俗的支配者ではない」[45]。このように、ビトリアは直接的権力論を否定する。

　さらに、より重要な点として、教皇はインディオに対して間接的権力を持たない。ビトリアは間接的権力という語を用いていないが、間接的権力論の支持者である。ビトリアによれば、「教皇は霊的事柄へと秩序付けられた俗権を、すなわち、霊的事物の管理に必要な限りの俗権を持つ」[46]。それゆえ、霊的目的のために君主を廃位したり、国法を改廃したりできる。だが、インディオのような未改宗の異教徒に対しては間接的権力を持たない。なぜなら、パウロが「外部の人々を裁くことは、わた

43　Ibid., 313.（佐々木訳、42頁）
44　Ibid., 317.（佐々木訳、46頁）
45　Ibid., 322.（佐々木訳、52頁）
46　Ibid., 324.（佐々木訳、54－55頁）

しの務めでしょうか」（コリント１５－12）と述べたように、教皇はインディオのような異教徒に対して「霊権を持たないが、霊的事物のためでなければ俗権を持たない」[47]からである。このようにして、ビトリアは教皇がインディオに対して間接的権力を持たないと明言した。ビトリアはインディオに対する直接的権力と間接的権力を否定することによって、言い換えれば教皇の直接的および間接的な裁治権を否定することによって、教皇権を承認しないようなインディオに対して戦争を正当化していたパスなどの主張を否定したのである。先述のように、トルケマダが既に異教君主に対する直接的権力を批判していたが、間接的権力はそうしなかった。ビトリアの革新は異教君主に対する間接的権力の否定を明示した点にある。かくして、ビトリアは直接的権力論や一律型間接的権力論という中世の枠組みから脱し、峻別抑制型間接的権力論を提示する。ただし、後述のように、ビトリアはこの提示において大きな問題を同時に抱えている。

　別の権限として、教皇はインディオが犯した自然に反する罪を根拠としてインディオを世俗的に支配できない。ビトリアは論敵の主張として、インディオが食人や男色のような自然に反する罪を犯した場合、その罪を止めるよう戦争によって強制できるという主張を挙げる。だが、ビトリアによれば、教皇はインディオに対して世俗的裁治権を持たないので、そのように強制できない。特に、自然に反する罪は教会に対する罪ではないので、教皇はインディオの自然に反する罪を罰することができない[48]。さらに、教皇はたとえそのような裁治権を持っていたとしても、この罪を根拠としてインディオを罰することができない。なぜなら、この場合に教皇が罰せるならば、このような「罪人はあらゆる地域に多く存在するので、毎日のように王権を変更できるだろうから」[49]である。すなわち、世界の秩序維持という理由で、この罰は許可されない。ただし、後述するように、人身御供という罪は例外である。

47　Ibid., 327.（佐々木訳、57 頁）
48　Ibid., 344.（佐々木訳、76 頁）
49　Ibid., 345.（佐々木訳、78 頁）

ビトリアは、以上のように征服を正当化しえない権限[50]について論じた上で、征服を正当化しえた権限を挙げていく。

　ビトリアは自然に反する罪の例外として人身御供を挙げる。自然に反する罪は多様である。その中でも、無辜の者を生贄として捧げ、その肉を食べるという陋習がアステカ帝国において見出された。ビトリアによれば、この陋習において、無辜の者は生贄として不正に殺されることになる。無辜の者に対するこの重大な不正が戦争の正当原因となる。無辜の者を隣人として助けるために、あらゆる君主は教皇の権威を欠いたとしても無辜の者をこの圧制から解放することができる。それゆえ、スペイン人は人身御供において犠牲となるインディオを助けるために、正戦を行える[51]。

　さらに、ビトリアは布教に関する三つの権限を挙げる。三つの権限を説明する前に、布教権について説明する。

　教皇は全世界における布教権を持つ。ビトリアは布教権を三種類の法に基礎づける。第一に、神法である。すなわち、「すべての造られた者に、福音を宣べ伝えなさい」（マルコ 15 - 16）という聖句である。第二に、自然法である。兄弟に対して行うような矯正は自然法に属している。インディオは救済の外部に置かれているので、キリスト教徒はインディオという兄弟を矯正して救済へと指導する義務がある。第三に、万民法である。土着の先住民に危害を加えない限り、人は世界のあらゆる地域において旅行や移住や交易などを行う権利を万民法から得ている。同様に、宣教師は救済に関する真理を伝達するためにインディアスへと旅する権利を万民法から得ている[52]。

　教皇は布教の職務や権利をスペイン王に委任できる。ビトリアによれば、全世界の布教は主に教皇の職務である。教皇は間接的権力を持つので、布教という霊的事柄と結びついた世俗的事柄において、有益となる

50　本書が扱わなかった他の権限として、発見の権利や神の特別な贈与などがある。

51　Vitoria, "De Indis Prior," 368.（佐々木訳、104 - 105 頁）

52　Ibid., 362.（佐々木訳、97 - 98 頁）なお、ビトリアは布教とは別個の権限として、移住や旅のような万民法上の諸権利に対する侵害を挙げている。

場合に、キリスト教の諸君主に命令を下せる。ところで、インディアスの布教や交易を一人の王に委ねることは教会にとって有益である。なぜなら、インディアスにおいてキリスト教の諸君主による対立や紛争を避け、秩序だった布教を行うことができるからである。したがって、教皇はインディアスにおける布教の職務と交易等をスペイン王に対して排他的に委ねることができる[53]。ここでビトリアはアレクサンデル6世の名を挙げていないが、アレクサンデル6世の贈与大教書に触れているといえる。それゆえ、ビトリアはその教書がインディアスの世俗的支配権ではなく布教の職務や権利をスペイン王に委ねたと考えていた。

　布教に関する第一の権限として、布教妨害が挙げられる。インディオは自由な布教を宣教師に許すならば、その後に改宗しないとしても、正戦の対象とはならない。非改宗は教会に対する不正ではないからである。だが、布教妨害は教会の布教権に対する侵害であるので、教会に対する不正である。さらに、布教によって改宗するはずのインディオ自身に対する不正でもある。それゆえ、インディオが「スペイン人による福音の自由な布教を妨害する場合、躓きを避けるために予め理由を示した上で、スペイン人はその人々の意に反してでもその人々を改宗させるために尽力し布教することができる。もし必要であれば、このために、福音を布教するための機会と安全が得られるまで戦争を仕掛け遂行することができる」[54]。教皇やスペイン王はインディオが布教妨害という不正を止めない限り、他に手段がないならば、インディオの「土地や地域を占領し、旧来の支配者を廃位して新しいそれを立てる」[55]ことができる。ただし、この正戦によって布教が失敗することは避けなければならない。それゆえ、布教妨害という権限は、戦争によってより大きな悪が生じない限りで、正当原因として認められる。

　第二の権限は改宗者に対する迫害である。布教の結果、一部のインディオがキリスト教に改宗した場合に、彼らの「君主が暴力や恐怖によって彼らを偶像崇拝に引き戻そうと望むならば、他の方法がない場合に、

53　Ibid., 363.（佐々木訳、99頁）
54　Ibid., 364.（佐々木訳、100頁）
55　Ibid., 365.（佐々木訳、100頁）

スペイン人は必要ならばこの根拠によっても戦争を仕掛けて野蛮人にこの不正を止めるよう強制し、頑迷な者に対しては戦争の諸権利を行使し、結果として、他の正戦の場合と同様に、時として支配者を廃位することもできる」[56]。すなわち、異教君主が改宗者を異教へと強制する場合、この強制が戦争の正当原因となる。

　第三の権限は、改宗者に対する迫害自体ではなくその恒常的な恐れや可能性である。第二の権限が既に起こった迫害であるのに対して、第三の権限は今後起こるであろう迫害の恒常的な可能性や恐れである。ビトリアによれば、或る国における改宗者の人数が一定程度多くなった場合に、このような迫害の恐れを根拠として、教皇は信仰のために改宗者たちに「キリスト教の君主を与え、他の異教の支配者を廃位することができる」[57]。この主張の根拠として、ビトリアは次のように述べる。夫婦の紐帯は君臣の紐帯よりも解消され難い。なぜなら、君臣の紐帯と異なり、夫婦の紐帯は秘跡に関わり神法に属するからである。それでも、教会は異教徒とキリスト教徒から成る夫婦の紐帯を信仰のために解消させることができる。それゆえ、教会は異教君主とキリスト教の臣民の紐帯を解消させることもできる。

　第三の権限を正当化するために、ビトリアはさらにアクィナスという権威に訴える。先述のように、アクィナスは『神学大全』II－II、10－10において、キリスト教徒に対する異教徒の権力を教皇が奪えると述べていた。その理由として、異教徒の「不信仰ゆえに」と述べていた。ビトリアはこの「不信仰ゆえに」という語句を、異教君主が異教徒であるからという意味で解釈しなかった。それゆえ、異教君主が不信仰自体を根拠として支配権を奪われるとは解釈しなかった。なぜなら、そのような解釈はビトリアが異端的と断じた立場に、すなわち支配権を信仰や恩寵に基づける立場に非常に近づくためであろう。さらに、パスやパラシオス・ルビオスはそのアクィナスの箇所に基づいて異教君主の支配権を教皇の許容に依存させていたからである。その代りに、ビトリアは「不

---

[56] Ibid., 366.（佐々木訳、102 頁）
[57] Ibid., 367.（佐々木訳、103 頁）

信仰ゆえに」という語句を、「異教徒がキリスト教徒を信仰から逸脱させるという危険が存在するから」[58]として解釈する。言い換えれば、異教徒による迫害の恒常的な恐れとして理解する。すなわち、ビトリアによれば、サラセン人のように、異教君主は臣民のキリスト教徒を偽りの宗教へと常に引き込むものである。それゆえ、キリスト教徒は「異教の支配者の下で信仰から逸脱する恐れがある」[59]。したがって、常に迫害される恐れのあるキリスト教徒を異教君主から解放するために、教皇は強制力を行使できる。このように、教会が異教徒の不信仰ゆえに彼らの権力を奪えるというアクィナスの主張を、ビトリアは異教君主などが異教徒であるがゆえにキリスト教徒を迫害する恐れが常にあるので奪えると解釈した。

　ここで、ビトリアの峻別抑制型間接的権力論に関する先述の重要な問題点に触れる。ビトリアにおいて、教皇は異教君主に対して直接的権力や間接的権力を持たないにもかかわらず、布教妨害や迫害の場合に異教君主に何らかの権力を行使してその支配権を奪える。ここでみられる重要な問題点とは、それらの場合に異教君主の支配権を奪う教皇権の性質である。この教皇権が直接的権力でないとしても間接的権力であったならば、ビトリア理論は大きな矛盾を抱えることになる。この問題点について、ビトリアに関する先行研究は次のような状況にある。迫害等における教皇権には基本的に言及せずに異教君主に対する間接的権力の否定を強調する研究[60]や、反対にその間接的権力の否定には言及せずに迫害等における教皇権を間接的権力として捉えて説明する研究[61]がみられる。さらに、多くの研究はその間接的権力の否定と迫害等における教皇権の双方に言及している。その上で、迫害等における教皇権については、そ

---

[58]　*Comentarios a La Secunda Secundae De Santo Tomás*, vol. 1 (Salamanca: Spartado, 1932), 201.
[59]　"De Indis Prior," 367.（佐々木訳、103 頁）
[60]　Claudio Finzi, *Gli Indios E L'impero Universale: Scoperta Dell'America E Dottrina Dello Stato* (Rimini: Il Cerchio, 1993), 51-65.
[61]　Jaime Brufau Prats, *La Escuela De Salamanca Ante El Descubrimiento Del Nuevo Mundo* (Salamanca: Editorial San Esteban, 1989), 175-76.

の性質を特に説明しない研究[62]や、その教皇権を間接的権力として捉えるにもかかわらず、上述の矛盾に気付かないか言及しない研究[63]や、一種の矛盾を指摘する研究もある[64]。それゆえ、ビトリアはたしかに異教君主に対する教皇の間接的権力を明確に否定した部分もあるが、この否定と矛盾すると解釈しうる不明確な部分をも有していた。したがって、その否定において峻別抑制型間接的権力論を提示したが、全体的にみれば未だ不明確な立場にあり、峻別抑制型の確立は後代の論者に委ねられる。

　布教とも関連する別の権限として、ビトリアはインディオの真に自発的な同意を挙げる。ビトリアによれば、「あらゆる国は自身の支配者を立てることができる」[65]。それゆえ、布教の結果として、「或る国や地域において大多数がキリスト教徒で占められており、彼らが信仰の利益や共通善のためにキリスト教の君主を頂くことを望む場合、他の人々の意に反してでも、他の異教の支配者を廃位してでも、彼らは選ぶことができる」[66]。すなわち、布教によって大部分がキリスト教徒になった国において、キリスト教徒である人民は異教君主を廃位してキリスト教の君主を選出できる。

　最後に、野蛮性と関連する権限として、ビトリアは自然的奴隷などにみられるような極度の野蛮性を取り上げる。精神的無能者（*amens*）が存在する場合、彼らが自己の統治に必要な理性能力を十分に持たないので、彼ら自身の利益のために彼らを支配下に置くことは許されるのみならず、そうすべきである。同様に、孤児が存在する場合、孤児もまた

---

[62] Ramón Hernández, "La Hipótesis De Francisco De Vitoria," in *La Etica En La Conquista De America: Francisco De Vitoria Y La Escuela De Salamanca*, ed. Demetrio Ramos Pérez (Madrid: Consejo superior de investigaciones cientificas, 1984), 353, 72-3.；松森『野蛮から秩序へ』、226、232頁

[63] Castañeda Delgado, *La Teocracia Pontifical*, 446, 58.

[64] Joseph Greco, *Le Pouvoir Du Souverain Pontife a L'égard Des Infidèles* (Rome: Presses de l'Université Grégorienne, 1967), 300; Thomas Gomez, *Droit De Conquête Et Droits Des Indiens: La Société Espagnole Face Aux Populations Amérindiennes* (Paris: Armand Colin, 2014), 115-18.

[65] Vitoria, "De Indis Prior," 369.（佐々木訳、106頁）

[66] Ibid., 369-70.（佐々木訳、106頁）

同様の理性能力を十分に持たないので、孤児が成人へと成長するまでその世話を引き受け保護するために、孤児を支配下に置くべきである。インディオはそのような理性能力について、精神的無能者や野獣（fera）や猛獣（bestia）および子供（infans）とほとんど変わらない。それゆえ、スペイン王はインディオの利益のために、自己を十分に統治できないほど野蛮なインディオを統治すべきだといえる[67]。ビトリアはこのような権限を紹介するが、この権限に関する自身の立場を明確に示していない。それでも、インディオが「非常に愚鈍で無分別であるように思われる」と述べ、その野蛮性は「大部分が野蛮な悪しき教育（mala et barbara educatio）に由来すると思う」と述べている[68]。すなわち、インディオが実際に非常に野蛮であり、その原因が大部分において悪しき教育であることを認めている。それゆえ、ビトリアは主に悪しき教育に由来するような極度の野蛮性を権限の一つとして示唆したといえる。

第三節　セプルベダとラスカサス

　ビトリアが「インディオについて」の特別講義を行った頃、インディアスで活動していたラスカサスが1540年にスペインに帰国する。その後、カルロス1世にインディアスの惨状を直訴し、その結果として42年にバリャドリードで審議会が催される。同年、「インディアス新法」が制定される。この法は奴隷制禁止などにより、インディオの利益を保護する法であった[69]。それゆえ、植民者や征服者はこの法に反対し、植民地で副王を殺害するなどして大反乱を起こした。同時期の1544－45

67　Ibid., 371-73.（佐々木訳、108－111頁）
68　Ibid., 309.（佐々木訳、35頁）
69　もっとも、「新法」の人道性が幾分顕著であっても、王室の意図が純粋に人道的なものであったわけではない。しばしば論じられているように、他にも、植民者の封建領主化や他国によるインディアス問題への介入を防ぐことなどが意図されていた。

年に、セプルベダはスペインのインディアス征服を正当化するための著作『第二のデモクラテス』を出版しようとしていた。だが、この著作を検閲したサラマンカ大学などが出版に反対する。この著作の存在を知ったラスカサスはサラマンカ大学側に助力する。そこから、ラスカサスとセプルベダの対立が顕著となる。それ以降の征服のあり方をめぐり、1550 年にバリャドリード会議が催され、両者はそこで持論を戦わせることになる。

セプルベダ（Juan Ginés de Sepúlveda 1489 -1573）は教皇庁とスペイン王室に仕えた当時の著名な論者である。著名なアリストテレス学者でもあり、その翻訳にも従事していた。インディアス問題において、征服者側の立場に立つ主要な論者であり、アリストテレスの自然的奴隷説を駆使した論者としても知られている。インディアス問題に関する主要な著作として、ここでは『第二のデモクラテス』と、この著作の批判に対する弁明書である 1550 年の『戦争の正当原因に関する著作の弁明書』を扱う[70]。なお、『第二のデモクラテス』は手稿という形で流布していたが、結局のところ 16 世紀には出版されなかった。

セプルベダの理論に移る前に、自然的奴隷説をインディオに初めて適用した論者といわれるジョン・メイジャー[71] の主張を扱う。メイジャー（John Major / Mair 1467-1550）は公会議主義および立憲主義で知られるスコットランドの神学者である。メイジャーは、ペトルス・ロンバルドゥスの『命題論集』に関する註解書の第二巻を 1510 年に出版した。その中で、新世界征服の正当性に関して言及している。メイジャーはスコットランド人であり、しかもこのような早い時期に論じたため、スペインにおける論争に巻き込まれていない立場で論じている[72]。

70　Juan Ginés de Sepúlveda, *Demócrates Segundo . Apología En Favor Del Libro Sobre Las Justas Causas De La Guerra* (Pozoblanco: Ayuntamiento de Pozoblanco, 1997).
71　Pagden, *The Fall of Natural Man*, 39.
72　メイジャーとインディアス問題については、Pedro Leturia, "Maior Y Vitoria Ante La Conquista De America," *Estudios eclesiástico*s 11(1932). を参照。

メイジャーの布教論と自然的奴隷説

　メイジャーは先述の註解書第二巻の Dist.44 Q.3 において、キリスト教の諸君主がサラセン人や他の異教徒に対して戦争によって合法的に攻撃できるかという問いを扱う。この問いにおいて、布教と自然的奴隷説について論じている。

　まず、メイジャーは異教徒の土地を奪うための戦争が教会には許されると述べる。メイジャーはここで二つの場合を想定する。第一に、異教徒がキリスト教の旧領を不正に占有する場合である。この土地を奪い返すために、キリスト教徒は正戦を行える。第二に、異教徒が自身の権限によって正当に土地を得た場合である。この場合でも、キリスト教徒は彼らに正戦を仕掛けることができる。メイジャーは理由を二つ挙げる。一つ目は、神に対する異教徒の反逆罪である。すなわち、全ての権力が神に由来するにもかかわらず、異教徒はキリストという神の信仰から逸脱しているので、その権力を奪われるのに値するからである。二つ目は、布教である。メイジャーによれば「キリスト教の諸君主にとって、神の名の崇拝に配慮し、それを奨励することは重要である。ところで、彼らの土地を得て、キリスト教徒を据えることで、これは非常に盛んになる」[73]。それゆえ、教会は布教のために彼らの土地を奪うことができる。特に、サラセン人は常にキリスト教の布教を妨害してきたので、彼らに対する戦争の正当性に疑問の余地はない。

　ここで、メイジャーは予想される反論として、新たに発見されたインディオという異教徒が自由な布教を許容しているといわれているにもかかわらず教会から正当に王権を奪われるかについて論じる。メイジャーはインディオが「スペイン語を理解せず、大勢の兵士を伴わないような神の言葉の伝達者を受け入れなかったので、時とともに人々がキリスト教徒の習俗に自由に親しみ、相互に理解するようになるためには、随所に堅固な要塞を建設する必要があった。これら全てを行うには、一人の

---

[73] John Major, *In Secundum Sententiarum* (Paris: Edibus Ioannis Parui et Iodoci Badii Ascensii, 1510), XCVI.

王では賄いきれないほどの多額な費用が必要である。それゆえ、それを徴収することは許される」[74]と答える。すなわち、インディオは実のところ布教を妨害するので、教会は布教のために要塞建設や兵士の随行を正当に行え、その費用を異教徒から徴収できるという。そして布教が進展した後に、人民はキリスト教徒に改宗することになる。その際に、改宗者である臣民たちの王もまた改宗している場合と改宗していない場合がある。改宗していない場合、王は改宗者を異教へと再改宗させる恐れがあるので、廃位されるべきである。ただし、王が改宗を望むならば、廃位してはならない。王制以外の国においては、「信仰を植え付けるために、その島の獲得者がその国を得ることがふさわしい」[75]。インディアスの島々を獲得した後に、その獲得者がその政体を王制へと変更できる。以上のように、メイジャーは布教のために要塞建設や随兵を行い、その費用を異教徒から徴収し、布教の進展後には、土着の王が改宗を望まない限り廃位をすることができると主張する。

次に、メイジャーはインディオに対する戦争の根拠として、自然的奴隷説を挙げる。メイジャーによれば、インディオは「野獣のような仕方で暮らしている。（中略）このことは既に経験によって知られている。それゆえ、彼らを最初に占有した者は彼らを正当に統治する。なぜなら、彼らは明らかに自然的奴隷だからである。『政治学』第一巻の第二章および第三章で哲学者が述べるように、或る人々が自然による奴隷であり他の人々が自然による自由人であることは明らかである。（中略）或る者が統治を行い、他の者が自然に由来するその統治権に服従することは有益である。それゆえ、支配されることもそうである」[76]。このように、自然的自由人が自然的奴隷を統治することは自然に基づく正当なことであり、インディオは自然的奴隷であるので正当に統治されるとメイジャーは述べた。

以上の理論が先述の1512年におけるブルゴス会議へと伝わっていき、スペインで普及していく。その最たる論者が当代の著名なアリストテレ

74　Ibid.
75　Ibid.
76　Ibid.

ス学者のセプルベダであった。セプルベダはビトリアによる先述の特別講義を知った上で[77]、インディアス征服の正当化を大々的に行っていく。

セプルベダの理論

セプルベダは、インディオが異教徒であるという事実自体などによって支配権を失っておらず、真の支配者であるという。セプルベダによれば、「異教徒が不信仰者であるという理由のみに基づいて、異教徒が彼ら自身のモノの正当な所有者であり君主であることを否定する者は誤っている」[78]。なぜなら、旧約聖書には、ネブカドネザルのように異教徒でありながら真の王であった例が記されているからである。さらに、新約聖書にも同様の例が見出されるからである。それゆえ、「キリストの到来以前のみならずキリスト教の時代においても、異教徒の王権や帝権は真かつ正統なものであった」[79]。このように、セプルベダはホスティエンシスの主張を否定する。さらに、異教徒が偶像崇拝や陋習によっても支配権を失っていないという[80]。したがって、セプルベダはスペイン人の到来以前においてインディオが異教徒であり偶像崇拝を行っていたにもかかわらず真の支配者であったことを認めている。

だが、セプルベダはインディオに対するスペイン王の征服を四つの根拠によって正当化する。

第一の根拠は自然的奴隷説である。セプルベダによれば、自然的奴隷は「生来の愚鈍さと非人間的で野蛮な習俗」[81]を特徴とする人々である。人間の中には、このような劣等な人々もいれば、自然的主人と呼ばれる人々のように深慮や知力において卓越した人々もいる。自然法は

---

77 Angel Losada, *Juan Gines De Sepulveda : A Traves De Su "Epistolario" Y Nuevos Documentos* (Madrid: Instituto Francisco de Vitoria, 1949), 214.
78 Sepúlveda, *Demócrates Segundo . Apología*, 100.（セプールベダ『征服戦争は是か非か』染田秀藤訳、岩波書店、1992年、169頁）
79 Ibid., 101.（染田訳、170頁）
80 Ibid., 104.（染田訳、176頁）
81 Ibid., 54.（染田訳、81頁）

「より有能かつ完全なものがより低能かつ不完全なものを支配する」[82]ことを命じるので、自然的奴隷は自然的主人に対する服従を自然法により命じられている。それゆえ、自然的奴隷が自然的主人の「支配を拒否するならば、武器によって強制されることが可能であり、この戦争は自然法において正当である」[83]。実際に、インディオは多くの陋習ゆえに自然的奴隷であることが判明しており、スペイン人は様々な卓越性により自然的主人であるといえる。それゆえ、インディアスの征服が自然的奴隷説によって正当化できる。

　第二の根拠は偶像崇拝である。セプルベダは異教徒を偶像の崇拝者と真の神の崇拝者に区分する。後者の例として、アリストテレスたちは自然理性によって真の唯一神を崇拝したので、自然法を遵守していたといえる。だが、前者の偶像崇拝者は偽りの神々を崇拝しているので、自然法に反している。もっとも、先述のように、偶像崇拝という罪自体によって、真の支配権を失っているわけではない。しかし、この罪は神に対する不正であり、異端や異教などの罪において最も重いので、偶像崇拝者は偶像崇拝を理由に罰されるべきである[84]。ここで注意すべき点は、この罪を罰する者が必ずしも神ではない点である。偶像崇拝に対する「報復を、神は常に自身によって行うわけではなく、その代理人によって、すなわち君主や執政者によってしばしば行う」[85]。したがって、インディオは偶像崇拝の罪によって真の支配権を失っていなかったにもかかわらず、スペイン王と接触することで、この罪に対する罰としてスペイン王により支配権を正当に奪われる。

　第三の根拠は人身御供である。セプルベダによれば、インディアスでは毎年二万人以上のインディオが偶像崇拝の儀式において生贄として偽りの神々に捧げられていた。これらの犠牲者は、スペインがアステカ帝国を除くインディアスの諸地域を征服した時の犠牲者よりも多い。それゆえ、これほど多くの無辜な隣人を助けるために、スペイン王はインデ

82　Ibid., 55.（染田訳、83 頁）
83　Ibid., 56.（染田訳、84 頁）
84　Ibid., 85.（染田訳、138 頁）
85　Ibid., 52.（染田訳、78 頁）

ィオに正戦を仕掛けることができる[86]。

　以上の三つの根拠は、スペイン王が教皇の権威を欠いたとしても自然法によって用いることのできるものである。次に、教皇権の性質について説明し、教皇が用いることのできる根拠に移る。

　セプルベダは一律型の間接的権力論を支持する。先述のように、間接的権力論には二つの要件がある。第一の要件は霊的な上位の目的等による制約であった。この要件に関して、教皇権は「魂の救済や霊的善に関する事柄へと固有の仕方で関係するが、霊的事物へと秩序付けられた世俗的事柄を除外しない」[87]。すなわち、教皇権は霊的事物を固有の対象とするが、霊的事物へと関係する限りで世俗的事柄を対象にできる。よって、セプルベダは第一の要件を満たしている。第二の要件は正規の恒常的な服従である。この要件について、まずセプルベダはキリストが全世界に対して権力を持つという。次に、キリストによって、「我々が使徒において理解する教会へと、全ての地域や民族に対する権力が与えられた」[88]。それゆえ、教会は全世界に対して恒常的に権力を持つ。ただし、この教皇権は霊的目的のために世俗的事柄を対象とする権力であるので、セプルベダは直接的権力論を支持しているわけではない。したがって、セプルベダは一律型の間接的権力論を支持している[89]。

　それでも、セプルベダの一律型間接的権力論は直接的権力論に非常に接近している。セプルベダによれば、自然は超自然によって常に包摂されている。それゆえ、自然的目的は超自然的目的の一部でもある。したがって、教皇は霊的目的という名の下で自然的目的のために権力を行使

86　Ibid., 85-86.（染田訳、139－141頁）
87　Ibid., 200.（染田訳、15頁）
88　Ibid., 74.（染田訳、117頁）
89　なお、「外部の人々を裁くことは、わたしの務めでしょうか（*quid enim mihi de his qui foris sunt iudicare*）」（コリント１５－12）というパウロの聖句に関するセプルベダの解釈は次の通りである。使徒の時代において、教会は異教徒を裁くための十分な力を未だ備えていなかった。それゆえ、異教徒の罪を彼らの意に反して裁こうとしても、無益であったので、異教徒に対する裁きは教会に属さないとされた。このように、パウロの聖句は教会の権力よりも深慮に関わるものとして解釈された。Ibid., 73.（染田訳、116頁）

できるので、教皇権の行使に対する霊的目的等の制約が実質的に無効化されている。これらの点を踏まえて、教皇が用いることのできる根拠をみていく。

その際に、セプルベダは二点において理論的に譲歩を示す。第一に、異教性という根拠だけでは正戦を行うことができない。それゆえ、インディオが異教徒であっても偶像ではなく真の神を崇拝していれば、彼らに対して正戦を行えなかっただろう[90]。第二に、教会は異教徒の改宗を強制することができない。なぜなら、信仰は意志に基づくためである[91]。

それでも、セプルベダは二つの場合において強制力の行使を正当化する。布教と偶像崇拝である。

第一に、セプルベダは布教のための予防戦争を正当化する。セプルベダによれば、インディオのような「野蛮で未征服の民族へ使徒や宣教師を送ることは困難で危険に満ち溢れている」[92]ので、布教は「野蛮人の服従なしには適切な仕方で行われることが不可能である」[93]。それゆえ、野蛮なインディオに対する布教という目的は、予防戦争という手段を必要とする。この手段は、宣教師の派遣に先立って兵士を派遣してインディアスの諸君主をスペイン王に服従させ、平定した後に宣教師を送って布教活動を行わせるという手段である。目的は手段を正当化するので、布教という目的のために予防戦争が正当化される。このように、教皇は全世界に対して間接的権力を持つので、布教という霊的目的のために、予防戦争という必要な世俗的手段をインディアスで用いることができる[94]。

アレクサンデル6世の贈与は、ほぼ不可避的に予防戦争を伴うようなインディアスの布教権をスペイン王に対して与えるものだった。セプル

---

[90] Ibid., 72.（染田訳、115頁）
[91] Ibid., 84.（染田訳、137頁）
[92] Ibid., 90-91.（染田訳、148頁）
[93] Ibid., 89.（染田訳、145頁）
[94] ただし、セプルベダは徒にインディアスで予防戦争による征服が行われるべきと主張したわけではない。例えば、インディオが本心から宣教師を受け入れようと望む場合に、征服は控えるべきだと主張している。Ibid., 215.（染田訳、40－41頁）

第二章　インディアス問題とスアレス　　131

ベダによれば、インディアスの布教という「事業を自身の権利に帰そうと欲するカスティーリャ王たちに対して、教皇アレクサンデル6世は1493年に次のような職務を与えた。すなわち、これらの野蛮人を支配下に置き、福音の宴会すなわちキリストの信仰へと招き入れ、なおかつ、拒否する者たちを先述の根拠ゆえに強制するというという職務を与えた」[95]。すなわち、アレクサンデル6世はスペイン王に対して、予防戦争を不可欠な手段とするような布教の職務と権力を贈与した。それゆえ、セプルベダは教皇がインディアスの世俗的支配権を贈与したという主張から距離をとっている。さらに、布教権の贈与という点で、セプルベダはビトリアと同意見である。だが、適切な布教方法について、特に布教における武力行使について、両者は意見を異にしている。

　布教における強制力行使について、セプルベダとビトリアの間には大きな相違点とともに共通点も見出される。主な相違点は強制力行使の時機である。ビトリアは基本的には異教君主が布教を妨害した後にはじめて、教会による強制力行使を認める。だが、セプルベダはインディオのような野蛮人がほぼ確実に布教を妨害すると予見して、実際の布教妨害に先立って戦争すべきと述べた。共通点は、妨害のない自由な布教活動の環境づくりを強制力行使の目的とする点である。すなわち、異教君主の妨害を排除することによって、宣教師が自由に布教活動を行い、異教徒が異教君主の脅迫などから解放されて自発的に改宗できるような布教の環境づくりこそ、両者に共通する目的である。この目的は、インディアス問題のみならず東アジア布教においても、征服に対する否定的立場のみならず肯定的立場にも広く認められている。

　第二に、偶像を崇拝する異教君主に自然法の遵守を強制するために、教皇は間接的権力によって正戦を行える。セプルベダによれば、「自然

95　Ibid., 99.（染田訳、166頁）なお、引用部分に登場する「宴会」の比喩は、第二次十字軍以降、布教のための正戦を正当化するために利用されていたものである。詳しくは、山内進「入るように強制せよ (compelle intrare)：伝道の思想と異教的フロンティア」『比較法史研究』第6号、1997年、9－27頁を参照。

法は十戒と隣人愛によって全面的に包摂されている」[96]。十戒と隣人愛は霊的事物である。それゆえ、自然法に関する事物は霊的事物の一部として霊的事物に常に包摂されている。したがって、自然法遵守の強制という霊的目的のために、教皇は偶像崇拝者に対して戦争という世俗的手段を用いることができる。

　以上のように、教皇は異教君主に対して、自然法遵守や布教という霊的目的のために間接的権力を事前に行使できる。セプルベダによれば、キリストや教皇の権力は「魂の救済や霊的事物に関する事柄を固有の対象としているが、霊的事柄へと秩序付けられている限りの世俗的事柄から分離されていない。私はトマスの『君主の統治について』第三巻の言葉を進んで利用している」[97]。すなわち、セプルベダはトロメオの執筆箇所をアクィナスの意見として参照しながら一律型間接的権力論を展開している。さらに、セプルベダは教皇が「福音の真理と自然法の原理を諸民族に適切な仕方で伝える」という「二つの霊的職務」を持つという[98]。「ところで、福音の布教の聴聞や自然法の遵守を異教徒に強制するためには、キリスト教徒の統治権に服従させる必要がある。それゆえ、教皇の言葉を用いれば、偶然的に（$causaliter$）、これもまた教皇権に属する。なぜなら、これはその権力の対象である霊的事柄に大いに秩序付けられているからである」[99]。このように、教皇は全世界の世俗的支配者ではないにもかかわらず、布教や自然法遵守という霊的職務のために異教君主を予め服従させる必要があるので、偶然的もしくは間接的に、異教君主による不正や危害に先行して、戦争という世俗的強制力を異教君主に対して用いることができ、正当に支配権を獲得できる。

　バリャドリード論争で以上のような理論をラスカサスは批判することになる。

96　Ibid., 74.（染田訳、117 － 118 頁）
97　Ibid., 89.（染田訳、146 頁）
98　Ibid.（染田訳、146 頁）
99　Ibid., 201.（染田訳、15 頁）

ラスカサスの理論

　ラスカサス（Bartolomé de las Casas 1484–1566）には多数の著作がある。その中で、バリャドリード論争に直接的に関わる一連の著作は1552年に一挙に出版されたものである。本項では、1552年の著作として『バリャドリード論争録』[100]と『インディアスにおけるカスティリャ・レオン国王の普遍的支配権』[101]を主に扱う。前者は、バリャドリードにおけるセプルベダとラスカサスの意見などを所収した著作である。後者はインディアスにおけるスペイン王の帝権を正当化し制約付けるための著作であり、ラスカサスの両権論を知る上で適している。

　ラスカサスによれば、異教君主は異教徒であっても、自然法から正統な俗権を得る。ラスカサスはアリストテレスに依拠して、人が自然によって社会的動物であるという。社会には、その国における最高権を国から委ねられた王が必要である。以上の事柄は全て人間に必要であるので自然法に由来する。それゆえ、キリスト教徒に対してと同様に、「異教徒に対して、彼らの王国や属領における全ての王的な裁治権や権威そして地位が自然的権利および法によって帰属する。この点において、いかなる相違も示すことができない」[102]。

　さらに、異教君主の俗権は神法によって廃されず、むしろ確証される。ラスカサスはアクィナスに依拠して、信仰が自然を破壊せず完成させるという。それゆえ、自然法に由来する異教君主の俗権は、神法によって廃されない。さらに、全ての権力が神に由来するので、偶像を崇拝する異教徒もまた神から権力を得ている。したがって、異教君主は偶像を崇拝していたとしても俗権を神法によって奪われない[103]。

100　Bartolomé de Las Casas, "Aquí Hay Una Disputa O Controversia Entre Fray Bartolomé De Las Casas Y Doctor Ginés De Sepúlveda," in *Tratados de Fray Bartolome de Las Casas* (Mexico: Fondo de Cultura Economico, 1965).
101　*Tratado Comprobatorio Del Imperio Soberano Y Principado Universal Que Los Reyes De Castilla Y Leon Tienen Sobre Las Indias*, 1965. 921-1233, Fondo de Cultura Economico.
102　Ibid., 1067.
103　Ibid., 1075-81.

それゆえ、ラスカサスはホスティエンシスの主張が誤りであり、異端的でもあるという。キリストの到来のみによって異教徒の権力が奪われたという主張は無根拠であり、救済の妨げとなる。さらに、ホスティエンシスのように「偶像崇拝や不信仰や他のあらゆる大罪によって裁治権や地位および支配権が失われると信じることは（中略）古い異端の一つであり、新たな異端の教義でもある」[104]。したがって、ホスティエンシスの主張は誤りであり、ウィクリフなどのように異端的でもある。

　以上のように自然法から俗権を得る異教君主に対して、教皇はいかなる権力を持つだろうか。

　教皇はキリストの代理人として全世界に対する権力を持つ。ラスカサスによれば、キリスト教徒のみならず「世界における全ての異教徒はキリストの羊である」[105]。それゆえ、「キリストは全異教徒の牧師や頭および司祭である」[106]。ところで、教皇は「純粋な人間ではなく人間および神であるキリストの普遍的で最高の代理人である」[107]。それゆえ、教皇は神としてのキリストの権力を共有している。したがって、教皇はキリストと同一の権力を異教君主に対して持つ。

　ただし、教皇は全世界において世俗的支配者として君臨するわけではなく、間接的権力だけを持つ。ラスカサスによれば、教皇が「俗人や世俗的な財産および地位に対して持つ権力は間接的」[108]である。それゆえ、教皇は「人々を霊的で永遠的な目的へと向かわせるために有益である限り、世界における全ての世俗的な財産や地位について決定を下し、熟慮した後に介入する権力を神法により得ている」[109]。教皇はこのように異教君主に対しても間接的権力を持つ。それゆえ、ラスカサスもまた一律型間接的権力論の支持者である。

　「外部の人々を裁くことは、わたしの務めでしょうか」（コリント１５

104　Ibid., 1087-89.
105　Ibid., 927.
106　Ibid.
107　Ibid., 925.
108　Ibid., 1151.
109　Ibid., 951.

－12）というパウロの聖句は、異教徒に対する教皇の間接的権力と矛盾しない。なぜならこの聖句は、異教徒が自国で犯した罪で、なおかつキリスト教会に悪影響を及ぼさないような罪について、教会が裁かないという意味を有するためである[110]。それゆえ、教皇は教会の霊的目的を妨げない異教徒を裁かないが、妨げる異教徒を間接的権力によって裁く。

　教皇はキリスト教徒と異教徒に対して、それぞれ異なる仕方で権力を持つ。ラスカサスはこの相違を強調するために、権力を「顕在的に（en acto）」持つことと「潜在的に（en habito）」持つことの区別を導入する。ラスカサスによれば、潜在的に権力を持つことは、権力を持っていながらその使用権を一時的に停止されている状態である[111]。それゆえ、例えばユダヤ人に対して潜在的に権力を持つ者は、ユダヤ人を自身の権力に服従させている。だが、その権力を実際に行使することができないので、ユダヤ人に対して法を立てることができない。それに対し、顕在的に権力を持つ者はその権力を行使することでユダヤ人に対して立法することもできる。

　教皇はキリスト教君主に対して裁治権を顕在的に持ち、異教君主に対して裁治権を潜在的に、布教権を顕在的に持つ。まず、キリスト教君主は教会の成員であるので、教皇の裁治権に対して顕在的に服従している。次に、教皇は異教君主に対して顕在的に布教権を持つので、平和的手段で布教できる。だが、教皇は異教君主に対して裁治権を潜在的にしか持たない。それゆえ、教皇は改宗や布教の聴聞を強制できず、一定の場合においてしか異教君主に対して強制力を行使できない。それでも、一定の場合においては自身の潜在的な権力を顕在化させることで、強制力を行使できるようになる。

　異教君主に対する教皇の潜在的な裁治権が顕在化する場合として、主に二つ挙げることができる。すなわち、布教妨害と異教君主の専制である。

　一つ目は布教妨害である。布教妨害は救済という目的を不可能にする

110　Ibid., 971.
111　Ibid., 1145-47; "Aquí Hay Una Disputa O Controversia Entre Fray Bartolomé De Las Casas Y Doctor Ginés De Sepúlveda," 347.

ので、教皇は潜在的に持っていた裁治権を顕在化させることで異教君主に強制力を行使できるようになる。ラスカサスによれば、この場合、教皇と異教君主の関係は君主とその国に存する外国人の関係と同じである。例えば、スペイン王はスペインに滞在中のフランス人に対して潜在的にしか裁治権を持たない。だが、フランス人がスペインで罪を犯したとき、スペイン王はこの犯罪を根拠としてそのフランス人に対して裁治権を顕在的に持ち、罰することができるようになる。同様に、異教君主は教皇に対して潜在的にしか服従していないが、教会に対して布教妨害の罪を犯すことで教皇により罰される[112]。

ただし、あらゆる布教妨害が強制力行使の対象となるわけではない。言い換えれば、一部の布教妨害だけがそのような対象となる。この一部の布教妨害の条件として、二つ挙げることができる。第一に、「異教の王や君主たちが、自覚的に、悪意の下で信仰のその布教を妨害すること」[113]である。すなわち、布教妨害がキリスト教に対する悪意や憎悪に基づくことである。第二に、キリスト教に対する悪意や憎悪がキリスト教徒の悪行に由来しないことである[114]。したがって、教皇が除去のために強制力を行使するような布教妨害とは、キリスト教徒の悪行に由来しないような悪意の下で意図的に行われる妨害である。インディオによる布教妨害はスペイン人の悪行に由来するので、教皇による強制力行使の対象にはならない。

二つ目は、臣民の異教徒に対する異教君主の専制である。一つ目の布教妨害はキリスト教会に対する危害であるので、霊的目的に直接関わる。だが、二つ目の専制は霊的目的に直接関わらないこともある。例えば、異教君主から異教の「国が世俗的な危害や損害のみを被る」[115]場合である。それでも、教皇はこの専制を止めるために強制力を行使できる。なぜなら、異教の「人民のそのような抑圧や消滅や破滅から信仰の妨げや

112　*Tratado Comprobatorio.*
113　Ibid.
114　Ibid., 1003-05.
115　Ibid., 1007.

魂の危害が間接的に生じてきたし、生じる可能性があったから」[116] である。それゆえ、異教君主がキリスト教会に直接的に危害を加えず純粋に世俗的な専制を自国で行ったとしても、霊的目的に資するとして教皇は抑圧された異教徒を助けるために異教君主を廃位できる[117]。

　以上のようにラスカサスは一律型間接的権力論を支持しており、しかも間接的権力の事前的な行使を認める。ラスカサスによれば、教皇は間接的権力によってスペイン王をインディアスの皇帝として立てることができる。ここで、ラスカサスは「帝権移転」（translatio imperii）の理論を用いる。ラスカサスはキリスト教防衛のためにレオ3世がギリシャ人の帝権をカール大帝に移転する権力を持ち、実際に移転を正当に行ったという[118]。同様に、アレクサンデル6世は霊的目的のためにインディアスにおける帝権をカトリックの王に贈与することができた。すなわち、教皇はインディアスにおける「あの新しい教会の善や利益ならびに設立や拡大および維持のために（中略）あの他の世界において帝権と同様の最高の権威を新たに生み出すことができ、そうする必要があった」[119]。したがって、インディオが教会に対して危害を加える以前に、教皇が間接的権力によりインディアスの帝権をスペイン王に譲渡したとラスカサスは考えている。

　教皇がスペイン王に贈与したインディアスの帝権は、二つの特徴を有する。インディオの諸王権との両立や、裁治権の潜在性である。

　第一に、スペイン王の帝権はインディオの諸王権と両立する。ラスカサスはバルトルスなどに依拠して、帝権と王権が両立可能だという。たしかに、王は皇帝に服従しているので一部の事柄を王権によって行うことができない。だが、自国における大半の事柄を王権によって行える。同様に、インディオの諸王は皇帝という上位者に対して新たに服従する

116　Ibid.
117　ここで、ラスカサスはこの正規の恒常的服従を根拠として教皇だけに介入権を認める。すなわち、全世界の異教徒は潜在的であれ教皇の臣民であるので、上記の場合においては教皇だけが僭主からそれらの異教徒を守るために世俗的に介入できると述べている。Ibid., 1013-15.
118　Ibid., 1129.
119　Ibid., 1131-33.

ことにより、自国における最高君主ではなくなる。それゆえ、それまで最高君主として行えていた事柄を行えなくなる。例えば、国家全体を拘束する法の制定や戦争に関わる事柄である。それでも、諸王は自身の王権を完全に奪われたわけではなく、そのような規制を被っただけである。それゆえ、諸王は皇帝としてのスペイン王に服従した後でも、自身の王権により依然として自国の統治を続けることができる[120]。

　第二に、スペイン王の帝権は裁治権として潜在的である。ラスカサスによれば、アレクサンデルは贈与において、スペイン王に対して、教皇権よりも大きな権力を与えることができなかった。異教君主に対する教皇権は潜在的な裁治権と顕在的な布教権であるので、スペイン王の帝権は潜在的でしかない。したがって、スペイン王は教皇と同様に、通常において平和的な布教しかインディオに対して行えない[121]。インディオが正しい方法で改宗して初めて、スペイン王は皇帝として平時においても世俗的強制力を行使できるようになる。この場合には、スペイン王はインディアスにおいても臣民に対する場合のように全ての事柄や案件において自身の権力を完全に顕在的に持ち、行使することができる。

　以上の両権の関係を踏まえた上で、セプルベダがインディアス征服を正当化するために挙げた四つの根拠に対するラスカサスの批判に移る。

　第一に、偶像崇拝である。ラスカサスによれば、教皇は異教徒の偶像崇拝を罰せない。なぜなら、偶像崇拝は神のみによって罰される罪であり、インディオのようにキリスト教会に危害を加えず平和に暮らしていた異教徒に対する裁治権を教会は顕在的に持たないからである[122]。さらに、ラスカサスはセプルベダの主張が異端的だという。偶像崇拝の罪によって支配権が正当に奪われるというセプルベダの主張は、俗権が信仰や恩寵に基づくという異端の主張と同じである。この主張は原始教会の頃にみられ、今日においてルターが流布させた[123]。それゆえ、許容され

120　Ibid., 1207.
121　Ibid., 1147.
122　"Aquí Hay Una Disputa O Controversia Entre Fray Bartolomé De Las Casas Y Doctor Ginés De Sepúlveda," 365.
123　Ibid., 437.

第二章　インディアス問題とスアレス　　139

るべきではない。

　第二に、人身御供である。ラスカサスは人身御供が誤った風習であることを認める。それでも、人は神の名誉を守るために命を賭けるよう自然法によって義務付けられている[124]。それゆえ、偽りの神々を崇拝する者もまたこの義務を負う。したがって、神のために人間を生贄として捧げることが自然法に反することを、彼らはにわかに信じられない。よって、彼らは人身御供を根拠として「人間により、人間の裁判において、正当に罰されることができない」[125]。

　第三に、自然的奴隷説である。ラスカサスによれば、自然的奴隷は最も狭義の野蛮人であり、理性によって自己を統治できないので自力では他者と政治社会を形成して暮らすこともできない人々である[126]。ラスカサスはインディオがこのような自然的奴隷ではないと主張する。インディオは実践的および観照的学問に向いており、合理的な政治的秩序をもち、良俗の下で暮らしている[127]。それゆえ、自然的奴隷説はインディアスにおいて一般的に適用できない。

　第四に、布教妨害である。ラスカサスは布教の予防戦争が改宗という目的を不可能にするので、布教方法として利用できないという。それでも、布教妨害に対する事後的な強制力の行使を認める。なぜなら、教皇は異教君主に対して間接的権力を持つからである。それゆえ、教皇は「信仰の拡大や布教および異教徒自身の召命や導きのために必要と思われる場合において、あらゆる異教の支配者や王から、無関係な権利を除いて、異教の支配者や王に属する限りで王のその支配権や裁治権および権威を奪うことができ、そのような支配権や裁治権を制限し、規制し、制約することがより一層できる」[128]。すなわち、教皇は布教妨害に関わる限りで、異教君主の俗権を奪ったり制約したりできる。

---

[124] Ibid., 407.
[125] Ibid., 399.
[126] *Apologetica Historia* (Madrid: Atlas, 1958), 436.
[127] "Aquí Hay Una Disputa O Controversia Entre Fray Bartolomé De Las Casas Y Doctor Ginés De Sepúlveda," 377.
[128] *Tratado Comprobatorio.*

第四節　バリャドリード論争後

　ラスカサスとセプルベダの激戦は結局のところ決着がつかず、どちらかが一方的に勝利したわけではなかった。バリャドリード会議後、征服の正当性をめぐる論争は現象面において次第に下火となっていく。なぜなら、1550年代を機に、インディアスは征服から植民地化の時代へと徐々に移行したためである。それでも、ビトリアやラスカサスらが持論を展開した後でさえも、スペインの論者は議論を一つの方向へと収斂させたわけではなく、様々な理論的立場が依然として存続した。ビトリアやソトの理論的影響は直接的にはサラマンカ学派へと流れ込んだ。だが、彼らとは別の立場を維持した論者もいた。ここでは、そのような論者としてのクルソラや、サラマンカ学派の第二世代としてペニャとバニェスを扱う。

クルソラの理論

　クルソラ（Vicente Palatino de Curzola）はビトリアやラスカサスと同じドミニコ会士であり、インディアスの宣教師である。その生涯はあまり知られていない。本項で扱う著作は1559年に執筆された『西インドの諸民族に対してスペイン王が持つ戦争の権利や正しさについて』[129]である。この著作は16世紀に認知されていたが、出版許可が下りなかったため、18世紀に初めて出版される[130]。クルソラ自身が「この著作の

---

[129] Vicente Palatino de Curzola, "Tratado Del Derecho Y Justicia De La Guerra Que Tienen Los Reyes De España Contra Las Naciones De La India Occidental," in *Cuerpo de Documentos del Siglo XVI sobre los Derechos de España en las Indias y las Filipinas*, ed. Hanke Lewis (Mexico: Fondo de Cultura Económica, 1943).

[130] Lewis Hanke, ed. *Cuerpo De Documentos Del Siglo XVI : Sobre Los Derechos De España En Las Indias Y Las Filipinas* (Mexico: Fondo de Cultura Económica, 1943), XX-XXI.

動機は、有害で中傷的なラスカサス司教の著作である」[131]と述べているように、この著作はラスカサス批判を目的としている。

　クルソラによれば、皇帝はインディアスを含めた全世界の支配者である。クルソラはインディアスがこれまで実は未知の世界だったわけではなく、古代において既に知られていたという[132]。インディアスはアリストテレスやプリニウスによって既に言及されていた。しかも、古代においてカルタゴ人に帰属している土地だった。それゆえ、カルタゴを征服したローマの帝権にも帰属していた[133]。したがって、「ローマ皇帝は全世界において支配権を持っていた。（中略）東においても西においても、裁治権を持っていた」[134]。

　さらに、教皇は全世界の支配者であり、帝権を移転できる。クルソラによれば、キリストと同様に、「教皇はあらゆる君主の裁定者である」[135]。それゆえ、世俗的支配権を「キリストは全世界において持つ。その代理人である教皇は自身の権利を移転できたし、その支配権をスペインに移転した」[136]。アレクサンデルの贈与は、教皇が自ら持っていたインディアスの帝権をスペイン王に移転することを意味した。それゆえ、スペイン王は教皇の譲渡という根拠によっても、インディアスを正当に征服することができる。

　その他に、クルソラはセプルベダのように布教の予防戦争を支持する。教皇は可能な方法で布教する義務を持つ。それゆえ、布教が異教徒を「予め服従させることなくして可能でないならば」、教皇は「そのように行う必要があり、アメリカにおいて我々の王を介してそのように行った」のである[137]。なぜなら、フロリダで多くの宣教師が殺害されたように、インディオは残酷で野蛮であるので、インディアスの布教におい

131　Curzola, "Tratado Del Derecho," 13.
132　このような主張は、インディアス問題において一部の論者によって展開されていた。
133　Curzola, "Tratado Del Derecho," 28-30.
134　Ibid., 28.
135　Ibid., 31.
136　Ibid., 28.
137　Ibid., 31-32.

ては安全が確保できないからである[138]。したがって、インディアスにおいて布教の予防戦争が正当化される。

さらに、クルソラは自然に反する罪を戦争の正当原因として挙げる。すなわち、人身御供やソドミーや食人である。例えば、クルソラはアステカにおいて毎年一万人のインディオが生贄に捧げられていたという。教皇やスペイン王はこれらの自然に反する罪を犯す人々を正当に罰することができる[139]。

ペニャの理論

クルソラと異なり、ペニャはビトリアやソトなどのサラマンカ学派第一世代から大きな理論的影響を受けている。ペニャ（Juan de la Peña 1513-1565）はサラマンカ学派第二代の代表的な論者である。ラスカサスとも親交を深め、影響も受けている。インディアス問題に関しては1560年から本格的に研究をはじめた[140]。本項では1564－65年に完成された『諸島民に対する戦争について』[141]を扱う。

ペニャは多くの論点においてビトリアやソトと同様の見解を採る。一方で、異教君主は異教徒であっても真の支配者である[142]。他方で、皇帝は全世界の支配者ではなく、例えばインディアスがローマ帝国の外部に存していた[143]。さらに、教皇もまた全世界の世俗的支配者ではな

---

[138] Ibid., 17-18.
[139] Ibid., 36.
[140] Juan de la Peña, *De Bello Contra Insulanos* (Madrid: Consejo Superior de Investigaciones Científicas, 1982), 61-66.
[141] Peña, *De Bello Contra Insulanos*. なお、サラマンカ学派第二世代において、セプルベダが批判対象として特に重要視されていた。Baciero Carlos, "Conclusiones Definitivas De La Segunda Generación,"in *La Etica En La Conquista De América: Francisco De Vitoria Y La Escuela De Salamanca*, ed. Demetrio Ramos Pérez (Madrid: Consejo Superior de Investigaciones Científicas, 1984), 417.
[142] Ibid., 344-48.
[143] Ibid., 172-76.

い[144]。それゆえ、自然に反する罪を異教徒が犯したとしても、教皇や皇帝はその罪を罰する権力を持たない。ただし、無辜者の防衛という根拠により、人身御供は戦争の正当原因となる[145]。

さらに、ペニャは間接的権力論を支持している。以下でペニャの間接的権力論の特徴をみていく上で、あらかじめ二点指摘する。第一に、ペニャにおいて「間接的」という語の用法に揺れがある点である。第二に、ペニャはビトリアが提示した峻別抑制型とラスカサスの一律型の間を揺れ動いている点である。

教皇は間接的権力を異教君主に対して持たない。ペニャによれば、「教皇は霊権だけを直接的に持つ。だが、霊権に関わる限りで、二次的に (secundario)、キリスト教君主に対してある種の俗権を持つ」[146]。なぜなら、「教皇はあらゆるキリスト教徒の全ての大罪を直接的に自ら裁くことが可能であり、そうしなければならないから」[147] である。それゆえ、キリスト教君主が大罪を犯した場合に、教皇は世俗的罰を下すことができる。だが、インディオのような未改宗の異教徒は状況が異なる。すなわち、「外部の人々を裁くことは、わたしの務めでしょうか」（コリント１５－12）と述べられたように、教皇はキリストから授与された「霊権を、信仰を全く受容したことのない異教徒に対して持たない」[148]ので、霊権との関連で俗権を持つこともない。それゆえ、セプルベダと反対に、教皇は間接的権力によって偶像崇拝を禁止すべくインディオに世俗的強制力を行使できない。このように、ペニャはビトリアが提示した峻別抑制型に沿って議論を展開する。

しかし、教皇は異教君主に対して、布教妨害のように、教会に対する彼らの不正を根拠として俗権を行使できる。ここで、間接的権力に関するペニャの用語法が問題となる。ペニャによれば、「教会や教皇は、キリスト教君主の臣民であろうとなかろうと、信仰を一度も受容したこ

144　Ibid., 360.
145　Ibid., 218.
146　Ibid., 362.
147　Ibid., 362-64.
148　Ibid., 336.

とのない者も含めて、異教徒に対する権力を間接的に（*indirecte*）持つ」[149]。ここでは、「間接的に」という語は「それらの異教徒が教会やその成員に対して何らかの不正を加える」[150] という条件を意味する。すなわち、ここでペニャは「間接的に」という語を「異教徒による不正の先行」という条件として理解している。したがって、異教徒による不正が先行した後に、すなわちペニャのいう「間接的に」、教皇は異教君主に対して権力を行使することができる。

異教徒による不正として、教皇は布教妨害に対して基本的に強制力を行使できる。ペニャはセプルベダによる布教の予防戦争を否定する。なぜなら、教皇は予防戦争によって異教徒を強制的に服従させる権力を持たないからである[151]。それでも、教会が布教権を持つので、布教妨害はその侵害である。教会はキリスト教共同体として自身に対する不正に対抗する権利を持つので、この侵害を力で追い払うことができる[152]。

さらに、教皇は迫害において、異教君主が臣民のキリスト教徒に対して持つ俗権を奪える。ペニャによれば、「教皇が直接的に持つ超自然的権力へと秩序付けられる限りで、教皇は俗権を間接的に持つ。ところで、

---

149 Ibid., 332.
150 Ibid.
151 Ibid., 186.
152 Ibid., 374. ただし、ペニャは布教妨害という正当原因に若干の制約を課す。ペニャによれば、布教先の異教徒が全会一致で布教を拒み妨害した場合に、教皇は布教妨害を除去するために強制力を行使できない。なぜなら、キリストが聖句で「もしあなたがたを迎えもせず、またあなたがたの言葉を聞きもしない人があれば、その家や町を立ち去る時に、足の埃を払い落しなさい」（マタイ 10 - 14）と述べるように、宣教師は布教を求めない異教徒の下から立ち去るべきだからである。さらに、この場合は異教君主が教会の布教権を侵害したとはいえない。なぜなら、布教権は「布教の聴聞や洗礼の拝受を希望する異教徒に関するものだから」（ibid., 390.）である。それゆえ、異教国において布教を希望する異教徒がわずかでも存在するならば、布教妨害はその希望者に布教を届ける教会の権力に対する侵害であるので、布教を妨害しないよう教皇が強制することは許される。しかし、一人も希望者が存在しないならば、教会は布教を届けるべき対象者を欠くので、その国に対して布教権を行使できない。このように、教会の布教権は異教徒による許容に実質的に依存している。

異教徒が信徒に対して支配権を持たないことは、信徒の善き統治に資する」[153]。アクィナスが『神学大全』II - II、10 - 10で、異教徒が信徒に対する支配権を失うに値すると論じる通りである。それゆえ、「異教徒からこの支配権を奪うための権力が教会に存する」[154]。先述のように、ビトリアは迫害等における教皇権の性質を明示せず、二次文献では間接的権力として捉えられることもあった。ペニャはこの教皇権をいわゆる間接的権力として明示した。よって、一律型に移行している。

　さらに、ペニャはラスカサスの影響を受けて、アレクサンデルの贈与に関して明らかな仕方で一律型に移行している。もっとも、ペニャは同時に、布教権の贈与というビトリアの解釈をも受容している。すなわち、アレクサンデルは布教権をスペイン王に対して排他的に与えた。それゆえ、スペイン王だけがインディアスにおける布教妨害や迫害に対処する権利を持つ[155]。だが、ペニャはさらにラスカサスの解釈をも採用する。「教皇がスペイン王に譲渡でき、（そしてチャパ司教のバルトロメ・デ・ラスカサスが主張するように、おそらくそのように譲渡した）第七かつ最後のものは（中略）あの西方の新世界におけるキリスト教および異教のあらゆる君主を統べる皇帝の権利と最高権力」[156]である。すなわち、ペニャはアレクサンデルがスペイン王に対してインディアスの布教権のみならず帝権をも贈与したと主張する。その結果、例えば「スペイン王はそれらの島民から、特にキリスト教徒になった島民から、適切な程度にではあるが税を徴収することができる」[157]。このように、ペニャ

---

[153] Ibid., 152.
[154] Ibid. 教皇がそのように奪える根拠として、ペニャはビトリア等と同様の根拠を挙げる。君臣の紐帯よりも解消しにくい夫婦の紐帯を教皇が解消できることや、パウロが異教の裁判官へと訴訟を起こさないようキリスト教徒に禁止したという聖句（コリント１６-６）である。ただし、ペニャは迫害の恒常的な恐れではなく、既に起こった迫害を強制力行使の条件として設定する。すなわち、異教君主が「自身に服従している信徒に対して危害を加え、このことについて警告を受けている」(p.200)という条件を設定している。
[155] Ibid., 194-98.
[156] Ibid., 198.
[157] Ibid., 200.

はインディオが教会に不正を行う以前にアレクサンデルがスペイン王にインディアスの帝権を与えたと認める。それゆえ、教皇は教会に対する危害に先立って、霊的事物に関わる限りで、異教君主に対して強制力を行使できるといえる。言い換えれば、教皇は間接的権力を事前的に行使することで、インディアスの異教君主に強制力を行使できるといえる。以上のように、ペニャは峻別抑制型と一律型の間を揺れ動いていた。

バニェスの理論

　バニェス（Domingo Bañez 1528-1604）もまたサラマンカ学派第二世代の代表的論者として知られている。1580年代末からイエズス会士のモリナと繰り広げた恩寵論争でもよく知られている。バニェスはアルカラ大学やバリャドリード大学、そしてサラマンカ大学などで教鞭を執った。教え子には、後述のベナビデスも含まれていた。本項では、『神学大全』II－IIに関する註解書を扱う。特に、第十問を対象とする。

　バニェスは異教徒が真の支配者であるという。異教徒は異教性により支配権を失わない。なぜなら、支配権は自然理性に基づくからである。それゆえ、支配権を信仰に基づける立場は誤りであり、ウィクリフのような異端的立場とも一致する[158]。

　自然に反する罪や非改宗によって、異教君主は教会によって罰されない。バニェスはビトリアやラスカサスを権威として挙げながら、不信仰や偶像崇拝などがキリスト教に対する不正ではないため、教会が彼らのこの罪を罰する権力を持たないという。しかも、もし教会がそのように罰する権力を持つならば、世界の秩序が混乱してしまう、と。したがって、自然に反する罪や非改宗などは戦争の正当原因とはならない[159]。

　自然的奴隷説において、その野蛮性が支配の正当化における十分な根拠とはならない。バニェスによれば、自然的主人が「統治することや支配することに適した」人々であるのに対応して、自然的奴隷は「自身の

---

[158] Domingo Bañez, *De Fide, Spe & Charitate* (Salmanticae: S. Stephanum Ordinis Praedicatorum, 1584), 614.
[159] Ibid., 615, 20.

自然本性ゆえに服従することに極めて適した」野蛮人である[160]。自然的奴隷はいわば精神的無能者（amens）であるといえる。この場合、精神的無能者は強制を被ってしかるべきである。だが、精神的無能者だけで構成されるような国は未だ発見されていない。あるいは、自然的奴隷は食人種のような野蛮人であるといえる。この場合、彼らの自然的な野蛮性ではなく食人のような不正を根拠としてはじめて、教皇はその犠牲となる無辜者を防衛するために自然的奴隷に対して強制力を行使することができる。

　異教君主に対する教皇権について、バニェスはおそらくラスカサスの影響で一律型間接的権力論を支持している。バニェスはアレクサンデルの贈与を次のように解釈する。インディオは真の支配者として正統な俗権を持つので、「アレクサンデル6世はそれらの諸民族に対して自身が持つ以上のものを授与できなかった」[161]。教皇は全世界の支配者ではないので、インディオに対して直接的権力を持たない。しかし、「教皇は世俗的事柄について霊的事柄へと秩序付けられた何らかの十全権力を持っており、霊的統治に必要な場合に行使できる」[162]。よって、アレクサンデルはスペイン王に間接的権力を授与でき、一時的にであれ実際に授与した。この教皇権は、インディオの布教妨害を除去するための権力である。さらに、ラスカサスが論じたように、アレクサンデルは「皇帝が或る王や君主たちに対して持つような何らかの帝権」[163]をも贈与しており、よってスペイン王は改宗したインディオの皇帝となる。しかも、インディオの「諸王が自身の臣民である信徒に対して不正を偶然行う場合においてのみ、インディオの諸王を廃位して他者を新たに立てる権力」[164]もまた贈与されている。したがって、教皇はインディオに対して直接的権力を持たないが、間接的権力によって布教妨害や迫害で世俗的強制力を行使し、インディオの諸王の上に皇帝を立てることができる。

160　Ibid., 622.
161　Ibid., 619.
162　Ibid.
163　Ibid.
164　Ibid.

もっとも、通常は平和的な仕方で布教を行わなければならない。

以上のように、ペニャやバニェスは教皇が間接的権力によって異教君主の迫害を強制的にやめさせたり、彼らの上に帝権を設立したりできると論じており、おそらくラスカサスの影響で一律型間接的権力論を支持する面がみられる。

第五節　スアレスの1580年代における理論

1580 － 85 年において、スアレスはイエズス会のローマ学院で講義を行っていた。その講義は主にアクィナスの『神学大全』の註解であった。その際の講義ノートが本節の対象である。講義ノートは、講義を受けた学生が筆記したか、スアレス自身の手稿を学生が転記したかによって作成されたものである。その中でも、本節では以下の四つを扱う。第一に、Ⅱ－Ⅱの第十問に関する「信仰について」である[165]。第二に、Ⅱ－Ⅰの第九十問に関する「法について」である[166]。第三に、Ⅱ－Ⅱの第四十問に関わる「戦争について」である[167]。第四に、おそらくⅡ－Ⅰの第九十

---

[165] 「信仰について」の講義が実際に行われたか、それともこの講義の原稿がスアレス自身によって準備されたにもかかわらず時間不足のために講義が実際に行われなかったかについて、先行研究で意見が分かれている。この点に関して詳しくは、Félix Rodríguez, "La Docencia Romana De Suárez (1580-1585)," *Cuadernos Salmantinos de Filosofía* 7(1980): 303-7. を参照。講義が実際に行われたとすれば、1583-84 年においてであると考えられている。いずれにせよ、この時期にそのノートが準備されていたことは確かである。

[166] Pereña によれば、「法について」の講義は 1582 年に行われた。Luciano Pereña, "Genesis Del Tratado De Las Leyes," in *De Legibus I: De Natura Legis*, ed. Luciano Pereña (Madrid: Consejo Superior de investigaciones Cientificas, 1971), XXVI-XXIX.

[167] 「戦争について」の講義は 1584 年に行われたと一般的に考えられている。

なお、Pereña によれば、この講義ノートを作成した学生があまり有能ではなかったので、講義の筆記が適切に行われず、よって講義ノートは多くの誤りを含んでおり、それゆえスアレスのテクストとしてそれほど重要で

問に関わる「法と正義について」である[168]。スアレスはそれぞれのノートにおいて相互参照を指示している。それゆえ、これらの講義ノートは互いに補う形で書かれているといえる。そこで、本節ではこれら四つの講義ノートを組み合わせることで、1580年代におけるスアレスの両権論を再構成する。

本章でこれまで扱ってきた思想的文脈の下で、ビトリアやラスカサス後も依然として燻り続けていた理論的対立を背景に、スアレスは異教君主と教皇の両権の関係について理論を構築していく。ただし、先述のように、インディアスは征服から植民の時期に移行していったので、インディアスに対する征服の正当性自体に関する問いはスアレスにとってアクチュアリティを失っていった。それゆえ、スアレスはそのような問いを扱わっていない。その代わりに、インディアス問題において発展した理論を批判的に継承し、80年代においてはローマ学院というイエズス

はない。しかし、少なからぬ誤りがみられるとしても、その講義ノートはスアレスの戦争論を理解する上で非常に重要であるというべきである。なぜなら、スアレスの戦争論はこの講義以後に没するまで扱われておらず、死後出版の著作に初めて所収されることになるが、死後出版の著作は編者によって手を加えられることがあったためである。特に、Öryは死後に初めて出版された『三つの神学的徳』の「信仰について」という部分において、編者のアルバレスが三つの節を削除したことを指摘している。この著作こそ、まさに「戦争について」を所収した著作である。それゆえ、アルバレスが全く手を加えていないスアレスの戦争論を知る上で、その講義ノートが重要である。Luciano Pereña, "Introduccion," in *Teoria De La Guerra En Francisco Suarez* (Madrid: Consejo Superior de investigaciones cientificas, 1951), 47-53; Nikolaus Öry, "Suarez in Rom: Seine Rómische Lehrtatigkeit Auf Grund Handschrifilicher Uberlieferung," *Zeitschrift für Katholische Theologie* 133(1959): 145, 57.

[168] 「法と正義について」の講義はおそらく1584年に行われたと考えられている。ただし、この講義ノートを翻刻したRodriguezは、具体的な時期の特定を困難としている。"Suarez in Rom: Seine Rómische Lehrtatigkeit Auf Grund Handschrifilicher Uberlieferung," 142; Luciano Pereña, "Genesis Del Tratado De Las Leyes," in *De Legibus I*, ed. L. Pereña (Madrid: Consejo Superior de Investigaciones Científicas, 1971), XXVIII; Rodríguez, "La Docencia Romana De Suárez (1580-1585)," 310; Joachim Giers, "Die Römischen Vorlesungen Des Franz Suarez De Iustitia Et Iure," in *Die Gerechtigkeitslehre Des Jungen Suárez* (Freiburg: Herder, 1958), 27-28.

会の最高学府でイエズス会の幹部候補たちに教授した。

　本章の冒頭で述べたように、本章には二つの目的がある。第一に、80年代におけるスアレスの両権論を提示することで、次章以降にみられるスアレス理論の発展における開始地点を示すという通時的視点の目的である。第二に、80年代におけるスアレス理論をインディアス問題という文脈に位置付けるという共時的視点の目的である。以下では、まず通時的目的のために、80年代におけるスアレス理論の基本的特徴を説明していく。その後で共時的目的に移る。通時的目的に関して、まずスアレスの法理論を扱う。次に、政治共同体論に移り、両権論へと移る。

法理論

　80年代において、スアレスはレクス（lex）とユス（ius）の相違についてまだ考察を深めていなかった。スアレスは法概念について論じる際に、主にレクスの概念を扱っている。レクスの定義について論じる際に、レクスとユスがしばしば互換的に用いられると指摘している。なぜなら、「ユスは命令すること（iubendo）に由来するといわれ、ある意味で正しいこと（iustum）と同一だからである。他方で、レクスはレクスであるために正しいもの（iusta）でなければならない」[169]からである。スアレスはこのようにレクスとユスがしばしば同義だと述べるが、両者の相違について論じなかった。それゆえ、80年代において主観的権利や客観的法に関わるような議論を明確な仕方で展開していなかった。

　法は、共通善を目的とした君主の命令である。スアレスによれば、法

---

[169] Francisco Suarez, "Quaestio 90 De Legibus," in *De Legibus I*, ed. L. Pereña (Madrid: Consejo superior de investigaciones cientificas, 1971), 185.
　なお、この「法について」の講義ノートは、"Quaestio 90 De Legibus" という同一タイトルの下で、四つの巻にわたって翻刻が行われている。それゆえ、二回目以降の引用において、便宜的に巻の番号をタイトルに付している。例えば、一巻目に載せられた翻刻を引用する際には、"Quaestio 90-1" と記す。「信仰について」の講義ノートもまた二つの論文にわたって翻刻されているので、同様の処置を行っている。

は「上位者の命令」[170] である。あるいは、「法は裁治権を持つ上位者の行為」[171] である。なぜなら、義務付ける力は自身の臣民に対してしか効力をもたないからである。もっとも、法は君主の単なる命令ではなく、正義や善良さと一致しなければならない[172]。なぜなら、不正な法は法ではないからである。このように、スアレスは80年代の時点で既に法を君主の命令として捉えていた。

　法に対して、厳密には理性的被造物（creatura rationalis）だけが服従する能力を持つ。スアレスによれば、人や天使のような理性的被造物は法について認識でき、法に服従するか否かを自由に決定する能力を持つ。それゆえ、法によって義務付けられることが可能である。だが、石のような非理性的被造物はそのような能力を持たないので、法によって義務付けられることができない[173]。

　スアレスは以上のような法の一般的性格について論じた後に、アクィナスに倣って永遠法と自然法と実定法という法の区分を受け継ぎ、それらの法について論じる。

　永遠法は全世界の運行を統率する神の自由意志と理性である。スアレスによれば、神は世界を創造し、その運行を統率するための法や規則を打ち立てた。それらの法は神の摂理と同一であり、神の自由意志や理性とも同一である。この法が永遠法であり、万物を対象とする最も根本的な法である。それゆえ、あらゆる法は法としての拘束力を得るために永遠法に由来する必要がある[174]。

　ただし、永遠法は神の自由意志を拘束しない。先述のように、スアレスは法を上位者の意志として理解していた。「神の意志はいかなる上位者をも認めない」[175]。それゆえ、いかなる法であっても神の意志を拘束

170　Ibid.
171　"Quaestio 90 De Legibus," in *De Legibus II*, ed. L. Pereña (Madrid: Consejo superior de nvestigaciones cientificas, 1972), 194.
172　"Quaestio 90-1," 194.
173　"Quaestio 90 De Legibus," in *De Legibus III*, ed. L. Pereña (Madrid: Consejo superior de investigaciones cientificas, 1974), 194.
174　Ibid., 191-93.
175　Ibid., 194.

することはできない。さらに、ここでスアレスは神の知性が神の意志を拘束できないともいう。たしかに、神の知性は意志が選択すべき対象を提示する。しかし、知性はその選択を意志に義務付ける力をもたない。なぜなら、「上位者の意志に由来しないような義務は全く認められない」[176]からである。したがって、神の自由意志は神の知性によっても拘束されない。

　自然法は永遠法の影であり、それゆえ神の命令である。自然法は、神が人を自然的な善良さへと向かわせるために人の内面に記した自然理性の命令である。この自然法は神からみれば永遠法と切り離されておらず、永遠法と同一である。だが人間からみれば、自然法は永遠法の影や参与として、永遠法とは区別された法として認識されている。それでも、自然法は永遠法の参与であるので、神の命令である。その帰結として、自然法の違反者は神の意志や法に反しており、現世ではなく永遠に関わる刑罰を科されるに値することになる。別の帰結として、自然法は神という上位者の命令であるがゆえに法としての拘束力を有するといえる[177]。

　自然法はあらゆる時と場所において、不変かつ同一である。スアレスによれば、自然法には三種類の原理が含まれている。第一に、最も普遍的で根本的な自然的原理である。この自然的原理は、「善をなし悪を避けよ」という命令のように、極めて抽象的である。第二に、十戒のように、第一の根本原理から自明な推論を介して導出される帰結である。第三に、一夫多妻制の禁止のように、第一の原理から幾多の推論を介して導出される帰結である[178]。スアレスは特に第一の根本的原理があらゆる時と場所において同一かつ不変であるという。なぜなら、このような自然法の原理は人の自然本性と同様に全ての人々において同一であり、不変だからである[179]。

　新世界の発見によって強まった自然法に関する懐疑主義的な反論をス

176　Ibid., 196.
177　Ibid., 198-202.
178　"Quaestio 90 De Legibus," in *De Legibus IV*, ed. L. Pereña (Madrid: Consejo superior de investigaciones cientificas, 1973), 175.
179　"Quaestio 90-4," 208.

アレスは取り上げ、批判する。すなわち、世界において極めて多種多様な習俗や事物が新たに発見されたので、自然法が普遍的に同一であることを認められないという反論である。スアレスはこの反論に対して、習俗の多様性という事実は自然法自体が多様であることの根拠にならないという。なぜなら、自然法に反する習俗がそれらの多様な習俗の中に含まれているからである。或る民族がそのように自然法に反した習俗を営む理由の一つは、自然法の諸原理が必ずしも自明ではない点に存する。特に諸民族は、上述した第三の原理に近い自然的原理ほど認知せず熟知しなくなる。スアレスによれば、自然法自体の多様性ではなくこのような認知度や精通度の多様性こそ習俗の多様性の原因である。したがって、多種多様な習俗が新たに発見されたにもかかわらず、「自然法は全ての人々にとって熟知（notitia）という点で同一でないが、本質（substantia）という点で同一である」[180] といえる。

　以上が 80 年代におけるスアレスの法論の基本的特徴である。後年のスアレス理論における様々な特徴が少なくとも萌芽の形で既に 80 年代において見て取れる。次に、政治共同体論へ移る。

政治共同体論

　政治権力は神から共同体を介して君主へと与えられる。スアレスによれば、人は自然によって社会的動物である[181]。人々によって構成される国を統治する権力は「国全体に直接的に存する」[182]。この政治権力は国全体へと「人間によってではなく、自然の作者たる神によって導入された」[183]。すなわち、国ないし人民が神から直接的に政治権力を得ている。さらに、人民が統治形態の決定を行える。それゆえ、政治権力は神から「直接的にではなく、人民の同意を介して間接的に」[184] 君主へと委ねら

180　Ibid.
181　Ibid., 207.
182　"Quaestio 90-3," 186.
183　Ibid.
184　"De Fide, Secunda Pars, 1583," *Archivo Teológico Granadino* 32(1969): 187.

れる。80年代において、このように統治契約に該当する議論が既に登場している。だが、「社会契約」に該当するような議論が少なくとも明確には登場していない。

　君主は平時において国全体の上位者であるが、専制に堕すると下位者になる。君主は自国における世俗的最高権を持つ統治者である[185]。例えば王制においては王であり、貴族制においては最高議会である。先述のように、神から授権された人民が政体を決定し、君主を選ぶ。人民が一度政治権力を君主へと譲渡したならば、君主が自国における世俗的な最高の統治者となる。それゆえ、人民は平時において君主の意に反してその権力を奪うことができない。それでも、君主が君主としての義務を果たさない場合に、人民は「自身の君主を自ら処罰し、彼からその権威を奪うことができるだろう。なぜなら、自身の君主に対するこの権力を常に保持していると考えられているためである」[186]。もっとも、このような措置は例外的である。

　以上の政治共同体論は異教の諸国にも共通する。一方で、教皇や皇帝は全世界の世俗的支配者ではない[187]。他方で、支配権は恩寵ではなく自然に基づくので、異教君主は正統な支配権を自然法から得ている。それゆえ、異教君主は少なくとも臣民の異教徒に対する裁治権を正統に持つ。より問題となる点は、臣民のキリスト教徒に対する異教君主の裁治権である。スアレスは、キリストの到来後に異教徒がキリスト教徒に対する支配権を失ったという主張を、ホスティエンシスやペラヨの主張と

185　スアレスは君主の最高権の特徴として、特に終審裁判権を挙げている。Francisco Suarez, "In Summam D. Thomae. Secunda Secundae. Quaestiones de Fide, Spe et Charitate", FC 452, fols. 674-75, Archivio Storico della Pontificia Università Gregoriana

186　Ibid., fol. 672　posset se vindicare et privare se ea auctoritate suum principem quia semper censetur retinere hanc potestatem propter suum principem　なお、同様の主張は Francisco Suarez, "De Fide, Secunda Pars, 1583," *Archivo Teológico Granadino* 33(1970): 192. にもみられる。

187　"De Iustitia Et Iure," in *Die Gerechtigkeitslehre des Jungen Suárez:*, ed. Joachim Giers (Freiburg: Verlag Herder, 1958), 84.: Suarez, "In Summam D. Thomae. Secunda Secundae", fol. 685　なお、スアレスは80年代においてこれらのテーゼに関する批判をあまり詳細に展開していない。

して取り上げる。その根拠として、「それゆえ、息子たちは義務を免れた（*ergo liberi sunt filii*）」（マタイ 17 － 25）という聖句において、キリスト教徒は異教徒への納税を免除されたからだといわれる。この主張に対して、スアレスは異教徒がキリスト教徒に対する支配権を「保持することのみならず新たに獲得することができる」[188]という。なぜなら、支配権は信仰ではなく自然法や万民法に基づくからである。さらに、先述の聖句は、全てのキリスト教徒に関わるものではなく、キリスト自身と聖職者にしか関わらないからである[189]。したがって、異教君主は自国における異教徒のみならずキリスト教徒に対して正統な支配権を持つ。

両権論 ── 間接的権力論 ──

次に、両権の関係に移る。80 年代において、スアレスは既に間接的権力論を支持していた。インディアス問題における多くの論者と同様に、まずスアレスは直接的権力論を否定する。すなわち、「教皇が全世界の世俗的支配権を直接的に持つ」[190]という主張は誤りである。よって、キリスト教君主に対してであろうと異教君主に対してであろうと、「教皇は王に対して世俗的事柄における直接的裁治権を持たない」[191]。だが、「教皇は世俗的事柄における最高権を間接的に持つ」[192]。それゆえ、例えば教皇は「時々、或国法の義務を全面的あるいは部分的に除去することを間接的に行えるであろう」[193]。ただし、間接的権力は「霊的事柄における直接的権力を常に前提とする」[194]。すなわち、教皇が広義の教会

---

188 "De Fide, Secunda Pars 2," 201.
189 Ibid., 202-3.
190 Suarez, "In Summam D. Thomae. Secunda Secundae", fol. 685 summum pontificem habere directum dominium temporale totius orbis
191 Suarez, "Quaestio 90-2," 207.
192 Suarez, "In Summam D. Thomae. Secunda Secundae", fol. 685　Papa indirecte habeat potestatem supremam in temporalibus
193 Suarez, "Quaestio 90-2," 207.
194 Suarez, "In Summam D. Thomae. Secunda Secundae", fol. 685　semper supponere potestatem directa〔sic〕in spiritualibus

の霊的王として、間接的権力の対象者に対して正規の霊的裁治権を恒常的に持つ点を条件としている。それゆえ、教皇はキリスト教君主に対して間接的権力を行使できる。異端の君主は「キリスト教徒である限り教皇の臣民であるので、教皇は彼らが教会に留まるよう強制したりその罪を罰したりできる。これに必要な手段はしばしば世俗的罰である」[195]。しかし、異教君主は教会に対して「霊的事柄において臣民ではない」[196]。それゆえ、「その間接的権力は異教徒へと拡張されない」[197]。以上のように、スアレスは直接的権力論を否定し、ビトリアのように峻別抑制型の間接的権力論を展開する。ただし、迫害等において教皇が異教君主に行使できる権力について、スアレスもまた複雑な議論を行う。その詳細はインディアス問題の項目で扱う。

正戦論

正戦論では防衛戦争ではなく攻撃戦争の正当性が主に問われる。スアレスによれば、国家間の争いが戦争（bellum）であり、君臣間の争いは反乱（seditio）で、私人間の争いは決闘（duellum）等である。戦争は内在的に悪ではない。特に、自己防衛権は自然法に由来するので、防衛戦争はあらゆる国に許され、義務ですらある。なぜなら、全ての法は力を力で追い払うことを許すためである。攻撃戦争もまた国家の平和や生存に必要であるので、一定の条件下でならば正当化される。なお、防衛戦争と攻撃戦争の区別は、敵の不正な攻撃に対して反撃を行う時機によって区別される。すなわち、防衛戦争は敵が現在行っている不正な攻撃に対抗するための戦争であるのに対して、攻撃戦争は敵がかつて行った不正な攻撃に対して事後的に反撃を行うための戦争である[198]。

195　Suarez, "De Fide, Secunda Pars 2," 252.
196　Suarez, "In Summam D. Thomae. Secunda Secundae", fol. 685　non sunt subditi in spiritualibus
197　Suarez, "In Summam D. Thomae. Secunda Secundae", fol. 685　illa potestas indirecta non se extendit ad infideles
198　Ibid., fols. 669-72

正戦の要件は三つある。正統権力、正当原因、正当な方法である。これら三つを満たさない戦争は不正な戦争であるので、その遂行者は損害賠償の義務を負う[199]。正当な戦争の遂行者は勝利した場合に、必要に応じて敵国の占領を行うことができる。

　まず、君主の正統な権力が必要である。或る国の平和を保つために、その国内における犯罪や不正を罰する必要がある。犯罪や不正を罰する権力は刑罰権であり、裁治権の一部である。それゆえ、私人ではなくその国の君主がそれらの不正を裁くために裁治権を持ち、刑罰を介して国内の平和を保つ。同様に、世界の平和を保つために、或る国に対する他国の不正を罰する必要がある。スアレスは戦争をそのような刑罰の行いとして、すなわち「刑罰の正当な判決」[200] として捉える。このような刑罰としての戦争を行う権利は、他国から危害を被った国の君主に属する。もっとも、被害国の君主は危害を被る前から加害国の君主に対して刑罰権ないし裁治権を常に持つわけではない。なぜなら、各国の君主は平時において相互に独立しているからである。だが、或る国の君主は、自身が実際に加えた「危害を根拠として、被害国の最高君主に従属し、その下に存する」[201] ことになる。その結果、後者は前者を戦争によって罰することができるようになる。

　正当原因もまた必要である。スアレスによれば、戦争は世界の正しい平和や秩序を守るために必要である。しかし、多くの生命や財産を破壊するので、それ自体で人類の善に反している。それゆえ、戦争による損害と釣り合うほどの重大な不正が先行しなければ、戦争は正当化されない。この重大な不正が正当原因である。例えば、モノの強奪や名誉の侵害である。或る君主は自身や自国の人民に対するこのような不正に対して正戦を行える。さらに、同盟者などが助力を明示的ないし暗黙裡に求

199　Ibid., fol. 682
200　Ibid., fol. 681　iusti judicii vindicativi
201　Ibid.　sit in supremo principe reipublicae laesae cui alius subditur ratione delicti　この場合、被害国の君主は自身に対する不正を裁く裁判において原告と裁判官の役割を同時に担うことになる。しかし、スアレスは他に適した方法がないと述べている。Ibid., fol. 682

める場合に、同盟者などに対する不正をも正当原因とすることができる。それらの場合に、戦争は他国による重大な不正や危害という損害を賠償させる手段として正当化される。ただし、この損害賠償は可能な限りまず平和的手段によって請求される必要がある。すなわち、戦争はあくまで最終手段でなければならない[202]。以上のように、戦争は重大な不正の損害を賠償させる最終手段としてならば正当化される。

インディアス問題における征服の根拠 —— 野蛮性 ——

　これまでみてきたように、インディアス問題における征服の根拠はインディオの野蛮性と異教性に大別された。野蛮性に関して、自然に反する罪や自然的奴隷説が論じられてきた。

　スアレスは自然に反する罪を基本的に戦争の正当原因として認めない。例えば、偶像崇拝について、セプルベダは神自身ではなく諸君主が偶像崇拝の罪に対する罰をしばしば代行するので、スペイン王がインディオの偶像崇拝を罰するために征服を行えると述べていた。だが、他のサラマンカ学派の論者と同様に、スアレスは神が偶像崇拝に対する刑罰権を自身だけに留保したという。なぜなら、偶像崇拝のような自然に反する罪に対する刑罰権を他国の君主が持つことは「人類にとって有益でなかったからである。というのも、そこから無際限に混乱や無秩序が生まれてくるだろうからである」[203]。したがって、教皇やキリスト教君主は異教君主の偶像崇拝などの罪を罰する権力を欠く。さらに、スアレスは別の根拠として「外部の人々を裁くことは、わたしの務めでしょうか」（コリント１５－１２）という聖句を挙げる。この聖句により、教皇はキリスト教徒に対してしか正規の裁治権を持たないことが理解される[204]。以上のように、インディオが自然に反する罪を犯したとしても、教皇はこの罪を罰する権力をインディオに対して持たないので、自然に反する

202　Ibid., fols. 679-81
203　Ibid., fol. 685　　non expediebat generi humano nam inde sequeretur infinita confusio et perturbatio
204　Suarez, "De Fide, Secunda Pars 1," 188, 202.

罪は正当原因として認められない。

　ただし、人身御供は無辜者の防衛という根拠によって例外的に正当原因となる。人身御供を正当原因として認める傾向は、インディアス問題における大半の論者に共通するといえる。スアレスもまたビトリアに言及しながら、「或る異教徒が無辜な人々を食べたり偶像へと捧げたりするために殺すならば」そのような殺害をやめるよう強制することが「無辜者を防衛するために必要である」という[205]。ただし、スアレスはこの正当原因に関して二つの制約を課す。第一に、そのような強制はあくまで犯罪者ではなく無辜者を助けるためでなければならない。なぜなら、犯罪者を生贄に捧げることは「宗教に反するが、固有の意味の不正にはならないだろうから」[206]である。スアレスは正当原因があくまで重大な「不正」でなければならないと強調している。第二に、この強制は稀にしか許容されない。なぜなら、「この防衛が双方の多大な危険や労苦および損害を伴わないことは稀にしかありえないからである」[207]。このようにして、スアレスは人身御供という正当原因の現実的な適用性を制限していく。

　自然的奴隷説について、スアレスは自然的奴隷の実在性を一般的に否定する。セプルベダやメイジャーはインディオが自然的奴隷であり、自然的奴隷が自己統治さえ十分にできないほど野蛮であるのでスペイン人という自然的主人に服従すべきと主張していた。スアレスはメイジャーやセプルベダの名を挙げながら、このような主張を批判する。スアレスによれば、自然的奴隷は単に知性において劣等な人間を指すわけではなく、「いかなる人間的な政治体をもたず、完全に裸で歩き、人肉を食する」[208]ほど野蛮な人々である。それほどまでに理性能力が不十分である人間は、病気などを除けば、存在しない。それゆえ、「或る地方や地域

205　Ibid., 203-4.
206　Ibid., 204. なお、この制約はバニェスのような他の論者にも見出される。Bañez, *De Fide*, 624.
207　Suarez, "De Fide, Secunda Pars 1," 205.
208　Suarez, "In Summam D. Thomae. Secunda Secundae", fol. 686 nullam habent humanam politiam et nudi prorsus incedunt et vescuntur carnibus humanis

における全ての人々が自然の配置に反して怪物として生まれると一般的に述べることは信じられない」[209]。スアレスはバニェスなどと同様にインディアスを念頭に浮かべて、このように述べたといえよう。さらに、スアレスはインディオのような一地域の人々のみならず異教徒一般を自然的奴隷として捉えることができないという。なぜなら、キリスト教徒よりも「政治的事物についてより有能で適した異教徒が多く存在することは明らかだから」[210]である。スアレスはこのようにして自然的奴隷の実在性を一般的に否定する[211]。

　さらに、スアレスは自然的奴隷の野蛮性を強制の十分な根拠として認めない。セプルベダの場合、自然法は自然的奴隷の野蛮性を根拠として自然的奴隷が自然的主人に服従するよう義務付けていた。この義務の違反が戦争の正当原因であった。スアレスによれば、たしかに、自然的奴隷ほど野蛮な人間が存在するならば、自然的奴隷を「人間的な仕方で教育し、正しく統治するために」[212]戦争を行うことが許されるだろう。「だが、この権限は無辜な人々の殺害や同様の不正が介在しない限り、滅多にあるいは全く認められてはならない」[213]。すなわち、自然的奴隷は非常に野蛮であるので文明化されるべきであるにもかかわらず、文明化のための強制力行使は自然的奴隷の野蛮性ではなく重大な不正を必要条件とする。この重大な不正は、他の権限を欠いたとしても戦争のよう

209　Suarez, "De Iustitia Et Iure," 77.
210　Suarez, "In Summam D. Thomae. Secunda Secundae", fol. 686　evidens est multos esse infideles ingeniosiores et aptiores ad et res politicas
　本章では、80年代におけるスアレスのテクストをインディアス問題に位置付けてきた。しかし、この主張はインディアスよりも他の地域と関連性が深いようにも思われる。特に、次章で扱う日本や中国と関連性が深いかもしれない。なぜなら、80年代において日本や中国はインディアスと異なり、高度な文明国として表象されていたためである。さらに、イエズス会士として、スアレスはこの時点で日本や中国の布教情報をいくらか知っていた可能性が否定しがたいからである。
211　ペニャもまた同様の主張を行っている。Peña, *De Bello Contra Insulanos* 252.
212　Suarez, "In Summam D. Thomae. Secunda Secundae", fol. 686　humani modo instituantur et iuste regantur
213　Ibid.　raro tamen aut numquam admittendus est talis titulus, nisi ubi intercedunt occisiones hominum innocentum et similes iniuriae

な強制力行使を独力で正当化できる。したがって、自然的奴隷に対する戦争の正当原因として、自然的奴隷の野蛮性は付随的で不十分な根拠へと格下げされる。なぜなら、野蛮性自体は他者に対する重大な不正ではないからである。したがって、自然的奴隷ほど野蛮な人々に対してでさえ、野蛮性ゆえの文明化という根拠ではなく、重大な不正や危害という根拠によってはじめて戦争やその後の支配を正当化できる。

その他に、インディオの野蛮性に関する正当原因として、スアレスはビトリア批判ともいえるような主張を展開する。ビトリアの項で述べたように、ビトリアはインディオが彼ら自身の劣悪な教育を主な原因として非常に野蛮な状態に留まっているので、スペイン王は彼らの保護者としてインディアスを統治できると示唆していた。この主張において、ビトリアはインディオの劣悪な教育を征服正当化の根拠として示唆していたともいえる。スアレスはどの論者をも名指ししていないが、おそらくこのような主張を念頭に置いて次のように述べる。或る人々によれば、「自然理性自体に反する法や宗教の下で、自然的な正義や理性に反する仕方でこれらの野蛮人が教育している無辜な子供たちを守るために」[214] キリスト教君主は野蛮人に強制力を行使できる。しかし、スアレスはこの主張を否定する。なぜなら、「その教育方法は固有の意味で不正としての本性を有さないから」[215] である。たしかに、無辜な子供の殺害は子供に対する重大な不正である。しかし、自然に反する教育は「父権の適切な使用」[216] に反するだけであり、重大な不正とはいえない。さらに、この野蛮な教育が正当原因として認められてしまうならば、各民族がこの権限を他の民族に対して適用するであろうから、「人々の恒常的な騒乱が生じたであろう」[217]。したがって、スアレスは自然に反するような野蛮な教育を正当原因として認めない。

214　Suarez, "De Fide, Secunda Pars 1," 205.
215　Ibid., 206.
216　Ibid.
217　Ibid., 207.

インディアス問題における征服の根拠 ── 異教性 ──

　異教性に関わる戦争の正当原因について、不信仰が取り上げられる。スアレスもまた「背教者ではない全ての異教徒が不信仰のために教会によって罰されることは不可能である」[218]と述べる。なぜなら、先述のように、異教徒がたとえ不信仰の罪によって罰されるに値するとしても、教会は異教徒に対する裁治権をもたないので、その罪を裁く統治者にはなれないからである。さらに、キリストは平和的布教による異教徒の自発的改宗という方法を示したので、不信仰を罰することで改宗させる方法はキリストに反し、キリスト教に対する憎悪を異教徒に掻き立てることになってしまうからである。不信仰はセプルベダによっても正当原因として否定されていたので、スアレスは不信仰についてインディアス問題における一般的立場に与していたといえる。

　スアレスは不正で有害な方法によるキリスト教共同体の拡大を抑制するために、自然に反する罪などに関して教皇権に制約を加えたといえる。中世のインノケンティウス４世やホスティエンシスの両パラダイムにおいて、偶像崇拝などの自然法違反が教皇の介入の根拠として認められていた。しかし、インディオのような異教徒が不信仰や偶像崇拝などの罪を犯していたとしても、教皇が平時において彼らに対する正規の裁治権を欠くのでその罪を罰せないと、スアレスは述べていた。論敵の様々な主張を批判する上で、この「正規の裁治権の欠如」という論拠が要の一つであった。インディオの自然に反する罪などにおいて教会が正規の裁治権を欠く理由は、そのような裁治権が改宗という目的のみならず世界の秩序にとって有害である点に存した。これらの有害な方法による拡大を抑制するために、スアレスは教皇の裁治権の対象範囲をキリスト教共同体の内部に限定した。スアレスが直接的権力論のみならず一律型間接的権力論を否定した理由もまたこの抑制という意図に存するといえる。

　ここまでの正当原因を考察した上で、スアレスはサラマンカ学派の中でも独自な次の主張を展開する。「自然法において何らかの基礎や一定

218　"De Fide, Secunda Pars 2," 191.

の関わりを有さず、しかも異教君主に相応の仕方で適合しないほどにキリスト教君主に固有であるような戦争の権限は全く存在しない」[219]。すなわち、あらゆる戦争の権利は必ず自然法に基づくので、宗教の相違に関係なくすべての君主に共通である。なぜなら、最終的に真の正当原因として認められたものは名誉棄損のような重大な不正や無辜者の防衛だけであり、いずれとも自然法に基づくからである。それゆえ、戦争の権利において異教君主はキリスト教君主と対等である。

　もっとも、布教に関わる正当原因を考慮に入れなければ、その独自な主張の真偽を確かめることはできない。なぜなら、布教はキリスト教会に固有であると広く考えられていたからである。そこで、布教に注目しよう。

　スアレスによれば、神は人間に信仰を義務付けている。信仰の行いは魂の救済に必要であるので、神自身によって命令されている[220]。この超自然的な命令は、創造以来、人間を常に拘束している。それゆえ、キリスト教徒は信仰を守らず、知るべき信仰の事柄について無知でいるならば、大罪を犯すことになる[221]。

　異教徒は信仰を義務付けられているにもかかわらず、この義務を果たせていない者が未だに多数存在する。スアレスは16世紀において布教が未だ全世界に展開しておらず、教会が事実として全世界に拡大していないことを強く意識していた。それゆえ、「多くの人々において、さらに、福音の声がおそらく未だに到達していない地域において、この克服できぬ無知が今日においてもなお発見されている」[222]という。すなわち、信仰について一度も聞いたことがないので、信仰に関する無知の状態から自力では脱せない人々が現在も多く存在し、発見されている。このような人々は克服できぬ無知を根拠として不信仰の罪を免除される。さら

219　Suarez, "In Summam D. Thomae. Secunda Secundae", fol. 686 nullum esse titulum belli ita proprium christianorum principum qui non habeat fundamentum aliquod vel certe proportionem cum lege naturali atque adeo qui suo modo non conveniat etiam principibus infidelibus
220　Suarez, "De Fide, Secunda Pars 1," 80.
221　Ibid., 102, 13.
222　Ibid., 130.

に、彼らとは別に、信仰について聞いたことがあっても不十分にしか知らない人々もいる。このような人々は不信仰の罪を免除される場合もある。特に、「敬虔でキリスト教的な仕方ではなく、暴君的で残酷な仕方で信仰が宣べ伝えられる場合であり、スペイン人がインディオに対して当初行った仕方である」[223]。信仰について全く知らないか不十分にしか知らない異教徒は、適切な布教により改宗へと至らせるべき対象である。

　全ての異教徒を救済するために、教皇は全世界において布教の権利を持つ。信仰は魂の救済に必要であるので、布教によって全世界へと伝えられる必要がある。それゆえ、キリストは「あなたがたは行って，あらゆる国の人々を弟子としなさい」（マタイ 28 - 19）と使徒に命令した。スアレスによれば、カトリック教会だけがこの命令を実行する権利を持つ。なぜなら、異端ではなくカトリックの宣教師が「ローマ・カトリック教会の有する信仰を布教する」[224] 場合に、異教徒は神の摂理によって真の信仰を抱くことができるようになるからである。

　布教を行う際に、教皇は異教徒に信仰の受容や布教の聴聞を強制できない。スアレスによれば、キリストは「わたしがあなたがたをつかわすのは、羊を狼の中に送るようなものである」（マタイ 10 - 10）と述べることで、平和的な布教方法を指示した。それゆえ、布教は基本的に平和的に行われなければならない。さらに、異教徒は教会の外部に存するので、教皇の裁治権の外部に存する。それゆえ、教皇は異教徒に信仰の受容や布教の聴聞を強制できない[225]。

　スアレスは同様の理由で布教の予防戦争を否定する。スアレスによれば、「異教徒の地で福音の布教をより円滑に行えるようになるという権

223　Ibid., 131. この引用から、スアレスが「発見」当初のインディアス布教のあり方に対して批判的であったことが分かる。他箇所の議論においても、スアレスは同様の批判的態度を示している。すなわち、「キリスト教徒が少なくとも当初においてインディアスで多くの悪をなしたので、キリスト教徒という名は憎悪された。このようにしてインディオはキリスト教徒という名の下に何らかの悪漢（*malefactor*）しか理解しなかった」と述べている。"De Fide, Secunda Pars 2," 274-75.
224　"De Fide, Secunda Pars 1," 121.
225　Ibid., 186-89, 219-20.

限のみによってキリスト教君主が異教徒の地を占領できると述べる者は、明らかに騙されている」[226]。ここでスアレスはいかなる名前も挙げていないが、布教の予防戦争というセプルベダやクルソラの主張を否定している。なぜなら、仮にそのような予防戦争が布教に益する方法であるとしても、教皇は異教君主に対して裁治権を通常持たないので、異教徒から危害を被る前に戦争を行うことができないためである。さらに、そもそもこの方法は教会に対する憎悪を異教徒に掻き立てるので、布教にとって有害な方法だからである。これらの批判は、ラスカサスやペニャの批判とほぼ同一である。

だが、教皇は異教君主に対して強制力を行使できる場合がある。スアレスはそのような場合を三つ挙げる。

第一に、宣教師に対する異教君主の直接的危害である。スアレスによれば、「あらゆる国は自身の権利を守り不正を排するための権利を持つ」[227]。広義の教会はキリスト教共同体（Respublica Christiana）であり、それゆえ一種の国（respublica）である。したがって、「教会は必要ならば暴力や武器によって自身の宣教師を守り防衛する権利を持つ」[228]。教皇が宣教師を派遣したり防衛したりする権力を持ち、他者に委任できる。まさに、「アレクサンデル6世がスペインとポルトガルの諸王に行ったようにである」[229]。

第二に、宣教師に対する入国妨害である。この入国妨害は、布教を聞くための異教徒の権利や教会の布教権、そして自然法に由来するような自由な移動の権利を侵害する。それゆえ、教会は入国を認めるよう異教君主を強制できる。ここで、スアレスはペニャが一歩進めた議論を扱う。ペニャは、布教を希望する異教徒に対してのみ教会が布教権を持つと述べていた。そのため、布教権は異教徒の許容に依存していた。それゆえ、布教先の異教徒が全会一致で宣教師の入国を拒否する場合に、教会は入国妨害を除去するための権力を持たないことになる。しかし、ス

---

226 Ibid., 220.
227 Ibid., 217.
228 Ibid., 216.
229 Ibid., 219.

アレスは異教君主の許容を布教権の行使における条件として設定しなかった。それゆえ、たとえ布教先の異教徒が全会一致で宣教師の入国を拒否しようとも、その入国妨害において「教会に対して不正がなされている」[230]ので、教会は自己防衛のために強制力を行使できる。

第三に、キリスト教徒に対する迫害である。迫害において戦争が許される理由もまた同じである。自国に対する「不正を罰し排するための権利を、あらゆる国は自然法により持つ」[231]。スアレスによれば、そのような権利に関して「キリスト教共同体はより悪しき条件に置かれてはならない」[232]。それゆえ、キリスト教共同体は迫害という不正に対する自己防衛権を自然法から得ている。

一見すると、スアレスは迫害自体だけではなくその恒常的な恐れを正当原因として認めているようにみえる。先述のように、ビトリアは異教君主が臣民のキリスト教徒に対する支配権を持つにもかかわらず、迫害の恒常的な恐れを根拠として、教皇によりその支配権を正当に奪われると述べていた。アクィナスの『神学大全』II－II、10－10における「不信仰のために」という箇所を、異教君主には迫害の傾向性が常にみられると解釈することで、そのように述べていた。スアレスはこの箇所をビトリアと同様の仕方で解釈した。すなわち、異教君主の迫害は「極めて頻繁に生じる道徳的危険」[233]であり、臣民のキリスト教徒は異教君主の宗教へと容易に改宗してしまう。異教君主の下では、偽りの宗教を奉じる聖職者たちがカトリックに対して反乱を起こすものである。これら全てがほぼ常に生じるので、アクィナスは上記の箇所で端的に「不信仰」という語を用いた[234]。それゆえ、スアレスによれば、迫害の恒常的な恐れを根拠として、教皇は異教君主からその支配権を正当に奪える。

だが、スアレスは迫害の恒常的な恐れを正当原因として実質的に認めていない。スアレスによれば、臣民のキリスト教徒に対する異教君主の

230　Ibid., 222.
231　"De Fide, Secunda Pars 2," 194.
232　Ibid.
233　Ibid., 206.
234　Ibid., 206-7.

裁治権を奪う方法は二つしかない。第一に、キリスト教徒を他国へと転居させることである。この方法はそれ自体として強制力を行使するような方法ではない。第二に、異教君主の権力を強制的に奪うことである。重要な点は、この方法を用いるための条件である。ビトリアは異教国におけるキリスト教徒の人口が一定程度多くなることを条件として設定していた。スアレスもまた同じ条件を設定する。その上で、別の条件として、「明白な不正が先行しない限り、これは決して実行されてはならない」[235]という。すなわち、明白な不正の先行を第二の方法における条件として加える。それゆえ、結局のところ教皇は異教君主による迫害の予兆や傾向性ではなく、実際の迫害のような明白な不正の後に初めて自己防衛権を行使できる。

　スアレスは迫害において異教君主に対して行使されるこの教皇権をも「間接的権力」と呼ぶ。ビトリアはこの教皇権の性質を明確にせず、ペニャやバニェスは間接的権力として捉えていた。スアレスによれば、「教会はキリスト教徒に対するこの支配権や裁治権を異教徒から奪うための一種の間接的権力（*quaedam indirecta potestas*）を持っており、躓きやより大きな悪の恐れが生じないならば道徳的にみてほぼ常に行使できる」[236]。異教君主に対するこの間接的権力とキリスト教君主に対する間接的権力の綴りは同一である。

　しかし、本書において根本的に重要な点として、スアレスにおいては異教君主に対する間接的権力とキリスト教君主に対する間接的権力は基本的に区別されており、異なっている。スアレスによれば、一方で、教皇は正規の裁治権を異教君主に対して持たないが、異教君主に世俗的に服従しているキリスト教徒に対して持っている。それらのキリスト教徒は異教君主に迫害された場合に、「自己を防衛するための自然権を持つ」[237]。それゆえ、迫害において、「教会はそれらのキリスト教徒を防衛することで助け救い出すことを極めて正当に行える」[238]。教皇が迫害に

235　Ibid., 209.
236　Ibid., 206.
237　Ibid.
238　Ibid.

おいて異教君主に行使する権力はこの防衛権であり、先述のように、広義の教会というキリスト教共同体の霊的王として自然法から得ている自己防衛権である。他方で、キリスト教君主に対する教皇の間接的権力はキリストから神法によって授与された霊的裁治権である。よって、その自己防衛権とは異なる。

　結局のところ、スアレスにおいて、間接的権力の分化が本格的に始まるといえる。スアレスは異教君主が教皇の霊権に服従していないので、間接的権力にも服従していないと明言した。ビトリアが間接的権力という語を用いなかったのに対して、スアレスは明確に用いてそのように述べた。さらに、ビトリアと異なり、迫害における教皇権の性質を明確にし、教皇がキリスト教共同体の頭として自然法から得ている自己防衛権であると論じた。もっとも、自己防衛権という説明は大枠においてペニャやバニェスにもみられた。しかし、ペニャやバニェスと異なり、スアレスはラスカサスに全く言及せず、その影響を基本的に免れていた。それゆえ、アレクサンデルの贈与は帝権という裁治権ではなく布教権のみに関わり、よって異教君主に対する教皇の裁治権はここでも認められなかった。このようにスアレスは一律型から明確に距離を取り、キリスト教君主に対する教皇の霊的裁治権を異教君主に対する自己防衛権と区別した。それでも、スアレスは両君主に対するこれらの教皇権を同一の綴りで *potestas indirecta* と記した。そうすることで、サラマンカ学派などの理論的伝統から明確には逸脱しないような仕方で、まさに展開しつつある全世界的布教をより正当かつ有益な仕方で展開できるようにしたのである。このようにして、スアレスにおいて世俗君主に対する間接的権力はキリスト教共同体の内外に応じて分化し始めた。1580年代に始まったこの分化は徐々に進んでいくことになり、異教君主に対する自己防衛権はいわゆる間接的権力から明示的に区別されていくことになる。キリスト教君主に対する間接的権力をそのまま間接的権力と表記し続け、異教君主に対する間接的権力を便宜的に「間接的な権力」と表記することにする。

　ここまで述べてきた布教やその権利は、厳密にみればキリスト教会に固有のものである。それどころか、魂を救済する手段としての狭義の布

教や布教権は異教徒のみならず異端にも認められておらず、カトリックに固有のものであった。それゆえ、布教を狭義に捉える場合に、「キリストの教えを妨害することは不正であり侵害であるが、他の教えを禁止することは同様ではない」[239]。よって、狭義の布教に対する妨害はキリスト教会だけが用いることのできる正当原因である。

　だが、異教徒は広義の布教を行い、布教権を持つことができる。広義の布教は「善良さに必要な自然的真理を教えること」[240]である。すなわち、根本的な自然的真理を教え伝えることである。先述のように、自然法における第二の根本的な原理は十戒を含んでおり、十戒は唯一神の崇拝を命じている。それゆえ、唯一神の教えは根本的な自然的原理の一つであり、偶像崇拝と対立している。したがって、広義の布教は主に唯一神の教えを伝達することである。唯一神の教えは根本的な自然的原理であるので、その布教は自然法により許容されている。それゆえ、一方の異教国が唯一神を信じ、他方の異教国が偶像を崇拝しているならば、「一方は、他方に教えを示して誤りから解放させるための人々を派遣する権利を持つだろう」[241]。唯一神を奉じる異教君主は偶像崇拝の他国に対して宣教師を派遣する（mitto）権利を、すなわち広義の布教権を持つ。

　それゆえ、異教君主は布教妨害という正当原因の下で正戦を行える。キリスト教の布教妨害において、教皇やその代行者としてのキリスト教君主は正戦を行えた。同様に、唯一神を奉じる異教君主は布教を「不正に妨害された場合に、戦争のための自身の権利を行使できるだろう。な

---

[239]　Suarez, "In Summam D. Thomae. Secunda Secundae", fol. 686　impedire legem christi est re vera iniuria et damnum, prohibere aliam legem non similiter

[240]　Ibid., fol. 687　doceri veritatem naturalem necessariam ad bonum honestum

[241]　Ibid.　haberet illa ius ad mittendum hos qui aliam docerent et erroribus liberarent　異教の中には、自然法と一致するか否かに応じて、真の異教と偽の異教が存在するとスアレスは考えている。ただし、80年代の時点でスアレスはこの区別について詳述していない。

ぜなら、この権利は自然と大いに一致するから」[242]である。すなわち、異教君主もまた布教妨害において自然法に基づき正戦を行える。先述のように、教皇が布教妨害に対して行使する自己防衛権は超自然的な法ではなく自然法に由来していたので、異教君主もまた布教妨害に対して自然法に由来する自己防衛権を行使できるのである。

　さらに、迫害という正当原因もまた異教君主に認められる。異教君主が臣民のキリスト教徒を迫害する場合、教皇や代行者としてのキリスト教君主がそのキリスト教徒を助けるために正戦を行えた。同様に、唯一神を奉じる異教国において、偶像を崇拝する「君主が臣民を暴力によって偶像教へと強制する場合」[243]、唯一神を奉じる他国の異教君主は「そのような君主に対して戦争を仕掛けることが許されるであろう。なぜなら、その国を防衛することになるだろうからである」[244]。このように、迫害という正当原因はキリスト教徒に固有のものではなく、「唯一神の崇拝を命じるが他の人々により偶像崇拝を暴力的に強制される全ての異教徒」[245]にも共通のものである。したがって、唯一神の異教徒は宗教的迫害を根拠として偶像崇拝の異教徒に対して正戦を行える。

　異教徒にも布教権を明確に認める点で、スアレスはインディアス問題における諸論者と異なる。布教の権力や正当原因に関して、スアレスはサラマンカ学派の理論に沿う形で大部分の議論を立てたといえる。だが、布教権等を異教徒にも認める点で独自の主張を展開した。ビトリアにせよ、ラスカサスにせよ、異教徒に布教権を認めていない。もっとも、ビトリアはスアレスと同様に布教権を自然法に基づけていた。それにもかかわらず、ビトリアは異教徒に布教権を認めなかった。なぜなら、布教権を自然法に基づけた意図は、主にキリスト教会の布教権の正当性を強化する点にのみあったからである。その意図のために、ビトリアは布教

242　Ibid.　Quod si injurie impediretur posset ius suum propter bellum persequi. nam hoc ius est valde consentaneum naturae
243　Ibid., fol. 685　si talis princeps per vim cogat subditos ad idololatriam
244　Ibid.　liceret movere bellum in talem principem. nam esset defensio illius reipublicae
245　Ibid.　infideles omnes qui iubent colere unum Deum et ab aliis cogerentur per vim ad idololatriam

権をさらに万民法上の自由な移動の権利と関連付けることで、万民法にも基づけていたのである。

　ただし、1580年代のスアレスはキリスト教に対する異教の布教を認めない。スアレスによれば、純粋に自然的な法（purum ius naturale）という視点で論じる場合に、キリスト教徒と異教徒は布教についても対等であるといえるだろう。しかし、事実として、人は純粋な自然の状態にない。さらに、キリスト教会だけが啓示をもつので、キリスト教会はキリスト教の信仰だけが魂の救済に必要であることを異教徒に対して示すことができる。したがって、布教に関わる正当原因はキリスト教会が異教諸国に対して利用できるにもかかわらず、その逆は成り立たない[246]。それゆえ、異教徒とキリスト教徒は布教権とその正当原因に関して完全には対等でない。だが、この但し書きは1610年代の講義ノートにおいて削除されることになる。

　ローマ学院で教鞭を執った最後の年に、スアレスは16世紀における新たな時代的経験を象徴するような出来事を経験する。最終年の1585年、スアレスは9月頃までローマ学院で教鞭を執っていた。同年3月、天正遣欧少年使節がローマに到着した。ローマ全体が少年使節の噂で溢れるほど、少年使節は衆目を集めていた。少年使節は同年6月にローマを発つまでイエズス会のジェズ教会を拠点としながら、三人の教皇に謁見するなどして教会等の様々な行事に出席した。それゆえ、スアレスはほぼ間違いなくローマにおける熱狂的雰囲気の中で少年使節を実見していたであろう。このような経験が影響していったためか、布教に関するスアレスの関心は次第にインディアスから東アジアへと移っていくことになる。

246　Suarez, "De Fide, Secunda Pars 2," 223.

第二章のまとめと意義

　本章の内容をまとめよう。本章の目的は二つあった。一つは、次章以降論じることになるスアレス自身の理論的発展における開始地点を示すという通時的視点に関する目的である。もう一つは、インディアス問題という文脈におけるスアレスの理論的位置づけを示すという共時的視点に関する目的である。この順番でまとめていく。

　第一の目的に関して、1580年代はスアレスの両権論に関する基本的枠組みの素描が示された時期だといえる。スアレスは、永遠法・自然法・実定法という区分のようなトマス主義の法理論を継承した。もっとも、スアレスはアクィナスの単なる模倣に留まったわけではない。スアレスは法の本質を最高君主の意志に見出したため、法の主意主義的性格が示された。俗権については、俗権が神から自然法により人民を介して君主へと譲渡され、それゆえ君主が平時において人民全体よりも上位に立つが、僭主に対する抵抗や廃位が人民に許容されると論じられた。俗権は恩寵ではなく自然に基づくので、このような俗権は異教君主にも共通である。教皇権について、インディアス問題の影響下で、峻別抑制型の間接的権力論が選ばれた。以上のような基本的枠組みが示された。だが、論証を欠いたままテーゼだけが提示される場合があった。さらに、この時点ではまだ論じられていないテーゼも存在している。それゆえ、1580年代においては基本的枠組みの素描が示されたというべきである。

　第二の目的について、直接的権力論や一律型間接的権力論の影響が依然として強い中で、スアレスはビトリアが不明確な仕方であれ提示した峻別抑制型間接的権力論を批判的に継承し確立させていく。新世界に対するスペインの支配権を正当化すべく出されたアレクサンデルの贈与大教書について、16世紀初頭のパスやパラシオス・ルビオスはホスティエンシスに基づきながら直接的権力論の下で全世界に対する教皇の支配権を正当化した。しかし、1530年代に入り、ソトが直接的権力論を否定しつつ、スペインによる支配の正当性に疑念を示し、ビトリアがより包括的に論じる。ビトリアは一方で異教君主に対する教皇の直接的権力

や間接的権力を否定し、他方で迫害等において教皇が異教君主に対して行使できる強制権の内実を明確にしなかった。よって、異教君主に対する教皇権について、矛盾と解釈されうるような不明確な状態で説明を終わらせており、ビトリアの峻別抑制型間接的権力論は途上の状態にあった。その後、バリャドリード論争において、セプルベダとラスカサスはともに異教君主に対する間接的権力を認めた。両者の大きな違いはインディオの人間性などにみられ、セプルベダはインディオがあまりに野蛮であるのでその布教には予防戦争が必然的に付随すると論じ、ラスカサスはインディオが理性的であるので平和的布教で十分であり、布教妨害などの後でのみ強制力を行使できるとした。さらに、ラスカサスは教皇がインディアスの帝権を創出してスペイン王に譲渡できると論じた。この帝権の行使にも一定の条件が付随するが、それでも教会と接触していないインディオに対する支配権を教皇が持ち譲渡できることになる。バリャドリード論争後、クルソラのように布教の予防戦争や自然法に反する罪に関してラスカサスを意図的に批判する者もいる中で、サラマンカ学派第二世代のペニャやバニェスはビトリアとラスカサスの影響を受けており、一律型を認めるような傾向もみられた。以上のような背景の下で、スアレスはラスカサスの影響を基本的に免れつつ、ビトリアが提示した峻別抑制型を継承し確立させていった。キリスト教君主に対する間接的権力は霊的目的のためにその罪を例外的に裁くための教皇の霊的裁治権として、異教君主に対する「間接的な権力」はキリスト教共同体の頭としての自然的な自己防衛権として捉えられ、区別されていく。1580年代において、世俗君主に対する教皇の間接的権力はキリスト教共同体の内外に応じて分化し始めたのだった。

　その他の独自な点として、スアレスは布教の権利や正当原因を異教徒にも認める。この場合、布教は魂の救済に直結する狭義の布教を意味せず、根本的な自然的真理の伝達を、とりわけ唯一神の教えの伝達を意味する。異教君主は、偽りの神々ではなく真の唯一神を崇拝するならば、広義の布教権を自然法により持つ。さらに、布教妨害や迫害において、正戦を行える。ただし、異教徒からキリスト教徒への布教は少なくとも1580年代において許容されていない。それでも、スアレスは布教

の権利や正当原因を異教君主にも認めることで、戦争の権利が宗教の相違に関係なくすべての君主において基本的に同一なものであると主張するに至った。その結果、キリスト教君主と異教君主の政治権力の対等性が認められる。もっとも、このような対等性はカジェタヌスやサラマンカ学派の論者が少しずつ提示してきたものである。スアレスは戦争の権利に着眼することで、この対等性というテーゼを一層推し進めることになった。スアレスによれば、戦争の権利は各国の君主に固有であり、各国の平和や秩序のみならず世界の平和や秩序を維持し正すための要でもあるので、異教君主はキリスト教君主や教皇と対等な世界秩序の担い手として認められることになる。しかも、スアレスは自然的奴隷説に対する批判で述べていたように、異教徒がキリスト教徒よりも政治的能力において劣るという考えを否定していた。それゆえ、スアレスは宗教の相違が政治的な権力および能力に本質的な影響を与えないと主張したといえる。このようにスアレスは80年代において、政治的な権力および能力においてほぼ対等なキリスト教諸国と異教諸国によって構成される世界の政治的ないし世俗的秩序という構想を描いていた。この構想は、80年代において戦争の権利を着眼点としたが、後年に入ると別の着眼点によって補強されることになる。

第三章　東アジア布教とスアレス
── 1594年の書簡から死後出版まで ──

　前章において、1580年代のスアレス理論をインディアス問題という文脈において論じた。特に、異教君主と教皇の関係が論点となっていた。本章では引き続き、同様の論点を1590年代からスアレスの没年まで時系列に沿ってみていく。スアレスは、前章で述べたようにインディアス問題において発展した理論を批判的に継承し、80年代にローマ学院で教授した後に、本章で論じるように、東アジア布教という最新のアクチュアルな文脈に適用し、さらに発展させていくことになる。それゆえ、本章では主に中国と日本の布教が取り上げられることになる[1]。

　本章は四節で構成される。第一節では、16世紀半ばから17世紀初頭までの東アジア布教の展開として、日本における布教の展開を概略的に説明する。第二節では、東アジア布教に対するスアレスの影響をみていく。スアレスを東アジア布教という文脈に位置付ける試みはこれまでほとんどなされてこなかったので、両者の結びつきを奇異と感じる人も少なくないだろう。残りの二節で、スアレスに対する東アジア布教の思想的影響を扱う。具体的に、第三節では、1590年代のスアレス理論に対するチナ事業の影響をみていく。チナ事業（Empresa de China）とは、端的に述べれば、布教のための中国征服論である[2]。第四節では、1600

---

[1] 前章と異なり、本章では野蛮性に関する論点を基本的に取り上げない。なぜなら、ザビエルが日本人の理性的能力を高く評価したことも一因となり、日本や中国は高度な文明国として当時知られていたためである。ただし、東アジアの中でもフィリピンなどでは野蛮性の論点が多くみられたが、スアレスは基本的に関心を抱いていない。フィリピンに関しては、Miguel Angel Medina, "La Primera Comunidad De Dominicos En Filipinas Y La Defensa De Los Derechos De Los Naturales (1587-1605)," in *Los Dominicos Y El Nuevo Mundo: Actas Del Ii Congreso Internacional Sobre Los Dominicos Y El Nuevo Mundo*, ed. J.B. Barquilla (Salamanca: Editorial San Esteban, 1990). を参照。

[2] チナ事業の数少ない専門家の平山による定義は次の通りである。チナ事

年代に入ってから没年に至るまでのスアレス理論の発展を追いながら、最新の発見地である日本[3]の迫害がスアレス理論に及ぼした影響をみていく。

　本論に入る前に、先行研究について簡単に触れる。

　スアレスを東アジア布教の文脈に位置付けて論じた先行研究は三つ挙げられる。第一に、パリ版全集に所収された死後出版の『三つの神学的徳』におけるスアレスの布教論をチナ事業に関連付け、スアレスの布教論に対する東アジア布教の影響を示唆したBernardの思想史研究である[4]。第二に、日本のイエズス会宣教師が展開した偶像崇拝論の原型をスアレスの偶像崇拝論に見出す浅見雅一の思想史的研究である[5]。第三に、東アジアのイエズス会宣教師に対するスアレスの思想的影響を追跡した

業とは、「宣教のために明国入りを企図したが、フィリピーナス諸島在のスペイン人勢力ではその実行は不可能と認識された状況下、スペイン側が持ち得る手段を勘案し、スペインの帝国理念の実現に本国の軍事援助を訴えた議論が基本であり、その正当性に関する議論、手段としての軍事行動計画、軍事行動後の宣教と統治計画など一切を含めたものである」。平山篤子『スペイン帝国と中華帝国の邂逅：十六・十七世紀のマニラ』法政大学出版局、2012年、5－6頁

[3]　大航海時代に広く読まれていたマルコ・ポーロの『東方見聞録』において既に日本はジパングとしてヨーロッパにも広く知られていたという理由で、日本を最新の発見地と呼ぶことに疑問を抱く人がいるかもしれない。だが、ジパングはエル・ドラドと同様に空想の産物とみなされる場合があった。さらに、そもそもジパングはポーロにとって日本を指す語ではなく、中国より南東の諸蕃（tjiapan）国を指す語であった可能性がある。おそらくそれらの理由により、ザビエルは書簡の中で「この地域で最近発見された日本諸島と呼ばれる非常に大きな諸島」と書いている。岸野久『西欧人の日本発見：ザビエル来日前日本情報の研究』吉川弘文館、1989年、9頁；的場節子『ジパングと日本：日欧の遭遇』吉川弘文館、2007年、7頁；Francisco Xavier, *Epistolae S. Francisci Xaverii Aliaque Eius Scripta*, vol. 1 (Roma: Monumenta Historica Soc. Iesu, 1944), 390.（フランシスコ・ザビエル『聖フランシスコ・ザビエル全書簡』第二巻、河野純徳訳、平凡社、1994年、105頁）

[4]　Henri Bernard, "La Théorie Du Protectorat Civil Des Missions En Pays Infidèle; Ses Antécédents Et Sa Justification Théologique Par Suarez," *Nouvelle revue théologique* 64(1937).

[5]　浅見雅一『キリシタン時代の偶像崇拝』東京大学出版会、2009年、44－61頁

Lopez-Gayのビブリオグラフィ研究である[6]。これら三つの研究は東アジア布教史の専門家によって行われたものであり、そのような専門家だからこそスアレスを東アジア布教の文脈に位置付けることができたといえる。本章の性格は両権論の研究であるので、厳密に見れば本研究の先行研究はBernardの研究のみである。序論のサーヴェイで述べたように、Bernardの研究は扱われたテクストなどの問題を抱えている。本章はBernardが扱わなかったスアレスの手稿などを扱い、チナ事業だけではなく日本布教の文脈をも射程に入れて、スアレス理論に対する東アジア布教の影響について可能な限り包括的に論じていく。そうすることで、東アジアにおける最新の布教事情を通してスアレスの布教論が特に随兵布教に関して発展していき、異教君主に対する教皇権が一層制約されることになる点を示す。

　キリシタン史研究における思想史研究についても少しだけ触れておく。井手勝美や五野井隆史によれば、1990年代以前に、キリシタン史研究において思想史研究はあまり行われてこなかった[7]。もっとも、思想史研究の少なさはキリシタン史研究におけるその重要性の欠如を意味しない。例えば、キリシタン史研究の大家である高瀬弘一郎はその重要性を認識していた。それゆえ、日本における西洋政治思想史研究においてさえあまり論じられていないフレイタスの著作を抄訳している[8]。さらに、2000

6　Jesus López Gay, "Censuras De Pedro De La Cruz Si, Teólogo Del Japón, a Las Doctrinas De Francisco Suárez, Año 1590," *Archivo teológico Granadino* 30(1967). (「日本の神学者ペドロ・デ・ラ・クルスのフランシスコ・スアーレス学説批判、一五九〇年」佐久間正訳、『キリシタン研究』第14号、1972年、193－230頁)
7　井手勝美『キリシタン思想史研究序説』ペリカン社、1995年、2－4頁；五野井隆史『日本キリシタン史の研究』吉川弘文館、2002年、14頁。五野井はこの著作において、従来の思想史研究として井手の著作しか挙げていない。
8　フレイタス（Serafim de Freitas 1570-1633）は、後述のソロルサーノとともに、グロティウスの『海洋自由論』を契機として新世界に対するスペインなどの支配権の正当性が再び批判され始めた際にその正当性を擁護したポルトガルの論者である。抄訳の対象部分は、まさに本書が主題としている教皇と異教君主の関係の部分である。高瀬弘一郎『キリシタン時代の文化と諸相』八木商店、2001年、547－577頁

年代に入り、思想史研究は徐々に増加している[9]。その中でも、当時のヨーロッパ内部における対抗宗教改革が日本布教に与えた思想的影響を神学理論に関して明らかにした折井善果の研究のように、本書と関心が近い研究も登場している[10]。しかしながら、厳密にみれば、いずれの研究にも政治思想の側面があまりみられないので、両権論に関する先行研究は未だ存在していないといえるだろう。

第一節　16 世紀後半から 17 世紀初頭までの東アジア布教の展開
― 日本の場合 ―

　本節では、ザビエルの到来から江戸初期の禁教令に至る日本布教の展開を時系列に沿って概略的に説明していく[11]。

　日本布教の礎はザビエルによって築かれた。イエズス会の創設メンバーであったザビエルは、ポルトガル国王ジョアン 3 世の援助により、東アジア布教へと旅立つ。ポルトガル人が種子島に漂着して鉄砲を伝えてから数年後、ザビエルはマラッカで日本人のアンジローと出会う。アンジローなどが提供した日本情報をもとに、ザビエルは日本布教を志し、1549 年に鹿児島に到着する。鹿児島では、島津貴久から布教許可を得て、仏僧の忍室と親交を結び、一年間で 100 名ほどを改宗させる。その中に、後にローマへ向かいポルトガルのコインブラで没することになる洗礼名ベルナルドも含まれていた。その後、京都で天皇から布教許可を得るべく、まず平戸へ向かい、100 名ほどを改宗させる。山口を経て京都に着く。だが、天皇に謁見できず、応仁の乱による影響で荒廃した京都を目の当たりにして、すぐさま山口へと再び移動する。山口で布教許

9　例えば、川村信三『戦国宗教社会 = 思想史：キリシタン事例からの考察』知泉書館、2011 年
10　折井善果「対抗宗教改革と潜伏キリシタンをキリシタン版でつなぐ」『キリシタンと出版』豊島正之編、八木書店、2013 年、169 − 191 頁
11　本節における説明は、キリシタン史研究の小事典ともいうべき次の著作に主に依拠している。チーリスク監修、太田淑子編『キリシタン』東京堂出版、1999 年

可を得て、500 名ほどを改宗させる。府内へ移動し、日本布教をトーレスなどに委ねて、1551 年に中国布教のために日本を発つ。ザビエルの日本布教は 2 年 3 ヶ月ほどであり、改宗者数もさほど多くなかった。それでも、日本布教の開拓者として礎を築いた。日本人を理性的として非常に高く評価し、その評価が後代に大きな影響を与えていった。

　ザビエル以後、日本布教は幾らかの妨害を受けながらも徐々に進展していった。特に、中国地方や九州地方で進展がみられた。例えば、1563 年に受洗した最初のキリシタン大名の大村純忠は、1562 年に自領で教会を建設し、1568 年に盛大なミサを挙げ、1574 年に集団改宗を行う。1570 年に長崎を開港し、1580 年に長崎と茂木をイエズス会に寄進する。大村純忠の他にも、35 名以上のキリシタン大名が誕生することになった。例えば、1564 年に受洗した高山右近、1576 年の有馬義貞と 84 年の息子の晴信、1578 年の大友宗麟、1584 年の小西行長である。

　1579 年、日本布教は巡察師ヴァリニャーノの到来によって節目を迎える。ヴァリニャーノ（Alessandro Valignano 1539-1606）はキリシタン史において極めて重要な人物として知られているイエズス会士であり、イエズス会の日本布教を統率した。79 年に初めて来日し、長崎などでイエズス会の協議会を開き、一般的に「適応主義」と呼ばれている布教方針を定める。日本の風習や礼儀作法の情報を集め、それらに適応した布教を行うよう宣教師に求め、その手引きとなる礼法指針を執筆する。その他に、学院などの教育制度や『日本年報』のような通信制度などに関わる多岐の教会改革を開始する。1581 年には、京都で信長と謁見する。同年、日本はイエズス会の行政区画においてインド管区から独立し、日本準管区に昇格する。1582 年、ヴァリニャーノは天正遣欧少年使節を企画し、自ら使節を率いてローマへ向けて日本を発つ。1585 年にローマに着き、教皇と謁見する。同年、イエズス会に日本布教の独占を認めた教書「モトゥ・プロプリオ」が出される。この教書は他の修道会の反発により 1600 年から段階的に効力を弱められていき、1608 年に完全に失効することになる。

　1587 年から 17 世紀に入るまでに、秀吉が二度の大々的な禁教や迫害を行う。1587 年、秀吉は伴天連追放令を公布する。伴天連は Padre に

由来する語であり、宣教師や修道士を指す。それゆえ、秀吉はキリスト教の宣教師を国外に追放すると公的に命じる。ただし、日本人の側による改宗を禁止しない。その後に、大村純忠が1580年に寄進していた長崎の教会領を没収し、教会を打ち壊す。それでも、ポルトガルとの交易を続けるために、イエズス会の日本残留を黙認する。同年、府内に日本の司教区が新設される。1590年、ヴァリニャーノが天正遣欧少年使節を引き連れて、西洋の印刷機を携えながら再び来日する。1591年に秀吉に謁見し、日本布教の窮状を緩和させる。1592年から、先述の教書に反して、ドミニコ会やフランシスコ会が日本布教に参入し、イエズス会と対立を深める。1596年、サンフェリペ号事件が起こる。フィリピンを出発したスペインのサンフェリペ号が土佐に漂着し、その積荷を日本側に没収される。その際に、後述のようにサンフェリペ号の船員が不用意な発言を行う。その発言が一因となって、1597年に秀吉は26名のフランシスコ会士や日本人のキリシタンを処刑する。26聖人事件である。

17世紀に入り、家康は日本布教に対して黙認から禁教や迫害へと態度を転じる。1600年、オランダのリーフデ号が日本に漂着する。その乗員であったイングランド人のウィリアム・アダムズを家康は重用し、西洋事情の詳しい情報を得る。オランダは1609年に平戸に商館を設ける。イングランドは1613年にジェームズ1世の国書を携えて通商を求め、許可され、平戸に商館を設ける。このようにプロテスタントの二ヶ国が日本へ進出してきた頃、家康は秀吉の禁教令を撤回していなかったが、カトリックの日本布教を黙認していた。だが、1612年の岡本大八事件が転機となる。この事件は、キリシタン大名の有馬晴信と、老中本多正純の与力の岡本大八の間で生じた、贈収賄がらみの疑獄事件である。重要な点は、晴信と大八がキリシタンであり、事件の取り調べによって幕府内におけるキリシタンの予想以上の拡大が明らかとなったため、家康がこの事件を機にキリシタンを幕府の中心から排していくことである。家康は同年に天領地において、1613年に全国で禁教令を出す。1614年に宣教師や右近らを追放する。1616年に、農民層を含めた改宗禁止を徹底化する。1619年には京都で52名のキリシタンが処刑されるなどし

て、殉教者の数が増加していき、本格的な迫害へ移行する。

第二節　東アジア布教におけるスアレスの位置付けと影響力

　前節で述べたような日本布教の展開を含め、東アジア布教の展開において、スアレスはいかなる位置に立っていかなる影響を与えたのか。本節は可能な限りこの問いに答える。ヒト、モノ、思想の順番で論じていく。

ヒト ── 宣教師への影響 ──

　先述のように、当時の日本と中国の布教はイエズス会が主に担っていた。イエズス会は創設当初から、宣教師の育成や教育に力を入れていた。例えば、イエズス会士は宣教師になるために、四年程度の教育をイエズス会の学院などで受ける必要があった。それゆえ、ローマ学院等においてスアレスの講義を受けて知的訓練を行い、その後に宣教師となり、東アジアへと布教に赴く者たちがいた。以下では、そのような例を六つを挙げる。
　一人目はナバロ（Pietro Paulo Navarro）である。ナバロはローマ学院で1581－83年まで学び、スアレスの講義を受けた。その後に宣教師として日本へ向かう。その道中で、同僚に宛てた手紙の中で、自身の師の一人としてスアレスの名前を挙げて過去を述懐している[12]。1586年に来日し、日本人改宗者のために日本語でキリスト教の著作を書くなどして、布教活動に勤しんだ。徳川幕府が禁教令を布いた後も活動し、当局に捕まり、1622年に島原で殉教する[13]。

12　Matteo Ricci, *Opere Storiche Del P. Matteo Ricci S. I*, 2 vols., vol. 2 (Macerata: Premiato stab. tip. F. Giorgetti, 1913), 445-46.
13　Carlos Sommervogel, *Bibliothèque De La Compagnie De Jésus. Première Partie, Bibliographie*, Nouv. ed., 9 vols., vol. 5 (Mansfield, CT: Martino Fine

二人目はパントハ（Diego de Pantoja）である。パントハは1590年に日本布教へ向けて出発したが、マカオに着いた時に中国布教を任じられる。リッチとともに北京で布教を行い、初期の中国布教における重要な宣教師の一人として活躍し、中国語でキリスト教に関する様々な著作を書く。1618年にマカオで没する[14]。

三人目はレデスマ（Valerio de Ledesma）である。レデスマはスアレスによる神学の授業を受講し、1596年にフィリピン布教へと出発する。マニラなどで活動し、フィリピンの管区長を務めるまでに至る。1639年にマニラで没する[15]。

四人目はマタ（Gil de la Mata）である。マタは1573－76年にバリャドリードでスアレスの講義を受け、1586年に来日した。1592年からプロクラドールとしてローマに戻る。その際に、ガブリエル・バスケスが日本の習俗等に関する諸問題について論じた書を受け取り、再び来日しようとする[16]。だが、1599年にその航海で船が難破し、没する[17]。

五人目はパルメイロ（André Palmeiro）である。パルメイロは神学や哲学などを約二十年間教授した。1613年、五十歳の時に、東アジア布教を任じられた。その際に、スアレスによって偉大な人物として賞賛

Books, 1998), 1600.

14　Ibid., 6: 172-75; Jesus López-Gay, "Censuras De Pedro De La Cruz, Teólogo Del Japón, a Las Doctrinas De Francisco Suárez, 1590," *Archivo Teológico Granadino* 30(1967): 214.（佐久間訳、194頁）

15　Francisco Colín, Pedro Chirino, and Pablo Pastells, *Labor Evangelica : Ministerios Apostolicos De Los Obreros De La Compañia De Iesvs, Fvndacion, Y Progressos De Su Provincia En Las Islas Filipinas*, Nueva ed. ilustrada con copia de notas y documentos para la critica de la historia general de la soberania de España en Filipinas por el p. Pablo Pastells, S. J. ... ed., 3 vols., vol. 3 (Barcelona: Impr. y litografía de Henrich y compañía, 1904), 360; Carlos Sommervogel, *Bibliothèque De La Compagnie De Jésus. Première Partie, Bibliographie*, Nouv. éd. ed., 9 vols., vol. 4 (Mansfield, CT: Martino Fine Books, 1998), 1651.

16　この書の邦訳は、ガブリエル・バスケス「日本の倫理上の諸問題について」川村信三訳、『中世思想原典集成』第20巻、2000年、965－995頁である。

17　Josef Franz Schütte, *Monumenta Historica Japoniae*, 3 vols., vol. 1 (Roma: Monumenta historica Soc. Jesu, 1975), 1231.

されたといわれている。巡察師としてマラバル、日本、中国で布教する。1635年にマカオで没する[18]。

六人目はシルバ（Felicien da Sylva）である。シルバはスアレスの受講生であり、スアレスに有徳さを称賛されていたといわれている。中国布教を行い、巡察師として「典礼問題」などに取り組んだ。1614年に当地で没する[19]。

モノ ── スアレスの著作等の移動 ──

宣教師たちは時としてスアレスの著作や講義の覚書を携えて東アジアを訪れ、スアレスの著作を送るよう現地から本国に要請した。そのような例を五つ挙げる。

一つ目の例として、スアレスの著作は布教の最前線地に持ち込まれることがあった。フィリピンの或る砂浜に造られたイエズス会の布教拠点地の小さな書庫に、スアレスの著作はロヨラの『霊操』やケンピスの著作等とともに所蔵されていた。そのような最前線の地域で活動していた宣教師が持ち込んだようである[20]。

二つ目の例として、スアレスによる講義の覚書が東アジアへもたらされ、転写された。先述のマタは1570年代にスアレスの神学講義を受け、数冊分の覚書を作成した。その覚書を携えて東アジアへ旅立った。ゴアに着いた際に、覚書はイエズス会のゴア学院においてエステバン教授によって転写された。このように、スアレスの講義の覚書が東アジアへ

---

[18] Sommervogel, *Bibliothèque De La Compagnie De Jésus*, 6, 155; Louis Pfister, *Notices Biographiques Et Bibliographiques Sur Les Jésuites De L'ancienne Mission De Chine 1552-1773*, 2 vols., vol. 1 (Chang-hai: Imprimerie de la Mission catholique, 1932), 196; Elesban de Guilhermy, *Ménologe De La Compagnie De Jésus: Assistance De Portugal, Comprenant Les Provinces Et Missions Du Japon, De La Chine, Du Brésil, Des Indes Orientales, De L'Ethiopie Et De La Guinée*, 2 vols., vol. 1 (Poitiers: Henri Oudin, 1867), 320-21.
[19] Pfister, *Notices Biographiques*, 1, 83; Guilhermy, *Ménologe De La Compagnie De Jésus*, 1, 426.
[20] Horacio de la Costa, *The Jesuits in the Philippines, 1581-1768* (Cambridge: Harvard University Press, 1961), 296.

持ち込まれ、転写されていった[21]。

　三つ目の例として、スアレスの著作は本国から東アジアの宣教地へ送付されるよう宣教師によって要請された。例えば、日本司教のセルケイラ（Luís Cerqueira）は秘跡に関するスアレスの著作をいかなる値段であっても購入するよう、マニラの同僚に対して求めた[22]。さらに、同時期に宣教師アンジェリスはイエズス会総長に対して、ヨーロッパとは習俗が大いに異なる日本において困難を伴いながらも秘跡を施行していくために、スアレスの著作を日本へ送付するよう求めた[23]。

　四つ目の例として、スアレスの著作は東アジアの高位聖職者によって大量に所蔵されていた。日本司教のヴァレンテ（Diogo Valente）の蔵書が重要である。ヴァレンテは1618年に日本司教に任じられ、1619年にマカオに到着した。だが、禁教下の日本へと密入国することはせず、中国やインドで活動し、マカオで没する[24]。没後の1633年に、ヴァレンテの蔵書目録が作成される。蔵書は約三百五十冊あり、日本語のキリシタン書なども含んでいた。蔵書の中で、スアレスの著作が最も多く、十九冊に及んだ。当然のことながら、『法および立法者たる神』や『信仰の防衛』や『神学上の三つの徳』も含まれていた。司教の蔵書であったので、他の宣教師たちもまた利用できたであろう[25]。

　五つ目の例として、スアレスの著作を現地の言葉に翻訳する試みがなされた。中国宣教師のマルティニ（Martino Martini）は中国人改宗者

21　López-Gay, "Censuras De Pedro De La Cruz," 222-26.（佐久間訳、200‐4頁）
22　Ibid., 235.（佐久間訳、210頁）
23　Diego Pacheco, "Misioneros Ocultos," *Missionalia Hispanica* 20(1963): 98.
24　Schütte, *Monumenta Historica Japoniae*, 1, 1317.
25　Manuel Cadafaz de Matos, "A Produção Tipográfica Da Companhia De Jesus No Oriente, Entre Os Séculos Xvi E Xvii Ao Serviço Da Missionação Portuguesa: Alguns Dados Para a História Da Leitura a Partir De Catálogos Bibliográficos Macaenses (1584-1700) " in *África Oriental, Oriente E Brasil*, ed. Congresso Internacional de História Missionação Portuguesa e Encontro de Culturas (Braga: Universidade Católica Portuguesa, 1993), 428-32. 他にも、アウグスティヌスやアクィナスのような古典的著作や、コバルビアスやアスピルクエタのような最近の著作も所蔵していた。

の寧波から助力を得て、スアレスの著作集を 1648 － 50 年に中国語に翻訳していった。その中には、『法および立法者たる神について』も含まれていた[26]。だが、別件でローマへ戻る必要が生じたため、翻訳作業は最終的に完了せず、放棄されてしまうことになった[27]。

思想 ── 伝播と反発 ──

　スアレスの受講生等が東アジアへと布教に赴き、その著作や講義の覚書などを携え、現地で拡散させていく。そのようにしてスアレスの思想が東アジア布教に一定の影響を与えることになる。ここでは、そのような例を三つ示す。

　第一の例として、クルスがスアレスの神学理論を批判するために日本で著作を執筆した。クルス（Pedro de la Cruz）は 1570 年代に学生であった頃に、おそらくスアレスと会ったことがあった。80 年から 83 年にかけて、サラマンカやバリャドリードで学び、神の予定と人間の自由という古典的な問題に強く関心を抱いた。86 年に、この問題に関するスアレスの見解に対して疑義を示した書簡を旧師の教授から受け取り、スアレスの見解に疑念を抱くようになった。その後、日本布教を任じられ、日本へ向けて出発した。1587 年にゴアに到着した。先述のように、マタがスアレスの神学理論に関する覚書をゴアへ持ち込み、その覚書がゴア学院の教授によって転写されていた。クルスはその覚書の所持や転写という事実を知り、覚書の更なる拡散を妨げるために覚書の内容訂正や没収を試みた。その後、88 年に日本へ出発し、90 年に来日する。有馬で日本語の勉強に専心し、長崎に移って神学を教授した。同時に執筆活動を行い、1592 年に『神の摂理と自由意志の一致』という著作を書いた。この著作の直接的な契機は、インドにおけるスアレス理論の拡散を知ったことであった。この著作は少なくとも十一章から構成されていた。第一章でスアレス理論を解説し、残りの章で反駁を行っていた。この

---

[26]　Wang Chaojie, "Western Missionaries and the Introduction of International Law to China," *Chinese Cross Currents* 8, no. 2 (2011): 86.
[27]　Pfister, *Notices Biographiques*, 1, 262.

著作は検閲のためにローマへ送られたが、その後の消息は不明である[28]。このように、日本の宣教師が現地で布教活動に追われながらもわざわざ反駁書を書くほど、スアレスの思想は東アジアへ広まっていた。

　第二の例として、スアレスの偶像崇拝論は日本の宣教師に偶像崇拝に関する理論的基礎を与えた。先述のように、1580年代にスアレスはローマ学院で講義を行っていたので、ナバロのような受講生を介してその見解が日本のイエズス会士に伝達されたと推測される。そのため、キリシタン史研究の浅見雅一によれば、日本の宣教師における偶像崇拝論はスアレスの理論的枠組みを基礎としている。それゆえ、スアレスは「学問上の師として日本布教に携わったイエズス会の宣教師達に多大な思想的影響を与えている」[29]。

　第三の例として、スアレスの殉教論は日本の巡察師に日本の殉教に関する指針を提示した。その巡察師とは、ヴィエイラ（Francisco Vieira）である。ヴィエイラは1609年から15年までゴアの管区長を務め、1616年に日本と中国の巡察師を任じられてマカオへ向かい、1618年に来日し、19年まで日本で巡察を行った。同年にマカオで没する[30]。ヴィエイラが来日のためにマカオへ到着した頃、日本は既に禁教令が布かれ、迫害が本格化していた。徳川幕府はキリシタンたちの棄教を促すために、間者などを用いて宣教師を摘発し、国外へと追放しようとしていた。それゆえ、宣教師は潜伏活動を行うことになった。だが、宣教師が潜伏活動に移行すると、一般のキリシタンは秘跡などを受けることが困難となり、キリスト教徒としての生が困難となる。それゆえ、迫害下における信仰の秘匿や潜伏は理論的に必ずしも許されるものではなかった。ヴィエイラは日本の巡察師として、マカオに滞在していた頃にそれ

28　以上は López-Gay, "Censuras De Pedro De La Cruz." の大まかな趣旨である。
29　浅見雅一『キリシタン時代の偶像崇拝』、46頁。なお Lopez-Gay によれば、ローマ学院の教授陣は、東アジア布教に携わっていたイエズス会の宣教師に対して明らかに影響を与えていた。Jesus Lopez Gay, "Las Primeras Relaciones Del Colegio Romano Con El Extremo Oriente," *Zeitschrift für Missionswissenschaft und Religionswissenschaft* 86(2002): 278.
30　Schütte, *Monumenta Historica Japoniae*, 1, 1323.

らの問題に関する指針を定めようとした。ヴィエイラはその指針について同僚宛の 1616 年付け書簡で述べている。重要な点は、当時講義として扱われていたが著作としては公刊されていなかったスアレスの「信仰について」をヴィエイラが引用しながら、スアレスの理論に依拠してその指針を定めたことである。結果として、現地のキリスト教界のためになるならば宣教師は迫害下で公に信仰を告白することなく潜伏活動を行ってよいと、ヴィエイラは判断する[31]。

さらに、スアレスの殉教論は迫害下のヴィエイラにとって心の支えともなった。上記のように定めた後、ヴィエイラは実際に来日し、巡察を行う。その結果、ヴィエイラは日本の迫害が日本のキリスト教界を消滅させる恐れを感じながらも、迫害が神意にかなったものだと考えることになる。さらに、ヴィエイラ自身もまた迫害の危険に曝される。すなわち、ヴィエイラが長崎で潜伏活動をしていた時に、隣家に潜伏していた同会の宣教師が当局に摘発され、連行されていった。ヴィエイラは間一髪逃げ切ったが、迫害下の逃亡生活を強いられた。ヴィエイラにとっても、殉教がまさに現実味を帯びていた。まさにそのような中で、ヴィエイラは 1619 年に総長宛の書簡において、次のように殉教の希望を述べる。迫害の中でザビエルのように生涯を終えることは安らぎを感じさせる。さらに、この迫害の中でも神の助けにより別の幸福な運命を期待させている。というのも、「フランシスコ・スアレス博士が『信仰の防衛』第六巻第十一章の終わりでキプリアヌスに基づいて同様の事例についてこう論証するからである。宗教のために投獄や追放などされて死ぬことは真の殉教である」[32]。

---

[31] Pacheco, "Misioneros Ocultos," 98. Pacheco は、1616 年 10 月 30 日のコラソ宛ヴィエイラの書簡全体を西語に訳して自身の論文に載せている。その書簡の中で、ヴィエイラはスアレスの「信仰について」の一文を引用している。「信仰について」はまだ公刊されていなかったので、ヴィエイラは「信仰について」の講義に関する覚書等を所持していたことになるだろう。
[32] この書簡の邦訳は、ヴィエイラ「一六一九年二月一五日付、下発、フランシスコ・ヴィエイラのイエズス会総会長宛て書翰」高瀬弘一郎訳、『イエズス会と日本』第二巻、岩波書店、1988 年、228 − 237 頁である。なお、この書簡の部分的な翻刻は、次を参照。Josef Franz Schütte, *Introductio*

第三節　東アジア布教によるスアレスの布教論の発展
── チナ事業 ──

　前節において、東アジア布教に対するスアレスの影響を確認した。第三節と第四節では、反対の流れとして、スアレス理論に対する東アジア布教の影響をみていく。本節では、主にチナ事業を扱う。

　スアレスは1585年にローマ学院からアルカラ学院へ移る。アルカラからサラマンカへ移る1593年まで、アルカラで教鞭を執った。後述するように、スアレスはこの時期から次第にイエズス会とドミニコ会の対立に本格的に巻き込まれていくことになる。その主要な論点の一つがチナ事業である。それゆえ、1594年にスアレスはチナ事業に関して書簡で論じることになる。

1592年の『キリストの生における神秘』

　チナ事業に関する書簡に移る前に、時系列に沿って、1592年にスアレスが執筆した『キリストの生における神秘』[33]をまず扱う。この著作はアクィナスの『神学大全』第三部に関する註解であり、キリスト論を主題としている。その一環として、最後の審判が扱われている。最後の審判が訪れる条件の一つとして、全世界における布教の完了が挙げられている。それゆえ、本節でこの部分を扱うことになる。

　スアレスは最後の審判が訪れる前に、全世界の布教が完了していなければならないと述べる。スアレスによれば、キリストは全ての人間のために死に、最後の審判において全ての人間を裁く。しかし、キリスト教の宣教師が到着しなかった地域の人々は、キリストの贖罪等について知らなかったという理由で裁きの免除を要求するかもしれない。それゆえ、

Ad Historiam Societatis Jesu in Japonia, 1549-1650, Ac Prooemium Ad Catalogos Japoniae Edendos Ad Edenda Societatis Jesu Monumenta Historica Japoniae Propylaeum (Roma: Institutum historicum Soc. Jesu, 1968), 222-23.
33　Francisco Suarez, *Mysteria Vitae Christi* (Compluti: ex officina Ioannis Gratiani, 1592).

そのような言い逃れを避けるためにも、最後の審判に先んじて全世界の布教が完了する必要がある[34]。

　ここで、スアレスは全世界の布教が既に完了しているという反論を取り上げる。例えば、キリストの「声は全地に響き渡り、その言葉は世界の果てに及ぶ」（ロマ書10 － 18）と聖書で記されている。その他にも、既に使徒の時代において全世界の布教が完了したと解釈しうる聖句がいくつか存在するといわれている。

　しかし、スアレスは全世界の布教が16世紀においてさえ完了していないと主張する。先述のように、スアレスはローマ学院の時期に、布教が全世界には届いていないと述べていた。スアレスは『キリストの生における神秘』において同様の見解を深化させて論じている。

> 我々の時代において、多くの地域が発見された。福音の布教はそれらへと決して届いていなかった。なぜなら、それらは使徒の時代のみならず我々以前の時代においても認知されていなかったからである。ところが今や我々は、それらにおいて教会が拡大し、毎日のように新たな民族が発見されていき、福音を彼らに布教するための扉が少しずつ開いていくことを目の当たりにしている[35]。

スアレスは「我々の時代」における諸地域の新発見を根拠として、全世界の布教が完了していないと主張している。特に重要な点として、スアレスはここで新世界の発見を考慮に入れているとはいえ、地理的な新発見が新世界の発見に尽きるものでは決してなく現在も進行中の出来事であると考えている。「我々の時代」における様々な地理的新発見という特異な時代的経験によって、「普遍」を自認するカトリック教会の地理的および空間的普遍性が事実としてそれほどまでに欠如していたということをスアレスは認識し、強く意識するに至った。それゆえ、上記の反論に対して、キリスト教が宣教師の布教によってのみならず噂によって

34　Ibid., 1137-38.
35　Ibid., 1138.

も全世界に広まっていなかったので、キリストの声は使徒の時代においてよく知られていた地域にしか響き渡っていなかったとスアレスは応答する[36]。

　最後の審判が訪れるための条件として、布教はどのように行われた場合に全世界で完了したといえるか。スアレスによれば、キリスト教の噂が全世界に広まっただけでは、布教が完了したといえない。「あらゆる地において、すなわち全ての王国や主要な地域において寺院が建立され、キリスト教が受け入れられて崇拝され、このような仕方でキリストがあらゆる地において認知され崇拝される」[37]場合に、全世界の布教が完了したといえる。そのためには、伝聞ではなく宣教師の布教活動が必要となる。

　全世界の布教が完了する条件に関する議論を通して、スアレスは日本事情に或る程度精通していたことが明らかとなる。最後の審判が到来するための条件として、スアレスは布教地においてキリスト教の寺院が建立されることを挙げていた。その上で、布教地における異教の寺院が破壊されることはその条件に含まれるか否かが判然としないと述べる。「同一の地域や都市において、キリスト教の教会が建立されているにもかかわらず、偶像の寺院が破壊されていないことが実際に生じうる。原始教会において生じ、現在の日本でみられるようにである」[38]。ここで重要な点は、布教活動の一環として異教の寺院を破壊することがまさに当時の日本における重要な問題の一つであった点である[39]。それゆえ、スアレスがこの問題を日本と関連付けた事実は、スアレスが当時の日本布教に一定の関心や知識を有していたことを示すといえる。

36　Ibid., 1139.
37　Ibid., 1140.
38　Ibid., 1141.
39　キリシタン大名の支配地において、神社仏閣の破壊が一般的に行われていた。それゆえ、1587年の伴天連追放令においても、神社仏閣の破壊が禁令の一因として挙げられていた。その破壊の事実は、例えばイエズス会の1583年における日本年報に記され、本国へと伝達されていた。松田毅一監訳『十六・七世紀イエズス会日本報告集．第3期』第6巻、同朋舎出版、1991年、205頁：五野井隆史『日本キリシタン史の研究』、232頁

以上のように、1592年の時点で、スアレスは日本という最新の発見地を念頭に置きつつ、現在もなお続く諸地域の新発見を根拠としてキリスト教会がそれまで事実として地理的普遍性を欠いていたと考え、その欠如を強く意識していたといえる。同時期に、スアレスはチナ事業をめぐる論争に巻き込まれていくことになる。そこで、まずチナ事業の言説に関する歴史的展開について説明する。

チナ事業の歴史的展開

　チナ事業の中核的人物はサンチェスとサラサールである。1578年にマニラ司教区の新設が決定され、81年にサラサールが初代司教として着任する。サラサール（Domingo de Salazar 1512 -1594）は「フィリピナスのラスカサス」と自他ともに称されたドミニコ会士である。サンチェス（Alonso Sanchez 1547-1593）はサラサールに重用され、マニラの聖俗に関する重要な問題で大きな影響力を行使したイエズス会士である。サンチェスは二度のマカオ渡航により、チナ事情の第一人者となり、チナ事業の主唱者となる。この主唱者が後にスアレスと直接会い、チナ事業について伝えることになる。スアレスが主唱者を介して知ったであろう最新情報を具体的に把握するために、以下ではチナ事業の展開を比較的詳しくみていく。

　1582年、サンチェスは初めてマカオを訪れた。目的は中国に対する布教や軍事行動を行うための情報収集などであった。その道中において、サンチェスは行動の自由を基本的に制限され、中国の官憲による本格的な取り調べや尋問を経験した。それでも、後にマテオ・リッチとともに中国布教を成功させることで中国布教の第一人者となるミケーレ・ルジェリと会うことができた。ルジェリは既にマカオで布教を行っていたので、サンチェスはルジェリから多くの中国情報を得た。所期の目的を達成し、1583年にマニラへと帰還する[40]。帰還後にマニラでチナ事業を提

40　Manel Ollé, *La Empresa De China : De La Armada Invencible Al Galeón De Manila* (Barcelona: Acantilado, 2002), 96-97.; 平山篤子『スペイン帝国と中華帝国の邂逅』、85－89頁

言し、マニラのスペイン人から一定の支持を得ることになる。

　1583 年に、サンチェスは中国出張に関する報告書を作成し、フェリペ 2 世に送付した。その中で、中国出張の様子を詳しく書いている。重要な点は、サンチェスがその中で布教のために中国と戦争すべきだと提言していることである。サンチェスによれば、中国人に対して言葉で布教することは成功しない。理由は主に二つある。第一に、八万字以上を有する中国語の習得が非常に困難だからである[41]。第二に、中国人が尊大だからである。中国人はスペイン人が法や理性および統治体を欠く野蛮人であると思っており、誰かが中国人に教えを示そうと望んでいると考えることは非常に馬鹿げたことだと思っている。よって、言葉による中国布教は失敗する。それゆえ、サンチェスは中国に対する布教がペルーなどと同じように戦争という方法で行われるべきだと主張する。すなわち、「神の名誉に関する我々の願望の達成や中国人の改宗と善のためには、彼らの上位者となって我々の言うことを聞かせる以外の切り札が我々には残されていない」[42]。

　ただし、サンチェスはこの時期に中国に対する戦争の正当性を主題的に論じていない。それでも、サンチェスは同年 6 月 17 日付けのフェリペ 2 世宛書簡において、その正当性について触れている。中国等を征服する権利について、サンチェスはスペイン本国の神学者や法学者がこの一件に関して自身と反対の主張を行うように思われると述べる。しかし、フィリピンではサンチェスの意見が受け入れられており、しかも日本の宣教師もまた同意見だという[43]。だが、この書簡においても、正当性の根拠について踏み込んだ議論を行っていない。その代りに、サンチェス

41　Alonso Sanchez, "Relación Breve de la Jornada Que el P. Alonso Sánchez de la Compañía de Jesús Hizo por Horden y Parezer del Sr. D. Gonzalo Ronquillo de Peñalosa, Governador de Philipinas, y del Sr. Obispo y Oficiales de S. M. desde la Isla de Luzón y Ciudad de Manila a los Reynos de la China", 1583, N.10, Filipinas 79, Archivo General de Indias, fols.7-7v.
42　Sanchez, "Relación Breve de la Jornada Que el P. Alonso Sánchez de la Compañía de Jesús Hizo", fol.10v.
43　Alonso Sanchez to Felipe II, 17 June 1583, N.40, Filipinas 84, Archivo General de Indias

は正当性に関する議論をサラサールに任せると述べている[44]。

　同年6月18日付の王宛書簡において、サラサールはサンチェスと協議した後に、中国に対する戦争の正当性を論じた。サラサールは正当原因として、中国がキリスト教に対して門戸を閉ざし宣教師に入国を許可しないことを挙げる。サラサールによれば、中国が公的に門戸を閉ざしているので、それにもかかわらず入国を試みる宣教師は中国の官憲によって恒久的に拘禁されるか殺害されてしまう。しかし、スペイン王は宣教師を中国に送る義務を負う。それゆえ、宣教師が何も果たせぬままに死ぬことのないように、スペイン王は宣教師を守る上で「十分な人数の武装した人々を伴った宣教師を送ることができ、そのような義務を負ってさえいる」[45]。それらの護衛兵にかかる費用は中国人から徴収できる。たとえ中国人が徴収に応じ、護衛兵の入国等に抵抗しなかったとしても、スペイン王はその兵を引き上げる義務を負わず、引き上げることもできない。むしろ、その常駐を命令でき、中国人がスペイン王を最高の支配者として認めることさえ命令できる。このように、サラサールは中国が武力によって宣教師の入国を妨害することを正当原因として挙げた。

　1584年、サンチェスはマカオに二度目の出張を行う。目的は、マカオのイエズス会士たちとチナ事業について協議することなどであった。サンチェスは今回も尋問を受けた。しかも、マカオよりも内地への進入を許可されなかった。83年にルジェリやリッチが内地の布教に成功し始めたことも一因となり、リッチやヴァリニャーノはチナ事業に対して批判的だった。だが、現地におけるその他のイエズス会士たちは必ずしも反対ではなかったようである。協議を終えて、サンチェスは85年にマニラへ帰還する[46]。

　マニラに帰還後、サンチェスは二度目の出張に関する報告書を作成し、フェリペ2世に送付する。その中で、ルジェリやリッチが中国布教にお

44　Sanchez, "Relación Breve de la Jornada Que el P. Alonso Sánchez de la Compañía de Jesús Hizo", fols.22-22v
45　Domingo de Salazar to Felipe II, 18 June 1583, N.22, Filipinas 74, Archivo General de Indias, fol.117v.
46　平山篤子『スペイン帝国と中華帝国の邂逅』、89－92頁

いて一定の成功を収めたと記している。しかし、リッチたちが中国語で布教を行おうとしたと記しながらも、サンチェスは依然として中国語の習得が極めて困難だと述べており、言葉による中国布教の困難さあるいは不可能さを仄めかしている。さらに、中国では自由な布教が基本的に認められていないという見解をも示していた[47]。

　1586年、サンチェスはスペイン本国へと出発した。サンチェスはフィリピン統治全般についてスペイン本国で協議する役目に選ばれ、本国へ出発した。チナ事業は協議の内容に含まれていたため、チナ事業が主唱者によってヨーロッパの本国へと直接伝えられることになる[48]。その道中において重要な点は、メキシコからスペインまで、サンチェスはアコスタと同船し、チナ事業について論じあったことである。アコスタ（José de Acosta 1540-1600）は新世界で布教や教育を行ったイエズス会士である。1590年に『新大陸自然文化史』を書いたため、新世界の歴史に関する重要な論者として知られている。さらに、1588年に『インディオの救済を求めて』という布教に関する著作を書いたので、当時の布教論に関しても重要な論者である。アコスタはメキシコでサンチェスと会った後に、サンチェスの直属の上長として任命された。なぜなら、イエズス会総長のアクアヴィヴァは少なくともこの時期においてサンチェスのチナ事業に対して大きな懸念を抱いていたので、スペインの宮廷に向かうサンチェスに対する歯止めを求めていたからである[49]。

　1587年、サンチェスはスペインの宮廷に参じ、フェリペ2世に謁見した。アコスタはサンチェスが謁見においてチナ事業に触れることを禁

47　Alonso Sanchez, "Relación Breve de la Jornada Que Hizo el P. Alonso Sánchez la Segunda Vez que Fué a la China el Año 1584", 1583, N.13, Filipinas 79, Archivo General de Indias

48　平山篤子『スペイン帝国と中華帝国の邂逅』、93頁 ; Ollé, *La Empresa De China*, 165-66.

49　アコスタは同年、サンチェスのチナ事業を批判する二つの論文を執筆している。ただし、これらの論文は当時公刊されなかった。Ibid., 183-88. サンチェスに対するアコスタの批判について、詳しくは Luigi Guarnieri Calo Carducci, *Nuovo Mondo E Ordine Politico: La Compagnia Di Gesù in Perù E L'attività Di José De Acosta* (Rimini: Il Cerchio, 1997), 115-34. を参照。

止し、謁見に同伴した。サンチェスはアコスタの命令を守り、チナ事業を直接的には話題に出さなかった。だが、既にフィリピンで執筆していたチナ事業に関する覚書として、「フィリピナス諸島の全情勢と諸島の事情について陛下に宛てた全般的覚書〈特に中国入国について〉」（以下、「入国覚書」）をフェリペ2世に密かに手渡した。「入国覚書」において、サンチェスは中国に対する軍事計画とその正当性および利益の三点について主に論じている。一点目として、サンチェスは「入国覚書」において比較的詳細な軍事計画を提示した。例えば、五千人程度の日本人を援軍として考慮していた[50]。さらに、リッチやルジェリを軍事計画に組み込んだ。具体的には、ルジェリなどがスペインの兵士に対して、中国の「土地や兵力および軍隊やその装備、他のあらゆる危険や警告について知っていることを知らせる」[51]という征服隊の先兵のような役割を割り当てた。その他に、これまで習得してきた中国語を用いて、中国人たちにスペイン王へと寝返るよう説得するという役割を割り当てている。二点目として、サンチェスは中国に対する入国と平定の権利や正当性が二つの根拠に基づくという。第一に、マカオのポルトガル人などに対して中国人が加えた危害である。第二に、布教である[52]。中国人に対する戦争の目的は、宣教師を中国へと「進入させ、その望む場所や必要な場所で布教できるようにし、彼らを受け入れ聴聞する人々を統治者たちが苛めないようにし、恐怖なく改宗できるようにし、さらに、改宗者が危害や恐怖および刑罰ゆえに後戻り棄教するような危惧のないようにする」[53]ことである。すなわち、サンチェスは宣教師の入国や自由な布教の条件作りが戦争の根拠だと主張する。三点目として、サンチェスは中国の戦争による様々な利益として、キリスト教会やスペインの拡大、豊富な金銀などを挙げる。

50　Alonso Sanchez, "De La Entrada De La China En Particular," in *Labor Evangelica*, ed. Francisco Colín, Pedro Chirino, and Pablo Pastells (Barcelona: Impr. y litografía de Henrich y compañía, 1900), 440.
51　Ibid., 441.
52　Ibid., 438.
53　Ibid., 441.

1588 年、サンチェスが持参した覚書をもとに、王室が会議を開催した。ドミニコ会やフランシスコ会は自分たちもその会議に加わるべく王室に圧力をかけたり、同時期に布教方法をめぐって王室を巻き込みながらサンチェスに論争を仕掛けたり、サラサールにサンチェス批判の書簡を送ったりした。サンチェス自身はその会議に出席した。会議において、サンチェスは中国に関する別の覚書を新たに執筆するよう要請された。要請に応じて、サンチェスは同年に「スペイン宮廷で作成した中国に関するいくつかの事柄についての短い覚書」（以下「宮廷覚書」）を執筆することになった。この覚書において、サンチェスは習俗や軍事力などの多様な中国情報と中国の入国禁止の二点について主に記している。入国禁止について、サンチェスによれば、許可なき外国人の入国を死刑の下で禁止する法律が中国には存在する。兵隊が沿岸地帯には多く配備されており、監視が厳しい。入国のみならず、国内の移動もまた容易ではなく、許可を得ていても移動の大幅な制限を被る。イエズス会などが入国を何度も試みるが、ほぼ失敗してきた[54]。たしかに、ルジェリなどが入国して活動しているが、それ以上ではない。むしろ「現在の中国はかつてなかったほど、かつて以上に門戸を閉ざしている」[55]。このように、サンチェスは中国の海禁が依然として続いており、しかも従来以上に強化されていると報告した。それゆえ、中国の戦争が必要であることを一層仄めかしていた。

　しかし、チナ事業は結局のところ王室によって実行されず、サンチェスはローマを経て故郷へと帰ることになる。上述の王室会議が行われた時期は、まさに無敵艦隊アルマダがイングランドに敗戦を喫した頃であった。それゆえ、遥か遠い中国に対する軍事計画は実現可能性を失い、頓挫することになった。会議を終えて、サンチェスはローマに移動して

54　サンチェスは、入国できずに拘留され追放された多くの例を挙げている。Alonso Sanchez, "Relación de las Cosas Particulares de la China, La Qual Escribio el P. Sanchez de la Compañia de Jesús Que Se la pidieron para Leer a Su Magestad El Rey Don Felipe II Estando Indispuesto", 1588, MS.287, fols.221v-225, Biblioteca Nacional de España
55　Sanchez, "Relación de las Cosas Particulares de la China", fol.221

教皇や総長と会見した。サンチェスがスペインの宮廷においてアコスタに従順であったことや、フェリペ2世との交渉を成功させたことなどをおそらく理由として、サンチェスに対する総長の不信は解消された[56]。サンチェスは盛式四誓願司祭となり、イエズス会の幹部に昇任した。その後、故郷のアルカラへと帰り、そこでスアレスと会うことになる。

ドミニコ会による批判 —— サラサールとベナビデス ——

　チナ事業は実現可能性を失ったにもかかわらず、論争の火種として燻り続けることになる。サンチェスがヨーロッパに帰還した1580年代の後半は、新興のイエズス会が旧来の修道会と勢力争いを行い、対立が厳しくなっていく時期であったといえる。その対立について、イエズス会のモリナとドミニコ会の先述のバニェスを基軸とした恩寵論争が一般的に有名である。人間の自由と神の予定の関係という古典的問題を主題としたこの論争において、イエズス会はドミニコ会をルター主義的として批判し、ドミニコ会はイエズス会をペラギウス的として批判し、互いが互いを異端審問所に訴えるなどして、激しい対立がみられた。チナ事業もまた両修道会による対立の火種であった。ここでは、ドミニコ会のサラサールとベナビデスの批判をみていく。

　時を経るにつれて、サラサールはサンチェスに不信を募らせ、1590年にはついにチナ事業に反対を表明することになる。先述のように、サラサールは1583年の王宛書簡においてチナ事業を提言し正当化していた。1584年4月8日付の王宛書簡において、サラサールは中国に関する情報不足を理由に、自身の提言に関して若干の不安を示す。それでも、

---

[56] サンチェスに対するアクアヴィヴァの不信が解消された理由について、先行研究は必ずしも意見を一致させていない。詳しくは、次を参照。Ollé, *La Empresa De China*, 303-9, 214-19; Pierre-Antoine Fabre, "Ensayo De Geopolítica De Las Corrientes Espirituales: Alonso Sánchez Entre Madrid, Nueva España, Filipinas, Las Costas De China Y Roma, 1579-1593," in *Ordenes Religiosas Entre América Y Asia*, ed. Corsi Elisabetta (Mexico: El Colegio de Mexico, 2008), 102.; 平山篤子『スペイン帝国と中華帝国の邂逅』、94頁

外国人の無許可な入国に対して死刑を科す法律が中国には確かに存在するという理由で、サラサールはチナ事業を支持し続けた[57]。しかし、サンチェスがフィリピンのプロクラドールとしてスペインへ出発する頃、サラサールは1586年6月24日付の王宛書簡において一層の不安を示す。サラサールは、それまでサンチェスを信任してきたが、中国の一件が複雑で難しいことを知るにつれてサンチェスをフィリピンの代表者とすべきか否かについて自信をもてなくなってきたと述べる[58]。1588年、サンチェスが「宮廷覚書」を依頼されることになる王室会議を契機として、先述のようにスペインのドミニコ会士が宮廷におけるサンチェスの言動を書簡でサラサールに告発する。1590年、サラサールはついに王宛書簡の中でチナ事業に対する批判を展開するに至る。

　90年の同書簡において、まずサラサールは中国の海禁に関する事実認識をそれまで誤っていたと述べる。サラサールはフィリピンに来島する以前から実際に来島するまで、無許可で入国する外国人が中国で殺害されると聞いていたので、そのように信じ、83年にチナ事業を王に提言するに至ったと述べる。ところが、外国人に対する中国の対応が実際にはこの風聞と異なることを次第に認識するようになった。たしかに、中国は外国人に疑いのまなざしを向け、取り調べを行う。しかし、その意図は有害な外国人から自国を守るためである。しかも、入国という理由だけで死刑になった外国人は未だおらず、むしろ良い対応を受けた外国人が少なくない。もしスペイン人が中国から劣悪な対応を受けたとすれば、その原因はポルトガル人がスペインを中国との交易から排除するために流布した悪評にある。すなわち、スペイン人は「よその諸国を奪い占領しに行く人々であり、ヌエバ・エスパーニャやペルーそしてフィリピンの支配者となったように、中国の支配者となるべく画策している」[59]という悪評である。中国人がこの悪評を信じている限り、スペイ

57　Domingo de Salazar to Felipe II, 8 April 1584, N.25, Filipinas 74, Archivo General de Indias, 128v.
58　Domingo de Salazar to Felipe II, 24 June 1586, N.30, Filipinas 74, Archivo General de Indias
59　Domingo de Salazar, "Carta-Relación De Las Cosas De La China Y De

ン人は入国できない。だが、反対の行動を示せば入国でき、実際に入国した者も存在する[60]。

さらに、サラサールは中国に対する随兵布教を否定し、平和的布教を主張する。後述するように、随兵布教とは宣教師が護衛兵を随行させて行う布教である。サラサールによれば、真の布教方法は人間の力ではなく神の力に依存した平和的方法である。それゆえ、武器のような人間の力による布教は、少なくとも中国に対して行ってはならない。理由は主に二つある。第一に、スペインは随兵布教の権利や正当性を欠くからである。なぜなら、上述のような入国禁止の法律が実際には存在しないからである。さらに、中国がスペイン人に厳しい取調べなどを行うとしても、その目的は征服者とみなされたスペイン人から自国を防衛する点に存するからである。第二に、スペイン人が征服者であるという悪評を消散させて入国する上で、随兵布教は有効でなくむしろ有害な方法だからである。それゆえ、武器なしに中国布教が成功しえないというサンチェスの意見は悪魔やイスラム教の意見であり、認められない[61]。サラサールはかつて中国の官憲が中国布教に対する障害を置いたと考えたので、中国に対する戦争を主張していたと認めるが、今や「武器を手に携え暴力的な仕方で中国へ向かうことが布教に対して置かれた最大の障害であり障壁である」[62]と主張するに至る。

同書簡を送付した後、別件の用事も契機となって、サラサールはベナビデスを連れてスペインへと出発する。1593年に、スペインに到着する。だが、サラサールは様々な案件を処理する前に、94年に没する。ベナビデスがサラサールの跡を継いでマニラの司教となり、サンチェス批判を展開することになる。ベナビデス（Miguel de Benavides 1552-1605）はドミニコ会士であり、バニェスの弟子である。1587年にマニラ

Los Chinos Del Parián De Manila, Enviada Al Rey Felipe Ii Por Fr. Domingo De Salazar, O. P, Primer Obispo De Filipina," in *Archivo Del Bibliófilo Filipino*, ed. Wenceslao Emilio Retana (Madrid: casa de la viuda de M. Minuesa de los Rios, 1897), 54.

60 Ibid., 4-10.
61 Ibid., 56-58.
62 Ibid., 57.

へ到着し、90年に中国布教を試みたことがある。

　ここでは、ベナビデスが中国布教の方法に関してサンチェス批判を展開した著作を扱う。ベナビデスは中国布教の方法に関する覚書を95年か96年に執筆し、フェリペ2世に渡す。フェリペはこの覚書の精査を王室会議に委ねる。会議はベナビデスに好意的な回答を出す。97年、フェリペ2世はその回答を反映した指示をフィリピンの植民地当局に伝達する。1602年、ベナビデスは自身の覚書をもとにした著作を完成させる。『福音の準備と聖なる福音を布教する方法について』[63]である。ただし、この著作は20世紀に初めて翻刻され公刊される。

　その著作の意図はサンチェス批判である。ベナビデスによれば、教会はこれまで「兵士や護衛の人々を伴わずに」[64]宣教師を異教の地へと送ってきた。ところが、教会はいまや新たな問題に直面した。サンチェスというイエズス会士が、この使徒的な布教方法にもはや従う必要はないと主張し始めたのである。サンチェスは「宣教師が兵士を随行させて行かねばならず、もしこの方法を採らないならば、布教によって何らかの成果を少なくとも重要な事柄に関して得られるに違いないと考えることはもはや不可能である」[65]と主張する。すなわち、随兵布教でなければ布教は重要な成功を収めることができないと主張する。不幸なことに、この謬見はフィリピンの宣教師たちに好意的に受け入れられてしまった。そこで、ベナビデスはサンチェスが「この新奇な教義を生み出すに至るために用いた諸基礎を破壊し、真理を示すために」[66]この著作を執筆したという。

63　Miguel de Benavides, "De La Preparación Evangélica Y De El Modo De Predicar El Sancto Evangelio," *Unitas* 21-22(1948-1949). この著作について、次で詳しくまとめられている。Miguel Angel Medina, "La Preparación Evangélica Y El Modo De Predicar El Santo Evangelio, Según Fr. Miguel De. Benavides," in *Hispania Christiana*, ed. José Orlandis and José Ignacio Saranyana (Pamplona: Ediciones Universidad de Navarra, 1988).
64　Miguel de Benavides, "De La Preparación Evangélica Y De El Modo De Predicar El Sancto Evangelio," *Unitas* 21(1948): 163.
65　Ibid.
66　Ibid., 164.

ここで注意すべき点は、ベナビデスがチナ事業を随兵布教として捉えた上で批判した点である。ベナビデスによれば、サンチェスの主張は混乱しており、多様な論点が混在している。そこで、ベナビデスはサンチェスの問題点を特定しようとする。まず、布教を妨害する異教徒に対して戦争を行うことは疑問の余地なく認められる。次に、殺害等の特別な危険が明らかに存在する地域において、宣教師が何ら成果を挙げられずに死ぬことは明白であるので、そのような地域で布教を行う必要はない。ベナビデスはこれら二点を認めた上で、主な論点として、通常みられるような危険しか存在しない地域における随兵布教という方法を挙げる。すなわち、通常の地域において「もはや福音は兵士の保護下でなければ使徒的な仕方で布教されてはならない」[67]というサンチェスの主張を論点として選ぶ。

　ベナビデスは随兵布教という論点を明確な仕方で新たに設定することで、布教論の深化に貢献したといえる。随兵布教という方法は、一方で布教地における異教君主の俗権を予め奪うわけではない点で、セプルベダが提示した布教のための予防戦争と異なる。他方で、随兵布教は異教徒による危害に先立って兵士を布教地に送る点で、ビトリアやバニェスが提示した布教妨害に対する事後的な強制力行使とも異なる。随兵布教はセプルベダやビトリアが提示した二つの方法の中間に位置するといえる。セプルベダやビトリアがその両極に該当するような布教方法について既に議論を一定程度行っていたので、新たな段階として、随兵布教という方法が新たな論点として設定されるに至ったといえる[68]。

67　Ibid., 167.
68　ただし、ベナビデスが初めてそのような深化を行ったとはいいがたい。例えばサラサールは、83年の王宛書簡においてサンチェスと同様に予防戦争と随兵布教のいずれかに還元できない軍事計画を提案していたが、90年の王宛書簡においてはチナ事業を随兵布教として捉える傾向が強くなった。さらに、アコスタが『インディオの救済を求めて』の中で随兵布教を明確に新しい論点として立て、論じていた。アコスタによれば、布教の対象地域は極めて広いので、対象となる民族はきわめて多様である。それゆえ、民族の文明度に応じて布教方法を変える必要がある。日本人や中国人のような優れた人々に対しては、まさにザビエルが行ったように、忍耐と清貧の下で言葉によって改宗させる使徒的な布教方法が適している。だが、

ベナビデスは原則として随兵布教を否定し、平和的布教を主張する。ベナビデスによれば、キリストは使徒たちを羊として狼の中へと送った。さらに、たとえ異教徒が改宗しなかったとしても、人の手で罰が与えられるよう命じなかった。それゆえ、布教の正しい方法は「いかなる戦争の道具を伴わず、宣教師の生命の危険を伴いながら、平和的に」[69] 布教するという方法である。たしかに、武器のような人間の力を用いなければ、布教において宣教師の無力さや弱さ、迫害がみられることになるだろう。だが、このような状況においてこそ、神の驚嘆すべき力が異教徒の改宗において発揮される。それゆえ、キリスト自身が行ったように、改宗は宣教師の迫害や死によって達成される[70]。したがって、随兵布教は原則として否定される。

　ベナビデスは随兵布教における多くの欠点を指摘する。例えば、新世界と異なり、日本や中国などは防衛力が高いので、スペイン人は随兵布教を試みるとかえって当該地域から追い出されてしまうことである[71]。欠点に関して重要な点は、宣教師が兵士を随行させると征服隊の一員と

新世界における大部分の人々は極めて野蛮であり攻撃的であるので、使徒的方法では、改宗の成果がほぼ見込めないまま、宣教師が殺されてしまう。それゆえ、新世界においては使徒的方法は適さず、随兵布教が必要となる (José de Acosta, *De Promulgando Evangelio Apud Barbaros Sive De Procuranda Indorum Salute* (Lugduni: Anisson, 1670), 110-15. (青木訳、124 − 129 頁))。このように、アコスタがベナビデスに先立って随兵布教という論点を新たに立てていた。さらに、アコスタはサンチェスのチナ事業を批判する論文においても、中国には使徒的方法を、新世界には随兵布教を割り当てている ("Respuesta a Los Fundamentos Que Justifican La Guerra Contra La China," in *Obras Del P. Jose De Acosta*, ed. Francisco Mateos (Madrid: Atlas, 1954), 336-37. (平山篤子訳「パードレ・ホセ・デ・アコスタと『対明征服を正当化するという諸論拠に対する反論』」『サピエンチア』19号、1985年、212 − 13 頁))。それでも、ベナビデスはインディアス問題ではなくチナ事業という最新の時事問題に取り組む際に随兵布教を扱い、そのようにして布教論を深化させた点がアコスタと異なる重要な点である。さらに、ベナビデスはこの点でサラサールと同様であるが、サラサールより明確に随兵布教という論点を別個の論点として設定して論じている。

69　Benavides, "De La Preparación," 172.
70　Ibid., 173.
71　Miguel de Benavides, ibid.: 396.

して誤認されてしまう点である。ベナビデスはその帰結を二点指摘する。第一に、異教徒は宣教師が宣べ伝えようとしているキリストの教えを信用しなくなる点である[72]。第二に、キリスト教に対する冒涜の機会を異教徒に与える点である。この点に関して、ベナビデスは中国布教における自身の経験を用いて説明している。ベナビデスによれば、中国の官憲が「スペイン人は世界を不安定にさせ他国を奪う民族である。我々宣教師は、スペイン人の行いを覆い隠すための糸と隠れ蓑を作り出す針である。なぜなら、我々の影や我々が布教する法の影において、スペイン人は諸王国を占領し、支配者を殺すからである」[73]と述べ、「この例として、メキシコやフィリピンを引き合いに出した」[74]。すなわち中国の官憲は、新世界やフィリピンでみられたように、宣教師がスペインの征服隊の一員であると述べたとされる[75]。中国に対する随兵布教は戦争と誤解されることになるので、随兵布教を行うならば、宣教師を征服隊とみなすような冒涜の機会を中国人に与えてしまうことになる。特に、中国人はスペイン人に対して何ら罪を犯していないので、それにもかかわらず宣教師に兵士を随行させることは、冒涜の機会を中国人に一層与えてしまうことになる。

　ただし、ベナビデスは随兵布教を全面的に否定したわけではない。「もし何らかの特別な理由によって宣教師が兵士を伴っていくことの必要性や有益性が生じた場合、これは原則の表れや例外となるべきである」[76]。この例外は、例えば宣教師の説教を聞く前から宣教師を殺害し追放するような野蛮人に対して布教しなければならない場合である。こ

72　Miguel de Benavides, ibid.: 177.
73　Miguel de Benavides, ibid.: 395.
74　Ibid.
75　後述のように同時期の日本でもみられるこの宣教師の奪国論は、1616年の南京教案のように、17世紀の中国において繰り返し登場することになる。南京教案はイエズス会宣教師ヴァニョーニが南京に荘厳な教会を建立した際に、南京礼部侍郎が中国のキリスト教徒に苛烈な弾圧を行った事件である。宣教師追放令も出され、中国布教が一時中断することになった。その際に、先述のパントハや徐光啓が弁明を行った。桐藤薫『天主教の原像：明末清初期中国天主教史研究』かんよう出版、2014年、103－42頁
76　Benavides, "De La Preparación," 167.

の場合に、「宣教師が兵士を連れていくことは許容され、必要でさえある」[77]。結局のところ、ベナビデスは随兵布教を原則として否定するが、状況に応じて例外を認めている[78]。

　ここまで、チナ事業の中心的論者に注目して論じてきた。チナ事業はサンチェスたちによりヨーロッパに直接持ち込まれたので、ヨーロッパにおいてもイエズス会とドミニコ会の対立における火種となった。それゆえ、スアレスもまたチナ事業のためにドミニコ会士から攻撃を受けることになる。そこで、スアレスを軸とした行論を再開する。

チナ事業とスアレス

　スアレスには、東アジア布教への途上で没した実弟がいた。ガスパル・デ・トレドである。ガスパルはサラマンカ大学で学び、イエズス会に入った。宣教師になることを希望したので、1579年にメキシコへ出発した。ちょうどメキシコに着いた頃、サラサールがメキシコで東アジア布教の宣教師を募集しており、イエズス会から数名を連れていくことに決めた。その中に、サンチェスとガスパルがいた。1581年、彼らとともにフィリピンへ向けて出発した。ところが、ガスパルは長い船旅に耐えることができず、海上で没する。ローマ学院で教鞭を執っていたスアレスは、この訃報をアクアヴィヴァから直接受け取った[79]。

77　Ibid., 168.
78　サンチェスとベナビデスの相違は、理論よりもむしろ事実認識に存するといえる。なぜなら、ベナビデスにおいても、一定の危険な野蛮人に対する随兵布教が許容されているからである。サンチェスからすれば、中国はベナビデスが示すような例外に該当したといえるだろう。それゆえ、サンチェスはベナビデスの理論においてでさえ、中国に対する随兵布教が許容されると述べたことだろう。だが、ベナビデスからすれば、中国は海禁を徹底して宣教師を殺害するような野蛮な国ではなかった。それゆえ、ベナビデスは中国の海禁に関してサンチェスと異なる事実認識を有していたので、中国に対する随兵布教を認めなかった。具体的に、ベナビデスはルジェリらの例を挙げて、中国が事実として開国していると述べている。Miguel de Benavides, ibid.: 912-16.
79　Raoul de Scorraille, *François Suarez, De La Compagnie De Jésus*, 2 vols.,

スアレスはローマ学院を去ってアルカラへ移り、そこでサンチェスと会う。アルカラはサンチェスの故郷であったので、サンチェスは1590年にローマを去ってアルカラへ帰郷する。アクアヴィヴァの命令により、サンチェスはイエズス会の用件でスアレスと直接会う[80]。おそらく、ガスパルの船旅についても語り合っただろう。少なくとも、スアレスはこの時にサンチェス自身からチナ事業に関する情報を得ている。

　まさにその頃、イエズス会とドミニコ会の対立が激しさを増し、スアレスはイエズス会を擁護する著作の執筆をアクアヴィヴァから依頼された。恩寵論争に関するモリナの著作が1588年に出版されたことが主因ともなり、両修道会の対立が激化していった。そのような中で、1592年にアクアヴィヴァはスアレスとモリナに対して、ドミニコ会の批判に対するイエズス会の弁明書を執筆するよう依頼する。1593年、アクアヴィヴァはその執筆を念押しで再度依頼する。なぜなら、アクアヴィヴァによれば、イエズス会に対する誹謗中傷があまりにも多いので、イエズス会の弁明書が極めて重要だからである。それゆえアクアヴィヴァは、その執筆のために有用な著作をローマやスペインで探すようスアレスに求めた。さらに、必要な著作を知らせてくれるならばスアレスに送付するという。なお、モリナは恩寵論争に忙殺されていたので、その依頼に応えられないまま1600年に没する。だが、スアレスは徐々に時間をかけて応えていくことになる[81]。

　スアレス自身もまたその対立に巻き込まれていき、自己弁護を行うことになる。ここで、アベンダニョというドミニコ会士が重要である。アベンダニョは1575年から95年にかけてイエズス会と闘うことを任務として遂行した人物である。その一環として、1593年にバリャドリードにおける四旬節の説教で、スアレスの公刊されて間もない『キリストの生における神秘』に対する猛烈な批判を行った。イエズス会はアベンダニョの攻撃を回避するために、マドリードの教皇大使カミーユ・カジェタンに助けを求めた。C. カジェタンはイエズス会の要望を受け、更な

---

vol. 1 (Paris: P. Lethielleux, 1912), 180-82.
80　Ibid., 290.
81　Ibid., 2: 130-31.

る攻撃を加えないようアベンダニョに警告した。アベンダニョは C. カジェタンに自己弁護の書簡を送る。その書簡を入手したスアレスは、アベンダニョの攻撃に応戦すべく、1594 年にサラマンカから C. カジェタンに書簡を送る[82]。

その自己弁護の書簡において、スアレスは論点の一つとしてチナ事業を扱う。冒頭で、スアレスはその書簡を書いた動機を示している。スアレスによれば、アベンダニョはバリャドリードの四旬節において『キリストの生における神秘』を痛罵するなどして大騒動を引き起こしている。しかも、スアレスに対する攻撃を介して、イエズス会に対しても攻撃を加えている。それゆえ、「私と我が修道会に対してそれらの神父たちが述べていることについて、貴殿に説明する義務が私にはある」[83]。このように動機を説明した後で、スアレスは『キリストの生における神秘』に関する具体的反駁に入っていく。その他に、イエズス会に対するアベンダニョの攻撃として、恩寵論争などに関わる四つの論点を扱う。最後の四番目にあたる論点がチナ事業である[84]。

チナ事業の箇所はあまり長くないので、ここで全体を引用しよう。

> 彼は他の四番目の例をこう加える。我々は福音の布教が武器をもって行われなければならないと教えているというものである。これについては、わざわざ答える必要がない。なぜなら、私はイエズス会の誰かがこの原理を教えるところを見たことも聞いたこともないからである。私はただ次のように言われるのを聞いた。既に亡くなった或る神父についてであるが、彼は異教徒の地を行くことで多く

---

[82] Ibid., 1: 264-67. なお、Scorraille はこの書簡を 1595 年と述べているが、書簡の署名欄には 1594 年と記されている。送付元はサラマンカである。Francisco Suarez to Camille Cajetan, 15 January 1594, fol.77v, Hisp.144, Archivum Romanum Societatis Iesu

[83] Suarez to C. Cajetan, 15 January 1594, fol.72　me halle obligado a dar raçon a Vuestra Seňora Ilustrisima de los que estos padres dicen contra mi y contra nuestra Comapaňia

[84] この書簡の要約については、次を参照。Scorraille, *François Suarez, De La Compagnie De Jésus*, 1, 268-71.

の経験を積んだ。その経験により、彼には次のように思われた。それらの地のいくつかにおいて、異教徒が福音の宣教師に他の方法において入っていかせることを望まないならば、宣教師が武器の力によって入っていくことは有益である。あるいは、安全に入っていくことや自由に福音を布教することが他の方法では道徳的にみて確実に不可能であるならば、宣教師が武器を携えた人々を随行させて入っていくことは有益である。このように、彼は信仰が武器によって説かれなければならないとか、その他の正当原因なしに戦争を行えるとか教えたわけではない。彼は、異教の君主や僭主によって、自由で自発的な改宗を望む彼らの臣民による改宗や福音の布教が妨げられないようにするために、或る場合ないしある地域において必要であると教えた。これこそ、私がこの神父から聞いたことである。彼はローマに滞在し、教皇や枢機卿たちに対して自身の議論について非常に的確な説明を行ったので、彼らを大いに満足させた。さらに私が聞いたところによれば、その神父はマドリードにおいて王やインディアス枢密会議の委員に対しても同様のことを行った。よって、この案件について非常に深く掘り下げることなしに、それ自体によって次のように理解される。これにおいて誤りや危険は存在しえない。これは古代のカトリックの博士たちがより広範な仕方においてでさえ扱い論じていたものである[85]。

85　Suarez to Cajetan, 15 January 1594, fol.77-77v.
Añade otro quarto exemplo diciendo que enseñamos que el euangelio se ha de predicar con armas. A esto no ay necesidad de responder de proposito porque no he visto ni oydo a ninguno de la Compañia enseñar esta doctrina. Solo he oydo decir que un padre el qual ya es muerto por la larga experiencia que tubo andando en tierras de Infieles. Le parecio que en algunas dellas convenia que entrasen predicadores del Euangelio, o por fuerça de armas si no les querian dexar entrar de otra manera, o acompañados de gente de armas supuesto que es moralmente cierto que de otra manera no pueden entrar seguros ni predicar libremente el euangelio y asi no enseñaba el que la fe se havia de persuader con armas ni que se podria hacer guerra sin otro titulo justo della sino que algunas veces o en algunas tierras eran necesarias para que los principes o tiranos gentiles no impidiesen la predicacion del evangelio e la conversion de sus subditos que libremente y voluntariamente

中国やサンチェスという特定の名称は登場しないが、「既に亡くなった或る神父」のサンチェスを介してスアレスがチナ事業の論点に精通していたことは読み取れる。この箇所において、二つの重要な点が指摘できる。
　第一に、スアレスがチナ事業において随兵布教を主要な論点の一つとして受容した点である。スアレスはサンチェスの意見として、「安全に入っていくことや自由に福音を布教することが他の方法では道徳的にみて確実に不可能であるならば、宣教師が武器を携えた人々を随行させて入っていくことは有益である」と述べた。自由で安全な布教活動のために宣教師が護衛兵を随行させるべきという論点はチナ事業の主な論点であった。それゆえ、スアレスはチナ事業の主要な論点を受け継いだといえる。もっとも、スアレスはサンチェスからチナ事業について教えられたので、サンチェスと同様に、チナ事業を随兵布教という論点だけに収斂させているわけではない。また、スアレスは書簡の中で論じているので、ここで体系的に議論を展開しているわけではない。それでも、この新たな論点をチナ事業という新たな文脈において受容して論じている点は注目に値する。スアレスもまたベナビデスのように、チナ事業という最新の時事問題に対応していく中で布教論を深化させたのである。

---

se quisiesen convertir esto es lo que yo he oydo decir deste padre el qual estuvo en Roma y dio tam buena raçon de todo su discurso a su santidad y cardenales que les satistifiço mucho y lo mismo he entendido hiço en Madrid con su Magestad y sus consejeros de Indias y de suyo sin ahondar mucho esta materia se entiende que en esto no puede haver error ni peligro y que es cose que doctores catholicos antiguos an tratado y opinado aun con mas anchura
　省略形は元の形に戻して翻刻している。なお、この箇所の大部分は既にLopeteguiがアコスタ研究の中で翻刻している。だが、彼の翻刻には、少なからぬ小さな判読ミスや一部分の割愛がみられる。それゆえ、それらのミスを修正し、割愛された部分を割愛せずに、全体を翻刻した。León Lopetegui, *El Padre José De Acosta*, S.I. Y Las Misiones (Madrid: Consejo Superior de Investigaciones Científicas, Instituto Gonzalo Fernández de Oviedo, 1942), 482.

第二に、1590年代においてスアレスが随兵布教を肯定した点である。スアレスによれば、サンチェスの意見は事実として教皇庁やスペイン王室を「大いに満足させた」。しかも、サンチェスの意見には「誤りや危険は存在しえない」し、キリスト教の伝統的見解との一致がみられる。スアレスはこのようにサンチェスの意見を内容という面において正当化した。それゆえ、1590年代におけるスアレスはチナ事業に関して随兵布教を肯定したといえる。もっとも、スアレスのこの理論的立場を理解する上で、スアレスが当時置かれていた状況を考慮すべきであろう。すなわち、スアレスは両修道会の対立においてイエズス会を弁護するよう依頼されただけなく、実際に自身がその対立において猛攻を受けていた最中であった。しかも、チナ事業の主唱者からチナ事業の弁明を聞いていた。この状況が随兵布教に対するスアレスの肯定的立場に一定の影響を与えたと考えるべきであろう。

　アベンダニョの一件は、結局アベンダニョが警告を無視したためC. カジェタンに処罰されて幕を閉じた。1597年、スアレスはフェリペ2世の強い要望によりコインブラ大学に移動することになる。

第四節　東アジア布教によるスアレスの布教論の発展
—— 日本の迫害 ——

　1597年から引退するまで、スアレスはポルトガルのコインブラ大学で教鞭を執った。コインブラ大学は歴史の古い大学であり、スアレスは特に名誉あるプリマの神学教授を担当する。1598年、アクアヴィヴァはスアレスにイエズス会の弁明書を執筆するよう再度要請する[86]。

1601－3年のコインブラ大学における法学講義

　1601－3年にかけて、スアレスは法学講義を行う。その内容は、

86　Scorraille, *François Suarez, De La Compagnie De Jésus*, 2, 131.

1580年代のローマ学院における講義内容を一層深めたものである。スアレスはローマ学院で両権論の基本的枠組みを素描し、この法学講義において肉付けし、基本的枠組みを完成させて提示するに至ったといえる。その詳細は次章で論じる。ここでは、本章に必要な限りで簡略的に論じる。

　スアレスは法学講義において、両権論を様々な点で深化させた。特に三点が重要である。第一に、ユスとレクスの区別が明確となり、いわゆる権利としてのユス概念が明示された。この権利概念が布教権の考察に反映されることになるだろう。第二に、教会論がまとまった形で示された。教会は統治体であり、その頭としての教皇がキリストから霊的最高権を直接得る。第三に、俗権論において、人々が自発的同意によって政治共同体を形成するという「社会契約」とも呼びうる議論が登場した。かくして、政治共同体が一応の完成をみるためには、二重の契約が必要となる。

　以下では、異教君主の俗権について、さらにこの俗権と教皇権の関係について、より詳しくみていく。

　異教君主はキリスト教君主と同等の俗権を持つことができる。理由は二つある。第一に、異教君主が俗権を持つことは神法に反しないからである。なぜなら、神は聖書において異教君主に対する服従を命じているからである。さらに、使徒たちは異教君主を神の代理人として認め、彼らに対する服従を認めたからである[87]。第二に、異教君主が俗権を持つことは自然法に反しないからである。スアレスによれば、「この権力は純粋な自然法に属する」[88]。それゆえ、俗権は「たとえ人間が超自然的目的へと全く秩序付けられていない純粋な自然において創造されたとしても、人間の下に存在したであろう」[89]。信仰は当然のことながら超自然的目的に直接的に属する。したがって、自然法において、俗権は信仰を欠いた異教君主の下にも存在することができる。

87　Ibid., fol.148
88　Ibid., fol.147　　　haec potestas pertinet ad purum ius naturale
89　Ibid.　　futura esset in hominibus, etiamsi crearentur in puris naturalibus sine ullo ordine ad supernaturalem finem

さらに、異教君主は俗権を異教徒のみならずキリスト教徒に対しても持つことができる。主に二点の理由が示される。

　第一に、俗権は自然法に属するので、臣民がキリスト教の信仰を抱くことは俗権の本質に影響を与えないからである。上述のように、俗権は超自然的目的から切り離されたとしても存在することができた。さらに、俗権を「信仰や他の贈与物によって超自然的目的へと秩序付けることは、この権力の自然本性を変容させず、その行いを妨げない」[90]。それゆえ、臣民の異教徒がキリスト教へと改宗したとしても、異教君主は彼らに対する俗権を改宗自体によって失わない。ただし、臣民の改宗はそれ自体で俗権を奪わないにしても、その俗権がキリスト教の信仰に反しないよう制限を加える。それゆえ、異教君主が信仰に反する命令を下すならば、改宗者たちは政治的服従の義務を失う。改宗は異教君主の俗権をそれ自体で奪わないが、このような制限を外的に付加する。スアレスはこのような付加を本質的変化として捉えていない。

　第二に、改宗が俗権を奪うことは布教の妨げになるからである。臣民の異教徒が改宗によって異教君主に対する服従の義務から解放されると仮定しよう。その場合、異教君主は臣民の改宗を認めず、むしろ妨害するであろう。それゆえ、スアレスは次のように改宗自体が異教君主の俗権を奪わないと述べる。

> 異教君主の臣民は、たとえ信仰へと改宗したとしても、異教君主が自身の異教徒に対して持っていたその正しい服従から解放されない。反対に、君主自身は異教徒であっても、神に対する攻撃や信仰に対する危害のために権力を濫用しない限り、臣民のキリスト教徒に対する権力を奪われず、戦争によってその権力を奪われることもない。そのような仕方で、現在の日本や他の諸王国において保持されている[91]。

90　Ibid., fol.147v　　ordinatio ad finem supernaturalem per fidem, vel alia dona, non mutat naturam huius potestatis, neque impedit actus eius

91　Ibid., fol.128v　　etiamsi subditi Principibus infidelibus ad fidem convertantur, non liberari ab illa subiectione iusta, quam ad suos ethnicos

異教君主は教会に対する重大な危害を加えない限り、臣民の改宗によってであれ、改宗者に対する俗権を失わないとスアレスは主張する。スアレスは徐々に改宗者数が増加していた日本に言及しながらそのように主張した。
　次に、異教君主の俗権と教皇権の関係である。法学講義で、スアレスは両権の関係についてそれほど詳細に論じていない。それでも、異教君主とキリスト教君主に対する教皇権が区別されている二つの箇所を取り上げる。
　一か所目において、スアレスは教皇の霊権に対する服従を間接的権力の条件として提示する。前章で述べたように、この条件はビトリアが提示し、ローマ学院の講義でスアレスもまた提示していた。さらに、法学講義においても、両権の優劣関係について論じる際に次のように述べている。「教皇に存する権力は二つではなく一つであり、直接的に霊的事柄を対象とし、結果的に世俗的事柄へと拡張される。ところで、この拡張は霊権に対する俗権の服従のみに基づくことができる」[92]。このように、上記の条件は法学講義でも提示されている。
　二か所目において、スアレスは異教君主とキリスト教君主に対する教皇権を明確に区別する。スアレスによれば、不信仰の王は二種類に区別される。一度も改宗したことがない異教の王と、受洗した異端や背教の王である。一方で、異教の王という「前者に対して、教会は直接的裁治権を持たない。それゆえ、彼らを罰することができない」[93]。それで

---

habebant, neque e converso Reges ipsos, licet infideles, privari potestate in subditos Christianos, Neque etiam per bellum potestate illa privari nisi in Dei offensionem et in detrimentum fidei illa abuntantur. Et ita servatur hodie in Japone et aliis Regnis

[92] Ibid., fol.183v　　　non est in Pontifice duplex potestas, sed una, quae directe respicit spiritualia, et consequenter extenditur ad temporalia; haec autem extensio solum esse potest propter subordinationem temporalis potestatis ad spiritualem

[93] Ibid., fol.148v.　　　In priores non habet Ecclesia iurisdictionem directam, et ideo nec potest illos punire

も、異教の王が臣民のキリスト教徒を迫害するならば、「教会は彼らに対して正戦を行い、無辜者を防衛するために権力や王権を奪うことができるだろう」[94]。すなわち、教皇は異教君主に自己防衛権を行使できるだろう。他方で、異端の王という「後者に対して、教会は直接的裁治権を持つ」[95]。なぜなら、彼らは受洗によって教会の成員となったからである。それゆえ、「不信仰や異端を罰するために、彼らからこの権力を奪うことができる」[96]。このように、異教君主は教皇の裁治権の外部に存するので自己防衛権の対象にしかならず、キリスト教君主は教皇の裁治権に服しているのでその一部としての刑罰権の対象となり、罪という根拠によって世俗的刑罰をも下されることが可能である。

1606－8年における神学講義

1606－8年にかけて、スアレスはコインブラ大学で神学講義を行った。その内容は神の恩寵に関するものであり、多岐にわたる。その中でも、「純粋な自然」の概念に関する考察が重要である。先述のように、1580年代の時点で、「純粋に自然的な法」すなわち「純粋な自然法」という概念が布教論の中で登場していた。1601－3年の法学講義の中では、俗権が「純粋な自然法」に属すると論じられていた。しかし、いずれの場合においても、そもそも「純粋な自然」の内実があまり説明されていなかった。本項の神学講義において、「純粋な自然」の概念が主題的に扱われ、その内実が明確に示される[97]。すなわち、恩寵や超自然と

---

[94] Ibid. Ecclesia haberet iustum bellum contra illos, possetque in defensionem innocentium potestate et regno privare
[95] Ibid. In posteriores autem habet Ecclesia directam iurisdictionem
[96] Ibid. in poenam infidelitatis et haeresis potest eos hac potestate privare
[97] なお、この講義内容は後に加筆修正され、『恩寵について』という名で、死後に初めて出版されることになる。それゆえ、神学講義のノートを確認することで初めて、スアレスがその概念の明確化を1606－8年の時点で既に行っていたことを知ることができる。

完全に切り離された自然としての自然である[98]。

1606年の海上ミサに関する意見書

1606年、神学講義を開始した頃に、スアレスは海上ミサに関する意見書の執筆を依頼される。ビトリアがカール5世から様々な時事問題に関して助言を求められたように、スアレスもまたフェリペ2世や3世から様々な助言を求められた。その他にも、教会や王室の要職者、様々な

---

[98] この概念について、より詳細に説明する。スアレスによれば、純粋な自然は広い意味合いの恩寵とも両立できないような自然である。なぜなら、「純粋な自然の状態は、超自然的目的へのあらゆる秩序付けや引き上げの否定を含むから」（Francisco Suarez,"De Divina Gratia Tractatus", MS 1885, fol.21, Biblioteca Geral da Universidade de Coimbra; status purium naturalium includit negationem cuiuscumque elevationis seu ordinationis ad finem supernaturalem）である。それゆえ、純粋な自然は超自然や恩寵と関係づけられることなく成立するような自然であり、超自然的目的から完全に切り離された自然である。したがって、セプルベダの主張とは反対に、恩寵によって全く包摂されていない自然であるといえる。スアレスによれば、事実として、人のような知性的被造物は純粋な自然の状態において生を営んでいない。だが、スアレスは神が純粋な自然において人を創造することができたと主張する。なぜなら、人は自らの自然本性ではなく神の意志によって超自然的目的へと秩序付けられるからである。
　ここで、超自然的目的への秩序付けは人の自然本性に帰属していないという点が重要である。この点について、スアレスは目的因に着目して次のように説明する。あらゆる被造物は目的を必要とする。それゆえ、「神は必然的に何らかの究極目的のために人間を創造する」（Ibid., fol.11; Deus necessario creet hominem propter aliquem ultimam finem）。だが、その究極目的は「自然的目的に存することが可能である」（Ibid.; potest sistere in fine naturali）。よって、神は必然的に人を超自然的目的へと秩序付けて創造するわけではなく、超自然的目的へと必然的に秩序付けられた存在として人を創造するわけでもない。したがって、人は超自然的目的へと秩序付けられなくても人として十分に成立し、存在できる。スアレスはこのように人の自然本性を、恩寵や信仰を欠いても十分に自存できるようなものとして説明した。なお、Voderholzerによれば、スアレスがこの恩寵論の文脈で純粋な自然の概念を用いた意図は、恩寵や超自然の授与が神の自由意思に基づくことを強調する点にあった。Rudolf Voderholzer, *Meet Henri De Lubac*, trans. Michael J. Miller (San Francisco, Calif.: Ignatius Press, 2008), 132-33.

修道会や市民などからも助言を求められた。案件は様々な修道会の会憲や離婚など多岐にわたる。スアレスはそれらの依頼を受けて、回答書や意見書を出した[99]。その中に、1606年の海上ミサに関する意見書が含まれる。

その意見書はリスボンのイエズス会士コレイアの要請に起因する。コレイアによれば、インドへの長い船旅において数多くの乗船者がミサを受けられずに死亡していく現状は非常に嘆かわしい。なぜなら、ミサは厳しい船旅や死において彼らの慰めとなるからである。そこで、コレイアは航海中に船上でミサを行うことが許容されるよう教皇庁に求めた。この要請を契機として、コインブラやサラマンカ等の様々な専門家が海上ミサに関する意見書の執筆を依頼された。スアレスはその一人であった[100]。

スアレスは肯定的な回答を示した。スアレスによれば、海上ミサはいかなる法によっても禁止されていない。それゆえ、教皇は海上ミサを許容したとしても、法に反するわけではない。したがって、教皇は通常の権力によって海上ミサを許容することができる[101]。

スアレスは、海上ミサが教会によってこれまで許容されてこなかったので今後も許容されるべきでないという反論を取り上げる。スアレスによれば、たしかに海上ミサという慣習は教会においてあまり見出されない。だが、この慣習の欠如は海上ミサが禁止されてきたことを意味せず、海上ミサが新しい時代の問題であることを意味する。なぜなら、旧来の

---

[99] 20世紀に多くの意見書が翻刻され、次の著作として公刊された。Francisco Suarez, *Conselhos E Pareceres*, 3 vols. (Coimbra: Por ordem da Universidade, 1948-1952). しかしながら、意見書の中には、文脈の特定が困難なものも少なくない。それでも、Santos がそれらの文脈について可能な限り説明している。Domingos Maurício Gomes Santos, "Suárez Conselheiro Do Seu Tempo," *Boletim do Ministério da Justiça* 9(1948).

[100] "Suárez Conselheiro Do Seu Tempo," 111-12; Antonio Franco, *Ano Santo Da Companhia De Jesus Em Portugal* (Pôrto: Bibliotheca do "Apostolado da Imprensa", 1930), 778.

[101] Francisco Suarez, "Utrum Possit in Navibus Indicis Celebrari Sacrificium Missae?," in *Conselhos e pareceres* (Coimbra: Por ordem da Universidade, 1952), 81-83.

航海は距離や日数が短かったので、海上ミサがそもそも必要ではなかったからである。ところが、インド航海という「これほどまでに長期の航海は新しいので、新たな必要性が存在している」[102]。それゆえ、「この案件において、危険な状況ゆえに、事態の新しさや重大さおよび困難さゆえに、使徒座の権威による介入が極めて必要である」[103]。それゆえ、教皇は海上ミサを許容することができる。

以上のように、スアレスは東インド航路における海上ミサの一件を新しい時代の問題として捉えて対応した。スアレスからすれば、東インド航路における非常に長期の航海や道中における死および海上の聖務は、新しい時代がもたらした問題であった。おそらく、フィリピンへの航海中に死亡した実弟ガスパルを想起しながら、スアレスはこの一件に対応したことだろう。この一件を通して、スアレスが当時の東アジア事情に触れ見識を深めた具体的なあり方を見て取れる。

スアレスが海上ミサの意見書を執筆していた頃、ローマはヴェネチアやイングランドと対立し、論争を引き起こしていた。それらの論争は第二部の主題となる。第二部について踏まえておくべき点は、スアレスがそれらの論争に参与しようとしていた同じ時期に東アジア布教に関する知見や考察を深めていったという事実である。

1608－9年における『宗教の徳と修道士の地位について』

1608－9年に、スアレスは『宗教の徳と修道士の地位について』という著作の第一巻および第二巻を出版した。この著作は全四巻で構成されることになり、第三巻と第四巻は死後に出版される。この著作は、先述のアクアヴィヴァによって再三再四依頼されたイエズス会の弁明書である。ただし、スアレスは第一巻と第二巻において宗教という徳を主題としており、イエズス会の弁明を直接的かつ明示的に行っていない。その弁明は第四巻で行われることになる。それでも重要な点は、スアレス

102　Ibid., 87.
103　Ibid., 86.

が1600年代に入ってからアクアヴィヴァの依頼を少しずつ着実に達成し続けていった点である。しかも、スアレスはイエズス会の独自で本質的な特徴を全世界という規模の布教に見出すので[104]、ヨーロッパにおいてローマ教会がヴェネチアやイングランド等と対立し論争を行い、スアレス自身も論争に加わっていく頃に、スアレスは東アジア布教についても知見や関心をさらに深めていったといえる[105]。本項では、日本が例示される四つの箇所を取り上げることによって、それらの深まりを確認する。

　一つ目の箇所は、人に関する十分の一税の支払い義務に関わる。スアレスは誰がその義務を負うかという問いを扱う。スアレスによれば、聖職者から秘跡を受ける全てのキリスト教徒はその義務を負う。では、ユダヤ人のような異教徒はその義務を負うか。ここで、スアレスは一つの立場を取り上げる。その立場によれば、ユダヤ人がキリスト教会の教区内に居住している場合、居住空間がユダヤ人の分だけ減ってしまうので、キリスト教徒の住人数がその分だけ減る。それゆえ、教会は十分の一税をその分だけ得られなくなる。したがって、教会はユダヤ人の居住者から、その損失に対する補償として十分の一税を徴収できる。スアレスはこの立場を否定する。「もし、現在の日本における教区が分割され、信徒の間で居住している異教徒がそれぞれに留まり続けた場合、補償のために人的な十分の一税を支払うよう義務付けることができる。このように述べることは敬虔でも有益でもなく、間違いなく真でもない」[106]。こ

104　この点は同著作の第四巻で示されることになる。なお、詳しくは次を参照。Paul Murphy, "God's Porters": The Jesuit Vocation According to Francisco Suarez," *Archivum historicum Societatis Iesu* 70, 139(2001).

105　スアレスは1608年9月の書簡において、『宗教の徳と修道士の地位について』の第一巻が既に公刊され、第二巻が既に印刷中であると述べている。第一巻は実際に1608年に公刊されたので、1607年の時点で大部分が完成していただろう。第二巻は1609年に公刊されるが、この書簡により、1608年には既に完成していたことが分かる。それゆえ、第一巻と第二巻はヴェネチアの論争に関するスアレスの著作とほぼ同時期であるといえる。António de Vasconcelos, *Escritos Varios: Relativos a Universidade Dionisiana*, 2 vols., vol. 2 (Coimbra: Coimbra editora, 1941), 213-14.

106　Francisco Suarez, *De Virtute Et Statu Religionis*, vol. 1 (Conimbricae:

こで重要な点は、日本という最新の布教地がスアレスの想像をとらえている点である。スアレスはここで十分の一税の支払い義務という一般的で抽象的な論点を扱っているので、日本の例をわざわざ挿入する必要がないにもかかわらず、実際に挿入した。その論点自体は新しい論点ではなかったので、古代や中世の時代から例を示すことも可能であっただろう。しかし、スアレスは最新の日本を例として選んだのである。

　二つ目の箇所は誓約（*votum*）に関わる。誓約者は神に対して誓約を行うので、誓約の内容について義務付けられる。ここで、スアレスは誓約者が誓約において明確に示さなかった点についても義務付けられるかという問いを扱う。例えば、誓約の目的について義務付けられるかである。スアレスによれば、誓約の目的が誓約内容の本質的事項になっていない場合、誓約者はその目的について義務付けられていない。その根拠として、スアレスはイエズス会の例を挙げる。すなわち、「なぜなら、異教徒を改宗させるために日本やインドへ行くという意図で入会を誓約した者は、この会に入ることによって誓約を果たした後に、可能であったとしてもインドへ行くことを誓約の力によって義務付けられていないから」[107]である。この箇所においても、誓約という一般的な論点において、日本や東インドがスアレスの想像をとらえている。

　三つ目の箇所は、聖職売買（*simonia*）という罪に関わる。スアレスは全ての人間がこの罪を犯すことができるかという問いを扱う。スアレスによれば、全ての聖職者はその罪を犯すことができる。さらに、異教徒を含め、全ての俗人もまた同様である。異教徒は彼ら自身の宗教的事柄だけではなくキリスト教の霊的事柄についても聖職売買の罪を犯すことができる。実際に、「異教の君主が（例えば現在における日本のように）信徒である友人のために司教職を買い、真の聖職売買を犯すこともまたありえることであろう」[108]。聖職売買は日本布教における話題の一つであった。しかも、スアレスは聖職売買の対象として司教職を例に挙

Officina Petri Crasbeeck, 1608), 158.
107　*De Virtute Et Statu Religionis*, vol. 2 (Conimbricae: Officina Petri Crasbeeck, 1609), 1043.
108　*De Virtute Et Statu Religionis*, 1, 1026.

げている点が重要である。なぜなら、日本における最初の司教区が豊後に設立された年は1587年であるので、司教職は日本布教における最新の話題の一つであったからである。したがって、スアレスは司教職の売買を日本と関連付けた点で、或る程度日本事情に精通していたことが見て取れる。

　四つ目の箇所は、土地に関する十分の一税に関わる。スアレスは一つの立場を取り上げる。その立場によれば、キリスト教会は全世界の土地に対する所有権を持つ。それゆえ、全世界の異教徒から、土地に関する十分の一税を徴収することができる。スアレスはこの立場を否定する。その上で、二つ目の立場を取り上げる。宣教師は布教活動の一環として、異教徒に対しても洗礼の秘跡などを行う。それゆえ、キリスト教会はそれらの費用として異教徒から十分の一税を徴収できる。この主張は「慣習や経験自体によって確証される。例えば、日本人や中国人に対して福音の宣教師を送り、彼らを維持し育て上げ高めていくために多くの人々を送ることは、膨大な費用の捻出を必要とする。それゆえ、教会はこれらの費用を異教徒自身から徴収できる」[109]。スアレスは二つ目の立場をこのようにまとめた上で、この立場を否定する。なぜなら、これまでキリスト教徒が布教費用を負担してきたので、教会の慣習はこの主張と反対だからである。ここで重要な点は、スアレスが日本や中国のような遠隔地の布教に関するこの論点を把握していた点である。布教の費用を布教地の異教徒から徴収すべしという主張は中世から存在していた。ヨーロッパから遥か遠い中南米の布教でも、よくみられた。同様に、日本布教でも、例えば後述のアセンシオンにおいてもみられる。それゆえ、スアレスは最新の布教事情のみならず論点についても精通していたことが見て取れる。

　上記の四箇所をも踏まえると、東アジア布教に関するスアレスの関心や知識について次のようにいえる。東アジア布教に関する、特に日本布教に関するスアレスの関心は一時的かつ刹那的なものではなく、常に維持され根を下ろしていた。さらに、スアレスの知識は貧相かつ浅薄では

109　Ibid., 159.

なく、一定の水準に達していた。スアレスは日本に関する最新の布教情報を一定程度もっていたといえる。当時のヨーロッパにおいては、スアレスは日本通であったといっても過言ではないであろう。

『宗教の徳と修道士の地位について』の第一巻と第二巻を執筆していた頃、スアレスは同時に「信仰について」の論考を加筆修正していた。前章で論じたように、スアレスは1580年代のローマ学院において「信仰について」の講義を行っていた。少なくとも、その講義ノートを作成していた。その後、スアレスはその講義内容を土台として考察をさらに深めていった。その集大成は死後出版の『三つの神学的徳』である。この著作は内容面においてローマ学院の講義ノートを基礎としている。だが、構成や形式において大きな変更が加えられている。そのような変更や加筆修正は、少なくとも1609年頃までに着手されていたといえる。なぜなら、この著作の第一巻第一問から第七問の途中までに該当する1609年の手稿が存在しているからである[110]。ただし、この手稿は布教論に該当する部分を、あるいは一般的に「信仰について」の道徳的部分と呼ばれる部分を含んでいない。布教論は1613－15年のコインブラ大学における講義で再び扱われることになる。

この後、スアレスは1612年と1613年に政治思想上の主著を二つ書き上げることになる。これらの著作に移る前に、スアレスの思想的位置づけを明らかにするために、同時期の教皇主義者による理論をみていこう。直接的権力論、一律型の間接的権力論、峻別抑制型の間接的権力論の順でみていく。可能な限り、東アジアにも関連する著作を選んでいる。

---

110 Francisco Suarez, "Tractatus de Virtute Fidei DD. Francisci Soarii e Societate Jesu 1609", 1609, MS 1866, fols. 1-397, Biblioteca Geral da Universidade de Coimbra 1609年版の手稿は、死後出版の著作における第三問第十三節を欠いている。それ以外の点において、両者には形式的に大きな差はない。なお、Martinsによれば、「信仰について」に関するこの時期のより不完全な版がブラガの公立図書館に所蔵されている。Diamantino Martins, "Um Manuscrito Bracarense Do Doutor Exímio," *Revista Portuguesa de Filosofia* 4, no. 4 (1948).

直接的権力論 ── マルタとソロルサーノ ──

　本書の対象となっている時期において、全体として間接的権力論を支持していたイエズス会がローマ陣営の代表的アクターであったためか、この時期の教皇主義者たちが一般的に直接的権力論を時代遅れとみなして否定し、間接的権力論を支持していたといわれることがある[111]。だが、このような認識は誤りである。例えば、1590年頃、教皇シクストゥス5世はベラルミーノの『この時代の異端に対するキリスト教の信仰をめぐる論争討論集』を禁書目録の草案に加えた。その理由は、ベラルミーノが全世界に対する教皇の直接的権力を否定したというものだった。同様の理由で、ビトリアをもその草案に加えた。ただし、シクストゥスがその完成前に死去し、アクアヴィヴァの働きかけもあって、両名の名前は禁書目録から外されることになった。それゆえ、両名が公に禁書目録に加えられることはなかった[112]。それでも、ベラルミーノとビトリアが間接的権力論の支持という理由によって禁書目録に加えられたことは、当時の教皇庁周辺の状況を知らせるエピソードとして示唆深い。以下では、直接的権力論の支持者として二名取り上げる。

　一人目はマルタである。マルタ（Giacomo Antonio Marta 1557?-1629）はナポリで生まれローマで活動した法律家であり、しばしばラディカルな教皇主義者として知られている[113]。ここでは、1609年に公刊された『世俗の裁定者と教会の裁定者の間で彼らにより行使されるべき裁治権について』[114]を扱う。その中で、マルタは明確な仕方で直接的権力

---

[111]　例えば、Faustino De Gregorio, *Omnis Potestas a Deo. Tra Romanità E Cristianità*, 2 vols., vol. 2 (Torino: Giappichelli, 2013), 183-84.

[112]　Xavier-Marie Le Bachelet, "Bellarmin à L'Index," *Études* 111(1907): 230, 34, 37, 39.

[113]　Paolo Prodi, *Il Paradigma Tridentino: Un'epoca Della Storia Della Chiesa* (Brescia: Morcelliana, 2010).　ただし、マルタはここで扱う教皇主義的著作を執筆した後に、ジェームズ1世に間者として仕えることになるので、複雑な人物である。詳しくは、Paul F. Grendler, "Giacomo Antonio Marta: Antipapal Lawyer and English Spy, 1609-1618," *The Catholic historical review* 93, no. 4 (2007). を参照。

[114]　Giacomo Antonio Marta, *De Jurisdictione Per, Et Inter Iudicem Ecclesiasticum*

論を展開しているのみならず、ベラルミーノなどが間接的権力論を定式化して広範に普及させたため、間接的権力論に対する明確な批判をも展開する。

マルタは反論として、アスピルクエタやベラルミーノの間接的権力論を取り上げる。アスピルクエタの意見として、教皇は世俗的裁治権を直接的に持たず、「罪を根拠として」しか持たないとされる。すなわち、教皇の俗権は霊的目的や事柄などによって制約されている[115]。ベラルミーノの意見として、支配権は恩寵ではなく自然に基づくので、異教君主は真の正統な君主であり、教皇の俗権に服していないとされる[116]。

教皇は俗権を直接的に持つ。マルタによれば、「教皇は世俗的事柄における最高の俗権を、霊的事柄との関係において潜在的に持つだけではなく、世俗的事柄との関係においても自然的かつ世俗的な仕方で持つ」[117]。ここで注意すべき点は、マルタが間接的権力論を意図的に否定している点である。直接的権力論に反して、間接的権力論は必要条件として「霊的な上位の目的等による制約」などを教皇権に課すことによって抑制を試みている。だが、マルタは「教会権力がキリスト教徒を罪から引き離す限りで教皇は霊的に裁くことができるという、共通意見に対する反対者の応答は有効ではない」[118]と述べることで、その制約を否定する。それゆえ、教皇は世俗君主のように俗権を霊的目的とは関係なく行使できる。例えば、封土の問題を世俗的理由のみで裁ける。さらに、教皇は帝権移転を「純粋に世俗的な理由によって」[119]行うことができ、廃位をも行える。ただし、中世のラディカルな教皇主義者たちが譲

Et Secularem Exercenda (Moguntiae: Albinus, 1609).
115　アスピルクエタの間接的権力論については、次を参照。Jorge Otaduy Guerín, "La Doctrina De Martín De Azpilcueta Sobre La Potestad Civil Y Su Influjo En La Teoría Del Poder Indirecto," in *Estudios Sobre El Doctor Navarro: En El Iv Centenario De La Muerte De Martín De Azpilcueta* (Pamplona: Ediciones Universidad de Navarra, 1988).
116　Marta, *De Jurisdictione Per, Et Inter Iudicem Ecclesiasticum Et Secularem Exercenda*, 33-35.
117　Ibid., 36.
118　Ibid., 37.
119　Ibid., 48.

歩したように、教皇は俗権の行使を通常は皇帝などに委任している[120]。

　教皇は俗権を全世界に対して持つ。ここで、二点が重要である。第一に、ベラルミーノの主張とは反対に、支配権が「恩寵に基づく」[121]点である。それゆえ、異教徒の不信仰を根拠として「教会は支配権を信徒たちへと移転する」[122]ことができる。第二に、マルタはホスティエンシスに依拠している点である。マルタによれば、インノケンティウス4世よりホスティエンシスが正しい。それゆえ、「キリストの到来後、全ての首位性や裁治権ならびに支配権は正当な理由により異教徒から信徒へと移転された」[123]。したがって、そもそも「異教徒やユダヤ人およびサラセン人の下には、裁治権や王国の権利が存在しない」[124]。このように、異教君主は真の正統な君主ではなく、教皇が教会の外部をも含めた全世界に対する俗権を持つ。よって、「アレクサンデル6世は新世界と呼ばれている西方の諸島をカスティーリャとポルトガルの諸王に分割し（中略）支配権を譲渡した」[125]と正当にいえる。

　二人目はソロルサーノである。ソロルサーノ（Juan de Solorzano Pereira 1575-1654）はスペイン生まれであり、スペイン王室に仕えた官僚である。サラマンカ学派で法学を学び、ペルーやリマそしてスペイン本国で官僚や役人として働き、様々な著作を執筆した。その中でも、ここでは『インディアスにおける権利について』[126]を扱う。この著作は二巻本であり、第一巻は1629年に、第二巻は1639年に公刊された。グロティウスの『海洋自由論』などによって新世界におけるスペインの支配権の正当性が再び攻撃される中で、ソロルサーノはこの著作によって正当性の擁護を試みている[127]。サラマンカ大学で学んだためか、その著作

120　Ibid., 41.
121　Ibid., 54.
122　Ibid.
123　Ibid., 51.
124　Ibid.
125　Ibid., 66.
126　Juan de Solórzano Pereira, *De Indiarum Iure* (Madrid: ex typographia Francisci Martinez, 1629).
127　インディアス問題におけるソロルサーノの重要性については、James

にはスアレスを含めたサラマンカ学派の論者がしばしば登場している。

　ソロルサーノはその著作の中で、ビトリアのように、インディアス征服に関する様々な根拠を取り上げ、検討している。例えば、布教妨害や全世界に対する帝権である。その中でも、本項においてはアレクサンデル６世の贈与が最も重要である。この根拠において、両権の関係が主題的に論じられる。

　両権の関係について、ソロルサーノは四つの立場を挙げる。第一に、教皇がいかなる神授の俗権を持たないというカルヴァン主義的立場である。第二に、教皇は神授の俗権を持つが、キリスト教共同体の内部でしか行使できないというバルドゥスの立場である。第三に、教皇が神授の両権を全世界に対して持つという立場であり、直接的権力論である。第四に、間接的権力論である[128]。ソロルサーノは、第一および第二の立場を「馬鹿げており有害である」[129]として一蹴し、議論を第三と第四の立場に集中させる。

　ソロルサーノは第三の直接的権力論を支持する。ソロルサーノは、スアレスやビトリアなどに支持されている第四の間接的権力論に一定の理を認めながらも、ホスティエンシスやペラヨならびにパラシオス・ルビオスなどに支持されている第三の直接的権力論が第四の間接的権力論よりも「大いに一般的であり真である」[130]と述べる。それゆえ、「両方の剣が、すなわち霊的な権威や権力のみならず、間接的および直接的な世俗的権威と権力がローマ教皇の下に配置されている」[131]。なぜなら、キリストが霊権のみならず直接的な俗権をも教皇に与えたからである。ソロルサーノによれば、キリストは受胎の時点で既に、父なる神と結びついていたので、全世界に対する聖俗の絶対的な裁治権を持っていたので

Muldoon, *The Americas in the Spanish World Order: The Justification for Conquest in the Seventeenth Century* (Philadelphia: University of Pennsylvania Press, 1994), 1-14. を参照。

128　Solórzano Pereira, *De Indiarum Iure*, 554-62.
129　Ibid., 572.
130　Ibid., 581.
131　Ibid.

ある[132]。それゆえ、アレクサンデル6世は全世界に対する直接的な俗権により、スペイン王にインディアスの支配権を与えたとして、スペインの支配を正当化する[133]。

しかも、ソロルサーノはマルタに依拠して間接的権力論を明確に批判する。教皇が全世界に対する俗権を行使できるのは、「罪を根拠としてのみならず（中略）教皇が普遍的に持つ固有の意味における世俗的裁治権という根拠においてでもある」[134]。このように、ソロルサーノもまた間接的権力論における霊的目的等の制約を否定する。それでも、ソロルサーノは間接的権力論に対してマルタよりも妥協的態度を示している。

さらに、ソロルサーノは、間接的権力論において提起された反論に対して再反論を加える。ソロルサーノによれば、間接的権力論において、キリストは人として全世界の世俗的な王ではなかったので、全世界に対する俗権を持たず、行使もしなかった。それゆえ、教皇もまた俗権を持たず、行使できない。霊権は神から教皇に与えられるが、俗権は神から教皇ではなく世俗君主へと与えられる、といわれる[135]。だが、ソロルサーノはキリストが俗権を持っていたと反論する。キリストの「私の世界はこの世界に属さない」（ヨハネ18－36）という聖句は、キリストが俗権を持っていたことを否定しているわけではなく、キリストが霊的救済という目的のために到来したことを示すにすぎない。その上で、キリストはペテロへ俗権を実際に譲渡した。なぜなら、そのような俗権は「教会自体の普遍的統治のために必要だったから」[136]である。全世界に対する直接的な俗権を欠くならば、教皇は教会を十分に維持できないのである。このように、キリストは人としても全世界に対する俗権を直接的に持ち、少なくとも教会統治の必要な手段であるので俗権を教皇に委ねた。

132　Ibid., 588. より詳しくは、Muldoon, *The Americas in the Spanish World Order: The Justification for Conquest in the Seventeenth Century*, 110-26.
133　Solórzano Pereira, *De Indiarum Iure*, 606.
134　Ibid., 600.
135　Ibid., 576-78.
136　Ibid., 598.

一律型間接的権力論 ── アセンシオンとヴァリニャーノ ──

　二人の例を挙げる。両者ともに日本布教に直接携わった宣教師である。日本布教のあり方をめぐって対立し、この論点のために教皇と異教君主の権力の関係について論じている。もし近世の地理的諸発見がなければ、よって、このような知的水準の高い数多の修道士たちがヨーロッパの外部へと旅立っていなければ、ヨーロッパ内部の宗教改革は実際と異なる展開をみせただろうという指摘には頷けるところもあるかもしれない。

　一律型間接的権力論の論者として、まずアセンシオンを取り上げる。アセンシオン（Martin de la Ascension 1563-1597）はスペイン生まれのフランシスコ会士である。アルカラ大学で神学を学び、東アジア布教を志す。1594 年にフィリピンで布教し、1596 年に日本で布教を開始する。1597 年、26 聖人事件において処刑される[137]。ここでは、アセンシオンが来日直後の 1596 年に執筆した「日本のキリスト教界のために必要であり我らの陛下が助力すべき事柄に関する報告書」を扱う。この報告書における主要な目的の一つは、1585 年の教書に基づくイエズス会の日本布教の独占を批判することにあった。なお、この報告書は 20 世紀に入るまで公刊されなかったが、当時においても流通していた。

　キリストは霊的目的のために全世界の世俗的な王であり、その王権をペテロへ委ねた。アセンシオンによれば、「我々の主キリストは人間として、少なくとも霊的目的のために全世界の世俗的な支配者や王であり、世界のあらゆる人々に対して無制限で最高の十全な権力を持っていた」[138]。キリストはこの世俗的王権をペテロへ委ねた。よって、「我々の主キリストは教皇に対して、世界のあらゆる人々の魂を永遠の生へと導き向かわせる職務と地位を委ね、この目的のために必要であると思われ

---

[137] 高橋裕史『武器・十字架と戦国日本：イエズス会宣教師と「対日武力征服計画」の真相』洋泉社、2012 年、191 － 193 頁
[138] Martin de la Ascension, "Relaciones De Las Cosas Que Es Necesario Acuda Su Majestad Para La Cristiandad De Japon," in *Documentos Franciscanos De La Cristiandad De Japon (1593-1597)*, ed. José Luis Alvarez-Taladriz (Osaka: Eikodo, 1973), 111

る全ての事柄において彼ら全員に対する権威や権力および支配権を譲渡した」[139]。それゆえ、霊的目的に関わる限りで、教皇にとって「世界のあらゆる人々は自身の臣民である」[140]。このように、キリストは全世界に対する俗権を霊的目的のためにペテロや教皇に委ねた。

　新世界における布教のために、教皇は新世界における最高の俗権をスペイン王に譲渡した。アセンシオンによれば、教皇は異教徒に対してあらゆる手段で布教する義務を負い、宣教師を送る。だが、野蛮な異教徒たちは宣教師を追放したり殺害したりする恐れがある。それゆえ、力によって布教妨害を抑え込み、必要に応じて異教君主の廃位を実行するような代理人を教皇は選出しなければならない。新世界の布教がまさしくこのような状況であったので、アレクサンデル6世は布教という霊的目的のためにスペイン王に対して「この新世界における最高の世俗的な王権や最上位の帝権」[141]を譲渡した。

　スペイン王は日本においても最高の俗権を持つ。世俗君主は一般的に自らの国から俗権を自然的な仕方で得ている。だが、スペイン王は新世界における最高の俗権を教皇から超自然的な仕方で得た。それゆえ、スペインの王権は新世界における諸君主の俗権よりも上位にある。アセンシオンによれば、日本もまた新世界の一部である。しかも、スペインとポルトガルが行った境界設定(デマルカシオン)において、「日本の諸王国は西側に位置する」[142]。それゆえ、スペイン王が日本における最高の俗権を持つ。

　スペイン王は布教という霊的目的のために、俗権を広範囲にわたって行使できる。日本布教を成功させるために、布教妨害を除去する必要がある。それゆえ、教皇やスペイン王は日本において「福音の布教を妨害したり、改宗の希望者を苛んだりしないよう、横柄な野蛮人を抑え込む」[143]ことができる。さらに、改宗後においても、改宗者を異教君主などの攻撃から守り、キリスト者としての生を歩ませる必要がある。それ

139　Ibid., 112.
140　Ibid., 113.
141　Ibid., 116.
142　Ibid., 119.
143　Ibid., 121.

ゆえスペイン王は、例えば改宗者の「農地や命を奪ったり、息子や娘を売ったり、彼らを不正に奴隷化したりしないよう」[144] 日本の世俗君主などを強制できる。以上の事柄を実現する手段として、長崎や平戸の港などを自身の拠点とすべく奪うことが必要となる。さらに、「キリスト教徒や宣教師を守り、このキリスト教界の維持を手助けするために、それらにおいて要塞や防塁を築き、大砲や弾薬および兵隊によって武装を強化する」[145] ことや、「このキリスト教界を防衛する費用のために、正統な支配者を欠いた状態で僭主の権力下にある多くの諸王国を占領し獲得する」[146] ことや、「キリスト教徒に対する攻撃や犯罪の程度に応じて、彼らに圧制を行おうと欲する者から正しい人々を守り、僭主たちから彼ら自身の王国を奪う」[147] ことが必要となる。したがって、スペイン王は教皇から譲渡された最高の俗権によって、日本布教という霊的目的のために、キリスト者の生に反する様々な風習や布教妨害を止めさせ、港などを拠点として奪って要塞化し、必要に応じて異教君主と戦争し俗権を奪うことができる。

　次に、ヴァリニャーノを取り上げる。ヴァリニャーノはアセンシオンの批判に対して、日本のイエズス会の代表者として反論する。そのために、1598年に『日本と中国のイエズス会に関する弁明書』(以下、弁明書) を執筆する。アセンシオンが直接的権力論に近いのに対して、ヴァリニャーノは峻別抑制型間接的権力論に近い。

　キリストは全世界で間接的権力を持つが、俗権としての俗権を持たない。ヴァリニャーノは、キリストが人間として霊的目的のために全世界の世俗的王であり全世界で世俗最高権を持つというアセンシオンの主張を引用し、次のように批判する。たしかに、「我々の主キリストが人間として霊的目的のために全世界の世俗的事柄に対しても間接的に権力や命令権を持つことは一般的理論である」[148] といえる。しかし、この間

---

[144] Ibid.
[145] Ibid., 122.
[146] Ibid.
[147] Ibid.
[148] Alejandro Valignano, *Apología De La Compañía De Jesús De Japón Y China*

接的権力はキリストが全世界で無制限な世俗的最高権を持つような世俗的王であるという主張の根拠にはなりえない。なぜなら、キリストが「わたしの国は、この世には属していない」（ヨハネ18－36）と述べたように、俗権としての俗権を現世において全く持たなかったからである。よって、キリストは現世でいかなる地域においてさえも世俗的王でなかった。それでも、キリストは全世界の霊的王であり、霊的目的のために必要な世俗的事柄について決定する権力を間接的に持っている。

　教皇は全世界で間接的権力を持つが、俗権としての俗権を持たない。ヴァリニャーノによれば、キリストのように、「その代理人である教皇は、同様の目的のために世界の世俗的な王や支配者たちに対して同じ権力を持つ。しかし、教皇が世界の世俗的な王や支配者であると神学者たちは認めておらず、むしろ明白に否定し、反対の結論を立てている」[149]。それゆえ、教皇は霊的目的のためであっても俗権としての俗権を持たない。さらに、教皇権はアセンシオンがいうような無制限の権力ではない。特に、「外部の人々を裁くことは、わたしの務めでしょうか」（コリント１5－12）といわれるように、異教徒に対する教皇権はキリスト教徒に対する教皇権よりも制限されている。例えば、改宗を強制できない。さらに、教皇権の行使は霊的目的に必要な場合に限られている。それでも、教皇は「そのような場合には、諸王から支配権を奪うことができる」[150]。

　アレクサンデルは実際に俗権を贈与しなかった。ヴァリニャーノは、アレクサンデルが新世界の世俗的最高権をスペイン王に贈与したというアセンシオンの主張を引用し、次のように批判する。教皇は霊的目的のためであっても俗権を全く持たないので、新世界の俗権をスペイン王に贈与しなかった。教皇が贈与した権力は、新世界において発見や交易ならびに布教、そして「戦争の機会や正当原因をもたらすような異教の諸王に対してそれらの王国や地域を征服し戦争する」[151]権力である。この正戦を通してならば、スペイン王は当該地域の俗権を正当に獲得できる。

(1598) (Osaka, 1998), 143.
149　Ibid., 144.
150　Ibid., 146.
151　Ibid., 151.

教皇は新世界の俗権を贈与しなかったが、この俗権を正当に獲得することにつながるこのような権力を与えたのだった。日本についても、状況は同じである。すなわち、「アレクサンデル6世の贈与によって、日本における最高の王権がそれらの王たちに与えられてはおらず、彼らをこれらの地域において直接的支配権を持つような世俗的王にしたわけでもなく、ただ発見や交易ならびに征服のそれだけが与えられた」[152]。

峻別抑制型の間接的権力論 —— サラス ——

　最後に、峻別抑制型の間接的権力論の論者として、イエズス会のサラスを取り上げる。他の論者として、イエズス会のベラルミーノを挙げることもできるが、ここではなく第二部で扱う。

　サラス（Juan de Salas 1553-1612）はスペイン生まれのイエズス会士である。スアレスと同世代のイエズス会士であり、同僚である。ここでは、最晩年の1611年に公刊された『聖トマスの第二部第一編における法について』[153] を扱う。スアレスの『法および立法者たる神について』が1612年に公刊されるので、同世代のイエズス会士による同一テーマかつ直近の著作である。

　サラスは全世界に対する教皇の俗権を否定する。サラスによれば、多くの論者が近年においても直接的権力論を支持している。その際に、アレクサンデルの贈与などが根拠として挙げられている。しかし、サラスはビトリアやベラルミーノを参照しながら、直接的権力論を誤りとして退ける。すなわち、「ローマ教皇は、異教徒をも含んだ絶対的な意味合いの全世界に対して、世俗的裁治権を持たない」[154]。なぜなら、キリ

152　Ibid., 159. スペイン王がアレクサンデルの贈与によって日本の俗権を得たにもかかわらず日本のイエズス会が長崎などでその俗権を強奪しているというアセンシオンの主張に対して、ヴァリニャーノはそもそもスペイン王などが教皇から日本の俗権を贈与されていないのでイエズス会がその俗権を強奪していないと反論しようとしている。(ibid., 162-68.)
153　Juan de Salas, *De Legibus in Primam Secundae S. Thomae* (Lugduni: Officina Loannis de Gabiano, 1611).
154　Ibid., 120.

トはそもそも全世界の世俗的な王ではなかったので、ペテロにそのような俗権を与えていなかったからである。そのように与えたという根拠になる聖句が存在しない。むしろ、「外部の人々を裁くことは、わたしの務めでしょうか」という聖句により、教皇は異教徒に対する裁治権を持たないことが明らかである。

全世界に対する教皇の直接的な俗権は、キリスト教共同体の内部においても外部においても役に立たない。言い換えれば、「教皇が権利において全世界の世俗的支配者であることは、信仰の布教のみならず教会の適切な統治においても有益ではなかった」[155]。一方で教会内部の統治において、教皇が最高の俗権を持って行使する必要はなく、世俗君主の俗権と教皇の霊権の間においてしかるべき服従関係が存在すれば十分である。他方で布教において、少なくとも改宗者が教皇の俗権を認めなければならないことは、異教徒の改宗を妨げるであろう。それゆえ、教皇は全世界に対する俗権を与えられていない。したがって、アレクサンデル6世は全世界の世俗的な王として俗権を与えたわけではなく、布教と宣教師の防衛を命じたにすぎないと、サラスはバニェスに言及しながら述べる[156]。

さらに、サラスはキリスト教共同体に対する教皇の俗権を否定する。すなわち、「教皇は教皇として、キリスト教界全体に対して世俗的裁治権を持たず、その全体に対して政治的法を立てることもできない」[157]。たしかに、キリストはペテロに対して「わたしの羊を牧せ」と命じて権力を与えた。キリスト教徒は「わたしの羊」であるので、教皇権の対象である。だが、キリストが与えた権力は最高の霊権であったので、教皇は世界全体のみならずキリスト教共同体に対してさえ俗権を持たない。もし持つならば、キリスト教共同体の内部において世俗君主が教皇以外に存在しないことになってしまうだろう[158]。

それでも、教皇はキリスト教共同体において間接的権力を持つ。サ

---

155 Ibid., 122.
156 Ibid., 123.
157 Ibid., 120.
158 Ibid., 121.

ラスは他の論者のように、目的間の序列を根拠として挙げる。すなわち、霊的目的は世俗的目的よりも上位にあるので、霊権は俗権を支配する。それゆえ、霊的目的に必要か有益であるならば、教皇は間接的権力を行使できる。教皇は間接的権力によって、国法の改廃を行える。さらに、「世俗君主が怠惰であり、霊的善に必要な場合に、世俗的事柄について立法する」[159]こともできる。立法という点で、サラスとスアレスには理論的相違がみられる。

1612年の『法および立法者たる神について』

『法および立法者たる神について』は、ローマ学院の講義からコインブラ大学の法学講義を経て完成に至った著作である。特に、法学講義の多くの部分は大きな変更を受けずにこの著作に登場している。本書の内容は第一章で大枠を扱った。ここでは、本章に必要な限りでみていく。万民法によって規制された対等な諸国から構成される全世界という構想に注目していく。

スアレスは純粋な自然に着眼することで、異教君主とキリスト教君主を正統で対等な権力主体として説明する。第一章で述べたように俗権は純粋な自然に属するので、信仰や啓示などの霊的事物や教会の霊権を前提とせず、必要ともしない。それゆえ、全ての世俗君主は信仰を欠いたとしても、キリスト教会や啓示ではなく自然法を介して俗権を得ることができる。したがって、異教君主もまた教会に依存せずに正統な俗権を得られる。それどころか、異教君主の俗権こそ俗権の純粋な形態であり、俗権の原型とも呼ぶべきものである。なぜなら、キリスト教君主の俗権は、「純粋な自然」から「信仰に照明された自然」への外在的変化を被った後の俗権であるので、その変化を被る前の純粋な形態の俗権が異教君主の俗権だからである[160]。神が生み出した権力はそれ自体におい

159　Ibid., 124.
160　スアレスは、国法について次のように述べている。「国法自体において、二つのあり方を区別することができる。一つ目は、かつての異教徒や現在の不信仰者におけるように、純粋かつ内在的なあり方である。もう一つ

て善であるので、何ら手の加えられていない異教君主の俗権は明らかに正統である。この俗権の本質はキリスト教への改宗によって内在的に変化せず、例えば、キリスト教君主の俗権は「自らの行いや事柄において、来世や今世における超自然的あるいは霊的な目的へと拡張されない」[161]。それゆえ、「現在キリスト教君主が持つこの権力は、異教君主が持っていたこの権力よりも、それ自体でより大きいわけでもなければ、別の本性を有するわけでもない」[162]。このように、スアレスは純粋な自然に着眼することによって、異教君主の俗権が正統でありキリスト教君主の俗権と対等であることを示した。したがって、全世界の世俗的ヒエラルキーはキリスト教と異教の対等な諸国から構成される[163]。

対等な諸国から構成される全世界の世俗的ヒエラルキーという構想は、全世界に対する教皇権や帝権の否定を前提としている。スアレスは本書でも、それらの批判を展開する。

教皇は異教君主に対して俗権をもたない。スアレスによれば、たしかに、キリストはペテロに対して「わたしの羊を牧せ」と命じ、授権した。だが、その際に授権された権力は俗権ではなく、「霊的な最高権力」[164]であった。さらに、「わたしの羊」とはキリスト教徒のみを指す。それゆえ、パウロは異教徒について、「外部の人々を裁くことは、わたしの務めでしょうか」と述べた。したがって、キリストは教皇に直接的権力

は、信仰と結びつき、キリスト教会の信徒間で存在することができたあり方である」。このように、異教君主の国法や俗権は例外的あるいは逸脱的な変種なのではない。Francisco Suarez, *Tractatus De Legibus Ac Deo Legislatore* (Conimbricae: Didacum Gomez de Loureyro, 1612), 197.

161　Ibid., 239.
162　Ibid.
163　純粋な自然の概念に着目してキリスト教君主と異教君主の権力関係を考察する点において、本書は Courtine の議論を参考にしている。ただし、本書が Courtine の研究と大きく異なる点もある。すなわち、Courtine がパリ版全集のテクストしか参照していないのに対して、本書は手稿などのテクストをも参照しているので、本書において初めてこの論点についてもスアレス思想の発展を追跡できる点である。Jean-François Courtine, *Nature Et Empire De La Loi : Etudes Suaréziennes* (Paris: Éditions de l'École des hautes études en sciences sociales : J. Vrin, 1999), 143-61.
164　Suarez, *Tractatus De Legibus Ac Deo Legislatore*, 216.

を与えておらず、「異教徒に関しては、彼らに対して布教する権利や権力だけを与えた」[165]。教皇は教皇領においてのみ、人定法によって俗権を持つにすぎない。

　皇帝は全世界に対する俗権を持たず、これまで持ったこともない。スアレスによれば、ローマ皇帝はかつてそのような普遍的権力を持ったことがない。なぜなら、神自身はその権力を授与しなかったからである。授与したと確証できるような証拠が存在しない。さらに、ローマ皇帝は全世界の諸民族によって全世界の皇帝に選出されたわけでもなく、全世界を戦争によって服従させたわけでもないからである。しかも、キリストは現世に到来した時に、ローマ皇帝を全世界の皇帝に特別な仕方で任命したわけでもないからである。キリストは教皇に対してさえこのような俗権を全く与えていなかったので、皇帝に与えることもなかった。したがって、キリストの到来後であっても、「例えばペルシャの王や、インディアスや日本ないし中国の諸王や、他の同様の者達は自身の世俗的な最高権を失わなかった」[166]。ソトが新世界という例によって全世界に対する帝権を否定したのに対して、スアレスは日本や中国という最新の例を加えてその帝権を否定した。ここに、時代の推移が表れている。スアレスからすれば、ローマ帝国は世界の一角を占めるにすぎなかったのである。

　スアレスはここで帝権移転論（*translatio imperii*）に関する批判を展開している。皇帝が異教徒を含めた全世界に対する俗権を持っていないとしても、せめて広義の教会に対する俗権を持つかという論点をスアレスは扱う。その論点において、或る立場によれば、教皇がビザンツ帝国の帝権をカール大帝へ移転することで、カール大帝は広義の教会全体に対する俗権を得た。その結果、東方の皇帝はそれ以降、真の皇帝ではなくなった。スアレスはこの立場を批判する。たしかに、西洋の皇帝は帝権移転によって自身の旧領に対する俗権を取り戻した。だが、「西洋の皇帝が東方に対する帝国の権利を我がものとし自らに帰属させたことは

165　Ibid., 215.
166　Ibid., 219.

決してなかった」[167]。なぜなら、そもそも教皇はそのような帝権を持っていないので与えることができないからである[168]。それゆえ、「現在の日本人やインドにおける他の者達がそうであり、中国の王など多くの者達がそうなるかもしれないように、ローマ帝国の支配圏の外部に存する統治者たちが偶然にも信仰へと改宗したとしよう。彼らが教会の成員であるという根拠のみによって、ローマ皇帝がこれらの者達に対して支配や統治の権利を実際に持つということは決してない」[169]。教皇は広義の教会全体に対する俗権を持たないので、「帝権移転」を根拠として、皇帝が過去や現在および未来においてキリスト教の諸君主に対する俗権を持つことはできない。

　教皇や皇帝の代わりに、万民法が全世界における諸国間の関係を規制する。全世界の世俗的秩序を構成する各国は、それ自体で自己保存の手段を備えた自足的な共同体である。それでも、スアレスによれば、各国は他国との結びつきや依存関係を全くもたずに自存しているわけではなく、「人類（genus humanum）」のような普遍的共同体の成員として他国との相互的援助などを必要としている。それゆえ、各国間の関係を規制する法を必要としている。この法が万民法である。しばしば指摘されるように、スアレスにおいて、万民法は自然法から明確に区別された実定法であり、二種類ある。第一の万民法は、ほぼ全ての国などが彼ら相互の関係において (inter se) 守る法である。この法が固有の意味における万民法である。この法は各国の君主が明示的な仕方で制定した法ではなく、各国の慣習や相互の模倣によって形成された慣習法である。第二の万民法は、ほぼ全ての国家が自国の内部で（intra se）守る法である。この法は厳密には各国の国法であるが、その内容が相互に共通する法である[170]。主に第一の万民法によって、各国間の秩序が規制される。「人類全体は単一の政治的身体へと至るべく集合したわけではなく、多数の共

167　Ibid., 221.
168　Ibid.
169　Ibid.
170　Ibid., 190-91.（伊藤不二男訳「スアレスの万民法論」『スアレスの国際法理論』、有斐閣、1957年、137 − 39頁）

同体へと分割された。それにもかかわらず、それらの共同体が相互援助や相互間の正義と平和の維持を行えるようにするために（このことは全体の善にとって必要であった）、ほぼ共通の協約や同意によって何らかの共通法を相互間で遵守する必要があった。これこそ、万民法と呼ばれるものである」[171]。全世界の支配権を持つ単一の統治者の代わりに、各国に生み出された万民法が各国間の世俗的秩序を規制する。

1613 年の『信仰の防衛』

　1610 年、スアレスは『法および立法者たる神について』を完成させ、1611 年に『信仰の防衛』の執筆に移る。前者は 1612 年に公刊され、後者は 1612 年に執筆が完了し 1613 年に公刊されることになる。

　スアレスが両権論を最も主題的かつ包括的に論じた著作は『信仰の防衛』であるといえる。『信仰の防衛』は、火薬陰謀事件という英国王暗殺未遂事件に端を発したローマとイングランドの忠誠宣誓論争において、教皇パウロ 5 世の要請により執筆された著作であり、第二部で主に扱う。それゆえ、ここでは次の点だけを確認しておく。イングランドのジェームズ陣営が主権論や国教会原理などを展開しつつ、峻別抑制型間接的権力論を批判するのに対して、スアレスはまさにこの対抗宗教改革的な論争において教会全体の統一性を守るために、聖職者の免除論や間接的権力論を展開し、その際にジェームズ陣営の批判を受けて紆余曲折を経ながらも、最終的にキリスト教君主に対する教皇の裁治権と異教君主に対する教皇の自己防衛権の区別を貫き通し、よって峻別抑制型間接的権力論を貫く点である。

　1613 − 15 年の講義において、スアレスはローマ学院の講義で扱った「信仰について」を加筆修正して再び取り上げる。その中で、異端や異教徒に対する教皇権が主題的に論じられる。この講義における布教論の発展を理解するためには、当時の日本における迫害について知る必要がある。そこで、その講義に移る前に、日本の迫害における言説

171　Ibid., 203.

をみていく。

キリシタン時代における日本の迫害
―― 征服隊の一員としての宣教師 ――

　本項の目的は、キリシタン時代における迫害や禁教の原因を歴史学的に解明する点にはなく、その原因に関する当時の支配的言説の一つを示す点にある。より具体的に、日本における迫害の原因はカトリックの宣教師がスペインの征服隊の一員であるという日本側の見解に存するという言説について示す点である。その言説に関する重要な契機として、まず1587年の伴天連追放令が挙げられる。そこで、まず伴天連追放令からみていく。なお、本項の目的を達成するために、ここでは従来蓄積されてきたキリシタン史研究を活用している[172]。

　ヴァリニャーノによれば、伴天連追放令は上述のような日本側の見解に起因する。ヴァリニャーノは1590年10月14日付のアクアヴィヴァ宛書簡の中で、伴天連追放令の経緯を次のように報告した。豊後などのキリシタン大名が戦争によって危険に曝されていたので、日本準管区長のコエリョが彼らを守るために秀吉の協力を得ようとした。それゆえ、秀吉が日本平定後の中国征服についてコエリョに語った際に、コエリョはインド副王に交渉して援軍を秀吉に送らせる等の援助を提案した。秀吉はコエリョの提案に満足したように見せかけて、内心で次のような考えた。コエリョは援軍を出したり船を提供したりできるほどの力をもつのだろうか。「もし彼が戦争に関わったならば、ここで大坂と呼ばれて

---

[172] キリシタン史研究において、当該テーマに関する古典的研究は高瀬弘一郎の「キリシタン宣教師の軍事計画」である。当時の日本や中国のイエズス会宣教師は互いに様々な点で協力し合い、日本や中国の征服論についても協議しあっていたので、その論考の中で高瀬は日本や中国の宣教師による多くの書簡を邦訳して用いながら、その支配的言説を再構成して示している。高瀬によって提示された議論の枠組みが本項の基本的枠組みとなっている。なお、本項で用いている日本の宣教師による書簡の多くは、全訳か抄訳という形で高瀬によって紹介されている。高瀬弘一郎「キリシタン宣教師の軍事計画」『キリシタン時代の研究』岩波書店、1977年、75 － 171頁

いる仏僧が行ったことをいつか行うかもしれない。その仏僧は、日本における多くの人々を自身の宗派に糾合した後に三ヶ国の支配者となり、信長に対して、信長が経験した中で最も長く困難であった残酷な戦争を繰り広げたのだった。我々という他の者はこれをはるかにうまく行えるかもしれない。なぜなら、非常に強大な支配者たちをキリスト教徒にしたからである。我々は彼らとともに、彼に大規模な戦争を仕掛け、天下の支配者すなわち日本の王になるべく画策するかもしれない」[173]。すなわち、秀吉はイエズス会が一向宗のような対抗勢力となる可能性を危惧し始める。その後、コエリョは戦争に備えて船を建造し、大砲を幾つか買い入れた。しかも、その船に乗って各地に赴き、博多で秀吉を海上から訪ねた。その姿はあたかも大提督（grande Capitario）のようであった。秀吉は船内に招かれてくまなく観察し、コエリョを賞賛した。だが、同時に上記の内心について確信を抱くことになった。小西行長たちは秀吉の内心に気付き、その軍艦を秀吉へ譲渡するようコエリョに要請した。だが、コエリョは拒否した。他の原因も影響して、秀吉は伴天連追放令という迫害に至った。禁教令の発布を受けて、コエリョは「有馬殿や他のキリスト教の支配者たちに、団結して関白殿に対して敵対を宣言させようと試み始めた」[174]。すなわち、キリシタン大名などに秀吉に対する反乱をけしかけた。しかし、キリシタン大名たちはその提案を拒否した。そこで、コエリョはフィリピンのスペイン人に援軍を求めた。しかし、この要請もまた拒否され、コエリョの企ては全て失敗した。だが、結局のところ、コエリョの深慮を欠いた行動によって、秀吉は次のような考えに至り、伴天連追放令を発布した。すなわち、イエズス会の宣教師が「ここに到来し、改宗という覆いの下で大坂の仏僧と同様の行いを試み、日本王国の支配者になろうとしている」[175] という考えである。以上のように、ヴァリニャーノは総長アクアヴィヴァに対して、コエリョの浅はかな行動ゆえに、秀吉がイエズス会を征服隊の一員として同定したこと

---

[173] Alessandro Valignano to Claudio Aquaviva, 14 October 1590, Jap. Sin. 11-Ⅱ, fol. 234v, Archivium Romanum Societatis Jesu
[174] Ibid., fol. 235
[175] Ibid., fol. 235v

が迫害の主な原因であると報告した[176]。

　伴天連追放令を発布した後も、秀吉は貿易の継続を考慮して宣教師を本格的に追い出さなかった。もっとも、イエズス会は潜伏活動を強いられるなどの不都合に直面した。それでも、1590年にヴァリニャーノが天正遣欧少年使節とともに日本へ戻ることによって状況を好転させるなどして、イエズス会は依然として日本で活動できた。だが、1597年に26聖人事件が生じる。26聖人事件において、上述の言説はより広く明確にみられることになる。

　フロイスは1599年に公刊した『26聖人殉教等の日本の諸事物に関する歴史的報告』[177]の中で、上述の言説に触れている。フロイスは26聖人事件の原因の一つとしてサンフェリペ号事件を挙げる。スペインのサンフェリペ号が土佐で難破し、その積荷が没収される際に、土佐の役人はその船員たちについて次のように述べた。その船員たちの中には、「自身の教えを布教するという口実の下で、キリスト教君主の斥候として到来した幾人の修道士が存在する」[178]。秀吉はこの発言を聞き、激昂した。それゆえ、秀吉は側近に対して後にこう述べた。「土佐へ船で着いた人々によって、メキシコとフィリピンがスペインに服従させられたことを知らないのか。今や、同一の方法や手段によって日本を自身の支配下に置こうとしている。これらの地域を探索したり、布教によって人々を自身に従わせたりするためにこれらの自身の修道士を派遣し、その後に、戦争を開始し、あらかじめ従属させておいた従順なキリスト教徒を用いて王国全体を征服するために、強大で強力な軍隊とともに進出

---

[176]　ここで報告されたような内容は、イエズス会の外部の人々によっても認知されていた。例えば、ペルーと日本などの交易を成立させるために日本へ到来したスペイン人のフアン・デ・ソリスである。ソリスはイエズス会と敵対しており、フィリピンにおけるスペインの統治者にコエリョの行いを告発していた。Fernando Iwasaki Cauti, *Extremo Oriente Y Perú En El Siglo XVI* (Madrid: Editorial MAPFRE, 1992), 146.
[177]　Luis Fróis, *De Rebus Iaponicis Historica Relatio* (Moguntiae: Ex officina Typographica Ioannis Albini, 1599).
[178]　Ibid., 7.

してくるつもりである」[179]。このように、フロイスの著作において、迫害の原因は宣教師が征服隊の一員であるという秀吉の見解に存するとされた[180]。

　17世紀に差しかかる頃、宣教師が征服隊の一員だという見解は人口に膾炙していた。あるいは、宣教師に限らず、来日したスペイン人やポルトガル人が征服隊の先遣隊だという類似の見解も人口に膾炙した。例えば、スアレスの恩寵論を批判していた先述のクルスが挙げられる。

　クルスは1599年2月25日付のアクアヴィヴァ宛書簡の中で、日本における教会の困難な現状とその改善策について論じている。クルスによれば、日本の教会は非常に脆弱であり、信仰があまり根付いていない。なぜなら、日本人の改宗は各地の支配者の改宗に依存しており、各地の支配者は打ち続く戦争や秀吉の専制的統治によって交替されやすいからである。それゆえ、今後迫害が本格化した場合に、「このキリスト教界は真の迫害に耐え忍ぶための力をもっていない」[181]。この困難を克服する手段として、クルスは征服を挙げる。サンフェリペ号の没収や26聖人事件の迫害にみられる秀吉の不正などをその根拠として挙げている[182]。

---

[179] Ibid., 34.
[180] ヴァリニャーノの『弁明書』においても、同様の言説が見出される。ヴァリニャーノによれば、フィリピンから到来したサンフェリペ号が土佐で座礁した時、土佐の役人はスペイン人に対して、スペイン人が「他の地を奪い取りに行く征服者であることをよく知っていると述べた。ガレオン船に乗って来るところを見て、彼らが兵士のように多くの武器や弾薬を持ち運んでいると述べた」(Valignano, *Apología De La Compañía De Jesús De Japón Y China (1598)*, 326-27.)。このようにスペイン人が征服者だと考えていた役人は、サンフェリペ号の航海士に対して、スペインのような狭い国が他の大きな諸国を征服できた理由を尋ねた。航海士は次のように答えた。スペイン人は「あれらの諸王国を少人数のスペイン人で征服した。まず、あれらの土地においてキリスト教界を生み出すために托鉢系や他の修道士を派遣し、多くの先住民を改宗させ、その後にスペイン人が武器を持って行き、それらの先住民の助けを借りながらその地の支配者となった」(ibid., 327.)。この答えが秀吉の耳に届く。その結果、「太閤は激昂し、彼らを皆殺しにしなければならないとその後に述べた」(ibid., 329.)。
[181] Pedro de la Cruz to Claudio Aquaviva, 25 February 1599, Jap. Sin. 13-II, fol. 270v, Archivium Romanum Societatis Jesu
[182] Ibid., fols.271v-272. なお、クルスはチナ事業に賛意を示しており、チ

その他の手段として、クルスは要塞都市の建設を挙げる。その際に、ヴァリニャーノの反論を取り上げて再反論を行う。クルスによれば、ヴァリニャーノはポルトガル人が日本で要塞化された都市を建設してはならないと主張する。なぜなら、「もしポルトガル人がこのようなことを求めるならば、ポルトガル人はスペイン人と同一の王に属するのでスペイン人の助けを借りて何らかの征服を企てていると日本人が言うだろうからである」[183]。だがクルスによれば、このような危惧は日本教会の現状改善という企てを中止するには不十分な理由でしかない。さらに、そもそも「このような疑念は我々において常にもたれてきた」[184]。それにもかかわらず、我々に対する異教君主たちの好意は消え去っていない。それゆえ、要塞都市の建設は推奨されるべきである。以上のように、クルスは日本に対する軍事計画を提起する際に、上記のような見解がもはや常識化されているが悪影響をもたらさないので取るに足らないと述べている[185]。

　1600年に、ここまでみてきた言説に関する重要な転機が訪れる。すなわち、オランダ人のヤン・ヨーステンやイングランド人のウィリア

ナの改宗には征服以外の方法が存在しないと述べている。Ibid., fol.274

[183] Ibid., fol.274v
[184] Ibid.
[185] 他にも、アセンシオンとともに26聖人事件で処刑されたフランシスコ会士のバプチスタが挙げられる。1596年12月18日付の書簡において、バプチスタはサンフェリペ号事件について次のように報告している。日本の「王はスペイン人の船に積まれていた財産を全て没収した。自己防衛のために大砲や火縄銃が積まれていたので、当地におけるキリスト教徒の助けを借りて日本を略取するために到来したに違いないと言われた。（中略）ヌエバ・エスパーニャやフィリピンを略取した方法と同一の方法で、我々修道士が先に到来してスペイン人が後に到来するとも言われた」(San Pedro Bautista, "Carta Del Santissimo Martyr Fray Pedro," in *Cartas de San Pedro Bautista*, ed. Lorenzo Pérez (Madrid: G. López del Horno, 1916), 130 − 31. (聖ペトロ・バプチスタ『日本二十六聖人殉教記：書簡1596 − 97』結城了悟訳、純心女子短期大学、1995年、223 − 24頁))。イエズス会士のみならずフランシスコ会士の間においても、サンフェリペ号事件という機会において、新世界やフィリピンを先例として、宣教師に関する日本側の上述の見解が知られていた。

ム・アダムズの日本到来である。彼らが日本へと漂着した後、両国は日本と通商を求めることになる。その際に、スペインやポルトガルを日本市場から排除するために、上述の見解を利用することになる。

　ここでは、1613－23 年においてイングランドの平戸商館長を務めたリチャード・コックスに注目する[186]。コックスは『商館長日記』の中で、1616 年 8 月 18 日の日記として、イエズス会等の宣教師が反乱を扇動したという噂について次のように記している。「カルサ様は、彼の父と兄を打倒して彼の敵であるフィデイア様を擁立しようとしたという反逆罪のために、腹を切った。彼の義父である政宗殿は苦境に陥るだろうと考えられている。子を親に、臣民を彼らの生来の君主に敵対させるこれら全ての火付け役や扇動者はイエズス会士や他のパードレたちだと噂されている」[187]。カルサ様すなわち松平忠輝が父の家康と兄の秀忠に対して反逆を企て、その企ての扇動者がイエズス会などの宣教師であるという噂をコックスはここに記している。宣教師が征服隊の一員であり反乱の扇動者であるという見解の広まりをイングランド人の日記からも確認することができる。

　コックスは当時の日本とイングランドを結び付けて、イエズス会の危

186　コックスが来日した経緯は次の通りである。1603 年、コックスはそれ以降パトロンとなるトマス・ウィルソンと出会う。ウィルソンは、ロバート・セシルを輩出したセシル家と親密な間柄にあった。ロバート・セシルはエリザベス期の末期において、大使や商人等を情報源とした広範な情報網を構築する。コックスはウィルソンに出会った後、ウィルソンの勧めにより、その情報網における情報提供者の一人となった。当面は、スペインに関する情報をウィルソンやスペインのイングランド大使などに提供していた。その後、1611 年に東インド会社によって日本へ派遣されることになる。1613 年に日本に到着し、家康に謁見して通商の許可を得て、同年に平戸に商館を設立した。1623 年まで、商館長を務めると同時に、引き続き情報提供者として日本情報をイングランド本国へと提供した。詳しくは Derek Massarella, "The Early Career of Richard Cocks (1566-1624), Head of the English East India Company's Factory in Japan (1613-1623)," *Transactions of the Asiatic Society of Japan* 20(1985). を参照。
187　リチャード・コックス『イギリス商館長日記；原文編之上』東京大学史料編纂所、1978 年、286 頁（リチャード・コックス『イギリス商館長日記；訳文編之上』訳文編之上、東京大学史料編纂所、1979 年、473 頁）

険性を日本側に伝えた。幕府は家康の禁教令を実行に移すべくカトリックの宣教師を追放していく中で、イングランド人やオランダ人にも疑いの眼差しを向けるようになる。なぜなら、それらすべての西洋人たちはキリスト教徒だからである。それゆえ、イングランド人などは幕府から実際に疑いをかけられたため、その疑いを払拭する必要に迫られた。そのような状況の中で、1616年9月7日の日記において、コックスは当時秀忠の老中であった土井利勝の家人である横田角左衛門と、イエズス会について次のように語り合ったと記している。すなわち、角左衛門はイエズス会の

> パードレたちについて語り始め、我々が彼らと交渉を全くもたないことがよいであろうと言った。その後、私は彼に対して次のように答える機会をもった。彼は我々について疑う必要がない。なぜなら、彼らはイングランドという国家や我々の敵であり、可能であれば我々すべてを滅ぼそうとしているからである。だが、彼らがイングランドの諸王に対して行ってきたことを皇帝に対して行い始めることのないようにするために、彼らに注意を払うよう彼が皇帝に助言するとよいであろう。彼らはイングランド諸王の殺害や毒殺ないし火薬による爆破に執心し、生来の君主に対して反乱するよう臣民を扇動した。そのため、彼らは皆イングランドから追放された[188]。

コックスは角左衛門に対して、エリザベス女王に対する「毒殺」やジェームズ1世に対する「火薬による爆破」すなわち火薬陰謀事件の企てをイエズス会の謀略として伝え、イングランドにおける反乱の扇動者という理由でイエズス会がイングランドからも追放されたと述べている。後述のように、火薬陰謀事件は忠誠宣誓論争の発端であり、この論争においてイエズス会が反乱の扇動者であるという言説は重要であった。それゆえ、ここにヨーロッパ内外の諸言説の結節点がみられる。コックスは

188　コックス『イギリス商館長日記；原文編之上』、300頁（コックス『イギリス商館長日記；訳文編之上』、495 - 96頁）

秀忠の重臣の従者に対して、ヨーロッパの文脈におけるそのような主張を伝え、イエズス会がイングランドのみならず日本からも追放されるべきだと仄めかしたといえる。

　宣教師が征服隊の一員だという日本側の見解の信憑性を意図的に増大させているとして、カトリック側はオランダ人やイングランド人を批判する。例えば、徳川幕府の禁教令下で潜伏しながら布教活動を行ったドミニコ会士のオルファーネルが挙げられる。

　オルファーネルは1633年に公刊された『布教開始期の1602年から1620年に至るまでの日本におけるキリスト教界の展開に関する教会史』[189] の中で、アダムズの奸計が家康による禁教令の原因の一つだったと述べる。オルファーネルによれば、岡本大八事件は家康による禁教令の原因である。だが、この事件だけでは、家康による迫害は生じなかったはずである。そこで、その他の原因として、アダムズの流言が挙げられる。すなわち、家康は「ウィリアム・アダムズと呼ばれる邪悪な異端のイングランド人から聞いていた多くの事柄によって既に心を動かされ、立腹していたのである。アダムズは日本語を解し、何度も皇帝の面前に拝していた。皇帝はヨーロッパに関する事柄について彼らから聞くことを好んでいた。（中略）その中に、次のようなものが含まれていた。我々の王が他の諸王国を征服する方法として、道を踏みならすためにまず修道士を送るという方法があり、これについてはヌエバ・エスパーニャやフィリピンそして他の地域という多くの先例が存在する。老君はこれらの事柄や、その異端が自身に都合の良いように付け加え虚飾した他の事柄によって（彼はそれをうまく行う術を知っていた）、日ごとにパードレやキリスト教に対する憎悪を増大させていった」[190]。このようにドミニコ会士の著作において、家康が禁教令を発した原因は、岡本大八事件のみならず、宣教師が征服隊だという見解を新世界やフィリピンの

189　Jacinto Orfanel, *Historia Eclesiastica De Los Sucessos De La Christiandad De Japon, Desde El Año De 1602, Que Entro En El La Orden De Predicadores, Hasta El De 1620* (Madrid: Viuda de Alonso Martin, 1633).
190　Ibid., 12-13.（オルファネール『日本キリシタン教会史：1602－1620年』井手勝美訳、雄松堂書店、1977年、50頁）

例示とともにイングランド人が家康に吹聴した点に見出されていた[191]。

　家康の禁教令や、禁教令の発布に対する英蘭人の関与に関する知らせは、同時期のイングランドにも届いていた。ここでは、第二部との関連で、基本的に時系列に沿って七点を扱う。

　第一に、コックスが R. セシル宛に送付した 1614 年 12 月 10 日付の書簡である。家康が全国的な初の禁教令を発した同年において、コックスはセシルに向けて日本情報を送る。その中で、イエズス会の追放について次のように報告している。

---

[191] 他にも、同様に潜伏活動をしていたフランシスコ会士のフランシスコが挙げられる。フランシスコは 1625 年に公刊された『日本において我々の聖なるカトリックの信仰を告白したことで被った迫害や殉教に関する簡潔で真の報告書』の中で、同様の主張を行う。フランシスコによれば、26 聖人事件以降、日本教会は発展していき、1613 年の時点で六十万人の信仰者を抱えていた。だが、悪魔はこの状況を見て、次のように迫害を扇動し始めた。「オランダの異端たちを道具として選び、この目的のために日本へ到来させた。彼らはこの諸王国における先住民や支配者たちに歓待された。(中略) これらの異端たちは、次のように述べることでキリスト教徒や特に福音の宣教師に対して日本皇帝の御所様を大いに激昂させ憤慨させた。すなわち、修道士たちは自らが聖職者であり天の道を教えに到来したと言うことで偽装しているが、スペイン王の戦争における指揮官である。というのも、その王国の征服が可能になるために必要と思われる人数の人々を洗礼し、既に洗礼したその人々に征服を手伝うよう強制してきたからである。キリスト教徒になることで、そのような義務を負うことになる。このような仕方で、スペイン人はインディアス全体や他の多くの諸王国における支配者となってきた。これらや他の嘘を皇帝やその助言者たちに述べた。これらは一見して真実であるように思われたので、彼らによって信じられた。彼らの目的が達成されるためには、それで十分であった。皇帝はこの点について重臣と会議や協議を行い、次のように決定した。オランダ人とイングランド人 (オランダ人を助け、行動を共にした人々) は日本に迎え入れ、友として便宜を図られるべきだが、スペインの聖職者は日本やその諸王国全体から追放され排除されるべきである。皇帝のこのような命令は 1613 年に日本全体で公布され、翌年の 14 年になってはじめて施行された」(Diego de San Francisco, *Relacion Verdadera Y Breue De La Persecucion Y Martirios Que Padecieron Por La Confession De Nuestra Santa Fee Catholica En Iapon* (Manila: el Colegio de S. Thomas de Aquino, por Thomas Pimpin, 1625), 2. (ディエゴ・デ・サンフランシスコ『ディエゴ・デ・サン・フランシスコ報告・書簡集』佐久間正訳、キリシタン文化研究会、1971 年、22 － 23 頁)

イエズス会士や聖職者ならびに修道士や修道女の全てが皇帝によって彼の支配地から追放され、彼らの教会や修道院は引き倒されて燃やされ、彼ら自身はフィリピンや中国のマカオへと出港した。彼らはイングランドという国がその原因だと述べているが、彼ら自身に対する当然の報いとしてそうなったことはよく知られている[192]。

コックスは、日本の皇帝がカトリックの修道会を全面的に追放して教会を破壊したことや、その原因がイエズス会等によってイングランド人に帰されていることを報告した。その他に、イエズス会が日本に初めて到来した人々であり、長崎などで布教を軌道に乗せ、長崎を港町として発展させたことや、天正遣欧使節についても報告している。

　第二に、コックスがイングランド冒険商人組合（Company of Merchant Adventurers）のオランダにおけるミデルブルフ駐在員宛に送付した1614年12月10日付の書簡である。この書簡は、第一の書簡と執筆された日付が同一であり、内容もほぼ重なる。すなわち、「全ての聖職者や修道士そして修道女が皇帝によって日本から追放された。彼らは中国のマカオへ向かったが、その地で冷遇されるだろう。彼らの教会や修道院は全て破壊された。彼らはこの失敗をイングランド人の到来に帰すが、彼ら自身の悪行がその主な原因であることはよく知られている」[193]。このようにコックスは家康の禁教令に関する同様の知らせを同時にイングランドとオランダのイングランド人へと送付していたのである。その他にも、同年にコックスは東インド会社やインドネシアの同僚に対しても禁教令について書簡で知らせている[194]。

　第三に、アダムズが東インド会社のロンドン商館長のスミス宛に送付

192　Naojirō Murakami, ed. *Letters Written by the English Residents in Japan, 1611-1623* (Tokyo: Tenri Central Library, 1973), 147.
193　W. Noel Sainsbury, ed. *Calendar of State Papers, Colonial Series, East Indies, China and Japan, 1513-1616* (London: Longman, 1862), 353.
194　Ibid., 343; Murakami, *Letters Written by the English Residents in Japan, 1611-1623*, 141.

した1616年から17年の書簡である。その中で、アダムズは日本における1615年の戦争について、すなわち大坂夏の陣について報告している。アダムズによれば、秀吉の息子である秀頼はイエズス会などと組んで戦争に挑んだが、敗北した。「皇帝はイエズス会や托鉢系修道会が彼の敵とともに城にいたことや、時々彼に対していまだに敵対的であることを聞き、ローマ側のあらゆる人々を彼の国から追放し、当地の教会を引き倒し燃やすよう命令した」[195]。さらに、カトリックへの改宗について死刑を科すよう定めた。このように、大坂夏の陣におけるイエズス会の敵対行動などが禁教令や迫害を加速させたとアダムズは報告した。

　第四に、コックスが東インド会社宛に送付した1617年1月1日の書簡である。この書簡について、二点が重要である。一点目として、先述のように1616年の9月付近において、幕府はイングランド人に対しても疑いの眼差しを向けるようになり、それゆえコックスは角左衛門に対してイングランドにおけるイエズス会の火薬陰謀事件等について伝えることで、その疑いを払拭しようとしていた。コックスによれば、アダムズもまた同様の疑いをかけられていた。アダムズは皇帝に謁見した際に、イングランド人がキリスト教徒か尋ねた。アダムズはイングランド人がキリスト教徒であるが、イエズス会とは異なると答えた。「なぜなら、全ての修道士やイエズス会士は私の故国イングランドから追放されたからである」[196]。さらに、家康の重臣たちに対して、イエズス会が日本へと「ミサや信仰告白そして洗礼を行うために到来しているわけではないと警告した」[197]。二点目として、コックスは皇帝の重臣がポルトガル人に述べた言葉を載せている。すなわち「イエズス会士や托鉢系修道士が人民を反乱や騒乱へと扇動することを知っていながら、日本の皇帝はイエズス会士や托鉢系修道会士を日本から追放して彼らの密入国を妨害すべき理由をあまり持たないのだろうか」[198]と反語的に尋ねた。以上のよ

---

[195] *Letters Written by the English Residents in Japan, 1611-1623*, 52.
[196] W. Noel Sainsbury, ed. *Calendar of State Papers, Colonial Series, East Indies, China and Japan, 1617-1621* (London: Longman, 1870), 1.
[197] Ibid.
[198] Ibid., 2.

うに、日本の皇帝はイエズス会がイングランドから追放されたことを知らされており、イエズス会を征服隊の一員とみなすことで日本からも同様に追放したという報告が東インド会社へと送られた。

　第五に、コックスがウィルソン宛に送付した1620年3月10日付の書簡である。この書簡の中で、コックスは禁教令下における迫害の展開について報告している。京都では五十五名、長崎では十六名のキリスト教徒や宣教師が処刑され、多くが投獄されている。日本では教会が長らく引き倒されてきたが、今年になって長崎における残存の教会が破壊されるに至った。その跡地に道を作るなどして、皇帝は日本におけるキリスト教の記憶を根絶やしにしようとしている、と[199]。

　第六に、ジェームズ1世にウィルソンが対面で行った報告である。コックスは1616年頃にウィルソンへ書簡を送っている。その中で、日本の君主が強大であり、宮廷は十万人の従者を抱え、宮殿に二十万人が宿泊できると報告された。同時に、日本の君主がイエズス会を追放したと報告された。1618年3月、ウィルソンはこの書簡についてジェームズ1世に報告し、ジェームズは日本君主の強大さについては俄かに信じなかったといわれている[200]。家康が禁教令を発したほぼ同時期に、ジェームズがその禁教令について知っていたことは、第二部との関連において注目すべきであろう。

　第七に、1619年付近に、フランスのイエズス会士コトンが次のように述べたことが知られた。コトンは「イエズス会士が単なる間者であるにすぎないとしたイングランド人やオランダ人に不満を示しながら、全てのイエズス会士が中国や日本で公的に鞭打たれたと述べていた」[201]。英蘭人に対する東アジアのイエズス会士による批判がヨーロッパのイエズス会士を介して、イングランド本国へと届いたわけである。

　ここまでみてきたカトリックの諸修道会とプロテスタントの二ヶ国に

199　Murakami, *Letters Written by the English Residents in Japan, 1611-1623*, 240.
200　Mary Anne Everett Green, ed. *Calendar of State Papers, Domestic Series, of the Reign of James I., 1611-1618* (London: Longman, 1858), 531-32.
201　*Calendar of State Papers, Domestic Series, of the Reign of James I., 1619-1623* (London: Longman, 1858), 88.

加えて、第三のアクターとして徳川幕府が重要である。なぜなら、徳川幕府は17世紀初頭において支配が未だ盤石ではなかったので、キリスト教会を外圧として利用することで政権を確立するために、宣教師が征服隊だという従来の見解を積極的に利用するからである。結果として、キリシタン禁制は江戸幕府の祖法となっていく[202]。ここでは、二点を扱う。

第一に、排吉利支丹文である。排吉利支丹文は、1614年1月に家康が初の全国的な禁教令を発する際に、その側近中の側近であり「黒衣の宰相」として知られる崇伝（1569－1633）に起草させた公文書である。崇伝は武家諸法度や禁中並公家諸法度の制定にも深く関わった高僧である[203]。排吉利支丹文の冒頭部分において、「それ日本はもとこれ神国なり」[204]と宣言される。垂迹説に基づき、日本は仏国でもあると主張される。「ここに吉利支丹の徒党、たまたま日本に来る。ただに商船を渡して資財を通ずるにあらず、みだりに邪法を弘め、正宗を惑はし、以て域中の政号を改め、おのが有となさんと欲す。これ大禍の萌しなり。制せずんばあるべからざるなり」[205]。すなわち、キリスト教徒が日本へ到来し、通商を求めるのみならず、キリスト教という邪宗を弘めて仏教などの正宗を惑わし、そうすることで天下の権力を我が物にしようとしたので、キリスト教会を制する必要がある。さらに、日本においては神仏こそ善悪や仁義の基準であるにもかかわらず、「かの伴天連の徒党、みな件の政令に反し、神道を嫌疑し、正法を誹謗し、義を残（そこ）なひ、善を損なふ」[206]。しかも、「刑人あるを見れば、すなわち欣び、すなわち奔り、自ら拝し自ら礼す。これを以て宗の本懐となす。邪法にあらずして何ぞ

202　五野井『日本キリシタン史の研究』287－89頁
203　崇伝について、詳しくは、桜井景雄『続南禅寺史』大本山南禅寺、1954年、75－86頁；圭室文雄編『政界の導者天海・崇伝』吉川弘文館、2004年を参照。
204　崇伝「排吉利支丹文」海老沢有道校注、『キリシタン書・排耶書』岩波書店、1970年、420頁
205　同上。海老沢の校註によれば、域中は天下を意味し、政号は政治と命令を意味する。
206　同上、421頁

や」[207]。すなわち、26 聖人事件の場合のように、犯罪者であるにもかかわらず殉教者とみなされた者に対して、自ら進んで礼拝する邪宗がキリスト教である。それゆえ、「実に神敵仏敵なり。急ぎ禁ぜずんば後世必ず国家の患ひあらん。（中略）早くかの邪法を斥けば、いよいよわが正法昌んならん」[208]。以上のように、排吉利支丹文という公文書において、キリスト教に対する禁教や迫害の理由の一つとして、宣教師が征服隊であり日本の支配権を強奪しに到来したという見解が挙げられていた。

　第二に、ハビアンの『破提宇子（はだいうす）』である。著者の不干斎ハビアン（1565－1621）はキリシタン史上において有名な日本人である。ハビアンは1586年にイエズス会に入り、以後イエズス会のための尽力する。特に、1605年に『妙貞問答』を執筆し、その中で日本における神儒仏をキリスト教の立場から批判する。ところが、1608年にイエズス会を脱会する。その直後、直属の上長モレホンにイエズス会を痛烈に批判した書簡を送る。その後、棄教する。1620年、長崎奉行の依頼により、秀忠に献上するために『破提宇子』を執筆する。タイトルの「提宇子」はデウスの当て字であり、著作の目的は徳川幕府の禁教を正当化する点にあった。構成は序と七つの段と夜話である。七つの段において、『妙貞問答』とは反対に、キリスト教を神儒仏の立場から批判している[209]。ここでは、本項と関わりの深い第七段と夜話において、三点指摘する。

　第一に、キリスト教会に対するハビアンの批判において、「二人の主人」の問題が登場している。ハビアンは第七段において、十戒を取り上げる。その第一は「Ds 御一体ヲ万事ニ越エ大切ニ敬ヒ奉ルベシ」[210]である。この命令は「主人ヨリモ父母ヨリモ、此 Ds ヲ猶重ジ奉テ、Ds 御内証ニ背ク義ナラバ、主、ヲヤノ命ニモ随フベカラズ、身命ヲモ惜ムベカラズ」[211] という命令である。すなわち、キリスト教徒は命を犠牲に

207　同上。
208　同上。
209　井手勝美「キリシタン知識人ハビアンと『破提宇子』（一六二〇年）」『比較思想研究』23 号別冊、1997 年、54 頁
210　不干斎ハビアン『破提宇子』海老沢有道校註、『キリシタン書・排耶書』岩波書店、1970 年、439 頁。なお、Ds はデウスの略字である。
211　同上、440 頁

してでも、主人や親よりもデウスの意志に従わなければならない。デウスの意志に反する最たる例として、「Ｄｓヲ背テ仏神ニ帰依スル事」[212]が挙げられる。それゆえ、「提宇子ノ宗旨ヲ替ヘ、仏神ニ帰依セヨト君命、サシモニ重ケレドモ、身命ヲ惜マズ、五刑ノ罪ニ逢フト云ヘドモ、却テ之ヲ悦ブ。看看、君命ヨリモ伴天連ガ下知ヲ重ジ、父母ノ恩恵ヨリモ、伴天連ガ教化猶辱ナシトスル事ヲ」[213]。すなわち、キリスト教の棄教という異教君主の命令が重いものであり、その違反が罰されるにもかかわらず、キリスト教徒は神やパードレの教えを進んで優先する。ハビアンはキリスト教の教えにおいて、このような「二人の主人」の問題を指摘していた。「Ｄｓノ内証ニ背ク義ナラバ、君臣ノ忠義ヲ捨、孝悌ノ因ヲモ存セザレト勧ムル」[214]点に、キリスト教の危険性を見出していたのである。

　第二に、ハビアンにおいても、宣教師が征服隊の一員であるので罰せられるべきと主張された。ハビアンは「神法仏法アレバコソ王法モ盛ナレ」[215]と主張する。だが、「王法ヲ傾ケ仏神を亡シ、日本ノ風俗ヲノケ、提宇子、己ガ国ノ風俗ヲ移シ、自ラ国ヲ奪ントノ謀ヲ回ラスヨリ外、別術ナシ。呂宋、ノウバーイスパニヤナドノ、禽獣ニ近キ夷狄ノ国ヲバ、兵ヲ遣シテ之ヲ奪ントモ、吾朝ハサシモ勇猛他ニ越タル国ナルガ故ニ、法ヲ弘メテ千年ノ後ニモ之ヲ奪ント思フ志シ、骨髄ニ徹シテアリ」[216]。すなわち、キリスト教会は徐々に神道仏教をキリスト教に代替することで日本の国力を徐々に弱体化させ、フィリピンや新世界よりも強大な日本をついには奪い取るつもりである。それゆえ、キリスト教会は「国家ヲ傾ケ奪ヒ仏法王法ヲ泯絶セントノ心、茲ニ籠レル者也。何ゾ早此徒ニ柄械ヲ加ヘザラン」[217]。このように、長期的に時間をかけて日本を征服しようと企てているキリスト教会を罰する必要があるとされた。

212　同上、441 頁
213　同上。
214　同上。
215　同上。
216　同上、441－42 頁
217　同上、441 頁。なお、校註によれば、泯絶は滅ぼし絶やすことを、柄械は手枷や足枷を意味する。

第三に、ハビアンは告解の秘跡を根拠として、宣教師が反乱の扇動者であると批判した。ハビアンによれば、キリスト教会は告解の効果について次のように教えている。キリスト教徒が「父ヲ殺シ母ヲ殺ス五逆罪、国家ヲ傾ケントノ謀反・反逆等ノ大犯也トモ、残ラズ懺悔スルニ、伴天連之ヲ赦セバ、其罪消滅スルト云フ」[218]。すなわち、告解は親殺しや反逆罪のような大罪をも消滅させることができると言われている。「国家ヲ覆ス程ノ大逆ヲモ、伴天連聞テ赦セバ、其罪消滅スルゾト教ルハ、偏ニ科ヲ犯シテモ苦シカラヌ物ゾト弘ムル同前也。是ヲ以テ見ル時ハ、伴天連ハ残賊ノ棟梁、謀反殺害人ノ導師トモ云ツベシ」[219]。このように、ハビアンは告解が反逆罪をも消滅させるので、宣教師たちが「謀反殺害人ノ導師」だと批判した[220]。

　以上のように、日本における迫害の原因は宣教師が征服隊の一員だという日本側の見解に存するという言説が、当時の支配的言説の一つとして存在し、英蘭のプロテスタント国や徳川幕府によって利用されていた。この項を閉じる前に、このような思想的状況を要約的に説明しているイエズス会士の著作を取り上げる。モレホンが1616年に公刊した『日本の教会に生じた迫害の報告書』[221] である。モレホンはハビアンの上長だったイエズス会士であり、天正遣欧少年使節の帰国に同伴して1590年に来日し、京坂地区で活動し、1614年の禁教令によって国外へ追放され、禁教令について報告と協議を行うためにローマへ行き、その後に再

218　同上、445頁
219　同上。
220　なお、第五章で述べるように、告解を根拠にイエズス会を反乱の扇動者とする批判は、同時期のイングランドにもみられるものだった。ハビアンは1619年の時点で、司祭になるためにローマへ留学して帰国した後に棄教したトマス・荒木こと荒木了伯とともにいたので、そのようなヨーロッパにおける批判を荒木から聞いていたのかもしれない。トマス・荒木について、詳しくは、井手勝美『キリシタン思想史研究序説』187頁；高瀬弘一郎『キリシタン時代対外関係の研究』吉川弘文館、1994年、595－630頁を参照。
221　Pedro Morejon, *Relacion De La Persecucion Que Uvo En La Yglesia De Iapon* (Mexico: en casa de J. Ruyz, 1616).

び来日を試みるが1639年にマカオで没した[222]。

　モレホンは秀吉や家康の迫害における原因を次のように説明する。日本の仏僧や秀吉は宣教師が「神の法を布教するという口実で国家に対する野心を持っているに違いないと述べた。（中略）フィリピンやモルッカそして東西インドが奪い取られ、彼らが好戦的であり、キリスト教徒がパードレに対して非常に従順であり互いに団結していることを、彼らは知っており見てきた。それら全てに危機感を抱いており、大坂の仏僧という最近の鮮烈な例によって一層抱いている。この例によって、太閤様や信長や他の者達は、彼らが自身の宗派を守るために日本の諸支配者を大いに苦しめ悩ませることを十分に理解した。太閤様は1596年に迫害を再開し、あのキリスト教界に甚大な危害を加える際に、この理由を利用した。さらに、フィリピンからヌエバ・エスパーニャへ向かうサンフェリペ号を没収するという欲にかられて、次の問いに対する或る航海士の無思慮な言葉の助けを借りた。すなわち、スペイン人はどのようにしてあれほど多くの諸王国を得てきたのかという問いに対して、まず取引に行くが、危害を被るか歓迎されないならば戦争を行い国を奪うと答えた。そのためにはまず修道士が先に到来するかと問われ、そうだと答えた。（これは明らかに偽りであるが）太閤様はそれを動機として行動を起こした。この疑いはイングランド人とオランダ人（将軍の時代に日本で取引し、住み着いてもいる）によって追認された。（中略）修道士が反逆的な悪しき人々であり、キリストの真の教えではなく自身の空想を布教しており、このためにヨーロッパにおける多くの国から追放されたと彼らは述べた。さらに、極めて特殊な例を挙げながら、スペイン人は他国を奪い取るという目的しか持たないと述べた。以上の全てが将軍の口によって明らかにされた。これについて、次のように述べるに至った。ヨーロッパにおける王や支配者たちがパードレたちを自身の地から追放したならば、私が私の地から彼らを同様に行っても損害を与えたことにはならないだろう」[223]。宣教師が征服隊だという見解は日本の仏僧

222　ペドゥロ・モレホン『日本殉教録』佐久間正訳、キリシタン文化研究会、1974年、7 − 28頁
223　Morejon, *Breve Relacion De La Persecucion*, 3-5.（佐久間訳、39 − 40頁）

や英蘭人によって強められ、日本の統治者によっても迫害の際に用いられた。このような言説が要約的に説明されている。

日本の言説をスアレスが知るに至った経路

　以上のような日本の迫害に関する言説などを、スアレスはどのようにして知るに至ったのだろうか。その経路を、人や書簡そして著作に分けて論じる。
　第一に、人である。人による口伝という経路は、論証が容易ではないように思われる。それでも、スアレスがチナ事業の情報を主唱者サンチェスから直接知ったように、日本の迫害が宣教師から口伝によりスアレスまで伝播してきたという可能性を排除することは困難である。
　ここでは、ヨーロッパにおける諸修道会間の対立に注目して、口伝という経路について考察する。第三節で述べたように、チナ事業という案件はヨーロッパへと持ち込まれ、1590年代のヨーロッパにおけるイエズス会とドミニコ会の対立を激化させる火種の一つとなっていた。1600年代初頭のヨーロッパにおいて、日本布教はチナ事業とともに修道会間の対立における火種となっていたことを、ここでは一つの史料を通して確認する。その史料は、1609年11月にヨーロッパのイエズス会士がスペイン王室に提出した回答書である。発端は、1607年1月に或る修道士がイエズス会の日本布教を批判するためにスペイン王室へ書簡を送ったことである。その書簡は、1590年にサラサールがサンチェスをチナ事業について批判するためにスペイン王へ送っていた書簡を伴って送付された。それゆえ、1600年代初頭のヨーロッパにおいて、イエズス会は日本と中国の布教について他の修道会から、スペイン王室を巻き込む形で批判されていたわけである。これらの書簡に対するイエズス会の回答書をここでは扱う。回答書は、その日本布教批判への反論と、サラサールによる批判への反論という二つの部分から成る。
　その日本布教批判への反論において、前項で扱ってきた日本の宣教師に関する日本側の見解や日本の迫害に関する言説が登場する。日本布教批判の部分は、婚姻などの幾つかの論点を含んでいる。その中で、本項

では二つが重要である。第一に、日本司教を一人増やすべきかという論点である。イエズス会士は、増やすべきではないと反論する。なぜなら、外国人を嫌悪し恐れている日本人は、修道士が「彼らの兵士たちの間者として来ていると考えている」[224] ので、修道士よりも権力を持つ司教の増員を明らかに恐れるからである。第二に、日本で諸修道会による協議会が開かれるべきかという論点である。イエズス会士は次の理由により、否定的な回答を示す。「ヨーロッパ人や特にフィリピンのヨーロッパ人が外国人の修道士を利用して日本の諸王国を奪い取りに来ると日本人は考えているので、日本人がその修道士たちに対して抱いている恐怖を考慮すると、日本ではいかに司教と修道士たちの協議会を避けなければならないかが容易に理解される。さらに、異教の諸王や皇帝は協議会を見ると、あれらの協議会がキリスト教徒の霊的向上よりも彼らから彼ら自身の国を奪取することのために存在すると恐れて、間違いなく自身の意見に確信を持つであろう。このことを彼らはまだ理解していない。そしてもしそのような疑いが抱かれたならば、より重要性の低い他の機会においてなされたように、すぐさま全ての修道士を自国から追放し、誰もキリスト教徒にならないよう禁止し、あの若い教会は大きな疑念の対象となるような危機に見舞われるであろう」[225]。すなわち、日本の皇帝などは宣教師が征服者だという見解を抱いているので、協議会の開催によってその見解に確信を持つことで、禁教や迫害を日本の教会にもたらすだろうからである。

　サラサールへの反論において、1587年の伴天連追放令に関して同様の言説が登場する。サラサールは伴天連追放令の原因を日本人とイエズス会士の交易に帰していた。この批判に対して、先述のイエズス会士は

---

[224] "Respuesta que Se Dio en Esta Corte en Noviembre de 609 a Una Carta que Se Enscrivio de Japon en 14 de henero de 607 contra Los dela Compañía de Aquellas Partes", Cortes 565, fol.324, Real Academia de la Historia（「かの〔日本の〕地域のイエズス会士たちに対して、〔一〕六〇七年一月一四日に日本から書き送られた一通の書翰に対し、〔一〕六〇九年一一月にこの〔マドリード〕政庁において与えられた回答」『イエズス会と日本』第二巻、高瀬弘一郎訳、岩波書店、1988年、396頁）。
[225] Ibid., fol.325.（高瀬訳、399頁）

真の原因を説明しようとする。イエズス会士によれば、秀吉に重用されていた仏僧の施薬院は秀吉について次のように述べた。「イエズス会は日本で大いに敬われていた神仏の寺院を破壊し、その代りに有馬や大村の地に多くの教会を立て、キリスト教界をつくり上げてきた。そうすることで強大になっていき、いつか大坂の仏僧（当時、関白殿に対して強大な権力をもって蜂起していた）と同様の行いをするであろう。さらに、フスト右近殿は自身の地において全ての者をキリスト教徒に改宗させ、そこから全ての仏僧を追放し、神々の寺院を破壊した。さらに、キリスト教徒に改宗させるという口実の下で、多くの支配者たちをこのようにして糾合した。そうすることで、おそらく日本の王国に対する何らかの大反乱や反逆を企てたのである」[226]。イエズス会士からすれば、伴天連追放令の原因は、宣教師が征服隊であり改宗者と反乱を企てるという施薬院の発言にあった。

　以上のように、日本や中国の布教に関する情報が1600年代初頭のヨーロッパへと持ち込まれ、スペイン王室を巻き込む形で展開された修道会間の対立において利用されていた。その際に、イエズス会の日本布教に関する批判において、日本の迫害や禁教は批判の好材料であったので利用されていた。したがって、日本の迫害に関する言説が人によって口伝でスアレスのもとへ届いたとしても不思議ではない。

　次に、書簡という経路に移る。管見の限り、スアレスと日本の宣教師による直接的な書簡のやり取りは確認されていない。その原因は、ヴァリニャーノが来日後に日本年報を通信制度として洗練化したことで、日本の宣教師による私的書簡の数が大幅に減少した点に存するかもしれない[227]。だが、この日本年報がスアレスの情報源になった可能性もある。そこで、日本年報を取り上げる。

　年報（annual letters）はイエズス会における通信制度の一つである。

---

[226] "Respuesta que Se Dio en Esta Corte", fol.329v.（高瀬訳、417頁）
[227] ただし、ザビエルの来日以降公刊されていったイエズス会士の書簡集はスアレスの情報源になった。しかしながら、どの書簡集かは定かでない。Francisco Suarez, *De Diuina Gratia* (Moguntiae: sumptibus Hermanni Mylij Birckmanni, 1620), 41.

イエズス会は創設当初から、世界中に散らばったイエズス会士たちの統一性や相互的教化のために、書簡を介した情報収集を制度化しようとした[228]。そこで、各地のイエズス会士から各管区長へ、各管区長からローマの総長へと書簡が定期的に送付されるよう定めた。ローマへ届いた書簡は、ローマで精査された上で抜粋が作成され、そこからその年におけるイエズス会の歴史が編纂された。その後、各地のイエズス会士が情報を共有できるよう回覧に付された[229]。

　ここで重要な点は、東インドからの年報がポルトガルを経由してローマへ送付された点である。当時の船は現代よりも難破などの危険を多く伴っていたので、日本や中国からの年報は二、三通の複写が作成された上で、別々のルートでローマへ送付された。そのルートの一つは、ゴアからポルトガルを介してローマへ至るルートである。ポルトガルにおいて、16世紀半ばにイエズス会のコインブラ学院が設立された。コインブラ学院は、東アジア布教へ向かう宣教師たちの錬成所となっていた。さらに、ゴアのルートでローマへ送付されるイエズス会の書簡の校正や複写、保存や印刷などを行う場ともなっていた。書簡はコインブラでそれらの作業を経て、ローマへ送付された[230]。スアレスは1597年から最晩年までコインブラ大学に在籍していたので、ローマへ送付される前の日本年報に触れることで、日本の迫害に関する言説に触れていただろう[231]。あるいは、複写などの作業に携わっていたイエズス会士たちから日本布教の最新情報を得ていた可能性も十分にある[232]。

228　John Correia-Afonso, *Jesuit Letters and Indian History, 1542-1773*, 2nd ed. (Bombay; New York: Oxford University Press, 1969), 1-2.
229　Ibid., 6．
230　Donald F Lach, *Asia in the Making of Europe*, vol. 1 (Chicago: University of Chicago Press, 1971), 316.
231　例えば、1614年の日本年報において、家康の禁教令に関して先述の言説が登場している。松田毅一監訳『十六・七世紀イエズス会日本報告集．第2期』第2巻、同朋舎出版、1996年、54－55頁
232　なお、コインブラ大学は東アジア布教と関わりが深いといえる。例えば、布教に熱心なことで知られたポルトガルのジョアン3世は、東アジア布教の宣教師を育てるためにイタリアから一群の教授陣をコインブラ大学へ招聘していた。さらに、先述のコエリョに代わって1580年代に日本の準

最後に、著作に移る。第三節で述べたように、1590年代のスアレスはイエズス会とドミニコ会の対立においてアクアヴィヴァからイエズス会の弁明書を執筆するよう再三依頼され、引き受けた。その成果はまず1608－9年における『宗教の徳と修道士の地位について』の第一巻と第二巻という形で現れた。ただし、スアレスはそれらの巻においてイエズス会の弁明を直接的に行ったわけではなく、その下準備を行うに留まっていた。直接的な弁明は、最晩年に完成し死後出版された第四巻で行われる。この第四巻の中で、スアレスはイエズス会に関するイエズス会士などの著作に幾つか言及している。それらの中に、東アジア布教に関する記述が含まれている場合があった。例えば、マキャベリ批判で有名なリバデネイラ（Pedro de Ribadeneyra 1527-1611）が1572年に初版を公刊した『聖イグナティオ・ロヨラの生涯』[233]や、ペイヴァ（Jacobus Payva）が1566年に公刊した『イエズス会の始まり』[234]、オルランディヌス（Nicolaus Orlandinus 1554-1606）の1615年に公刊された『イエ

管区長となったP. ゴメスは、かつてコインブラ大学の神学教授であった。Theophilo Braga, *História Da Universidade De Coimbra*, vol. 2 (Lisboa: Tip. da Academia, 1895), 129.; 井手勝美『キリシタン思想史研究序説』、31頁

[233] Francisco Suarez, *Opus De Virtute Et Statu Religionis*, vol. 4 (Moguntiae: sumptibus Hermanni Mylii Birckmann, 1626), 358. ザビエルはイエズス会の創設メンバーであったので、ロヨラの伝記において登場する。リバデネイラはその著作において、ザビエルが東南アジアで日本人のアンジローと出会い、日本へ向かい、豊後などで多くの日本人を改宗させたと記している。さらに、ザビエルが改宗させた日本人のベルナルドはローマへ向かい、リバデネイラと直接会い、リバデネイラからザビエルについて様々な質問を受けたとも記している。その他に、日本でイエズス会の学院が設立され、天正遣欧少年使節がローマへ送られたことも記している。Pedro de Ribadeneyra, *Vida Del P. Ignacio De Loyola Fundador De La Compañia De Iesus* (Madrid: Alonso Gomez Impressor de su Magestad, 1583), 225-32, 419, 50-66.

[234] Suarez, *Opus De Virtute Et Statu Religionis*, 4, 357. ペイヴァはその著作の中で次のように記している。布教を特徴とするイエズス会は、ジョアン3世の後援により、東インドへとザビエルを派遣した。東アジア布教において特に活躍したザビエルは、日本におけるキリスト教の最初の礎を築いた。Andrada D. Payva, *De Societatis Jesu Origine Libellus* (Lovanii: apud Rutgerum Velpium, 1566). なお、この著作にはページやフォリオの番号が付されていない。

ズス会の歴史』[235] である。

　ここでは、他のイエズス会士による二つの著作に注目する。第一に、ルセナ（João de Lucena 1549-1600）の『フランシスコ・ザビエルとインドにおけるイエズス会の修道士たちの行いに関する歴史』[236] である。ルセナはポルトガル生まれであり、コインブラ大学などで神学などを学んでいた。最晩年になって、ルセナはイエズス会の依頼によりこの著作の執筆を開始し、1599年に完成させ、1600年に出版した[237]。ポルトガル語で執筆されたこの著作は、すぐにイタリア語とスペイン語に翻訳された。第二に、グスマン（Luis de Guzman 1543-1605）の『イエズス会の修道士が日本や中国および東インドで聖なる福音を弘めるために行った布教の歴史』[238]（以下、『東方伝道史』）である。グスマンはスペイン生

235　Suarez, *Opus De Virtute Et Statu Religionis*, 4, 358. オルランディヌスはその著作の中で、主に日本の地理や政治、宗教や日本人の性質、ザビエルの布教について記している。日本はアジアの極東に位置し、国土全体の大きさはイタリアと同程度である。六十六の国から構成されており、それらの諸国は皇（Vo）や内裏（Dayrim）と呼ばれる王に服している。内裏が日本全体における唯一の裁判を行う。それ以外の裁判はほとんどなく、被告の召喚や公の牢獄もない。統治者間で争いが多い。宗教は釈迦や阿弥陀、神々（Cames）や仏などが信仰されている。聖職者は仏僧（Bonzius）であり、多数の宗派が存在する。日本人の性質として、日本人は一般的に明敏で、教えやすく、学ぶ意欲が高い。誇りや名誉を尊び、柔弱に見られないよう心を砕いており、武器や戦争の徳を重んじている。ザビエルは自身の到来よりも10年前にポルトガル人によって発見されたこの日本へとアンジローとともに到来した。アンジローの助けを借りながら、仏僧の宗教を知るために忍室（Ninxit）という仏僧と親しくなり、魂の不滅などについて論じ合い、勝利した。多くの敵対的な仏僧に苦しめられながらも、その後も宗論を繰り返し、勝利していった。Nicolaus Orlandinus, *Historia Societatis Iesu* (Coloniae Agrippinae: sumptibus Antonij Hierat, 1615), 218-26, 68-77.

236　João de Lucena, *Historia Da Vida Do Padre Francisco De Xavier, E Do Que Fizerão Na India Os Mais Religiosos Da Companhia De Iesu* (Lisboa: Pedro Crasbeeck, 1600).

237　ルセナについては、次を参照。*História Da Vida Do Padre Francisco De Xavier*, vol. 1 (Lisboa: Agência Geral do Ultramar, Divisão de Publicações e Biblioteca, 1952), VII-LXXXIV; *Vida Do Padre Francisco Xavier* (Lisboa: União Gráfica, 1959-60), IX-LVIII.

238　Luis de Guzman, *Historia De Las Misiones De La Compañía De Jesus En La India Oriental, En La China Y Japan Desde 1540 Hasta 1600* (Bilbao: El

まれであり、アルカラで学び、1595年にはトレド管区の管区長となった。アルカラはトレド管区に属していたので、グスマンは最晩年のサンチェスや、ドミニコ会の攻撃を受けていたスアレスと知己になっていたかもしれない。アクアヴィヴァの依頼により本書を執筆し、1601年に公刊した[239]。『東方伝道史』はキリシタン史においてはフロイスの『日本史』に次ぐ重要な著作として知られている。ルセナの著作がザビエルの没年付近までの布教史しか基本的に対象にしておらず、それゆえ伴天連追放令や26聖人事件を扱っていないのに対して、グスマンの著作は秀吉の没年まで対象にしている[240]。

Mensajero del corazon de Jesus, 1892).
239　詳しくは、ibid., 5-7. を参照。
240　なお、管見の限り、スアレスがグスマンの著作に直接言及した箇所は発見できていないが、スアレスは以下の理由ゆえにその著作を読んでいたというべきである。1601年に公刊されたばかりの『東方伝道史』を、スアレスは遅くとも1603年5月までには入手していた。というのも、1603年と1608年の時点におけるスアレスの蔵書リストが現存しており、ザビエルの『東方伝道史』が1603年のリストに載っているからである（Mário Brandão, "Contribuições Para a História Da Universidade De Coimbra: A Livraria De O P. Francisco Suarez," *Biblos* 3(1927): 341.）。なぜスアレスはこれほど早く入手したのだろうか。その答えを解く鍵は、『東方伝道史』が東方の布教史に関する本論部分とは別に所収していた論文にある。この論文は、先述のフランシスコ会士アセンシオンの報告書に対する反論の書である。アセンシオンは、イエズス会の日本布教を批判する報告書を二つ書いていた。ヴァリニャーノは1598年の『弁明書』により、この批判に反論していた。その際に、この『弁明書』によってローマやスペインなどの重要人物に対してイエズス会の弁明を行っていくよう総長に要請していた（Jose Luis Alvarez-Taladriz, "Valignano (1598) Sobre Su "Apologia"," *Sapientia* 19(1985): 175.）。その要請と一致するような形で、グスマンは私的にしか流通していなかった『弁明書』を利用しながら、アセンシオンの批判に反論するための論文を執筆した（"La Apologia (1598) De Valignano En La Historia (1601) De Guzman (Primera Parte)," *Sapientia* 23(1989); "La Apologia (1598) De Valignano En La Historia (1601) De Guzman (Segunda Parte)," *Sapientia* 24(1990).）。このように、グスマンの『東方伝道史』はイエズス会の弁明書という役割をも担っていた。この著作をグスマンに依頼していたアクアヴィヴァは、イエズス会がドミニコ会などと対立を深める中で、同時期にスアレスにもイエズス会の弁明書を執筆するよう繰り返し依頼しており、その際に、弁明書の執筆に役立ちそうな書物をスアレスに提供すると伝えてい

スアレスはルセナとグスマンの著作によって日本人の性質や宗教ないし政治などについて多くの情報を知ることができた。例えば、日本の政治について、かつて内裏が平和的に統治していたが、近年になって反乱が生じ、現在は恒常的な内戦状態にあるとされている[241]。日本人の性質について、グスマンはザビエルのように日本人が知的に卓越した礼儀正しい民族として好意的に評価するのに対して[242]、ルセナは、グスマンが示していたような好意的評価を表層的として批判し、日本人が実際には内面の尊大さを露見させないよう嘘や虚言で繕われた生を送っているとした[243]。日本の宗教は日本に特徴的な神々（Camis）や、仏（Fotoques）

た。『東方伝道史』はまさしくそのような書物であった。以上のように、イエズス会の弁明書という『東方伝道史』の役割ゆえに、スアレスは公刊から間もなく本書を入手したといえるだろう。とりわけ全世界の布教をイエズス会の独自な特徴とみなすことになるスアレスは、弁明書の執筆という自身の職務を徐々に果たしていく際に、本書を読んでいただろう。

241　Lucena, *Historia Da Vida*, 482-87. （ルイス・デ・グスマン『グスマン東方伝道史』上巻、新井トシ訳、天理時報社、1944 年、453 － 457 頁 ; Guzman, *Historia De Las Misiones* 215-17, 394.
242　*Historia De Las Misiones* 218-19.（新井訳、460 － 462 頁）
243　Lucena, *Historia Da Vida*, 469-75.

　なお、ルセナは日本人の見せかけの生と宗教について、国家理性論を登場させている。ルセナによれば、日本の支配者の中には、来世を信じず、神々や仏に神性を認めないにもかかわらず、それらの宗教を公けに否定しない者がいる。なぜなら、これらの支配者はそのように否定しないことが「法や君主に対する人民の服従を獲得し維持するという点で、国のよき統治において重要である」(ibid., 493.)。と考えているからである。それゆえ、これらの支配者は「我々の異端の中でポリティーク（Politicos）と呼ばれる人々と非常に似ていて」、非常に不敬であり、神々や仏に対する信仰ではなく「国家理性（rezam do estado）」ゆえにそれらの宗教を支持する（ibid.）。このように日本の支配者たちが神々や仏を偽りと認識しているにもかかわらず、国家理性ゆえに神々や仏の宗教を利用していると、ルセナは批判した。
　国家理性論を日本の文脈に関連付けたイエズス会士は他にも存在する。例えば、イエズス会日本管区長のマテウス・デ・コウロスは 1621 年の総長宛文書において次のように述べている。「神の教えはパードレたちがこの帝国をスペイン帝国に服従させ併合するための手段や隠れ蓑であると天下の支配者によって考えられているので、今日の日本において見られる神の教えに対する迫害の主な原因は国家理性（razon de Estado）に基づいている」。これまでみてきた宣教師に関する日本側の見解が国家理性論と結びつけら

などの信仰であり、偶像崇拝であり、偽りの宗教である。聖職者のヒエラルキーはカトリック教会と似ており、有力な仏僧たちは日本の諸王と同程度に強大かつ裕福である。世俗の諸王は神々などを信じている者が多い[244]。

以上のような日本情報に加えて、日本の迫害に関する記述がここでは重要である。グスマンは26聖人事件の成り行きや原因について、布教史の本論部分と論文において論じている。

布教史の本論部分において、26聖人事件の原因は秀吉がサンフェリペ号事件を契機として宣教師を征服隊の一員として確信した点に見出される。グスマンによれば、幾人の宣教師や多くの財産を積載したサンフェリペ号が土佐に漂着した際、スペイン人はその積荷を回収すべく秀吉と交渉するために、右衛門尉に助力を求めた。右衛門尉は助力を快諾したかに見えた。だが実際は、サンフェリペ号が日本の沿岸に着き、「土佐の王が伝えたように、それに乗って来た人々が兵隊（gente de guerra）である」[245]という理由を挙げて、右衛門尉は秀吉に積荷を没収するよう説得した。その後、右衛門尉は土佐で積荷を実際に没収した。没収について秀吉に報告する際、サンフェリペ号の航海士と自身の会話についても報告した。すなわち、右衛門尉はスペイン人とポルトガル人が同一民族であり、ペルーやフィリピンを所有するような同一の王を

れ、迫害の原因が宣教師やスペインの征服に対して国益を守る点に存すると分析されている。同様の意見は、後に転び伴天連となるイエズス会のクリストヴァン・フェレイラによっても同年に表明されている。すなわち、「将軍は我々が福音の布教によって王国の奪取を試みていると確信しているので、国家理性（rezam de Stado）のために」迫害を行ったと分析されている。以上のような関連付けがイエズス会において広まっていたのかもしれない。Jose Luis Alvarez-Taladriz, "La Razón De Estado Y La Persecución Del Cristianismo En Japón Los Siglos Xvi Y Xvii," *Sapientia* 2(1967): 59.（「十六・七世紀の日本における国是とキリシタン迫害」佐久間正訳、『キリシタン研究』第13号、6頁）: Christovão Ferreira to Mutio Vitelleschi, 18 March 1621, Jap. Sin. 17, fol. 274, Archivium Romanum Societatis Jesu

244　Guzman, *Historia De Las Misiones* 220-22.（新井訳、464－467頁）
245　Ibid., 603.（ルイス・デ・グスマン『グスマン東方伝道史』下巻、新井トシ訳、養徳社、1945年、674頁）

戴くかと尋ね、航海士は両国民が異なる国民だがペルーなどを支配する同一の王を戴くと答え、地図を用いてそれらの支配地の位置を示してみせた。右衛門尉はその支配地の多さと広大さに驚いて、征服方法を尋ねた。航海士は、「王がまず様々な修道会の修道士を福音の布教のために派遣し、十分な人数のキリスト教徒を生み出したところで、武力を伴って入っていき、新たに洗礼された人々と兵隊を糾合して、その地の支配者を打ち倒し、その地を奪う」[246]と答えた。右衛門尉は、航海士が土佐で述べたこの事柄を秀吉に伝えた。その際に、「あの船の人々は様々な修道会の修道士を同行させ、多くの武器を十分に備え付けていたので、それらの人々が信頼に値するとは思わない」[247]と付け加えた。この機に乗じて、施薬院などはイエズス会などに対する秀吉の怒りを煽った。ついに秀吉は怒りに燃えて、「日本においてこの教えを容認しようとは思わない理由が私にはある。すなわち、これらのパードレたちがもたらす全ての改宗は、私から私の王国を奪うためになされているからである。だが、私が先に彼らから命を奪い、彼らを死刑に処すとしよう」[248]と述べ、26聖人事件に至った。以上のように、宣教師は征服隊の一員だとサンフェリペ号の航海士が発言し、実際にサンフェリペ号は宣教師や兵隊そして武器を運んでいたと日本の役人が発言したので、秀吉は宣教師が征服隊だと確信し、26聖人事件という迫害に至ったと説明されている。

　論文においても、グスマンは同様の主張を行う。グスマンによれば、イエズス会は26聖人事件の原因を生み出したとして他の修道会から批判されている。グスマンはヴァリニャーノと同様に、別の原因を示すことによってこの批判に応答する。その一つは、サンフェリペ号の航海士による上述の発言である。秀吉はサンフェリペ号の航海士による発言を知り、「あれらのパードレたちが到来する目的は、当地の人々を懐柔し、その後にフィリピンからカスティーリャ人が武器を持って到来し、それ

246　Ibid., 605.（新井訳、下巻、678頁）
247　Ibid.（新井訳、下巻、678頁）
248　Ibid.（新井訳、下巻、678－679頁）

らの人々ともに蜂起することであると納得した」[249]。他にも幾つかの原因が挙げられる。だが、26聖人事件の「主要な原因は、スペイン人が浦戸で述べた発言による僭主の怒りである。その発言により、福音の布教が王国を征服するための計略であり、フィリピンのパードレたちはマニラのカスティーリャ人の間者であると納得した」[250]。ここでグスマンは、秀吉がフィリピン総督に送付した書簡を引用して、宣教師に関する秀吉の見解が迫害の原因だと論証する。その書簡において、秀吉は次のように宣教師を批判する。「この王国に幾人かのパードレが到来して多年が経過した。彼らは他国の悪魔的な教えを布教することで、これらの王国における人々の男女の習俗を下劣なものへと堕落させ、彼ら自身の地における慣習を導入し、人心を惑わせ、これらの王国の統治を破壊しようとした。それゆえ、私はこの教えを極めて厳格に禁止し、全面的に妨害するよう命じた。（中略）貴国において、その教えの布教は他国を服従させるための謀略や隠れ蓑であるという情報を掴んだので、彼らを殺すよう命じたのである」[251]。以上のように、日本のイエズス会を弁明するための論文において、日本における迫害の原因は宣教師が征服隊だという日本側の見解に存するという言説が、秀吉の書簡を証拠としながら、示されていた。

1613－15年における「信仰について」の講義

　ローマ学院における「信仰について」の講義から約三十年後に、スアレスはコインブラ大学で再び同じテーマの講義を行う。ローマ学院とコインブラ大学の講義ノートの間には、形式面において、構成に大きな変更がみられる。内容面においても、幾らかの変更がみられる。例えば、「戦争論」で扱われていた自然的奴隷説が「信仰について」の講義にも登場したが、野蛮な教育に関する批判が削除されている。それでも、内容面において、ローマ学院からコインブラ大学へ至る間に、理論的な転

249　Ibid., 660.（新井訳、下巻、806頁）
250　Ibid.（新井訳、下巻、806頁）
251　Ibid.（新井訳、下巻、807頁）

向ではなく着実な積み重ねや発展がみてとれる[252]。

　スアレスは布教権についてまず説明する。ローマ学院の講義において、スアレスは教皇が全世界に対する布教権を持つと主張していた。だが、この布教権自体に関する説明をほぼ行っていなかった。コインブラ大学の講義において、そのような説明を行うようになる。布教権は主に三つの構成要素から成る。

　第一に、布教の権利である。スアレスは権力（*potestas*）が権利（*ius*）を伴わない場合と伴う場合を区別する。伴わない場合、例えば他人の家に入らせてもらう場合のように、何かを行うことが許容されているだけである。伴う場合、例えば自分の家を使う場合のように、それを自らの権能によって行うことができる。この区別を踏まえた上で、スアレスは「あらゆる場所のあらゆる異教徒に対してカトリックの信仰を正当に布教できるための権力を教会が持つ」[253]と主張する。なぜなら、信仰は救済に必要であるので全世界に伝えられる必要があるからである。その上で、スアレスは「教会が福音を布教するための純粋な権力を、いわば許容的な権力を持つだけではなく、そのための特別な権力を伴った権利をも持つ」[254]と主張する。なぜなら、キリストはこの権利を持っていたに

252　「信仰について」の講義が1613－15年に行われたとはいえ、この講義ノートは『信仰の防衛』の執筆時において既に大半が作成されており、その後に残りの部分が完成されたといえる。理由は三つある。第一に、これからみていくように、特に布教論の部分はローマ学院の講義内容を土台として利用しているからである。第二に、先述のように、1609年以前にスアレスがこの講義ノートの加筆修正を開始していたことは、1609年における「信仰について」の手稿によって確認されるからである。第三に、スアレスはコインブラ大学で二人の書記生を雇い、自身の著作等を清書させて講義で利用できるようにしていたので、講義を開始する前に講義ノートを一定程度完成させている必要があったからである。Braga, *História Da Universidade De Coimbra*, 2, 360.

253　Francisco Suarez, "Tratatus de Fide. Pars 2 Moralis", COD 5236, fol. 339v, Biblioteca Nacional de Portugal　　ecclesiam habere potestatem per quam licite potest ubique et quibuscumque infidelibus fidem catolicam praedicare

254　Ibid.　　ecclesiam non solum habet simplicem potestatem, et ut sic dicam permissivam, sed autem habet ius cum speciali potestate praedicandi evangelium

もかかわらず、自身の手で全世界の布教を行わなかったので、教会に委ねたからである。したがって、教会は布教先の異教徒による許可を欠いたとしても布教を行うことができ、布教妨害は布教の権利に対する侵害となる。1601－3年の法学講義においてユス概念が権利という意味合いを獲得することで、布教の権利という構成要素が明確に判別され、説明されるに至った。

　第二に、布教の権力である。スアレスによれば、「端的に考えられた布教の権力は裁治権的な権力ではなく、いわば教義によって照明する力でしかない」[255]。それゆえ、布教の権力は厳密には強制権ではなく、模範的な生や言葉によって異教徒をキリスト教徒に改宗させる力である。したがって、教会は布教の権力によって異教徒に強制力を加えることができない。

　第三に、布教における裁治権であり、自己防衛権である。スアレスはビトリアなどを参照しながら、従来通り、「自身の宣教師を守り、力や暴力によって布教を妨害したり布教を許容しなかったりする人々と戦うための権利を教会は持つ」[256]と論じる。だが同時に、スアレスは誤読を誘うような次の主張をも行う。「この権利は全世界に対する真の権力や裁治権として教会に与えられた」[257]。ここで、主に二点が重要である。第一に、教皇は異教君主に対して裁治権を恒常的に持つわけではない。なぜなら、布教の「裁治権は福音の布教から開始される必要がある」[258]からである。すなわち、宣教師が各々の布教地に到着してはじめて、その布教地においては布教の裁治権が効力を持ち始める。それゆえ、教皇はキリスト教会と接触する以前の異教君主に対して裁治権を持つわけで

---

[255] Ibid., fol. 343　　potestatem praedicandi praecise sumpta non esse potestatem iurisdictionis, sed esse tantum virtutem ut sic dicam illuminandi per doctrinam

[256] Ibid., fol. 340　　Ecclesiam habere ius defendendi praedicatores suos, et expugnandi eos qui per potentiam, et vim praedicationem impediunt seu non permittunt

[257] Ibid.　　hoc ius datum est Ecclesiae tanquam vera potestas et jurisdictio in universum orbem

[258] Ibid.　　jurisdictio inchoari debet a praedicatione Evangelii

もない。第二に、布教の裁治権はなによりもまず、布教地で活動している宣教師に対する教皇の裁治権である。それゆえ、布教の裁治権は各々の布教地から始まる必要がある。よって、宣教師が未到達の布教予定地には、宣教師を対象とするこの布教の裁治権はいまだ実質的に存在していない。教皇はこの裁治権を、まず宣教師に対して、さらに新たな改宗者に対して持つ。このようにして彼らがキリスト教共同体の臣民であるので、彼らや教会に対する異教君主の危害に対して教皇は当該布教地で自己防衛権を行使できる。もし教皇が布教地で裁治権を持たないならば、すなわち統治権を持たないならば、臣民の防衛を正当に行えなくなる。以上のように、教皇は全世界における各々の布教地でキリスト共同体の成員に対する裁治権を持っており、それゆえに異教君主の危害に対して自己防衛権を行使できる[259]。

　以上のような布教権を、主に教皇が持つ。司教の管轄が各司教区に限られているのに対して、教皇の管轄は教会全体に及ぶ。それゆえ、教会の拡大に関する配慮は主として教皇に委ねられている[260]。ただし、教皇は無制約に強制力を用いて教会ないしキリスト教共同体を拡大できるわけではない。そこで、布教における強制力の行使が禁止される場合と可能な場合に分けて論じていく。禁止される場合は主に三つ挙げられる。

　第一に、改宗の強制は禁止されている。スアレスはメイジャーやセプルベダの意見として、教会が異教徒の改宗を強制できるという意見を取り上げる。スアレスはアクィナスやビトリアなどを参照して、この意見を否定する。その根拠はローマ学院の講義と基本的に同一である。すなわち、教皇が異教徒に改宗を強制するためには、異教徒に対して裁治権を持っていなければならない。だが、「外部の人々を裁くことは、わたしの務めでしょうか」という聖句にみられるように、教会は平時におい

259　この主張は、一方で直接的権力論や一律型間接的権力論を念頭に置きつつ、他方で教会が裁治権という強制権を持たないので迫害されても自己防衛できず忍従するしかないという第二部の反ローマ陣営の主張を念頭に置いているといえる。この主張はコインブラ大学の講義で新たに追加された部分であるので、第二部の諸論争の影響を見て取れる。
260　Suarez, "Tratatus de Fide. Pars 2 Moralis", fol. 341

て異教徒に対する正規の裁治権を持たないからである。なぜなら、「神は人間のあらゆる罪を罰する権力を人間に与えなかった。（中略）さもないと、人類が平和や正義の下で統治されることは可能ではなかったからである」[261]。したがって、教会は改宗を強制できない。

　第二に、布教における説教の聴聞を強制することは禁止されている。スアレスによれば、「非臣民の異教徒に信仰の聴聞を強制することはいかなる仕方であっても許されない」[262]。根拠は、改宗の強制が禁止されている根拠と同じであり、裁治権の欠如である。それゆえ、教会は異教徒が宣教師の説教を避けていたとしても、聴聞を強制できない。

　第三に、自然に反する罪である。スアレスはメイジャーやセプルベダの意見を取り上げる。その意見によれば、異教徒は偶像崇拝を行うことで神の名誉を害するので、教会は偶像崇拝を止めるよう異教徒を強制できる。スアレスはこの意見を否定する。なぜなら、「教会はこれらの異教徒に対する裁治権を欠いており、裁治権を欠いた強制や罰は正当ではないからである」[263]。教会が非臣民の異教徒に対する裁治権を欠くことは、先述のように神により定められた。なぜなら、「他の仕方においては、より大きな悪が結果するからである」[264]。ただし、人身御供は無垢者の防衛という理由により依然として例外的に認められている。

　以上のように、ローマ学院の講義と同様に、スアレスは改宗や布教の聴聞などにおいて教会に強制力の行使を認めなかった。それらの方法は、教会ないしキリスト教共同体を拡大させる方法として有害で不正だからである。それゆえ、それらの方法が採られないようにすべく、スアレスは教皇の権力を抑制している。

　それでも、教皇が強制力を行使することで教会を拡大できる場合もあ

---

[261]　Ibid., fol. 345v　　Deum non dedisse hominibus potestatem puniendi omnia delicta hominum [...] non poterat genus humanum in pace et iustitia aliter gubernari

[262]　Ibid., fol. 343　　nullo modo licet infideles non subditos cogere ad fidem audiendam

[263]　Ibid., fol. 346　　in ecclesia non est iurisdictio super hos infideles et coactio vel punitio sine iurisdictione non est iusta

[264]　Ibid.　　maiora mala ex alio sequerentur

る。布教妨害や迫害である。

　第一に、布教妨害である。教皇は布教の権利を持つので、異教徒の許可を欠いたとしても宣教師を派遣できる。それでも、異教徒が宣教師の説教を聞かなかったり、聞いた後に改宗しなかったりしたとしても、教会は異教徒に対して強制力を行使できない。なぜなら、一方で異教徒はそれらの場合において教会に対して不正を行っていないからであり、他方で教皇は平時において異教徒に対する正規の裁治権を欠くからである。だが、異教君主は宣教師による自由な布教活動や臣民の異教徒による自由な改宗を許容しない場合に布教の権利を侵害しているので、布教妨害において布教の権利を侵害している。この場合に、教会は自己防衛権を持つ。それゆえ、たとえ布教先の王と人民が一致して布教の受け入れを拒否したとしても、教皇は自己防衛として布教を認めさせるために強制力を行使できる[265]。

　第二に、迫害である。迫害に関する主張もまたローマ学院の講義に大部分で基づいている。俗権は自然法に、信仰は神法に由来し、恩寵は自然を破壊しない。それゆえ、異教君主は臣民のキリスト教徒に対する俗権を正当に持つ。だが、君臣の紐帯よりも解消しがたい夫婦の紐帯を教皇は正当な理由の下で解消させることができるので、迫害において臣民のキリスト教徒たちを異教君主に対する服従から解放できる。その方法は二種類ある。第一に、キリスト教徒たちの国外転出である。第二に、異教君主の俗権を強制的に奪うことである。この方法はほぼ確実に君主の交替を伴うので、実行するための条件が厳しい。例えば、その国におけるキリスト教徒の数や、この方法が成功する見込みである。これらの条件が満たされた場合に、教皇は異教君主による迫害の恒常的な恐れがあるだけであっても迫害に対する自己防衛権を持っている。だが、実際の迫害がこの「権力の行使のためには道徳的にみて必要である」[266]。

　迫害や布教妨害に対する教皇の自己防衛権について、スアレスはここで考察を深めている。前章で述べたように、スアレスはローマ学院の講

265　Ibid., fol. 343-343v
266　Ibid., fol. 348v　ad executionem potestatis sint haec moraliter necessaria

義においてキリスト教君主に対する教皇の霊的裁治権を異教君主に対する自己防衛権と区別していた。さらに、キリスト教君主に対する間接的権力については、「直接的」と「間接的」という語の意味合いを特定し、示していた。しかし、スアレスは異教君主に対する教皇の自己防衛権を、間接的権力と同じ綴りの「間接的な権力」とも呼び、この「間接的な権力」については「直接的」と「間接的」という語の意味合いを説明していなかった。この説明は本講義において行われる。一方で、「直接的」という語には二つの要素が含まれている。「一つは、裁治権的権力に基づいて行われることである。もう一つは、そのような手段によって、人を信仰へ導くために行われることである」[267]。他方で、「間接的」という語は改宗という意図ではなく、「自己の防衛あるいは他者による不正や過失に対する報復」[268]という意図を特徴とする。このように、「間接的な権力」が他者による重大な危害に対して戦争に訴えてでも自己を守るための自己防衛権であるのに対して、その対となる「直接的な権力」は不信仰者を信仰へと強制的に至らせるための裁治権であることが示された。

　最後に、随兵布教に対する批判が本講義において新たに追加された。第三節で述べたように、スアレスはドミニコ会との対立という状況的要因もあって、チナ事業においてサンチェスに賛同して随兵布教の正当性を認めていた。だが、本講義において、おそらく日本における迫害の言説を重要な契機として、随兵布教の正当性を否定するようになる。

　スアレスは随兵布教批判の箇所で日本について直接的に言及していないが、日本における迫害の言説を重要な契機としていたといえる。その根拠は二つある。第一に、ここまで扱ってきた布教方法に関する論点よりも前の論点において、すなわち迫害下における信仰の秘匿や偽装という論点において、スアレスは日本に直接的に言及しているからである。スアレスによれば、信仰の秘匿はその表明と否定の中間に位置しており、

267　Ibid., fol. 339v　　　unum est ut fiat ex potestate iurisdictionis aliud est ut inducendum hominem ad fidem per tale medium
268　Ibid.　　vel, in propriam defensionem vel, in vindictam alterius iniuriae vel, delicti

常に禁止されているわけではない。だが、信仰を表明すべき機会において秘匿することは禁止されている。そのような機会の最たる例は、公衆の面前で不信仰の僭主によって信仰の有無を問われた場合である。このような場合に、信徒は信仰を隠すことで教会の士気を下げるなどの危害を教会に対して加えてしまうので、秘匿を禁止されている。この秘匿は言葉によってなされることもあれば、行いによってなされることもある。「日本において今や信仰へと改宗した異教徒が、自身の信仰を異教の王に対して隠すために、王の下で偶像に香を焚いたり同様のことをしたりする可能性があるだろう」[269]。だが、このような行いによる信仰の秘匿もまた許されないと、スアレスは論じている。このように、スアレスはまさに迫害下における信仰の秘匿や偽装という論点を日本の文脈に関連付けて論じている[270]。しかも、スアレスはこの論点自体をローマ学院の講義で扱っていたにもかかわらず、日本を例として登場させていなかった[271]ので、コインブラ大学の本講義において日本との関連付けを新たに追加したのである。そこから、日本の迫害に関するスアレスの関心が高まっていたことが確認できる。第二の根拠は、これからみていくように、スアレスによる随兵布教批判の理論構成が日本における迫害の言説と一致しているからである。その一致を確認するためにグスマンの『東方伝道史』におけるサンフェリペ号事件と26聖人事件の説明を再びまとめ

---

269 Suarez, "Tratatus de Fide. Pars 2 Moralis", fol. 318　posset nunc gentilis ad fidem conversus in Japone sub rege infideli incensum offere idolo vel aliquid simile facere, ut suam fidem Regi occultet

270 さらに、1615年に完成されていた『宗教の徳と修道士の地位について』の第三巻において、スアレスが日本や中国の布教における困難な状況に気付いていたことが確認できる。その中で、スアレスは修道士が司教よりも完全な職であると述べている。それでも、「司教職がその世俗的利益から切り離されているならば、司教職を受け入れるよう誓約することはそれ自体で内在的に悪ではない。反対に不利益と結びつくならば、一層そうである。かつての原始教会や、現在の日本や中国と他の同様の場所で生じうるようにである」。Francisco Suarez, *Opus De Religione*, vol. 3 (Lugduni: Jacobi Cardon, 1625), 69-70; Scorraille, *François Suarez, De La Compagnie De Jésus*, 2, 226.

271 Francisco Suarez, "De Fide, Secunda Pars, 1583," *Archivo Teológico Granadino* 33(1970): 266-305.

ると、次のようになる。サンフェリペ号の船員は宣教師が征服隊の一員だと日本側に伝えていた。実際に、サンフェリペ号が宣教師とともに兵士や武器を運んでいたと日本側は考えていた。それゆえ、日本の統治者は宣教師が征服隊として日本を奪い取りに来たと考え、自己防衛のために宣教師や改宗者の処刑に至った。秀吉の書簡が西訳されて載せられていたので、秀吉の考えをそこから確認することができた。以上より、随兵布教批判の箇所は日本における迫害の言説のみに基づくとまでは言えないとしても、その言説を重要な契機としていたといえる。

　スアレスは論敵の主張として、随兵布教を新たな論点として括りだす。先述のように、布教が妨害されたり宣教師が攻撃を受けたりするならば、教皇は自己防衛権を行使できる。ここで、その自己防衛権を行使すべき時機が問題となる。その時機がセプルベダのように事前である場合について、スアレスはこの予防戦争を「それ自体で信じられない」[272] として一蹴する。その代りに、事前でも事後でもなく、同時であるような方法として随兵布教を新たな方法として争点化する。随兵布教とは「戦争を仕掛けるためにではなく、宣教師を安全に進入させるためだけに、十分な兵士を随行させて宣教師を派遣すること（中略）信徒が異教徒の下へとより容易かつ安全に入っていき進行していけるようにするために、異教徒の土地において、少なくとも諸地域の境界地において要塞化された塔や砦を建設すること」[273] である。すなわち、宣教師の派遣に先立って土着の異教君主の俗権を奪い取るような予防戦争とは異なり、宣教師を守るために兵士の随行や拠点地の要塞化を宣教師の派遣と同時に行う布教方法である。

　スアレスはおそらく日本の文脈を背景としながら、随兵布教を不正で有害な布教方法として批判する。ここでは、最も重要な根拠のみに注目

272　Suarez, "Tratatus de Fide. Pars 2 Moralis", fol. 341　per se incredibile est

273　Ibid., fol. 341-341v　mittere praedicatores cum sufficiente milite, non ut bellum inferant, sed solum ut praedicatores securi incedant [...] aedificare turres et arces munitas in terris infidelium saltem in terminis provinciarum, ut introitus et ingressus ad infideles sit facilior et securior fidelibus

する。スアレスは次のように、随兵布教が不正な攻撃であると批判する。

> もし宣教師が兵士を随行させて派遣されたならば、派遣先の人々は道徳的な仕方において、明確な合理性を欠くことなく、次のように推定するだろう。すなわち、宣教師は彼らの霊的救済を求めるためにというよりもむしろ王国を占領するために派遣されている、と。それゆえ、一般的な仕方で論じるならば、理にかなった推定に基づき、正当防衛が可能となるだろう。したがって、彼らに正戦の機会が与えられることになる[274]。

スアレスは、宣教師が兵士を随行させるならば、宣教師が国を占領するために到来したと異教徒によって合理的に推定されるので、異教徒が正当防衛を行えると主張している。この主張は日本の言説に即して次のように理解できる。サンフェリペ号事件や26聖人事件において、宣教師が兵士や武器を伴って日本に到来したと言われていた。まさに、随兵布教の状態である。兵士を随行させた宣教師を目の当たりにして、日本側は宣教師が国を奪い取るための征服隊の一員だと推定した。宣教師が征服隊だという点は、これまでみてきたように宣教師に関する日本側の見解として広く知られたものでもある。この推定や見解により、日本側は自己防衛のために宣教師などに対する迫害へ至った。以上のような言説に触れることで、スアレスは随兵布教における異教徒の考えを知ることになった。すなわち、兵士を随行させた宣教師は征服隊の一員であるので、このような布教に対して自己防衛すべきという考えである。スアレスは異教徒が「明確な合理性を欠くことなく」この考えを抱いたと判断

274　Ibid., fol. 341v　si praedicatores mittantur cum exercitu illi ad quos mittuntur morali modo et non sine apparenti ratione praesument mitti potius ad occupandum regnum quam ad procurandam salutem spiritualem eorum, unde loquendo etiam regulariter iuste defendi poterunt juxta prudentem praesumptionem. ergo datur illis occasio iusti belli

　なお、ここでスアレスが日本を例として挙げていないことはおそらく当然だろう。なぜなら、さもないと、日本における現今の迫害が正当であるとスアレスは論じていることになるからである。

した。スアレスはこのように日本の文脈を主な背景として、異教君主が合理的推論の結果として随兵布教に対する正当防衛を行えると主張したといえる。異教君主が正戦を行えるので、翻ってキリスト教会は随兵布教という方法を採ることで不正な攻撃を仕掛けていることになる。それゆえ、随兵布教は不正な方法である。そのような不正を加えられるならば、異教徒は頑なに改宗を拒むようになる。それゆえ、随兵布教は有害で不正な方法として否定される[275]。

　随兵布教批判の本質的に重要な理論的帰結として、教皇は布教妨害に対する自己防衛権の行使を大幅に制限される。上掲の引用部分にあるように、兵士を随行させた宣教師が魂を救済するためにではなく国を奪い取るために到来したと異教君主は合理的に推論し、宣教師たちに攻撃を加える。この攻撃は主として宣教師に向けられているので、布教妨害である。ところが、正当防衛や正戦として認められている。反対に、随兵布教によって、教皇が不正な攻撃を仕掛けていることになる。それゆえ、随兵布教における布教妨害は自己防衛として、いわば正当な布教妨害として認められている。したがって、教皇はあらゆる布教妨害に対して強制力を行使できるわけではなく、一部の布教妨害に対してのみ行使できる。そのような一部の布教妨害の条件は二つ挙げられている。第一に、宣教師側に「罪がない」[276]ことである。第二に、異教君主が布教を妨害する理由として、「福音の布教以外の理由が存在しない」[277]ことである。それゆえ、宣教師やキリスト教徒に起因せず、キリスト教の布教自体に対する憎悪や怒りを理由とするような布教妨害に対してのみ、教皇は自己防衛権を行使できる。前章で述べたように、布教妨害に関する同様の制約はラスカサスが行っていた。そのような制約を課すことによって、ラスカサスは布教妨害という戦争の正当原因がインディアスに適用されることを回避しようとしていた。スアレスは日本布教等の文脈に

275　その他の根拠として、キリストは狼の中の羊として使徒を派遣したので、武器ではなく言葉による布教を命じていたという聖句に基づく根拠が用いられている。
276　Suarez, "Tratatus de Fide. Pars 2 Moralis", fol. 341v　　　sine culpa
277　Ibid.　　absque alia causa propter praedicationem Evangelii

おいて同様の制約を教皇の布教権に課すことで、ラスカサスと同程度に布教における武力行使を抑制する立場に至った[278]。むしろ、ラスカサスは広義の要塞建設の正当性を認めていたので、スアレスの方がその抑制に関してラスカサスよりもラディカルな面もあったといえる。

第三章のまとめ

　第一節では、16世紀半ばから17世紀初頭までの日本布教の展開を概略的に説明した。第二節では、当時の東アジア布教に対するスアレスの影響を可能な限りで探った。ヒト・モノ・思想の三点に分けて説明した。第一に、スアレスの講義を受けた学生などがその後東アジアへと宣教師として派遣されていた。第二に、それらの宣教師などが、スアレスによる講義の覚書や著作を東アジアへと持ち込んでいた。第三に、ヒトとモノが東アジアへ移動することによって、スアレスの思想が東アジア布教における殉教などの論点に関して一定の影響を与えていた。第三節と第四節では、スアレスに対する東アジア布教の思想的影響を扱った。第三節では主にチナ事業を、第四節では日本の迫害を対象とした。

　第三節と第四節に関して、スアレスの布教論は東アジア布教の下で次のように発展していった。まず1590年代において、スアレスは日本という最新の発見地を念頭に置きつつ、「我々の時代」における諸地域の新発見という特異な時代的経験によって、キリスト教会がそれまで事実として地理的普遍性を欠いていたことを認識し、強く意識するようになっていた。その頃、チナ事業について、一方で主唱者のサンチェスからその征服論について直接情報を得ていた。他方で、ベナビデスなどのド

---

[278] 本節では、日本での迫害の言説がスアレスの随兵布教論における理論的立場の変更の主因であると論証してきた。しかしながら、本節で依拠してきた史料等だけでは、論証にいまだ不足がみられるだろう。それでも、日本の言説がその変更になんら重要な影響を与えていないと論じることはもはや困難といえるだろう。

ミニコ会士がその随兵布教論を批判していた。ドミニコ会とイエズス会の対立が深まる中で、スアレスはこの最新の布教事情を背景としながら随兵布教論を肯定した。

　17世紀に入り、1601－3年にかけて、スアレスはコインブラ大学で法学講義を行った。1580年代のローマ学院において両権論の基本的枠組みの素描を示していたのに対して、法学講義においてその素描に肉付けを行い、「社会契約」等に関する新たな部分を追加することで、両権論の基本的枠組みを提示した。その際に、キリスト教君主と異教君主に対する教皇権の区別を明示していた。1606－8年には神学講義を行った。その中で、恩寵や超自然から完全に切り離された自然として「純粋な自然」の概念を説明した。その頃、東アジア布教に関する意見書などを執筆しており、最新の東アジア布教事情に関する知見や関心の深まりが窺えた。1612年に『法および立法者たる神について』を公刊した。この頃、マルタが直接的権力論を展開しつつ間接的権力論を明確に標的にしており、少し後にソロルサーノもまた直接的権力論を展開しつつ、間接的権力論に一定の理を認めながら批判していた。アセンシオンのように一律型間接的権力論の支持者も広くみられた。そのような中で、スアレスは峻別抑制型間接的権力論を展開した。さらに、征服などの不正で有害な方法によるキリスト教共同体の拡大を批判するために、異教君主の政治的な権力や能力を理論的に引き上げて、キリスト教君主の政治的な権力や能力と対等なものとして捉えようと試みた。そのために、1580年代のローマ学院では戦争の権利に着眼し、コインブラ大学では「純粋な自然」に着眼した。しかも、教皇や皇帝が全世界の支配者であることを改めて否定し、全世界の諸国が万民法によって規制される点を示した。1613年に『信仰の防衛』を公刊し、二種類の間接的権力の区別を明示した。1613－15年に、スアレスはコインブラ大学の講義において「信仰について」を再びテーマとして選び、次のような日本における迫害の言説を背景として布教論を発展させる。すなわち、日本における迫害や禁教の原因は、宣教師が征服隊の一員だという日本側の見解に存するという言説である。この言説は、イエズス会やドミニコ会やフランシスコ会の著作や書簡において見出され、イングランドやオランダな

らびに幕府によって利用された言説であり、広く人口に膾炙した。スアレスの布教論は、このような日本布教の言説や、それまでの理論的発展を背景として発展した。スアレスは二種類の間接的権力の相違をより明確に説明するようになった。さらに、随兵布教論を否定するに至り、異教君主に対する教皇権を一層制限するようになった。ラスカサスと同等かそれ以上に制限するに至ったのである。

第一部のまとめと意義

　第一部では、1580年代のローマ学院から没年へ至るスアレスの思想的発展を追いつつ、新世界発見や東アジア布教という大航海時代の文脈における教皇と異教君主の両権の関係について論じてきた。最後に、簡単にまとめと意義を示す。
　教会やキリスト教共同体の対外的拡大に関わる布教論は、スアレスの両権論を構成する半面として本質的に重要であった。新世界や日本などの地理的新発見という「我々の時代」の特異な時代的経験により、スアレスはカトリック教会が実のところ地理的・空間的に局限的であったことを強く意識し、狭義および広義の教会を普遍的に拡大させる手段としての布教を重要視した。近世において、布教は征服と結合したり、実行されなかったとしても軍事計画を伴ったりしたので、教会やキリスト教共同体の拡大における武力行使の方法や根拠が特に論争の的になった。そのような中でスアレスが批判した理論は大別して三つあった。第一に、自然的奴隷説や野蛮な教育にみられるような植民地主義的理論である。第二に、異教徒に正統な俗権を認めず、全世界の俗権を教皇に帰す直接的権力論である。第三に、より穏健的な教皇主義的理論であった一律型の間接的権力論である。これら三つの理論を批判する上で、スアレスは大別して二つの方法を採った。第一に、キリスト教君主と対等な政治的主体として捉えるべく、戦争の権利や「純粋な自然」の概念に着眼して、異教君主の政治的な権力と能力を理論的に引き上げた。第二に、峻別抑制型の間接的権力論を展開することで教皇の正規的な裁治権の対象をキリスト教共同体の内部に限定し、異教君主に対して強制力を行使できる時機や状況を大幅に制限することで、教皇権を抑制した。特に、布教妨害に関する制限において、スアレスはラスカサスと同程度にラディカルな立場へと至った。このように、スアレスは新世界発見や東アジア布教という大航海時代の文脈において、それらの征服や軍事計画にみられたような有害で不正な拡大方法を抑制すべく、異教君主の政治的な権力と

能力の引き上げや教皇権の抑制を行った。

　中世のインノケンティウス 4 世やホスティエンシスのパラダイムにおいて、全世界のあらゆる異教徒は教皇の裁治権に服しており、それゆえ教皇は異教徒による偶像崇拝などの罪を罰するべく廃位などを行えると論じられていた。第一部は、インディアス問題や東アジア布教を契機として、サラマンカ学派などにおいて異教徒が教皇の裁治権の対象から外されていく過程を扱い、特にスアレスやビトリアがその過程の主要な貢献者であることを論じた。このようにヨーロッパ外部で展開された異教君主に対する教皇権の理論が、第二部以降においてヨーロッパ内部のキリスト教君主に対する教皇権の諸論争において登場し、その内外の思想的な相互影響が生じることになる。この影響はスアレスの両権論について最終章で主に扱うことになる。第二部で反ローマ陣営の批判を第一部の諸理論に突き合せることによって、スアレスやセプルベダおよびラスカサスなどの第一部における諸論者の教皇主義としての理論的特徴や限界もまた明らかになるだろう。

第二部

宗教改革におけるキリスト教共同体の防衛と再建

第一部は、16世紀から17世紀初頭のヨーロッパ外部における異教君主と教皇の関係を主題とし、インディアス問題や東アジア布教の論争におけるスアレスの理論を扱ってきた。第二部では、同時期のヨーロッパ内部におけるキリスト教君主と教皇の関係を主題とする。第一部が大航海時代における教会ないしキリスト教共同体の拡大を扱ってきたのに対し、第二部は宗教改革における教会ないしキリスト教共同体の再建や防衛を扱うことになる。

　第二部は、17世紀初頭における二つの論争を主に扱う。第一に、1606年頃におけるローマとヴェネチアの聖務停止令論争である。第二に、同時期におけるローマとイングランドの忠誠宣誓論争である。時系列に沿って、第四章で聖務停止令論争を、第五章で忠誠宣誓論争を扱う。さらに、同時期のフランスの文脈を加える。なぜなら、後述するように、ガリカニストがヴェネチアを論争で支援するなどして、それら三つの文脈が密接な関係を築くことになるためである。ただし、スアレス自身はフランスでの論争に直接参戦しなかったので、フランスの文脈は二次的で補足的な仕方で扱われる[1]。

　本論に入る前に、ここで両権論の流れについて三点確認しておく。

　第一に、15世紀の公会議運動後に公会議主義は途絶せず16世紀に流れ込んでいった。16世紀初頭、フランスとローマが対立した際に、フランスはピサで教会会議を開き、ローマは対抗して第五ラテラン公会議

1　第二部全体に関する主要な先行研究として、Franceschiの『バロック時代初期における政治神学的危機』(Sylvio Hermann de Franceschi, *La Crise Théologico-Politique Du Premier Age Baroque: Antiromanisme Doctrinal, Pouvoir Pastoral Et Raison Du Prince : Le Saint-Siège Face Au Prisme Français (1607-1627)* (Rome: École française de Rome, 2009).) と『国家理性と教会理性』(*Raison D'État Et Raison D'Église: La France Et L'interdit Vénitien, 1606-1607: Aspects Diplomatiques Et Doctrinaux* (Paris: Honoré Champion Éditeur, 2009).) の二冊が挙げられる。元々は一本のであったこれら二冊の研究書が最重要の先行研究であり、本書は特に聖務停止令論争や忠誠宣誓論争を整理していく際にこれらの研究書に助けられている。その他の先行研究として、Stefania Tutino, *Empire of Souls: Robert Bellarmine and the Christian Commonwealth* (Oxford: Oxford University Press, 2010); Francis Oakley, *The Conciliarist Tradition : Constitutionalism in the Catholic Church 1300-1870* (Oxford: Oxford university press, 2003), 141-81. が挙げられる。

を開いた。その際に、教皇と公会議の優劣関係をめぐって論争が生じた。既に有名だった先述の枢機卿カジェタヌスが教皇主義を擁護し、パリ学派のアルマンや先述のメイジャーが公会議主義を擁護した。カジェタヌスの流れはスペインに至り、ビトリアなどが公会議主義を批判して教皇の優位を正当化した。パリ学派の流れはイングランドにみられた。ヘンリ8世は離婚問題を解決すべく公会議に訴えようとした際に、パリ学派を参照し、公会議主義的なプロパガンダを展開したため、ジェルソンなどの思想がイングランドに流入した[2]。公会議主義と教皇主義の対立は17世紀初頭の諸論争へとさらに流れ込んでいく。

　第二に、国教会原理について、マルシリウスの受容が本格化していった。Piaiaによれば、『平和の守護者』は1520年代になって初めて、当時の皇帝選挙やルターの宗教改革を背景として、反教皇主義という目的のために公刊された[3]。その後、1530年代のイングランドでも反教皇主義の目的で注目され、英訳され、英国教会の公的プロパガンダに組み込まれていった[4]。その頃、教書「リケット・ユクスタ・ドクトリナム」などではなく『平和の守護者』をもとにしたローマの本格的なマルシリウス批判が行われた。ただし、それ以降もローマのマルシリウス批判はその教書などの二次文献をもとにしたものが多く[5]、おそらくスアレスやベラルミーノも同様である。16世紀後半にマルシリウスは広く知られ、反教皇主義で多用されるようになり、17世紀初頭の諸論争で重要な論者となる。むしろ、その後のホッブズやロックなどにおいて見られなくなるので、16－17世紀初頭がマルシリウス受容の最も重要な時期であった[6]。

　第三に、教皇国の形成である。コンスタンティヌスの寄進などにより、ローマ教会はイタリアに一定の領地を得て、ペテロの遺産として保持し

2　*The Conciliarist Tradition*, 111-40.
3　Gregorio Piaia, *Marsilio Da Padova Nella Riforma E Nella Controriforma* (Padova: Antenore, 1977), 12-24.
4　Ibid., 146-48.
5　Ibid., 325-9.
6　Ibid., 332-33.

ていた。15世紀に至り、ニコラス5世はローマ教会の再起のためにその領地を教皇国として確立することを目指した。その際に、教会の頭とイタリアの世俗君主という二つの人格を備えた教皇像をモデルとして立て、後代に影響を与えていった[7]。教皇国は一万人ほどの常備軍をもつことにもなるが、対抗宗教改革の下で教皇国の官僚が聖職者で占められるなどして国家形成に成功せず、結局のところ列強国とならなかった[8]。それでも、教皇はいまや教皇国の世俗君主でもあるので、ヴェネチアなどはローマを世俗的脅威としても捉えるようになる。

---

7 Paolo Prodi, *The Papal Prince: One Body and Two Souls: The Papal Monarchy in Early Modern Europe*, trans. Susan Haskins (Cambridge: Cambridge University Press, 1987), 41-6. この教皇の両権融合モデルは主権者のモデルとして英仏に影響を与えたとも言われている。Ibid., 174.
8 Ibid., 102.

第四章　聖務停止令論争とスアレス
── 1607年の『ヴェネチアが侵害した聖職者の免除について』──

　本章は、1606年にローマがヴェネチアに下した聖務停止令をめぐる論争を扱い、そこにおけるスアレスの位置付けや特徴を明らかにする。聖務停止令（Interdetto / *Interdictum*）とは、対象地域においてミサのような聖務の執行を禁じる教会の刑罰である。1606年にローマによりヴェネチアに下されたこの罰が契機となって、両権の関係に関する論争が両者の間で繰り広げられ、さらに忠誠宣誓論争などと関係していくことになる。

　本章は四節で構成される。第一節では、聖務停止令の歴史的背景を説明する。16世紀から17世紀初頭のヴェネチア史を本章に必要な限りでみていく。第二節では、聖務停止令論争の思想的背景と大枠をみていく。思想的背景として、サラマンカ学派第一世代などにおける聖職者の免除論をみていく。なぜなら、ヴェネチア陣営はローマ陣営を批判する上で彼らの理論を援用していたからである。第三節で本論争をスアレスの直前まで再構成していく。第四節では、この論争のためにスアレスが書いた『ヴェネチアが侵害した聖職者の免除について』を上記文脈の下で読解し、その位置付けや特徴を示す。

　管見の限り、聖務停止令論争を主題としたスアレスの思想史研究は未だ存在しない。チナ事業に関するスアレスの思想史研究が存在していることに鑑みれば、前者の研究の欠如は奇異に思われるかもしれない。おそらく、その欠如の理由は主に三点ある。第一に、聖務停止令論争自体があまり思想史研究一般の対象になってこなかった点である[1]。第二に、『ヴェネチアが侵害した聖職者の免除について』の一部が紛失したまま現在も発見されていない点である。この著作は三巻から構成されている

1　管見の限り、この論争に関する思想史的研究は日本において松本論文しか存在していない。松本香「パオロ・サルピとヴェネチア聖務禁止令紛争」『イタリア学会誌』35号、1986年、98－117頁

が、第一巻が現在もなお欠けたまま発見されていない。第三に、『ヴェネチアが侵害した聖職者の免除について』がパリ版の全集に所収されなかったことである。『ヴェネチアが侵害した聖職者の免除について』は19世紀半の著作集に所収されている。スアレスの最も権威あるパリ版の全集はほぼ同時期に刊行されていったためか、『ヴェネチアが侵害した聖職者の免除について』を所収していない。この全集は極めて浩瀚であり、スアレスの主要著作として知られてきた諸著作を所収しているので、ほぼ全てのスアレス研究は全集以外のテクストに関心を向けてこなかった。したがって、『ヴェネチアが侵害した聖職者の免除について』も同様であった。

第一節　聖務停止令の歴史的背景

　藤内によれば、ヴェネチアの16世紀は二つの危機とともに幕を開けた。ポルトガルに起因する経済的危機と、カンブレー同盟による政治的危機である[2]。

　第一に、ヴェネチアはポルトガルの東インド航路開拓で経済的な大打撃を受けるが、次第に回復していった。地中海貿易で大きな利益をあげていた海洋帝国ヴェネチアは、15世紀後半からオスマン帝国により地中海貿易の拠点を奪われていく。そのような打撃の矢先に、ヴァスコ・ダ・ガマが1494年に東インド航路を開拓した。ポルトガルとヴェネチアの交易品はほとんどが重複していたので、ヴェネチアの地中海貿易は大打撃を受けた。それでも、ポルトガルが東インド航路による貿易を維持するための軍事力等を欠き、貿易の政策で失敗したことも原因となって、ヴェネチアは16世紀後半にはこの経済的危機を脱していく。

　第二に、ヴェネチアはカンブレー同盟戦争で滅亡しかけたが、外交政

2　藤内哲也『近世ヴェネチアの権力と社会：「平穏なる共和国」の虚像と実像』昭和堂、2005年、3－14頁

策等により次第に政治的危機を脱していった。海洋帝国として知られるヴェネチアは、15世紀からイタリア半島にも目を向けるようになり、16世紀までには広大な本土領を獲得していた。シャルル8世のナポリ遠征から始まったイタリア戦争において、ヴェネチアは自国拡大を最優先として活動したため、イタリア諸国の反感を買った。ついに教皇ユリウス2世が1508年に神聖ローマ帝国やフランス、スペイン、イングランド、フィレンツェなどとカンブレー同盟を成立させ、ヴェネチアと戦争する。ヴェネチアは本土領をほぼ失い、滅亡の危機に瀕した。それでも、外交でカンブレー同盟を解体させるなどして、失った領土の大半を回復し、滅亡を回避していく。

　それらの危機からの脱出が、いわゆる「ヴェネチア神話」(mito di Venezia)の確立における重要な要因となった。イタリア戦争の結果、ナポリやミラノなどのイタリアの大半がスペイン領となり、フィレンツェは共和制からメディチ家の支配下に移った。このような激動の時代において、イタリアではヴェネチアだけが古来の自由や独立を守ったとして称賛された。ヴェネチア人はこの偉業の原因をヴェネチアの卓越した政治制度に見出し、その政体を理想化して対外的に喧伝した。そのような言説が「ヴェネチア神話」である[3]。「ヴェネチア神話」は遅くとも14世紀後半には形成され始め[4]、上述の危機を主要因として確立され、聖務停止令論争を契機としてイングランドで普及していくことになる[5]。

　上述の政治的危機と関連した重要な点がもう一つある。すなわち、ヴェネチア貴族の半島進出によるローマとヴェネチア関係の変化である。ヴェネチア教会の中心は、十二使徒の一人である聖マルコを守護者とした聖マルコ教会である。聖マルコ教会は設立当初において、ヴェネチア

---

[3] 代表的論者のG. コンタリーニは、『ヴェネチアの執政者と共和制』の中で、ヴェネチアの偉大さや強大さがヴェネチアの地の利のみならず類稀なる卓越した政体やその仕組みに基づいており、それらのおかげでカンブレー同盟戦争を切り抜けることができたと論じている。Gasparo Contarini, *De Magistratibus Et Republica Venetorum* (Basileae: Froben, 1544), 7-14, 202-4.
[4] Margaret L. King, "The Venetian Intellectual World," in *A Companion to Venetian History*, 1400-1797, ed. Eric R. Dursteler (Boston: Brill, 2013), 588-92.
[5] Franceschi, *Raison D'État Et Raison D'Église*, 70.

を対外的に代表する頭領（Doge）の私有教会であった。頭領がその聖職者を独自に選出し、教会の安全を確保し、聖遺物（relics）を管理していた。同時に、この教会で頭領の就任式等が行われた[6]。その他に、ヴェネチアには国が大司教を選ぶというような教会の伝統が存在していた。この伝統は11世紀のグレゴリウス改革によるローマ普遍主義の影響を長らく免れており、ローマからの宗教的自律が「ヴェネチア神話」の一側面でもあった。しかし、ヴェネチアの内地進出により、ヴェネチア教会はローマ教会の影響下に入っていく[7]。例えば、ヴェネチアは1547年に異端審問所を設立し、異端を取り締まるためにローマと協力した。1560－70年代が協力関係のピークだった。その頃、トリエント公会議が終了し、その教令がヴェネチアですぐさま批准され、浸透していく。イエズス会がヴェネチアで活躍し、貴族たちに影響力を持つようになっていく[8]。だが、ローマがトリエント化の流れの中で、ヴェネチア教会に対するローマの影響力を強めようとして、両者の関係が悪化していく。ヴェネチアでは、親教皇の老人派と反教皇の青年派が対立し、次第に青年派が優位になっていく。16世紀末には、ヴェネチアとローマの関係は極めて悪化していた。

　17世紀に入ると、聖務停止令の直接的契機となる法律の制定などが行われた。1602年には教会の土地での永代借地に関する法律が、1603年にはヴェネチア政府の許可なく教会等をヴェネチアで新設することを禁ずる法律が、1605年には教会に対する俗人の財産譲渡を制限する法律が成立した。その頃、ヴェネチア政府は自国内における二人の聖職者

---

[6] Otto Demus, *The Church of San Marco in Venice* (Washington: Dumbarton Oaks Research Library and Collection, Trustees for Harvard University, 1960), 44-5, 52.

[7] Vittorio Frajese, *Sarpi Scettico: Stato E Chiesa a Venezia Tra Cinque E Seicento* (Bologna: Il Mulino, 1994), 307-13, 78-81; Franceschi, *Raison D'État Et Raison D'Église*, 74; Paolo Prodi, "La Chiesa E La Societa Veneziane," in *Storia Di Venezia :Dalle Origini Alla Caduta Della Serenissima*, ed. Gaetano Cozzi and Paolo Prodi (Roma: Istituto della Enciclopedia italiana, 1994), 306-8.

[8] "La Chiesa E La Societa Veneziane," 303-3, 13-20; Frajese, *Sarpi Scettico*, 350-51.

を殺人等の容疑で逮捕し、投獄した。

　以上の法律などを直接的契機として、ヴェネチアに聖務停止令が下された。上記の法律などはヴェネチアに多くの先例があった。だが、トリエント化の流れの中で、カノン法の専門家であった教皇パウロ5世が即位し、パウロ5世はそれらの法律などが教会の自由に反するという理由で、諸法律の撤回と聖職者の引き渡しを外交ルートや教書でヴェネチアに求めた。従わない場合、ヴェネチアはローマから罰を下されると通告された。まさにその頃、青年派のレオナルド・ドナが新しい頭領として選出され、パウロ5世の要求を断固拒否した。その結果、1606年4月にパウロ5世はヴェネチアの元老院に対する破門とヴェネチア全域に対する聖務停止令を予告し、5月に下した[9]。

　聖務停止令自体は紆余曲折を経ながら、約一年後に撤回されることになる。聖務停止令や破門を受けて、ヴェネチアはすぐさまイエズス会を追放する。さらに、聖務停止令に対抗して、教会の門を閉めずにミサ等の聖務を通常通り継続するよう自国の聖職者たちに求め、強制した。ローマとヴェネチアは対立を深め、スペインの介入による戦争が現実味を帯びた。ローマにおいては、後述のフランシスコ・ベニャが開戦を求めたが、イエズス会のベラルミーノやポッセヴィーノは戦争以外の方法による解決を訴えた。フランスなどによる再三の仲介が功を奏し、二人の聖職者がフランス経由でローマに引き渡されるなどして、1607年4月に聖務停止令が撤回される[10]。本章では、主にこの一年間に展開された論争を扱うことになる。

---

[9]　Gaetano Cozzi, *Paolo Sarpi Tra Venezia E L'europa* (Torino: G. Einaudi, 1978), 250-3; William .J. Bouwsma, *Venice and the Defense of Republican Liberty: Renaissance Values in the Age of the Counter Reformation* (Berkeley: University of California Press, 1968), 344-50.

[10]　Frajese, Sarpi Scettico, 199-205; Alfonso Corral Castanedo, *España Y Venecia, 1604-1607* (Valladolid: Universidad de Valladolid, Facultad de Filosofía y Letras, 1955).

第二節　聖務停止令論争の思想的背景と大枠

　本節では、日本でも海外でも長らく注目されてこなかった聖務停止令論争の大枠を示す。その前に、この論争へと流れ込んでいく思想的源の一つとして、サラマンカ学派第一世代の論者と16世紀末のベラルミーノにおける聖職者の免除論を説明する。

サラマンカ学派第一世代の論者における聖職者の免除論

　教会の財産や人物に対するヴェネチア政府の法律や行いが聖務停止令論争の直接的契機であった。それゆえ、聖職者の免除が聖務停止令論争における主要論点であり、ひいては次章でみていくように忠誠宣誓論争の主要論点にもなっていく。特に聖務停止令論争において、ヴェネチア陣営はサラマンカ学派第一世代の論者とベラルミーノによる聖職者の免除論を援用するので、ここで彼らの理論について説明する。注目すべき点は主に二つあり、この免除の法的根拠が神法か人定法かという点と、免除の範囲が全面的か部分的かという点である。

　ビトリアは霊的事柄における聖職者の免除を神法に由来させる。ビトリアは「教会権力について前半」[11]という特別講義で聖職者の免除を扱っている。ビトリアによれば、「あらゆる聖職者の免除が神法に由来するわけではない」[12]。なぜなら、聖職者の免除の中には神法でなく君主の特権に由来するものもあるからである。さらに、「それゆえ、息子たちは義務を免れた」（マタイ17－25）等の聖句に見出される神法があらゆる聖職者の免除の根拠となるほど一般的であるようには思われないからである。それでも、「俗権からの聖職者の免除のあるものは神法に由来する」[13]。すなわち、霊的事柄における聖職者の免除は神法に由来する。

11　Francisco de Vitoria, "De Potestate Ecclesiae Prior," in *Relectiones Theologicae XII* (Lugduni: Jacobus Boyerius, 1557).
12　Ibid., 97.
13　Ibid., 100.

なぜなら、霊的事柄を対象としている霊権は神法により教皇へ与えられているので、霊的事柄は神法により君主ではなく教皇の管轄だからである。

　ビトリアは部分的な聖職者の免除を認める。ビトリアによれば、「神法のみならず人定法によっても、聖職者の人物は全ての事柄について全面的に俗権を免れているわけではない」[14]。理由は次の通りである。聖職者は教会の成員であると同時に市民である。それゆえ、国法に従う義務を負っている。国法は通常において教皇ではなく君主によって制定される。よって、聖職者は教会の利益に反しないような世俗的事柄においてではあるが君主に服従している。したがって、聖職者の免除は全面的でない。ただし、聖職者が国法に反したとしても世俗の裁判所で裁かれないことは神法や自然法に大いに一致する。なぜなら、両権は異なっており、異なる国をそれぞれ形成しているので、自身の成員が通常において他方の命令に従うべきではないからである[15]。ここで注意すべき点は、聖職者が一定の世俗的事柄において君主自身の権力に服従していることである。すなわち、聖職者は「世俗的事柄において服従を義務付けられた君主をもつ」[16]。ビトリアは君主自身の権力に対する聖職者の服従という点で、スアレス等と異なる。この点が聖務停止令論争等の論点となるだろう。

　ビトリアは教皇が間接的権力によって聖職者の免除を与えることができるが、君主が一定の場合に聖職者の免除に反してでも正当防衛を行えるともいう。先述のように、ビトリアは間接的権力論の支持者である。それゆえ、霊的目的に必要ないし有益ならば、教皇は世俗的事柄についても権力を行使できる。よって、教皇は「聖職者の免除が有益ならば、この免除について立法できる」[17]。したがって、聖職者の免除が神法由来でなくとも、教皇が自身の権力によって聖職者の免除を与えることができる。反対に、君主は通常において聖職者の免除を奪えない。それでも、

14　Ibid., 102-3.
15　Ibid., 105.
16　Ibid., 103.
17　Ibid., 104.

聖職者の免除が自国に明白な危害を加え、教皇が何ら是正策を採らないならば、君主は聖職者の免除に反してでも自己防衛を行える[18]。

　ソトはビトリアと同様に、霊的事柄における聖職者の免除を神法に由来させる。ソトは、ロンバルドゥスの『命題集』の註解書[19]において聖職者の免除を扱っている。ソトによれば、「俗権からの聖職者の免除のあるものは神法に由来する」[20]。すなわち、霊的事柄における免除は神法に由来する。なぜなら、霊的事柄を対象とする霊権は神法により教皇へと与えられたからである。ただし、ソトは教会の財産に関する免除を聖句に基づけることに疑念を呈している。

　ソトもまた部分的な免除を認める。ソトによれば、「教会の人物は神法のみならず人定法によっても、国法を全面的に免除されているわけではない」[21]。なぜなら、聖職者は市民でもあるので、国の平和に関しては国法に従う義務を負うからである。ただし、聖職者は国法に違反したとしても、世俗の裁判所で裁かれない。なぜなら、世俗の裁判所で裁かれるようになると、聖職者は聖務を全うできなくなるからである。

　ソトは教皇が独力で聖職者の免除を与えられるが、君主が正当防衛できる場合もあるという。ソトによれば、教会は完全な共同体であるので、自身の管理に必要なモノを自ら与えることができる。聖職者の免除は教会の管理にまさに必要であるので、神法に由来しなかったとしても、教皇によって与えられることができる。それでも、聖職者が国法を侵害し、教皇が是正策を採らないなら、君主は自己防衛を許される[22]。

　最後に、コバルビアスもまた霊的事柄の聖職者の免除を神法に由来させる。コバルビアスによれば、「真に固有の仕方で霊的で教会的な事柄において、聖職者は世俗君主の権力や裁治権を神法によって免れている」[23]。なぜなら、霊的事柄を対象とする霊権は超自然的な仕方でペテロ

18　Ibid., 106.
19　Domingo de Soto, *In Quartum Sententiarum*, vol. 2 (Venetiis: Ioannem Mariam a Terranoua, 1569).
20　Ibid., 70.
21　Ibid., 72.
22　Ibid., 73.
23　Diego de Covarrubias, *Practicarum Quaestionum* (Venetiis: Haeredres

などの使徒へ与えられたからである。よって、君主は霊的事柄について何も要求できない。

　コバルビアスは世俗的事柄における聖職者の免除が神法に由来しないと強調する。コバルビアスによれば、「霊的事柄に関わらないような世俗的事柄や犯罪の事柄において、聖職者や彼らのモノは世俗君主の裁治権を神法によって免除されていなかった」[24]。なぜなら、それらの事柄における免除が神法に由来するならば、教皇は人間であるので免除を廃することができなくなるが、実際には教会の利益にかなう場合に一定の免除を廃してきたからである[25]。それゆえ、世俗的事柄の免除は人定法に基づく。

　コバルビアスは教皇が独力で聖職者の免除を与えられるという。理由はソトと同様である。すなわち、完全な共同体である教会は、自身の管理に必要な聖職者の免除を立法によって生み出すことができるからである[26]。

　以上、サラマンカ学派第一世代における聖職者の免除論をみてきた。ビトリアとソトとコバルビアスにおいて、霊的事柄における聖職者の免除は神法に由来するが、世俗的事柄における聖職者の免除は人定法に由来した。聖職者の免除は全面的でなく部分的であり、それゆえ聖職者は一定の世俗的事柄において君主に服従している。このように聖職者の免除は必ずしも神法由来でなく、部分的なものだったが、教皇が間接的権力によって独力で与えられるものでもあった。ただし、世俗的に有害な聖職者の免除は君主による自己防衛の対象になりえた。

16世紀末のベラルミーノにおける聖職者の免除論

　次に、ベラルミーノにおける聖職者の免除論に移ろう。ベラルミーノは『この時代の異端に対するキリスト教の信仰をめぐる論争討論集』

Melchiovis Sessae, 1568), 459.
24　Ibid.
25　Ibid., 463-5.
26　Ibid., 460.

の中で聖職者の免除を扱っている[27]。ここでは、聖職者の免除を扱っている『教会の成員について』という巻[28]と、間接的権力論を扱っている『教皇権について』という巻[29]を順にみていく。前者について、1587年の初版と1599年の第二版を比較することで、ベラルミーノにおける聖職者の免除論の変化が明らかとなるだろう。

初版において、霊的事柄における聖職者の全面的免除が神法に由来するが、世俗的事柄における部分的免除が人定法に由来する。ベラルミーノによれば、「教会の事柄において、聖職者は世俗君主の俗権を神法によって免れた」[30]。なぜなら、霊的事柄を対象とする霊権はキリストからペテロへ委ねられたので、俗人は霊的事柄において牧者ではなく羊だからである。次に、世俗的事柄について、「聖なるカノン法や聖職者の職務に反しないような国法の義務を、聖職者はいかなる法によっても免れなかった」[31]。すなわち、世俗的免除は部分的なものである。理由はビトリアなどと同様であり、聖職者が当該国の市民でもある点に存する。それゆえ、聖職者は一定の国法に服する義務を負う。ただし、聖職者がそのような国法に反したとしても、世俗の裁判所によって罰せられない。羊としての俗人が牧者としての聖職者を罰することは馬鹿げているから

27　後にホッブズが『リヴァイアサン』の第三巻で詳細に批判することになるこの著作について、簡潔に説明する。当初、この著作は公刊するために執筆されたわけではない。1575年からイエズス会のローマ学院で正規の講座となった異端反駁講座を、ベラルミーノが1576年から担当した際に授業用として執筆していたものであった。この講座の目的は、宗教改革によって失われたイングランドやドイツ等において異端を反駁すべくイエズス会士を鍛え上げる点にあった。それゆえ、宗教改革による失地の回復という意味での反宗教改革の目的のために、その講座が運用され、そのためにその著作が準備されたといえる。ベラルミーノの優れた才能ゆえに、公刊の要望が強まり、公刊へ至った。浩瀚な著作であったので、一挙にではなく少しずつ分冊で公刊されていった。Franco Motta, *Bellarmino: Una Teologia Politica Della Controriforma* (Brescia: Morcelliana, 2005), 226-43.
28　Roberto Bellarmino, *De Membris Ecclesiae Militantis* (Ingolstadii: Sartorius, 1587).
29　*De Summo Pontifice* (Ingolstadii: Sartorius, 1587).
30　*De Membris*, 154.
31　Ibid.

である。次に、ベラルミーノは世俗的免除が神法に由来することを否定する。「神法ではなく人定法によって、政治的事柄における聖職者の免除は人物についても財産についても導入された」[32]のである。なぜなら、世俗的免除の根拠であるといえるような聖句が存在しないためである。

　以上のように、ベラルミーノは初版の時点でサラマンカ学派第一世代の立場を基本的に踏襲していたが、次第に立場を変更していく。この時期、トリエント化の流れが強まっていく。トリエント公会議の教令では、「神の規定や聖なるカノン法によって設立された、教会の人物や教会に関する免除」[33]と定められていた。80年代の半ばに入り、ベラルミーノの主張は公刊によってローマ内部から問題視されるようになった[34]。このような流れの結果、ベラルミーノは第二版で二つの中心的論点に関して聖職者の免除論に変更を加え、サラマンカ学派第一世代の立場から距離をとるようになる。版による相違点に注目してみていく。

　多くの部分について、ベラルミーノの主張は初版と基本的に同一である。すなわち、霊権は教皇に与えられたので、霊的事柄における聖職者の免除は神法に由来する。だが、聖職者は市民でもあるので、世俗的事柄に関する一定の国法に従う。それでも、国法に違反した聖職者は世俗の裁判所でなく教会の裁判所で裁かれる[35]。

　その上で、ベラルミーノは世俗的免除の法的根拠について主張を変更する。第二版において、ベラルミーノは「人定法のみならず神法によって、政治的な事柄における聖職者の免除が人物についても財産についても導入された」[36]と述べ、トリエントの教令に主張を合わせた。ただし、ベラルミーノはこの引用箇所における神法を、厳密な意味における神の

32　Ibid., 158.
33　*Canones, Et Decreta Sacrosancti Oecumenici, Et Generalis Concilii Tridentini*, (Roma: apud Paulum Manutium, Aldi F., 1564), 232.
34　Tutino, *Empire of Souls*, 85-6.
35　Roberto Bellarmino, *Disputationes Roberti Bellarmini De Controversiis Christianae Fidei Adversus Hujus Temporis Haereticos*, vol. 2 (Parisiis: ex officinis Tri-Adelphorum bibliopolarum, 1608), 323-5. なお、第二版は1599年版を入手できなかったので、この1608年版を使用する。
36　Ibid., 327.

第四章　聖務停止令論争とスアレス

命令として捉えず、より広く曖昧な意味で捉えていると述べ、初版との整合性を図る。神法としての聖句として、「それゆえ、息子たちは義務を免れた」（マタイ 17 − 25）が登場する。ベラルミーノは「息子」を「家族」という意味に拡大解釈し、聖職者をキリストの家族とみなすことで、この聖句の対象を聖職者一般へと拡大させた[37]。

さらに、ベラルミーノは部分的な免除から全面的な免除へと主張を変更する。ベラルミーノによれば、ある人が叙階等を通して聖職者になった場合に、その人を「聖職者の地位が政治的服従から解放し、政治的な上位者が賛成せず反対したとしても、教会の服従へと移行させる」[38]。なぜなら、「政治的裁治権を免除された自由な状態にないならば、聖職者や修道士の地位は自身の職務を正しく全うできないであろうから」[39]である。このようにして、人は聖職者になることで君主の俗権を完全に免除される。その代りに、「あらゆる聖職者は、霊的事柄のみならず世俗的事柄においても統治を行うような自身の霊的君主をもつ」[40]。すなわち、霊的事柄のみならず世俗的事柄においても教皇に服従することになる。

以上のように、ベラルミーノの立場は大きく変化していた。すなわち、初版ではサラマンカ学派第一世代に沿って、部分的な世俗的免除の人定法由来を主張していたが、第二版では全面的な世俗的免除の神法由来を主張するようになった。このようにして、ソトやビトリアなどから離れていきながら、聖職者の免除を強化していった。

16 世紀末のベラルミーノにおける間接的権力論

ベラルミーノによる聖職者の免除論が 17 世紀に入る前に重要な論点で変化したのに対して、間接的権力論はあまり変化しなかった。1587 年の初版において、ビトリアがインディアス問題の文脈で提示した峻別抑制型間接的権力論を、ベラルミーノは継承する。1599 年の第二版で

37　Ibid., 328.
38　Ibid., 335.
39　Ibid.
40　Ibid., 336.

は、初版に関するローマ内部からの批判等により、若干の調整が加えられる[41]。それでも、ベラルミーノの間接的権力論はあまり変わっていない。この著作は聖務停止令論争や忠誠宣誓論争で反ローマ陣営により批判されることになるので、若干詳しくみていく。基本的に初版を底本とする。

　ベラルミーノは全世界に対する教皇の俗権を否定する。すなわち、「教皇は全世界の支配者でない」[42]。なぜなら、「わたしの羊を牧せ」（ヨハネ21-17）という聖句の「わたしの羊」はキリスト教徒のみを指すので、教皇はキリスト教徒のみに対する権力を与えられたからである。さらに、「外部の人々を裁くことは、わたしの務めでしょうか」（コリント1 5-12）という聖句により、教皇は異教徒に対する裁治権を欠くことが明らかとなる。それゆえ、異教君主は俗権を教皇から受け取っておらず、自然法から受け取る[43]。

　全世界に対する直接的権力を批判する上で、ベラルミーノはアレクサンデル6世の贈与を予想される反論として挙げる。論敵は「アレクサンデル6世が最近発見された世界をスペインとルシタニアの王たちへと分割した」[44]と反論するだろう。ベラルミーノは次のように応答する。アレクサンデル6世が「分割を行った目的は、それらの王が新世界における異教の王たちと戦争して彼らの王国を占領するために進出することではなく、キリスト教の信仰の宣教師を守りながらそこへと導き、その宣教師によるキリスト教の改宗者や宣教師を防衛することである。同様に、それらの新たな諸王国への関与を望むキリスト教の諸君主による戦争や対立を妨げることである」[45]。後述の主張も考慮すれば、ベラルミーノがアレクサンデルの贈与をビトリア等と同様に布教権の贈与として解釈していることが分かる。ただし、この引用箇所だけに注目すると、ベラルミーノの立場は判然としないといえる。なぜなら、アレクサンデルが

41　詳しくは、Franceschi, *La Crise Théologico-Politique*, 719-20. を参照。
42　Bellarmino, *De Summo Pontifice*, 599.
43　Ibid., 600.
44　Ibid.
45　Ibid.

「分割」したといわれるが、事実として（de facto）分割したのか、法や権利において（de iure）分割したのかが判然としないからである。この点は、後に反ローマ陣営が触れることになる。

　さらに、教皇はキリスト教共同体の全体に対してさえ俗権を持たない。ベラルミーノによれば、「教皇はキリスト教界全体の支配者ではない」[46]。なぜなら、ゲラシウスが述べているように、教皇権と帝権は使用権のみならず権力自体においても別個だからである。さらに、キリストは人々の正当な所有物を奪うために到来したわけではないからである。それゆえ、世俗君主はキリスト教に改宗したとしても、既に合法的に所有していた現世の王権を失わず、永遠の王国への新たな権利を獲得するだけである。

　教皇は教皇としてキリスト教共同体の全体どころか、或る地域の俗権すら持たない。ベラルミーノによれば、「教皇はいかなる地域においても神法に基づく直接的な世俗的支配者ではない」[47]。なぜなら、キリストは人間として俗権を全く持っていなかったからである。ここで、ベラルミーノはキリストが全世界の世俗的な王であったという反論を取り上げ、批判する。ベラルミーノによれば、たしかに、キリストは神の子としてあらゆる被造物の王であったが、世俗君主のような現世の王国における王ではなく、永遠の神的な王国における王であった。それゆえ、キリストが神として全世界の王であったとしても、世俗的裁治権を持っていたとは必ずしも言えない。実際に、キリストは人として俗権を得ることができたにもかかわらず、得ようとしなかった。なぜなら、魂の救済というキリストの目的にとって、俗権は必要ではなく無益であり、霊権のみを必要としたからである。したがって、キリストは神および人として純粋な俗権を持たなかった。以上より、「教皇はキリストの代理人として、および教皇として、世俗的支配権を全く持たない」[48]。

　さらに、ベラルミーノはアクィナスを間接的権力論にひきつけて直接的権力論を批判する。第一部でみたように、直接的権力論においてキリ

46　Ibid.
47　Ibid., 602.
48　Ibid., 603.

ストは霊権のみならず俗権を持つと考えられていた。その根拠としては、様々な聖句やアクィナスの『命題論集註解』や『君主統治論』が挙げられていた。ベラルミーノは初版でアクィナスについて詳述していなかったが、第二版で次のようにアクィナスを間接的権力論に引きつけて解釈する。ベラルミーノによれば、『君主統治論』の第三巻はそもそもアクィナスが執筆したものではない。第一巻において、両権は明確に区別され、教皇の霊権は霊的目的のために世俗的事柄を対象にすると論じられている。『命題論集註解』の「教皇が両権の頂点を占める」という主張もまた間接的権力論に即して解釈される。ベラルミーノはその主張における二つの解釈の可能性を示す。第一に、教皇が教皇国において世俗君主として持つ俗権と教会の頭として持つ霊権である。第二に、最高の直接的な霊権と間接的な俗権である。ベラルミーノによれば、キリスト教会全体における両権の頂点が教皇に存するが、その仕方は相互に異なる。「霊権の頂点は直接的かつそれ自体として彼に存するが、俗権の頂点はその彼に間接的かつ結果的に存する」[49]。ベラルミーノはアクィナス派のビトリアやソトがアクィナスを間接的権力論者として解釈している等の理由により、第二の解釈がより適切だと述べる。

　以上のように直接的権力論を批判した上で、ベラルミーノは間接的権力論を正当化していく。両権は区別され、別個である。それゆえ、両権は各々が別個の法や統治者や裁判所をもつ。それでも、キリスト教共同体において両権は結び付き、単一の身体を成すので、下位者が上位者に服従し、よって俗権が霊権に服従する。それゆえ、霊的目的に必要ならば、教皇は世俗的事柄において間接的権力を行使できる。「教皇は教皇としていかなる純粋な俗権を持たないが、全キリスト教徒の世俗的事柄を対象にする最高権を霊的善のために持つ」[50]。

　ベラルミーノは間接的権力の根拠を五つ挙げる。ここでは、そのうち三点だけをみていく。一つ目は、上述のように、キリスト教共同体にお

---

[49] *Disputationes Roberti Bellarmini De Controversiis Christianae Fidei Adversus Hujus Temporis Haereticos*, vol. 1 (Parisiis: ex officinis Tri-Adelphorum bibliopolarum, 1608), 885.

[50] *De Summo Pontifice*, 609.

いて俗権が霊権に服従していることである。キリスト教君主の俗権は教皇の霊権に服すので、霊的危害を加えるような統治のあり方を変更せねばならないのである。二つ目は、「異端や異教の王が臣民のキリスト教徒を自身の異端や異教へ引き込もうと試みる場合に、キリスト教徒はその王を許容できない」[51]点である。ベラルミーノによれば、今日のイングランドにおいてみられるように、不信仰の強制という迫害は真の宗教に害をもたらす。君主への服従が人定法に基づくのに対して、信仰の保持は神法に基づくので、このような君主を許容できない。さらに、君臣の紐帯は婚姻の紐帯よりも解消しやすいので、このような不信仰の君主に対するキリスト教徒の政治的服従は解消可能である。ここで、ベラルミーノは反論として原始教会の慣習を取り上げる。すなわち、原始教会において、教会はネロやユリアヌスという異教君主の迫害に対して、事実として武力による抵抗を行っていなかったので、抵抗は許されない。しかし、ベラルミーノはこの無抵抗の理由を当時の「キリスト教徒たちの世俗的な力の欠如」[52]に見出す。すなわち、教会が軍事力のような実力を備えていなかった点に見出す。ベラルミーノからすれば、原始教会は既に異教君主に対する廃位権を持っていたが、廃位を無視するような異教君主を排除する実力を欠いていたので、深慮ゆえにその権力を行使しなかったのである。この主張が後に論争で批判の的となる[53]。三つ目は、キリストがペテロに対して「わたしの羊を牧せ」と命じた時に、羊の「群れを守るために牧者が必要とする全ての権能を彼に与えた」[54]点である。その権能には、異端のような狼を追い払うための権力や、カトリックであるが霊的に有害な君主としての雄羊を制止する権力が含まれる。

51　Ibid., 614.
52　Ibid., 615.
53　なお、ベラルミーノは教皇の裁治権をキリスト教共同体の内部に限定しながらも、迫害等における異教君主への教皇権を間接的権力論の正当化において扱っているので、ビトリアと同様に、キリスト教君主と異教君主に対する教皇権の区別について不明確な説明に留まっていたといえる。
54　Bellarmino, *De Summo Pontifice*, 616.

聖務停止令論争の大枠

　以上の思想的背景を踏まえつつ、聖務停止令論争の大枠をみていく。聖務停止令論争において、ローマとヴェネチアの双方から大量のパンフレットが執筆された。総数は約百四十であり、安価で大量に出回った。伊語や羅語以外にも、仏語や英語に訳されたものもあった。ヴェネチア陣営の著作はローマ陣営の著作よりも匿名が多く、政府の公認が少なかったので、より後循を欠いていた[55]。ヴェネチア大使等の働きかけにより、論争書がフランスやイングランドにも流通した。フランスでは二十一の著作が流通し、そのうち十六がヴェネチア寄りだった。イングランドでは八の著作が流通し、全てヴェネチア寄りだった。ローマとヴェネチアは互いに著作の流通を阻止しようと試みていた[56]。以上のように数多の著作が聖務停止令論争で登場したので、本章では主要な論者の著作に絞る必要がある。絞った上で、論争の展開を時系列に沿って整理していく[57]。

　サルピがヴェネチアの公職に就いた 1605 年、ヴェネチアとローマの対立が決定的なものになりつつあった。同年に即位したパウロ 5 世はカノン法に精通していたので、1602 年以降にヴェネチアが制定してきた先述の法律などを問題視し、それらの法律の撤回や犯罪者として投獄された聖職者の引き渡しを要求した。ヴェネチアが従わないならば、元老院の破門とヴェネチア全域の聖務停止令を下すとも主張した。ヴェネチア政府はこの一件を法学者たちに諮り、対応策を練ることにした。その法学者たちの中にサルピがおり、彼の回答は卓越していた。そこでヴェ

---

[55] Filippo de Vivo, *Information and Communication in Venice: Rethinking Early Modern Politics* (Oxford: Oxford University Press, 2007), 215-18.
[56] "Francia E Inghilterra Di Fronte All'interdetto Di Venezia," in P*aolo Sarpi: Politique Et Religion En Europe*, ed. Marie Viallon (Paris: Classiques Garnier, 2010), 171-77.
[57] この整理は次の先行研究に依拠している。特に、Franceschi の研究が詳しい。Bouwsma, *Venice and the Defense*, 397-400; Franceschi, *Raison D'État Et Raison D'Église*, 263-377; Tutino, *Empire of Souls*, 110-13; Vivo, *Information and Communication in Venice: Rethinking Early Modern Politics*, 205-14.

ネチア政府は、1606年1月に新設された「神学およびカノン法顧問」（consultore teologo-canonista）という職にサルピを任命した[58]。サルピは就任してすぐに、パウロ5世の要求に関する複数の意見書を執筆し、提言した。その中には、ヴェネチアの法律などを擁護したり、パウロ5世への対応策を提示したりするものが含まれていた。

　1606年4月中旬にパウロ5世は破門と聖務停止令を下すと予告し、ヴェネチアが5月初旬に対決姿勢を明確にしたので実際に下し、聖務停止令論争が始まる。4月中旬にパウロ5世が破門や聖務停止令を予告すると、5月初旬にヴェネチア政府はサルピが主に執筆した「抗議」[59]を公刊して対決姿勢を明らかにする。同日、ジェルソンが教皇権濫用を抑制すべく15世紀に執筆していた二つの論文をサルピは伊語に訳し、聖務停止令に関連付けて匿名で出版する[60]。さらに、ヴェネチア人の他の神学者六人と共著で、『聖なる教皇パウロ5世の聖務停止令に関する論稿』（以下、『聖務停止令論』）[61]をすぐさま出版する。同月、元イエズス会士のマルシリオ（Giovanni Marsilio）がローマの聖務停止令を批判するために、『或る神学博士の返答』[62]を匿名で出版する。

　ヴェネチア陣営の批判に対して、ローマ陣営はすぐさま反撃に出る。5月、パウロ5世は伊訳されたジェルソンの論文を読み、ベラルミーノに反論の準備を指示する。6月には、ヴェネチアの「抗議」やジェルソンの伊訳された論文、そしてマルシリオの『或る神学博士の返答』を検閲へ回す。ヴェネチアとローマは互いの著作が公に出回らないよう

58　より詳しくは、Cozzi, *Paolo Sarpi Tra Venezia E L'europa*, 230-52. を参照。
59　Paolo Sarpi, "Protesto," in *Consulti*, ed. Corrado Pin (Roma: Istituti editoriali e poligrafici internazionali, 2001).
60　"Trattato E Resoluzione Sopra La Validita Delle Scommuniche Di Giovanni Gersone," in *Istoria Dell'interdetto, E Altri Scritti Editi E Inediti*, ed. Manlio Duilio Busnelli and Giovanni Gambarin (Bari: G. Laterza, 1940). この著作の初版はページやフォリオの番号が印字されていないので、20世紀の版を用いている。
61　Pietro Antonio Ribetti et al., *Trattato Dell'interdetto Della Santità Di Papa Paulo V* (Venetia: Roberto Meietti, 1606).
62　Giovanni Marsilio, *Risposta D'un Dottore in Theologia Ad Vna Lettera Scrittagli Da Vn Reuerendo Suo Amico* (Venezia, 1606).

尽力した。7月には、当時有名だった枢機卿バロニオ（Cesare Baronio 1538-1607）がヴェネチアを批判すべく『ヴェネチア共和国に対する訓戒』[63]を出版する。さらに、パウロ５世の側近であったフランシスコ・ペニャがマルシリオの『或る神学博士の返答』を批判すべく、『キリストの王権論』[64]の執筆へと向かう。ただし公刊されなかった。ベラルミーノはジェルソンの上掲論文とマルシリオの『或る神学博士の返答』を批判すべく、『二冊の小冊子に対する反論』[65]を出版する。さらに、サルピたち七人の神学者による『聖務停止令論』を批判すべく、『ヴェネチアの神学者七名の論稿に対する反論』（以下、『聖務停止令論に対する反論』）[66]を出版する。

マルシリオに対するベラルミーノの批判がさらなる批判の応酬を生み出しつつ、論争は拡大していく。ベラルミーノの『二冊の小冊子に対する反論』を批判すべく、マルシリオは自身の身元を明らかにした上ですぐさま『卓越せる枢機卿ベラルミーノの著作に対して八つの主張の返答を擁護するためのジョバンニ・マルシリオの弁護』（以下、『ベラルミーノに対するマルシリオの弁護』）[67]を出版する。さらに、ベラルミーノの同一著作を批判すべく、サルピが『破門の有効性に関するジェルソンの論稿や解決策に対して卓越せる枢機卿ベラルミーノが行った反論に関する弁明』（以下、『ジェルソンのための弁明』）[68]を出版する。これら

---

63 Cesare Baronio, *Paraenesis Ad Rempublicam Venetam* (Avgvstae Vindelicorvm: Davidem Francvm, 1606).
64 Francisco Peña, "Assertio Regni Christi, Pontificae Auctoritatis et Ecclesiasticae Immunitatis, adversus Novum Marsilium", Vat. Lat. 7194, fols. 1-59, Biblioteca Apostolica Vaticana
65 Roberto Bellarmino, *Risposta Del Card. Bellarmino a Due Libretti* (appresso Girolamo Discepolo, 1606).
66 *Risposta Del Card. Bellarmino Al Trattato De I Sette Theologi Di Venetia* (Roma: Appresso Guglielmo Facciotto, 1606).
67 Giovanni Marsilio, *Difesa Di Giovanni Marsilio a Favore Della Risposta Dell'otto Propositioni Contro La Quale Hà Scritto L'illustriss.Mo Et Rever.Mo Sig. Cardinal Bellarmino* (Venetia: Meietti, 1606).
68 Paolo Sarpi, *Apologia Per Le Oppositioni Fatte Dall'illustrissimo,, & Reuerendissmo Signor Cardinale Bellarminio* (Venetia: Roberto Meietti, 1606).

の批判に対して、まずベラルミーノはマルシリオの『ベラルミーノに対するマルシリオの弁護』を批判すべく、『ナポリ人のジョバンニ・マルシリオによる八つの主張の弁護に対する反論』（以下、『マルシリオの弁護に対する反論』）[69]を出版する。この著作はイタリア以外でも成功を収める。次に、サルピの『ジェルソンのための弁明』を批判すべく、ベラルミーノは『枢機卿ベラルミーノの著作に対する聖マリア下僕会修道士パオロの反対に対する反論』（以下、『ジェルソンのための弁明に対する反論』）[70]を出版する。同時期に、サルピはヴェネチアの先述の法律などを擁護すべく、『平穏なるヴェネチア共和国に対する聖なる教皇パウロ5世の教会罰に関する考案』（以下、『パウロ5世の教会罰に関する考察』）[71]を出版する。この著作もまた成功を収め、1607年には英訳される。同時期に同様の議論を、ヴェネチア貴族のケリーニ（Antonio Querini）が『平穏なるヴェネチア共和国の正当性に対する意見書』[72]を出版して展開する。この著作は年内に仏訳され、フランスへ流通する。1607年に、その著作を批判するために、イエズス会のポッセヴィーノが『ファマゴスタのテオドロ・エウゲニオの反論』[73]を偽名で出版する。

　聖務停止令論争において、ヴェネチア陣営とローマ陣営のみならず、フランスからガリカニストやユグノーがヴェネチアのために参戦する。ヴェネチアは1606年6月という早い段階から、フランス人の助力を得ようと画策していた。その結果、ユグノーのニコラス・ヴィニエやアイザック・カザウボンなどがヴェネチアのために論じた。さらに、著

---

[69] Roberto Bellarmino, *Risposta Alla Difesa Delle Otto Propositioni Di Giouanni Marsilio Napolitano* (Roma: Tarquino Longo, 1606).

[70] *Risposta Alle Oppositioni Di Fra Paolo Seruita* (Roma: Guglielmo Facciotto, 1606).

[71] Paolo Sarpi, *Considerazioni Sopra Le Censure Della Santita Di Papa Paolo V Contra La Serenissima Republica Di Venetia* (Venetia: Roberto Meietti, 1606).

[72] Antonio Querini, *Aviso Delle Ragioni Della Republica Di Venetia Intorno Alle Difficolta Che Le Sono Promosse Dalla Santita Di Papa Paolo V* (Venetia: Deuchino, 1606).

[73] Antonio Possevino, *Risposta Di Teodoro Eugenio Di Famagosta, All'auiso Mandato Fuori Dal Signore Antonio Quirino Senatore Veneto* (Bologna: Stampa Archiepiscopale, 1606).

名な二名のガリカニストも参戦した。一人はセルヴァン（Louis Servin 1555-1626）であり、王の法務官（avocat general）を務めていた人物であり、ガリカニストの中でも中心的論者である。セルヴァンは1606年末に『ヴェネチアの国家や国の自由のために』[74]を出版し、ヴェネチアを擁護する。しかし、中道路線によりローマとヴェネチアの仲介を行おうとしていたアンリ4世から強い叱責を受ける。1607年に、その著作を批判すべく、イエズス会士で枢機卿のジュスティニアーニ（Benedetto Giustiniani 1554-1621）が『ガッロフランクス人に対してローマの神学者アスカニウス・トッリウスが教会の自由を擁護するための弁明』[75]を出版する。もう一人は、レシャシエ（Jacques Leschassier 1550-1625）であり、パリ議会の検事総長（procureur general）を務めていた。セルヴァンと同じ頃に、『聖なるパウロ5世と平穏なるヴェネチア共和国の論争に関する或るパリ人の思索』[76]（以下、『パウロ5世とヴェネチアの論争に関する思索』）を出版してヴェネチアを擁護する。

　以上のような論戦が繰り広げられる中で、スアレスは『ヴェネチア人が侵害した聖職者の免除について』を執筆する。スアレスはおそらく1607年に入ってから執筆を開始し、およそ三カ月かけて書き終え[77]、5月頃に出版のために原稿をローマへ送った。ローマでは、イエズス会のエルナンド・デッラ・バスティーダがこの手稿を受け取る。しかしながら、聖務停止令が1607年の4月中旬にフランスの仲介で解除されたので、スアレスの著作は出版中止となる。それゆえ、反ローマ陣営はおそらくこの論争の参加者としてスアレスを認知していなかっただろう。それでも、スアレスの著作はローマ陣営の内部では回覧された[78]。この著

74　Louis Servin, *Pro Libertate Status Et Reipublicae Venetorum* (Paris, 1607).
75　Benedetto Giustiniani, *Ascanii Torrii Theologi Romani Pro Libertate Ecclesiastica Ad Gallofrancvm Apologia* (Roma: Zanettus, 1607).
76　Jacques Leschassier, *Consultatio Parisii Cujusdam De Controversia Inter Sanctitatem Pauli Quinti Et Serenissimam Rempublicam Venetam* (1607).
77　Francisco Suarez, "De Immunitate Ecclesiastica a Venetis Violata," in *Opuscula Sex Inedita*, ed. Jean-Baptiste Malou (Bruxelles: A. Greuse, 1859), 347.
78　例えば、この著作に関するバスティーダとベラルミーノの断片的なコメントのメモが残っている。Roberto Bellarmino, *Auctarium Bellarminianum*

作はバスティーダによってパウロ5世へ渡され、パウロ5世によって大いに賞讃される。スアレスの称号として有名な「俊優博士」(doctor eximius) は、この著作の献呈ゆえにパウロ5世によって与えられたものである。それゆえ、その称号はより正確には「敬虔な俊優博士」(doctor eximius et pius) となっていた[79]。

第三節　聖務停止令論争の展開

次に、本節では基本的には時系列に沿って聖務停止令論争の展開を具体的にみていく。『ヴェネチアが侵害した聖職者の免除について』に至るまでの論争のあり方を整理して示すことで、この論争の特徴やそこにおけるスアレスの位置付けと特徴を明らかにする。以下では、1606年の1月末から、すなわちサルピがヴェネチアの神学およびカノン法顧問に就任したところから始める。

聖務停止令以前におけるサルピの様々な意見書

就任直後から、サルピはローマの攻撃に対してヴェネチアの法律等を守るべく意見書を執筆した。先述のように、1605年にパウロ5世は教会の自由に反するという理由で、投獄された聖職者をローマへ引き渡し、教会新設等に関するヴェネチアの法律を撤回するようヴェネチアに対して求め、従わないなら破門や聖務停止令を下すと通告した。ヴェネチア政府の要請により、サルピはこの一件について複数の意見書を執筆する[80]。就任直後に、ヴェネチアの財産移転法や教会新設法を正当化す

(Paris: Gabriel Beauchesne, 1913), 673-4.
[79]　Raoul de Scorraille, *François Suarez, De La Compagnie De Jésus*, 2 vols., vol. 2 (Paris: P. Lethielleux, 1912), 119-28.
[80]　サルピの包括的な意見書集を現在編纂している C. Pin によれば、意見書の日付を厳密に特定することは現状として難しい。ここでは、Pin に従っ

べく「平穏なる共和国の二つの法律の擁護」[81]を執筆する。ほぼ同時に、「正しい破門と不正な破門の効力や力について、および不正な教会罰に対して権利や事実において使用すべき矯正策についての論考」[82]を執筆する。そこでは、パウロ5世が下そうとしている破門や聖務停止令の不正さを論証している。さらに、このような不正への対抗策として公会議への訴えという案を考慮しながらも、現状では成功の望みが薄いとして退ける。その代わりに、世俗君主による抵抗という案を推奨している。これらの意見書は大部分が後に『パウロ5世の教会罰に関する考察』の中で再登場するので、ここでは詳述しない。

　1606年2月、サルピは二人の聖職者に対する逮捕や刑罰を正当化するために、「教会人を裁くための平穏なる共和国の権力や慣習の擁護」[83]という意見書を執筆する。この意見書は、コッレージョというヴェネチア政府の中枢機関で読み上げられる。この中でサルピは、ヴェネチアの聖職者に対する君主の権力をヴェネチアの慣習法に基づけることで、正当化を行う[84]。その際に、聖職者の免除について主題的に論じることになる。

　サルピは神法由来の全面的な免除を否定する。あるカノニストの意見として、「教会や教会人および彼らの財産は神法により全ての事柄において全面的に俗権を免除されている」[85]という反論を挙げ、コバルビアスと同様の仕方で批判する。すなわち、聖職者の免除が神法に由来するなら、教皇は聖職者の免除について変更を全く加えられないはずだが、実際には加えられてきたという批判である。

　その上で、サルピは正しい共通意見の提示を試みる。ここで注目すべき点は、共通意見の主要論者として「近年のドミニコ会士のソトやフラ

て日付を特定している。

81　Sarpi, "In Diffesa Di Due Ordinazioni Della Serenissima Repubblica."
82　"Trattato Sopra La Forza E Validita Della Scomunica Giusta E Ingiusta."
83　"In Diffesa Della Potestà E Uso Della Serenissima Republica Di Venezia Di Giudicar Le Persone Ecclesiastiche."
84　Ibid., 265.
85　Ibid., 266.

ンシスコ・ビトリア、神学者で枢機卿のベラルミーノ」[86] が挙げられている点である。ベラルミーノは初版のベラルミーノである。サルピはサラマンカ学派第一世代の論者と初版のベラルミーノを用いて、神法由来の全面的な免除の代案を提示しようとする。

　共通意見として、霊的事柄における聖職者の免除は神法に由来する。ここで、サルピが霊的事柄について新たに区別を設けて論じている点に注意が必要である。すなわち、説教や秘跡のような霊的事柄と教会統治の区別である。サルピによれば、キリストは信仰や秘蹟のような霊的事柄を使徒たちやその後継者に委ねた。それゆえ、「信仰箇条の内容や信仰の対象ならびに神の礼拝方法や秘蹟を受ける方法そしてその執行者について、君主は定めることができない」[87]。それでも、君主はキリスト教徒ならば教会の外的統治を担うことができる。なぜなら、君主は君主としてではなく信徒として、特に信徒全体の代表者として教会統治に関わってきたからである[88]。このように論じることで、サルピは教会統治について国教会原理を支持しつつ[89]、狭義の霊的事柄における免除の神法由来を認める際にサラマンカ学派第一世代などを援用しようとする。

　共通意見として、世俗的事柄における免除は部分的であり、神法でなく君主の俗権に由来する。サルピはソトやベラルミーノやビトリアの意見として、世俗的事柄において「聖職者は世俗の法やその立法者の権力に対する服従を免除されていない」[90] と述べる。根拠はソト等と同様である。すなわち、「聖職者は市民であり国の一部であるが、国は君主の法によって統治されるので、それらの人々はこれらの法に服する」[91]。も

86　Ibid.
87　Ibid., 270.
88　Ibid., 272.
89　サルピの国教会原理における思想的源流として、ヴェネチア教会の伝統や、ガリカン主義や同時代のプロテスタントにおける国教会、ビザンツ帝国の皇帝教皇主義がこれまで指摘されている。Bouwsma, *Venice and the Defense*, 547-49; Prodi, "La Chiesa E La Societa Veneziane," 74; Frajese, *Sarpi Scettico*, 439-40.
90　Sarpi, "In Diffesa Della Potestà E Uso Della Serenissima Republica Di Venezia Di Giudicar Le Persone Ecclesiastiche," 272.
91　Ibid.

し反対意見が正しいならば、すなわち「もし国の内部において、国を維持する法と全く関係のない一群の人々が生きていたなら、国は根底から転覆させられるだろう」[92]。したがって、聖職者は世俗的事柄において自国の君主に服従せねばならない。もし免除を得るとしても、部分的な免除を君主から得るのみである[93]。

　4月に入り、パウロ5世が聖務停止令等を下すと予告し、ローマとヴェネチアが対決へと至る。4月中旬に教皇がヴェネチアに対して、先述の法律の撤回などを二十四日間以内に行わないならば破門などを下すと予告する。そこで、ヴェネチア政府は対抗策をサルピに用意させる。サルピは「公会議の権力に関する著作の原理」[94]を執筆する。その中で、「教会を代表する公会議に、その終審裁判が属した。キリストの帰天以来どの時代においても、各時代に生じた案件について最高の裁判所として裁定を下すために公会議が開催された」[95]と述べ、公会議主義を展開して、この意見書では公会議への訴えを対抗策として提案する。だが、この提案は元老院などで否決される。同時期に、サルピは聖務停止令に対するヴェネチアの態度を示すべく「抗議」の執筆を開始し、元老院における討議を経て、ヴェネチアの公式見解として5月初旬に「抗議」が公示される。その中で、ヴェネチアの対決姿勢が次のように明確に示される。破門等を予告してきたパウロ5世の教書は理性や聖書に反するので、不正かつ無効である。それゆえ、「我々は統治のために神によって我々に与えられた国家を平穏や平静の下で維持し、神の威厳を除けば世俗的事柄においていかなる上位者も認めない君主の権威を維持するよう義務付けられているので、我々の正当で確固とした言い分が教皇聖下に理解されるようにすべくあらゆる可能な手段を用いることを、まず主なる神に、そして全世界にこの公的書状によって訴えよう」[96]。このように、ヴェネチア政府がローマの不当な要求に屈しないので、ヴェネチアの聖

92　Ibid., 273.
93　Ibid., 285.
94　"Principio Di Scrittura Della Potesta D'i Concili."
95　Ibid., 351-2.
96　"Protesto," 421-2.

職者たちも聖務停止令を無視して聖務を継続するよう求めて、書状は終わる。その後、ヴェネチア政府は実際に聖務の継続を自国の聖職者に強制していく。

サルピたち七人のヴェネチアの神学者による『聖務停止令論』

「抗議」の公示と同時期に、サルピはヴェネチアの六人の神学者と共に『聖務停止令論』を公刊する。その目的は、聖務停止令が不正かつ無効であるので、ヴェネチアの聖職者はこの教会罰に従う義務を欠き、ヴェネチアの君主は自己防衛として聖務停止令の執行を妨げてもよいことを示す点にある[97]。このようにしてヴェネチアの行動を正当化する上で、教皇権の性質などが論点となる。

サルピたちは教皇権が無制限ではなく制限されていることを強調する。ここで、教皇がキリストから人間としての権力を授与された点は否定されない[98]。それでも、「わたしの国は、この世には属していない」（ヨハネ18－36）といわれているように、教皇権は天の国のみに関わる。しかも教皇権は神法により拘束されているので、例えば秘蹟を新設できない。さらに、教皇権は神法に反しないような事柄ならば全て行えるわけではない。例えば異教徒との関係で、サルピたちはアクィナスの主張としてこう述べる。「まだ神の教会に入っていない人々はまだ洗礼を受けていないか異教徒であるので、教皇は彼らに対して全く権威を持たない。聖パウロは『外部の人々を裁くことは、わたしの務めでしょうか』（コリント１５－12）と述べている」[99]。その他に、サルピたちは教皇に対する公会議の優位にも言及する。ただし、この問題は「神の教会においてまだ確定されておらず、不確かな状態に留まっている」[100]と述べ、教

---

[97] Pietro Antonio Ribetti et al., "Trattato Dell'interdetto Della Santità Di Papa Paulo V," in *Istoria Dell'interdetto, E Altri Scritti Editi E Inediti*, ed. Manlio Duilio Busnelli and Giovanni Gambarin (Bari: G. Laterza, 1940), 3-4.
[98] Ibid., 15.
[99] Ibid., 20.
[100] Ibid., 17.

皇主義に対して穏健的に歯止めを加えるに留まっている。

　ヴェネチアの法律に対する教皇の要求は神法に反し、越権でもある。サルピたちによれば、教皇は教皇主義者が望むような絶対権力を持たず、不可謬でもない。それゆえ、教皇の命令の正しさが疑わしいならば、信徒はその正しさについて自ら考察すべきである。今件におけるパウロ5世の要求がまさしく疑わしかったので、ヴェネチアは神学者たちを介してその正しさを考察した。ここでサルピたちは詳しく根拠を示さないが、その要求が神法に反して越権であると主張する[101]。

　パウロ5世の要求がそもそも不正であるので、その上で下された聖務停止令に対してヴェネチアの聖職者は服従しなくてよい。無罪のヴェネチアに下された聖務停止令は不正であるので、聖務停止令として認められない。このような不正な罰を下す教皇が有罪であるように、その罰を執行する聖職者も有罪になる[102]。それゆえ、ヴェネチアの聖職者はパウロ5世の聖務停止令に従う義務を欠き、むしろ従ってはならない。

　パウロ5世の不正な罰に対して、ヴェネチアの君主は自己防衛できる。サルピたちによれば、不正で無効な判決は権力の濫用であり、暴力である。暴力に対して力で抵抗することは自然に基づいて許される。特に、上位者を持たない者同士の間では、許される。それゆえ、ヴェネチアの君主はパウロ5世に対して自己防衛でき、聖務停止令の遂行を妨害してもよい[103]。

サルピによるジェルソンの伊訳論文

　以上のような著作を出版した頃、サルピは匿名でジェルソンによる二つの論文を伊訳して出版した。ジェルソンは公会議主義とガリカリズムの始祖の一人であったので、サルピはジェルソンの伊訳論文を通して公会議主義を利用しつつフランスとヴェネチアを関連付けることで、ヴェ

101　Ibid., 25-8.
102　Ibid., 35-6.
103　Ibid., 36.

ネチアの正当化を有利に進めようとしたのだろう[104]。冒頭で、サルピは読者に向けて聖務停止令とこれらの伊訳論文の関係を説明する。匿名の著者はヴェネチアに対してローマが破門等を下すと聞いたので、破門等が「これほど不正な理由で下される場合に有する効力について、認められている論者たちの中で調べてみることにした」[105]。その中に、コンスタンツ公会議でシスマの解消に尽力したジェルソンが見出された。「自身の偉大さを求める者によって導入された濫用を非常に嫌悪する」[106]ジェルソンの著作の中に、「我々が今扱っている案件に非常に適していると考えられる二つの著作」[107]を見つけた。それゆえここに伊訳して出版した、と。これら二つの論文においては、教皇が不正な破門を下すなどして権力を濫用する場合に、力を用いてでも抵抗することが許されると論じられている。特にガリカン教会では、フランスの王が教皇による侵害に対して自国における教会の自由を守る、と[108]。

マルシリオの『或る神学博士の返答』

サルピがジェルソンの著作を伊訳してから少し後、マルシリオが匿名で『或る神学博士の返答』を出版する。この著作は、友人から聖務停止令について意見を求められた人物が返答として書いたものだとされている。その目的は聖務停止令の無効さを論証することにあり、そのために八つのテーゼが提出される。

第一のテーゼは、主権論の系譜に属すものである。「国や地域の世俗君主としての教皇自身や世俗君主が持つ権力は、いかなる例外もなく神

---

104 Cozzi, *Paolo Sarpi Tra Venezia E L'europa*, 253; Ivone Cacciavillani, *Paolo Sarpi: La Guerra Delle Scritture Del 1606 E La Nascita Della Nuova Europa* (Venezia: Corbo e Fiore, 2005), 77.
105 Sarpi, "Trattato E Resoluzione Sopra La Validita Delle Scommuniche Di Giovanni Gersone," 173.
106 Ibid., 174.
107 Ibid.
108 Ibid., 183-4.

から彼らへと直接与えられた」[109]。このテーゼには三つの重要な要素が含まれている。一つ目は、個々の君主が権力を神から直接的に与えられていることである。マルシリオによれば、人は選挙や相続や正戦等を介して君主の地位に就くが、立法等の「権威を神から得ている」[110]。それゆえ、君主は君主としての最高権を人民からではなく神から直接的に得ている。二つ目は、俗権に対する全臣民の服従である。ここで、マルシリオは「全ての魂は上位の権力に従うべきである。なぜなら、神に由来しない権力は存在せず、存在する権力は神によって立てられたからである」(ロマ書13－1)という聖句に依拠する。この聖句において、マルシリオは「全ての魂」という語句が俗人のみならず聖職者をも含むと解釈した。さらに、「上位の権力」があらゆる権力一般ではなく、俗権のみを意味すると解釈した。それゆえ、マルシリオはこの聖句に依拠しながら、俗人のみならず聖職者を含めた全ての魂が俗権という上位の権力に服従しなければならないと主張する。それゆえ、その聖句に見出された「神法により、全ての聖職者と俗人が世俗君主に服従している」[111]。三つ目は、国教会原理である。全ての権力は神に由来し、世俗君主は神と呼ばれている。これらの聖句に、「世俗君主が全ての事柄において全ての人を義務付けるような法を立てるために持つ権威」[112]が由来する。それゆえ、「非常にキリスト教にふさわしい皇帝のユスティニアヌスやテオドシウスは、教会の人物や財産および規律に関する多くの法律を法典の中で作った」[113]。使徒たちは、これらの法律に逆らわず従うようキリスト教徒たちに求めた。

第二のテーゼはキリストの権力に関わる。マルシリオによれば、キリストは神の子として諸王の王であったが、可死的な人間として現世において「世俗君主の権力を行使しなかった」[114]。私の王国はこの世界に属

---

109 Marsilio, *Risposta D'un Dottore*, 2.
110 Ibid.
111 Ibid., 2v.
112 Ibid., 2v-3.
113 Ibid., 3.
114 Ibid., 3v.

さないと述べたように、キリストは世俗の王権を持たなかった。その代りに、ピラトを自身の正統な裁判官として認め、服従し、納税した。

　第三のテーゼは教皇の俗権に関わる。マルシリオによれば、「我らの主イエス・キリストは世俗君主の権威を行使しなかったので、この権威が聖ペテロやその後継者に与えられたというべきでない」[115]。このテーゼについて、マルシリオは全世界に対する教皇の直接的権力を批判したソトやベラルミーノを援用する。その上で、アレクサンデル6世の贈与を予想される反論として挙げる。ある人々によれば「教皇アレクセンデル6世はキリストの代理人としてインディアスの自然的な世俗君主であったので、インディアスをスペインとポルトガルの王に分割した」[116]。この反論に対し、マルシリオは教皇がインディアスの支配者ではなく、インディアスをめぐる対立の調停者として両王に選ばれただけであるので、アレクサンデル6世の贈与が直接的権力の例にはならないと批判する。

　第四のテーゼは教皇の霊権に関わる。キリストは世俗の王国を設立しなかったので、世俗の王国の鍵ではなく天の王国の鍵をペテロへ約束して与えた。それゆえ、「鍵という比喩で我らの救済主キリストが聖ペテロに約束した権威は純粋に霊的である」[117]。したがって、「教皇の権威は霊的であり、罪や魂のみに関わる」[118]。その罰もまた霊的である。

　第五のテーゼは聖職者の免除に関わる。第一のテーゼで、マルシリオは全聖職者が君主に服従すると述べていた。そこで用いた根拠を再利用しながら、聖職者の免除が人定法に由来すると付け加える。この人定法は「君主の特権や、君主に属する慣習や、君主が受容したカノン法」[119]であり、結局のところ君主の国法に還元されている。同時に、マルシリオはソトやコバルビアスを援用して、聖職者の免除の神法由来を否定する。彼らのように、聖職者の免除を根拠付けるような聖句が欠如してい

115　Ibid., 4-4v.
116　Ibid., 4v.
117　Ibid., 5v.
118　Ibid.
119　Ibid., 6v.

るという理由で、その神法由来を否定する。

　第六のテーゼは、聖務停止令の原因となった法律などに関するヴェネチアの正当化に関わる。このテーゼが本書の直接的な目的だといえる。「世俗的事柄において神以外にいかなる上位者も認めてこなかったヴェネチアの正統な君主や自国の自然的な支配者は、神から直接的に得ている権威によって、自身の領地に存する教会財産について立法したり、残忍で重大な案件で教会人を罰したり、まだ聖職者へと移転されていない財産を処分したりしている。この権威は、特権を与えたりカノン法を受け入れたりすることで奪われたことが一度もない。むしろ、数世紀に及ぶほど昔から続く慣習によって所有された状態にある」[120]。このように、マルシリオは神法とヴェネチアの慣習法を根拠として、自国の教会に関するヴェネチアの法律等を正当化し、自身の無罪を主張する。なお、第七および第八のテーゼでは、無実のヴェネチアに対して下されたパウロ5世の教会罰が無効であるので、ヴェネチアは自然法ゆえに自己防衛を行えると論じられる。

ベラルミーノの『二冊の小冊子に対する反論』

　6月に入り、バロニオがヴェネチアを批判すべく『ヴェネチア共和国に対する訓戒』を出版した頃、ベラルミーノはサルピによるジェルソンの伊訳論文とマルシリオの『或る神学博士の返答』の二冊を批判すべく、『二冊の小冊子に対する反論』を出版する。ベラルミーノは論敵の主張に逐一反論するスタイルをとっている。マルシリオに対する批判を先に行っている。

　まず、マルシリオの第一テーゼに対する批判から始めよう。マルシリオはそこで、神に直接由来している君主の権力が俗人と聖職者を服従させ、教会統治をも担うと主張していた。このテーゼに対する批判が最も詳しいので、各論点について分けて整理する。

　ベラルミーノは個々の君主が神から直接的に権力を得ていないと主

---

[120] Ibid.

張する。ベラルミーノによれば、俗権それ自体は神に由来する。だが、個々の君主はこの俗権を神から直接得ていない。なぜなら、神が俗権を人民へ直接与え、人民が選挙等において俗権を君主へ与えるからである。よって、君主の「権力は神からではなく人々から直接的に由来する」[121]。権力を神から直接与えられている教皇と異なり、君主は権力を神から間接的に得るに過ぎないのである。

　さらに、ベラルミーノは聖職者が君主に服従していないと批判する。マルシリオは君主に対する聖職者の服従をロマ書13－1で正当化していた。ベラルミーノによれば、その聖句における「上位の権力」は俗権のみを意味せず、権力一般を意味する。それゆえ、この聖句は上位の権力一般に対する下位者一般の服従についてしか述べていないので、個々の世俗君主の権力に対する聖職者の服従を正当化するための根拠とならない。さらに、ベラルミーノからすれば、聖職者の免除が神法に由来するので、神法は君主に対する服従ではなく、その服従からの免除を聖職者に与える。それゆえ、たとえ聖職者が市民として一定の国法に従わなければならないとしても、国法遵守は「法の力ではなく理性の力ゆえ」[122] であるので、言い換えれば国法遵守の義務は国法ではなく自然法に由来するので、聖職者が君主自身に服従しているとはいえない。

　ベラルミーノは国教会原理についても否定する。マルシリオのいうように、ユスティニアヌス帝は教会について多くの立法を行った。しかし、神法によって聖職者の免除が既に成立していたので、そのような立法は権力の強奪であった[123]。使徒たちはキリスト教徒に対して、このような霊的事柄に関する法ではなく世俗的事柄においてのみ君主に従うよう求めたにすぎない[124]。

　結局、第一のテーゼに関するベラルミーノの結論は次のようになる。「自身の臣民である俗人に対して、世俗君主は神から直接的にではなく何らかの人的な正当的権限を介して権力を持つ。自身の領地に住む聖職

121　Bellarmino, *Risposta a Due Libretti*, 6.
122　Ibid.
123　Ibid., 8.
124　Ibid., 13.

者に対して、人的権力や神的権力を持たない」[125]。

　第二のテーゼについて、ベラルミーノとマルシリオの対立は部分的であった。両者は、キリストが現世で世俗の王権を行使しなかった点で一致した。しかし、マルシリオと異なり、ベラルミーノはキリストがピラトの俗権に服したとはいわない。キリストは諸王の王である神の子であるので、いかなる人間の俗権下にも合法的に置かれなかった[126]。

　第三のテーゼについて、ベラルミーノはマルシリオの論法を非難する。マルシリオはソトやベラルミーノを援用しながら、直接的権力論を否定していた。ベラルミーノはこの援用が不正確かつ恣意的な仕方でなされているので、マルシリオの議論がまともに成立していないと批判する[127]。アレクサンデル6世の贈与については、マルシリオを批判するというよりもビトリアやソトの解釈を提示するに留まる。すなわち、第一部で論じたように、インディアスの支配権ではなく布教権の贈与という解釈である[128]。

　第四のテーゼにおいて、ベラルミーノは間接的権力論を擁護する。マルシリオは教皇権が純粋に霊的であり、霊的事柄のみを対象にすると主張していた。ベラルミーノからすれば、「いかなる裁治権をも持たない」[129]状態へと教皇を至らせるこのような主張は、フスやウィクリフそしてマルシリウスのような異端的見解と同類であった。この異端的主張に対して、ベラルミーノは間接的権力を擁護する。たしかに、教皇権は「それ自体において霊的だが、結果的に俗権よりも上位にあるので、俗権が道を外した時に、俗権を正すことができ、そうしなければならない」[130]。間接的権力の根拠として、「わたしの羊を牧せ」などの聖句が挙げられる。

　第五のテーゼにおいて、ベラルミーノはソトなどと整合性を図りつつ、

125　Ibid., 6.
126　Ibid., 19.
127　Ibid., 19-20.
128　Ibid., 22.
129　Ibid., 24.
130　Ibid.

聖職者の免除に関する持論を堅持する。マルシリオはソトやコバルビアスを援用して聖職者の免除の神法由来を否定し、人定法由来を論証していた。ベラルミーノはトリエント公会議の教令に言及しつつ、「それゆえ、息子たちは義務を免れた」（マタイ 17 - 25）等の聖句を根拠として、聖職者の免除が人定法のみならず神法にも由来すると反論する[131]。神法由来を否定していたソトとは対立を避け、次のようにソトを自陣に加えようとする。「ソトは免除が厳密な意味の神法に由来することを否定したが、自然理性に一致すると言う。さらに、いかなる君主も、全ての君主が一緒になってさえこの免除を廃せないと付け加えた。したがって、望めば上述の免除を意のままに廃せるがごとくにその免除を侵害しようと強行するヴェネチアの支配者たちの一件とソトの理論は明らかに反対である」[132]。さらに、ベラルミーノによれば常に王権寄りであったコバルビアスもまた、「いかなる君主であれ、最高の君主であれ、この免除を廃せないと教える。それゆえ、コバルビアスもまたヴェネチアの支配者たちの一件を断罪することが分かる」[133]。しかも、聖職者の免除が神法に由来しないとしても、教皇は聖職者の免除を君主に認めさせることができ、君主は聖職者の免除を廃せない。以上のようにソトやコバルビアスは君主が独力でこの免除を廃せないと主張しているにもかかわらず、マルシリオは聖職者の免除を君主の権力に由来させ、君主が国の平和を目的として聖職者の免除を廃せると主張している。このような主張は、「国家理性にとって利益か不利益かに従って聖職者に免除を与えたり奪ったりするマキャベリ主義者であるかのように」[134]君主を描くようなものであるので、認められない。

　残りのテーゼにおいて、ベラルミーノはヴェネチアが不正でありローマが正しいことを示す。ベラルミーノによれば、ヴェネチアは法律などを介して、神法由来の聖職者の免除を侵害した。その際に、君主に対する服従から聖職者を切り離せないと述べ、君主を「聖職者の頭に、結

---

[131] Ibid., 31.
[132] Ibid., 30.
[133] Ibid.
[134] Ibid., 32.

果として教会の頭にしようとしたので、イングランドの異端に近い」[135]。このような不正に対し、教皇は適切な方法で正しい罰を下したのだった。

　次に、ベラルミーノはサルピによるジェルソンの伊訳論文に移る。ここでは三点に触れる。第一に、サルピはパウロ５世の不当な破門への対抗策をジェルソンに見出そうとし、教皇の権力濫用に対する君主の抵抗という案を見出した。だが、ベラルミーノは権力濫用の罪よりも権力に対する不服従の罪が重いと批判する。なぜなら、権力濫用は臣民に対する不正であり危害であるが、権力に対する不服従はその授与者である神に対する危害だからである[136]。しかも、ベラルミーノからすれば、このような不服従からルター派が出てきたのだった[137]。第二に、フランス王がガリカン教会の自由を教皇の侵害から守るとジェルソンは論じており、サルピはこの主張をヴェネチアに適用しようとしていた。しかし、ベラルミーノは次のように両国における教会の伝統を切り離そうとする。「ジェルソンが書いているガリカンの自由は、現在ヴェネチア共和国が主張している自由と全く関係がない。なぜなら、前者は古代のカノン法に基づくのに対して、後者は古代と近年のカノン法に反するからである」[138]。第三に、ベラルミーノは公会議主義に関してジェルソンの権威を認めない。ベラルミーノは、一般的にはジェルソンの権威を認めている。しかし、大シスマという不運な時代においてジェルソンは大シスマを解消すべく教皇を公会議に服従させようとし、「公会議の権威を極度に高め、教皇のそれをひどく低下させた」[139]。ここでジェルソンは明確な誤りを犯した。それゆえ、「教皇権に関する問題において、ジェルソンの権威は全く重要ではない」[140]。

135　Ibid., 39.
136　Ibid., 49-50.
137　Ibid., 48.
138　Ibid., 62.
139　Ibid., 47.
140　Ibid.

ペニャの『キリストの王権論』

　マルシリオの『或る神学博士の返答』に対して、パウロ5世の側近であるフランシスコ・ペニャが『キリストの王権論』で批判する。この著作の目的は、イタリア人を惑わす『或る神学博士の返答』を論破することにある。この著作は当時も現在も未公刊であるので、広く流通したわけではなかった。それでも、ペニャは聖務停止令やイングランドの忠誠宣誓においてパウロ5世に重用された重臣であったので、この著作もまた重要となる。なお、この著作は手稿であるためか先行研究であまり詳細に扱われてこなかった[141]ので、少し詳しく扱う。

　まず、ペニャはマルシリオをマルシリウスと関連付けて批判する。ペニャはマルシリオを『或る神学博士の返答』の著者として同定した上で、その中にマルシリウスたちの異端的原理が見出されるという。それゆえ、マルシリオは「新たなマルシリウス」[142]である。そこで、ペニャはマルシリウスによる五つの主張をまず取り上げる。第一に、キリストは自発的にでなく必要性により納税した。第二に、キリストは教会にいかなる代理人も立てなかったので、ペテロは教会の頭ではない。第三に、皇帝は教皇の設立や罰を行える。第四に、教会のヒエラルキーは皇帝によって打ち立てられた。第五に、皇帝の同意を欠くならば、教会は強制力を用いて罰を下せない[143]。これらの主張が正しければ、教皇権や教会のヒエラルキーは神ではなく皇帝に依存することになる。ペニャはマルシリ

---

[141] 最も詳しい研究は、Vittorio Frajese, "Regno Ecclesiastico E Stato Moderno. La Polemica Fra Francisco Peña E Roberto Bellarmino Sull'esenzione Dei Chierici," *Annali dell'Istituto storico italo-germanico in Trento* 14(1988). である。しかし、Frajese はこの著作の最後まで目を通しているけれども、実質的には最初の部分だけを議論の対象にしているだけである。

[142] Francisco Peña, "Assertio Regni Christi, Pontificae Auctoritatis et Ecclesiasticae Immunitatis, adversus Novum Marsilium", Vat. Lat. 7194, fols. 1-59, *Biblioteca Apostolica Vaticana*, 2v. なお、伊語名のマルシリオ（Marsilio）は羅語名でマルシリウス（Marsilius）であるので、両者の名前は実質的に同一である。両者を区別するために、ジョバンニ・マルシリオはマルシリオとして、パドゥアのマルシリウスはマルシリウスとして表記している。

[143] Ibid., 7-15

ウスとマルシリオによるこれらの主張が異端的だと断じる。

次に、ペニャはマルシリオによる八つのテーゼを要約的に紹介する。その際に、簡単なコメントを添えている場合もある。例えば、キリストが世俗の王権を行使しなかったという第二のテーゼについて、ペニャはこう述べる。マルシリオは「この主張を論証するために、キリストの威厳や権威について多くの絶対的に不面目なことを存分に示すので、キリストを愛し讃美するというより軽視している」[144]。ベラルミーノとマルシリオはキリストの世俗的王権を否定する点で一致していたので、ペニャはこの点で両者と対立している[145]。

最後に、ペニャはマルシリオの第一テーゼを詳細に批判する。この部分が本書の中核である。第一テーゼにおいて、マルシリオは君主の権力が神法に直接由来し、全臣民を対象にし、教会統治を担うと述べていた。

まず、ペニャは個々の君主の権力が神に直接由来しないと批判する。ペニャによれば、「世俗君主が権力を神から直接得るという点は誤りである」[146]。なぜなら、君主は選挙や正戦などにおいて人民から直接的に権力を得るからである。この批判において、ペニャはベラルミーノと基本的に同じである。

さらに、ペニャは直接的権力論を展開することで、君主権の直接的神授を否定する。ペニャによれば、マルシリオは個々の君主の権力を直接的に神法に由来させることによって、君主の権力を教皇から解放し、シスマを引き起こそうとしている。だがペニャは、君主の権力を教皇権から分離することが不可能だという。なぜなら、アクィナスが両権の頂

---

[144] Ibid., 19
[145] ローマの中枢で活躍していたペニャがベラルミーノに批判的だったことは先行研究でよく指摘されている。特に、Frajese の研究が主たる研究であり、Tutino は Frajese に基本的に同意している。Frajese, "Regno Ecclesiastico E Stato Moderno. La Polemica Fra Francisco Peña E Roberto Bellarmino Sull'esenzione Dei Chierici; Tutino, *Empire of Souls*, 100-01. Frajese の指摘は、特に間接的権力論に関して正しい。ただし、以下でみていくように、マルシリオに対する多くの批判においてペニャとベラルミーノの見解が一致していた点を見逃すべきではない。
[146] Peña, "Assertio Regni Christi ", 20

点に教皇を据えたように、教皇が最高の俗権と霊権を持つからである。「これらの権力は直接的な行使や使用について分離するよう神によって定められているが、権力の頂点についてはそうではない。それゆえ、完全に分離されているわけではないので、最高の裁治権が常に教皇の下に存続している」[147]。このように、ペニャは教皇権からの君主権の解放を阻止すべく、直接的権力論によって君主権の直接的神授を否定した。

　次に、ペニャは君主の権力が聖職者を対象にできるという主張を批判する。ペニャによれば、ロマ書13－1における「上位の権力」は君主の権力のみを指すわけではないので、その聖句はこの主張の根拠として利用できない[148]。むしろ、アクィナスが『君主統治論』第三巻で述べるように[149]、神法は聖職者の免除を与える[150]。たしかに、原始教会で異教君主はキリスト教の聖職者を裁いたが、事実として（de facto）そうしただけであり、聖職者の免除に関する無知が原因だった[151]。それゆえ、聖職者を自身の法に服従させようとするキリスト教君主は僭主である[152]。

　ペニャは国教会原理を否定する。マルシリオは君主が教会の事柄についても立法できると主張していた。ペニャからすれば、この主張はまさにマルシリウスの主張と一致し、異端的である。マルシリウスは教会から霊的事柄に関する裁治権を奪い、皇帝に帰属させたからである。さらに、このような謬見は今日のドイツにおける異端にも見出せる。だが、ロマ書13－1のように、異端たちが根拠として挙げる聖句はその根拠とならない。しかも、霊権は教皇に神授されたのだから、「世俗君主が全ての事柄について立法する権威を持つことはカトリックの真理から乖離している」[153]。よって、霊的事柄における君主の権力は認められない。

147　Ibid., 23v
148　Ibid., 46v
149　先述のように、第三巻は実際にはアクィナスの書ではないが、ペニャはアクィナスに帰している。
150　Peña, "Assertio Regni Christi", 58
151　Ibid., 42
152　Ibid., 26
153　Ibid., 50

マルシリオの『ベラルミーノに対するマルシリオの弁護』

　ペニャに対する批判書は現われなかったが、マルシリオはすぐさまベラルミーノの『二冊の小冊子に対する反論』を批判すべく『ベラルミーノに対するマルシリオの弁護』を公刊する。ベラルミーノがマルシリオのテーゼを逐一批判したように、マルシリオはベラルミーノの批判に逐一反論していく。テーゼの順番に沿ってみていく。

　第一テーゼが最も議論の対象となっていた。ベラルミーノは君主の権力が人民から直接由来し、聖職者を服従させず、独力では霊的事柄を対象にできないと批判した。本書において、マルシリオは大部分において持論を曲げずに弁護する。

　君主は権力を神から直接的に得ている。マルシリオによれば、ベラルミーノはここで権力自体と、権力を得るための条件としての資格を混同している。「権力は神が君主へと直接与える権威や裁治権であり、君主はその資格を人々から受け取る」[154]。このように君主の権力自体は人民ではなく神に直接由来するので、君主に対する臣民の服従義務もまた同様である。それゆえ、人民は自身の権力によってこの義務を解消できない。それにもかかわらずベラルミーノは人民が君主の権力を奪えるというので、「反乱や反逆そして陰謀の火をつけるようなもの」[155]である。

　マルシリオは神法由来の世俗的免除を否定する。ここで、再びサラマンカ学派第一世代の論者と初版のベラルミーノを援用する。すなわち、世俗的免除が神法に由来しないという説には「ビトリアやソトが属しており、枢機卿もかつて属していた」[156]。それゆえ、神法が免除を与えるという主張は疑わしい。むしろ、ロマ書13－1が示すように、神法は聖職者を含めた全ての魂が君主に服従するよう求めている。それゆえ、「聖職者は世俗的事柄において世俗君主の臣民であるので、彼の法に服するよう神法によって義務付けられている」[157]。

154　Marsilio, *Difesa Di Giovanni Marsilio*, 12v.
155　Ibid., 16.
156　Ibid., 11.
157　Ibid., 32v.

国教会原理について、マルシリオは主張を後退させた。『或る神学博士の返答』においては、君主が世俗的事柄のみならず霊的事柄についても立法できるような権力を神から得ていると述べていた。この主張をベラルミーノが明示的に批判していなかったので、マルシリオもまた本書で扱わない。しかし、本書では次のように霊的事柄において俗権を霊権に服従させる。「霊的事柄において、俗権はキリスト教徒が行使するような霊権に対してならば服従している。反対に、世俗的事柄において聖職者が臣民として世俗君主に服従しているようである」[158]。さらに、「君主は霊的事柄において子であるが、世俗的事柄において父でありうる」[159] ともいう。このように述べることで、霊権に対して俗権が服従する範囲を全ての事柄ではなく霊的事柄に限定しようとしている。それでも、結果として霊的事柄において俗権が霊権に服従することを認めている。

　第二テーゼについて、マルシリオはキリストが世俗の王権を持たず、それゆえ行使できなかったという。ベラルミーノはキリストが世俗の王権を行使できたが、行使しなかったと述べていた。マルシリオによれば、重要な点は可能性ではなく事実であり、教皇が模範とすべきキリストの実際の行いである。さらに、キリストの国はこの世界に属さないので、キリストは「可死的人間として世俗的支配権を持たなかったので、行使できなかった」[160]。それにもかかわらず、パウロ 5 世はヴェネチアの教会新設法等を禁止するなどして俗権を行使しようとしているのである。

　第三および第四のテーゼについて、マルシリオは教皇権が世俗的事柄を対象にできないと論じる。マルシリオによれば、キリストは父なる神から純粋な霊権のみを受け取っていた。ペテロはキリストから霊権を受け取ったので、教皇は霊的事柄において最上位にある。しかし、「霊権は世俗的な裁判や財産へと拡張しない」[161] ので、教皇権は霊的事柄のみを対象とする。それにもかかわらずパウロ 5 世はヴェネチアの法律を禁

158　Ibid., 33.
159　Ibid.
160　Ibid., 39.
161　Ibid., 45v.

止しようとして俗権を行使しようと試みるので、ヴェネチアはこの禁止に従うよう義務付けられていない。

　アレクサンデル６世の贈与について、マルシリオは教皇が海洋を分割するための権力を持たないという。先述のように、ベラルミーノはビトリアやスアレスのように贈与を布教権の贈与として解釈していた。しかし、マルシリオはこの解釈を正しく理解していないので、贈与に関してベラルミーノと議論があまり噛み合っていない。それでも、後述の文脈にとって重要な主張をマルシリオは提示しているので、ここで触れておく。先述のように、ベラルミーノは『教皇権について』の中でアレクサンデルがインディアスをスペインとポルトガルに分割したと端的に述べていた。しかし、マルシリオからすれば、教皇は「キリスト教界の頭に属していない異教徒の諸国を分割」[162]できない。さらに、海洋を分割してスペインとポルトガルの王に割り当てることもできない。なぜなら、教皇は霊的事柄の頭でしかないので世俗的事柄について独力で決定できないからである。しかも、異教徒についてはパウロが「外部の人々を裁くことは、わたしの務めでしょうか」（コリント１５－１２）と述べているからである。このように、マルシリオは聖務停止令論争で世俗的事柄における教皇権を否定する上で、アレクサンデルの贈与を利用した。

　第五テーゼについて、マルシリオは世俗的事柄における聖職者の免除を君主に由来させようとする。本書において、マルシリオは霊的事柄の聖職者の免除が神法に由来すると認めた上で、世俗的免除を争点として据える。マルシリオによれば、世俗的免除は神法でなく君主の権力に由来する。これこそが正しい主張であり、ソトやコバルビアス等とともに初版において「枢機卿が示していた主張である」[163]。ところが、ベラルミーノは第二版では神法由来を認めるようになる。しかし、世俗的免除の根拠となるような聖句は存在しないので、この新奇な意見は誤りである。ベラルミーノはトリエント公会議の教令を根拠として引き合いに出すが、その教令は霊的事柄の免除に該当するだけである[164]。

162　Ibid., 50.
163　Ibid., 60v.
164　Ibid., 63.

さらに、マルシリオは教皇が独力では世俗的免除を君主に認めさせることができないという。ベラルミーノは、たとえ聖職者の免除が神法に由来しないとしても、教皇が間接的権力によって聖職者の免除をキリスト教の諸国において打ち立てられると主張していた。マルシリオはこの主張を次のように批判する。「教皇は世俗的事柄において全世界の支配者ではないので、世俗的裁治権にとって有害なカノン法を立てる場合に、そのカノン法は拘束力を得る上でその裁治権の所有者による同意に基づく必要があり、さもなくば無効となるだろう」[165]。聖職者の免除に関するカノン法はまさにこのような有害なカノン法であるので、キリスト教の諸君主による同意なしに各国で法的拘束力を得られない。同意を得る際に、教皇は君主に「免除に関するカノン法を受け入れるよう勧告できる」が、「それを神法により強制できる」とはいえない[166]。なぜなら、そのような強制自体は霊的事柄ではなく、正しくもないためである。カノン法の普遍的な法的拘束力に対するこのような攻撃がスアレスに危機感を抱かせることになる。

　残りのテーゼで、マルシリオはパウロ5世の破門等が不正かつ無効であるので、ヴェネチアは従う必要がないと論じる。ローマはヴェネチアの法律等が教会の自由に反すると批判していた。この批判に対して、マルシリオによれば、部分的な世俗的免除が君主の権力に由来する。それゆえ、君主は必要なら平和等のために免除を撤回でき、この撤回はマキャベリ主義とはいえない[167]。さらに、「君主は神から絶対的な世俗的権威を得ており、（中略）それは世俗的な事柄や犯罪について教皇から制約を被ることができない」[168]。もっとも、君主はカノン法を受容した場合に、聖職者に対する俗権の行使を控えることがある。だが、その場合でも、君主の権力自体は他者によって制約されておらず、自制しているだけである。それゆえ、ヴェネチアの法律等は君主の権力の管轄内であり、教皇が介入できるような対象ではない。ところが、教皇は「霊権の限

165　Ibid., 71.
166　Ibid., 70v.
167　Ibid.
168　Ibid., 74.

界を超えて世俗君主の安寧を乱している可能性がある」[169]。したがって、ヴェネチアではなくローマこそ明らかに不正であり、よってその罰に従う必要がない。

サルピの『ジェルソンのための弁明』

　ベラルミーノの『二冊の小冊子に対する反論』に対して、サルピもまた『ジェルソンのための弁明』で批判を展開した。この著作は1607年が終わるまでに仏語や英語などに翻訳され、出版された。本書の力点はヴェネチアの俗権を擁護する点よりも教皇権を制限する点に置かれている。ベラルミーノは、聖職者の全面的な免除が神法に由来しており、仮に由来しないとしても教皇が間接的権力によって世俗的免除を君主に強制できると主張していた。このような主張をサルピは批判対象とする。

　教皇は神授の霊権を持つが、秘蹟や説教等しか行えず、一定の罪のみを罰せる。サルピは、「天の国に関する事柄へと制限された」[170] 霊権を教皇が神から受け取ると認める。それでも、この霊権は悔悛の内的法廷のみを対象とするので、秘蹟や教義に関わるものである。さらに、人の罪を裁けるにしても、あらゆる罪を裁けるわけではない。もしあらゆる罪を裁けるならば、あらゆる犯罪が罪として教会の裁判所で裁かれることになってしまうからである。しかも、教皇は間接的権力を根拠としてあらゆる罪に関して介入してくるだろうから、「教皇以外に、もはや何らかの君主は存在しなくなる」[171] ためである。特に、教皇は教皇国の世俗君主であるので、罪を間接的権力で裁くという口実で他国を滅ぼすであろう。

　サルピはガリカン教会をヴェネチアに関連付けて、教皇権をさらに制限する。サルピがジェルソンを介してガリカン教会をヴェネチアに関連付けようとしたのに対して、ベラルミーノは両者を切り離そうと試みた。この試みについて、サルピは自ら「論じたいとは思わない。国の統治体

169　Ibid.
170　Sarpi, *Apologia Per Le Oppositioni*, 31v.
171　Ibid., 10v.

制を知るために年報を待たなければならないのは日本についてであって、フランスではない。この教会の自由については全てのフランスの著者が言及しており、1594年にパリで公刊された本に全てが収録されている。ここではその幾つかを翻訳し、読者の批判に委ねよう」[172]。こう述べて、実際に一部を伊訳して載せている。そこでは、フランスの王がフランスで教会会議を召集し、ガリカン教会について立法することや、教皇の教書や聖職禄の授与がフランスでなされるためにはフランス王の同意が必要であることや、世俗当局が聖職者を逮捕できることなどが示されている。サルピはこのガリカン教会の自由が古代のカノン法や自然法に基づくという。その上で、ガリカン教会の自由と、ヴェネチア「共和国が神から認められ全力で維持しようとしている自由を比べると、地理的相違が求めている部分以外では異なっていないことが分かるだろう」[173]と述べ、両者が本質的に同一だと主張する。それゆえ、フランスやヴェネチアの教会に対する統治権を教皇は実質的に持たない。

　サルピは公会議主義を用いて、教皇権をより一層制限する。ベラルミーノは公会議主義に関するジェルソンの主張を誤りだと断じていた。本書において、サルピは慎重な姿勢を示している。この論点における確定的な主張を出すというよりも、ベラルミーノの議論が粗雑であるので再検討を求めると述べている。それでも、サルピが公会議主義に対する支持を表明している箇所は存在する。サルピによれば、ベラルミーノは教皇権を神に由来させることで、教皇を教会に服従させない。しかし、サルピは王とその代理人という例を用いて反論する。もし王が聖地へ行く際に代理人を自国に残し、代理人の死亡時に次の代理人を選ぶ権威を王国に与えたならば、「選ばれた者の権威は王かつ支配者に由来するだろうが、王国によって選ばれたその人物は王国に服従するだろう」[174]。同

172　Ibid., 64. なお、年報とは、前章で触れたイエズス会の日本年報を指す。サルピはヴェネチアの脅威としてイエズス会に関する情報を広く収集していた。Vittorio Frajese, "Il Mito Del Gesuita Tra Venezia E I Gallicani," in *I Gesuiti E Venezia*, ed. Mario Zanardi (Venezia: Gregoriana libreria editrice, 1994), 314-27.

173　Sarpi, *Apologia Per Le Oppositioni*, 66.

174　Ibid., 49.

様に、教皇という神の代理人は神から霊権を得るが、教会によって選ばれたので教会に服従する。「これこそジェルソンが彼の全著作で示したものであり、そこにおいて理性が彼を介して真に結論を出しているのがみられる」[175]。

さらに、教皇の霊権は世俗的事柄を対象にできない。サルピによれば、キリストは天の国に関する権力をペテロに委ねたが、「地の国に属するモノを彼に委ねなかった」[176]。ベラルミーノは間接的権力の根拠として「わたしの羊を牧せ」の聖句などを挙げるが、無駄である。なぜなら、キリストは「わたしの羊を牧せ」と命令することで、羊から羊毛を採取したり、権力で命令することを命じていないからである。

君主は俗権を神から得ているので、教皇は世俗的事柄において介入できない。ベラルミーノは、君主が他の君主を上位者として認めないが教皇を認めると主張していた。サルピは、教皇が霊的事柄に関してならば君主の上位者として認められるとして、妥協的姿勢を示す。しかし、俗権に関して、君主は上位者として「他の君主を認めないのとまさに同様の仕方でその教皇もまた認めてはならない」[177]。なぜなら、「全ての誤りは、世俗的事柄に関する権力を高位聖職者へ与え、教会の牧者を法廷の裁判者に変質させようと欲する点に存する」[178]からである。すなわち、例えばルター派の分離のような様々な混乱はこのような教皇などの世俗的野心に由来するからである。この世俗的野心は神に反する。なぜなら、神は霊的事柄のみを教皇に委ねたからである。「世俗的事柄については、絶対君主は神以外に対して服従しておらず、そこから権力を直接得ている」[179]。

ところが、パウロ５世は聖務停止令等によって世俗的事柄に関する不当な介入を行ったので、ヴェネチアは正当に自己防衛できる。サルピは初版のベラルミーノに依拠して、聖職者が世俗的事柄において君主に服

175　Ibid., 47.
176　Ibid., 32.
177　Ibid., 10.
178　Ibid., 56.
179　Ibid.

従するという。それゆえ、世俗的な犯罪ゆえに二人の聖職者を逮捕したヴェネチアは無実である[180]。したがって、パウロ5世の破門等は教会罰としての本質的要件を欠くので無効かつ不正である[181]。さらに、サルピはジェルソンに従い、不正な教皇に対する君主の抵抗が許されると主張する。「神はヴェネチア共和国に自由を与え、それを守ることだけではなく自身の臣民を攻撃に晒されたままにせず防衛することを命じた」[182]。もし、その防衛に必要な法律を廃止するよう他者がヴェネチアに要求し、ヴェネチアが応じたならば、ヴェネチアは「神に対して甚だしく不服従」[183]である。それゆえ、ヴェネチアはパウロ5世に対しても自己防衛を行わねばならない。

ベラルミーノの『ジェルソンのための弁明に対する反論』

　サルピの『ジェルソンのための弁明』に対して、ベラルミーノは『ジェルソンのための弁明に対する反論』で批判を展開する。その際に、『聖務停止令論』に対して自ら執筆した『聖務停止令論に対する反論』に言及しながら論じることもあるので、ここでは『聖務停止令論に対する反論』もあわせて扱う。

　教皇権の対象は秘蹟や説教のみに制限されない。ベラルミーノによれば、サルピは教皇権の対象をそのように制限することで、教皇から強制権を奪おうとしていた。この制限により、サルピは自身が「明らかなルター主義者であることを示しており、これまでカトリック間で未聞であった原理を教えている」[184]。だが、ベラルミーノによって以前示された根拠により、真のカトリック的な原理とは、「他の高位聖職者のような制限された権力ではなく、教会の統治に必要な全ての事柄を命令し、規定し、宣明でき、魂に関する必要性が要求する全ての事柄において禁止

180　Ibid., 11v-12.
181　Ibid., 32v.
182　Ibid., 53.
183　Ibid.
184　Bellarmino, *Risposta Alle Oppositioni*, 63.

し、解除し、免じるという絶対権力を教皇が持つ」[185] というものである。すなわち、教皇は世俗的事柄をも対象にできるような霊的裁治権を持つ。

公会議主義は再び否定される。ベラルミーノはローマとヴェネチアが対立しているような時期に公会議と教皇の優劣関係に関する問いを出すことがシスマを誘発するので、避けなければならないという。その上で、手短に、「教皇が公会議よりも上位であることは明白で確実である」[186] と主張する。コンスタンツおよびバーゼル公会議の教令について、ベラルミーノはそれらの教令の全てが教会で承認されたわけではないという。というのも、大シスマの終結に関する教令は後に承認されたが、教皇に対する公会議の優位に関する教令は後に教皇によって否定されたからである。それゆえ、公会議優位に関する教令は今日においても有効でない。

両権の関係として、ベラルミーノは神法由来の全面的な免除を再び正当化する。これまでみてきたように、サルピやマルシリオは初版のベラルミーノやサラマンカ学派第一世代による聖職者の免除論を援用して持論を展開し、第二版のベラルミーノによる立場変更を論難した。ベラルミーノは、少なくとも聖職者の免除が神法に一致し、君主が独力では聖職者の免除を奪えないという点をソトやコバルビアスが認めると述べ、再びサラマンカ学派第一世代との整合性を図る[187]。さらに、自身の初版と第二版の整合性を図るべく、次のように弁明する。第二版におけるベラルミーノの加筆修正は「訂正や変更でなく明確化である。なぜなら、数年前に作成された初版の中で、政治的事柄における免除が神法に由来しないと私がソトに従いながら述べた時は、この免除を命じているような明確で正式の命令が聖書の中で見つからないけれども、この免除が神的自然法に一致し、聖書の模範や言葉から導出可能であると分かっていたからである。その後、カノン法やその論じ方を入念に考察し、私の言葉が私の意図に反して或る論者により提示されたことを見て、明確化を行おうと決意し、そのようにした」[188]。かくして、聖職者の免除の神法

185　Ibid., 66.66
186　*Risposta Al Trattato De I Sette Theologi*, 28.
187　Ibid., 51-2.
188　*Risposta Alle Oppositioni*, 45.

由来が示されるに至った。さらに、サルピが聖職者の免除を君主の権力に由来させることで聖職者を君主に服従させようとするのに対して、ベラルミーノは聖職者が教皇という「頭の成員として、いかなる世俗君主をも正統な上位者として認めない」[189]と論じ、全面的な免除を主張する。

両権の関係として、ベラルミーノは間接的権力論に対する批判の中に国教会原理の影を見て取る。サルピは、教皇が世俗的事柄を対象にできないにもかかわらず俗権を得ようとしており、その世俗的野心に全ての誤りが起因すると批判していた。ベラルミーノによれば、この批判の意味は、「ローマ教会から分離したあれらの地域や国が行ったことから理解できる。というのも、それらは事実として聖職者から権力を奪い、彼らを説教や秘蹟の単なる牧者にさせ、世俗君主が教会収入の所有者や宗教に関する判定者となったからである。このことは過去の世紀において未聞である。パオロはヴェネチアの聖職者をこの程度にまで減じたいのだろう」[190]。このように、ベラルミーノからすれば、教会から間接的権力などの様々な強制権を奪うことは、それらの強制権を君主に移転することで君主を教会の頭にするためになされている。

ベラルミーノの『マルシリオの弁護に対する反論』

マルシリオの『ベラルミーノに対するマルシリオの弁護』に対して、ベラルミーノは『マルシリオの弁護に対する反論』で再反論を行う。ただし、短期間で聖務停止令に関する著作を多数執筆していたためか、本書ではマルシリオの第一テーゼについてしか反論を行っていない。第一テーゼに関する論点はこれまで通りである。

君主の権力は神からでなく人民から直接与えられる。マルシリオは君主が教皇と同様に人間によって選ばれるが神から権力を受け取ると主張していた。しかし、「君主は神から人民の同意を介して自身の権力を得る。結果として、神から直接的に得ない」[191]とベラルミーノは再度論じ

---

189 Ibid., 5.
190 Ibid., 78.
191 *Risposta Alla Difesa*, 16.

る。権力の神授において、教皇は君主と異なる。教皇を「選挙する際に、枢機卿たちは権力を授与せず、神が授権すべき人物を指名する。しかし、君主の選挙や相続においては、権力が与えられるか、当初人々の集まりによって与えられた権力が少なくとも君主へと移される。人々は自由であった時に彼らの権力を一者へと喜んで与えた。このようにして、その権力は常に人民の同意に依存している」[192]。このように、君主の権力は教皇権と異なって、神から直接由来しない。

　人民は例外的な場合においてのみ君主を廃位できる。ベラルミーノによれば、君主の権力は人民に由来するので、人民によって制限されたり奪われたりすることが可能である。だが、マルシリオは人民による君主の廃位を反乱の原理として批判していた。この批判を受けて、ベラルミーノは反乱の扇動者とみなされないよう配慮しながら反論する。「人民が正当に君主を廃位したりその権力を減じたりできると私は言っていない。むしろ、人民がそのように行えないと思う。なぜなら、かつて自身の権力を君主へと移転したからである。（中略）君主が僭主に堕した場合を除くという例外が付け加えられる」[193]。ベラルミーノはあくまで僭主という例外においてのみ人民による廃位が認められるとして、マルシリオの批判をかわそうとした。

　君主の権力は聖職者を対象としない。本書で、ベラルミーノはこの免除の法的根拠という問い自体の重要性を引き下げることで、マルシリオの批判に対処する。すなわち、ベラルミーノによれば、ここで重要な論点は聖職者の免除が神法由来か否かという点ではなく、聖職者が君主の権力を免除されるか否かという点である。後者の点について、ソトたちとベラルミーノの間には、聖職者は君主に対する服従を教皇の間接的権力によって免除されるという共通の主張が存在していた。ベラルミーノはこの共通の主張を利用する。ベラルミーノによれば、マルシリオが「挙げる論者たち自身が述べているように、あらゆる君主が廃止できないような人定法に少なくとも由来する免除を聖職者は君主の俗権につい

192　Ibid.
193　Ibid., 32.

て得ている」[194]。すなわち、教皇の間接的権力によって制定されたカノン法から、聖職者は世俗的免除を得ている。それゆえ、たとえ世俗的免除は神法に由来しないとしても君主によって廃されない。この免除ゆえに、君主の権力は聖職者を対象としていない。このように、ベラルミーノはソトたちとの共通点を確保すべく画策して批判に応答する。

　霊的事柄に対する君主の権力が再び否定される。ベラルミーノによれば、霊的事柄はペテロに委ねられたため、「キリストの信仰に従うならば、霊的事柄は俗人に属さない」[195]。それゆえ、「世俗君主は純粋に霊的な事柄や案件に介入できない」[196]。この主張に反するような意見は異端である。

サルピの『パウロ5世の教会罰に関する考察』とケリーニの『平穏なるヴェネチア共和国の正当性に対する意見書』

　サルピは『ジェルソンのための弁明』でベラルミーノを批判していた頃に、ヴェネチアの立場を対外的に正当化すべく『パウロ5世の教会罰に関する考察』を公刊した。ほぼ同時期に、ヴェネチア貴族のケリーニは同様の目的で既に執筆して手稿のまま各国大使に配布していた『平穏なるヴェネチア共和国の正当性に対する意見書』を公刊した。両書はすぐに英語と仏語に翻訳されて公刊される。内容の重なりも大きいので、以下で一緒に扱う。その際に、ケリーニに対するポッセヴィーノの『ファマゴスタのテオドロ・エウゲニオの反論』にも少しだけ触れる。

　サルピとケリーニのより具体的な目的は、聖務停止令の根拠とされたヴェネチアの法律や逮捕を正当化することだった。今件の経緯として、サルピはそれらの法律等について説明し、それらを根拠としたパウロ5世の破門等の予告やヴェネチアの「抗議」およびその後の実際の破門等について説明することで、聖務停止令論争の基本的知識を読者に提供す

194　Ibid., 14.
195　Ibid., 23.
196　Ibid., 14.

る[197]。その上で、ヴェネチアの法律等の正当化に入る。

　教会新設法について、サルピとケリーニは二つの根拠を挙げる。自国の土地に対する君主の所有権と、自国の維持における必要性である。

　一つ目の根拠は自国の土地に対する君主の所有権である。サルピによれば、教会新設法は教会の建物を対象としておらず、その建物が建てられるであろう土地を対象としている。「全ての私人は自身の土地に対して所有権を持ち、君主は領地の全ての土地に対してより大きな権力を持つ」[198]。ケリーニも同様の主張を行う[199]。それゆえ、君主が教会の建設を禁じている土地の上で教会を建設することは不正である。

　二つ目の根拠は、自国の維持における必要性である。ケリーニによれば、新しい教会や修道会を自国に受け入れると、新しい考えや習俗が流入してくるので、「公的な安寧や平静が容易に乱されるだろう」[200]。特に、宗教という口実で入国してきた修道士に臣民が帰依した場合、臣民間に不和が生じ、統一性が失われてしまう。それゆえ、君主は新たな修道会や教会の受け入れを管理する権力を持つ。サルピも同意見である[201]。ここで、ケリーニはそのような修道会の例としてイエズス会を念頭に置いて、その危険性を強調する。すなわち、イエズス会はヴェネチアで学院などを設立し、イエズス会の総長に対するあらゆる事柄での従順を新規の入会者に誓わせており、ヴェネチア君主の「公的権威が競合する余地はそこになかった」[202]。このような考えはまさしく「分裂や秘かな反乱の原理」[203]である。したがって、ヴェネチアはこのような分裂や反乱を回避する手段として教会新設法を必要とした。

　ケリーニの批判に対して、ポッセヴィーノはイエズス会を擁護しながら、教会新設法を批判する。ケリーニに対して、ポッセヴィーノは以下のようにイエズス会の布教活動を根拠として、イエズス会が公的平静を

197　Sarpi, *Considerazioni Sopra Le Censure*, 3-9.
198　Ibid., 11.
199　Querini, *Aviso Delle Ragioni Della Republica Di Venetia*, 21.
200　Ibid., 24.
201　Sarpi, *Considerazioni Sopra Le Censure*, 13.
202　Querini, *Aviso Delle Ragioni Della Republica Di Venetia*, 25.
203　Ibid.

乱すような危険な修道会ではないと主張する。他者を救済へ導く布教活動ほど信仰にかなう行いはない。イエズス会士たちは「もはや二度と自身の家族と再会する見込みがなく、魂の救済を心から願いながら、人的な援助を頼りにせず、清貧のみで武装しながら、幾つかの海を越え続け、海洋を一万八千マイルほど廻って日本や中国に到った」[204]。前章で述べたように、征服と一体になっていた中南米の布教とは異なり、イエズス会宣教師は日本や中国の布教で実際に武力を用いなかった。イエズス会のアコスタは、武力でなく言葉や模範に依拠する清貧的な布教の典型をザビエルに見出していた。日本や中国の布教事情に精通していたポッセヴィーノはこのようなイエズス会の清貧的布教等を根拠として、イエズス会に反乱の原理を帰すべきではないと論じたのである[205]。それゆえ、ヴェネチアの教会新設法によってイエズス会を締め出す必要はない。

　次に、財産移転法について、ヴェネチアの君主は自国の維持においてその法を必要とした。サルピやケリーニによれば、ヴェネチアにおいて俗人は敬虔であったので教会に財産を寄贈し続け、教会は国税の免除を主張して納税を回避してきたので、俗人が貧困化してきた。さらに、ヴェネチアの聖職禄を所有する聖職者は大半が国外に住むので、彼らの教会収入の分だけ公益が損なわれ、国の力が衰えていく。しかも、今や聖職者の財産が過度に増大したので、その財産の量を「適切な値にまで減少させるか、身体全体の破滅がそこから生じるか」[206]のいずれかである。それゆえ、ヴェネチアは「共和国の国家全体を維持するために」[207]財産移転法を必要とした。

　俗権の本質は立法権に存するので、ヴェネチアの君主はそれらの法律を立てることができ、教皇によって妨害されない。ボダンによるなんらかの影響のためか[208]、ケリーニは「君主を君主たらしめるほど彼の本質

204　Possevino, *Risposta Di Teodoro Eugenio*, 31.
205　Ibid., 38-9.
206　Sarpi, *Considerazioni Sopra Le Censure*, 20.
207　Querini, *Aviso Delle Ragioni Della Republica Di Venetia*, 11.
208　Mattei はボダンの主権概念が当時のイタリアにおいて受容されていく具体的なあり方を比較的詳細に紹介している。Rodolfo De Mattei, *Il Pensiero Politico Italiano Nell'età Della Controriforma*, 2 vols., vol. 1 (Milano: R.

的で固有なもの、すなわち臣民の人格や財産に対して規則や規定を与えること、(中略)この権力を奪われたならば、君主にはただの名前しか残らないだろう」[209]という。同様に、サルピは次のように述べる。「威厳(Maesta)の所有者に対して、神は世俗的事柄において独立した権力や統治されるべき国家を与えた時に、その維持に必要な全ての法を何者の許可や許認なしに自力で制定する権威をも与えていた」[210]。このように立法権が俗権の本質であるので、君主は自国の維持に必要な財産移転法を制定でき、教皇という外部者がその法を禁じることは許されない。

聖職者の逮捕について、サルピは部分的な免除が君主の権力に由来するという。まず、サルピは免除の神法由来に言及し、コバルビアスのように批判する。すなわち、教皇が免除について変更を加えてきたので、免除は神法に由来しない、と。さらに、教皇が人的な権力で免除を規定できるように、慣習法もまた免除を規定できる。次に、全面的な免除は次のような弊害を根拠として否定される。全面的な免除が認められるならば、聖職者は聖俗の事柄で教皇に服従している。しかし、「世俗的で人間的な事柄において君主以外の者を認める人々を自身の中枢に抱くような政治的身体は存続できない」[211]。さらに、犯罪者となった聖職者を裁く際に教皇の許可が必要となるので、教皇はその国の「統治の一部分を成す」[212]ことになる。これらの弊害を考慮した結果、これまでの時代においては「自身の国家の中で、世俗的事柄や公的善に関するあらゆる事柄について自身に服従しない者を一人でも抱える君主は君主ではない」[213]と考えられてきた。それゆえ、君主は聖職者を下位の執政者の権力から免除したことがあっても、自身の最高権から免除してこなかった。あくまで、このような部分的な免除が君主によって与えられてきた。それゆえ、君主は正当に聖職者を逮捕でき、裁判を行える。

Ricciardi, 1982), 143-63.
209 Querini, *Aviso Delle Ragioni Della Republica Di Venetia*, 16.
210 Sarpi, *Considerazioni Sopra Le Censure*, 23.
211 Ibid., 31.
212 Ibid., 36.
213 Ibid., 31.

ケリーニもまた部分的な免除を君主の権力に由来させる。ケリーニによれば、国は市民から構成されており、市民は平和や防衛などの利益を国から享受する。それらの利益は「共通の裁判官や法および良き公的秩序なしに得られない。これは国全体で守るべき自然的で本質的な秩序である」[214]。よって、一方で全市民は市民としての特権を得るために法に従うことが自然である。他方で、「国は独立した自由な君主のように、君主としての自身の地位の本性により、自身の全臣民に対して区別なく権威を持つ」[215]。それゆえ、「聖職者のこの免除は君主の特権や譲渡によって彼らに属する」[216]。しかも、ケリーニによれば、聖職者を含めた全臣民に対する君主の権力はヴェネチアの誕生以来一貫してみられてきたものである。このようなヴェネチアの一貫した政体は「全ての君主や人民によって賞賛され誉められてきた」[217] ので、変更すべきでない。このように、ケリーニはヴェネチア神話を利用しながら、君主の権力に由来する部分的な免除を正当化した。

　以上より、サルピとケリーニはヴェネチアが無罪だと主張する。サルピからすれば、ヴェネチアの法律等は自国の維持や平和や敬虔さを目的とし、ケリーニによれば自国のよき統治や安全を目的としており、君主の権力の管轄内であった[218]。ヴェネチアは教会の新設を規制しても、宗教を軽視しておらず、1200 年以上もカトリック国であり続けている、と[219]。

　それにもかかわらずローマが無効かつ不正な教会罰を下してきたので、ヴェネチアは正当防衛として抵抗してもよい。サルピによれば、ローマはヴェネチアの法律等について熟慮せず拙速に、しかるべき手順に従うことなく、破門などを下してきた[220]。その際に、教皇は「名目として教

214　Querini, *Aviso Delle Ragioni Della Republica Di Venetia*, 38.
215　Ibid.
216　Ibid., 39.
217　Ibid., 40.
218　Sarpi, *Considerazioni Sopra Le Censure*, 3-5; Querini, *Aviso Delle Ragioni Della Republica Di Venetia*, 55.
219　*Aviso Delle Ragioni Della Republica Di Venetia*, 49.
220　Sarpi, *Considerazioni Sopra Le Censure*, 54.

会的といわれるが事実として世俗的である権力」[221] を、すなわち間接的権力を根拠として、そのように下してきた。このような不正に対して、ヴェネチアは正当防衛として抵抗することが許され、具体的には聖務停止令の執行を妨害してもよい[222]。

ガリカニストの参戦

　1606 年の終わり頃、ついに二人のガリカニストがヴェネチアの立場を正当化するために著作を公刊する。セルヴァンやレシャシエは本書において主に二つの理由により重要である。第一に、反ローマの国際的連携における主軸の一つだったからである。第二に、補論で詳述するように、1614 年にスアレスの『信仰の防衛』はセルヴァンたちによってパリ議会で断罪されることで、フランスでも論争の的になるからである。以下では、セルヴァンたちの著作に移る前に、この時期におけるフランスの歴史的状況について簡単に触れておく。

　16 世紀末から、フランスの王権とガリカニストはフランスの平和回復の方法をめぐって対立していた。宗教戦争の最中に、アンリ 4 世が即位し、カトリックに改宗する。政敵であったカトリックに対して、今後服従するならば過去の背信について恩赦を与えるという提案を出す。平和回復の手段として、フランスにおける法を超えた王の伝統的属性としての恩赦を利用しようとしたのである。平和回復の手段において、アンリ 4 世はパリ議会を本拠地としたガリカニスト[223] と対立していた。ガリカニストは、旧来の反逆者に恩赦を与えて罪を不問にするという方法ではなく、王の身体の不可侵性について定めたフランスの根本法を厳格

221　Ibid.
222　Ibid., 57.
223　周知のように、ガリカニズムは多様である。本書におけるガリカニストという語は、セルヴァンやレシャシエそしてリシェのような、Parsons が「博識なガリカン」（erudite Gallican）と呼ぶようなガリカニストを基本的にさす。Jotham Parsons, *The Church in the Republic: Gallicanism and Political Ideology in Renaissance France* (Washington D.C.: Catholic University of America Press, 2004).

施行することによって、よって反逆者を罰するという方法によって、平和回復を目指した。

　その対立がフランスにおけるイエズス会の処遇という一件の枠組を構成した。イエズス会はリーグの過激な活動に対して本格的に参加していなかったようである。しかし、1593年におけるアンリ4世の暗殺未遂において、ガリカニストはイエズス会が教皇やスペインの手下であり、実のところリーグの首謀者でもあり、暗殺を共謀したと主張し、フランスの根本法を守るべくイエズス会を追放しようとした。1594年のシャステルによるアンリ4世の暗殺未遂において、ガリカニストは僭主征伐論をイエズス会に帰し、アンリ3世と4世の暗殺関連における元凶とみなして追放を訴えた。この訴えが通り、イエズス会はフランスから部分的に追放される。しかし、アンリ4世は法を超えた恩赦によってフランスにおける平和を回復し、なおかつ王権を再建および拡張すべく、イエズス会の一件を利用しようとし、その帰還を画策する。アンリ4世に対する今後の服従とフランスへの帰還を交換条件にするというアンリ4世の提案を、イエズス会は受け入れる。1603年、ルーアンの勅令においてイエズス会は帰還を認められる。その後、アンリ4世は自身の庇護下でイエズス会のユグノー改宗や学院建設を公に後援する。イエズス会はアンリ4世に大いに依存し、その依存を自覚していく。イエズス会に対するアンリ4世の支持が明確であったので、ガリカニストのようなフランスにおける反ローマ的カトリックは1603年から1610年におけるアンリ4世の暗殺まで、反イエズス会的な行動を国内では自粛する。このように、イエズス会の処遇という一件によってフランスにおける平和と王権の確立を目指すアンリ4世と、フランスの根本法を厳格に施行することでイエズス会を攻撃しつつ王に議会の特権を認めさせたいガリカニストの対立構図がみられた。フランスのイエズス会がアンリ4世に対する依存を深めていくことで、次章でみるように、ローマ陣営の内部対立が生じることにもなる[224]。

---

[224] Eric Nelson, *The Jesuits and the Monarchy: Catholic Reform and Political Authority in France (1590–1615)* (Aldershot: Ashgate, 2005), 12-147.

そのような時期に、セルヴァンとレシャシエはヴェネチア政府の依頼を引き受け、ヴェネチアのために著作を書く。先述のように、ヴェネチア教会は使徒マルコに依拠して長らくローマからの独立を享受していた。国教会を信条としていたガリカニストは、このようなヴェネチア教会の伝統に惹かれていた[225]。さらに、先述のような反イエズス会の行動を自国において王権により抑制されていた。それゆえ、セルヴァンたちはヴェネチアという他国における反ローマ的カトリックの協力に応じたのだった。

以下では、レシャシエがセルヴァンより先に公刊したので、レシャシエからみていく。なお、セルヴァンに対するイエズス会士の枢機卿ジュスティニアーニの批判にも触れる。

レシャシエの『パウロ5世とヴェネチアの論争に関する思索』

レシャシエはヴェネチアの立場を正当化する上で、四点を主題的に扱う。一点目として、聖務停止令に関するヴェネチアの法律等の合法性や正当性を確認するために、イタリアで法的拘束力を現在においても保っている法について論じる。その後に、ヴェネチアの法律等を個別にみていく。すなわち、二点目は聖職者に対する逮捕や刑罰、三点目は教会新設法、四点目は財産移転法である。

一点目について、ユスティニアヌス法典にみられたようなローマ法が現在のイタリアを法的に拘束している。レシャシエによれば、ユスティニアヌスの法は彼以降のローマ皇帝たちに受け入れられたので、その後もイタリアで法的効力を保ち続けている。それゆえ、「イタリアはユスティニアヌスのローマ法によって支配されている。その一部分は、その帝法自体によって認可された古代カトリック教会のカノン法典である」[226]。このようなローマ法と古代カノン法にかつての教皇たちは従い、その枠内で行動していた。それゆえ、「教皇は自身が教会会議のカノン

---

225 Franceschi, *Raison D'État Et Raison D'Église*, 78.
226 Leschassier, *Consultatio Parisii Cujusdam*, 7.

法よりも上位であると合法的に主張できない」[227]。このような古代カノン法とローマ法がイタリアにおける自由の基盤であり、ヴェネチアはまさにそれらの法の下で誕生した。したがって、ローマ法と古代のカノン法がイタリアを支配しており、聖務停止令に関する正当性の判断基準となる。

　二点目について、国に危害を加えるような聖職者を君主は罰せる。レシャシエによれば、古代カノン法によって継承されることになる使徒の教えは次の通りである。「王権は人間的な事物について神によって打ち立てられたもの」[228]であり、「王権は神が打ち立てたもの以外のなにものでもなく、その設立によって全ての可死的存在が王の裁治権に服従させられている」[229]。それゆえ、聖職者は自国の君主に服従している。ただし、レシャシエは古代カノン法やローマ法の規定として、聖職者による軽犯罪が世俗裁判所でなく教会裁判所の管轄であると認める[230]。それでも、国に危害を加えるような公的犯罪や重罪は教会裁判所ではなく世俗裁判所の管轄として定められていた[231]。このような法をヴェネチアやフランスは継承したので、殺人罪等に関して聖職者を逮捕し罰せる。

　三点目について、教会の新設にはその国の君主による同意が必要である。レシャシエによれば、「教皇は教会の頭であると認められるべきである」[232]。だが、「各々の教会が自身に対して自身の聖職者を選ぶよう聖なるカノン法によって定められている」[233]。さらに、各地域の教会で聖職者を選ぶ際に、その地域における俗人の同意が必要とされ、特に俗人の代表者としての君主による同意が必要とされてきた。このように「各人の叙階は最高君主の同意なしに行われることができないという最高君主の法が存在するのであれば、ましてや多人数の新たな団体や大学そし

227　Ibid., 34.
228　Ibid., 44.
229　Ibid., 46-7.
230　Ibid., 58-9.
231　Ibid., 62-6.
232　Ibid., 97.
233　Ibid., 98.

て教会が彼らの意志なしに設立されないのではないか」[234]。ヴェネチアとローマは別々の教区を構成するので、ヴェネチアにおける教会の新設等には少なくともヴェネチア君主の同意が必要である。

　四点目について、教皇は教会の財産について独力で立法できない。レシャシエによれば、ローマ法において、教会財産に関する立法は各地域の全聖職者によって行われた。その後、教会はそのカノン法について君主から同意を得るようにしていた。さらに、君主が教会財産について立法を行うこともあった[235]。それゆえ、教皇のような一人の聖職者が独力でそのような立法を行えるわけではなく、俗人の代表者たる君主の同意を必要とした。

セルヴァンの『ヴェネチアの国家や国の自由のために』

　セルヴァンもまたヴェネチアの立場を正当化する上で四点を扱う。一点目として、ヴェネチア教会の伝統と一致するガリカン教会の自由を扱う。その後、財産移転法、教会新設法、聖職者に対する刑罰を順に扱う。

　一点目について、セルヴァンはガリカン教会の原理を他国にも共通の原理として提示する。セルヴァンによれば、「フランスの王は自身の王冠や王笏そして王権を神から直接得ているので、自身の王国における皇帝であり、世俗的事柄について神という至高の王を除いていかなる上位者をも認めない。特に、フランスにおける全教会の守護者であり設立者である。彼の多くの特権や特典が教皇によって与えられ、あるいはむしろ認められている。教会の財産、免除、自由、平和的状態、善良さ、正しさ、規律、完全さの保護と防衛が彼に属している」[236]。以上のような自国における世俗的事柄や教会統治の最高権は、フランス王だけに与えられたわけでなく、スペインやヴェネチアのような他国の諸君主にも同様に神によって与えられている。

　ジュスティニアーニは三点においてセルヴァンの主張を批判する。第

234　Ibid., 96.
235　Ibid., 104-5.
236　Servin, *Pro Libertate Status*, 5.5

一に、ジュスティニアーニによれば、ユスティニアヌスが認めていたように、帝権は人民にも由来するので、神のみに由来するわけではない。特にフランスは選挙王制であるので神のみから授権されているわけではない。それゆえ、君主の権力が人民によって合法的に奪われることもありえる[237]。第二に、君主が自らの権力によって教会を設立したという主張はカノン法に反しており、馬鹿げている。なぜなら、君主は教会から特権を得てはじめて教会の設立などを行えるようになるからである[238]。第三に、仮にガリカン教会の原理が正しかったとしても、ヴェネチアの一件には役立たない。なぜなら、各君主の権力のあり方は多様であるので、「ヴェネチアの元老院は最高かつ最上位の統治権の力によってガリカンの権利や特権を自身のために要求することができない」[239]からである。

　二点目の財産移転法について、セルヴァンはサルピやケリーニと同様の主張を行う。サルピたちは、聖職者の財産が過度に増大したので、自国の維持のためにその法が立てられたと述べていた。セルヴァンもまた、君主が自国の聖職者による財産の獲得を規制できるという。なぜなら、「聖職者があまりにも多くの土地を獲得することで俗人からモノを奪い取り、そのようにして全てのモノを短期間で大量に得るというようなことがないようにすることは君主の利害に関わるから」[240]である。それゆえ、フランスでは君主の許可なく聖職者が不動産を獲得できなくなったとされる。

　三点目の教会新設法について、セルヴァンは教会における古来の慣習を根拠として正当化する。セルヴァンによれば、コンスタンティヌスやユスティニアヌスなどの頃、皇帝が自身の権威に基づいて教会を新設していた。この慣習はフランスにも継承されている。それゆえ、「ガリア全域において、君主のみによる施しなしに、あるいは少なくとも彼自身の許可や承認なしに、いかなる修道院や修道士の家あるいは聖なる地や

237　Giustiniani, *Ascanii Torrii Theologi Romani*, 9-12.
238　Ibid., 9.
239　Ibid., 14.
240　Servin, *Pro Libertate Status*, 10.

団体および大学が設立されることはなかった」[241]。この慣習は現在も続いており、フランスのみならずヴェネチアでもみられる。それゆえ、ヴェネチアの教会新設法は正しい。

　二点目と三点目について、ジュスティニアーニは君主が教会の事柄について立法等する上で教会の同意を必要とすると批判する。先述のように、ベラルミーノは同様の論点において君主が自身の権威によって教会に関する立法を行えず、教皇の同意を必要とすると述べていた。ジュスティニアーニも同様の主張を行う。すなわち、霊的事柄は教皇に委ねられているので、教会に関する君主の法は「教会の権威によって確証されない限り無効である」[242]。

　四点目の聖職者に対する刑罰について、セルヴァンは古来の慣習を根拠とする。セルヴァンによれば、イタリアやフランスにおいて、聖職者が殺人等の罪で君主により罰せられるという慣習が続いてきた。一般の聖職者のみならず、教皇もまたその刑罰の対象となった。なぜなら、君主は世俗的事柄において神以外の上位者を認めないので、自身に対する教皇の危害を裁く際に、自らその裁判官になれるからである[243]。ただし、セルヴァンは軽犯罪に関してならば聖職者の免除が与えられる余地を認める。それでも、殺人のような重罪については認めない。なぜなら、さもないと自国の優れた統治を維持できないからである[244]。

　以上のようにヴェネチアの立場を正当化した後、セルヴァンはサルピのように聖務停止令の一件を他君主に共通の問題として喧伝する。セルヴァンはこの一件がヴェネチアのみの問題ではなく、「神から同一の最高の統治権を与えられたキリスト教のあらゆる君主の」[245]問題だという。なぜなら、聖務停止令においては、あらゆる君主が神から得たがゆえに人間によって侵害されてはならない権力を、教皇が侵害したからである。このようにヴェネチアのサルピのみならずフランスのセルヴァンもまた

241　Ibid., 12.
242　Giustiniani, *Ascanii Torrii Theologi Romani*, 21.
243　Servin, *Pro Libertate Status*, 16.
244　Ibid., 22.
245　Ibid.

聖務停止令をヨーロッパ全体の問題として喧伝し、反ローマの気運を高めようと試みた。

第四節　スアレス

　前節では、聖務停止令論争の大まかな流れを時系列に沿って整理した。本節では、その整理を利用しながら、この論争におけるスアレスの主張やその位置付けを示す。その前に、前節における論争の展開を論点に沿って振り返る。
　ヴェネチア陣営は、聖務停止令におけるヴェネチア側の無罪とローマ側の不正を論証するために、教皇権を制限し、主権論の系譜に属する理論や国教会原理を展開した。ヴェネチア陣営は財産移転法などの三点について次のように正当化した。第一に、自国の聖職者に対する逮捕や刑罰について、君主は自国の全成員に対して世俗的事柄に関する最高権を持つ。この世俗的最高権は神から直接与えられるので、教皇のような人間によって強奪されることが許されない。さらに、ヴェネチア神話の中で世界的に賞賛されているヴェネチアの慣習法にも基づくので、変更されるべきでなく、変更できない。この俗権を聖職者が全面的に免除されるならば国は維持不可能となるので、全面的な免除は認められない。さらに、ソトやコバルビアスがいうように、免除は神法ではなく人定法に由来するので、君主が特権等として部分的な免除を自国の聖職者に与えるのみである。第二に、財産移転法は自国の維持に必要であるので、自国を守るために君主へと直接神授された俗権によって立てられた。立法権は君主の権力における本質であるので、君主はこのような自国の必要に関わる案件において他者の法に服することができない。第三に、教会新設法は財産移転法とほぼ同一の根拠で正当化される。さらに、君主が教会統治の最高権を持つという国教会原理によっても正当化される。ただし、マルシリオは途中で国教会原理を用いなくなる。サルピは国教会

原理においてガリカン教会とヴェネチア教会を積極的に関連付けて正当化を行う。

　以上のようにヴェネチア側は自身の法律等において越権ではなく無実であるので、ローマ側の聖務停止令こそ越権行為であり権力濫用であると主張した。もっとも、ヴェネチア陣営は教皇に一定の霊的権威を認めていた。だが、公会議と教皇の優劣関係を未解決の問いとして提示して、教皇権を制限しようとした。さらに、ヴェネチア陣営は教皇の俗権ないし世俗的強制権を否定した点で一致していた。聖務停止令は教皇権の以上のような限界を超えた罰であるので、無効かつ不正であり、権力濫用である。教皇の権力濫用に対して、ジェルソンのいうように、君主は自国を守るために正当防衛として抵抗することが許されており、具体的には聖務停止令の執行を妨害することなどが許される。

　ガリカニストは主権論や国教会原理によってヴェネチア陣営を支援した。すなわち、君主が自国の全成員に対する世俗的最高権を神法や慣習法によって持つことを論証したり、ガリカン教会やヴェネチア教会などに国教会原理を適用したりして、ヴェネチアの法律等を正当化した。

　ローマ陣営はヴェネチア側の有罪と聖務停止令の正当性を論証するために、君主の権力を一定の世俗的事柄に制限し、聖職者の全面的な免除や直接的権力ないし間接的権力を根拠としてヴェネチア陣営の理論を批判した。ローマ陣営からすれば、ヴェネチアによる三点の法律等は教会の自由を侵害するので有罪であった。第一に、君主による聖職者の逮捕や刑罰は越権である。なぜなら、聖職者の免除は全面的だからである。仮に聖職者の免除が神法ではなく人定法のみに基づくとしても、ソトなども認めるように、教皇が間接的権力によって聖職者の免除を君主に強制できる。さらに、ヴェネチアが正当化の際に根拠として提示していた君主の世俗的最高権もまた批判される。まず、君主権の直接的な神授に対して、君主権は神から人民を介して君主へ至るので、君主権の直接的神授ではなく間接的神授が正しい。それゆえ、君主権は人間によって正当に奪われる場合がある。次に、君主が自国の世俗的事柄において神以外の上位者を認めない点について、ペニャとベラルミーノは君主がその世俗的事柄において教皇に服従せねばならない場合があると批判した。

この論点について、ペニャは直接的権力論に基づいて教皇が君主の世俗的上位者だと主張したのに対して、ベラルミーノは間接的権力論に基づいて教皇がキリスト教君主の霊的上位者であり一定の場合に世俗的事柄について強制力を正当に行使するにすぎないと主張していた。次に、自国の全事柄における君主の権力は聖職者の全面的な免除や教会の自由に反している。

　第二の教会新設法と第三の財産移転法は以下の理由により越権であると批判された。霊的事柄を対象とする霊権は、キリストからペテロへと委ねられた。それゆえ、ヴェネチアの君主は霊的事柄に関する立法において教会の同意を必要とする。だが、その同意を得なかったので、それらの法律は教会の自由に反している。しかも、ヴェネチアの君主はこれらの法律で霊的事柄に関する権力を強奪するだけでなく、聖務停止令に従わないよう聖職者を強制した点でも同様に強奪している。そのようにして、ローマの普遍教会を解体し、イングランドのような国教会を形成しようとしている。以上のように、ヴェネチアの法律などは教会の自由に反する等の理由により、有罪である。それゆえ、教皇は普遍教会の統一性を守るべく、聖務停止令のような教会罰を正当に下したのである。ヴェネチアは公会議主義を用いて教皇権を制限しようとするが、教皇は明らかに公会議に優位している。

　スアレスが聖務停止令論争に加わろうとしていた頃、以上のような論戦がスアレスの眼前で繰り広げられていた。この論争に関するスアレスの著作に移る前に、その理解に役立つので、1601年から1607年に至るまでのスアレス理論の発展を確認する。

1601－3年のコインブラ大学における法学講義

　前章で簡単に触れたように、法学講義においてスアレスの両権論の基本的枠組みが提示されていた。ここでは、その枠組みを確認する。

　キリストがキリスト教会を設立し、ペテロに最高の霊権を与えた。スアレスによれば、キリストは特別な摂理のもとで自身の教会を霊的な王国として設立し、自らその王となった。帰天する際に、キリストはペテ

ロを代理人として任命し、俗権ではなく霊権のみを直接的に与えた。この授与は聖句によって根拠づけられる。すなわち、キリストはペテロのみに対して「あなたに天の国の鍵を与えよう」（マタイ 16 - 19）と約束し、「わたしの羊を牧せ」（ヨハネ 21 - 17）と命じて霊権のみを与えることによってその約束を果たした。それゆえ、ペテロはキリストから教会における霊的な最高権を得た[246]。

　ペテロの霊権は他の使徒たちの霊権とは根本的に異なっていた。スアレスによれば、キリストはペテロ以外の使徒にも霊権を直接与えていた。しかし、ペテロの霊権は他の使徒の霊権と明確に異なっていた。主な相違は二つある。第一に、ペテロの権力だけが自身の死後においても恒常的に継承されるよう授与された。第二に、教会における地位である。「わたしの羊を牧せ」という命令に関して、「使徒たちもまた羊の中に数えられる」[247]。なぜなら、教会の統一性を確立するためには、キリストの代理人に対する全キリスト教徒の服従というヒエラルキーが必要だからである。

　ペテロの後継者として、教皇もまたキリストから霊権を直接得ている。先述のように、キリストはペテロに授権する際に、その権力がペテロの死によって消滅せずに、後継の教皇たちによって継承されるよう定めた。実際に、歴代の教皇たちはペテロの霊権を継承し続けてきた。それゆえ、教皇はペテロと同様の「権力をキリスト自身から直接的に得ている」[248]。

　教会の教皇主義的な性格は、公会議主義に対する批判を通してより明確に確認される。公会議主義は教会における最高権を教皇ではなく公会議に見出し、教会を代表する公会議が教皇に優位すると主張する。スアレスはこの主張を真っ向から否定する。すなわち、教会を代表する教皇が公会議に優位することを主張する。ここで、二点に注意すべきである。第一に、教皇が霊権を教会という共同体全体からではなくキリストから

---

[246]　Francisco Suarez, "De Legibus Tractatus a Doctore Francisco Suario Hispano e Societate Iesu", MS 1924, fol.162 , Biblioteca Geral da Universidade de Coimbra
[247]　Ibid., fol.163　　　inter oves, Apostoli etiam numerantur
[248]　Ibid., fol.164v　　　ab eodem Christo immediate habet potestatem

得る点である。後述するように、世俗君主の俗権は政治共同体に由来するので、政治共同体は君主から俗権を奪い返せる場合がある。だが、教皇は霊権を教会からではなくキリストから直接得るので、教会という共同体は政治共同体のように権力を奪い返すことができない。第二に、公会議が教皇に対抗しえないような主体として実質的に捉えられている点である。公会議の召集権は教皇のみに存する。さらに、公会議が召集されたとしても、確固たる教皇が存在する場合に[249]、教皇かその代理人が出席していない公会議は真の公会議ではなく、むしろ教会を分裂させるシスマである。しかも、代理人のみが出席する公会議は、拘束力ある法を制定する上で教皇の裁可を必要とする。このように、公会議は召集から立法に至るまで教皇の権力なしに自力で活動することができない[250]。

　教会は単なる結社ではなく権力主体である。霊権は叙階権（potestas ordinis）と裁治権（jurisdictio）に分けられる。叙階権は様々な秘跡（sacramenta）を対象とする。裁治権は教会の法廷を対象とする。教会の法廷は悔悛（poenitentia）における内的法廷と教会統治における外的法廷に分けられる。外的法廷に関する裁治権は統治権とほぼ同義である。この裁治権はマルシリウスによって強く批判されていた重要な論点であり、本研究における主要な論点である。スアレスによれば「教会には、それを支配し統治する特別な権力が存在する」[251]。なぜなら、教会は政治共同体と同様に完全な共同体であるので、その統一性と平和を維持するために政治共同体のように裁治権を必要とするからである[252]。それゆえ、この裁治権は教皇が中世以降に簒奪し始めた権力ではなく、教会に内在する正統な権力である。教皇はこの権力によって教会内部において命令や強制などを行える。それゆえ、教会は政治共同体の法や裁判とは

249　教皇が空位の場合や、複数の疑わしい自称教皇が乱立するシスマの場合がスアレスの念頭に置かれている。これら二つの場合に、真の教皇とみなしうる教皇が存在していないので、公会議は教皇の決定に依存せず活動できる。

250　Suarez, "De Legibus Tractatus", fols.171-72

251　Ibid., fol. 152　　esse in Ecclesia peculiarem potestatem ad regendam et gubernandam illam

252　Ibid., fol.153

別個の法や裁判を独自に持つ。

　霊権の目的と対象は霊的である。「この権力の目的は永遠の至福である」[253]。キリストはこの目的のために現世へ到来したのである。この目的は宗教的目的というよりも、魂の救済に関わる点でまさにキリスト教的で霊的な目的である。その達成のために、来世のみならず今世の超自然的な至福もその目的となる。目的と対象には一致が見られるので、霊権の固有で通常の対象となる事柄は霊的事柄である[254]。

　以上のように、法学講義の時点で、スアレスはまとまった形で教会論を提示した。次に、政治共同体論に移ろう。

　一方で、人は自然的自由を自然法から受け取る。スアレスによれば、「事物の自然により、全ての人間は自由な者として生まれる。それゆえ、いかなる者も他者に対して政治的裁治権のみならず支配権を持たない」[255]。言い換えれば、人は生まれながらにして他者によって臣民のように政治的に支配されたり、あるいは奴隷のように所有されたりしない。人は自身やその行為に対するこのような自由を自然法から受け取る。

　他方で、人は自然本性により、政治共同体における生を求める。スアレスによれば、「人間は社会的動物であり、正当なことに、共同体における生を自然的に求める」[256]。それゆえ、人は自然状態においていわば原子的諸個人として散在しているわけではなく、社会的動物としてまず家族という共同体を形成する。だが、家族によって平和や人間的な生を確保することは困難である。そこで、堕罪やその矯正ではなく、平和などの確保を目的として、人は政治共同体という完全な共同体の形成へ、すなわち自存的共同体の形成へ向かう。

　だが、自然的自由と政治的服従は両立しない。スアレスによれば、政治共同体は単なる群集ではない。あるいは、人々が同一の場所にただ単

253　Ibid., fol.154　　　finis huius potestatis, est aeterna felicitas
254　Ibid., fol.154v
255　Ibid., fol.132-132v　　　ex natura rei omnes homines nascuntur liberi, et ideo nullus habet iurisdictionem politicam in alium, sicut nec dominium
256　Ibid., fol.126v　　　hominem esse animal sociale, et naturaliter, recteque appetere in communitate vivere

に集合しただけでは政治共同体を形成したことにならない。なぜなら、政治共同体は政治的身体（corpus politicum）だからである。政治的身体は、自身を構成する諸成員間の有機的な結びつきや統一性を欠かすことができない。身体の統一性を維持するために、四肢（membra）は頭（caput）に従う必要がある[257]。それゆえ、政治共同体の成員は自身の行為を統一権力の命令に従わせる必要がある。だが、人は自身の行為を自身の命令に従わせる自然的自由を持つ。

　人は社会的動物であるので、政治共同体を形成するために自らの意志によって自然的自由を放棄し、政治共同体を形成する。先述のように、人は自然的自由を自然法から得ているので、生まれながらにして他者に政治的に服従してはいない。だが、スアレスによれば、自然法は人が自然的自由を保持し続けるよう命令していない。むしろ、人は社会的動物であるので、政治的服従が人の自然本性と一致している。それゆえ、人は自然的自由を自らの意志によって放棄できる[258]。そこで、人々は自身の同意によって政治共同体を形成する。人々は「単一の社会的紐帯の下で単一の政治的目的のために互いに助け合うべく集合し、特別な意志ないし共通の同意によって単一の政治共同体へと至る」[259]。この同意は先行研究においてしばしば社会契約として捉えられている。たしかに、政治共同体を形成する意志的行為という広義の「社会契約」としてこの同意を捉えることは可能であろう。

　人々が政治共同体を形成した後に、神が政治権力すなわち俗権を政治共同体に授与する。ここで、二点に注意が必要である。第一に、人ではなく神が俗権を授与することである。第二に、俗権が政治共同体すなわち人民へと直接的に授与されることである。

　一点目として、人ではなく神が俗権を授与する。スアレスによれば、

257　Ibid., fol.133
258　Ibid., fol.130v
259　Ibid., fol.133　　speciali voluntate, seu communi consensu in unum corpus polyticum congregantur, uno societatis vinculo; et ut mutuo se iuvent in ordine ad unum finem politicum

政治共同体の俗権は「神自身から直接的に由来する」[260]。この神授権説の根拠は主に二つ挙げられる。第一に、俗権は人間の権能を超えた様々なことを行えるからである。例えば、良心の拘束や死刑である。第二に、人々は政治共同体を生成できるにもかかわらず、政治共同体におけるその直後の俗権の生成を自らの意志によって妨げることができないからである。たしかに、人間は自らの意志によって政治共同体を形成する。だが、政治共同体は一度形成されると、自己保存のために必ず俗権を必要とする。神は必要な事物が欠けることのないよう創造を行ったため、政治共同体は人間の意志によって妨害されうることなく神から俗権を直接得る。もし人間が政治共同体の形成を求めると同時に俗権に対する服従を拒否するならば、「なにも生み出さないであろう」[261]。このように、俗権は人間の意志に由来しない。それゆえ、スアレスにおいて、俗権は人々が自然状態において持つ権力の寄せ集めではないといえる。

　二点目として、神は自然法を介して俗権を与えるので、共同体全体すなわち人民へと直接的に俗権を与える。自然法において、全ての人間が生まれながらにして自由である。それゆえ、自然法は特定の一者が他者を支配すべき理由を与えない。さらに、サウルやダビデのような例外を除いて、神は特定の人物に対して俗権を直接的に与えるとはいえない[262]。なぜなら、そのような授権の根拠となるような聖句や啓示が存在しないからである。したがって、「この権力は事物の自然によって直接的に共同体に存する」[263]。言い換えれば、神は自然法によって直接的に俗権を人民に与える。

　しかし、俗権は一般的に人民自身によって行使されない。なぜなら、スアレスは人民自身が十分な統治能力を持つと考えないためである。それゆえ、人民は俗権を自ら行使するよりもむしろ君主を選び、君主に授

260　Ibid., fol.134v　　　est immediate ab ipso Deo
261　Ibid., fol.133v　　　nihil efficerent
262　Ibid., fol.136v
263　Ibid., fol.133　　　haec potestas ex Natura rei, est immediate in communitate

権すべきである[264]。

　そこで、人民は同意によって俗権を授与する。ここで、三点に注意が必要である。第一に、人民は君主を指名するだけではなく、権力を君主に譲渡する点である。スアレスによれば、この点で君主は教皇と異なる。なぜなら、教皇は人間が指名し神が授権するためである。第二に、人民は君主に俗権を単に委任するわけではなく、譲渡する点である。それゆえ、「王は権力を譲渡されると、そのことを原因として、それを与えた王国よりも上位者ともなる。なぜなら、王国はそれを与えることで自己を服従させ、かつての自由を自ら奪ったからである」[265]。君主は平時において共同体の各成員のみならずその全体よりも上位に立つ。第三に、人民は譲渡後も俗権の主要な保持者であり続ける点である。それゆえ、君主が僭主となるような例外状態において、人民はこの権力を行使することで抵抗を行える[266]。以上のような仕方で、人民は同意によって君主に俗権を譲渡する。君主からみれば、政治権力は人民から直接的に、神から間接的に由来する。

　俗権の主体は君主である。君主は各国の世俗的なヒエラルキーにおける最上位の統治者一般を指す。混合政体の場合、例えば人民が統治者を選んだにもかかわらず全ての権力を譲渡したわけではない場合、その国の最高権は王を伴った人民に存する。言い換えれば「頭を伴った身体の全体に」[267]存する。この場合、両者の意志が一致した時にのみ、立法を行うことができる。それゆえ、一体となった両者がその国の君主であるといえる。

　その他の重要な論点として、法や権利の概念に関する考察の深まりを指摘できる。第二章で論じたように、1580年代のスアレスはユス（*ius*）とレクス（*lex*）を明確に区別しなかった。だが、この区別は法学講義

264　Ibid., fol.136
265　Ibid., fol.138　　　translata potestate in Regem, per illam efficitur superior, etiam Regno, quod illam dedit, quia dando illam, se subiecit, et priori libertate privavit
266　Ibid., fols.148v-149
267　Ibid., fol.145　　　in toto corpore cum capite

で明確に示される。

　レクスは法であり、正しい行為を義務付ける規則である。スアレスはまず、アクィナスの『神学大全』II－Iの第九十問における法（lex）の定義を吟味する。アクィナスによれば、法は或る者が行いを促進あるいは抑制される際の或る規則や基準である。スアレスはこの定義があまりに漠然としていると批判し、特に三点を批判する。第一に、法が非理性的被造物にさえ見出される点である。スアレスによれば、あらゆるものは上記のような規則や基準をもつ。だが、「理性を欠くものは固有の意味において法が可能ではなく、同様に服従も可能ではない」[268]。言い換えれば、法に従うことは人間のような理性的被造物のみに可能である。それゆえ、非理性的被造物の自然的な傾向性や必然性はメタファーとしてしか法であるといえない。第二に、不正な法が法として認められることである。先述の定義に従うならば、正しい規則のみならず不正な規則もまた法である。しかし、スアレスはキケロ等に依拠しながら「法は正しさの基準である」[269]という。それゆえ、不正な法は法ではない。第三に、法が助言と区別されない点である。スアレスは法が行為を義務付ける点で両者が異なるとして、この点を批判する。以上を踏まえた上で、スアレスは法を次のように定義する。「法は道徳的行為の或る基準であり、それと一致する行為は絶対的な仕方でいえば正しく、それに反する行為は歪んだ行為となるような基準である」[270]。この定義は80年代におけるスアレスの法概念の延長線上にあるといえる。

　ユス概念の考察は、より一層の深まりをみせている。スアレスはユス概念を二つの語源に関連付けて説明している。一つ目の語源は命令すること（iubendum）である。この場合、ユスは「第一義的および固有の仕方でレクスを意味する」[271]。すなわち、この場合のユスは法を意味

268　Ibid., fol.3　　res carentes ratione non sunt proprie capaces legis, sicut neque obedientiae
269　Ibid., fol.4　　Lex sit mensura rectitudinis
270　Ibid.　　Lex sit mensura quaedam actuum moralium, ita ut per confirmitatem ad illam, rectitudinem simpliciter habeant, et si ab illa discordent, obliqui sint
271　Ibid., fol.6　　proprie ac primarie significare legem

する。二つ目の語源は正義（*iustitia*）である。正義との関連で、ユスは二つの意味を持つ。第一の意味は、正義にかなうものである。すなわち「理性と一致し、公正であるもの全て」[272] である。第二の意味は、より重要な意味であり、いわゆる権利である。「固有の意味におけるユスは、正義の対象であるものや、或るハビトゥスないし道徳的権能であるものを意味することができる」[273]。スアレスはこのようなユスの例として支配権や使用権を挙げ、各人がそれらの権利を各人のモノに対して持つという。

1603 年と 1606 年の『教会罰について』

1603 年、スアレスは『教会罰について』[274] を出版する。本書において、破門や聖務停止令のような教会罰についてスアレスは概論している。その際に、教会罰が世俗的強制力と結びつくケースなどに関して、間接的権力論を扱っている。本書の重要性は二つある。第一に、この著作によってスアレスの間接的権力論がまとまった形で印刷物に載った点である。ローマ学院とコインブラ大学における二つの講義ノートは公刊されず、1612 年の『法および立法者たる神について』において初めて公刊されることになる。それゆえ、スアレスの間接的権力論はこれらの講義を介して、主に受講者とその周辺にしか伝わらなかった。それでも、『教会罰について』において比較的詳しく扱われたので、本書を介して広く周知されえた。第二に、本書がスアレスの『ヴェネチアが侵害した聖職者の免除について』における主題の一つとなっている点である。ヴェネチア当局は『教会罰について』を検閲し、間接的権力論等の箇所を問題視した。それゆえ、1606 年に『教会罰について』のヴェネチア版[275] が出

272　Ibid.　　quidquid est aequum, et consentaneum rationi
273　Ibid.　　potest significare proprium ius, quod est obiectum iustitiae, et est habitudo quaedam vel facultas moralis
274　Francisco Suarez, *De Censuris* (Conimbricae: officina Antonija á Mariz, 1603).
275　*De Censuris* (Venetiis: apud Ioan. Baptistam Ciottum Senensem, 1606). なお、以下では 1603 年の初版を用いている。

版された時に、ヴェネチア当局はそれらの箇所を無断で部分的に削除した。この削除を知り、スアレスはその箇所の正当化を行うと同時に、その削除を聖務停止令の一件と関連付けてヴェネチアを批判することになる。

そこで、それらの削除箇所を簡単に紹介してから、『ヴェネチアが侵害した聖職者の免除について』へ移る。聖務停止令論争と関連する重要な箇所は四つある。

第一の箇所は、宗教的理由に基づく人民の抵抗権に関わる。スアレスは破門の効果として破門された者が教会の裁治権を教会によって奪われる点などを説明した後に、世俗的交流をも奪われる点に移る。この点の基本原則は、破門された者が全ての世俗的交流を奪われるというものである[276]。そこで、君主に対する臣民の服従がその例外に該当するか否かが問われる。スアレスによれば、君主は支配権を破門自体の力によって奪われないので、破門された後も君主の地位に留まる。それでも、次のような但し書きが付随する。その但し書きがヴェネチア当局の検閲で削除される。「しかしながら、私は破門の力によってそれ自体で論じれば、と述べた。なぜなら、君主が異端やシスマないし教会への反抗者であったり、臣民が彼らの君主の地位から信仰や宗教の重大な危険を被ると恐れたりというような他の要点に基づいて、これらの臣民はこれらの君主に対して服従や忠誠ならびに税や全ての従順を拒否できるからである。その場合、防衛の権利によって彼らを追放し、服従や忠誠を拒否できる」[277]。それゆえ、君主が破門を受けたという理由ではなく異端やシスマ等という理由でならば、臣民は君主を追放できることになる。

第二の箇所は、間接的権力論に関わる。スアレスは教会の裁判官が世俗的事柄に関して破門を下せるかと問い、肯定的な答えを出す。ただし、直接的権力論とは異なり、教会が世俗的事柄を対象とする際の根拠や目的は霊的でなければならない。なぜなら、「教会権力は直接的にはこれらの世俗的事柄ではなく霊的事柄を対象とし、後者を根拠として間接的

276　*De Censuris*, 274.
277　Ibid., 297.

に、いわば何らかの結果として世俗的事柄へと拡張される」[278] からである。この主張はヴェネチア当局によって削除されなかった。しかし、この主張に関する説明部分が削除された。その中には、「霊的事柄に必要な限りで、霊権は世俗的事柄へと間接的に拡張される」[279] という間接的権力論の典型的な主張も含まれていた。

　第三の箇所は、世俗的事柄における教会の裁判権に関わる。スアレスによれば、不特定の人々でなく特定の人物が当事者となるような世俗的事柄は、基本的に世俗裁判所が担当する案件であるので、教会裁判所が介入すると越権になる。ただし、世俗裁判所がこの案件の処理において怠惰であるならば、教会裁判所は世俗裁判所に対して適切に処理するよう忠告したり教会罰で強制したりできる。さらに、「これでも不十分なら、その場合には教会の裁判官が案件を引き受けられるだろう」[280]。なぜなら、このような怠惰による悪影響が教会の霊的共通善に関わるからである。しかも、この場合に世俗裁判所は当該案件に関わっていないといえるので、教会によって裁治権を奪われたことにならないからである。世俗的事柄における教会の裁判権に関する以上の主張は全てがヴェネチア当局によって削除される。

　第四の箇所は、間接的権力論に関わる。破門を下されるべき二十のケースについて論じている教書「コエナ・ドミニ（*Coena Domini*）」をスアレスは扱う。その中で、第五のケースは不正な税を課すことである。このケースに関して、スアレスの二つの主張がヴェネチア当局に削除される。一つ目は、君主が不正な税を課すと破門の対象になるという主張である。スアレスによれば、君主は世俗的な上位者をもたないので権力を濫用しやすい。教皇がその濫用を防止すべく破門を下す。二つ目は、教皇が税の免除を授与できることである。教皇は間接的権力を持つので、「霊的目的にそれが大いに有益ないし必要であるか、あるいはふさわしいならば、或る君主へと義務付けられた世俗的税から或る人々を免除す

278　Ibid., 349.
279　Ibid.
280　Ibid., 350.

ることができる」[281]。

1607年の『ヴェネチアが侵害した聖職者の免除について』

　1606年に至り、聖務停止令論争が生じ、『教会罰について』のヴェネチア版も出版され、1607年になって『ヴェネチアが侵害した聖職者の免除について』が執筆される。『ヴェネチアが侵害した聖職者の免除について』は三巻で構成されていた。第一巻は、聖務停止令論争の諸論点に入る前に、その理論的基礎を論じた巻であった。しかし、かつて紛失したまま現在も発見されていない。第二巻はその理論的基礎を聖務停止令論争に応用した巻であり、本論の中心となる。第三巻は『教会罰について』のヴェネチア版で削除された箇所に関する反論を扱っている。
　ここで、『ヴェネチアが侵害した聖職者の免除について』におけるスアレスの主張全般をベラルミーノの主張と比較しながらあらかじめ簡単に示す。スアレスは聖務停止令論争に関するベラルミーノの著作を読んで執筆していたこともあり、多くの論点においてベラルミーノと同様の主張を行う。すなわち、聖職者は神法から全面的な免除を得ているので、ヴェネチアの法律等は教会の自由に反している。それゆえ、ヴェネチアは有罪であり、教皇により正当に破門などを下された。さもなければ、教会の自由や普遍教会の統一性が失われてしまうからである、と。スアレスとベラルミーノの主な相違は二点あり、教皇主義を擁護する仕方よりもヴェネチア陣営を批判する仕方に存する。教皇主義の擁護に関しては、ベラルミーノとスアレスはともに聖務停止令論争において普遍教会の統一性を守ろうとする。キリスト教共同体という広義の教会とともに聖職者の集合体としての狭義の教会における統一性を守ろうとする。ヴェネチア陣営に対する批判に関して、両者における一つ目の相違は、スアレスが普遍教会全体を特に霊的事柄に関して拘束するような普遍教会の共通法としてのカノン法に着目する点である。とりわけ、カノン法に関するマルシリオの主張が批判の的になる。二つ目の相違は、スアレス

281　Ibid., 369.

がヴェネチア陣営に対する批判の中心的論点として国家理性論を組み込んだ点である。

周知のように国家理性という概念は多義的であるので、スアレスの理解をここで示しておく。「俗に国家理性（rationes status）と呼ばれている政治的思考は、宗教や敬虔さあるいは正義の公平さよりも人間的な利益や情念をしばしば考慮に入れるのを常とする」[282] ものである。すなわち、国家理性は宗教や自然的正義よりも人間的な利益を優先する政治的思考を指す。あるいは、後述の引用部分から理解されるように、そのような政治的利益自体を指す。スアレスが国家理性と互換的に用いる語は、ratio politica か rationes politicae である。以下では、これらの語を文脈に応じて様々な言葉に和訳している[283]。

『ヴェネチアが侵害した聖職者の免除について』の第三巻：四つの削除箇所

まず、『ヴェネチアが侵害した聖職者の免除について』の第三巻からみていく。すなわち、『教会罰について』の削除された四箇所に関するスアレスの反論を順にみていく。

---

[282] "De Immunitate Ecclesiastica," 275.
[283] 国家理性論に対する批判の主題はスアレスと大部分のイエズス会士において異なっている。Höpfl によれば、イエズス会は反マキャベリ主義を実質的に公式見解としていた。マキャベリ主義は国家理性論と同一視されたので、国家理性論もまた批判の的になった。それでも、イエズス会士は実質的には国家理性論の本質的部分を吸収していた。それゆえ、イエズス会が国家理性論と真っ向対立した論点は宗教的寛容のみであった。政治的利益のためならばあらゆる事物が許容され、よって異端でさえ許容されるという寛容の主張をマキャベリ主義や国家理性論として、イエズス会は公に批判していた（Harro Höpfl, *Jesuit Political Thought: The Society of Jesus and the State, c.1540-1630* (Cambridge, UK: Cambridge University Press, 2004), 86-90.）。このように、大部分のイエズス会士において、国家理性論に対する批判の主題は宗教的寛容論であった。しかし、スアレスにおいては、その主題は宗教的寛容ではなく国教会原理であることが以下で示されるだろう。

スアレスは同時代の異端と関連付けながら、第一の削除箇所について正当化する。第一箇所では、君主が破門を下されていなくても教会への反抗者や異端であれば、臣民は防衛権を行使して君主を追放できると論じられていた。スアレスはこの主張を正当化するために、以下のように異端君主による霊的危害を根拠として挙げる。スアレスによれば、異端との交流は異端への汚染をもたらす。「異端の王や君主において、彼らに服従している共同体全体が破滅する一層明白な危険が存する。このことは経験自体がそれほど明確に教えてくれなければよかったのだが！（中略）ユリアヌスは背教した教会において、教会の大部分がキリストから離反するよう導いた。（中略）我々の時代においても、フリードリッヒ侯がルターに信仰と好意を示すことで、サクソニア全域がルター派の異端によって短期間のうちに損なわれたことを我々は確認している。イングランドやスコットランドそして他の列強国についても同様である」[284]。このように、異端のような霊的危害は異端君主を介して一挙に拡散してしまう。それゆえ、キリスト教の臣民は信仰を守るために防衛権を行使してそのような君主を追放できる。

　スアレスは第一箇所の削除を聖務停止令におけるヴェネチアの反抗と関連付ける。第一箇所で、異端君主に対してのみならず、教会に反抗しシスマを引き起こすような君主に対しても、人民が抵抗権を行使できるとスアレスは述べていた。ヴェネチアは長らく異端とはみなされていなかったこともあり、聖務停止令においてシスマや教会への反抗と関連付けられた。ヴェネチアは、まさにそのような関連付けの箇所を削除していた。スアレスによれば、この削除は「教皇に対するその後の反乱やシスマについて何かをおそらく予感させていた」[285]。すなわち、この削除は後の聖務停止令におけるヴェネチアの反抗の兆しであった。

　第二箇所について、スアレスはあまり詳しく反論していない。第二箇所は間接的権力論に関わっていた。スアレスによれば、教皇は霊的目的のために必要ならば世俗的事柄についても命令できるので、例えば神の

284　Suarez, "De Immunitate Ecclesiastica," 334.
285　Ibid., 335.

崇拝のために十分の一税という費用の拠出を命令したり、信仰を守るために防衛戦争を行うよう命令したりすることができる。スアレスからすれば、第二箇所を削除したヴェネチアは霊権の対象が世俗的事柄へと拡張されることを否定したので、「教会の牧者たちの権力が完全なものであると考えていない」[286]。

　第三箇所について、スアレスはその削除をヴェネチア陣営の国家理性に帰する。第三箇所は世俗的事柄における教会裁判権に関わり、間接的権力論の一例を扱っていた。スアレスは第三箇所の主張を次のように正当化する。世俗的事柄は通常において世俗裁判所の管轄である。それゆえ、裁判を混乱させないために、教会裁判所は通常世俗的事柄を対象にしない。だが、例えば国全体に影響を与える世俗的案件の裁判を俗権が怠るような場合に、霊的目的に必要ないし有益なこの世俗的案件を霊権が対象にできる。なぜなら、「霊権は世俗的事柄へと間接的に拡張される」[287]からである。スアレスによれば、このような間接的権力論に関する第三箇所の削除は、「神学的な考慮（rationes theologicae）によってではなく、霊権を抑制し制限するという何らかの政治的な考慮（rationes politicae）によってなされた」[288]。しかも、間接的権力論は「我々が先に触れた下僕会士のパオロという修道士の気に入らず、彼はそれを制限したり反駁したりすることを望んだ。それゆえ、（我々は次のように疑うのだが）彼自身が我々の本から同様の原理を削除したとしても不思議ではない」[289]。すなわち、スアレスはサルピが国家理性ゆえに第三箇所を削除したと推定する。スアレスからすれば、サルピのような「ヴェネチア人たちによって引き起こされた全ての騒乱は同一の源泉から、すなわち教皇権と霊権に関する誤った原理から生じた」[290]ので、スアレスはサルピのようなヴェネチア人が国家理性のために間接的権力論等を否定した点に聖務停止令論争の根源を見出す。

286　Ibid., 336.
287　Ibid., 339.
288　Ibid., 338.
289　Ibid.
290　Ibid., 339.

第四箇所について、スアレスは再び間接的権力論を擁護する。その箇所は二点を、すなわち不正な税を課す君主が破門される点と、税の免除を教皇が間接的権力によって授与できる点を扱っていた。スアレスによれば、一点目の削除者は「自身の世俗的最高権の行使において上位者を認めたくない」[291]と考えていた。しかし、間接的権力論という「我々の原理が自身の国家に反する」[292]と考えたので、一点目の箇所を削除した。しかし、スアレスは教皇が君主や皇帝の牧者であるので不正な課税のような重大な不正について霊的目的のために強制力を行使できると反論する。二点目の削除は教皇権に反するのみならず、聖職者の免除にも反する。なぜなら、この免除は神法のみならずカノン法にも由来するからである。以下でみていくように、スアレスは特にこの点でカノン法を重視して論じることになる。

『ヴェネチアが侵害した聖職者の免除について』の第二巻

　先述のように、第二巻が聖務停止令論争を正面から扱っている。第二巻の構成として、スアレスはまず各章でヴェネチアの法律や逮捕が不正であることを示し、次にパウロ5世の破門等が正当であることを示し、それにもかかわらずヴェネチア人が破門等に従わないことで新たに罪を重ねていることを論じる。以下では、その順に沿ってみていく。

聖職者に対する俗権の逮捕や刑罰について

　まず、スアレスはヴェネチアによる聖職者の逮捕や刑罰を不正として批判する。スアレスによれば、この刑罰において、ヴェネチア「共和国は、世俗的事柄において最高であるという口実のみに基づいて、俗人と聖職者の犯罪を区別なく（これは実際にその共和国自体による言葉である）裁くための裁治権と権力を強奪しようと試みている」[293]。自国の全

291　Ibid., 342.
292　Ibid.
293　Ibid., 265.

成員に対する君主の世俗的最高権というヴェネチアのこの主張を、スアレスはマルシリオに帰する。その上で、君主が霊的事柄において教皇に服従するのでカノン法に拘束されており、さらにカノン法や神法が聖職者に全面的な免除を与えているので、君主が聖職者を逮捕し罰することで罪を犯すとスアレスは論じる。ここで、スアレスはマルシリオが君主の世俗的最高権を根拠としてカノン法の法的性格を実質的に否定していると考え、批判を念入りに行う。その結果、カノン法は独力で法的拘束力を有する法であるので、ヴェネチアは聖職者の逮捕や刑罰において有罪であると論じられることになる。以下では、このような流れを詳しくみていく。

　スアレスが特にカノン法に注目した理由は二つ挙げられる。第一に、サラマンカ学派第一世代が聖職者の世俗的免除の神法由来を否定していた点である。先述のように、ビトリアなどは世俗的免除が神法ではなく人定法に由来すると論じた。ベラルミーノは初版で考えを同じくしたが、第二版で変更した。マルシリオはソトたちや初版のベラルミーノを援用して神法由来を否定し、ベラルミーノを批判した。スアレスはベラルミーノがこの批判に苦慮しているところをみていた。この苦境を脱する手段がカノン法だった。なぜなら、ソトたちは教皇が世俗的免除を君主に認めさせるよう間接的権力によって強制できると論じていたので、仮に世俗的免除が神法に由来しないとしても、教皇はこの免除に関するカノン法を間接的権力で君主に課すことによって、その免除を守れるからである。第二に、カノン法は、普遍教会の全体を支える共通法だった点である。この点はすぐ後に詳述する。

　上述のように、スアレスは聖職者に対する逮捕や刑罰に関してマルシリオを批判対象として重視したので、マルシリオの主張をここで再確認する。マルシリオによれば、君主は自国の全成員に対する世俗的最高権を神授されたので、自国の平和を守るために聖職者を罰せる。この最高権は神法や慣習法、君主が受容した教皇の特権に基づく。ここで、教皇はカノン法を介して聖職者に対する裁判権を特権として君主へと与えるので、聖職者に対する君主の権力が教皇のカノン法に依存するといわれるかもしれない。しかし、マルシリオによれば、教皇のカノン法は君主

の同意によって初めてその君主の最高権を拘束する。さらに、その同意は必要に応じて撤回可能である。それゆえ、当該国におけるカノン法の法的拘束力は実質的に君主の最高権に依存する。したがって、結局のところ君主の権力は自国の世俗的事柄において他者に依存せず最高であり、よって聖職者に対する世俗的罰を独力で行える。

　全成員に対する君主の世俗的最高権に関するマルシリオの以上のような主張をスアレスは批判していく。スアレスの批判における主な論点は三つある。

　第一の論点はカノン法の法的性格である。マルシリオによれば、カノン法は君主によって受け入れられて初めて当該国で法的拘束力を得る。スアレスはこの主張の論理的帰結を次のように説明する。すなわち、聖職者の免除という

> この事柄を扱うカノン法は信徒である諸君主を独力で義務付ける力を持たず、それらを受容したり拒否したりする権力が彼らに存する点、したがって、それらは義務付ける力を欠くので法でないか、あるいは不正である点である。というのも、諸君主が自身の権利によって認めようと欲しない限り義務付けることができないような事物へと教会罰によって明白な仕方で命令し強制するからである[294]。

スアレスはマルシリオの主張が正しいならばカノン法が法でないか不正な法であると述べている。先述のように、スアレスは不正な法が法ではないと考えていたので、結局カノン法は法ではなくなる。スアレスからすれば、カノン法は特に霊的事柄において普遍教会全体の統一性を支えているにもかかわらず、キリスト教の諸君主を独力で拘束できず、諸君主の同意によってはじめて拘束できるにすぎないならば、普遍教会はカノン法という統一性の重要な支柱を失うことになる。各国が国教会という領域教会を形成し、教皇とのコンコルダートが多くみられるようになった時代に、普遍教会の共通法としてのカノン法が解体することをスア

---

[294] Ibid., 267.

レスは危惧したといえる。

　第二の論点は、間接的権力論である。スアレスによれば、カノン法が君主の同意なしに法的拘束力を持たないという謬見は、君主の世俗的最高権を根拠としている。ここで、スアレスはペニャと異なり、ベラルミーノと同じく、ヴェネチアの君主が世俗的事柄において世俗的な上位者として他者を認めないという。しかし、教皇という霊的な上位者を認めなければならない。ところが、マルシリオはベラルミーノの間接的権力論を否定しており、世俗的事柄において教皇を君主の上位者として認めなかった。それゆえ、上記の謬見において、マルシリオの思惑は間接的権力論の否定にも存する。すなわち、「ヴェネチア共和国は直接的にも間接的にも、いかなる仕方でも世俗的事柄において神以外の上位者を認めない」[295]という考えにある。

　第三の論点は、教皇権の由来である。マルシリオはヴェネチア君主が世俗的最高権によって聖職者の世俗的罪を合法的に罰せると主張していた。言い換えれば、マルシリオはそのような罰がいかなる法にも反しないと主張していた。スアレスによれば、この主張が正しいならば、「聖なるカノン法は法ではなく、キリスト教の諸君主はそれに服従する義務がない」[296]。なぜなら、カノン法が実際にその罰を禁止しているにもかかわらずその罰はカノン法に違反していないことになるので、カノン法の法的拘束力は実質的に君主に依存することになるからである。さらに、マルシリオの主張から、「教皇のあらゆる権力や権威が皇帝のみに由来する」[297]という古い謬見が導出されてしまう。なぜなら、皇帝や君主が教皇に権力を与えたので、教皇がカノン法で君主を拘束する際に君主の同意を必要とすると考えられるからである。このような主張はマルシリウスならびにフスやウィクリフにみられたので、異端として断罪されるべきである[298]。

295　Ibid.
296　Ibid., 268.
297　Ibid.
298　カノン法に関する以上の論点において、スアレスは普遍教会の解体という危機を見出したといえる。マルシリオは、自国の世俗的事柄について

マルシリオの主張にもかかわらず、結局のところ、全てのキリスト教徒がカノン法に服すので、ヴェネチアもまたカノン法に反してはならない。スアレスによれば、「受洗した全ての信徒は教会の正統な牧者たちに服従する義務を負っている」[299]。その論拠として、スアレスは幾つかの聖句を挙げる。その一つが「全ての魂は上位の権力に従うべきである」（ロマ書13 − 1）である。マルシリオやサルピは「上位の権力」を俗権に限定して解釈することで、全臣民に対する君主の世俗的最高権をこの聖句によって正当化した。しかし、スアレスはベラルミーノと同様に、「上位の権力」を俗権や霊権のような権力一般として解釈する。それゆえ、この聖句はキリスト教徒が自身の世俗君主や国法に服する義務を負う点を信仰に基づいて示すのみならず、「全てのキリスト教徒が同一の信仰に基づいて自身の教会における正統な指導者たちの正当なカノン法に服従する義務を負う点もまた示し、その頭が教皇であり、一人であるいは公会議を伴って法を立てる」[300]。このように、全てのキリスト教徒が教皇のカノン法に服従しなければならないので、キリスト教の諸君主も同様である。それゆえ、ヴェネチアも同様である。聖職者の免除が神法に由来しようとしまいと、この免除という「この事柄について規定している聖なるカノン法は正しい法であり、全ての信徒によって、世俗の最高君主たちによっても従われなければならない」[301]。したがって、ヴェネチアは聖職者の逮捕や刑罰を控えなければならない。

間接的にでさえ教皇を上位者として認めないような世俗的最高権を君主が持つと主張していた。それゆえ、スアレスからすれば、聖職者の世俗的犯罪を扱うようなカノン法の法的拘束力は君主の権力に由来し、なおかつ、カノン法の源泉としての教皇権自体が君主の権力に由来することになってしまう。しかし、このカノン法は普遍教会全体の共通法であり、聖職者の免除のような霊的事柄について規定することで普遍教会全体を支えている。それゆえ、マルシリオは君主の同意を当該国におけるカノン法の発効条件として据えることでこの共通法を解体し、その代わりに聖職者の免除のような霊的事柄を君主の世俗的最高権の対象とすることで領域教会の形成を目論んだのである。

299　Ibid., 266.
300　Ibid.
301　Ibid., 268.

以上のように論じた後に、スアレスは聖職者の逮捕や刑罰の正当化におけるヴェネチア側の根拠を四つ挙げ、批判していく。第一に、その刑罰等の有益さである。第二に、その刑罰等の慣習ないし慣習法である。第三に、その刑罰等について教皇から得た特権である。第四に、自己防衛である。この順にみていく。

　第一の根拠は、君主が聖職者を罰することの有益さあるいは利益（utilitas）である。この点について、スアレスは法・権利（de jure）と事実（de facto）に関する二通りの批判を行う。

　一つ目の批判は、有益さが権力をもたらさないという批判である。スアレスによれば、「何かが或る人にとって有益であることから、すなわち、彼にとって有益であり役立つことから、自身の権威に基づいてそれを行う権力が彼にふさわしいということは適切に推論されない」[302]。例えば、自身に対する不正が罰せられることは各人にとって有益であるにもかかわらず、被害者本人が自身の権威によって罰することは許されない。「それゆえ、今件においても、聖職者の犯罪もまた罰せられることが共和国にとって有益であるが、それらを罰する権力が俗人に存するということはそこから帰結しない」[303]。

　ここで、政治的利益すなわち国家理性が権力をもたらさない点を、スアレスは強調する。先述のように、スアレスは国家理性論において、自然的正義や信仰よりも世俗的利益が優先されると考えていた。霊より世俗が優先されることは西洋中世の常識に反しており、特にスアレスやベラルミーノのような教皇主義者の両権論における大前提に反していた。すなわち、霊が世俗に優先しなければならないという常識や大前提に反していた。同様に、教会が国に優先しなければならない。それゆえ、教会は「自身の地位や由来ゆえに、より高貴であるので、その利益が優先されるべきである」[304]。したがって、特に宗教や信仰に反するような世俗的利益は権力をもたらさない。

　二つ目の批判は、聖職者に対する刑罰が事実として世俗的な不利益を

302　Ibid., 270.
303　Ibid.
304　Ibid.

もたらすという批判である。ここで、スアレスは二つの不利益を挙げる。一つは、神の崇拝に関する不利益である。第一部で述べたように、スアレスやアクィナスにおいて、神の崇拝は自然法の命令に含まれるので、政治共同体の共通善にも含まれる。スアレスによれば、「神の崇拝において有益でないことは、国にとって絶対的に有益でない。ただし、コリント1-10で『すべて神の栄光を表すためにしなさい』と述べたパウロよりもむしろ新奇なポリティーク（*novi politici*）とともに福音の真理を捨てて考える者にとっては、そうではない」[305]。言い換えれば、ポリティークが神の崇拝すなわち宗教を犠牲にして政治的利益を確保しようとするので、ポリティークの考えでは宗教的不利益が政治的利益になるが、信仰心を抱いて正しく考えるならば、宗教的不利益が政治的不利益になるとスアレスは論じている[306]。「ところで、聖職者と同じ秩序の裁判官が聖職者を担当することは神の崇拝にとって大いに有益である」[307]。したがって、聖職者を世俗裁判所の管轄下に置くことは事実として宗教に反し、よって、国の共通善にも反する。もう一つの不利益は、両権の日常的な対立によるものである。スアレスからすれば、聖職者は教皇を全事柄に関する統治者としており、全面的な免除を得ているので、聖職者に対する俗権の刑罰は越権である。この刑罰はいわば、或る君主が「自身の権威によって別の王国に入っていくことができ、罪を犯しているその国の市民を捕まえて罰する」[308]ようなものである。それゆえ、この越権をめぐって日常的に俗人と聖職者が対立してしまい、その結果として国は大きな混乱に陥るだろう。

---

[305] Ibid.
[306] 1580年代においてイエズス会やリーグは、宗教を政治の単なる手段として利用するという考えにマキャベリ主義の本質を見出していた。この考えはポリティークの特徴として広く認知されていた。それゆえ、イエズス会やリーグはマキャベリ主義をポリティークと同一視するようになった。マキャベリ主義とポリティークはさらに無神論や寛容論とも結びつけられていった。先述のように、イエズス会において国家理性論はマキャベリ主義としばしば同一視されていたので、国家理性論もまたポリティークや無神論等と結びつけられていった。Höpfl, *Jesuit Political Thought*, 98-108.
[307] Suarez, "De Immunitate Ecclesiastica," 270.
[308] Ibid., 271.

聖職者に対する俗権の刑罰に関してスアレスがヴェネチア陣営に見出した第二の根拠は、ヴェネチアの慣習である。サルピやケリーニはヴェネチアの君主が自国の聖職者を罰するための権力を慣習法や神法によって持つと主張していた。スアレスはこの主張を今件における「全ての誤りの基礎」[309] として捉え、批判していく。まず、そのような慣習は慣習法として成立できない。なぜなら、「カノン法が明白な仕方で事実のみならず慣習法を明らかに排除しているからである」[310]。すなわち、カノン法がそのような慣習の事実や法を明示的に排除しているからである。次に、「カノン法を前提とすると、神法もまたそのような慣習法を許容しない。なぜなら、全てのキリスト教徒に対して自身の指導者に服従するよう命令しているからである」[311]。神法は聖職者に対する刑罰権を俗人に与えず、むしろその刑罰を禁止する教皇という霊的立法者のカノン法に服従するよう俗人に命じるのである。このように、ヴェネチアの君主は聖職者に対する権力を慣習法や神法によって得ていない。ところが、ヴェネチアは教皇による禁止にもかかわらず、「先述の古来から続く正しい慣習によって、同一の慣習を保持できるのみならず保持しなければならず、保持しようと望むと断言している」[312]。それゆえ、ヴェネチアは自身の慣習法が教皇権に優位しているので、自国の聖職者を罰せると考えているといえる。しかし、「それらの教会人は霊的および世俗的事柄の全てにおいてそれ自体で直接的に教皇に服従しており」[313]、教皇の「最高の裁治権は神法によって存在しているので、人間や人的な慣習法によって制限されたり奪われたりできない」[314]。したがって、教皇はヴェネチアの慣習法を廃止できる。

　第三の根拠は、教皇から与えられた特権である。スアレスによれば、かつての教皇がヴェネチアに対して聖職者を罰するための特権を与えた

309　Ibid.
310　Ibid.
311　Ibid.
312　Ibid., 272.
313　Ibid., 272-73.
314　Ibid., 273.

可能性は完全には否定できない。だが、もしその特権が与えられていたとしも、現在の教皇によって撤回可能である。なぜなら、さもないと聖職者に対する教皇権が人間の意志によって部分的であれ分離されることになるが、このような分離は「キリストによる設立や神法に反するから」[315] である。

　ここで、スアレスはヴェネチア陣営の次のような反論を取り上げる。すなわち、ヴェネチアは世俗的事柄において上位者を認めないような権力を教皇以外から得たので、この権力によって聖職者を裁くことができ、しかも教皇による妨害を認めないという反論である。スアレスはこの反論を批判する。仮に、世俗的事柄において最高であるような権力がキリスト教君主に存するとしても、「霊的事柄へと秩序付けられた世俗的事柄においてもペテロの権力に服従しないほど強大なものではない」[316]。聖職者に対する刑罰は純粋な世俗的事柄ではなくそのような世俗的事柄であるので、ヴェネチアの君主はこの刑罰について教皇の間接的権力に服さなければならない。それゆえ、その刑罰を教皇によって正当に妨害されうる。

　第四の根拠は、自己防衛である。スアレスは自己防衛と刑罰を区別する。自己防衛は、実際に振われている暴力を暴力で追い払う（*vim vi repellere*）ことである。この防衛権は自然法により与えられる。それゆえ、聖職者が現に暴力を用いているならば、俗人は私人であっても正当に自己防衛でき、聖職者の暴力を力づくで止めさせることが許される。しかし、今件のようなヴェネチアによる刑罰は自己防衛ではなく、よって自己防衛権ではなく裁治権に属する。聖職者に対する裁治権は俗人ではなく上位の聖職者が持つ。それゆえ、聖職者の犯罪は教会が裁き罰する。したがって、ヴェネチアが聖職者による犯罪の予防を望むならば、教会に請願しなければならない[317]。

315　Ibid.
316　Ibid., 274.
317　Ibid.

財産移転法について

　以上、聖職者に対する刑罰や逮捕という論点についてスアレスは論じた。次に、財産移転法に移る。
　まず、スアレスは一般論として財産移転法が不正であるか否かを問う。先述のように、スアレスにおいて不正な法は法ではないので、財産移転法が不正ならば法として認められない。法が不正となる条件は二つある。一点目は正統な権力によって制定されていないことである。二点目は、例えば窃盗を命じる法のように、法の内容や目的ないし事柄が不正であることである。一点目について、スアレスによれば、財産移転法は「正統な権力によって作られるならば内在的に悪ではない」[318]。二点目について、財産移転法は目的が悪しくない。というのも、その目的は教会から財産を奪う点にはなく、国に必要な量の財産を欠かさないようにする点にあるからである。それゆえ、教会が自身の目的のために必要で十分な量の財産を持っている場合において、俗人から教会へと移転される財産の制限が無条件的ではなく節度ある程度に加えられるならば、この法は事柄において正しい。ここで重要な点は、この法が国法ではなくカノン法でなければならない点である。なぜなら、この法の事柄は霊的事柄であるか、少なくとも霊的事柄と結びついた世俗的事柄だからである。さらに、この法は新たな財産を獲得するための教会の権利を奪うことで教会の自由に何らかの仕方で反するので、「教会における全てのモノや権利の管理に携わっている教皇にそれ自体で属する」[319] からである。それゆえ、財産移転法を制定するための正統な権力は、俗権ではなく霊権である。よって、今日までに君主が制定してきた財産移転法は一般的に教皇によって廃されてきた。
　スアレスは上述の一般論をもとにヴェネチアの財産移転法を取り上げ、不正法として批判する。スアレスは必要かつ十分な量の教会財産が失われないようにすべく、財産移転法の制限が状況に応じて節度あるもの

318　Ibid., 286.
319　Ibid.

でなければならないと述べていた。しかし、スアレスによれば、ヴェネチアの財産移転法は無条件かつ絶対的な仕方で制限を課していた。その結果、教会は貧者を養ったり病人に手当したりするための財産を得られなくなる。「これらの敬虔な行いは、不動産の財によってなされるが、国にとって必要である。それゆえ、その法は共通善に反する」[320]。よって、ヴェネチアの財産移転法は事柄の善良さという要件を欠く。さらに、正統な権力という要件も欠く。なぜなら、「この法は教皇に全く依存することなく、それを立てるための最高権を強奪したその共和国によって作られた」[321] からである。したがって、ヴェネチアの財産移転法は不正である。

　スアレスはヴェネチア陣営による様々な論拠を取り上げ、批判する。スアレスは次のような論拠を列挙していく。財産移転法が制定されなければ、ヴェネチアにおける不動産の全てか大部分が聖職者の手に渡り、国にとって大きな損害が生じてしまう。そうなってしまうと、俗人の市民が国を納税等で支えているので、国を支えられなくなってしまう。今日において、既に1/3か1/4の不動産が教会の所有物となっている。聖職者はこれほど多くの財産を享受しているにもかかわらず、納税などを避けて国を支えていない。以上の論拠に反論するスアレスの基本的な主張は次の通りである。ヴェネチアは財産移転法の目的が国の維持に存すると主張しており、事態を誇張することで、より有利に議論を進めようとしている。しかし、実際には、事態はそれほど深刻ではない。しかも、実のところ財産移転法の目的は俗人を富ませるという単なる政治的利益に存するにすぎないのである。仮に、教会財産によってヴェネチアの「世俗的な支配者たちがあまりに圧迫されているならば、教皇へと訴え出なければならない」[322]。というのも、聖職者に対する刑罰の場合と同様に、財産移転法の事柄は霊的事柄であるか少なくとも霊的事柄と結びついた世俗的事柄であるので、教皇権の対象だからである。この基本的主張の下で、スアレスは上記の論拠に対して具体的に批判していく。

320　Ibid., 288.
321　Ibid., 289.
322　Ibid., 290.

先述のように、ヴェネチアの財産移転法は貧者に対する教会の施しなどを不可能ならしめるので、自国の共通善に資さず、むしろ反する。さらに、聖職者は教会財産を用いて、市民の子育てに貢献するなどして実際に国の共通善に資している。それゆえ、教会は国の共通善の単なる受益者ではなく、様々な仕方で、俗人から得た財産を用いながら、国の公益に役立っている。

教会新設法について

次に、スアレスは教会新設法に関するヴェネチアの主張を以下のように理解して批判していく。スアレスによれば、ヴェネチアは「教会のあらゆる人物や事物について規定することが自身の国家にとって有益であると政治的利益のために判断するならば、それらの法を禁止できるような他者に対して現世において全く服従せず従属していないような最高権を自身が欠いていない」[323] と考えた。言い換えれば、ヴェネチアは国家理性という政治的思考の下で霊的事柄に関する立法が自国にとって有益だと考えた場合に、霊的事柄に関する法についても教皇に全く服さないような最高権を自身が持つと考えるに至った。その結果、そのような最高権によって教会新設法を立てたと主張した。したがって、ヴェネチアは教会新設法が法として二つの要件を満たしているので正当だと考えているといえる。すなわち、その最高権という正統な権力と、政治的利益という法の善良な事柄である。しかし、スアレスは教会新設法が実際には二つの要件を欠くので不正だと批判していく。

第一に、教会新設法は正統な権力によって立てられていない。スアレスによれば、教会の新設という「行為はそれ自体で魂の霊的救済へと秩序付けられており、しばしばそのために必要である」[324]。それゆえ、教会新設は「世俗的事柄ではなく、共通の事柄でもなく、純粋にカノン法の事柄である」[325]。したがって、俗権ではなく霊権の対象である。とこ

323　Ibid., 294.
324　Ibid., 296.
325　Ibid., 294.

ろが、ヴェネチアは世俗的事柄における最高権を根拠としてその法を立てようとしているので、実質的に教会の霊権を強奪しようとしている。それゆえ、その法は正統な権力に基づかず、不正である。

　ここで、スアレスはサルピたちが示していた反論を取り上げる。サルピたちは教会新設法が教会の建物ではなく建設予定地を対象としており、君主は自国の土地に対して私人よりも大きな権力を持つので、教会新設について土地所有者に反対されても禁止できると述べていた[326]。しかし、スアレスによれば、たとえヴェネチアの君主がこのような権力を持っていたとしても、「魂の霊的救済に必要ならば、教会は教会建設に適した場所を売却したり整備したりするよう強制できるだろう」[327]。すなわち、教会は間接的権力によってその建設予定地を入手できる。

　第二に、教会新設法の事柄あるいは内容が善良ではない。スアレスはこの法が教会の建設を禁止するので、「それ自体で神の崇拝や信徒の霊的利益に反する」[328]という。しかも、その他のあらゆる聖なる地における建設をも禁止するので、孤児院なども建設できなくなる。「これら全てを一般的に禁止することは全く公正ではなく、教会の敬虔さにも一致しない」[329]。それゆえ、この法の事柄は善良でない。

　ところが、先述のようにヴェネチア陣営は教会新設法を国家理性によって正当化する。すなわち、スアレスによれば、ヴェネチアはこの法が「世俗的な国の不利益を避けるために適していた」[330]と考えることで、その法を正当化する。この正当化に対して、スアレスは二種類の批判を行う。

　一つ目の批判は、教会新設法が事実として国にとって有益でないという批判である。サルピやケリーニは、イエズス会のようなヴェネチアの敵が宗教という口実でヴェネチアに侵入しているので、その侵入を防ぐ

326　Sarpi, *Considerazioni Sopra Le Censure*, 11; Querini, *Aviso Delle Ragioni Della Republica Di Venetia*, 21.
327　Suarez, "De Immunitate Ecclesiastica," 296.
328　Ibid., 297.
329　Ibid.
330　Ibid., 298.

ために教会新設法が有益だと主張していた。この主張に対して、スアレスはヴェネチア陣営が事態を誇張していると批判する。その上で、ヴェネチアや他のカトリック国において教会や修道会の新設が長らく自由に認められていたにもかかわらず、「そこから国に対する危険は全く生じなかった」ので、「この言い訳は教会の免除を破壊する上で無益である」と批判する[331]。万一、それらの新設から国に対する危険が生じるとしても、「教会の高位聖職者が十分に予見できる」[332]ので、国ではなく教会が対応する。同様に、教会新設法がなければ聖職者の人数が過多となるので市民が困窮してしまうというヴェネチア陣営の主張についても、事態が誇張されるべきでない。万一、その人数過多から国に対して不利益が生じるとしても、教会が対応する。

　二つ目の批判は、そもそも国家理性が正当化の力を欠くという批判である。先述のように、スアレスによれば、ヴェネチアは教会新設法の根拠を政治的利益に見出していた。しかも、この根拠は「全てが純粋に政治的であり、大部分が何らかの世俗的な害や不快な出来事に関する恐れから選び出されている」[333]。しかし、教会新設法は霊的事柄を対象としているので、この法において霊的利益を最も重視しなければならない。ところが、実際には、その法において「神の崇拝や魂の霊的利益および貧困の緩和に関する根拠は全て無視されている」[334]。それどころか、先述のようにこの法は霊的利益に反している。それゆえ、ヴェネチア陣営が国家理性によって正当化を試みているにもかかわらず、その法の事柄は善良であるとはいえない。したがって、「それらの政治的根拠は法を善良化する上で重要性を全く持つことができなかった」[335]。言い換えれば、国家理性は法の正当化における根拠には全くなりえなかった。

　以上より、ヴェネチアの教会新設法は君主の最高権や国家理性によって正当化不可能であり、不正かつ無効である。この法の事柄は国ではな

331　Ibid.
332　Ibid.
333　Ibid.
334　Ibid., 294.
335　Ibid.

く教会の管轄であり、カノン法の対象である。

パウロ5世による教会罰の正当性について

　ここまでみてきたように、スアレスはヴェネチアの法律等が不正であると論証してきた。そこで、スアレスはヴェネチアに対する教皇の破門等を正当化する。以下では、教会罰が正当となるための要件としてスアレスにより挙げられた正統な権力と根拠の二点についてみていく。

　一点目について、教皇の教会刑罰権を否定することは異端である。スアレスによれば、聖務停止令の一件においてローマはヴェネチアという「カトリックを相手にしているのであり、異端を相手にしているのではない」[336] ので、教皇の教会刑罰権はヴェネチアの大部分の論者において特に論点になっていなかった。ところが、スアレスはベラルミーノの著作を参照して、サルピがこの権力を否定していると指摘する。実際にサルピは教皇が説教や秘跡しか行えないと論じて、教皇権から強制権を除去しようとしたことがあった。その際に、「わたしの羊を牧せ」という聖句の「牧せ」という語が模範や言葉による指導しか意味せず、強制力の行使を意味しないと論じていた。スアレスは「この原理が明らかに異端的である」[337] と批判する。なぜなら、この主張は「いかなる区別や例外もなしにあらゆる信徒の魂を支配するための教皇の最高権に反するから」[338] である。牧者の職務には支配も含まれているので、説教や秘跡のみならず命令や刑罰もまた含まれており、よって「『牧する』という語の中には命令や刑罰ないし強制による統治もまた含まれている」[339]。

　二点目について、教会罰の根拠として、上述の根拠が再び挙げられる。例えば、「ヴェネチア人が教会人の投獄や上掲の法律の制定によって裁治権を強奪したこと」[340] である。さらに、「世俗君主は、とりわけ霊的

336　Ibid., 300.
337　Ibid., 301.
338　Ibid.
339　Ibid.
340　Ibid., 302.

目的のためにであっても霊的最高権によって彼らの裁治権やその行使が制限されたり禁止されたりしえないほど世俗的事柄において最高であること」[341] もまた、教会罰の根拠として挙げられている。

　ここで、スアレスは再びヴェネチア陣営を国家理性と関連付けて批判する。一方で、サルピやマルシリオはパウロ5世の教会罰を無効かつ不正だと主張していた。なぜなら、ヴェネチアは法律などにおいて無罪だからである。他方で、スアレスはヴェネチア陣営がその法律などを国家理性によって正当化していると考えている。特に、教会新設法を国家理性のみによって正当化している、と。スアレスによれば、ヴェネチアがその法律等において自身を無罪とみなす理由は、まさにこの国家理性に存する。すなわち、「キリストや教会の法ではなく、（国家理性（ratio status）と呼ばれている）政治的利益（utilitas politica）を罪の基準として判断しているので」[342]、ヴェネチアは自身を無罪とみなしているのである。しかし、今件のような霊的事柄について神学的基準の下で正しく判断するならば、ヴェネチアは有罪である。それゆえ、ヴェネチアは無罪を強弁することで「人間的で政治的な利益のために真の神学的な判断を歪めている」[343]。このように国家理性に固執するヴェネチアを矯正せねばならないので、「教皇は神法やカノン法の理性（ratio legis divinae et canonicae）に基づいてその教会罰を下した」[344]。

パウロ5世の聖務停止令に対するヴェネチアの聖職者の不服従

　以上のように、スアレスはヴェネチアの法律などが不正であるので教皇が正当に破門等を下したと論じた。その上で、スアレスは最後にもう一つの論点を取り上げる。聖務停止令等が下された後、ヴェネチアはこの罰を無効かつ不正とみなして無視した。さらに、この罰に従わないよう自国の聖職者を強制した。このように強制されたとはいえ、ヴェネチ

341　Ibid.
342　Ibid.
343　Ibid.
344　Ibid., 303.

アの聖職者は聖務停止令等という教皇の命令に対して不服従の状態にある。それどころか、サルピなどのヴェネチアにおける七人の神学者たちが『聖務停止令論』を執筆したように、ヴェネチアの聖職者は様々な根拠によってその不服従を正当化し、よって不服従の罪を免れようとしている。そこで、スアレスはヴェネチアの聖職者がそれらの根拠によってその罪を免れるか否かを最後の論点として挙げる。以下では、躓きと恐怖という二つの重要な根拠に注目していく。

第一の根拠は、躓き（scandalum）である[345]。サルピたちは『聖務停止令論』において、ヴェネチアがパウロ5世の聖務停止令に従うならば無数の混乱や躓きが生じてしまうと論じた。なぜなら、ヴェネチアが無実であるにもかかわらずローマからこのような攻撃を受けることになるので、ヴェネチア人は教会に反乱を起こし、敬虔さを失うことになってしまうからである[346]。このように論じた後で、教皇権が無制限ではなく神法や教会の公益によって制限されており、教皇と公会議の優劣関係という問題が現在も未決着だと述べた[347]。これらの主張に対して、ベラルミーノは『聖務停止令論に対する反論』において次のように反論した。まず、たしかに聖務停止令はヴェネチアにとって多くの悪をもたらすだろう。それでも、ヴェネチア君主のより大きな悪がこの罰によって除去されるので、混乱や躓きではなく公的平静が到来するだろう[348]。次に、たしかに教皇権が制限されていること自体は正しい。だが、教皇は明らかに公会議より上位である。そもそも、この優劣関係という問いはシスマを誘発するので、扱うべきではない。スアレスは両者の著作を読んだ上で論じる。

スアレスは躓きが正当な根拠にならないと批判する。まず、スアレスはベラルミーノと同様に、より大きな躓きが回避されるべきと述べる。今件において、聖務停止令に対する服従よりも不服従の方が大きな躓き

---

[345] スアレスによれば、躓きとはその「躓きを被る人自身か隣人の霊的破滅の機会」である。Ibid., 313.
[346] Ribetti et al., "Trattato Dell'interdetto Della Santità Di Papa Paulo V," 9.
[347] Ibid., 15-8.
[348] Bellarmino, *Risposta Al Trattato De I Sette Theologi*, 15-6.

をもたらす。なぜなら、この「教会罰の軽視や不服従は教会全体を激しく動揺させ、より重大なシスマに関する何らかの疑いを生じさせるからである。さらに、普遍的な危害だからである。というのも、聖職者の教会罰が弱められ、他のカトリックの人々が同様の例で激しく動揺させられ、異端が使徒座に反抗する気を起こすからである」[349]。すなわち、ヴェネチアだけでは収まりきらず普遍教会全体へと及ぶような躓きをもたらすからである。それゆえ、ヴェネチアの聖職者は聖務停止令に従わなければならない。だが、従おうとしない。しかも、スアレスによれば、サルピたちはこの不服従を正当化するために公会議主義の問いに触れるなどして、教皇権を弱体化させようとしている。スアレスはこのような戦略を読み取った上で、公会議主義の問いを今件から切り離そうとする。「ここで論敵が公会議を越える教皇の権威について論じているが、他箇所で詳述するように、実際のところ敬虔かつ博識のカトリックの間では疑いは存在しない。そして、今件とは関係がない。なぜなら、その問いがどうであれ、教皇が正当に下した教会罰に対して全信徒が従うよう義務付けられていることは確実だから」[350] である。

　第二の根拠は、聖務停止令への不服従に付随する恐怖である。サルピたちによれば、ヴェネチアは敬虔であるので、聖務停止令によってミサ等の聖務を奪われるべきではない。さらに、法律などにおいて無罪である。それゆえ、ヴェネチアの聖職者は聖務停止令に従うならばヴェネチア人から命や財産を奪われるという正当な恐怖を抱く。この恐怖により、聖務停止令に対する不服従は罪にならない[351]。このような主張をベラルミーノが批判する。ベラルミーノによれば、そのような恐怖はヴェネチアに見出されない。なぜなら、他国が聖務停止令を下された時に、人民の反乱はこれまで生じてこなかったからである。さらに、たとえそのような恐怖が存在したとしても、教会罰に対する不服従は教会の共通善に危害をもたらすならば許されない。なぜなら、神法がそのような危害を

349　Suarez, "De Immunitate Ecclesiastica," 314.
350　Ibid., 315.
351　Ribetti et al., "Trattato Dell'interdetto Della Santità Di Papa Paulo V," 13-4.

避けるよう命じているからである。しかも、ヴェネチアの聖職者は今件においてイングランドの異端と同様の過ちを犯しているからである。というのも、教皇が聖務の停止を命じるのに対して君主がその続行を命じる時に、聖職者が聖務という「純粋な霊的事柄において霊的君主よりもむしろ世俗君主に従うことは、教会における最高の頭が世俗君主であるというイングランド王ヘンリ 8 世の異端を彼らが信じていることを示す」[352] からである。それゆえ、ヴェネチアの政府や聖職者がその異端を信じていないとしても、ヴェネチア政府による国教会の動きはイングランドなどに資するので許されない。

　恐怖という根拠について、スアレスはベラルミーノと類似の仕方で、ヴェネチアの聖職者がヴェネチア君主の命令によって聖務停止令に従わないことで普遍教会を解体させると批判する。スアレスによれば、聖職者は国の成員であるが全面的な免除ゆえに君主の臣民ではないので、たとえ聖務停止令が無効かつ不正であったとしても、ヴェネチア君主はその罰に対する不服従を自国の聖職者に対して強制できない[353]。だが、君主は実際にそのように強制した。スアレスからすれば、この強制は「教会に対する反乱や頭からの何らかの分離」[354] であり、「聖職者や教会に対する明らかな専制」[355] である。それゆえ、ヴェネチアの聖職者は教皇の下で教会を守らなければならない。特に、今件の主要な争点は「カノン法全体および教皇自身の権威と教会の自由」[356] という重大な霊的事案であるので、たとえ死の恐怖が迫っていようとも、聖職者は「血を流してでも教会の自由を守るよう義務付けられている」[357]。ところが、ヴェネチアの聖職者は実際には教皇に従わなかった。それどころか、聖務停止令が無効かつ不正であるのに対してヴェネチアが無罪で正しいと主張し、論拠を示して正当化まで行い、教皇に対する不服従をヴェネチア人

352　Bellarmino, *Risposta Al Trattato De I Sette Theologi*, 25.
353　Suarez, "De Immunitate Ecclesiastica," 322.
354　Ibid., 327.
355　Ibid., 326.
356　Ibid., 307.
357　Ibid., 328.

に説いている。このように、ヴェネチアの聖職者は君主と共犯関係にあるので、「教会の統一性や服従そして宗教に反しており」[358]、よって「教会に重大なシスマを生じさせるような道を開くだろう」[359]。以上のように、スアレスはヴェネチア政府が教皇の教会罰に対する不服従を自国の聖職者に強制することで狭義の普遍教会が解体し、それらの聖職者の協力によりキリスト教共同体という広義の普遍教会が解体すると批判した。

1607年4月、アンリ4世等の仲介で聖務停止令が解除される。だが、ローマとヴェネチアの対立は容易に解消しなかった。例えば、ローマはサルピたちを異端として裁くためにヴェネチアに身柄引き渡しを要求し続けた。より重要な動きとして、ローマはヴェネチア陣営を切り崩すべく懐柔に乗り出し、一定の成功を収めた。というのも、『聖務停止令論』の共著者であるピエトロ・リベッティが懐柔に応じてローマへ去るのみならず、他でもないマルシリオもまた懐柔に応じてローマへ去ったからである[360]。だが、サルピは立場を変えず、死ぬまでヴェネチアの顧問を務め続けた。暗殺されかけながらも、イングランドの駐ヴェネチア大使と連絡を密に取ったり、レシャシエのようなガリカニストとも同様にしたりなどして、他の反ローマ陣営の動向を注視しつつ、互いに影響を与え合うことになる。

第四章のまとめと意義

第一節では、ヴェネチアの聖務停止令の歴史的背景を簡単に説明した。ヴェネチアは長らくローマの影響を免れて国教会の伝統を維持してきたが、内地進出によってその影響下に服することになった。16世紀にお

---

[358] Ibid., 326.
[359] Ibid., 329.
[360] Franceschi, *La Crise Théologico-Politique*, 177-79; Bouwsma, *Venice and the Defense*, 487; Tutino, *Empire of Souls*, 103-8.,

いて、両者は良好関係を築いた時期もあったが、特にトリエント公会議以降において対立していった。17世紀初頭におけるヴェネチアの法律等を直接的契機として、ヴェネチアに聖務停止令や破門が下され、論争が生じた。基本的にカトリック国であり、宗教的な内乱や内戦を免れていたヴェネチアとローマの間で、聖務停止令論争が生じたのである。

　第二節と第三節では、聖務停止令論争の思想的背景と大枠を示し、その内容を再構成した。まず、思想的背景として、本章の主要論点である聖職者の免除論について、サラマンカ学派第一世代の論者と、聖務停止令論争以前のベラルミーノの主張を確認した。サラマンカ学派第一世代の論者と初版のベラルミーノは、霊的事柄における免除が神法に由来すると認めるが、世俗的事柄の免除が神法ではなく人定法に由来すると主張する。さらに、全面的な免除ではなく部分的な免除を主張する。しかし、第二版のベラルミーノはそれらの主張を変更し、全面的な免除が神法に由来するという主張に至る。次に、聖務停止令論争の大枠を示した。1606年1月から1607年4月までの流れを、すなわちサルピがヴェネチアの神学およびカノン法顧問に任命されてからスアレスの著作が完成する直前までの流れを整理して示した。サルピやマルシリオなどのヴェネチア陣営と、ベラルミーノやペニャなどのローマ陣営の対立において、フランスのガリカニストなどがヴェネチアのために参戦するという構図であった。

　ヴェネチア陣営は自身の法律等が正当であることを示すために、主権論的な主張や国教会原理を展開した。主権論的な主張について、ヴェネチアの君主は自国の全臣民に対して世俗的事柄における最高権を神から直接的に得ている。さらに、サラマンカ学派第一世代の論者が述べたように、世俗的事柄における聖職者の免除は全面的ではなく部分的であり、神法ではなく人定法に由来する。特に、君主の国法に由来する。それゆえ、例えばヴェネチアの君主は自国の聖職者による世俗的な罪を自身の権力によって正当に罰せる。国教会原理について、ヴェネチアの君主は自国の全事柄における権力を持つ。あるいは、秘跡等の純粋な霊的事柄に関する権威を教皇に認めるとしても、ガリカン教会のように、少なくとも自国の教会統治権を持つ。それゆえ、例えば教会新設法を正当に立

てることができる。このようにヴェネチアの法律等は正しいにもかかわらず、教皇は聖務停止令等を下した。この教会罰は越権であり、無効かつ不正である。そもそも、教皇は制限された権力しか持たず、俗権を持たず、公会議との優劣関係が未だに明らかではない。しかし、今件の教会罰は教皇権の限界を超えたので、君主は自国の教会を守るためにも抵抗してよい。以上のような主権論的主張などはガリカニストによっても後押しされた。

　だが、ローマ陣営によって批判された。君主の世俗的最高権は神ではなく人民から直接的に与えられるので、人間によって正当に奪われる場合がある。さらに、神法に由来する聖職者の全面的な免除ゆえに、聖職者を対象とすることができない。しかも、君主がキリスト教徒ならば霊的上位者としての教皇に服しているので、君主の世俗的最高権は一定の条件下で間接的権力によって正当に奪われる。このように、君主の世俗的最高権は一定の世俗的事柄を対象にするにすぎない。しかし、ヴェネチアは今件の法律等において霊的事柄を対象としており、同時代のルター派やイングランドにおいてみられるような異端的誤りを犯している。すなわち、普遍教会の権力を奪い、国教会を形成しようとし、普遍教会を解体させようとしている。それゆえ、普遍教会の統一性を守るために、教皇は聖務停止令等を下したのだった。

　第四節では、この論争におけるスアレスの主張や位置づけを示した。スアレスによれば、正しい法には二つの要件があった。すなわち、正統権力と、法の内容や事柄の善良さである。ヴェネチアの法律などは霊的事柄に関わるので、霊的利益のために霊権によって制定されたならば、あるいは少なくとも教会の同意を伴った俗権によって制定されたならば、正当である。しかし、実際には、ヴェネチアの法律はそのような仕方で制定されなかった。第一に、それらの法律を立てた権力について、ヴェネチアは君主の世俗的最高権を挙げていた。しかも、この最高権を根拠として、他の世俗的な上位者のみならず、教皇という霊的な上位者をも認めない。それゆえ、教皇が教会の頭として持つ間接的権力を否定し、普遍教会全体を支えるために立てられたカノン法を解体しようとする。しかし、君主は世俗的最高権を持つにせよ、キリスト教徒であれば

教皇を霊的上位者として認めなければならない。それゆえ、君主は教皇の間接的権力に服し、カノン法によって拘束され、カノン法や神法に由来する聖職者の全面的な免除に反せない。

　第二に、それらの法律の事柄における善良さについて、スアレスは国家理性論を批判した。国家理性論を批判の重要な要素にした点で、スアレスはベラルミーノと異なる。聖務停止令の以前から、ヴェネチアは国家理性に基づいて行動するようになっており、政治的利益に反するという理由で教皇権を抑制しようとしていた。聖務停止令とその論争に至って、ヴェネチアは政治的利益を基準として、自身が法律などにおいて無罪だと判断し、そのように強弁し続けた。しかし、国家理性による法の正当化は二点で誤っている。一点目は、国家理性に基づいて立てられたそれらの法律が事実として国の共通善に資さない点である。霊的事柄を対象としたそれらの法律は事実として神の崇拝すなわち宗教に反している。ポリティークは宗教的な不利益が政治的利益になると不敬にも考えているが、実際はそうなりえない。それゆえ、ヴェネチアの法律は国の共通善に資さず、むしろ反している。二点目は国家理性が法の正当化における根拠になりえない点である。有益さと正しさは異なるので、有益であることが合法であるとは限らない。特に、霊は世俗に優先するので、霊的利益に反する政治的利益は認められない。以上のように、ヴェネチアは普遍教会における共通法としてのカノン法を解体したり、世俗的最高権と国家理性に基づいて霊的事柄に関する法律を立てたりと試みることによって、普遍教会を解体させ国教会へと至ろうとしている。しかも、聖務停止令に対する不服従をヴェネチアの聖職者に強制し、それらの聖職者が実際に不服従となり、不服従を正当化し、ヴェネチアの俗人に唱道している。それらの一連の行動によって、ヴェネチアは狭義の普遍教会のみならず広義の普遍教会を解体させ、国教会を確立しようとしている。これらの攻撃に対して普遍教会というキリスト教共同体の統一性を守ることが聖務停止令論争の焦点であった。

　本章で見てきたように、スアレスによれば、ヴェネチアはカトリック国であるので教皇の霊的裁治権を基本的に認めている。しかし、今件において、聖職者を逮捕するなどして霊的事柄をも対象にしようとし、国

教会の動きを見せている。重要な点は、ヴェネチアが国教会原理を君主の「世俗的」最高権や国家理性という「政治的」利益によって正当化すると論じられた点である。次章でみていくように、イングランドは国教会原理を君主の「霊的」最高権によって正当化すると論じられる。それゆえ、ヴェネチアとイングランドの双方において国教会原理は主要な問題として現れるが、カトリックのヴェネチアにおいては世俗的ないし政治的根拠によって、プロテスタントないし異端のイングランドにおいては霊的根拠によって正当化されていく。スアレスはこのような対比や相違を両文脈に見出していく。

第五章　忠誠宣誓論争とスアレス
——『信仰の防衛』を中心に——

　前章では、1606 − 7 年におけるローマとヴェネチアの聖務停止令論争においてスアレスの理論を主題的に扱った。本章では、聖務停止令論争と同時期にローマとイングランドが繰り広げることになった忠誠宣誓論争を主に扱う。この論争において、フランスやヴェネチアの反ローマ的カトリックがイングランドのプロテスタントや反ローマ的カトリックと結託し、反ローマの共同戦線を張ることになる。
　本章は三節で構成される。第一節では、忠誠宣誓論争の歴史的および思想的背景と大枠について説明する。第二節では、この論争の内容を再構成していく。第三節では、前節で行った論争の整理を利用しながら、忠誠宣誓論争におけるスアレスの理論を扱う。主に『信仰の防衛』が対象となる。

第一節　忠誠宣誓論争の歴史的および思想的背景と大枠

　忠誠宣誓論争において、イングランド側の主要な論者は国王のジェームズ 1 世であった。ジェームズは臣下の協力を得ながら、複数の著作を執筆し、ローマに対して剣ではなくペンで闘った国王であった。忠誠宣誓論争が開始された頃、ジェームズはスコットランドとイングランドの国王であった。この論争を理解する上で、両国における政教問題の展開が重要であるので、本章に必要な限りでその展開をみていく。まず、16世紀後半におけるイングランドについてみていく。特に、火薬陰謀事件の発生に関して重要であるので、イングランドにおけるカトリックと王権に着目する。

16世紀後半のイングランドとジェームズ

　1570年のエリザベス女王の破門まで、国王至上法の拒否と王への政治的忠誠はイングランドのカトリックにとって両立しえた。1534年、ヘンリー8世が国王至上法（act of supremacy）の制定によってローマ教会から分離し、英国教会を設立し、クランマーなどによって教会改革が進められた。女王メアリがカトリックに帰順した後、1559年にエリザベス1世が新たな国王至上法を制定し、英国教会を整備していった。国王至上法では、イングランドの王が自国の教会における首長（supreme head）あるいは最高の統治者（supreme governor）であると宣言された。イングランドのカトリックは王が霊権を強奪していると批判し、自国の教会に対する王の教会統治権を認めず、国王至上法を承認せず投獄された者もいた。それでも、王の政治的正統性を認め、政治的忠誠を誓っていた。しかし、1570年にエリザベスがピウス5世によって破門されることで、事態が変化した。ピウスはエリザベスに対する破門を下したのみならず政治的忠誠の解消をも宣言した。それゆえ、イングランドのカトリックは少なくとも理論上においては国王至上法を拒否しつつ政治的忠誠を誓うということが不可能になった[1]。

　1580年代においては、イエズス会の活動が重要であった。1580年、イエズス会のキャンビオンとパーソンズはイングランドをカトリックへ回帰させるべく到来した。忠誠宣誓論争でも重要な論者となるパーソンズは、主にロンドンでローマと連携を図りつつ、イングランド布教の全体を指揮した。キャンビオンは各地を巡って布教や論争に従事した。しかし、81年に当局に捕まり、拷問の末、反逆罪で処刑された。パーソンズは身の危険を感じ、出国した。以後、イングランドをカトリックへ回帰させるために、イングランドに対する侵攻をローマやスペインなどで提起し続けた。83年には、ローマに置かれたイエズス会のイングランド学院における学長に就任した。イングランド当局はパーソンズの活

---

[1] Stefania Tutino, *Law and Conscience: Catholicism in Early Modern England, 1570-1625* (Aldershot, England: Ashgate, 2007), 11-21.

動を政治的な陰謀とみなしていた[2]。

　1580年代末から90年代において、イングランドにおけるカトリックの立場は多様化していく。スペインのアルマダ艦隊が敗北し、パーソンズの作戦が成功の見込みを失っていき、イエズス会に敵対的な教皇が登場する中で、パーソンズに反対するカトリックがイングランドで現われた。パーソンズは、エリザベスがカトリックを迫害する不正な君主であると考え、あらゆる手段でエリザベスを交替させようとしていたのに対して、それらのカトリックはエリザベスを正統な君主として認め、カトリックの信仰が政治的忠誠に反しないと論じた。1590年代に至ると、パーソンズに敵対的なカトリックは勢力を増す。この頃、教区司祭がイエズス会と対立を深め、カトリック間に分裂をもたらしていく。訴追派（Appellants）と呼ばれた彼らは、世俗当局に対して政治的服従と引き換えに宗教的寛容を要求した。この要求はエリザベスによって拒否された。それでも、事態は少しずつ変化していた[3]。

　以上のような状況下で、エリザベスの死に伴い、1603年にスコットランド王ジェームズ6世がイングランド王ジェームズ1世として即位し、火薬陰謀事件が起こることになる。火薬陰謀事件に移る前に、16世紀後半におけるスコットランドの状況を確認する。

16世紀後半のスコットランドとジェームズ

　しばしば指摘されているように、ジェームズの抵抗権批判や王権論は、スコットランドにおける彼自身の経験に由来する面がある[4]。それゆえ、ここでは、スコットランド王ジェームズ6世が置かれたスコットランドの歴史的状況や言説をみていく。

2　Ibid., 33-41.
3　Ibid., 53-76.
4　例えば、Bernard Bourdin, *La Genèse Théologico-Politique De L'etat Moderne: La Controverse De Jacques Ier D'Angleterre Avec Le Cardinal Bellarmin* (Paris: Presses Universitaires de France, 2004), 54-65; Johann P. Sommerville, "Introduction," in *King James VI and I: Political Writings*, ed. Johann P. Sommerville (Cambridge: Cambridge University Press, 1994), XVI.

スコットランドの宗教改革は紆余曲折を経ながら進んでいき、1560年に達成される。16世紀半ばまで、スコットランドではプロテスタントの数が比較的少数であり、カトリックとの対立も少なかった。しかし、ヨーロッパにおけるプロテスタントの進展により、1557年に一部の貴族がプロテスタントの礼拝を確立すべく、いわゆる「会衆の第一盟約」（The first bond of the Congregation）を結び、会衆軍を形成して王権と対立した。59年、他国で活動していたジョン・ノックスが帰国し、スコットランドにおけるプロテスタントの活動を一気に活性化させていった。王権の摂政であったギーズのマリーの死去を契機として、王権を支援していたフランスが撤退し、宗教改革が一応の達成をみた。同年、スコットランド議会が開かれ、宗教に関する法律が制定された。61年、ノックスが『規律の第一書』（The first book of Discipline）として知られる文書を書いてプロテスタント教会のあり方について議会に提言した。ただし、議会では承認されなかった[5]。

　その後、女王マリーの退位により、1567年にジェームズが即位する。1561年、それまでフランスに嫁いでいたスコットランド女王マリーは、夫の急死により帰国した。カトリックであったマリーはスコットランドにおける政教問題について中立的立場をとろうとしていた。そのような中で、再婚問題を契機として、敵対的貴族との交戦に至り、敗北し、幽閉された。1567年、退位を強要された。同年、議会は女王マリーに対する廃位を批准した。ブキャナンの『スコットランド人による王国の法について』[6]は、1560年の宗教改革に次ぐ第二の宗教改革と呼ばれることのあるこの政変を正当化するために書かれた[7]。同年、再婚相手のダーンリー卿との子ジェームズが一歳で即位した。その後、マリーは幽閉先を脱出して再び戦争を起こしたが、敗北し、イングランドへ亡命した[8]。

5　小林麻衣子（2014）『近世スコットランドの王権：ジェイムズ六世と「君主の鑑」』ミネルヴァ書房、29－33頁

6　George Buchanan, *De Iure Regni Apud Scotos, Dialogus* (Edinburgi: Apud Iohannem Roffeum, 1579).

7　Glenn Burgess, *British Political Thought, 1500-1660: The Politics of the Post-Reformation* (Basingstoke: Palgrave Macmillan, 2009), 82.

8　小林、『近世スコットランドの王権』、26－27頁

ジェームズは不安定な政情の中、確立されていく長老主義教会の監視下で英才教育を受けて成長していく。1567年から数年の間に、三名の摂政が暗殺される状況下で、ジェームズはブキャナンのような優れた人文学者から英才教育を受けて育った。ジェームズ派とマリー派の内戦は1573年まで続き、ジェームズ派の勝利によって比較的安定した時期が訪れる。この頃、宗教改革の指導者はノックスからメルヴィルに代わり、1578年にいわゆる『紀律の第二書』（The second book of Discipline）が教会総会で承認され、プロテスタントは教会制度を整備していった[9]。

　1590年代末に、ジェームズは政治思想上の主要な二つの著作を書く。1598年の『自由な王政における真の法』[10]と1599年の『バシリコン・ドロン』[11]である。これらの著作は、それまでのスコットランドにおけるジェームズの境遇をある程度反映していた。すなわち、ジェームズの父は爆殺され、摂政が数年で三人も暗殺され、母は議会により廃位されて監禁され、再起をかけて戦争に挑んだが敗北してイングランドへ亡命し、イングランドにおいて他の容疑で処刑されることになった。議会による廃位を正当化したのは、まさに私教師のブキャナンであった。ジェームズ自身もまた、青年の頃に国内で襲撃されて、約一年間城の中に監禁されたことがあった。二著作にみられる絶対王権の理論は、このような境遇をある程度において反映したものである。

　ここで、二著作の特徴を示すために、同時期のフランスにおける抵抗権論の言説に触れる。しばしば論じられているように、16世紀後半のフランスでは、特に1572年の聖バルテルミの虐殺以降、抵抗権論が発展し、大々的に唱道されていた。当初は、テオドール・ド・ベーズやフランソワ・オトマンのようなユグノーが抵抗権論や僭主征伐論の主唱者であった。しかし、1589年にアンリ3世が修道士のジャック・クレマンに暗殺され、ユグノーであったアンリ4世が即位すると、ジャン・ブ

9　小林、34－42頁

10　King James VI and I, *The True Lawe of Free Monarchies* (Edinburgh: Robert VValdegraue, printer to the Kings maiestie, Anno Dom, 1598).

11　*Basilikon Doron* (Edinburgh: Robert Walde-graue printer to the Kings Maiestie, 1599).

ーシェのようなカトリックが抵抗権論の主唱者となる。この流れの中で、イエズス会もまた抵抗権論や僭主征伐論の主唱者として認識されていった。例えば、1594年、イエズス会はアンリ4世に対する僭主征伐を訴えた。この訴えゆえに、パリ大学やガリカニストはイエズス会をフランスから追放しようとし、同年において部分的に成功した。他の例として、スペインのイエズス会士マリアナ（Juan de Mariana 1536-1624）がアンリ3世暗殺を讃美しているとして非難の的となった。マリアナは『王と王の教育について』の中で、クレマンがアンリの暗殺により祖国に自由を取り戻し、偉大な魂を示したと論じていたからである[12]。このような抵抗権論や僭主征伐論の支持者および扇動者としてのイエズス会像が強まっていった[13]。

フランスなどでイエズス会やリーグのようなカトリックが抵抗権論や僭主征伐論の主唱者として危険視されていく中で、ジェームズはそれらの危険性をピューリタンに見出した。隣国のイングランドでは、パーソンズたちの動向により、イエズス会が危険視されていた。同時に、ピューリタンもまた政治秩序の敵として危険視されていた[14]。スコットランドでは、ジェームズは息子のために書いた『バジリコン・ドロン』[15]において、次のようにピューリタンを反乱の扇動者とみなし、その危険性を警告する。すなわち、スコットランドの宗教改革において「多くのことが人民の暴動や反乱において無秩序になされた。（中略）幾人の激しい気性の牧師たちがその混乱の時期に人民を主導した。彼らは統治の甘い味を知って、民主制という統治形態を夢想し、民主制を自身のために

---

[12] Juan de Mariana, *De Rege Et Regis Institutione Libri Tres* (Toleti: Petrum Rodericum, 1599), 65-69.
[13] Vittorio Frajese, "Il Mito Del Gesuita Tra Venezia E I Gallicani," in *I Gesuiti E Venezia*, ed. Mario Zanardi (Venezia: Gregoriana libreria editrice, 1994), 298.
[14] Burgess, *British Political Thought*, 127.
[15] ここでは、1599年の初版ではなく、1603年版を用いている。初版は七部しか刷られなかったが、1603年版は数千部刷られ、内容にも加筆修正が加えられていた。ローマ陣営が主に入手したのは1603年版であろう。

生み出した」[16]。ピューリタンは女王マリーを追い出し、ジェームズの幼年期において実権を握り、ジェームズを常に監視してきた。彼らが望み通りに教会統治において水平的な権力関係を打ち立てたならば、政治的秩序もまた同様になってしまうだろう。「それゆえ（我が息子よ）、まさに教会や国におけるペストであり、いかなる賞罰によっても義務付けることができず、宣誓や約束によっても拘束されず、反乱や中傷しか吹聴しないあのピューリタンに気を付けよ」[17]。

『自由な王政における真の法』においては、ジェームズはブキャナンの抵抗権論を主に念頭において論じる。そこで、ブキャナンの理論と併せてみていく。

ブキャナンは王の権力が人民に由来するので、人民によって正当に奪われうると主張する。ブキャナンによれば、一方で王は人民のために立てられた。しかし、王は腐敗して人民に危害を加えうるので、法の轄を必要とする。他方で、人民に「法を制定するための最高権が属する」[18]。さらに、王へと「人民は自身に対する統治権を与えた」[19]。それゆえ、「我々の王が自身のために要求する全ての権利が由来するところの人民は、王たちよりも大きな権力を持つ」[20]ので、正当な理由の下で王を廃位できる。特に、スコットランドのように人民が王を選ぶ国では、僭主へと堕した王を廃したり追放したりすることが許される。なぜなら、僭主は正統な権力を持たないのみならず、「人民の敵でもある」[21]からである。したがって、正当な理由の下で僭主という公の「敵を殺害することは人民全体のみならず各人にとっても正しい」[22]。サムエル記によって僭主に対する忍従を正当化する者もいるが、旧約聖書は我々の模範にな

---

16 King James VI and I, *Basilikon Doron. Or His Maiesties Instructions to His Dearest Sonne, Henrie the Prince* (London: Richard Field, for Iohn Norton, 1603), 38-39.

17 Ibid., 41-42.

18 Buchanan, *De Iure Regni*, 82.

19 Ibid., 32.

20 Ibid., 80.

21 Ibid., 97.

22 Ibid.

らない[23]。

　ジェームズは王の権力が神に直接由来するので、人民によって正当に奪われないと主張する。ジェームズはサムエル記をキリスト教徒の模範とみなした上で、サムエル記を用いて次のように王権の直接的神授を論証する。サムエルは神の命令により次の二点を人民に警告した。神の軛の代わりに王の軛を求めるイスラエルの人民に王が多大な危害を加えることになる点と、一度王を受け入れると人民が王の軛を独力で外せなくなる点である。だが、人民は王の軛を選択したため、神が人民のために王権を設立した。同時に、王の圧制がその後始まろうとも人民は王の軛を独力で外せないことになった。なぜなら、「神の命令や許可なしに王を得ることができなかったと思われるように、王が一度君臨するならば、王を引き摺り下ろすことは同一の権威なしにもはや可能ではない」[24]からである。すなわち、神だけが独力で王権の設立や廃止を行えるからである。さらに、人民が王権の設立を求めたからである[25]。このように、王権は神に直接由来するので、王が僭主に堕したとしても、人民は王に抵抗してはならない。

　最後に、オークリーが指摘しているように、ジェームズのこれらの著作において、王の聖性の伝統が明確な仕方で表れている[26]。ジェームズによれば、神が王を「彼の王座につくべき小さき神（little God）にした」[27]ので、ダビデのように、王は旧約聖書において神とも呼ばれてい

23　Ibid., 80.
24　King James VI and I, "The Trew Law of Free Monarchies," in *The political works of James I*, ed. Charles H. McIlwain (Cambridge: Harvard University Press, 1918), 57. 1598年の初版や1603年の第二版にはページ番号が振られていないので、20世紀の版を用いている。
25　詳しくは、Bourdin, *La Genèse Théologico-Politique*, 155-56. を参照。なお、ジェームズのこの著作にみられる、スコットランドの歴史観に基づいた征服論については、小林『近世スコットランドの王権』109－24頁を参照。
26　オークリーはこの時期における王の聖性の伝統の代表的論者として、ジェームズと後述のバークリを挙げている。Francis Oakley, *The Watershed of Modern Politics: Law, Virtue, Kingship, and Consent (1300–1650)* (New Haven: Yale University Press, 2015), 158-70.
27　James VI and I, *Basilikon Doron*, 2.

た[28]。ここで、この伝統に関連して、二点が重要である。第一に、国教会原理である。ジェームズによれば、王の「職位は教会と世俗の地位の混合的なものである。なぜなら、王は教皇主義者や再洗礼派が考えているような単なる俗人ではないからである。ピューリタンもまたこの誤りにあまりにも深く傾倒している」[29]。第二に、抵抗権論批判である。ジェームズは旧約と新約の聖書においてネロのような偶像崇拝の僭主が神の民を迫害していても神の民が抵抗せず服従していた例を挙げた上で、次のようにその服従を正当化する。臣民は地上における神の代理人としての王に服従せねばならず、臣民を「裁く権力を持っているが神のみによって裁かれ、神のみに自身の裁判の責任を負うような裁判官として、彼を認め、(中略) 彼の非合法な命令において抵抗せずに、神に対して涙を流してむせび泣きながら、王の怒りを避けて逃げる」[30]べし、と。このように、ジェームズは王の聖性の伝統に基づいて国教会原理と抵抗権論批判を展開していた。

イングランド王の即位から火薬陰謀事件そして忠誠宣誓論争へ

　1603年、ジェームズはイングランド王ジェームズ1世として即位し、1605年に火薬陰謀事件が起こる。即位後、1604年にイングランドで、ジェームズはハンプトン・コート会議を開いた。英国教会とピューリタンの代表者などが出席したその会議において、ジェームズは急進的なピューリタンと穏健なピューリタンを区別し、前者を排して後者を取り込もうと決めた[31]。このようにイングランドのピューリタンに対処する一方で、ジェームズはイングランドのカトリックの処遇をも定めなければならなかった。ジェームズの母マリーがカトリックであったことなどに

28　"The Trew Law of Free Monarchies," 54.
29　*Basilikon Doron*, 110.
30　"The Trew Law of Free Monarchies," 61.
31　Kenneth Fincham and Peter Lake, "The Ecclesiastical Policy of King James I," *Journal of British Studies* 24, no. 2 (1985): 171-72; Tutino, *Law and Conscience*, 117.

より、イングランドのカトリックはジェームズがカトリックに対する厳しい宗教政策を緩和してくれると期待していた。しかし、おそらくこの期待が外れたことなどを原因として、幾つかの陰謀が企てられ、1605年についに火薬陰謀事件が企てられた。火薬陰謀事件は、議会の開会式当日に議事堂を爆破してジェームズや議員たちを殺害すべく、カトリックのロバート・ケーツビーやガイ・フォークスたちによって計画された陰謀事件である。未然に発覚し、ケーツビーたちは逮捕されて処刑された。

火薬陰謀事件を受けて、ジェームズはカトリック間の対立を利用して政治的安定性の回復を図る。ロバート・セシルなど多くのプロテスタントは、1570年以降のカトリックによる様々な陰謀の延長線上に火薬陰謀事件を位置付け、イングランドにおける全てのカトリックを敵とみなした[32]。しかし、ジェームズはイングランドにおけるイエズス会と「訴追派」の対立を利用して政治的安定を回復すべく、前者のような急進的で反抗的なカトリックと後者のような穏健なカトリックを区別した。その上で、イエズス会のような急進派を排除し、「訴追派」のような穏健派には宗教的寛容を認める代わりに政治的忠誠を誓わせようとした。このように両者を分裂させ、対立させ、一方を取り込むことで、事態の収拾を図った。

カトリックの穏健派と急進派を区別し両者を分裂させる手段として、ジェームズは忠誠宣誓を用いた。1606年、カトリックに関する法律が制定され、その中に忠誠宣誓が含まれていた。忠誠宣誓は両者を区別する基準の一つとして教皇の廃位権の認否を用いていた。それゆえ、教皇はすぐさまイングランドのカトリックに対して忠誠宣誓を受け入れないよう手紙ないし小勅書で命じた。その結果、一部のカトリックは国外へ逃亡した。イングランドで首席司祭を務めていたジョージ・ブラックウェルは「訴追派」にも忠誠宣誓の拒否を促していた。しかし、ブラックウェルは当局に捕まり、投獄され、ついに忠誠宣誓を受け入れた。その結果、多くのカトリックが忠誠宣誓を受け入れるようになった。そのよ

32　*Law and Conscience*, 118-27.

うな中で、教皇は再び手紙を出して、忠誠宣誓を受け入れぬようカトリックに再度求めた。教皇の依頼により、ベラルミーノはブラックウェルに手紙を出し、翻意するよう説得した。教皇や枢機卿によるこれらの介入を受けて、ジェームズは忠誠宣誓を擁護すべく著作を執筆し、忠誠宣誓論争が始まる[33]。

忠誠宣誓論争の大まかな流れ

前章と同様に、ここで、この論争の大まかな流れを示す。忠誠宣誓論争は聖務停止令論争よりも論者が多かったので、論者を一層絞る必要がある。

論争の主軸はジェームズとベラルミーノであった。1607年、ジェームズが匿名で『忠誠宣誓の弁明』[34]を公刊する。匿名であったにもかかわらず、出版所の特徴などにより、著者は自ずと知れた。仏語や羅語などに翻訳され、各国大使に送られた。1608年、この著作を批判すべく、ベラルミーノはマッタエウス・トルトゥスという偽名で『マッタエウス・トルトゥスの反論』[35]を公刊する。同様に、先述のパーソンズもまた匿名で『自身の宗教のために追放されたカトリックのイングランド人による見解』[36]（以下、『カトリックのイングランド人による見解』）を公刊し、翌年にウィリアム・バルローによって『カトリックのイングラン

---

[33] Sylvio Hermann de Franceschi, *La Crise Théologico-Politique Du Premier Age Baroque: Antiromanisme Doctrinal, Pouvoir Pastoral Et Raison Du Prince : Le Saint-Siège Face Au Prisme Français (1607-1627)* (Rome: École française de Rome, 2009), 83-127.

[34] King James VI and I, *Triplici Nodo, Triplex Cuneus. Or an Apologie for the Oath of Allegiance against the Two Breues of Pope Paulus Quintus, and the Late Letter of Cardinal Bellarmine to G. Blackvvel the Archpriest* (London: Robert Barker, printer to the Kings most excellent Maiestie, 1607).

[35] Roberto Bellarmino, *Responsio Matthaei Torti Presbyteri, Et Theologi Papiensis, Ad Librum Inscriptum, Triplici Nodo Triplex Cuneus* (Coloniae Agrippinae: Sumptibus Bernardi Gualtheri, 1608).

[36] Robert Parsons, *The Judgment of a Catholicke English-Man* (Saint-Omer: English College Press, 1608).

ド人に対する応答』[37] で反論される。1609 年、ジェームズは身分を明らかにした上で、ベラルミーノの『マッタエウス・トルトゥスの反論』に対して自身の『忠誠宣誓の弁明』を擁護すべく、『忠誠宣誓の弁明』に『キリスト教界における列強の諸王侯や王ならびに自由な君主や諸国家に対する警告』[38]（以下、『警告』）という序文に該当するような著作を付けてあらためて公刊した。同年、この第二版に反論すべく、ベラルミーノは身分を明らかにした上で、『ブリテン大王ジェームズの著作に対する枢機卿ベラルミーノの反論のための弁明』[39]（以下、『ジェームズに対するベラルミーノの反論のための弁明』）を公刊した。この著作を批判すべく、1610 年に、英国教会の中心的人物のアンドリューズ（Lancelot Andrewes 1555-1626）が『枢機卿ベラルミーノの弁明に対する反論』[40] を公刊する。さらに、同年、ユグノーのムーラン（Pierre du Moulin 1568-1658）が『カトリックの信仰の擁護』[41] を公刊して、ジェームズの『忠誠宣誓の弁明』を擁護する。

　この時期、反ローマ陣営が結託してローマ批判を国際的に展開していく。重要な契機の一つは、1609 年に公刊されたイングランドのカトリックのバークリ（William Barclay 1546-1608）による『教皇権について』[42] である。バークリはその中でベラルミーノを主要な批判対象としたので、ベラルミーノは 1610 年に『世俗的事柄における教皇権につい

---

[37] William Barlow, *Answer to a Catholicke English-Man* (London: Thomas Haueland, 1609).
[38] King James VI and I, *A Premonition of His Maiesties to All Most Mightie Monarches, Kings, Free Princes and States of Christendome* (London: Robert Barker, 1609).
[39] Roberto Bellarmino, *Apologia Pro Responsione Sua Ad Librum Jacobi* (Roma: N. Zannetti, 1609).
[40] Lancelot Andrewes, *Responsio Ad Apologiam Cardinalis Bellarmini* (London: Robertus Barkerus, 1610).
[41] ただし、後述のように、以下ではこの著作の初版を用いておらず、次の版を用いている。Pierre Du Moulin, *Defense De La Foy Catholique Contenue Au Livre De Jaques I* (Geneve: Pierre Aubert, 1631).
[42] William Barclay, *De Potestate Papae* (London: F. du Bois and I. Garnich, 1609).

て』[43] を公刊して反論した。この著作がフランスにも大きな反響をもたらした。1610年アンリ4世が暗殺されたフランスにおいて、セルヴァンはこの著作やマリアナの『王と王の教育について』を僭主征伐論と結びつけ、1611年にパリ議会で断罪し、発禁処分へと至らしめ、この結果を『王の役人による建言と具申および1610年11月26日におけるパリ議会の判決』[44]（以下、『王の役人による建言と具申』）で公に示した。同年、パリ大学神学部長でガリカニストのリシェがベラルミーノを念頭に置きつつ『政治権力と教会権力について』[45] を公刊する。さらに同年、サルピがベラルミーノの『世俗的事柄における教皇権について』を批判すべく、『君主の権力について』[46] を執筆し始める。ただし、未完のまま放棄されてしまう。このようにイングランドの外部で反ローマ的カトリックが活発に活動していた頃、イングランドでも主要な反ローマ的カトリックが参戦する。プレストン（Thomas Preston 1563-1640）がベラルミーノの16世紀末における『教皇権について』を批判すべく、ウィドリングトンという偽名で『君主の権利のための枢機卿ベラルミーノに関する弁明』[47]（以下、『君主の権利のための弁明』）を公刊した。

　以上のような論戦が繰り広げられている中、1613年にパウロ5世の依頼によりスアレスは『信仰の防衛』を公刊する。スアレスの主な批判対象はジェームズであり、その他にバークリやサルピにも言及する。特に、ベラルミーノとジェームズの応酬を踏まえて論じている。

　スアレスの『信仰の防衛』は様々な批判を呼び起こした[48]。1613年、プレストンはベラルミーノやベカンなどのイエズス会士を批判すべく、

---

[43] Roberto Bellarmino, *De Potestate Summi Pontificis in Rebvs Temporalibus. Aduersus Gulielmum Barclaium* (Roma: Typographia B. Zannetti, 1610).
[44] *Remontrance Et Conclusions Des Gens Du Roy Et Arrest De La Cour De Parlement Du 26. Novembre 1610*, (1610).
[45] Edmond Richer, *De Ecclesiastica Et Politica Potestate* (Paris, 1611).
[46] Paolo Sarpi, *Della Potestà De Prencipi* (Venezia: Regione del Veneto, 2006).
[47] Thomas Preston, *Apologia Cardinalis Bellarmini Pro Iure Principum* (Cosmopoli: apud Theophilum Pratum, 1611).
[48] これらの批判は補論で扱う。

『忠誠宣誓の神学論争』[49]の羅語版を偽名で公刊していた。同年、この著作の英語版を公刊した時に、スアレスの『信仰の防衛』を批判するために『忠誠宣誓の神学論争への付録』[50]を付け加えた。この付録は羅語版には 1616 年に収録された。1614 年、パリ議会においてベラルミーノの『世俗的事柄における教皇権について』やマリアナの『王と王の教育について』を焚書に至らせていたセルヴァンは、スアレスの『信仰の防衛』を同様に僭主征伐論に関連付けて、パリ議会で焚書に至らせようとして、『議会が 1614 年 6 月 26 日に下し 27 日に執行した判決』[51]（以下『議会の判決』）を公刊する。この動きに対して、1615 年にフランスのイエズス会士リシュオムがスアレスなどを擁護すべく『王の弁護士ルイ・セルヴァンの建言および訴えに対してイエズス会の神父たちを正当化するためのルイ・ド・ボーマノワールによる訴え』[52]（以下、『イエズス会の正当化の訴え』）を偽名で公刊する。セルヴァンが『信仰の防衛』を焚書に追い込もうとしていた頃、パリ議会では第三身分が忠誠宣誓と類似した内容のいわゆる第一条項（first article）を提案する。第一身分などが反発し、枢機卿のペロンがその中心的役割を演じ、第一条項を批判した際の『聖職者の裁判所で行われた演説』[53]を公刊する。1615 年、ジェームズはペロンを批判して第一条項を擁護すべく、ムーランと共著で『大ブリテンとフランスおよびアイルランドの平穏なる王ジェームズ 1 世の声明』[54]（以下、『ジェームズの声明』）をまず仏語で、後に英語で

---

49 Thomas Preston, *Disputatio Theologica De Iuramento Fidelitatis* (Albionopoli: Fabri, 1613).

50 *Appendix Ad Disputationem Theologicam De Iuramento Fidelitatis* (Albionopoli: Apud Ruardum Phigrum, 1616).

51 Parlement de Paris, *Remonstrance Et Plaincte Des Gents Du Roy a La Cour De Parlement, & Conclusions Par Eux Prises Le Xx. De Juin 1614* (Paris: P. Mettayer, 1614).

52 Louis Richeome, *Plaincte Justificative De Louis De Beaumanoir Pour Les Pères Jésuites* (1615).

53 Jacques Davy Du Perron, *Harangue Faicte De La Part De La Chambre Ecclesiastique : En Celle Du Tiers Estat, Sur L'article Du Serment* (Paris: Antoine Estienne, 1615).

54 King James VI and I and Pierre Du Moulin, *Declaration Du Serenissime*

公刊し、その中でスアレスの批判も行う。1619 年、英国教会のアボット（Robert Abbot 1560-1617）がスアレスとベラルミーノを批判すべく、『王の最高権について』[55] を公刊する。1617 年、かつてヴェネチアで高位聖職者であったドミニス（Marco Antonio de Dominis 1560-1624）がイングランドへ渡り、『教会という国について』を公刊し始める。1620 年、第二分冊が公刊され[56]、その付録においてスアレスの『信仰の防衛』に対する批判が展開される。その中に、最も包括的なスアレス批判が見出されることになる。

第二節　忠誠宣誓論争の展開

　次に、時系列に沿って忠誠宣誓論争の流れを『信仰の防衛』まで再構成していく。まず、火薬陰謀事件の結果として登場した忠誠宣誓の英語版を全訳して示す[57]。

忠誠宣誓の内容

　忠誠宣誓の英語版を以下に全訳する。

　　AB という名の私は神と世界の前で、私の良心において、以下の

Roy Iaqves I, Roy De La Grand' Bretaigne France Et Irlande, Defenseur De La Foy (London: Iehan Bill, 1615).
55　Robert Abbot, *De Suprema Potestate Regia* (London: Office Nortoniana, apud I. Billium, 1619).
56　Marcus Antonius de Dominis, *De Republica Ecclesiastica, Pars Secunda* (London: Ex Officna Nortoniana, Apud Jo. Billium, 1620).
57　本節に関しては、特に Franceschi, *La Crise Théologico-Politique*, 699-891. が特に重要である。その他に、Carlos Baciero, "Polémica Entre Jacobo I De Inglaterra Y Roberto Bellarmino," in *De Iuramento Fidelitatis: Estudio Preliminar Conciencia Y Politica*, ed. Luciano Pereña Vicente (Madrid: Consejo superior de investigaciones cientificas, 1979). を参照。

ことを真に本心から認め、公言し、証言し、宣言する。すなわち、我々の主権的な支配者[58]の王ジェームズは、この王国やその陛下の他のあらゆる領地や地域の合法的な王である。さらに、教皇は彼自身によっても、あるいは他者との他の何らかの方法によっても、王を廃位したり、彼の陛下の王国や領地のいくつかについて取り決めたり、彼や彼の地域を侵略して苦しめるよう外国の君主を権威付けたり、彼の陛下に対する忠誠や服従から彼の臣民を解放したり、陛下という王の人格や国家ならびに政府あるいは陛下の領地内に存する陛下の臣民に対して武装して暴動を起こしなんらかの暴力や危害を加えるよう臣民の誰かに許可を与え放任したりするための、いかなる権力や権威をも持たない。また、私は心から次のように誓う。上述の王やその相続人ないし後継者に対して、教皇やその後継者によって、あるいは彼かその座から由来している権威ないし由来しているといわれる権威によって、いかなる破門の判決や宣言が下され、剥奪がなされ、今後なされることになろうとも、あるいは先述の臣民の忠誠からの解放が示されようとも、私は彼の陛下やその相続人ならびに後継者に対して誠意や真の忠誠を抱こう。さらに、そのような判決や宣言などを根拠や口実として彼や彼らの人格や王権ならびに権威に対してなされるであろう全ての攻撃や陰謀において、彼や彼らを最大限の力で守ろう。さらに、彼や彼らの誰かに対して行われることを私が知ったり聞いたりする全ての反逆や背信の陰謀について暴き、陛下や彼の相続人や後継者に知らせるよう最大限努力しよう。さらに、私は誓う。教皇によって破門されたり剥奪されたりした君主がその臣民や他の者によって廃位されたり殺されたりしてもよいという非難すべき原理や見解を、私は不敬かつ異端として心から憎悪し、嫌悪し、破棄する。さらに、よき十全な権威によって私へ与えられたと私が認めているこの宣誓やその一部分から私を解放する権力を教皇や他の者は持たないことを、私は真に良心において堅く信じている。さらに、その反対へ至らしめるような許しや

58　Soveraigne Lord。羅語は *Supremus Dominus* である。

許可を真に放棄する。私が話したこれらの明確な言葉に従って、さらに、その同一の言葉の平易で一般的な意味や理解に従って、いかなる心中の言い逃れや隠された留保あるいは曖昧表現による言い逃れなしに、私はこれら全てのことを明確に心から認め誓う。私はキリスト教徒の真の信仰に基づいて、心より自ら真にこのように承認し、認める。よって、神よご慈悲あれ[59]。

ジェームズがイングランドの正統な王であるのに対して、教皇はイングランドではその君主を廃位したりその臣民を政治的服従から解放したりするための権力を持たず、臣民は火薬陰謀事件のような陰謀から君主を最大限守ると規定されている。ここで、教皇の廃位権などは直接的権力や間接的権力という区別なく論じられているので、どちらの理論においても否定されている。このような忠誠宣誓がパウロ5世やベラルミーノから介入を受けることになり、さらにジェームズが反論として『忠誠宣誓の弁明』を執筆することになる。

ジェームズの『忠誠宣誓の弁明』

ジェームズは忠誠宣誓が君主の権力の管轄内にあると主張する。ジェームズによれば、忠誠宣誓の目的は政治的忠誠を誓う臣民と反抗的な臣民を区別することであった。特に、「他の点においては教皇に愛着を抱くけれども自身の主権者に対する自然的義務の痕跡を自身の心にとどめ続けている彼の陛下の非常に多い臣民と、火薬による反逆者と同様の狂信的熱狂に酔わされているので自身の自然的忠誠の枠内に自身を留めることができず、宗教の相違が自身の主権者に対するあらゆる種類の反逆や反乱の無難な口実だと考えた者たち」[60] を区別することであった。有害な後者を排し、前者のような「穏健な精神の教皇主義者」[61] に対して

---

59 James VI and I, *Triplici Nodo, Triplex Cuneus. Or an Apologie for the Oath of Allegiance*, 10-13.
60 Ibid., 3.
61 Ibid., 4.

は、「良心のために彼らを迫害しようと全く意図せず、彼らについてはただ政治的服従のみを確保しようと望んだ」[62]。このように、忠誠宣誓は政治的服従のみに関わるので、君主の権力の対象であり、よって正当である。

　ところが、ジェームズからすれば、教皇や枢機卿が不当に介入してきた。『忠誠宣誓の弁明』の大部分は、彼らの手紙に対するジェームズの反論で構成されている。それらの手紙は『忠誠宣誓の弁明』に載せられている。

　第一の手紙において、パウロ5世は迫害に耐えて忠誠宣誓を拒否するようイングランドのカトリックに求めた。パウロ5世は、イングランド王がカトリックに異端の教会に通うことなどを強制しており、「極めて残酷な迫害」[63]を行っていると非難する。その上で、異端教会に通うことなどを神に反すると考え、禁止する。同様に、忠誠宣誓もまた信仰に反するとして、忠誠宣誓を拒否するようイングランドのカトリックに求める。神を攻撃するよりも死を選び、殉教することによって原始教会の殉教者に劣らぬぐらい輝くと説く[64]。

　第一の手紙に対して、ジェームズは二点について反論する。一点目として、イングランドの諸王は自国のカトリックに対して寛容であり、迫害を行ってこなかった。例えば、エリザベスはピウス5世による破門以

---

[62] Ibid.
[63] Ibid., 19.
[64] Ibid., 13-14. なお、パウロ5世がこのように述べていたことが発端となり、スアレスは『信仰の防衛』第六巻の第九章から十一章にかけて、迫害下における殉教のあり方について論じている。キリスト教徒は僭主によって自身の信仰について問われた場合のように、まさに信仰を外的に表明すべき場合において、信仰を秘匿する等して偽装すると実質的に信仰を否定することになり、見せかけであれ偽りの宗教を表明していることになり、よって迫害下のキリスト教会に危害を加えてしまうことになるので、自身の信仰を外的に表明するよう義務付けられていると論じられている。第一部で述べたように、イングランドの文脈で生み出されたこの箇所が、イエズス会の日本巡察師によって日本の迫害下で参照され、一定の影響を与えることになるのである。Francisco Suarez, *Defensio Fidei Catholicae Et Apostolicae Adversus Anglicanae Sectae Errores* (Conimbricae: Didacum Gomez de Loureyro, 1613), 745-73.

前、カトリックに厳罰を下したことがなかった。しかし、ローマは破門とともにイングランド王に対する反乱や陰謀を促進してきたので、エリザベスはそれらの犯罪を適度に処罰してきた。この点ではジェームズも同様である。二点目として、忠誠宣誓はカトリックの信仰に反しない。先述のように、ジェームズは君主に対する臣民の政治的忠誠のみに忠誠宣誓が関わると主張していた。ジェームズによれば、「世俗的な執政者に対する世俗的服従は魂の救済や信仰の事柄と全く対立しない」[65]。それゆえ、忠誠宣誓は信仰に反しない。

　第二の手紙で、パウロ5世は再度忠誠宣誓の受容をイングランドのカトリックに対して禁止する。第一の手紙が偽物だという噂が当時流れた。そこで、パウロ5世はその手紙が本物であると確言する。さらに、忠誠宣誓に関する確かな知識と熟慮の下でそのような禁止を行ったと述べ、この禁令に従うよう求めた[66]。

　第二の手紙について、ジェームズは君主に対する臣民の服従を教皇が不当に奪うと批判する。ジェームズによれば、イングランドの臣民は自身の主権者に対して生まれながらにして忠誠を誓っている。その上で、忠誠宣誓によって、この忠誠を明確な仕方で確証するに至った。現状として、イングランドにおける首席司祭のブラックウェルのように、多くのカトリックは忠誠宣誓を受け入れたので、これら二重の忠誠をジェームズに誓っている。第二の手紙は二重の忠誠を放棄するようカトリックに対して迫っている。そのような中で、ベラルミーノがブラックウェルに手紙を出し、「反乱に拍車をかける」[67]。

　ブラックウェルに宛てた手紙において、ベラルミーノは忠誠宣誓が教皇の首位性に反すると批判する。ベラルミーノによれば、ジェームズは忠誠宣誓の動機として王自身の危険な状況を挙げている。しかし、教皇は今日まで、迫害を行っている君主に対してさえ殺害を命じたことがなく、殺害の事実を承認したこともないので、その動機は認められない。

65　James VI and I, *Triplici Nodo, Triplex Cuneus. Or an Apologie for the Oath of Allegiance*, 27.27
66　Ibid., 32-33.
67　Ibid., 35.

しかも、ベラルミーノからすれば、忠誠宣誓における真の動機ないし目的は「イングランドにおける教会の頭の権威を聖ペテロの後継者から王ヘンリ8世の後継者へと移行できるようにすること」[68]である。すなわち、イングランドの教会における霊的最高権を教皇からイングランド王へ移転することである。それゆえ、忠誠宣誓において、「使徒座の首位性に関するカトリックの信仰が陰に陽に標的にされていった」[69]。ここで、ベラルミーノはジェームズをユリアヌス帝に準える。ベラルミーノによれば、ユリアヌスは原始教会において皇帝を神として崇拝させ、崇拝の忌避者を厳罰に処した。同様に、ジェームズは忠誠宣誓において、教皇に属していたイングランドの霊的首位性をイングランド王に移して、イングランド王を霊的頭として臣民に服従させ、反抗者を厳罰に処した[70]。モアがヘンリ8世によって迫害されたようにである。このような迫害下では、身体を差し出してでも神に従わなくてはならない[71]。

　ベラルミーノの手紙に対して、ジェームズは二点の反論を行う。一点目として、ベラルミーノは国王至上法と忠誠宣誓を混同している。ジェームズによれば、一方で、国王至上法は自国における「世俗や教会のあらゆる人物の裁定者となるための王の絶対権力」[72]を扱っている。他方で、忠誠宣誓は政治的服従しか扱っておらず、「霊的事柄における教皇の首位性には全く関わっていない」[73]。それゆえ、忠誠宣誓は国王至上法とは異なる。二点目として、ローマは事実としてこれまで諸君主に対する陰謀を促進してきた。ジェームズによれば、臣民は王に対する廃位と王殺しの命令を厳密に区別しない。それにもかかわらず、ローマは諸王に対する廃位を宣言してきた。それゆえ、諸王はローマによって王殺しの危険に晒されてきた。例えば、エリザベスは教皇が権威づけた反逆者によって命を狙われた。さらに教皇は、異端でも迫害者でもなかっ

68　Ibid., 38.
69　Ibid., 37.
70　Ibid., 39.
71　Ibid., 43.
72　Ibid., 47.
73　Ibid., 51-52.

た「フランス王アンリ3世の殺害という修道士の行いやその修道士を称賛」[74]した。しかも、火薬陰謀事件によってジェームズの王権と命を狙った。フォークスなどのみならず、ガーネットのようなイエズス会士がその首謀者であったので間違いない。この危険に対処すべく、ジェームズは忠誠宣誓を課したのだった。ここで、ベラルミーノはジェームズをユリアヌス帝に準え、迫害者とみなして抵抗を正当化しようとするが、無駄である。なぜなら、「ユリアヌスは背信者であり、かつて表明していたキリスト教徒の信仰を全面的に放棄して再び異教徒になり」、「キリスト教の表明という理由のみでキリスト教徒に敵対行動をとった」のに対して、ジェームズは「宗教を一度も変更したことのないキリスト教徒であり」、「キリスト教徒を平和に統治している」からである[75]。このように、ジェームズは真正のキリスト教徒であり、迫害者ではない。

　以上のように反論した上で、ジェームズは国王至上法についても正当化を行う。ベラルミーノは国王至上法にみられるような国教会原理が誤りだと前提した上で、忠誠宣誓にそのような誤りを見出して批判していた。そこでジェームズは旧約聖書を参照して国王至上法を正当化する。すなわち、王は教会の頭として「他の人民と同様に自身の領地における自身の教会を統治」[76]できる。教会における王の役割は、主に統治に存するといえるが、広範にわたる。具体的に、王は「神の言葉に対してなされるべき服従を命令し、神が示した意志に従って宗教を改革し、霊権を世俗の剣によって支え、腐敗を正し、教会に対してなされるべき服従を確保し、浅薄な疑問やシスマを裁定し排する」[77]。

　さらに、ジェームズはベラルミーノの両権論が神の言葉に反すると批判する。上述のように、ジェームズは聖書を通して王の世俗的な絶対権力と教会統治権について論証することで、国王至上法や忠誠宣誓を正

74　Ibid., 66.
75　Ibid., 78-79.
76　Ibid., 107.
77　Ibid., 108. ただし、ジェームズはイングランド王として「いかなる信仰箇条をも作成したりその裁定者になったりしようとしたことが決してなく、今後もないだろう」と述べ、自身が秘跡や説教に関する純粋な霊的権威を持たないと考えていた。Ibid., 63.

当化した。さらに、1580年代におけるベラルミーノの『教皇権について』や『教会の成員について』こそ神の言葉に反すると批判する。それらの著作において、王権の直接的神授が否定されていた。さらに、王が人民や教皇によって廃位されうることや、全面的な聖職者の免除についても論じられていた。ジェームズからすれば、これらの主張は聖句と真っ向対立していた。それゆえ、「神がベリアルと対立し、光が闇と、そして天国が地獄と対立する以上に、王に関するベラルミーノの考えは神のそれと対立している」[78]。このようにして、忠誠宣誓自体の正当性から両権論の一般的理論へと論点が拡大していく。

　以上のように、教皇たちによる三通の手紙に対して、ジェームズは忠誠宣誓を擁護した。ジェームズからすれば、ヘンリ8世以降、イングランド王は自国のカトリックを迫害せず寛容に処遇してきたが、教皇はイングランド王に対する反乱や陰謀を促進してきた。それゆえ、イングランド王は実際に命を狙われ、その実行犯たちを世俗的犯罪ゆえに処罰してきた。ジェームズの即位後に至ってもなお、教皇は陰謀を促進してきた。ついに火薬陰謀事件が起こった。ジェームズは首謀者を陰謀の罪で処罰し、政治的忠誠を誓うカトリックと誓わないカトリックを区別して平和と自身の安全を確保すべく忠誠宣誓を課した。それゆえ、忠誠宣誓は政治的服従のみに関わるので、君主の権力の管轄内である。

ベラルミーノの『マッタエウス・トルトゥスの反論』

　『忠誠宣誓の弁明』の翌年、ベラルミーノは『マッタエウス・トルトゥスの反論』でジェームズに反論する。

　火薬陰謀事件はローマの陰謀ではない。ベラルミーノによれば、一方でヘンリ8世以降、イングランド王はカトリックを迫害してきた。例えば、モアは迫害による殉教者である[79]。さらに、エリザベスは反カトリックの諸法律を打ち立て、ジェームズによって継承された[80]。他方で、

78　Ibid., 110.
79　Bellarmino, *Responsio Matthaei Torti*, 144-46.
80　Ibid., 34-39.

教皇は反乱などを促進したことがない。例えば、教皇はアンリ3世の暗殺を命じておらず、事後的に承認もせず、暗殺の善悪について論じなかった[81]。火薬陰謀事件についても、ローマの陰謀ではない。ジェームズは、イングランドで活動していたイエズス会士のガーネットに濡れ衣を着せ、火薬陰謀事件の首謀者の一人として処罰することによって、火薬陰謀事件を教皇やイエズス会の陰謀に仕立て上げようとしている。しかし、ガーネットは首謀者でも協力者でもない。火薬陰謀事件は「カトリックの原理や正しい理性ではなく絶望に由来する」[82]。すなわち、カトリックに対する迫害はジェームズの即位によって緩和されるという期待が裏切られたことに由来する。

　忠誠宣誓は純粋に政治的ではないので、教皇が介入した。ベラルミーノによれば、忠誠宣誓において「政治的服従のみならず、カトリックの信仰が、すなわち使徒座の首位性が扱われている」[83]。なぜなら、教皇による廃位や破門の権力が否定されているからである。さらに、ジェームズが自国における教皇の霊的首位性を否定することによって、王の霊的首位性を確立しようとしているからである。ユリアヌス帝が政治的服従という口実で皇帝の崇拝という偶像崇拝をキリスト教徒に強制したように、ジェームズの忠誠宣誓においては「世俗的事柄において王に対してなすべき政治的服従という口実の下に、霊的事柄における首座司教としてのその王に対して聖的服従がなされるが、同一の服従が教会全体の首座司教に対しては否定される」[84]。国王至上法と忠誠宣誓はこの点で、すなわち「霊的事柄における使徒座の首位性を否定し王の首位性を確立する」[85]点で同じである。このように、ジェームズの忠誠宣誓は純粋な政治的忠誠ではなく、教皇の首位性の否定を伴った政治的忠誠を扱っている。もし前者を扱うならば、教皇によって禁止されなかった。しかし、カトリックの信仰に反するような後者を扱っているので、教皇により禁

81　Ibid., 84-86.
82　Ibid., 130.
83　Ibid., 15.
84　Ibid., 120.
85　Ibid., 80.

止されたのである。

　ベラルミーノは王の霊的首位性について、すなわち自国における君主の霊的最高権について批判する。ジェームズは聖句を通して王の霊的首位性を正当化していた。しかし、ベラルミーノによれば、ジェームズが用いた聖句は教会を迫害した異教の諸王に関わるものである。それゆえ、ジェームズはそのような異教の諸王が霊的事柄において教会の最高の統治者であると論証していたことになる。しかし、「教会に属していない異教の諸王が教会において首位性をもつことや、キリストの敵がキリストの代理人であることは極めて馬鹿げている」[86]。したがって、ジェームズの論証は王の霊的首位性を正当化する上で役に立たない。そもそも、教会建設のように、ジェームズが旧約聖書に見出した様々な例は、王の霊的首位性ゆえになされたわけではなく、王の敬虔さゆえになされた行いである[87]。

　ベラルミーノの両権論に対するジェームズの批判について、ベラルミーノは基本的にかつての主張を堅持している。ベラルミーノによれば、ジェームズはベラルミーノに悪意を抱いており、ベラルミーノの理論を曲解する傾向にある。しかし、君主権の直接的神授の否定や全面的な聖職者の免除などは、ベラルミーノの独善的な意見ではなく、カトリックの共通意見として再度正当化される[88]。

パーソンズの『カトリックのイングランド人による見解』

　ジェームズの『忠誠宣誓の弁明』に対して、パーソンズは大部分でベラルミーノとほぼ同様の仕方で批判する。

　火薬陰謀事件はローマの陰謀ではない。パーソンズによれば、一方で、ヘンリ8世以降、イングランド王は自国のカトリックに対して残酷な迫害を行ってきた。例えば、エリザベスは異端の教会にカトリックを強

86　Ibid., 144.
87　Ibid., 136-39.
88　Ibid., 145-52.

制的に通わせようとして、違反者に厳罰を下した[89]。他方で、たしかに教皇は世俗君主を廃位したことがあるが、その殺害を命じたことはない。ジェームズは教皇がエリザベスの殺害を権威付け、アンリ3世の暗殺を称賛したというが、確かな証拠が存在しない[90]。火薬陰謀事件もまたローマの陰謀ではない。ジェームズが即位後にエリザベスと同様の残酷な迫害を行い、カトリックを苦しめてきたので、「火薬の陰謀（powder-treason）はこれらの苦悩の原因ではなく、むしろ結果である」[91]。すなわち、ジェームズの迫害が火薬陰謀事件を生み出した。

忠誠宣誓は霊的事柄に関わるので、教皇が介入した。パーソンズによれば、イングランドのカトリックが主権者としてのジェームズに対して政治的忠誠を誓うことは認められる。それゆえ、ジェームズの忠誠宣誓が政治的忠誠のみに関わるならば、特に問題は生じない。しかし、忠誠宣誓は「我らの救済主が彼の教会において聖ペテロや彼の後継者へと委ねた司牧的権威の十分さに関するカトリックの信仰や原理のある点に触れている」[92]。特に、ベラルミーノが述べたように、忠誠宣誓はユリアヌス帝の場合と似ており、「教皇の権威を否定するよう誓うことと政治的服従」[93]を混合している。国王至上法と同様に、教皇の首位性を排して、自国における聖俗の最高統治者としてイングランド王を立てようとしている[94]。それゆえ、忠誠宣誓は純粋に政治的ではなく、教皇の首位性を否定するので、教皇が介入した。

ジェームズの『警告』

1609年、ベラルミーノの『マッタエウス・トルトゥスの反論』に対して、ジェームズは身分を明らかにした上で『忠誠宣誓の弁明』の第二

---

89 Parsons, *The Judgment*, 33-34.
90 Ibid., 86-89.
91 Ibid., 7.
92 Ibid., 14.
93 Ibid., 15.1
94 Ibid., 73-74.

版に『警告』を付け加えて反論する。

　ジェームズは忠誠宣誓や『忠誠宣誓の弁明』の経緯を説明する。ベラルミーノは火薬陰謀事件がローマの陰謀ではなく、ジェームズによる迫害に起因すると論じていた。しかし、ジェームズによれば、彼自身はユリアヌスのような迫害者ではなく、背教者でもなく、真のカトリックとして寛容に振る舞ってきた。反対に、煉獄や聖遺物にみられるように、ローマ教会はカトリックから逸脱していった[95]。特に、イエズス会は顕著に逸脱しており、教皇に俗権を与えようとしている。火薬陰謀事件においても、その実行者が「イエズス会士から得た指示こそ、彼らにこの血濡れた陰謀を企てさせた原因である」[96]。それゆえ、火薬陰謀事件はローマによって促進された教皇主義者の陰謀である。そこで、ジェームズは反抗的な教皇主義者と善良な教皇主義者を区別すべく、忠誠宣誓を課した。忠誠宣誓においては、「自然的忠誠や政治的で世俗的な服従の表明」[97]のみが含まれた。ところが、教皇により忠誠宣誓の受容が妨害された。ジェームズはカトリックの多くが教皇によって惑わされると考え、『忠誠宣誓の弁明』を執筆し、忠誠宣誓が政治的服従しか含まず、信仰に反さないことを示した。それゆえ、忠誠宣誓をめぐる論争は、「聖書全体や古代の公会議と教父の正当な根拠に反した、近年の教皇による王の俗権の強奪のみ」[98]に関わる。ジェームズはこのような論点がイング

95　James VI and I, *A Premonition*, 37-42.
96　"A Premonition to All Christian Monarches, Free Princes and States," in *The political works of James I*, ed. Charles H. McIlwain (Cambridge: Harvard University Press, 1918), 160-61. ジェームズの『警告』初版において、最後部分にはページ数の表記を欠いた箇所がある。その箇所については、20世紀版のテクストを用いる。
97　*A Premonition*, 9.　なお、これらの語句は、同著作の羅語版において、「国の下で生まれた全ての者に対して自然自体が命じるであろう政治的で世俗的な服従の表明」と記されている。後述するように、スアレスはこの羅語版の語句を基に、ジェームズが王権を自然法に直接由来させていると考え、批判する。*Præfatio Monitoria Sacratiss. Cæsari Rodolpho Ii. Semper Augusto, Cæterisque Christiani Orbis Sereniss. Ac Potentiss. Monarchis Ac Regibus* (Londini: Ioannes Norton, serenissimæ Regiæ Maiestatis, 1609), 12.
98　*A Premonition*, 10-11.

ランドのみに関わるわけでなく、他の諸君主にも関わる重要なものであると喧伝する。

　ジェームズは、教皇主義者における反乱の原理を三つ批判する。教皇の廃位権、聖職者の免除、人民の抵抗権である。

　第一に、教皇の廃位権に関して、ジェームズは教皇に一定の霊的権威を認める。ジェームズによれば、主教（bishop）の権力やヒエラルキーは神法に基づく。この主教制に関する主張は「ピューリタンと対立するのみならず、主教が自身の裁治権を神から得ることを否定するベラルミーノとも対立する（しかしながら、イエズス会士はピューリタン・パピスト（Puritane-Papists）以外の何者でもないので、彼がピューリタンの側に立つことは不思議ではない）。私はこれまで秩序のために主教の地位や教会のヒエラルキーを維持してきたのと同様に、私の『バジリコン・ドロン』にみられるように、これまでピューリタンの対等性や混乱したアナーキーの敵であり続けてきた」[99]。長年にわたってピューリタンはジェームズの主教制を攻撃してきたが、主教制は事実として原始教会の頃から存続してきた。この教会ヒエラルキーにおいて、「ローマの主教が首座を占めるべきである」[100]。すなわち、ジェームズは教皇を諸主教の頂点に置く。ペテロは使徒の第一人者であった。このように教皇に一定の霊的権威を認めることで、ジェームズは中道的な宗教政策を示し、イングランドにおけるカトリックの支持をより多く獲得しようとした[101]。しかし、教皇の地位はそれ以上ではなかった。教皇は「公会議に服従してきた。さらに、近年になってもなお、コンスタンツ公会議は三人の教皇を実際に廃位し、四人目を立てた」[102]。このように、ジェームズは公会議主義の伝統を用いて、教皇の霊的権威を抑制する[103]。

99　Ibid., 44.
100　Ibid., 46.
101　W.B. Patterson, *King James VI and I and the Reunion of Christendom* (Cambridge: Cambridge University Press, 2000), 94.
102　James VI and I, *A Premonition*, 48-49.
103　ジェームズによる公会議主義の利用は、先行研究で注目されてきた。公会議主義運動が最盛期を迎えていた15世紀初めの頃から、スコットランドでは公会議主義の伝統が根付き、ジェームズはその伝統に属していた。

ジェームズは廃位権のような世俗的強制権を教皇に認めない。ベラルミーノは「わたしの羊を牧せ」等の聖句によって間接的権力を正当化していた。ジェームズによれば、ベラルミーノはそれらの聖句によって、「あらゆる種類の宣誓や誓約、刑罰、教会罰や法を特免し、主権的な支配者に対する臣民の自然的服従さえも特免する権力を教皇に与える」[104]。そのようにして、諸君主に対する教皇の世俗的最高権を認めさせようとする。しかし、諸君主は教皇を世俗的な上位者として認めてこなかった。むしろ、皇帝たちが教皇の選任や廃位を行っていた。しかも、ジェルソンが論じたように、フランス王は聖職禄の付与についてさえ教皇の権力を認めなかった。イングランド王もまた、世俗的事柄のみならず霊的事柄においても教皇の上位性を認めないことがあった[105]。それゆえ、ベラルミーノの主張は正しくなく、グレゴリウス7世以降の教皇の世俗的野心に由来するにすぎない。

　第二に、聖職者の免除である。先述のように、聖職者の免除は聖務停止令論争の主要な論点であった。ヴェネチア陣営は1606年の諸著作において、全面的な免除が新奇であり、仮に認められたならば国の維持が不可能になると批判していた。1607年の『忠誠宣誓の弁明』で、ジェームズはベラルミーノの『教会の成員について』第二版における全面的な免除を批判し、ベラルミーノが再び持論を正当化した。『警告』において、ジェームズはヴェネチア陣営と類似の批判を行う。ジェームズによれば、いまや列強国における臣民の1/3が聖職者であり、その土地が教会に属する。それゆえ、「教皇がいまや各王の臣民や領地の1/3以上をもつだろう」[106]。したがって、教皇が自身の利益のためにそれらの臣民や財を奪うならば、王権は大いに弱体してしまう。だが、ローマ陣

イングランドでも、ヘンリ8世以降に公会議主義の考えが再活性化していた。Francis Oakley, *The Conciliarist Tradition : Constitutionalism in the Catholic Church 1300-1870* (Oxford: Oxford university press, 2003), 143-44; Patterson, *King James Vi and I and the Reunion of Christendom*, 57-68.
104　James VI and I, *A Premonition*, 19.
105　Ibid., 22-31.
106　Ibid., 21.

営を「この点について新奇や虚言として非難するヴェネチア人」[107] のいうように、この主張は認められない。こう論じることで、しばしば指摘されているように、ジェームズはヴェネチアやフランスなどにおける反ローマ陣営とローマ陣営の対立を明示しようとしていた。そうすることにより、ローマ陣営の間接的権力論等を否定するカトリックが正統なカトリックであり続けられ、それゆえ忠誠宣誓を受容しても背教したことにならないと説得しようとしていた[108]。同時に、ジェームズは自身と反ローマ的カトリックの考えが共通していることを示し、自身が使徒的伝統を継承する真のカトリックであるという主張を裏付けようとしていた。

　ジェームズは反乱の原理としての聖職者の免除論という新たな批判を行う。ジェームズは宗教戦争や反乱という文脈における聖職者の危険性を示すべく、それらの文脈における聖職者の様々な役割を指摘する。まず、反乱や陰謀の教師である。ジェームズからすれば、ベラルミーノはエリザベスに対する陰謀の「主要な教師」[109] であり、陰謀の正当化という点で実行者に助力した。次に、陰謀の首謀者である。イエズス会士のガーネットが火薬陰謀事件の「立案者でも共謀者でも助言者でもなく、それに全く同意しなかった」という主張は、その「反対が真」であり、ガーネットはまさに事件の首謀者であった[110]。最後に、陰謀の実行者である。「人々は救済の希望や約束によって大いに欺かれた。その結果、修道士が彼の主権者を殺害し、若い悪漢は彼の次期後継者に対する殺害を試み、多くの者は近年の女王に対して同様のことを企んで試み、私の時代においては火薬の爆風によって王国や国家の全体を破壊しようと試みた」[111]。英仏の文脈において、聖職者は俗人と同様に王殺しを試み、アンリ3世に関しては成功さえしたのである。聖職者が反乱において多様な役割を担い、特に中心的役割を担うので、君主は自国の平和を確保するために聖職者を自身の権力下に置く必要がある。

107　"A Premonition to All Christian Monarchs," 168.
108　例えば、Franceschi, *La Crise Théologico-Politique*, 909-14.
109　James VI and I, *A Premonition*, 163.
110　"A Premonition to All Christian Monarchs," 164.
111　*A Premonition*, 102.

ところが、聖職者の免除は聖職者を俗権から完全に解放することで反乱を生み出し悪化させるので、反乱の原理として批判される。ジェームズによれば、「聖職者は俗人と同様に彼らの自然的な主権者にのみ服従する」[112]。しかし、ベラルミーノは「厚かましくも、教会人が世俗の諸王の権力から免除されると主張する」[113]。教会人すなわち聖職者は王権に対して世俗的事柄においても服従しない。聖職者が何らかの仕方で王の命令に服従するとしても、その服従は王権ではなく理性の力に基づく。王権に対する聖職者の服従は王権の承認によってではなく、自然理性の命令によってであるというのはまさにベラルミーノの主張の根幹である。ベラルミーノの主張をこのように正しく理解するジェームズからすれば、聖職者の免除は反乱において多様な役割を担う聖職者を俗権から完全に解放してしまう極めて危険な原理である。それゆえ、ジェームズは聖職者の免除という「原理によって、諸君主に対する反逆的な企てを目論み助長するどれほど大きな自由が教会人に与えられることか」[114]と警鐘を鳴らした。

　第三に、人民の抵抗権である。ジェームズは次のように人民の抵抗権と聖職者の免除を関連付けてベラルミーノを批判する。ベラルミーノは、様々な理論によって、王である「我々各人の人民や臣民を我々の上位者にした。（中略）その中では、あらゆる世俗君主に対する服従から全ての教会人を免除することや、教皇のみならず人民をも彼らの自然的王より上に立てることが彼の主要な二つの点である」[115]。ジェームズはこのように人民の抵抗権と聖職者の免除を反乱の原理として明確に関連付けながら、人民の抵抗権を批判していく。ジェームズによれば、ベラルミーノの理論において、王は自身の権力を神から直接得るわけではない。なぜなら、王は人民によって立てられ選ばれるからである。しかも、人民は「王の人格に対する彼らの権力をただ移すだけにすぎず、彼らの潜在的な権力を自身の手中に収めたままであり、一定の場合に彼らはそれ

112　Ibid., 20-21.
113　Ibid., 20.
114　Ibid., 119.
115　Ibid., 114.

を実際に自身のために取り戻すことが許される」[116]。ジェームズからすれば、人民を君主の上に置くこのような理論はまさに「反乱の原理」[117]であり、「自身の君主に対する反抗をこれによって許される全ての反抗的な人々や反逆者にとって、間違いなく神性に基づいたすばらしい根拠である」[118]。このように、本来は神に直接由来するはずの王権を人民に直接由来させることによって、ベラルミーノは反乱を扇動している。

バルローの『カトリックのイングランド人に対する応答』

1609 年、バルローはジェームズを弁護すべく、ベラルミーノやパーソンズを批判するために『カトリックのイングランド人に対する応答』を公刊する。

火薬陰謀事件はローマの陰謀である。バルローによれば、エリザベスはカトリックを迫害しなかった。しかし、イエズス会は迫害のような宗教的理由を捏造して、エリザベスに対して陰謀を企てた。それゆえ、エリザベスは彼らを世俗的な犯罪ゆえに処罰した[119]。ジェームズは穏和で平和を好み、エリザベスのように寛容であった。しかし、ジェームズに対して様々な陰謀が企てられた。それらの陰謀は、「そのような絶え間ない騒乱や暴動の主たる扇動者であるイエズス会や聖職者たちによって」[120]扇動された。それゆえ、火薬陰謀事件もまたローマの陰謀である。

教皇による廃位はローマによる陰謀の一部分を成す。バルローによれば、「廃位の権利は、より上位の権力を持つ者か（これは神のみである。なぜなら、私は神のみに対して罪を犯したとダビデが述べたが、王だけがそのように述べることができるからである）、あるいはより正当な権限を持つ者に存しなければならず、その場合に主権者は正統な王の地位にない。なぜなら、二つの異なる党派が単一の王冠に対して対等な

116　Ibid., 115.
117　Ibid.
118　Ibid., 116.
119　Barlow, *Answer*, 63-70, 90-9.
120　Ibid., 304.

権利を持つことはできないからである。ところで、教皇はその国にとって外国人であり、その血統にとって完全に外部者であるので、他の全ての者よりも権利を持たない」[121]。すなわち、教皇は神のような王の上位者ではなく、他国の王位継承権等を持たないので、他国の王を廃位できない。さらに、教皇は間接的権力を根拠として廃位権を持てない。なぜなら、「王を廃位することや、臣民を彼らの義務から解放すること、あるいは（外国や国内の）反乱を扇動することは霊的裁治権の枠内には存しない」[122] からである。さらに、「諸君主を廃位し彼らの諸国家について決定するための、諸君主に対するこの王的な主権を、キリストは人間として持たなかった」[123] からである。それゆえ、イエズス会が教皇に帰そうとするこの廃位権は、純粋に世俗的であり、「人間的な考案物や侵攻」[124] であり、「諸王の国家における平和を乱し、彼らの主権の品位を落とす点で彼らにとって有害である」[125]。したがって、ベラルミーノはこの廃位権を正当化することによって、諸君主に対する教皇の霊的首位性ではなく世俗的首位性を擁護している[126]。

　忠誠宣誓は純粋に政治的であり、正当である。上述のように、君主に対する教皇の廃位は霊的裁治権の行いではなく、「世俗的な侵攻」[127] である。忠誠宣誓において、教皇の廃位権を否定することが求められていた。それゆえ、その否定は世俗的事柄に関わっており、教皇の霊的首位性や信仰には反していない。

　バルローはジェームズと同様に、忠誠宣誓のみならず国王至上法の正当化を行う。すなわち、後者の国教会原理をも正当化する。バルローによれば、内的な信仰に関しては、君主ではなくキリストだけがキリスト教会の頭である。それでも、各教会の外的統治に関しては、君主が教会の頭であり、例えば下位者としての教会従事者を彼らの義務から解放し

---

[121] Ibid., 215.
[122] Ibid., 158.
[123] Ibid., 34.
[124] Ibid.
[125] Ibid.
[126] Ibid., 211.
[127] Ibid., 32.

たり彼らの怠惰を罰したりできる[128]。それゆえ、古来より実際に君主は教義の決定権を持たなかったが、教会における裁治権を持ち、行使してきた[129]。

ベラルミーノの『ジェームズに対するベラルミーノの反論のための弁明』

　1609年、ジェームズの『警告』を批判すべく、ベラルミーノはジェームズと同様に身分を明らかにして『ジェームズに対するベラルミーノの反論のための弁明』を公刊する。

　火薬陰謀事件や忠誠宣誓の性格について、ベラルミーノは持論を堅持する。ベラルミーノによれば、火薬陰謀事件の実行犯が公けに述べていたように、火薬陰謀事件はイエズス会や他のカトリックの聖職者による指示に基づかなかった。ガーネットは告解の秘蹟で火薬陰謀事件の計画を知り、その共犯者になったわけではなく、火薬陰謀事件を全力で止めようとした。それゆえ、火薬陰謀事件はローマの陰謀ではない[130]。ジェームズは忠誠宣誓が火薬陰謀事件というローマの陰謀に対する政治的な対応策であると説明した。しかし、火薬陰謀事件がローマの陰謀ではないように、忠誠宣誓は純粋に政治的ではない。なぜなら、ジェームズの忠誠宣誓は政治的忠誠のみならず教皇権の否定を含んでいるからである。その否定を含む点において、ジェームズの忠誠宣誓はカトリックの諸君主による忠誠宣誓と異なっている。それゆえ、ジェームズは忠誠宣誓の一件を他の諸君主に共通の重大な問題として喧伝しているにもかかわらず、「イングランド王の案件は彼自身に固有のものであり、カトリックの諸王や諸君主の案件と共通点をもたない」[131]。このようにして、ベラルミーノは反ローマ陣営の結託を防ごうとする。

　ジェームズは『警告』において三つの原理を扇動的として批判してい

128　Ibid., 208.
129　Ibid., 170.
130　Bellarmino, *Apologia Pro Responsione*, 142-43.
131　Ibid., 14.

た。教皇の廃位権、聖職者の免除、人民の抵抗権である。これらについてベラルミーノは反論していく。なお、一点目の教皇の廃位権に関する論述は本節よりも次章に直接関わってくるので、次章で扱う。

　二点目の聖職者の免除について、ベラルミーノはジェームズの批判が中傷であると反論する。ジェームズは聖職者の免除を二通りの仕方で批判していた。第一に、ヴェネチア陣営のように、全面的免除が認められるならば自国の国力が大幅に弱体化してしまう。このような批判の中に、ベラルミーノはヘンリ8世の影を見て取った。ベラルミーノによれば、ヘンリ8世は「まずローマ教皇から離反し、次に教会の頭であると宣言し、続いて全ての教会や修道院を奪い取った」[132]。ジェームズは上述の批判を行うことによって、列強国の諸君主が自国の教会財産を我が物にするよう唆している。だが、そのような強奪者は神から永遠の罰を下されるだろう。第二に、ジェームズは人民の抵抗権とともに聖職者の免除を反乱の原理として批判していた。ベラルミーノによれば、この批判の目的は、「諸王がカトリックに対して聖職者の免除ゆえに抱く憎悪を増幅させる」[133]ことであった。しかし、聖職者の免除は教会を守るための原理であって反乱を基礎付けるための原理ではないので、ジェームズの批判は中傷でしかない。だが、この批判に加えて、ヴェネチア陣営がベラルミーノの聖職者の免除論を新奇だと批判していたことを念頭において、ジェームズは同様にベラルミーノの聖職者の免除論を新奇だと批判していた。ベラルミーノによれば、ジェームズはそのように批判することによって、ベラルミーノを反乱の原理としての「聖職者の免除の最初の作者であるかのように」[134]論じた。そうすることで、枢機卿に対する憎悪をカトリックの諸王に抱かせようとした。しかし、カトリックの論者はその法的根拠に関して意見を違えたが、「何らかの法において免除されると全員が教えている」[135]。それゆえ、聖職者の免除をベラルミー

---

[132]　Ibid., 39.
[133]　Ibid., 122.
[134]　Ibid., 160.
[135]　Ibid., 124. ここで、ベラルミーノは免除が部分的か全面的かを不問にすることで、カトリックの共通意見を導出しようとしている。

ノに帰すことで、ベラルミーノに対する憎悪をかき立てることはできない。

　三点目の人民の抵抗権について、ベラルミーノは基本的に従来通りの主張を行う。ベラルミーノによれば、人民は当初自由であったが、権力を君主へと譲渡したならば、「人民が執政者に対して支配権を持つわけではなく、執政者や王が強大な支配権を人民に対して持つ」[136]。それゆえ、「彼らの正統な君主による極めて重大な犯罪がなければ、離反や抵抗および反乱を行うことは許されない」[137]。このように、聖務停止令論争の時と同様に、ベラルミーノは人民の抵抗権が行使される余地を大きく制限することによって、反乱の原理という批判を回避しようとする。

　さらに、ベラルミーノは人民の抵抗権論や僭主征伐論をプロテスタントに帰する。この時期、僭主征伐論や抵抗権論はカトリックに、特にイエズス会に関連付けられる傾向があった[138]。そのような中で、ベラルミーノは次のようにそれらの理論をプロテスタントに関連付けていく。まず、僭主征伐論がコンスタンツ公会議で断罪されたという理由で、それらの原理をカトリックから切り離す。次に、それらの原理をウィクリフに見出す。その上で、ジェームズにこう問いかける。「フランス王のフランソワ2世や兄弟ならびに母や配偶者を武装して殺害しようと企てた者は、ベーズを作者としカルヴァンを助言者とした福音主義者たちではなかったか。このことはスーリウスが歴史の中で1560年について語っている。次に、スコットランドでこの王自身に対する動乱を引き起こし、彼を管理下に置いてアナーキーを導入しようと欲した者は、その者たち自身が呼ぶように、カルヴァンの改革的宗教をスコットランドに導入した者ではなかったか。王自身がこのことを彼の『バジリコン・ドロン』で明確に証言している」[139]。このように、ベラルミーノはピューリタンと

---

[136]　Ibid., 126.
[137]　Ibid.
[138]　Johann P. Sommerville, *Royalists and Patriots: Politics and Ideology in England, 1603-1640* (London: Taylor & Francis, 1999), 48. ただし、Franceschiがその反例に触れているように、この傾向は支配的であったとは言い難い。Franceschi, *La Crise Théologico-Politique*, 904.
[139]　Bellarmino, *Apologia Pro Responsione*, 121.

ジェームズの敵対関係を利用しながら、フランスやスコットランドの宗教戦争におけるプロテスタントに僭主征伐論や人民の抵抗権論を帰する。

アンドリューズの『枢機卿ベラルミーノの弁明に対する反論』

1610 年、ベラルミーノの『ジェームズに対するベラルミーノの反論のための弁明』を批判してジェームズを擁護すべく、アンドリューズは『枢機卿ベラルミーノの弁明に対する反論』を公刊する。ジェームズと同様に、アンドリューズもまたベラルミーノの理論として特に三つを批判している。教皇の廃位権、人民の抵抗権、聖職者の免除である。アンドリューズは教皇に対して霊的事柄における一定の権威を認めつつも、廃位権のような世俗的強制権を認めない。教皇の廃位権に関するこのような批判は、ジェームズの場合と同様に、次章で詳しく扱う。

二点目の人民の抵抗権について、アンドリューズはベラルミーノが結局のところ反乱を扇動していると批判する。アンドリューズによれば、ジェームズが述べていたように、ベラルミーノは「人民を王の上位者にしている」[140]。なぜなら、「最高権が人民に内在しており、王へと委ねられた後に、人民によって潜在的に保持され、ある場合において顕在的に取り返されたり奪い返されたりされうる」[141]からである。もっとも、ベラルミーノは君主が重大な罪を犯した時しかそのような奪還が認められないと述べ、反乱の原理という批判を回避しようと試みている。しかし、この試みは失敗している。なぜなら、ベラルミーノ理論においては人民が王を立てているので、王による罪の軽重を恣意的に判断できるからである。このようにして、ベラルミーノは人民を王の上に置くことによって、「統治の条件を危険なものにし、崩壊させる」[142]。

---

140 Andrewes, *Responsio*, 304.
141 Ibid.
142 Ibid., 308. ここで、アンドリューズは抵抗権論や王殺し論をプロテスタントから切り離し、イエズス会に帰している。アンドリューズによれば、キャンピオンやケーツビーのように、イングランド王に対する陰謀の実行犯たちは、ベラルミーノやガーネットのようなイエズス会士の理論等によって陰謀を正当化し、凶行に及んでいた（ibid., 297, 343.）。もっとも、ここでベ

三つ目の聖職者の免除について、アンドリューズはジェームズと同様の批判を行っていく。ジェームズは各国における臣民の1/3が聖職者であるので、全面的な免除によって王権が非常に弱体化してしまうと批判していた。アンドリューズはこの批判に基づいて、次のようにベラルミーノを批判する。全面的な免除が正論であるならば、「王は常に俗人たちのみの王であるが、聖職者の王ではない。王国における残りの2／3しか治めていないという程度に、王権は確固としていない」[143]。それゆえ、全面的な免除は「自身の人々に対する王の権力を弱体化させるため」[144]に論じられている。このような批判に加えて、アンドリューズもまた聖職者の免除を次のように反乱の原理として批判する。全面的な免除が認められるならば、王は聖職者という「自身に属さない人々を胸中に抱く」[145]ことになる。しかしながら、聖職者は「君主の権力全体を免除されているので、騒擾に没頭する」[146]。それゆえ、ベラルミーノのように全面的な免除を主唱することで、王権は危機に瀕する。しかも、聖職者は王の臣民ではない代わりに教皇の臣民であるので、「教皇が指をパチンと鳴らしたならば」、聖職者は王の「臣民でないのみならず敵でもある」状態に至る[147]。このように、聖職者は彼ら自身によって、あるいは教皇とともに反乱を引き起こすことになるだろう。

　ラルミーノはコンスタンツ公会議における僭主征伐論の断罪に触れて、僭主征伐論等をカトリックから切り離し、むしろウィクリフやヘーズのようなプロテスタントに帰そうと試みていたが、この試みもまた失敗している。なぜなら、コンスタンツ公会議のこの教令は教皇によって承認されず、後にマリアナによって軽視されていたからである。さらに、プロテスタントは僭主征伐論を実行してこなかったからである。ウィクリフやその弟子は僭主征伐論を主唱せず、実行もしなかった。スコットランドでは、たしかに教会の外的形式をめぐる騒乱が生じたが、ジェームズという「スコットランド王の命を狙ったり、彼から支配権を奪おうと企てたりした者は全く存在しなかった」（ibid., 300.）。したがって、火薬陰謀事件などの陰謀はウィクリフではなくローマの教えに由来している。

143　Ibid., 137.
144　Ibid., 135.
145　Ibid., 137.
146　Ibid., 304.
147　Ibid., 135.

さらに、アンドリューズは聖務停止令論争に言及しながら、ベラルミーノの聖職者の免除論において主権論に関する重要な問題点を見出す。先述のように、ジェームズはヴェネチア陣営がベラルミーノの聖職者の免除論を新奇だと批判している点に言及し、ベラルミーノは自身の立場がカトリックに共通だと反論していた。このような応酬をみて、アンドリューズは次のように述べる。ベラルミーノは「なぜヴェネチア人によってとても十分に示されたことを王に期待するのだろうか。この教義のパラドクスは彼らによって適切に論証され、純化された。しかしながら、枢機卿の期待に添えておこう。新奇であるのは、この教義である」[148]。すなわち、アンドリューズによれば、ヴェネチア陣営が論じていたように、聖職者の免除それ自体ではなくその全面的免除の理論が新奇であった。それゆえ、上述のパラドクスはヴェネチア陣営が正当化していた部分的免除ではなく、ベラルミーノの全面的免除において見出される。そのパラドクスとは、聖職者が全面的免除により、王の臣民ではないにもかかわらずその国の市民である点に存する。アンドリューズはこの点を指摘した上で、持論を展開して批判する。すなわち、「『全ての魂は、上位の権力に従うべきである』という神の命令が存在するので、服従を全面的に免除されることは不可能である」[149]。このように、ヴェネチア陣営が論じていたように、聖職者の免除はそもそも部分的でしかありえないので、ベラルミーノが主張する全面的な免除は誤りである。なお、ベラルミーノは後述の著作において上述のパラドクスについて応答する。

バークリの『教皇権について』

　ここまで、ジェームズとベラルミーノを主軸として批判の応酬を1607年－1610年においてみてきた。このような応酬の頃、イングランドのカトリックで、上記の応酬には直接関与しなかったバークリの重要な著作が公刊される。この著作はバークリの死後に、息子によって出版

148　Ibid., 361.
149　Ibid.

された。主な批判対象はベラルミーノの16世紀末における『教皇について』である。後述のように、スアレスの『信仰の防衛』において、ジェームズ陣営による著作のどれほど多くが反映されているかが必ずしも明らかではないが、ジェームズとバークリの著作は明らかに批判対象となっている。

　キリスト教共同体において、両権は異なり、対等である。ベラルミーノにおいて基本的に認められていたように、バークリにおいても両権は相互に異なる。すなわち、俗権が世俗的至福を目的とし、世俗的事柄を対象とするのに対し、霊権は霊的至福を目的とし、霊的事柄を対象とする。このように両権が異なる点で、両者は大差がない。しかし、ベラルミーノが霊権に対する俗権の服従を主張したのに対し、バークリはその服従を否定する。すなわち、バークリによれば、たしかにキリスト教の諸君主は霊的事柄において教皇の霊権に服従する。しかし、両権は「キリスト教共同体における異なる権力であるので、各々はそれ自体として他方に服従していない」[150]。このように、俗権が俗権として全面的に霊権に服従することは否定され、世俗的事柄は俗権の対象として残される。なぜなら、教皇と君主は頭と身体ではなく、キリスト教共同体という「単一の身体における双肩として、キリストという頭に結びついている」[151]からである。

　君主は世俗的事柄において自国の聖職者を支配している。先述のように、ベラルミーノは『教会の成員について』の第二版で世俗的事柄における免除が神法と人定法に由来すると主張したが、初版では神法ではなく人定法に由来すると主張していた。バークリは初版に言及しながら、その人定法が教皇のカノン法ではなく君主の国法だと主張する。なぜなら、世俗的事柄における免除は世俗的事柄の一部だからである。それゆえ、聖職者の世俗的免除は、あるいは「モノや人物に関する聖職者のあらゆる世俗的自由は、世俗的君主から生じた」[152]。したがって、一方で、聖職者は市民として世俗的事柄において君主に服従している。他方で、

150　Barclay, *De Potestate Papae*, 111.
151　Ibid.
152　Ibid., 270-71.

君主が自国の成員に対して世俗的免除を与える。ここで注意すべき点は、君主は退位しない限り、聖職者に対して全面的な免除を与えられない点である。なぜなら、自然的身体においてその全体が頭に服従しなければならないように、「政治的身体においても全ての成員が君主ないし頭に服従して彼に支配される必要がある」[153]からである。

以上のように、バークリは両権の関係を説明した。霊権が霊的事柄を担当し、霊的事柄において俗権を服従させる。俗権が世俗的事柄を担当し、世俗的事柄において霊権を服従させる。聖職者の世俗的免除は世俗的事柄として君主に由来し、実質的に全面的ではありえない。このように両権は異なり、対等である。では、キリスト教共同体において両権が対立したならばどうなるのか。ここで、教皇権が、特に廃位権のような世俗的強制権が問題となる。その際に、間接的権力や直接的権力が主題となる。

両権の対立を想定して、バークリは間接的権力論に関する二点の非常に重要な主張を行う。第一に、間接的権力と直接的権力は権力として実質的に同一だという主張である。バークリによれば、間接的権力と直接的権力を区別する基準は、「裁く権能や裁定の効果ではなく、そのような大きな権力を獲得する方法や根拠のみに関わっている」[154]。すなわち、間接的権力と直接的権力は同一の裁治権であるが、獲得方法が異なるので、異なる名称を付されている。直接的権力はキリストから直接与えられるという方法ゆえに、間接的権力はキリストが直接与えた霊権を媒介して与えられるという方法ゆえに、そう名付けられた。第二に、間接的権力は直接的権力と同様に霊権ではなく俗権だという主張である。スアレスは間接的権力を一貫して霊権として捉えたが、ベラルミーノは後述のように1609年まで曖昧な立場であったが、少なくとも純粋な俗権ではないと論じていた。しかし、バークリによれば、間接的権力は世俗的事柄について命令を下すので俗権である。というのも、或る権力における聖俗の属性は、その権力がもたらす効果の属性を基準とする

153　Ibid., 269.
154　Ibid., 95.

からである。例えば、世俗的刑罰をもたらす権力は、いかなる方法で獲得された権力であっても、俗権である[155]。間接的権力はまさしくこのような俗権であるとして、バークリは間接的権力を「世俗的間接的権力」（*indirecta potestas temporalis*）と呼ぶ[156]。以上のように、バークリは間接的権力が直接的権力と実質的に同一の権力であり、霊権ではなく俗権だと主張した。これらの主張によって、スアレスとベラルミーノは間接的権力論の考察を深めることになる。

　両権の対立において、教皇はキリスト教の諸君主に対して霊権によって霊的罰を下せるが、それ以上を行えない。先述のように、教皇は教会の霊的頭として、キリスト教の諸君主に対して霊権を持つ。それゆえ、君主が霊的事柄に干渉してきたならば、教皇は「霊的罰を厳格に科し、神の家や家族から追放し、天の国における相続権を奪うことができる」[157]。しかし、世俗的罰のような世俗的事柄は俗権の対象であり、「教皇の全権力は霊的事柄に存する」[158]ので、教皇は世俗的罰を下せない。特に、君主を廃位するためには、教皇は君主の世俗的な上位者でなければならない。しかし、君主は俗権を神から直接得ているので、「君主は世俗的事柄において神のみを裁定者とする」[159]。それゆえ、教皇はキリスト教君主を廃位できない。

　バークリはベラルミーノによる間接的権力論の論拠を批判していく。ベラルミーノによれば、キリストは「わたしの羊を牧せ」と命じてペトロに権力を委ねた際に、教会統治に必要な全ての権力を与えており、その中に間接的権力が含まれていた。よって、迫害等において、教皇は廃位などを行える。この主張に対して、バークリは次のように批判する。たしかに、キリストは霊的司牧に必要な全ての権力をペトロへ与えた。しかし、その中に間接的権力のような俗権は含まれていなかった。なぜなら、霊的目的のためには霊的罰で十分であったので、そのような俗権

155　Ibid., 235-36.
156　Ibid., 131.
157　Ibid., 133.
158　Ibid., 244.
159　Ibid., 69.

はキリストという「神にとって、必要でも有益でもないと思われた」[160]からである。さらに、間接的権力のような俗権は有益でないどころか、有害ですらあるからである。というのも、ボニファティウス8世やピウス5世のように、教皇はそのような権力を根拠として「キリスト教の諸民族において、動乱やシスマそして戦争を引き起こす」[161]からである。それゆえ、たしかに霊的利益が世俗的利益に優先するにしても、教皇は霊的罰しか下せない。もっとも、その結果として、キリスト教徒は迫害に対して世俗的な力によって抵抗できなくなる。その場合、同時に「不敬な王を許容することと真の信仰を維持することは困難である」[162]といえよう。それでも、「不可能ではない」[163]。このように、バークリは教皇が迫害において霊的罰しか下せず、その罰にもかかわらず君主が迫害を止めないならば、キリスト教徒には迫害を耐え忍ぶ道しか残されていないと論じ、教皇の世俗的強制権を否定する。

ベラルミーノの『世俗的事柄における教皇権について』

　バークリの『教皇権について』を批判すべく、1610年にベラルミーノは『世俗的事柄における教皇権について』を公刊する。この著作はすぐさまフランスなどで反響を得る。
　両権は異なるが、対等ではなく、服従関係にある。バークリは両権が異なり、双肩のように対等であると論じていた。ベラルミーノによれば、たしかに両権は異なるが、対等ではない。むしろ、両権は異なるからこそ、「両目や両足、両目や両耳のような同一の種類の四肢として私は理解しなかった。我々が論じている政治権力と教会権力は異なる種類のものである」[164]。ベラルミーノからすれば、霊権と俗権は頭と身体、霊と肉、牧者と羊のような支配関係にある。この支配関係を否定することは

160　Ibid., 140.
161　Ibid., 247.
162　Ibid., 182.
163　Ibid.
164　Bellarmino, *De Potestate Summi Pontificis*, 134.

誤りである。特に、両権はキリスト教共同体において一つに結合しているので、肉が霊に服従するごとく、俗権が霊権に服従しなければならない[165]。

　君主は自国の聖職者を服従させていない。バークリは聖職者が市民として自国の君主に服従しており、世俗的事柄における部分的な免除のみを君主から得るので、結局のところ君主に服従していると主張していた。ベラルミーノの批判は聖務停止令論争における批判と大部分で同一である。ベラルミーノによれば、まず、たしかに聖職者は市民として国法を遵守しなければならない。しかし、聖職者に「国法遵守を義務付けているのは法の力ではなく理性の力である」[166]。それゆえ、国法遵守において、聖職者は君主の権力ではなく自然法に服従している。次に、たしかに聖職者は君主から特権として免除を得ることがある。しかし、聖職者は君主の国法「に優位する教皇令や神法によっても免除されており、さらにこれによって、君主による特権以前に免除されていただろう」[167]。すなわち、聖職者は君主以外から世俗的免除を既に得ていたので、君主から特権として免除を得る前から免除されていた。以上より、聖職者は神法等によって俗権を免除されており、国法遵守においても君主には服従していない。

　聖職者の免除論に関して、ベラルミーノは主権論に対立するような重要な主張を行う。ベラルミーノが聖職者の全面的な免除を正当化していたのに対して、バークリは政治的身体の全体が頭に服従しなければならないと論じ、その全面的免除を特に否定していた。さらに、アンドリューズは聖職者が君主に対する服従を全面的に免除されているにもかかわらずその国の市民であるというベラルミーノの主張をパラドクスとして聖務停止令論争から学び取った。このような背景の下で、ベラルミーノはバークリに次のように反論する。「免除が関係している政治的身体において、全市民という全ての四肢が統治者という頭の権力に固有の意味で服従する必要はない。さらに、これにより、君主が全市民に配慮でき

165　Ibid., 125.
166　Ibid., 235.
167　Ibid.

るようにする必要もない」[168]。なぜなら、一部の市民が納税しなくても国が維持されるように、一部の市民が頭自体に服従しなくても身体は維持されるからである。もっとも、国法に違反した聖職者が処罰されなければ、国は混沌に陥るだろう。それでも、処罰は君主ではなく教皇が行えば十分である。したがって、身体はその一部が頭に服従しなくても維持されるので、一方で聖職者は当該国の成員でありながら君主という頭に対する服従を全面的に免除されている。他方で、君主は聖職者に全面的な免除を認めてもなお、その国の君主である。ここで、アンドリューズが見出したパラドクスに関して、ベラルミーノの考えが明らかとなる。

> たとえ強大な王が自国の内部に存する或る都市を自由にしたり他者へ絶対的な仕方で贈与したりしたとしても、特に王がその都市を守り防衛する一方で、その市民が王の法律を自発的に守るならば、王はそのために自身の王国全体における王であると言えなくなるわけではない。それゆえ、同様に、王は自国に住んでいる聖職者を自身の王権から免除しても、俗人の王であるのみならず、彼の政治的な法律に自由に従う聖職者の王でもあるといえる[169]。

ベラルミーノは、聖職者による国法の自発的な遵守と君主による聖職者の防衛という条件下で、聖職者が全面的に免除されることと当該国の成員であることが両立すると論じている。ベラルミーノはこのように反論することにより、君主が自国における一部の成員に対して権力を全く欠くにもかかわらずその成員の君主でありつつ、その成員が当該国の成員として認められるような対案を示したのだった。

次に、間接的権力論に移る。先述のように、バークリは間接的権力が直接的権力と実質的に同一の権力であり、霊権ではなく俗権だと批判していた。しかし、ベラルミーノによれば、バークリが「もし俗権によって、王や他の政治的君主の権力のように、それ自体において世俗的であ

168　Ibid., 350.
169　Ibid., 249.

るような権力を理解しているならば、誤解している」[170]。なぜなら、これまで「教皇に対しては、それ自体で固有の仕方で霊的事柄を対象とし、霊的事柄に服従させるべく世俗的事柄を対象とするような霊権のみが帰せられている」[171] からである。それゆえ、厳密に論じるならば、「教皇は教皇として、世俗的事柄における権力（*potestas in temporalibus*）を持つが、俗権（*potestas temporalis*）を持たない」[172]。このように、ベラルミーノは本書に至るまで間接的権力をなんらかの俗権として捉えることがあったが、バークリを契機として間接的権力が俗権ではなく霊権であることを明示するに至った。

　ベラルミーノは間接的権力論を正当化する。根拠として、それまでと同じように両権の目的間における序列を挙げる[173]。さらに聖句としても、「わたしはあなたに天の国の鍵を授ける」や「わたしの羊を牧せ」を用いる。「わたしの羊を牧せ」という聖句について、ベラルミーノはキリストが教会統治に必要な全権力をペテロに与え、その中に間接的権力が含まれていたと論じていた。バークリは、間接的権力のような俗権が教会の目的に必要でなくむしろ有害ですらあるので、その中に含まれなかったと批判した。この批判について、ベラルミーノは次のように論じる。「もし俗権によって、それ自体において形相的に世俗的であるような権力をバークリが理解したいなら、論証は認められる。しかし、それ自体で霊的であり、世俗的事柄へと拡張されうるような権力が教皇に必要ではないということがそこから導出されることを、私は認めない」[174]。なぜなら、間接的権力はやはり必要であったので、他の聖句などによって論証されるように、キリストが実際にペテロへ授与したからである。

　ベラルミーノは、君主権の直接的神授に基づく反論に対して、二つの論拠によって反論する。第一に、君主は教皇を世俗的上位者としてではなく霊的上位者として認めなければならない。ベラルミーノは聖務停止

170　Ibid., 117.
171　Ibid.
172　Ibid.
173　Ibid., 38.
174　Ibid., 193.

令論争で用いた議論をここでも展開する。たしかに、君主は自国の政治的なヒエラルキーにおいて最上位であるので、皇帝のような「いかなる世俗君主をも自身の上に認めない」[175]。しかし、霊的目的において必要な場合に、君主は教皇を霊的上位者として認めなければならない。さもないと、キリスト教共同体の統一性が保たれないからである。それゆえ、「霊的事物のために世俗的事物について決定することが必要な場合に、教皇は世俗的事柄においても王の上位者である」[176]。したがって、教皇は霊的目的のために必要ならば、霊的上位者として君主を廃位できる。第二に、そもそも君主の権力は直接的にではなく間接的に神授される。ベラルミーノによれば、「政治的君主が神のみから権力を得るということは誤りである」[177]。たしかに、神は人々が統治者によって統治されるよう定めた。しかし、その統治が「一人によってか多数者によってか、恒久的な執政者か期限付きの執政者かという点は人々の意志に依存する」[178]。さらに、原則的には、特定の誰が王になるかを選ぶ者もまた神ではなく人間である。それゆえ、「政治的な支配権や首位性は神法ではなく人定法に由来する」[179]。したがって、人民は君主を廃位でき、教皇は霊的上位者として一層廃位を行える。

　ベラルミーノの『世俗的事柄における教皇権について』は反ローマ陣営から注目され、批判の的になってゆく。本節では、ヴェネチアとフランスにおける反ローマ的カトリックとユグノーを一人ずつみていく。サルピ、セルヴァン、ムーランである。

サルピの『君主の権力について』

　忠誠宣誓論争が展開していく中で、サルピは事態を注視しつつ、聖務停止令論争の後始末に従事しながら、英仏の反ローマ陣営と協力関係を

175　Ibid., 115-16.
176　Ibid., 214.
177　Ibid., 174.
178　Ibid.
179　Ibid.

保っていた。先述のように、1607年以降もヴェネチアとローマの対立は続いていた。ローマはヴェネチアに、サルピを異端として裁くべく身柄引渡を要求したり、聖務停止令論争におけるヴェネチア陣営の著作を撤回するよう求めたりしていた。それゆえ、サルピは顧問として反ローマの活動を継続していた[180]。その際に、英仏とも積極的に交渉をもち、頻繁に書簡のやり取りとしていた[181]。その中には、注目すべき書簡も含まれていた。例えば、1609年に或るプロテスタントに宛てた書簡で、サルピはジェームズの『忠誠宣誓の弁明』を「理にかなった著作」[182]と評していた。ただし、王としての卓越性はペンによって発揮されるべきでないと論じ、剣による発揮への期待を示していた。以下では、バークリに関する一通の書簡を扱い、その後に『君主の権力について』に移る。

---

[180] 例えば1609年の意見書において、ヴェネチアを次のように擁護し続けていた。聖務停止令論争でローマがヴェネチアを中傷し、攻撃してきたので、「共和国の言い分を公けにし、世俗的事柄における君主の最高権というあの原理を守る必要があった」(Paolo Sarpi, "Con Che Occasione E Da Chi Principasse Lo Scrivere Al Tempo Dell'interdetto," in *Consulti*, ed. Corrado Pin (Roma: Istituti editoriali e poligrafici internazionali, 2001), 701.)。そのためにサルピらが著作を公刊した。ところが、ローマはさらに、「自身の君主に対して臣民を蜂起させるための反逆的な考えが散見されるような極めて多くの著作」(ibid.)をを公刊してきた。それゆえ、ヴェネチアもまた著作で応戦する必要性があったし、現在もなお失われていない、と。

[181] イングランドについて、サルピはイングランドの駐ヴェネチア大使等と密にやり取りを行っていた。例えば、サルピがローマ批判のために『トリエント公会議史』を執筆しようとしていた頃、ジェームズ陣営はサルピに協力した。ジェームズはサルピに渡英を勧めたが、サルピは断り、ヴェネチアの顧問を続けた。それでも、『トリエント公会議史』は1619年にイングランドで公刊されることになる(Gaetano Cozzi, *Paolo Sarpi Tra Venezia E L'Europa* (Torino: G. Einaudi, 1978), 264; "Fra Paolo Sarpi, L'Anglicanesimo E La Historia Del Concilio Tridentino," *Rivista Storica Italiana* 68(1956): 570-76.)。

フランスについて、サルピはガリカニストやユグノーと書簡をやり取りしていた。ただし、ヴェネチアがシスマに陥る危険性を見て取ったアンリ4世は、サルピに失望し、サルピとガリカニストの書簡を奪うなどの妨害をしたこともあったが、サルピたちはやり取りを続けた(Franceschi, *La Crise Théologico-Politique*, 185-91.)。

[182] Paolo Sarpi, *Lettere Ai Protestanti*, ed. Manlio Duilio Busnelli, 2 vols., vol. 2 (Bari: G. Laterza & figli, 1931), 44.

1609 年、ガリカニストのジャック・ジロに宛てた書簡において、サルピはバークリの両権論を称賛しながらも、一定の疑念を示す。サルピはジロがバークリの『教皇権について』をサルピに送付してくれたことに感謝を示した後、この本に「著者の深慮や技巧そして確固たる原理」[183] が見出されるとして、バークリを賞賛する。その上で、サルピはバークリの両権論における次のような難点を見出し、ジロに意見を求める。サルピによれば、バークリの理論において、両権は同一のキリスト教共同体に属するが、一方は他方の事柄において他方を服従させず、命令できない。両権の対立においても、一方が他方を矯正できない。これらの主張を基盤とするバークリの理論的「構築物の堅固さを我々は疑わざるをえない」[184]。なぜなら、「教会と世俗の両権は同一のキリスト教共同体に属するので、一方が他方に服すか、双方が何らかの人的な最高権に服すかの必要があり、さもないとキリスト教共同体が双頭の怪物になるだろう」[185] からである。もっとも、バークリは王や教皇を神の権力に服従させる。しかし、「神の威厳（majestas）はいかなる統一性をも与えないだろう」[186]。サルピからすれば、あくまで単一の「人的な威厳がなければ、いかなる国も存続したり自存したりできないだろう」[187]。それゆえ、両権が対立するような状況において、キリスト教共同体は分裂してしまうであろう。このように、サルピはバークリを称賛しながらも、両権の完全な分離や対等性によりキリスト教共同体が分裂する点にバークリ理論の難点を見出した。

　次に、サルピの『君主の権力について』について説明する。本書は 1610 年頃に書き始められたが、未完のまま放棄され、当時その存在が知られながらも 21 世紀まで発見されなかった著作である。主な批判対象はベラルミーノであり、16 世紀末の著作や、聖務停止令論争における『二冊の小冊子に対する反論』や忠誠宣誓論争における『ジェームズ

183　*Lettere Ai Gallicani* (Wiesbaden: F. Steiner, 1961), 136.
184　Ibid., 137.
185　Ibid.
186　Ibid.
187　Ibid.

に対するベラルミーノの反論のための弁明』ならびに『世俗的事柄における教皇権について』などが言及されている。アンリ4世の暗殺にも言及しながら、サルピは本書において、ベラルミーノにおける聖職者の免除論や人民の抵抗権論そして教皇の間接的権力論に対する批判を通して、主権論を発展させていく。

　サルピは、主権者を神以外によって拘束されない君主として捉える。前章で論じたように、聖務停止令論争において、サルピはケリーニと同様に君主の権力の本質を立法権に見出していた。本書において、サルピは主権の本質を立法権に見出しながら、次のようにこの特徴をより詳しく説明する。

> 威厳（maesta）を持つ者は全ての者に対して命令し、彼に対して誰も命令できない。彼は誰に対しても義務付けられておらず、全ての者が彼に対して義務付けられている。彼はあらゆる人定法に服従しておらず、同様にあらゆる法律に命令する。自身の臣民の誰かに対して何らかの仕方で義務付けられることができない。もし或る地域において、王を義務付ける法律が存在するならば、その者は我々が論じている王ではなく、彼をその法に義務付けている者に服従している。主権者（soverano）であるような王は、法律に従って命令せず、法律自体に命令する。自身の良心や神のみに対して義務付けられている[188]。

サルピは主権者が人民や法によって拘束されておらず、神のみに対して義務付けられていると主張している。各国の世俗君主はこのような主権者である。ここで、サルピは君主があまりに無抑制の状態にあるという反論を取り上げ、論駁する。「君主は善き統治を義務付けられている。しかし、このような義務は人民に対してではなく神に対して負っている」[189]。君主は後継者を義務付けることができないけれども、全ての人

188　*Della Potestà De Prencipi*, 52.
189　Ibid.

定法を立て、自然法の遵守や人民の福祉について神のみに義務を負う。

　そのような主権者の権力における特徴として、サルピは自国の全成員に対する権力を挙げる。当然ながら、この特徴は聖務停止令論争において、聖職者の全面的な免除を否定すべく提示されたものである。それゆえ、聖務停止令論争をも背景としながら、サルピは次のように主張する。「国の全成員を支配し、社会全体に対して政治的な活力や運動を与えることでその全部分の結合を維持している最高権力すなわち公的統治は、神に直接由来する制度である」[190]。このように最高権力が自国の全成員を支配するよう神によって定められたにもかかわらず、ローマはより善き教会統治という口実で、聖職者の免除により、この神の定めに反する。ローマは「専制を導入し、それが最終的に政治的なアナーキーに帰着するのみならず、（中略）キリストの霊的な王権を世俗的なものに変えることにより、宗教の腐敗や一種の無神論をも導入する」[191]。すなわち、聖職者の免除等によって、宗教の腐敗のみならず政治的アナーキーが生み出される。聖務停止令論争において、サルピは全面的な聖職者の免除を認めることによって、国の維持が不可能になると述べていたが、本書ではさらに政治的なアナーキーが到来すると明言するに至った。サルピによれば、神はこのような危険を予見していたので、先述の神の定めを明確に教えておいた。その箇所が、再びロマ書13-1における「全ての魂は、上位の権力に従うべきである」である。その解釈は基本的に変更されていない。すなわち、聖職者を含めた全ての魂が俗権に服従せねばならないという解釈である[192]。

　さらに、ベラルミーノにおける人民の抵抗権論を批判すべく、サルピは主権の特徴としてその直接的神授を強調する。ベラルミーノは君主の権力が神から人民を介して授与されるので、いいかえれば間接的に神授されるので、人民が一定の場合にその権力を君主から奪い返せると論じていた。サルピによれば、この間接的神授の主張は「君主の主権（sovranita）を完全に廃し、それを人民の下に置くための仕掛け」であ

190　Ibid., 31.
191　Ibid., 33.
192　Ibid., 33-34.

り、王殺しの原理が実践された頃に生まれた[193]。さらに、この仕掛けを利用した人民の抵抗権論は、「最も危険で最も扇動的な原理」[194]である。なぜなら、或る者が正当な理由の下で人民に君主の打倒を訴えたと自認している場合に、人民はその理由が正当か不当かを容易に判別しがたいので、その者は非難されずに君主の打倒を訴え続けることができるだろうからである。このような反乱の原理に対抗する策が、主権の直接的神授である。なぜなら、主権が君主へと直接神授されたならば、君主に対する臣民の服従のあり方は神のみによって決定され変更されうるからである。それゆえ、たとえ人民が主権の授与に関与したとしても、権力の授与ではなく主権者の指名にしか関われず、権力の授与は神のみが行う[195]。よって、人民は君主を廃位できない。結局のところ、「もし君主が神によって直接的に設立されたならば、神法によって自己統治し、いかなる人や法によっても君主の権力を奪われることが不可能であるが、もし神に依存しながらも、イエズス会士が望むように、教皇や人民を媒介とし、人定法によって統治するなら、これらの者が彼から国家を奪えるだろう」[196]という理由により、サルピは主権の直接的神授を強調する。

　さらに、サルピは人民の抵抗権論を教皇の廃位権における一手段とみなすことで、後者の危険性を強調する。サルピはベラルミーノによる四つの主張に着目する。第一に、ベラルミーノは16世紀末の著作で、君主の権力が神から人民を介して与えられるのに対して、教皇権が神から直接与えられると論じていた。第二に、聖務停止令論争の『二冊の小冊子に対する反論』で、君主が自国の俗人に対する権力を人民から得るが、聖職者に対する権力を全く持たないと論じていた。第三に、同一の著作で、聖職者と俗人は牧者と羊の関係にあるので、神法において聖職者が俗人より上位だと論じていた。第四に、『世俗的事柄における教皇権について』で、人民が君主を廃位できるので、教皇は一層君主を廃位できると論じていた。

193　Ibid., 48.
194　Ibid., 61.
195　Ibid., 54.
196　Ibid., 48.

サルピによれば、それら四つの主張は結びついており、ベラルミーノが君主権の直接的神授を否定した理由を明らかにしてくれる。これらの主張に従うならば、君主は自国の俗人に対する権力を神からではなく人民から得る。それゆえ、人民は君主を廃位できる。さらに、教皇は権力を神から得ており、しかも神法において聖職者は俗人よりも上位であるので、人民が君主を廃位できるならば、教皇はなおさら廃位できる。反対に、人民が君主を廃位できないならば、教皇も廃位が困難となる。それゆえ、「王権が神に直接由来することを彼が欲しない理由は、教皇がそれを奪えないであろうからである」[197]。より詳しく述べれば、「王に優位する権力を人民に与えることは、人民に対する愛ゆえではなく、教皇が君主の権威を奪えるようにするという、彼らのこの意図を隠す」[198]ためであった。このように、サルピは君主権の間接的神授に基づく人民の抵抗権論に秘められたベラルミーノの真意を教皇の廃位権に見出し、その危険性を強調した。

セルヴァンの『王の役人による建言と具申』

　1611年、セルヴァンはベラルミーノの『世俗的事柄における教皇権について』を断罪すべく、『王の役人による建言と具申』を公刊する。この著作は当時のフランスにおける政治情勢の産物でもあるので、著作の内容に移る前に、その情勢について簡単に触れておく。

　アンリ4世の暗殺まで、パリ議会のガリカニストはイエズス会を大々的に攻撃しなかった。前章で述べたように、アンリ4世はフランスにおけるイエズス会の一件を王権伸長のために利用していたこともあり、イエズス会に対して好意的な態度を公けに示していた。それゆえ、ガリカニストはイエズス会を自国において公けに攻撃することを控えていた。それでも、反イエズス会の気運は生じていく。1605年イングランドで火薬陰謀事件が生じた直後、僭主征伐論で注目されていたマリアナ

197　Ibid., 50.
198　Ibid.

の『王と王の教育について』がフランスで出回った。1606－7年には、セルヴァンとレシャシエが聖務停止令論争においてヴェネチアのために著作を書いた。1609年、ジェームズの『忠誠宣誓の弁明』第二版が仏訳されてフランスに出回り、ヴェネチアでは広く流通した。同年、バークリの『教皇権について』がフランスで成功する。その頃、ローマは反ローマ陣営の多くの著作を発禁に処す。ガリカニストはローマが王殺しを許容するためにそのような発禁を行っていると考え、反発する。1610年、ラヴァイヤックがアンリ4世を暗殺すると、ついにパリ議会やパリ大学が明確な仕方でイエズス会を攻撃するに至る。その際に、中心的論点は教皇権論よりもむしろ僭主征伐論となる。

　ガリカニストがイエズス会に僭主征伐論やアンリ4世の暗殺を帰すのに対し、イエズス会は僭主征伐論などから公けに距離をとろうとする。アンリ4世の暗殺後、パリ議会はラヴァイヤックの逮捕のみならず、僭主征伐論の根絶に邁進した。その際に、アンリ4世の暗殺とそのための僭主征伐論をイエズス会に帰し、イエズス会を攻撃した。その一環として、マリアナの『王と王の教育について』を焚書に処した。このような攻撃に対し、イエズス会の総長アクアヴィヴァはマリアナが僭主征伐論を正当化していることを認めつつ[199]、マリアナの僭主征伐論がイエズス会の公的見解に反する例外だと釈明し、全てのイエズス会士に対して僭主征伐論について論じないよう命じたと説明した。さらに、1610年、アンリ4世とマリー・デ・メディチの告解師を務めたフランスのイエズス会士ピエール・コトンは『イエズス会神父たちの原理を弁明する書簡』の中で、次のようにマリアナをイエズス会の例外として切り離そうとした。ベラルミーノが『ジェームズに対するベラルミーノの反論のための弁明』の中で王殺し論はコンスタンツ公会議で断罪されたと論

199　実際にマリアナは次のように僭主征伐を認めている。「暴力や武器によって国を占領した君主は、それ以外のいかなる権利や市民たちの公的同意が存在しないとしても、君主の権力や命をいかなる者によっても奪われることが可能である。なぜなら、公敵であり、さらにあらゆる悪によって祖国を圧迫し、真に固有の意味において僭主の名や性質を帯びているからである」。Mariana, *De Rege Et Regis Institutione Libri Tres*, 74-75.

じていたように、僭主征伐論はイエズス会の共通見解ではない。むしろ、その共通見解において、王が「不可侵であり」[200]、たとえ王が「堕落し、支持しがたいとしても、服従を止めることは彼らに許されておらず、彼に対して反逆することは一層許されていない」[201] のであり、「迫害や財産の損失ならびに苦悩や他の不利益において、そのために上位者に対して反乱を起こすのではなく忍耐強く耐えることが神を大いに喜ばせる」[202] と考えられている。それゆえ、マリアナの謬見はイエズス会の共通意見ではない。このように、コトンはアンリ4世暗殺後のフランスにおける困難な政情の中で特にフランスのイエズス会を守るべく、マリアナを謬見として切り離すのみならず、人民の抵抗権論を否定するに至っていた。

アクアヴィヴァたちの試みにもかかわらず、ベラルミーノの『世俗的事柄における教皇権について』がパリ議会で断罪されるに至る。バークリの『教皇権について』がフランスで既に成功していたこともあり、ベラルミーノの『世俗的事柄における教皇権について』はフランスで次第に批判の的になっていく。さらに、他国からも、イエズス会に対するパリ議会の攻撃を後押しする動きがみられた[203]。そのような中で、パリ議会は1610年11月にその著作を発禁とした。翌年、セルヴァンは発禁を正当化する著作を公刊する。この著作はサルピから高く評価される[204]。ジェームズ陣営はフランスでの流れを注視していた[205]。

200　Pierre Coton, *Lettre Declaratoire De La Doctrine De Peres Jesuites* (Paris: Claude Chappelet, 1610), 17.
201　Ibid., 18-19.
202　Ibid., 19.
203　例えば、サルピは1610年の末に、レシャシエに宛てた書簡の中で、ベラルミーノの『世俗的事柄における教皇権について』がアンリ4世という「王の死を祝勝する歌」(Sarpi, *Lettere Ai Gallicani*, 97.) であり、「宗教について世界を混乱させているあらゆる論争は教皇権に関するこの一つの論争に帰着し、教会における全ての最大のシスマがそこから生じる」(Ibid., 98) と述べ、その著作の断罪を後押しした。
204　Salvo Mastellone, *La Reggenza Di Maria De' Medici* (Messina: G. d'Anna, 1962), 82.
205　以上の流れについて、より詳しくはFranceschi, *La Crise Théologico-*

セルヴァンによれば、キリストや使徒ならびに教父と一致する原理は二つの原則から成る。一つ目は、世俗的事柄における教皇権の否定である。二つ目は、自国の全成員に対する主権である。二つ目からみていく。

　セルヴァンは聖職者の全面的な免除を否定し、全成員を君主に服従させる。セルヴァンによれば、王の「主権（souveraineté）は、王国に住んでいる全ての人物へと及ぶような性質である」[206]。その根拠として、セルヴァンにおいてもロマ書13－1の聖句が挙げられる。さらに、キリストの教えにより、カエサルのモノはカエサルに、すなわち世俗的な服従は世俗君主へと認めなければならないと論じられる。聖職者の全面的免除はこの教えに反するので、「憎悪すべき異端」[207]として否定される。もっとも、セルヴァンは部分的免除を認める。すなわち、フランス王はかつて一定の免除を教会人に対して許可したことがあった。それでも、「この許可によって、王の手中に存する権力や主権は動揺させられることが不可能であったかのように維持され保たれた」[208]。

　セルヴァンは世俗的事柄における教皇のあらゆる権力を否定する。セルヴァンによれば、教皇は霊的事柄における一定の権威をもつ。しかし、「教皇の権力は霊的事柄においてのみであり、この王国においても同様である。それは世俗的事柄へと直接的にも間接的にも拡張できない」[209]。なぜなら、キリストがカエサルに納税し、自身の国がこの世界に属さないと述べていたので、一方でその代理人としての教皇もまた同様だからである。他方で、諸王は「彼らの罪について神のみに責任を負うが、人間的な正義には全く服さない」[210]ので、自身の罪を教皇という人間によって裁かれないためである。特に、聖俗の事柄を我がものにしようとし

Politique, 203-313.
206　*Remontrance Et Conclusions*, 63. サルピでも確認したように、主権論は聖職者の全面的な免除を否定するために、自国の全成員に対する君主権という属性を備えることで、発展していった。
207　Ibid., 53.
208　Ibid., 63.
209　Ibid., 47.
210　Ibid., 40.

ていたボニファティウス8世に対抗すべくフィリップ美王が主張していたように、王は世俗的事柄において他の主権者を認めないので、教皇は諸君主の世俗的罪を裁けない[211]。

しかし、ベラルミーノの『世俗的事柄における教皇権について』は間接的権力を正当化し、反乱を扇動するので、パリ議会で対策を講じなければならない。セルヴァンによれば、君主は世俗的事柄において神以外のいかなる上位者をも認めない。しかしベラルミーノは君主が教皇を霊的上位者として認めなければならず、それゆえ必要ならば君主に対する臣民の忠誠を教皇が解除できると主張する。だが、まさにこれこそアンリ4世の暗殺を導いた原理である。それゆえ、「誤った原理によって憑りつかれ動かされた非人間的で憎悪すべき怪物的な人々がアンリ3世とアンリ4世という我々の直近の王たちを暗殺した後において」[212]、このような危険な原理をフランスから放逐せねばならない。したがって、パリ議会はベラルミーノの意図が「世俗君主や王に対する主権を教皇に与える」[213]点にあると見抜いた上で、「神が設立し配した主権的権力の転覆や、君主に対する臣民の反乱、彼らの服従の解消、彼らの人格や国家に対する陰謀の教唆ならびに公的安寧や平安の攪乱への傾向のある憎悪すべき誤った主張を含む著作」[214]としての『世俗的事柄における教皇権について』の出版や売買などを禁止したのだった。

ムーランの『カトリックの信仰の擁護』

パリ議会が上述のように発禁を下していた頃、ユグノーのムーランが『カトリックの信仰の擁護』を公刊した。本書において、ムーランは近年における英仏の文脈に触れつつ、主にベラルミーノ批判を展開している。基本的に聖務停止令論争には言及していないが、その論争の影響を垣間見ることもできる。なお、『世俗的事柄における教皇権について』

---

211 Ibid., 45.
212 Ibid.
213 Ibid., 4.
214 Ibid., 65.

に関する批判は第二版において登場するので、第二版を扱う。以下では、聖職者の免除と間接的権力に関する批判を主に扱う。

　ムーランは聖職者の全面的免除を否定し、君主が自国の聖職者を服従させるのみならず教会財産も対象にするという。ムーランによれば、君主は自身の下位の執政者に対する服従から聖職者を免除させることができる。しかし、聖職者を「王の命令に対する服従から免除させることはできない」[215]。なぜなら、ロマ書13－1の聖句にみられるように、神が聖職者を君主に服従させたからである。それゆえ、君主は自国の聖職者に対する権力を神法により必ず持つ。しかも、君主は自国における教会の財産についても対象にしうる。ムーランによれば、国事詔書（pragmatique sanction）にみられたように、フランスでは王が教会の財産についても決定を下してきたからである。この王権は今日ではガリカン教会の特権として認知されている。したがって、君主は自国の教会における教会の人物のみならず財産をも対象にできる。この教会統治の具体的なあり方は各国において多様となることができる[216]。

　しかし、ベラルミーノは全面的免除を強弁し、君主の権力を弱体化させようとする。先述のように、ジェームズは全面的免除が認められたならば、各国における1/3の臣民が教皇の臣民になるなどして、王権が弱体化させられてしまうと批判していた。ムーランはジェームズの批判をフランスに適用して、次のように批判を行う。フランスという「この王国における土地の1/3が聖職者の手中にあり、我々の王に対して大きな障害となっている」[217]。なぜなら、土地が教会の下に移転されることによって、王はその土地に関する利益や権利を失うからである。さらに、王は全面的免除によって教会の財産を失うのみならず、人物をも失う。なぜなら、全面的免除によって、聖職者は王の臣民ではなくなるからである。もっとも、ベラルミーノは王が聖職者の王でもあると主張していた。しかし、ベラルミーノが論じるように「教皇が君主に対する服従から聖職者を免除させたならば、彼らはもはや彼

215　Moulin, *Defense De La Foy*, 131.
216　Ibid., 475.
217　Ibid., 116.

らの臣民ではなく、君主はもはや彼らの上位者ではない」[218] ことになる。なぜなら、王は聖職者を強制できないので、聖職者が望む限りで王に従うにすぎず、このような仕方で従うことは真の服従であるとはいえないからである。

　さらに、全面的免除は君主の命にまで危険を及ぼしてしまう。ムーランによれば、全面的免除が認められたならば、「ある聖職者が彼の君主の命を狙ったり狙わせたりする場合に、（中略）君主は彼の司教による許可なしに彼を捕まえることができなかったり、罷免されるまであえて手を出そうとしなかったりするだろう」[219]。君主による裁判を免除されることにより、このような危険な一群の人々が当該国に存在し、しかもその国の内部にありながら他の上位者に従うのであたかも別の国を形成しているような状態にある。したがって、「それほど多くの人々が世俗の裁判や裁判権を免除されていることこそ、特に諸王や彼らの国家にとって有害である」[220]。

　次に、教皇権について、ムーランは教会には霊権しか存在しないにもかかわらず、教皇が俗権を強奪するようになったという。先述のように、ベラルミーノはキリストがペテロのみに「わたしの羊を牧せ」と命じたので、さらに「牧する」という語が説教のみならず統治をも意味するので、ペテロが霊的裁治権をキリストから得たと論じていた。しかし、ムーランによれば、「わたしの羊を牧せ」の聖句はペテロの名の下に全ての使徒や教会全体に対して述べられた。さらに、牧するという語は原始教会の頃において「教えることや導くことを意味した」[221] のであり、統治や強制を、ましてや世俗的強制を意味しなかった。それゆえ、キリストや使徒たちは長らく俗権を行使してこなかったのである。ところが、ロー

218　Ibid., 133.
219　Ibid., 119.
220　Ibid.。なお、ジェームズが危険な聖職者として教皇主義者とピューリタンを考慮していたのに対して、ムーランはアンドリューズのように教皇主義者のみを挙げている。ジェームズが寛容であるにもかかわらず火薬陰謀事件を仕掛けたとして、イエズス会を特に念頭に置いている。Ibid., 10-13, 120.
221　Ibid., 80.

マの司教にすぎない教皇は次第に放縦となっていき、11世紀頃には俗権を奪うようになった[222]。

ここで、ムーランはベラルミーノによる間接的権力と直接的権力の区別を反論として取り上げる。先述のように、バークリは間接的権力が直接的権力と実質的に同一であり、俗権だと批判していた。この批判を受けて、ベラルミーノは間接的権力が俗権ではなく霊権であり、一定の場合に世俗的事柄へと拡張していくだけだと論じた。ムーランはバークリと同様の仕方で、ベラルミーノを批判する。ムーランによれば、間接的権力と直接的権力は「異なる呼称の下で常に同一の権力である」[223]。なぜなら、教皇は間接的権力によっても直接的権力によっても君主の廃位などを行えるので、俗権が奪われているという効果において同じだからである[224]。さらに、ベラルミーノが間接的権力の行使において霊的目的という条件を設定しているにもかかわらず、この条件が実質的に歯止めとならないからである。というのも、間接的権力の行使が霊的目的に必要か否かは教皇によって判断されるからである[225]。よって、間接的権力論において、教皇がエリザベス女王の王権をスペイン王に与えようとしたように、諸君主は自国の政治的統治について教皇の好意に依存することになり、教皇の世俗的な下位者となる。ベラルミーノが直接的権力論を否定した理由はまさにこの点に、すなわち君主がもはや君主でなく教皇の世俗的な下位者や従者になる点に存した[226]。したがって、ベラルミーノ自身が直接的権力論と同様に間接的権力論をも誤りとして退けるべきだった。

君主が教会に霊的危害を加えたとしても、教皇や教会は君主に廃位など行えない。ムーランによれば、たしかに君主は教会に霊的危害を加えないようにしなければならない。さらに、君主がそのように加えた場

222　Ibid., 507-14.
223　Ibid., 109.
224　Ibid., 61-62.
225　Ibid., 108-9.
226　Ibid., 68-69. ムーランによれば、まさにこの点ゆえに、パリ議会はベラルミーノの『世俗的事柄における教皇権について』に禁令を下したのだった。

合、教会は可能な手段でこの危害に対処してよい。しかし、その手段に関するローマの考えは誤りである。すなわち、「ヴァチカンが或る主権君主に対して雷を落としたらすぐにその臣民たちが反乱を義務付けられる」[227] という考えである。なぜなら、神が反逆を禁止しているからである[228]。同様に、信仰を守るという「自身の約束に反して真の信仰を攻撃する諸君主が彼らの王国を奪われるに値すると我々は認めよう。しかし、彼らからそれを奪う者が教皇であることを我々は否定する。この裁きは神に留保されなければならない。なぜなら、神が彼らを打ち立て、（テルトゥリアヌスが述べたように）彼らは神のみに対して下位者だからである」[229]。

リシェの『政治権力と教会権力について』

　1611 年、パリ大学神学部長のリシェが『政治権力と教会権力について』で教皇主義を批判し、フランスにおける論争を激化させていく。以下でみていくように、リシェの教皇主義批判は公会議主義に基づき、教皇の俗権よりも霊権を標的にしている。霊権は俗権よりも教会権力における本質的部分であると考えられていたので、リシェの批判はカトリック教会における権威としてのパリ大学神学部長が教皇権のより本質的部分を批判している点で、他の反ローマ陣営にとっても有益であった。

　リシェは教会が世俗的強制権を持たないという。リシェによれば、新法の目的は永遠の生であり、その対象となる事柄は人の魂である。人の魂を永遠の生へと導くための適切な手段は目的と一致するので、霊的な手段であり、「神の言葉の説教や秘蹟の執行、必要ならば教会罰すなわち教会の霊的武器の働きとして教会の交わりからの追放である」[230]。それゆえ、キリストが「わたしの国は、この世には属していない」と述べ

227　Ibid., 477.
228　Ibid., 74.
229　Ibid., 80.
230　Richer, *De Ecclesiastica Et Politica Potestate*, 24.

たように、教会は世俗的手段を欠いている。教会が世俗的強制力を用いたいならば、キリスト教の諸君主に俗剣を教会のために用いるよう依頼できる。しかし、命令できない[231]。

教会のヒエラルキーについて、リシェは公会議主義を支持する。リシェによれば、「キリストは教会を設立する際に、ペトロに対してよりも教会に対して全ての鍵や裁治権を直接的かつ本質的な仕方で先に与えた」[232]。たしかに、キリストは「わたしはあなたに天の国の鍵を授ける」（マタイ 16 - 19）という言葉をペトロへ向けて発したが、ペトロは教会全体の名の下でキリストに呼ばれただけだった。それゆえ、教会やその代表としての公会議が教皇に優位する。その結果、例えば公会議は「あらゆる十全な権力（plenitudo potestatis）を所持する不可謬な終審裁判所として、あらゆる論争を解決する」[233]。その他にも、「カノン法を規定し制定するための不可謬な権力が教会全体やその代表の公会議に存する」[234]。なぜなら、全体に関する事物は全ての人の同意を必要とするからである。

リシェは制限された教会権力を教皇に認める。リシェによれば、キリストが教会の本質的な頭や絶対的な支配者であるのに対して、ペトロや教皇は教会の支配者ではなく管理者にすぎない[235]。それゆえ、教皇はキリストのような絶対権力を教会において持たない。さらに、公会議よりも下位であるので、自身の十全な権力によって教会全体を対象にすることができない。それでも、主な職務は公会議によって制定されたカノン法の執行や解釈などであり、一定の大きな権力がここで認められている。しかし、リシェは「教会をより善く聖的に統治するためには、教会会議を頻繁に行うことが絶対的かつ無条件的に必要である」[236]と述べ、教皇による教会統治に対して貴族制的な歯止めを加えている。

231　Ibid., 27.
232　Ibid., 6.
233　Ibid., 15.
234　Ibid., 14.
235　Ibid., 10-11.
236　Ibid., 20.

教皇と公会議の対立において、公会議が教皇を罰せる。リシェによれば、教会はキリストを欠いて存続できず、キリストのために存在している。しかし、教皇が空位であっても存続でき、教皇のために存在しているわけではない。反対に、「教皇が教会によって、教会のために存在する」[237]。それゆえ、神法や自然法ゆえに教会は教皇が自身に対して危害を加えないよう妨害してもよい。さらに、コンスタンツ公会議の教令でパリ学派が論じていたように、「教皇が明らかな仕方で教会を躓かせ、矯正の見込みがない場合において、公会議は裁くことができる」[238]。

　リシェは教皇権を公会議主義によって制限したのみならず、国教会原理によっても制限する。リシェによれば、「政治的君主は国や領地の支配者であり、神法や自然法そしてカノン法の守護者や処罰者であり、その事柄について剣を用いる。それゆえ、身体刑を科すことによって強制し罰する権能を唯一持っている」[239]。したがって、カノン法が適切に執行されるようにすべく、君主は立法でき、必要ならば世俗的な剣を用いることもできる。特に、教皇権の濫用によってカノン法や神法が侵害された場合、この案件に関する上訴の「正統な裁判官は、教会の守護者やカノン法の処罰者としての政治的君主である」[240]ので、カトリック教会の自由や共通法は君主の権力によって各々の国で守られ支えられている。ガリカン教会の自由はこのようにして生まれ、同様の役割は他国の君主によっても各国で担われている。このように、リシェは君主に自国の教会に対する一定の権力を与え、特に教皇による不当な介入に対抗する権力を与えた。

　以上を踏まえて、リシェはベラルミーノの間接的権力論を否定する。先述のように、教会は永遠の生を目的としているので、独力で霊的手段しか用いることができない。公会議でさえこのような制限された権力しか持たないので、教皇もまた同様である。それゆえ、教皇が間接的権力

237　Ibid., 34.
238　Ibid., 33.
239　Ibid., 28.
240　Ibid., 4.

によって世俗的事柄における影響力を行使しようとして、「王や君主の廃位ないし強制を用いることは誤りである」[241]。ところが、ベラルミーノなどが間接的権力論において両権を混同し、教皇に廃位などを可能にさせようとしている。教皇がそのようにして権力を濫用しようとするならば、各国の君主は神法や自然法に基づいて教皇に抵抗することが許される。

プレストンの『君主の権利のための弁明』

　フランスでガリカニストやユグノーがベラルミーノを批判していた頃、イングランドではバークリと同程度に重要な反ローマ的カトリックがベラルミーノに対する批判を開始する。すなわち、1610年にプレストンがウィドリングトンの偽名で『君主の権利のための弁明』を公刊する。

　プレストンは世俗的事柄における教皇権が近年の英仏で論争の的になっているという。プレストンによれば、間接的権力のような教皇権をめぐる論争が昔から何度も行われてきた。「ごく最近において、或る宣誓をきっかけとして、この問いは再び意見の対立をもたらし始めた」[242]。イングランドのカトリックには、ベラルミーノなどに依拠しながら間接的権力論を支持する者も多くいれば、間接的権力論や直接的権力論を否定する者も多くいた。後者の立場は、教会が世俗的罰を下せないと主張する立場であり、メイジャーやオッカムなど多くの支持者が存在してきた。フランスでも、パリ大学やパリ議会が同じ立場である[243]。それゆえ、ベラルミーノが間接的権力論をカトリック教会の共通意見として提示しているにもかかわらず、間接的権力論は共通意見や定説ではない。そこで、プレストンは自身もまた間接的権力論を批判するという。主に、16世紀末におけるベラルミーノの『教皇について』が対象となっている。

241　Ibid., 35.
242　Preston, *Apologia Pro Iure Principum*, 1.
243　Ibid., 26-27.

俗権は霊権と異なるので、霊権に対して全面的には服従しておらず、全面的な免除もまた認められない。プレストンによれば、両権は異なる。君主は神から俗権を得て、世俗的事柄を対象とする。教皇はキリストから霊権を直接得て、霊的事柄を対象とする。一方が他方に対して全面的に服従しておらず、「政治的君主は魂の救済に関する事柄において霊的君主によって指導され、裁かれ、罰せられなければならないように、霊的君主は（事物の本性を考慮するならば）公的平和に関する事柄において政治的君主によって指導され、裁かれ、罰せられなければならない」[244]。それゆえ、自国の聖職者が世俗的事柄において君主の俗権を全面的に免除されることは同様に認められない。反対に、ベラルミーノ自身がかつて述べていたように、聖職者は市民として、政治的身体の一部として、君主という頭に服従せねばならない[245]。

　それでも、君主が霊的危害を加えた場合に、教皇は世俗的事柄についても権力を行使できる。プレストンによれば、教皇は霊的事柄を対象とするので、霊的罪を裁くことができる。罪の聖俗に関する属性は、その罪がもたらす危害の属性によって決まる。例えば、霊的危害を加えた者は霊的罪を負う。「霊的善へと秩序付けられた世俗的執政は、すなわち霊的救済と対立する限りのそれは、その理由により、霊的罪という性質を帯び、教会の君主による裁判に関わり、そこにおいて矯正され裁かれなければならない」[246]。それゆえ、君主が世俗的事柄に関する決定によって霊的危害を加えたならば、その世俗的事柄が霊的危害ゆえに霊的事柄となり、君主はこの霊的事柄において偶然的に教皇の霊権に服従することになる[247]。このように、君主が霊的危害を加えた場合に、教皇が世俗的事柄あるいは少なくとも霊的事柄となった世俗的事柄を対象にできる点で、プレストンはベラルミーノに妥協してい

244　Ibid., 78.
245　Ibid., 67-68. なお、プレストンは聖職者の免除に関するベラルミーノの立場が一貫していないと指摘している。
246　Ibid., 78.
247　Ibid., 124-25.

る[248]。

　しかし、教皇は世俗的事柄を対象にできる場合でも、廃位のような世俗的強制力を行使できない。プレストンは教皇が霊的裁治権を持ち、立法や裁判を行えると認めている[249]。しかし、教皇が世俗的罰を科せないと主張する。なぜなら、あらゆる国は自身の財産のみを罰として奪えるが、教会はある種の国として世俗的な性質の財産を持たないからである[250]。したがって、「霊的君主は我々が論じたような仕方で霊的善のために世俗君主に命令できる。しかし、それゆえに霊的善のために世俗的事柄について決定できるということにはならない」[251]。ここまでみてきたように、廃位権のような世俗的強制権を教皇に認めない点で、反ローマ的カトリックは広く共通している。

　さらに、間接的権力がもたらす世俗的な不都合により、ベラルミーノの間接的権力論は誤りである。プレストンによれば、ベラルミーノが主張するような間接的権力を教皇に与えるならば、「教皇は霊的善のために諸君主から彼ら自身の支配権のみならず身体の命を奪うための権威を神法により持つ」[252] ことになってしまう。なぜなら、教皇は霊的善のためにあらゆる世俗的事柄について決定できることになっているので、君主の命という世俗的事柄もまたその例外ではないからである。それゆえ、さらに「教皇は他の手段によって適切に廃位を行えないなら、同一の霊的善のためにそれらの君主を陰謀によって殺すようあら

248　ただし、ここで注意すべき点は、ベラルミーノと異なり、プレストンがいわば世俗的な間接的権力を認めている点である。すなわち、教皇が霊的事柄に関して世俗的危害を加えた場合に、その霊的事柄が世俗的事柄となり、君主がその世俗的事柄を対象とすることができ、よって教皇を罰せると認めている点である。ベラルミーノは霊が世俗に優先するという価値のヒエラルキーに基づいて、教皇の霊的な間接的権力のみを認めていた。しかし、プレストンは両権が各々の事柄において相互に服従し合うという両権の対等性を強調し、君主の世俗的な間接的権力をも認めたのだった。
249　Ibid., 76-78.
250　Ibid., 80-83.
251　Ibid., 129.
252　Ibid., 38.

ゆる私人に対しても許可を与えることができる」[253] ことにもなってしまう。特に、教皇は教皇国における世俗君主でもあるので、間接的権力は霊的な口実の下で世俗的野心を達成するための危険な手段ともなってしまう[254]。したがって、王殺しという世俗的不都合を避けるためにも、ベラルミーノの間接的権力論は認められない。

　君主が迫害を行う場合、教会は迫害に耐えるか、最大でも霊的罰を下すことしか許されていない。プレストンによれば、ベラルミーノが主張していたように教会は自身の霊的目的を達成する上で必要な全ての権力を持つとしても、「福音の法において、身体刑や四肢の切断ならびに世俗的支配権の奪取や他の世俗的刑罰を科すことは霊権の限界の枠内にない」[255]。それにもかかわらず教皇が廃位などを敢行すれば、無数の反乱を惹起することになるだろう。もっとも、教皇は迫害を行う悪しき君主に対して破門などの霊的罰を下せる。しかし、君主が霊的罰を軽視する場合、教皇はそれ以上のことを行えず、越権してはならない。それでも、キリストがこの苦境を救ってくれるだろうから、迫害によってキリスト教が滅ぶことはないだろう。それゆえ、このような迫害において、教会は「祈りや断食、涙や施し、忍従」[256] によってキリストの助けを求めたり、逃亡したりすることが許されるのみである。

253　Ibid.
254　Ibid., 43-44.
255　Ibid., 272.
256　Ibid., 147.

ペニャの『キリストの王権について』

　本節を閉じる前に、ラディカルな教皇主義者の立場をも確認すべく、ローマの中枢で活躍していたペニャの直接的権力論を参照する。前章で述べたように、ペニャは聖務停止令論争の際にパウロ5世の重臣としてヴェネチアに対する開戦を訴え、未公刊の『キリストの王権論』においてマルシリオの『或る神学博士の返答』を批判していた。1610年、パウロ5世がバークリの『教皇権について』とベラルミーノの『世俗的事柄における教皇権について』をペニャに渡して意見を尋ねると、ペニャは特にベラルミーノを批判した。ペニャからすれば、ベラルミーノがその著作において教皇の俗権を明確に否定したことは異端に資するので、ベラルミーノがこの主張を変えない限りその著作は公刊されるべきでなかった[257]。このようにベラルミーノに対して否定的態度を示していたペニャは、1611年に『キリストの王権について』を執筆する。この著作は長らく公刊されなかった。

　キリストは人間として全世界において霊権のみならず俗権を持ち、行使した。ペニャによれば、「私は天と地の一切の権力を授かっている」（マタイ28－2）という聖句にみられるように、キリストは全世界において両権を持っていた。というのも、そのような両権を持つ神と結合しているからである。さらに、キリストは俗権を持っていただけではない。「キリストは現世で活動していた際に、政治的で世俗的な裁治権や現有の王的な支配権や裁判権を行使した」[258]。それゆえ、所有しているだけで行使しない権力は無駄であるという従来の直接的権力論批判は正しくない。さらに、「わたしの国は、この世には属していない」（ヨハネ18－36）という聖句に基づいてソトやルターおよびウィクリフはキリストから俗権を奪おうとするが、彼らの主張も正しくない。なぜなら、こ

257　Stefania Tutino, *Empire of Souls: Robert Bellarmine and the Christian Commonwealth* (Oxford: Oxford University Press, 2010), 156.
258　Francisco Peña, "De Regno Christi," in *Bibliotheca Maxima Pontificia*, ed. Juan Tomás de Rocaberti (Roma: Typographia Ioannis Francisci Buagni, 1698), 291.

の聖句はキリストが現世の諸王と同様の方法では俗権を獲得していないことを示すのみだからである[259]。したがって、キリストは現世において俗権を持ち、行使していた。

教皇はキリストから両権を継承した。ペニャによれば、キリストはペテロを代理人として選び、両権を授けた。それゆえ、「教皇と教会は、固有かつ内在的で本質的な仕方で両権の権利を持つ。世俗君主が俗権を持つ仕方とは同一ではなく、より一層完全な仕方においてである」[260]。もっとも、教皇は当初僭主たちによってその行使を妨害されていた。それでも、教皇は当初から俗権を持っており、キリスト教が広まるにつれて行使もできるようになっていった。それゆえ、教皇は「しばしば世俗君主を任命したり、堕落した君主を教会へ引き戻したり、有害で反逆的な君主を罰したりする際に、常に大きな権威を用いてきた」[261]。ペニャからすれば、このような権威を教皇に認める者が真のカトリックであり、反対に「全世界におけるキリストの王権や支配権をあまり適切に理解せず否定することから、膨大な誤りが生じている」[262]。

第三節　スアレス

前節では、忠誠宣誓論争の大まかな流れを1612年頃まで時系列に沿って整理した。本節では、その整理を利用しながら、この論争におけるスアレスの主張や位置付けを示す。その前に、まず前節における論争の展開を論点に沿って振り返る。その際に、『信仰の防衛』の主な批判対象はジェームズであるので、ジェームズ陣営の議論はジェームズを軸にまとめていく。

259　Ibid., 303-6.
260　Ibid., 330.
261　Ibid., 354.
262　Ibid., 360.

論点に沿った前節のまとめ

　ジェームズ陣営は他国における反ローマ陣営と共鳴しながら、ローマ陣営における人民の抵抗権論や教皇の間接的権力論ならびに聖職者の免除論や僭主征伐論を反乱の原理として批判し[263]、忠誠宣誓や国王至上法を主権論の系譜に属する理論や国教会原理によって正当化した。ジェームズ陣営によれば、ヘンリ8世以降、イングランド王は自国のカトリックを世俗的な理由で処罰したが、迫害せず、むしろ寛容であった。それにもかかわらず、教皇やイエズス会がイングランドで反乱を扇動し、王殺しを試みてきた。火薬陰謀事件はその一例だった。それゆえ、穏健なカトリックと反抗的なカトリックを見分け、前者には政治的忠誠の代わりに寛容を与え、後者を排除するために、忠誠宣誓を課した。ところが、教皇は忠誠宣誓が信仰に反すると主張し、迫害を口実として反乱や殉教を促進すべく介入してきたのである。

　ここで重要な点は二つあった。一点目として、忠誠宣誓や国王至上法が信仰に反さず、正当である。まず、忠誠宣誓は臣民が自身の君主に対して生来負っている政治的忠誠のみに関わる。そこで否定されている教皇の廃位権は俗権であるので、その否定自体もまた世俗的事柄である。それゆえ、忠誠宣誓は信仰に反さない。次に、国王至上法は聖句により、国教会原理において正当化される。

　二点目として、ローマ陣営の理論が扇動的だと批判された。主な批判

263　Höpfl が論じているように、先行研究は間接的権力論や人民の抵抗権論ならびに僭主征伐論がイエズス会の危険な原理として当時広く認知されていた点を指摘してきたが、聖職者の免除論をそのような原理としてほとんど説明してこなかった。ただし、聖務停止令論争をも主題的に研究していた Franceschi は、ジェームズの絶対主義を無に帰す点で聖職者の免除論という論点が重要だと論じていた。それでも、Franceschi は絶対主義という語の意味合いを明示しないので、聖職者の免除論の意義は必ずしも明確ではなかった。本書において、聖職者の免除論が人民の抵抗権論などとともに反乱の原理として危険視されていた点に関して、その重要性を明確に示した。Harro Höpfl, *Jesuit Political Thought: The Society of Jesus and the State, c.1540-1630* (Cambridge, UK: Cambridge University Press, 2004), 224; Franceschi, *La Crise Théologico-Politique*, 803.

対象は四つある。第一に、人民の抵抗権論である。ジェームズ陣営や他の反ローマ陣営によれば、君主は自国の世俗的事柄において最高であり、神のみによって裁かれる。たとえ君主が迫害を行おうとも、人民は武力によって抵抗してはならず、耐えなければならない。それゆえ、人民を君主の上に置くことは反乱を扇動することである。第二に、聖職者の免除論であり、ここで聖務停止令論争と忠誠宣誓論争の接点が明確に表れる。反ローマ陣営によれば、教会の人物や財産は各国において相当な割合を占めているので、聖職者の完全な免除が認められるならば、各君主はその分だけ自身の権力を大いに弱体化させ、教皇権を強めることになってしまう。しかし、君主は自国の全成員に対する権力を神から直接与えられているので、全面的な免除は成立しえない。特に、イエズス会などの聖職者が反乱の扇動や王殺しの完遂などを行ってきたので、全面的免除は反乱の原理として否定されなければならない。反ローマ陣営は、自国の全成員に対する君主の権力によって聖職者の全面的な免除を否定した点で広く一致した。第三に、間接的権力論のような教皇の廃位権である。ジェームズやアンドリューズ、リシェやセルヴァンなど多くの反ローマ陣営は教皇に一定の霊的権威を認めた。しかし、公会議主義の伝統を利用して、教皇を公会議に服従させた。さらに、ジェームズやセルヴァンなど多くの論者は国教会原理を展開した。ただし、バークリのように、国教会原理を支持しない反ローマ陣営の論者も少なからず存在した。それでも、反ローマ陣営は教皇の世俗的強制権を否定した点で最も一致した。特に、教皇の廃位権が批判の的になった。教皇の廃位権は、たとえ間接的なものであろうとも、神から直接与えられた君主の権力に反している。世俗君主でもある教皇が他国に侵攻する手段にすぎず、そのために反乱を扇動する手段でもある。第四に、僭主征伐論である。ジェームズは臣民が廃位の命令と王殺しの命令を区別しないので、両者に大差はないと論じていた。アンリ3世とアンリ4世が暗殺され、ジェームズもまた暗殺されかけた時期において、人民や教皇による廃位と王殺しは結びつけられて危険視された。

　ローマ陣営は、忠誠宣誓や国王至上法が教皇の首位性を否定して王の霊的首位性を確立しようとするので信仰に反しており、反対に、反乱の

原理として中傷された諸理論が正しいと主張した。ローマ陣営によれば、ヘンリ8世以降、イングランド王はカトリックを迫害してきた。迫害によって絶望したカトリックが火薬陰謀事件などを実行した。忠誠宣誓は教皇の首位性を否定して王の霊的首位性を確立しようとするので、純粋に政治的でなく信仰に反する。それゆえ、忠誠宣誓の強制という新たな迫害において教皇が介入することになった。忠誠宣誓と国王至上法を支える理論として、王の霊的首位性ないし国教会原理は誤りである。なぜなら、神は教会における霊的最高権を教皇に直接与えているからである。それゆえ、公会議主義も同様に誤りである。

　反乱の原理として批判されたローマ陣営の諸理論については、その批判は中傷にすぎないと反論された。そのような理論は四つ挙げられる。第一に、聖職者の免除論である。ジェームズ陣営は火薬陰謀事件をイエズス会に帰し、聖職者の免除を反乱の原理として中傷することにより、ベラルミーノ等に対する憎悪を諸君主に抱かせようとしている。第二に、人民の抵抗権論である。俗権は神から人民を介して君主へと与えられるので、人民は一定の条件下で俗権を正当に奪い返せる。それでも、その条件が厳しいので抵抗は稀である。それゆえ、この理論は反乱の原理とはいえない。第三に、間接的権力論である。ペニャがローマの中枢において直接的権力論を唱道し続けていた頃、ベラルミーノはバークリの批判を受けて間接的権力を明確に霊権として説明するに至った。それゆえ、ベラルミーノによれば、たしかにキリスト教の諸君主は神以外に世俗的事柄においていかなる世俗的上位者をも認めないが、教皇という霊的上位者を認めなければならない。その他に、目的間の序列などという根拠により、教皇の霊権は霊的目的のために世俗的事柄を対象にでき、廃位も可能である。第四に、僭主征伐論である。ベラルミーノによれば、歴代の教皇は王殺しを命令も許容もしてこなかった。むしろ、コンスタンツ公会議の教令のように、断罪してきた。僭主征伐論を正当化してきた者はカトリックではなく、ベーズのようなプロテスタントである。

スアレスの『信仰の防衛』

 本項では、五つの点を順に扱う。第一に、ジェームズの忠誠宣誓自体である。スアレスがベラルミーノと同様の仕方で火薬陰謀事件や忠誠宣誓を捉え批判していたことが示される。第二に、聖職者の免除である。スアレスはジェームズのみならずバークリやサルピを名指しながら批判し、サラマンカ学派第一世代の理論にも言及しつつ、神法由来の全面的な免除を正当化していく。第三に、国教会原理ないし王の霊的首位性であり、聖職者の免除や間接的権力に反する理論として批判されていく。第四に、間接的権力論であり、その内容が詳細に論じられる。第五に、僭主征伐論である。この論点でスアレスが引き起こした反発は補論で扱う。

火薬陰謀事件や忠誠宣誓

 イングランド王はヘンリ8世以降カトリックを迫害してきた[264]。スアレスによれば、イングランドではヘンリ8世以降多くの殉教者が生み出されてきた。例えば、キャンピオンはローマの信仰に対するイングランド王の憎悪ゆえに殺されたのだった[265]。イングランド王による迫害の方法は多岐に渡り、国王至上令や教会財産の没収、ローマの聖職者の追放などである。ジェームズもまたエリザベスと同様に反カトリックの法律を制定するなどして、イングランド人をローマの信仰から切り離そうと

---

[264] ここで、迫害（*persecutio*）という語の意味合いをスアレスにおいて確認しておく。スアレスは基本的に宗教的な迫害について論じている。スアレスによれば、なんらかの抑圧が真の迫害となる要件は次のような目的に存する。その抑圧が「教会全体かその主たる部分においてカトリックの宗教を変更し破壊することへと方向付けられていること」（Suarez, *Defensio Fidei*, 759.）である。それゆえ、もし或る者が俗権を強奪するためにキリスト教徒を抑圧するならば、彼らはキリスト教徒としてではなく市民として抑圧されているので、迫害されているとはいえない。しかし、抑圧の目的がカトリック教会の統一性を破壊したりキリスト教を根絶したりする点に存するなら、その抑圧は迫害である。

[265] Ibid., 766.

して迫害を行っている。したがって、イングランド王たちは寛容だったわけではない。「現在ならびにヘンリからエリザベスまでのイングランドが被ってきた迫害は、これまで或る特定の王国においてカトリック教会が受けてきた極めて重大な迫害の一つである」[266]。

　火薬陰謀事件や忠誠宣誓はイングランドにおける迫害の延長線上に位置する。スアレスはベラルミーノと同様に、カトリックへの迫害に起因した絶望が火薬陰謀事件をもたらし、忠誠宣誓が迫害を強化していると主張する。その上で、ジェームズの批判に応答する。ジェームズはイングランド王が寛容であったにもかかわらず、教皇やイエズス会が陰謀を企んだので、宗教的理由ではなく世俗的理由によりカトリックを処罰してきたと述べていた。しかし、スアレスによれば、教皇は正当な根拠で廃位したことしかないので、ローマの陰謀という言い草は中傷である[267]。しかも、この陰謀という世俗的理由を根拠とした忠誠宣誓は後述のように信仰に反しているので、忠誠宣誓に違反した者を処罰することはたとえ国法違反ゆえだとしても信仰に反しているため、結局のところ迫害である[268]。したがって、ジェームズは忠誠宣誓によって迫害を強化しており、そこから新たな陰謀が生まれてしまいかねない。

　忠誠宣誓は二つの理由で信仰に反している。スアレスはベラルミーノと同様に、二つの理由として王の霊的首位性を確立することや教皇の首位性を否定することを挙げる。

　忠誠宣誓は王の霊的首位性ないし国教会原理を支持するので信仰に反している。ジェームズは歴代のイングランド王たちが使徒的伝統を継承した真のカトリックであることを自認していた[269]。しかし、スアレスによれば、ヘンリ8世までのイングランド王はカトリックであったが、そこからカトリックではなくなった。なぜなら、ヘンリ8世が「教会的で霊的な事柄における最高の頭として世俗の王を認めること」[270]を開始し

266　Ibid., 759.
267　Ibid., 777.
268　Ibid., 771.
269　James VI and I, *A Premonition*, 37-42.
270　Suarez, *Defensio Fidei*, 70.

たからである。それ以降、イングランド王は霊権を強奪しようとし、自らの教会を立てようとした。ジェームズは自身の教会をピューリタンから守ったとさえ述べていた。しかし、キリストは霊権を王にではなくペテロに与えたので、ジェームズが言及している教会は「キリストが設立した真の教会のヒエラルキーではなく、彼自身が何らかの明白な推測に導かれて模倣しようと欲し、維持し、守ったところの人的で政治的なヒエラルキーである」[271]。このような霊権の強奪という越権行為をジェームズは忠誠宣誓でも行っている。例えば、「教皇によって破門されたり剥奪されたりした君主がその臣民や他の者によって廃位されたり殺されたりしてもよいという非難すべき原理や見解を、私は不敬かつ異端として心から憎悪し、嫌悪し、破棄する」という箇所において、このような主張を異端として断罪するための霊権を強奪しようとしている[272]。

　忠誠宣誓は教皇の首位性を否定するので、信仰に反する。ベラルミーノは忠誠宣誓と国王至上法が教皇の首位性を否定していると批判していた。スアレスも同様の立場である。さらに、スアレスによれば、教皇の廃位権を否定することは俗権の管轄外であるので、忠誠宣誓はこの否定ゆえに純粋に政治的でなく、越権である。この越権のあり方をスアレスは次のように表現している。「王はこの宣誓によって、臣民の政治的忠誠や自身のモノと人格の安全や無事を主に目的とすることができ、それを獲得する手段が教皇権の否定であった」[273]。この教皇権の否定は聖書に反するので、忠誠宣誓はこの否定を介して「明らかにカトリックの信仰を否定する」[274]。それにもかかわらず、ジェームズはユリアヌスのように、教皇権を否定している忠誠宣誓を世俗的理由で偽装してカトリックに受容させようとした[275]。それゆえ、教皇がこの一件に対して正当に介入したのだった。

　以上のように、忠誠宣誓において、王の霊的首位性や教皇の首位性が

---

[271]　Ibid., 77.
[272]　Ibid., 724.
[273]　Ibid., 728.
[274]　Ibid., 742.
[275]　Ibid., 773.

主要な論点として登場した。これらの論点は忠誠宣誓自体に関してのみならず、理論的にも中心的な論点となる。

聖職者の免除

　スアレスは『信仰の防衛』の第四巻全体を聖職者の免除論に充てている。『信仰の防衛』の冒頭において、スアレスはそれほどまでに聖職者の免除論を重視した理由を次のように説明する。「王はその『警告』の中で、俗権や俗人の裁治権からの聖職者の免除について極めて頻繁に最大限に不平を訴えており、（彼が言うように）世俗の王から臣民の1/3が奪われたと嘆くので、第四巻を追加し、そこにおいて教会人の免除に関する権利を論証しよう」[276]。スアレスはジェームズの著作における聖職者の免除論の重要性を見て取ったので、第四巻全体を聖職者の免除論に充てたのだった。さらに、スアレスが聖職者の免除論の重要性を見て取った論者は、ジェームズだけではなかった。先述のように、ヴェネチアやフランスやイングランドにおける反ローマ陣営は、聖職者の全面的免除を否定すべく、自国の全成員に対する君主の権力を正当化する点で広く一致していた。スアレスはフランス人にあまり言及しないが、サルピやバークリに言及しつつ、全面的免除を正当化していく。

　スアレスはジェームズやバークリおよびサルピを名指ししながら、聖職者の全面的な免除に対する反論を取り上げる。スアレスによれば、ジェームズなどはロマ書13に依拠しながら、「諸王が自身の領地における全ての人間を統治するための権力や職務を神から直接得たり負わされたりしているという原理を確かなものとして立てている。そこから、ついに各王国において聖職者が自身の王から免除されることは神法や自然法に反し、よって不可能だと推論している」[277]。ロマ書13－1の解釈について、スアレスは基本的にベラルミーノと同様の反論を行う。すなわち、この聖句は全ての魂が各々の上位者に従うよう命じているだけであるの

276　Ibid., 4.
277　Ibid., 382.

で、聖職者は上位の聖職者に従うよう命じられているにすぎない[278]。このような反論を加えた上で、スアレスは聖職者の免除が自然法に反しているか否かを、よって、人間が聖職者の免除を合法的に授与できるか否かを問う。その際に、ジェームズたちの上記の批判を主軸として、主に次の二点の批判も扱う。第一に、聖職者の免除は自然法違反であるので、いかなる人間によっても、特に教皇によっても授与が不可能だという批判である。第二に、君主の権力は絶対的でなく、なおかつ聖職者の免除は自国にとって有害であるので、君主は自国にとってそのように有害な聖職者の免除を授与できないという批判である。

主軸となった批判について、スアレスは聖職者に対する権力が自然法によって君主へと与えられていないと反論する。スアレスによれば、「自身の王国における聖職者ないし全ての住民に対して王が裁治権を持つよう命令するような自然法は全く存在しない」[279]。この主張は、次項の国教会批判で再度取り上げることになる。このように自然法が聖職者に対する権力を君主に与えていないので、聖職者の免除は自然法に反さない。むしろ、君主の権力は自然法を介しながら絶対的な神に由来するので、神が自由に君主の権力を弱めたりその国の聖職者などに免除を授与したりできると自然法は教える。

付随した批判の一つ目に対して、スアレスは教皇が超自然的な霊権によって聖職者の免除を授与できると反論する。先述のように、スアレスは超自然を自然の上に置き、教皇の霊権を超自然へ、君主の俗権を自然へ帰属させていた。それゆえ、仮に全成員に対する権力を自然法が君主に認めたとしても、教皇は霊権によって聖職者の免除を授与できる。なぜなら、霊権という「権力が教皇に与えられると、それによって教皇は上位の秩序に属した神の代理人として諸王の上位者となり、それゆえこの権力によってつくられた免除は実際に純粋な自然法を超越しているが反していないだろう」[280]からである。すなわち、霊権は自然法や俗権よりも上位の秩序に属するので、超自然的な法の命令が自然的な法の命令

278　Ibid., 400.
279　Ibid., 385.
280　Ibid.

に対立することなく優越するように、霊権に由来する免除は自然法に由来する服従の義務と対等なものとして対立するのではなく、優越している。したがって、仮に自然法が聖職者に対する権力を君主に与えたとしても、教皇は霊権によって免除を授与できる。

　付随した二つ目の批判に対して、スアレスは君主の権力が可変的であり、聖職者の免除が国の共通善に資するので、君主は聖職者の免除を授与できると反論する。ここでは、主に二つの論点が存在する。第一に、聖職者の免除が国にとって有害か否かである。この論点について、スアレスは聖職者の免除がむしろ国にとって有益だと反論する。なぜなら、宗教や神の崇拝という国の共通善に資するからである[281]。第二に、君主が自身の権力を自由に授与できるかである。この論点について、スアレスは次のように述べる。たしかに、君主は私益のために恣意的に権力を使えるような支配者ではない。しかし、共通善のために統治権を持ち、行使できる。聖職者の免除は共通善に資するので、君主は聖職者の免除を授与でき、よって自身の権力を部分的に失うことができる。ここで、国法は君主が先代から継承した権力を自ら失うことを禁止するといわれるかもしれない。しかし、「国は君主に自身の権力を与えた後、彼より下位になり、彼を実定法によって義務付けることができない」[282]ので、国法は君主による免除の授与を禁止できない。

　以上のように、スアレスは全成員に対する君主の権力を否定し、聖職者の免除が合法的に授与可能だと論じた。さらに、聖職者の免除が授与可能であるのみならず、実際に神法によって授与されたことを論証していく。この論証を通して、君主に対する服従や依存から聖職者を解放しようとする。なお、霊的事柄における聖職者の免除は『ヴェネチアが侵害した聖職者の免除について』と大差がなく[283]、霊的事柄に対する君主の権力は次項で扱うので、ここでは世俗的事柄における聖職者の免除を扱う。

281　Ibid., 386-87.
282　Ibid., 386.
283　Ibid., 378-79.

スアレスはビトリアやソトなどの意見として、聖職者の免除の神法由来に否定的な説を取り上げる。この説の根拠を主に二つ挙げる。第一に、免除の根拠となるような神法が見当たらないことである。マタイ書17の聖句は、裁治権ではなく税に関する免除を扱っていたなどの理由により、十分な根拠とならない。第二に、神法に対する違反は許されないが、聖職者の免除に反するような聖職者の服従はしばしば許されてきたからである。というのも、教会は時に聖職者を世俗の腕に引き渡してきたからである[284]。

　ビトリアたちの説に対して、スアレスはベラルミーノなどに依拠しながら、聖職者の免除の神法由来を論証していく。その際に、神法として、神的自然法と神的実定法の二種類を挙げる。

　第一に、聖職者の免除は神的自然法に由来する。スアレスによれば、容器は多様な用途に充てられる。しかし、容器が聖杯として用いられるならば、その容器は事物の本性により、もはや他の用途に充てることができない。さもないと聖物窃盗の罪となる。聖職者についても同様である。すなわち、人は魂のみならず身体をも神に捧げることにより、聖職者として神のために捧げられた者になる。それゆえ、聖職者が神の崇拝や聖務に専念できるようにしなければならない。さらに、聖職者はその霊的職位ゆえに俗人よりも上になければならない。したがって、「自然理性は聖職者が特別な仕方で崇敬されるよう命じ、そのようにして聖職者が世俗の裁判官に服従しないようにとも命じる」[285]。すなわち、人は聖職者になることで、自然法から免除を得る。言い換えれば、このような免除を神的自然法が与える[286]。

　第二に、聖職者の免除は神的実定法に由来する。スアレスはマタイ書17の「それゆえ、息子たちは義務を免れた」という聖句をこの神法として挙げる。スアレスはベラルミーノと同様に、この「息子」を「家族」へと拡大解釈する。「聖職者もまた特別な仕方において神や救世主

---

[284] Ibid., 409-10.
[285] Ibid., 413.
[286] Ibid., 412. なお、神的自然法とは、純粋な自然の秩序に属さないが、キリスト教の超自然的な聖職位と同根の自然法である。

の家族である」[287]。よって、聖職者も義務を免れる。ここで、スアレスはビトリアなどがこの聖句を不十分な根拠として否定した点を踏まえて、次のように持論を擁護する。「たしかにキリストは家族が息子とともに自由である点を明確には述べておらず、その点は必然的で自明な結論としては出てこない」[288]。それゆえ、その点は完全に確実であるとはいえない。しかし、息子から家族への「その拡張はキリストの意に沿う」[289]。なぜなら、そのような拡張は必然的帰結でないにせよ、聖職者の免除が宗教にとって有益であるなどの理由により、理性に大いに一致しているからである。

　以上のように、スアレスはビトリアなどによる批判の一つ目に対応した。聖職者の免除は神法由来ならば教皇のような人間によって改廃などされえないという二つ目の批判に応答する上で、スアレスはベラルミーノよりも一層詳しく聖職者の免除の内実を説明する。

　神的実定法の下で、キリストは教皇に聖職者の世俗的管理を委ねた。スアレスによれば、俗人は神に魂を捧げても、身体を捧げない。しかし、聖職者は両方とも神に捧げる。「聖職者は身体と魂において神に捧げられたという事実により、神の私的な権利にその両面において属する」[290]。すなわち、聖職者は神の私有財産である。ところで「キリストは自身の私有財産（*peculium*）や私的な権利（*peculiare jus*）に属する全てのモノを、自身の家政の管理人（*oeconomus*）や監督者（*dispensator*）としての代理人に委ねた」[291]。それゆえ「聖職者は両面において聖職者になったという事実によって、キリストの代理人としてのペテロに授与された神自身の裁治権下に属する」[292]。このように、聖職者の全面的な管理はキリストからペテロに委ねられた。

　聖職者の世俗的免除は神法に由来するにもかかわらず、教皇は聖職者

287　Ibid., 414.
288　Ibid.
289　Ibid.
290　Ibid., 419.
291　Ibid.
292　Ibid.

の免除を一定の聖職者から奪ったり変更したりできる。スアレスによれば、権利や法というユス（ius）概念の二つの意味合いに応じて、この免除に関わる ius divinum にも二つの意味合いがある。神の権利と神の法である。聖職者の免除は君主に対する服従の免除という特権や権利であり、神によって与えられたので神的権利である。この権利は自然的自由と同様に移転可能である。第一章で述べたように自然的自由は許容的自然法に由来するので、政治共同体の共通善という正当な根拠の下で俗権という正統な権力によって移転可能である。同様に、聖職者の免除という自由は許容的な神的自然法に由来するので、「正当な根拠と正統な権力の下で縮減ないし除去されうる」[293]。正当な根拠は「教会の適切な秩序」すなわち教会の共通善であり、正統な権力はキリストに管理者として選ばれた「教皇にのみ」存する[294]。それゆえ、教皇が許可する場合には、聖職者は世俗当局に合法的に引き渡されることもある。神法は聖職者の免除がそのように人定法によって変更などを被ることができるようあらかじめ定めた上で、聖職者の免除を教皇へと委ねたのだった[295]。このようにして、スアレスは二つ目の批判に応答した。

　以上により、スアレスは聖職者の免除が神法に由来することを示した。さらに、聖職者の免除が君主の権力のみに由来するという主張を批判する。

　聖職者の免除が成立する上で、君主の特権や同意は不要である。大半の反ローマ陣営は、君主の権力に由来するような部分的免除を認めていた。この場合、免除の有無やその範囲などが君主に依存するので、聖職者は世俗的服従や免除のあり方について君主に依存している。スアレスはこのような世俗的事柄における依存から聖職者を解放しようとする。スアレスによれば、たしかに、君主が聖職者の免除を特権として与えることがある。しかし、君主の同意は免除の「その法的効力にとって絶対的に必要な条件ではない」[296]。なぜなら、聖職者の免除は既に神法によ

293　Ibid., 396.
294　Ibid.
295　Ibid., 422.
296　Ibid., 442.

って与えられているからである。さらに、この免除はキリスト教の霊的目的に必要であるので、君主が免除に同意せず特権として与えなかったとしても、教皇が間接的権力によって君主に強制できるからである[297]。それゆえ、君主の同意は聖職者の免除を使用する上で望ましいとしても必要ではない。したがって、君主の同意があろうとなかろうと、聖職者は世俗的服従や免除において君主に依存しない。

　まさに、聖職者の免除を君主から守り、狭義の教会を君主から守ることが、聖職者の免除の神法由来を支持すべき理由である。スアレスによれば、免除は神法自体によって直接設立され与えられたならば、その安定性が高まる。「というのも、このようにしていかなる世俗や教会の人的権力によっても全面的に廃止されることが不可能になるだろうからである。このことは、神の崇拝にふさわしい敬意や聖職者の地位を維持する上で必要であった。同様に、この方法によって、この免除に対していかなる強奪や企図された人的な時効取得も効力をもつことができないだろう。このことは、世俗的な王たちの暴力や野心を抑え込むために極めて有益であり必要であった」[298]。かくして、教会のよき統治や宗教を保持するために、神法が聖職者の免除の根拠となり、しかも必要十分な根拠となった。

　さらに、聖職者は国法遵守を義務付けられるが、その源泉は君主の権力ではなく神法とカノン法である。スアレスによれば、俗人のみを対象とするような国法が聖職者を義務付けないのみならず、聖職者のみを対象にしようとする国法もまた同様である。なぜなら、君主は聖職者に対して権力を持たないからである。問題は、全ての市民を一般的に対象とし、その国の統一性に関わるような国法である。スアレスによれば、このような国法は指導的力に関して聖職者を義務付ける。なぜなら、聖俗の市民がともにこの国法を遵守することは国の平和に必要だからである。ここで、その義務の源泉が重要な論点となる。スアレスによれば、自然法を源泉とみなすベラルミーノの主張は新奇ではなく、古くから多くの

297　Ibid., 430.
298　Ibid., 422-23.

論者によって支持されてきた。それゆえ、ジェームズという「王は不当にその新奇さを非難したり、ベラルミーノについて特に不平を訴えたりして」[299] おり、そのようにして諸王にベラルミーノに対する憎悪を抱かせようとしている。スアレスはこのようにベラルミーノを擁護した後で、源泉を自然法のみならずカノン法にも見出すことで、ベラルミーノをいわば補足する。スアレスによれば、ベラルミーノの主張は特に俗権をその義務の源泉とみなさない点で正しいが、義務の源泉を自然法のみに見出す点で不十分である。たしかに、自然法は政治共同体の共通善のために、国法の軽い義務に服するよう聖職者に命令できる。しかし、理性は聖職者に国法の「重い義務を課す上でしばしば不十分であることが判明している」[300]。カノン法でなければ、国法の重い義務の遵守を聖職者に命令できない。それゆえ、「その義務はカノン法の力にも基づけられる必要がある」[301]。

299　Ibid., 460.
300　Ibid.
301　Ibid.

『信仰の防衛』において、スアレスは自然法が源泉として不十分でありカノン法が必要である理由を詳細に説明していないが、『法および立法者たる神について』で以下のように論じている。

　自然法が源泉として不十分である理由は、二つ挙げられている。第一に、自然法はたしかに政治共同体の統一性のためにその部分が全体に一致するよう命令するが、実のところ全ての部分が常に全体に一致するよう命令してはいないからである。「自然理性は、共通法の遵守ないしあらゆる事柄について政治的身体の部分が全体に一致するよう義務付けられることを、無条件にではなく幾つかの条件付きで命令した」(*Tractatus De Legibus Ac Deo Legislatore* (Conimbricae: Didacum Gomez de Loureyro, 1612), 344.)。その条件の一つは、当該部分が正当な免除を享受していないことである。それゆえ、免除を享受した部分は全体への一致を自然法によって全面的には義務付けられていない。したがって、世俗的免除を享受している聖職者もまた同様である。俗人であっても、貴族のように正当な免除を享受すれば国法遵守を自然法によって全面的には義務付けられない場合がある。第二に、自然法が聖職者に国法遵守を義務付ける場合でも、その義務の力はしばしば弱いからである。先述のように、俗人は統治契約における同意により君主に対して政治的服従の義務を負う。よって、俗人による国法の不遵守は君主の命令に対する背反であり、不服従(*inobedientia*)である。それゆえ、俗人による国法不遵守の罪は不服従の罪として重い。だが、聖職者の場合

聖職者は国法の強制力に従うよう義務付けられていない。なぜなら、国法は指導的力に関してさえ、自らの力によって聖職者を義務付けていないからである。さらに、聖職者が国法に反することで刑罰を受けるべき被告となる際に、「この刑罰の被告という立場は、厳密には国法の強制力を原因として生じるわけではなく、自然法から生じるから」[302]であ

は異なる。人は俗人から聖職者になることで、免除の特権を得て、聖職者として君主の権力から解放される。すなわち、上記の同意に基づく政治的服従の義務から解放される。それゆえ、国法に「違背することは聖職者において不服従ではないであろう」（ibid., 344-45.）。よって、国法の不遵守は軽い罪でしかない。この罪が軽いので、翻って国法遵守を支える自然法の義務の力が弱いとスアレスはいう。したがって、自然法は国法遵守の義務において源泉の一つとして認められるが、単独ではしばしば国法遵守を十分に義務付けることができない。
　そこで、聖職者に国法遵守を義務付ける上で、カノン法が必要となる。聖職者は霊的事柄のみならず世俗的事柄においても基本的に教皇の命令に従っている。それでも、教皇は実際に全ての世俗的事柄について聖職者に命令を下しているわけではないので、未だ命令の下されていない残余的な世俗的事柄が存在する。不完全な仕方であれ自然法が聖職者に国法遵守を義務付けているかが論じられていたのは、このような世俗的事柄についてであった。以上を踏まえた上で、スアレスはゲラシウス一世の教令を参照しながら、こう述べる。「特に教会のカノン法が存在していない場合に、教皇は世俗的事物の情勢のためだけに諸皇帝の法を用いる」（ibid., 347.）。すなわち、カノン法が未だ立てられていないような世俗的事柄において、教皇は世俗法を利用する、あるいはカノン法の空白を世俗法によって埋め合わせる。自然法のみならず教皇もまた残余的事柄において聖職者に国法遵守を求めるのである。ここで、教皇と自然法の関係に注意すべきである。教皇はこの埋め合わせを自然法によって義務付けられていない。なぜなら、自然法が全体への一致を義務付ける対象は、あくまで当該国における成員としての聖職者だからである。それでも教皇は、政治共同体の統一性のために国法遵守を求める自然法を適切であると判断し、自然法の教えに自ら同意する。その結果、聖職者の国法遵守を求める。すなわち、「教会は自然理性や公正さを考慮して聖職者がこれらの法に従うよう求める」（ibid., 348.）。それゆえ、教皇は自然法の不十分な義務の力をカノン法によって十分なものへと完成させる。結局のところ、スアレスは自然法よりもカノン法を重要な法源としながら、自然法とカノン法をその義務の法源として認める。国法「遵守を義務付けられる度に、聖職者はカノン法と自然理性の力によって義務付けられている」（ibid.）のである。

302　*Defensio Fidei*, 462.

る。というのも、国法遵守の義務が自然法に由来するからである。自然法はその違反の罪に対する刑罰を聖職者の上位者としての教会裁判官に義務付けているので、聖職者は君主や世俗裁判官によって罰せられない。しかも、教会裁判官は俗権を免除されているので、刑罰を科す上で国法に従わなくてもよい。

　以上のように、聖職者の免除は狭義の教会を君主の野心や暴力から守るための手段であるので、様々な面で君主の権力に依存してはならず、神法やカノン法に基づけられる必要があった。スアレスによれば、人は二人の主人に仕えることができない。聖職者は霊的事柄のみならず世俗的事柄においても教皇の管轄下にあるので、両事柄において君主に服従できない[303]。ところが、野心ゆえに聖職者を自らに服従させ、教皇の裁治権と聖職者の忠誠を奪おうとする者がいる。この強奪に対して教会を守る手段が聖職者の免除であった。それゆえ、聖職者の免除は人の権力や慣習などによって根本的に廃されないよう神法に基づく必要があった。さらに、国法遵守においても、聖職者は君主に対する服従や依存を免れ、ベラルミーノの場合よりも教皇に対する依存度を強めていた。このようにして、スアレスは聖職者を君主に対する服従から解放し、狭義の教会を守ろうとし、そのようにして広義の教会をも守ろうとした。

国教会原理あるいは王の霊的首位性

　聖務停止令論争において、スアレスやベラルミーノはヴェネチアに国教会原理を見出し、主要な論点として取り上げ批判していた。忠誠宣誓論争においても、国教会原理は中心的な論点として現れる。主な理由は二つある。

　一点目は、君主の教会統治権が聖職者の免除と真向対立する点である。特に、スアレスは霊的事柄のみならず世俗的事柄における聖職者の免除をも霊的事柄として捉えて霊権に帰属させたので[304]、聖職者の免除は君

303　Ibid., 419.
304　Ibid., 431.

主の教会統治権と全く両立できない。二点目は、より重要な点であるが、スアレスや、バークリ以降のベラルミーノにとって、国教会原理は間接的権力論とも真向対立し、両立できないからである。それゆえ、国教会原理ないし君主の霊的首位性はスアレスやベラルミーノの両権論を根底から覆すほど重要な理論であり、論点であった。以下では、上記の二点目について説明してから、スアレスの国教会原理批判を扱う。

　二点目について、スアレスは君主の霊的首位性が教皇から霊権を奪い、よって霊権の一部としての間接的権力を奪うと論じる。一方で、間接的権力を俗権とみなすビトリアたちと異なり、スアレスやベラルミーノは間接的権力を霊権として捉えた。間接的権力は強制権であるので、より正確には霊的裁治権であり、一定の場合に世俗的事柄へと対象を拡張させた時の霊的裁治権である。他方で、ジェームズは君主が秘蹟を執行するための純粋な霊的権威を持たないが、自国における教会統治権を持つと主張していた。スアレスからすれば、この教会統治権は基本的に霊的裁治権と同一であった。それゆえ、霊権としての間接的権力論において、国教会原理は当該国における教皇の霊的裁治権を君主へと移転するような理論であったので、間接的権力論と両立できないほど対立していた[305]。したがって、スアレスは国教会原理ないし君主の霊的首位性を次のように特に重要な論点として捉えていた。スアレスは「教皇が世俗君主や王を自身に対して霊的に服従させているか」[306]という問いを出す。スアレスによれば、マルシリウスやプロテスタントならびにヘンリ8世やジェームズは「世俗的事柄における最高の君主が一般的にいかなる人間に

305　FranceschiやCourtineはスアレス理論の意義の一つとして、ジェームズ陣営による霊権の奪取に対抗した点を挙げている。それゆえ、国教会原理がスアレス理論において霊権の奪取という点で重要であることは既に先行研究によって指摘されている。しかし、スアレスにとって間接的権力が霊的裁治権の一部であるという理由で、国教会原理が間接的権力と相容れないほど真っ向対立する点で重要であることは未だ指摘されていない。Franceschi, *La Crise Théologico-Politique*, 835; Jean-François Courtine, *Nature Et Empire De La Loi : Etudes Suaréziennes* (Paris: Éditions de l'École des hautes études en sciences sociales : J. Vrin, 1999), 150.

306　Suarez, *Defensio Fidei*, 320.

対しても霊的事柄において服従していない」[307]という謬見を抱いている。特に、ジェームズは教皇に対する君主の「霊的服従をも否定し、そのために霊権を自身に帰属させようともする。この基礎によって、彼の構築物の全体が支えられている」[308]。すなわち、ジェームズの理論構造における基礎は、君主が自国における霊権を教皇から奪い取ることで教皇に対する霊的服従を否定する点にある。なぜなら、次項で詳述するように、間接的権力論において、教皇に対して霊的服従を義務付けられている君主は、間接的な世俗的服従をも義務付けられているからである。言い換えれば、キリスト教君主は教皇の霊権に服しているので、その一部である間接的権力にも服しているからである。それゆえ、ジェームズは教皇の霊権を奪い取り、よって間接的権力を奪い取り、教皇のような「何らかの人間の権力に王権が依存しない」[309]ようにしたのである。

そこで、教会の統一性を守るべく、スアレスは国教会原理の批判と間接的権力論の正当化を行う。前者を本項で、後者を次項で扱う。国教会原理に対する批判は二通りである。一つ目は、君主が神から霊権を得ていないという批判である。二つ目は、キリスト教の諸国がこの原理を採用すると、教会全体の統一性を保てないという批判である。

一つ目の批判に関して、神は霊権を君主ではなくペテロのみへ与える。スアレスによれば、霊権は「キリストによって与えられた者の下にしか存することができない」[310]。そこで、世俗君主がキリストや神から得ている権力の種類が問題となる。これまでみてきたように、スアレスは「わたしの羊を牧せ」などの聖句を根拠として、キリストがペテロのみに霊権を与えたという。反対に、「キリストがこの権力を世俗の王たちに与えたことを示すような神の啓示や権威は全く存在しない」[311]。それゆえ、キリストは君主に霊権を与えていない。

ここで、聖句に基づいたジェームズの国教会原理の論証をスアレスは

307　Ibid., 321.
308　Ibid.
309　Ibid.
310　Ibid., 252.
311　Ibid., 253.

批判する。ジェームズは聖書に基づいて、君主が教会の統治や改革などを行ってきたと主張していた。しかし、スアレスによれば、聖句により、「神に関わる事柄の特別な権力や霊的裁治権が旧法の時代において王たちの下に全く存しなかったことが示される」[312]。例えば、ジェームズは王の霊権を論証する上で、王による偶像崇拝の廃止を挙げていた。しかし、スアレスによれば、自然法は真の神を崇拝するよう命じているように、偽りの神々の崇拝すなわち偶像崇拝を禁じている。それゆえ、偶像崇拝の廃止は「霊権や教会権力に固有の行いではない」[313]。よって、王の霊権を論証するための根拠にはなれない。ジェームズが聖書に基づいて挙げた他の例は、偶像崇拝と同様の性質であるか、あるいは教会の同意に基づいた行いであった。それゆえ、君主が独力で霊権を持つ点は聖句によって論証されなかった。むしろ、反対を示すような聖句が存在する。「わたしの国は、この世には属していない」である。スアレスによれば、この聖句は三点を意味する。第一に、キリストの王国はこの世界にも存在するが、この世界に属さない点である。第二に、「この世界の王たちは王たちとしてキリストの王国に対する権力を持たない。なぜなら、より高いところに起源を有しており、この世界に属していないからである」[314]。第三に、キリストの王国を統治する者は、世俗君主ではなく、聖職者であるという点である。したがって、王が霊権を持つことではなく持たないことを聖句は示している。

　神が君主へ与える権力は俗権ないし政治権力のみである。俗権の間接的神授に関する説明は『法および立法者たる神について』の説明と基本的に同一である。すなわち、神が自然法を介して俗権を人民へ与え、人民が君主へ与える。ここで重要な点は、自然法を介して神が授権する点である。スアレスによれば、霊権は純粋な自然や人間の能力を超えており、「自然法や人定法を超えたところに起源をもつ」[315]。それゆえ、霊権

312　Ibid., 353. ベラルミーノも同様の批判を行っている。Bellarmino, *Responsio Matthaei Torti*, 136-39.
313　Suarez, *Defensio Fidei*, 347.
314　Ibid., 265.
315　Ibid., 250.

は自然的な権力ではなく、「自然法に属することができない」[316]。したがって、君主は神から自然法を介して霊権を得られず、俗権のみを得る。王の聖性という伝統に反して、君主は霊的首位性ではなく政治的首位性（principatus politicus）しか得られず、純粋な俗権しか持たないのである。

　国教会原理に関する二つ目の批判について、国教会原理は霊的最高権をペテロへ与えず、君主へ与えるので異端である。スアレスによれば、ヘンリ8世以降のイングランドにおいて次のような原理が普及していった。「キリスト教会は単一の霊的頭を持たず、ローマ教皇がそのようなものとして認識されるべきではない。各々の国や王国において、世俗的事柄における最高者は霊的事柄における固有の最高の頭であり、それは各々において王や世俗君主あるいは元老院以外ではない」[317]。スアレスからすれば、「この原理は全てが異端であり、聖書に反している」[318]。国教会原理が異端的である理由は二つ挙げられる。第一に、ペテロの首位性を否定するからである。この点は既に述べた。第二に、両権が混同され、君主が俗権のみならず霊権をも持つからである。いいかえれば、君主が両権を持つからである。スアレスによれば、「世俗の王が世俗的事柄のみならず霊的事柄において最高であることは、前者について誤っておらず後者についてのみ誤っているが、絶対的な仕方でみれば異端である」[319]。すなわち、君主が霊的事柄において最高だという点により、異端的である。

　ここで、ジェームズの忠誠宣誓における「最高の支配者（supremus dominus）」という語句が注目される。イングランドの「王国において受け入れられた一般的な意味合いにおいて、『最高の支配者』は霊的事柄および世俗的事柄における絶対的な最高者を意味する。（いわば）積極的には、自身の王国における最高者である。なぜなら、世俗的事柄および霊的事柄において、俗人と聖職者の全員より上にあるからである。消極的には、全世界や教会においてである。なぜなら、そこにおいていか

316　Ibid., 257.
317　Ibid., 113.
318　Ibid.
319　Ibid., 706.

なる上位者も認められないからである」³²⁰。すなわち、スアレスは霊俗の事柄において対内的には最高で対外的には独立した者を「最高の支配者」として捉えた。羅語版の「最高の支配者」という語句は、英語版でまさしく「主権的支配者（Soveraigne Lord）」と記されていた。それゆえ、スアレスは上記のような両権の所有者としての主権者という概念を異端として批判したのだった。

　さらに、国教会原理は教会全体の統一性を確保できない。スアレスによれば、ジェームズの考えが正しいならば、キリスト教共同体には「世俗的な最高君主の数だけ霊的な最高君主が存在する」³²¹ことになる。この場合、複数の王国間に単一の世俗的最高権が存在しなければ複数の王国が存在するだけであるように、各国における教会間に単一の霊的最高権が存在しなければ複数の教会が存在するだけである。よって、そこには単一の普遍教会は存在せず、教会全体の統一性は確保できない。さらに、教会の統一性を保つために必要な信仰や秘蹟の統一性を維持できない。なぜなら、「二人の世俗的な王が霊的事柄において最高である場合、一方が自国において或る宗教の仕方を選んで他方が他の仕方を選び、一方が或る信仰を自身の考えに基づいて聖書から得て他方が反対の信仰を得たなら、いかにして統一性をもたらすことができるのだろうか」³²²。したがって、国教会原理では教会の統一性を確保できない。

　ここで、スアレスは公会議主義と結び付けられた国教会原理を取り上げ批判する。スアレスによれば、イングランド人は次のように反論するかもしれない。世俗君主は自国では霊的事柄における最高者であるが、「キリスト教のあらゆる王から構成される教会会議や集会が召集されることが可能であり、そこには各々の王よりも上位の霊権が存在しており、その権威によって教会の統一性を保つことができる」³²³。スアレスはこのような公会議主義と結び付いた国教会原理が問題を解決しないと批判する。なぜなら、その召集に反対する君主が存在するならば、その君主

320　Ibid., 707-8.
321　Ibid., 258.
322　Ibid., 258-59.
323　Ibid., 259.

に召集を認めるよう強制できる権力が存在しないので、そもそも召集自体がなされないからである。全世界の世俗的統治に関する会議が諸君主によって開催されないように、霊的統治に関する会議も開催されないだろう。さらに、仮に召集に成功したとしても、その教会会議は諸君主によって「問題の公的な審議や何らかの深慮深い諮問」[324]としかみなされず、その教会会議の決定は諸君主にとって都合のよい仕方でしか利用されないからである。というのも、諸君主は公会議における上位の霊権を認めようとしないからである。それゆえ、結局のところ、諸君主が自国において最高の霊権を持つならば、自国の霊権を自発的に放棄しない限り、教会会議は教会の統一性を確保する手段にはなり得ない。

間接的権力論

　本項では、五点について述べていく。第一に、最高の教会権力がローマ教皇に存する点である。第二に、教皇権はまさしく権力であり、強制力を行使できる点である。第三に、教皇は霊権を持っているが俗権を持たない点であり、直接的権力論批判である。第四に、霊権が世俗的事柄へと拡張する点であり、間接的権力の説明である。第五に、間接的権力によって世俗的強制力を行使できる点である。

　ローマ教皇が教会全体における最高権を持つ。ジェームズは教皇に一定の権威を認めながらも、俗権を強奪するようになった教皇を反キリストと呼び、自身こそが使徒的伝統を継承するカトリックだと自認し、国内外における反ローマ的カトリックと結託していた。しかし、スアレスによれば、ローマ教皇が最高の教会権力を持つカトリックである。なぜなら、キリストが「わたしの羊を牧せ」等の聖句において教会権力をペテロへ委ね、ペテロの座が教皇によって継承されているからである[325]。ギリシャの東方教会もまたローマ教皇の首位性を認め、最重要の案件をローマへと訴えていた[326]。さらに、ヘンリ8世以前のイングランドにお

324　Ibid.
325　Ibid., 283-99.
326　Ibid., 305.

いても、ローマの首位性は長らく認められていた[327]。それゆえ、ローマこそカトリックであり、教皇に対してキリスト諸君主が霊的に服従すべきであることをジェームズは認めなければならない。

　最高の教会権力は公会議に存しない。ジェームズなどは公会議主義の流れを利用して教皇権を抑制しようとしていた。それゆえ、スアレスは『信仰の防衛』においても公会議主義を批判している。スアレスによれば、キリストは「わたしの羊を牧せ」や「わたしはあなたに天の国の鍵を授ける」を教会全体に対してではなくペテロのみに対して述べた。しかも、教皇は教会の代理人ではなく頭として教会権力を受け取る[328]。それゆえ、公会議ではなく教皇がキリストから最高の教会権力を受け取る。ここで、スアレスはコンスタンツやバーゼルの公会議における教令を反論として挙げ、批判する。スアレスによれば、コンスタンツ公会議が廃した三人の自称教皇はそもそも教皇ではなかった。この場合、公会議は自称教皇の真贋を調べる権利を持ち、正統でない教皇を廃せる。ここまでなら、公会議は正当に行える。しかし、コンスタンツ公会議は教皇に対する公会議の優位という教令を下したので、越権行為に至り、誤った。同様に、バーゼル公会議は「公会議が教皇より上位であるという、コンスタンツ公会議で扱われた主張を承認した点で誤った」[329]。これらの公会議はシスマの終結という目的のために正当に召集されたにもかかわらず、この教義の決定において越権し、誤ったのである。それゆえ、コンスタンツ公会議に参加したジェルソンもまた公会議の優位に関して誤っていた。

　教会権力はまさしく権力であるので、教皇は説教や秘蹟のみならず命令や強制を行える。スアレスによれば、マルシリウスはキリストが教皇などの聖職者に対していかなる裁治権をも与えず、秘蹟などを任せたと述べた。ヘンリ8世やジェームズはこの謬見に従った。この主張に対して、スアレスは概ね従来通りの反論を行う。すなわち、「魂の救済のためにキリスト教の人々を適切に統治できるようにするための手段として、

327　Ibid., 324-25.
328　Ibid., 280.
329　Ibid., 312.

固有の意味における真の裁治権的な霊権が教会に与えられている」[330]。なぜなら、教会は霊的王国として一種の国であるので、世俗的な国と同様に、統治のために裁治権を必要とするからである。

　それでも、教皇が教皇としてキリストから得ている権力は俗権ではない。スアレスは直接的権力論を否定する点でジェームズと同意見である。だが、スアレスによれば、ジェームズは「カトリックがキリスト教君主の裁治権や彼らになすべき服従を否定すると不平を訴えている」[331]。スアレスはこの不平が直接的権力論においてならば正しいと判断したので、『信仰の防衛』においても直接的権力論を批判している。同時に、直接的権力論と一線を画した間接的権力論においてその不平が正しくないという意図もその批判には込められている。

　スアレスは、直接的権力論が教会の統一性に反していると批判する。スアレスによれば、直接的権力論を支持した初期のカノニストは同一人物が両権を持たなければ争いが絶え間なく生じると考えたので、直接的権力論が「教会のよき統治や統一性ならびに平和にそのように役立った」[332]という理由で、直接的権力論を正当化した。しかし、スアレスからすれば、教会全体に対する教皇の俗権は「明らかに教会の霊的統治において不要であったし、その同じ目的において有益でもなく、むしろ大きな弊害となっていただろう」[333]。なぜなら、世俗的統治は霊的統治と非常に異なっているので、一方に専念すると他方を怠る傾向にあるからである。それゆえ、キリストは「わたしの羊を牧せ」などとペテロへ命じた際に、俗権ではなく霊権のみを与えたのだった。両権が対立した場合であっても、教皇が俗権を行使する必要はなく、霊権が世俗的事柄へと拡張すれば十分対応できる。

　スアレスはより穏健的な直接的権力論をも同様の理由で批判する。すなわち、教皇は教会全体に対する俗権の行使を通常禁止されているが、両権を所有するという理論であり、ジャコモやペラヨなどに広く受容さ

---

[330]　Ibid., 246.
[331]　Ibid., 238.
[332]　Ibid., 239.
[333]　Ibid., 243.

れた理論である。スアレスは教皇が君主に俗権を譲渡する場合と委任する場合に分ける。譲渡した場合、教皇はもはやその俗権を利用できない。しかし、「世俗君主へと至ったこの権力の起源は教皇に帰せられており、このことが十分に大きな憎悪や反感を引き起こす」[334]。委任した場合、諸君主は俗権を教皇から委任された者にすぎないので、もはや自国における世俗的な最高者ではない。よって、「同様に憎悪や反感を高めるだろう」[335]。このような考えは「教会全体の平和に反する」[336]ので、否定されなければならない。

　教会の統一性を守るためには、間接的権力が必要である。そこで、間接的権力自体に関する説明に移る。以下では、四点を順に説明していく。第一に、間接的権力が霊権である点である。第二に、間接的権力が霊権であるにもかかわらず世俗的事柄へと拡張できる根拠である。第三に、間接的権力が世俗的事柄へと拡張できるのみならず、世俗的事柄において君主の俗権に優位する根拠である。第四に、間接的権力の世俗的強制力について、特に廃位権に関する正当化である。

　間接的権力は、純粋な霊権としての教皇権の一部である。先述のように、スアレスはキリストがペテロに対して霊権しか与えなかったと考えたので、教皇は霊権しか持たない。教皇は霊権によって、秘蹟のような霊的事柄のみならず世俗的事柄をも対象にできる。スアレスは、霊的事柄という本来の対象に関わる霊権を霊的な直接的権力（*spiritualis potestas directa*）と呼び、世俗的事柄という対象に偶然的に関わる霊権を霊的な間接的権力（*spiritualis potestas indirecta*）と呼ぶことで、間接的権力もまた霊権であることを強調する[337]。スアレスは『信仰の防衛』

334　Ibid., 244.

335　Ibid.

336　Ibid.

337　Ibid., 327. スアレスやベラルミーノにみられる霊権としての間接的権力論は、国教会原理との対立において同時代史的に重要であるのみならず、通史的にみても重要である。間接的権力はしばしば俗権として捉えられてきたからである。例えば、トルケマダは「ローマ教皇が自身の首位性の権利によって世俗的裁治権を持つ」（Juan de Torquemada, *Summa De Ecclesia* (Venetia: apud Michaelem Tramezinum, 1561), 266.）と述べ、間接的権力を

以前から間接的権力を霊権として捉えていたが、そのような強調を行っていなかった。それゆえ、その背景には、間接的権力と直接的権力を実質的に同一とみなしたバークリの批判があったといえる。

　間接的権力は霊権でありながら、世俗的事柄へと対象を拡張できる。先述のように、スアレスは権力の本質が目的に最も依存し、対象にはそれほど依存しないと考えた。それゆえ、霊的目的を有する権力は霊権であり、霊的事柄を本来の対象としながら、世俗的事柄へと拡張されることが可能だった。しかし、世俗的目的を有する俗権は、世俗的事柄しか対象にできず、独力では霊的事柄へと拡張できない[338]。俗権が霊的事柄へと拡張できないにもかかわらず霊権が世俗的事柄へと拡張できる根拠は、『法および立法者たる神について』においては霊権の上位性であった。すなわち、霊は世俗の上位にあるので、霊権は俗権という下位者の対象へと拡張できるからであった。『信仰の防衛』において、スアレスはその根拠を次のように説明する。キリストはペテロに対して霊的目的の遂行を任せ、そのために必要な全ての権力を与えた。俗権は霊的目的の遂行をしばしば妨げる。それゆえ、「俗権の行使それ自体は、魂の利害に関わりうる限り、特殊が普遍に包摂されるごとく霊的事柄に含ま

俗権として説明した。ビトリアは直接的権力論を批判した後に、「教皇が霊的目的のためにあらゆる君主や王や皇帝に対して極めて広範な俗権を持つ」（Francisco de Vitoria, "De Potestate Ecclesiae Prior," in *Relectiones Theologicae XII* (Lugduni: Jacobus Boyerius, 1557), 82.）と述べ、間接的権力を俗権として捉えた。ベラルミーノは16世紀末の『教皇について』において、同様に直接的権力論を批判した後で、「教皇は間接的に最高の俗権を持つ」（Roberto Bellarmino, *De Summo Pontifice* (Ingolstadii: Sartorius, 1587), 609.）と論じていた。間接的権力が俗権である場合、教皇は霊権のみならず何らかの俗権をもキリストから与えられていることになる。両権が神授される点で、俗権としての間接的権力論は直接的権力論と一致している。しかし、霊権としての間接的権力論においては、教皇はキリストから霊権しか得ておらず、間接的権力はその一部でしかない。たしかに、教皇は教皇国における俗権を持つが、この俗権はキリストではなく人定法に由来する。したがって、霊権としての間接的権力論は教皇主義的な理論でありながらも、教皇には霊権のみが神授されたとして俗権の神授を否定し、よって両権がともに教皇へと神授されることを明確に否定する。かくして、教皇はもはや神授の両権ではなく霊権しか持たなくなったのである。

338　Suarez, *Defensio Fidei*, 330.

れ」[339]、霊権の対象となる。このように、霊的目的に必要ないし有益となる度に、特殊が普遍に包摂されるように世俗的事柄が霊権の対象として包摂されるので、「教皇権は世俗的ではなく霊的であるが、自身の下に世俗的事物を包摂しており、それについて間接的に、すなわち霊的事物を介して関わる」[340]。

　教皇は間接的権力によって世俗的事柄を対象にできるのみならず、世俗的事柄において君主に優位する。この優位を論証するために、スアレスはベラルミーノなどのように両権における目的間の序列や、魂と肉の比喩などを根拠として用いている[341]。しかしながら、ここでは教皇に対する君主の霊的服従という根拠が中心的論点として捉えられているので、この根拠に注目する。

　その論証において、自然法に由来する君主の世俗的最高権というジェームズの主張をスアレスは反論として考慮に入れる。反ローマ陣営の論者は、君主が世俗的事柄における最高権を神授されたので、世俗的事柄において教皇権に服従しないと主張していた。スアレスはこの主張を反論として取り上げ、その要点は「キリスト教の王たちが世俗的事柄における最高権を持つが、最高であることは他者に対して直接的であれ間接的であれ服従することと矛盾している」[342] という点にあると述べる。さらに、ジェームズによる次の主張にも着目する。ジェームズは羅語版の『警告』において、忠誠宣誓の対象が「国の下で生まれた全ての者に対して自然自体が命じるであろう政治的で世俗的な服従」[343] のみであると論じた。さらに、人定的な宣誓よりもむしろ自然に由来しているこの政治的忠誠を教皇が間接的権力によって解消できないとも主張した。そこ

339　Ibid., 328.
340　Ibid., 327. ここで、霊的事物が世俗的事物を恒常的に包摂していない点に注意すべきである。なぜなら、恒常的に包摂するならば、セプルベダにみられたように、間接的権力の制約が大幅に緩和されることになるからである。
341　Ibid., 328.
342　Ibid., 321.
343　James VI and I, *Præfatio Monitoria*, 12. 英語版では、第二節で引用したように、「自然的忠誠や政治的で世俗的な服従」と記されている。

で、王に対する臣民の自然的忠誠を教皇が解消できないという反論をもスアレスは考慮する。

　神法により、教皇に対する霊的服従が間接的な世俗的服従と必然的に結合しているので、教皇は世俗的事柄においてもキリスト教君主より上位に立つことができる。スアレスによれば、たしかに自然法は世俗君主の俗権が自国における世俗的事柄について他の俗権に服従しないような世俗的最高権であると教える。それゆえ、君主は自然法ゆえに世俗的な上位者を認めないといえる。しかし、自然法は君主が霊的な上位者を認めないとは教えていない。むしろ、神法は君主がキリスト教に改宗すると霊的事柄において教皇に服従することを、すなわち教皇に対する君主の霊的服従を教える。この霊的服従は神法に由来しているので、「いかなる法によっても免除されない」[344]。それゆえ、キリスト教に改宗した君主は必然的に教皇を霊的上位者として戴くことになる。さらに、神法により、「世俗的事柄における間接的服従は霊的事柄における服従と内在的に結合している」[345]ので、いいかえれば、君主が教皇に対して霊的目的のために世俗的事柄において服従することは霊的事柄における服従と内在的に結合しているので、キリスト教君主は霊的事柄のみならず世俗的事柄においても一定の場合に教皇に服従しなければならない。すなわち、神法に基づくその内在的結合ゆえに、キリスト教君主は教皇の霊的な直接的権力のみならず霊的な間接的権力にも服従しなければならない。したがって、教皇は間接的権力によって世俗的事柄においても君主より上位に立つことができる。

　自然ないし自然法は教皇の間接的権力を否定せず、むしろ確証する。先述のように、ジェームズは王に対する臣民の自然的忠誠を教皇が解消できないと論じていた。スアレスによれば、自然法は王に対して直接的に俗権を与えていない。さらに、仮に自然法が与えていたとしても、教皇は神法由来の間接的権力によりその忠誠を一定の場合に解消できる。なぜなら、君主が臣民に霊的危害を加える場合に、神法の命令は「自然

344　Suarez, *Defensio Fidei*, 322.
345　Ibid., 368.

法に反しておらず超越している」[346]ので、君主に対する服従という自然法の命令に優先するためである。このように、自然ないし自然法は間接的権力を妨げない。しかも、間接的権力を次のように根拠付ける。先述のように、俗権は純粋な自然によって基礎付けられているが、君主などの改宗によって、純粋な自然から信仰に照明された自然への移行が生じる。その結果、臣民たちに対して、「キリスト教徒における神的信仰に照明された自然自体は、教会への服従や信仰に反することのないような政治的事柄においてのみ王に服従するよう命じる」[347]。このように、俗権を基礎付けている自然は信仰によって照明されることで、教皇に対する間接的な世俗的服従をキリスト教徒に命じるので、間接的権力をむしろ確証する。

　教皇は間接的権力によって命令のみならず強制を世俗的事柄においても行える。バークリは教皇が君主を霊的に服従させているにもかかわらず、霊的罰しか行使できないと論じて、教皇による世俗的強制権の行使を否定した。教皇の世俗的強制権ないし俗権を否定する点で、反ローマ陣営は一致していた。それゆえ、スアレスは間接的権力による廃位などの世俗的罰が「論争全体における軸や要点であり、それゆえより厳密に論じなければならない」[348]と述べ、その重要性を認識していた。間接的権力が世俗的強制力を含むことは、既述の様々な主張に基づきつつ、主に二つの根拠により論証されていく。聖句におけるキリストの命令と、霊的目的を達成する手段としての必要性である。

　第一に、間接的権力の世俗的強制力は聖句に基づく。先述のように、スアレスはキリストが「わたしの羊を牧せ」や「あなたが地上でつなぐことは、天上でもつながれる。あなたが地上で解くことは、天上でも解かれる」などの聖句において霊権をペテロへと授与し、あらゆるキリスト教徒を魂の救済へと導くよう命じたと論じていた。それゆえ、スアレスによれば、キリスト教の王たちが頑迷であるならば、教皇は王たちを強制し罰する権力を持つ。ここで重要な点は、キリストが教皇の「この

346　Ibid., 371.
347　Ibid., 731.
348　Ibid., 320.

権力を聖職者の教会罰に限定しなかった」[349]点である。なぜなら、「『わたしの羊を牧せ』というキリストの言葉は無限定だからである。よって、あらゆる牧者に必要であるような強制権が牧するという言葉に含まれているので、そのような権力は教会罰に限定されていない」[350]。同様に、「あなたが地上でつなぐことは、天上でもつながれる。あなたが地上で解くことは、天上でも解かれる」という聖句についても、キリストは司牧の方法を特に限定していないので、この聖句において授与された霊権が世俗的強制力を含むことは否定されていない。それゆえ、間接的権力は世俗的強制力を含む。しかも、キリストがこのように定めたので、霊権による強制的手段はキリスト教徒たちによって制限されえず、その具体的な運用が教皇の判断に依存する。

　第二に、間接的権力の世俗的強制力は霊的目的を達成する手段としての必要性に基づく。スアレスによれば、教皇が破門のような霊的強制力を行使できることはこれまで広く認められてきた。破門を下すことにより問題が解決するならば、教皇はそれ以上の刑罰を下さない。しかしながら、反抗的な君主が矯正されるというような「その効果を教会罰だけでは十分にもたらさないことがしばしば生じるということは、長年の経験が十分に示している」[351]。というのも、キリスト教会の羊たちは世俗的罰によって強制されないと、「安易に霊的罰を軽視し、自他に対して大いに危害を加えるだろう」[352]からである。特に、臣民よりも君主は「自由であり、その分より容易に誤り、一度堕落すると矯正がより困難である」[353]。しかも、「特にシスマや異端の不正な王は破滅の大きな危険へと臣民を至らせる」[354]。先述のように、教皇は霊的目的に必要な全ての権力をキリストから得ているので、異端的な王のような狼からキリストの羊を守るために必要な手段として、間接的権力によって廃位などの

---

[349] Ibid., 336.
[350] Ibid.
[351] Ibid., 338.
[352] Ibid., 339.
[353] Ibid.
[354] Ibid., 340.

世俗的強制力を行使できる。

　ここで、スアレスは教皇の世俗的野心や専制という反論を取り上げ、批判する。ジェームズなどは教皇が世俗的野心を抱いて君主から俗権を奪うようになり、恣意的に行使すると論じていた。スアレスによれば、このような反論は「プロテスタントが王を欺き、カトリックや真理自体に対する憎悪をかき立てるべく生み出した空虚で奇異な作話である」[355]。なぜなら、教皇は廃位などを僭主のごとく恣意的に行っていないからである。さらに、君主たちが「反抗的であり、適切な根拠があるならば」[356] 教皇は廃位などを行うことができ、その場合であっても頻繁に教会会議を開催してその行使について決定するためである[357]。

　スアレスは教皇権の限界を示そうとしながらも、同時に反宗教改革の流れによって教皇権を拡大させるような傾向にもあった。先述のように、『法および立法者たる神について』において、スアレスは間接的権力が霊権であるので国法のような世俗的な人定法を制定できず、改廃のみを行えると述べていた。それゆえ、教皇は間接的権力によって君主による霊的危害を事後的かつ個別的に除去していくが、国法としての国法を制定することによって世俗的秩序を恒常的かつ一般的に打ち立てることができない。スアレスは「純粋な自然」の概念を発展させるなどして両権を峻別していき、このように間接的権力を制限するに至っていた。しかし、『信仰の防衛』において、教皇の世俗的強制権を否定するジェームズ陣営などに対抗して教会の統一性を守るべく、スアレスは教皇権を強化しようとする傾向をも備えていた。例えば、スアレスは間接的権力という「この権力が教会という王制の適切で秩序正しい統治のために与えられたので、その目的のために世俗的事柄に関する何かを扱ったり変更したりする必要があったならば、その目的にとって道徳的に有益な全てのことをそれ自体で行える」[358] と述べており、上述の制限を後景に退かせている。他にも、次章で論じるように、スアレスは一律型間接的権力

355　Ibid., 363.
356　Ibid.
357　Ibid., 338.
358　Ibid., 432-33.

論へと接近するような主張を行うことにもなる。

僭主征伐論

　最後に、僭主征伐論に移る。第一節で訳出したように、「教皇によって破門されたり剥奪されたりした君主がその臣民や他の者によって廃位されたり殺されたりしてもよいという非難すべき原理や見解を、私は不敬かつ異端として心から憎悪し、嫌悪し、破棄する」という箇所が忠誠宣誓の中にみられたので、スアレスは僭主征伐論を『信仰の防衛』において扱っており、引用文にみられる「非難すべき原理や見解」を正当化していく。ベラルミーノは枢機卿という立場ゆえか、僭主征伐論を明確な仕方で論じていないので、僭主征伐論においてスアレスと明確な差がみられる。僭主征伐論に入る前に、その理解に必要な人民の抵抗権論をまずみていく。

　君主の俗権は神から自然法を介して直接与えられるのではなく、万民法を介して人民から直接与えられるので、人民は君主を廃位できる。先述のように、スアレスによれば、ジェームズは王に対する臣民の忠誠が自然や自然法に直接由来すると主張していた。スアレスはこの主張を次のように否定する。たしかに、「王に対する政治的忠誠や服従は自然法に基礎や根を据えているが、より適切で真実に近い言い方をすれば、万民法に由来している。なぜなら、直接的に自然法に由来しておらず、単一の政治的身体や完全な共同体へと人々が結合することを前提としているからである。あるいは、せいぜい次のように確実に言える。それらの人々の間における契約（pactum）や合意（conventio）を前提とすれば、自然法に由来する」[359]。すなわち、人々が「社会契約」によって単一の政治共同体を形成した後に、自然法が君主の権力に対する服従を人民に命じるので、その服従が直接自然法に由来するとはいえない。さらに、君主による統治のあり方は「王と王国の間における最初の盟約

359　Ibid., 730.

(foedus）での条件」³⁶⁰ に依存しており、すなわち統治契約において定められた条件に依存している。それゆえ、臣民の服従は自然法よりもむしろ、成文法や慣習の形で確認される統治契約という万民法に依存している。したがって、君主が国の共通善に反する場合に、「王国全体は公共の協議会において契約を無効にしたり王を廃位したりでき、そのようにして自身をその政治的服従や忠誠から解放できる」³⁶¹。ただし、人民は俗権を君主へと譲渡した後に君主の下位者となるので、このような抵抗を稀にしか行えない³⁶²。

　以上を踏まえて、僭主征伐論に移る。スアレスは僭主の伝統的な区別を踏襲している。すなわち君主としての正統な権力を欠くような「権限の僭主」（tyrannus in titulo）と、正統権力を持つ真の君主であるが国に有害な統治を行うような「統治の僭主」（tyrannus in regimine）の区別である。統治の僭主はネロのような君主であり、特に異端やシスマの君主が該当する。ジェームズは少なくとも権限の僭主ではないので、統治の僭主がより中心的論点となる³⁶³。

　僭主的な統治を理由に私人が君主を殺害することは許されない。スアレスはアクィナスやカジェタヌス、サラマンカ学派の論者たちを権威として挙げつつ、コンスタンツ公会議の教令にも依拠しながら、「僭主的統治やいかなる犯罪のためであっても、何らかの私的権威は君主を正当に殺害することができない」³⁶⁴ と主張する。この主張を厳密に理解するために、僭主征伐論を正当化するかもしれない二つの根拠をスアレスは分けて論じる。すなわち、統治の僭主に対する刑罰と正当防衛である。

　刑罰という根拠において、私人が君主を殺害することは許されない。なぜなら、刑罰は上位者の行いであるが、私人は君主の上位者ではないからである。さらに、刑罰は国の共通善に関わるので、俗権を委ねられた者しか行えないからである。それゆえ、刑罰という「その根拠に基づ

360　Ibid.
361　Ibid., 730-31.
362　Ibid., 224-25.
363　Ibid., 715-16.
364　Ibid., 716.

いて自身の君主を殺害する私人は、所有していない権力や裁治権を強奪しており、よって正義に反する罪を犯している」[365]。しかも、この根拠で正当に殺害できるならば、下位の執政者たちは君主による処遇に不満を感じて君主を罰しようとするだろうから、「王や君主の安全性は皆無となるだろう」[366]。

　正当防衛という根拠について、スアレスの議論はより複雑となる。ここで、二種類の区別が重要となる。第一に、正当防衛の対象が自分自身か国かという区別である。第二に、自身や国の生命に対する危害を僭主的統治がもたらすか否かという区別である。

　自身の生命を防衛するためならば、私人が統治の僭主を殺害することは通常許される。スアレスは防衛の対象として、自身の財産と生命を区別する。君主が神の代理人としての権威をもつので、私人は財産を守るために君主を殺害してはならない。だが、自身の生命を守るためならば、その結果として王が死ぬことになったとしても、自己を防衛することは通常臣民に許されるだろう。なぜなら、「生命を守る権利は最も重要だからである」[367]。ただし、君主の死が国に重大な混乱を生じさせる場合、自己防衛を行わないよう慈愛が命じる。

　国を防衛するためならば、僭主征伐は許される。スアレスによれば、君主が国を不正に滅ぼそうとして現に攻撃している場合、「他の手段によって防衛できないならば、君主を殺してでも抵抗することが許されるだろう」[368]。なぜなら、私人が自己の生命を守るために君主を殺害できるのだから、国の共通善のためなら一層そのようにできるからである。さらに、この場合、国は不正な侵略者に対する正当な防衛戦争を行っているからである。それゆえ、「あらゆる市民は、国によって明示的ないし暗黙的に動かされたその成員として、可能な手段でその争いの中で国を守ることができる」[369]。

365　Ibid., 717.
366　Ibid.
367　Ibid.
368　Ibid.
369　Ibid.

ここで、スアレスの主張は矛盾しているようにみえるかもしれないが、矛盾していない。一方で、スアレスは私的権威によって私人が僭主的統治を根拠として僭主征伐を行えないと主張していた。他方で、自身や国の生命を守るために統治の僭主を殺害することは許されると主張していた。これら二つの主張は矛盾しているようにみえるかもしれないが、スアレスにとって矛盾していない。なぜなら、スアレスによれば、僭主的統治は「王が国を破壊し大部分の市民を殺害すべく国自体に対して現に攻撃戦争を仕掛けている」[370] ような場合を基本的に指しておらず、王が「平和に統治しているが他の仕方で国を苦しめ害する」[371] ような場合を主に指しており、それゆえ後者の場合に「暴力による防衛は適用されない」[372] からである。すなわち、生命を防衛するための僭主征伐は許されているけれども、通常の僭主的統治は国や私人の生命に対する攻撃を含んでいないので正当防衛の対象にはならないからである。それゆえ、スアレスは僭主征伐論の根拠として「防衛という根拠が或る場合に適用される可能性はあるが、我々が論じていたような場合については、すなわち私人が王を単なる僭主的統治のために殺害してもよいかという点については、適用されない」[373] と述べている。したがって、単なる僭主的統治は僭主征伐を正当化しない。

　権限の僭主を殺害することは、幾つかの条件下においていかなる私人によっても許される。スアレスによれば、「権限に関する僭主を殺害することは、専制を被っている国の成員である全ての私人において可能である」[374]。なぜなら、「その場合に王や君主ではなく国の敵が殺害されるから」[375] である。ただし、この僭主征伐には幾つかの条件がある。すなわち、僭主による専制や不正が公的かつ自明である点や、国が僭主征伐を行うことで同程度の悪が生じない点、僭主征伐が最終手段である点な

370　Ibid.
371　Ibid.
372　Ibid.
373　Ibid.
374　Ibid., 718.
375　Ibid.

どである。

　二種類の僭主に対する殺害は二点において異なる。スアレスによれば、これらの僭主に対する殺害には、二点の共通点が存在する。第一に、刑罰は上位者の行いであり、私人はどちらの僭主の上位者でもないので、私人が刑罰という根拠で僭主を殺害できない点である。第二に、どちらの僭主に対しても、防衛という根拠を使用できる可能性がある点である。同時に、これら二つの共通点に則して、それらの殺害は二点の相違点がある。第一に、刑罰という根拠で僭主を征伐した者が負う罪である。統治の僭主を殺害した者は反逆罪であるが、権限の君主を殺害した者は単なる不正や裁治権の強奪で済む。第二に、より重要な相違点であるが、防衛という根拠を恒常的に利用できるか否かである。先述のように、統治の僭主は私人や国の生命を通常攻撃していないので、実際に攻撃するまで防衛という根拠が適用されない。しかし、権限の僭主は「不正に王権を保持して暴力によって支配している限り常に国に対して暴力を加えており、そのようにして常に国自体が彼と現にあるいは実質的に戦争を行っている」[376]。それゆえ、国が「反対のことを宣言しない限り、自身のあらゆる市民のみならずあらゆる外国人によって防衛されることを望んでいると常にみなされ、それゆえ、僭主の殺害以外の仕方で防衛が行えないならば、彼を殺害することがあらゆる人々に許される」[377]。この場合、僭主征伐を行う者はその国の公的権威に基づくか、無辜な他者を助けるための神の公的権威に基づく。

　統治の僭主が廃位され、それでも王の座に留まり続けるならば、権限の僭主となる。スアレスによれば、「王は正当に廃位された後、もはや王ではない」[378]。あるいは、廃位によって、法・権利における（*de jure*）君主から事実における（*de facto*）君主に変わる。それにもかかわらず、王座に留まり続けるならば、「王権を暴力によって維持しており、権限の僭主となり始める」[379]。権限の僭主となった者を私人が私的権威の下

376　Ibid., 720.
377　Ibid.
378　Ibid.
379　Ibid., 721.

で陰謀により殺害しようとする場合、この陰謀について告解以外で知った者はこの秘密を暴露しなければならない。なぜなら、隣人の悪を妨げるよう慈愛が命じるからである。しかし、私人が公的権威の下でそのように殺害しようとする場合、「秘密を暴露する義務は全てなくなるだろう。なぜなら、それらはもはや不正な陰謀ではなく正戦であろうからである」[380]。

　君主を廃位できる者は、国か教皇である。まず、国は最終手段として、自己防衛のために統治の君主を廃位できる。なぜなら、自然法は暴力によって暴力を追い払うことを許すからである。さらに、このような廃位は、「国が自身の権力を王へ譲渡した最初の契約における例外と理解されている」[381]ので、国は統治契約後に君主の下位者になった後でもこの廃位権を保持しているからである。次に、教皇は間接的権力によって統治の僭主を廃位できる。なぜなら、「世俗君主の僭主的統治は常に魂の救済にとって有害だから」[382]である。かくして、僭主的統治は僭主に対する殺害を正当化しないが廃位を正当化する。さらに、この廃位における国と教皇の関係として、間接的権力により「教皇は、王国が自身に有害な王を廃位することを助言したり同意したりできるのみならず、王国の霊的救済のために、とりわけ異端やシスマを避けるために必要だと判断した時に、それを行うよう命令したり強制したりできる」[383]。このように、教皇は間接的権力によって自身や国を介して僭主を廃位できる。

　廃位を行った者は自身か委任者を介して、僭主を王座から追放できる。スアレスによれば、君主が廃位された後、すぐさま全ての者がその僭主を殺害してでも王座から追放してよいということにはならない。なぜなら、殺害は危害を加えることであるので、その対象者に対して上位者の権力を持たなければ許されないからである。さらに、その執行には常に深慮と正しい方法が必要だからである。それでも、廃位の「判決を下した者や、彼自身が委任した者は、他の仕方では可能でない場合や、正当

380　Ibid., 734.
381　Ibid., 721.
382　Ibid.
383　Ibid., 722.

な判決がこの罰にも触れている場合に、王を殺害してでも王から王権を奪うことができる」[384]。なぜなら、教皇などが正当に廃位を下したにもかかわらず、このように廃位が事実として実現されないならば、廃位権は実効的でなくなってしまうからである。君主をその座から追放する役目は、国や教皇によって委任された者が担う。委任がなされないならば、その役目は「王国の正統な後継者に関わり」[385]、その後継者がいないなら、国自身がその執行者になる。補論で論じるように、この執行者の委任や指定について、ジェームズはスアレスを批判することになる。

384　Ibid.

385　Ibid.

第六章　宗教改革と大航海時代の思想的な影響関係
── 忠誠宣誓論争の下で ──

　ここまで、忠誠宣誓論争を中心にして、ローマ陣営と反ローマ陣営の両権論に関する論争をみてきた。ローマ陣営は、宗教改革の流れに対抗してヨーロッパにおける狭義の教会やキリスト教共同体という広義の教会の統一性を守るべく、教皇の間接的権力論や直接的権力論ならびに聖職者の免除論を展開していた。反ローマ陣営は君主の権力や生命を守るべく、自国の世俗的事柄における最高権や自国の全成員に対する権力にみられたように主権論を発展させつつ、バークリなどのようなカトリックを除いて国教会原理を展開し、いわゆる主権的な領域国家を理論的に構築していった。宗教改革に対抗した形での普遍教会の統一性の維持と主権的な領域国家の確立は、17世紀初頭におけるこれらの論争の意義として、これまで指摘されてきたといえる。そこでは、キリスト教君主と教皇の権力関係が主題となっていた。

　本章の狙いは、第二部でここまでみてきた宗教改革の文脈と、第一部で扱った大航海時代の文脈を接合して、忠誠宣誓論争における両権論の理論的対決を理解することである。主に、忠誠宣誓論争に対するヨーロッパ外部の文脈の思想的影響をみていく。ヨーロッパの内外をつなぐ主な論点は、異教君主と教皇の権力関係である。この関係は第一部の主題であったが、ヨーロッパ内部の論争における主要な論点でもあった[1]。本

1　異教君主と教皇の権力関係が宗教改革の文脈で注目される理由は三つある。第一に、原始教会の規範性である。反ローマ的カトリックやプロテスタントはキリストや使徒たちが治めた原始教会を規範として捉え、中世における教皇主義的キリスト教会の堕落や腐敗を嘆き、断罪し、原始教会の使徒的伝統に還ろうとした。原始教会において、キリスト教に改宗した君主は未だ少なかったので、そこで問われるべき両権の関係はカエサルとキリストのように異教君主と教会ないし教皇の両権の関係であった。特に、原始教会の頃、ネロのようにキリスト教を迫害する異教君主に対して教会は武力による抵抗を行わなかったので、迫害に対するこの不抵抗の事実を規範として捉えることが反ローマ陣営にとって好都合だったのである。第

章に至るまで、第五章ではその関係に関する論点を意図的に捨象してきた。本章でその関係をまとめて扱うことによって、両文脈の関係をより分かりやすく理解できるだろう。

　以下では、主に異教君主と教皇の権力関係に着目して、忠誠宣誓論争の展開をみていく。その前に、その背景として、16世紀における新世界等の征服や布教の情報がイングランドやフランスやヴェネチアなどに流通していた点について説明する。

第一節　新世界等に関する情報の流通

　新世界に関する著作はスペイン人やポルトガル人によって主に書かれ、翻訳等として他国にも流通した。新世界発見以降、新世界に関する主たる情報源はやはり現地に行っていたスペインやポルトガルであった。例えば、第二章で触れたように、1530年代において公認の記録官であるオビエドなどが新世界に関する一連の著作を公刊し、セプルベダによる新世界征服の正当化などに寄与していた。スペイン人たちの著作や手紙などは他国の人々によって収集されたり翻訳されたりして、他国にも流通した。例えば、16世紀のイングランドにおいては、古代や中世の旅行記が流通していたが、その後半から同時代のスペイン人等による旅行記が翻訳され流通していった。その際に、後述のハクルートが重要な役割を担った[2]。フランスでも、16世紀後半から新世界の情報が流通して

二に、後述のように、発見された新世界などに対する布教や征服の関心である。スペインやポルトガルによる征服や布教の情報は後続国のイングランドやフランスなどにも流通し、彼らの関心を惹起していた。第三に、後述のように、異教君主に対する教皇権を強く制限するという峻別抑制型間接的権力論の特徴である。反ローマ陣営は異教君主に対する教皇権のこのようなあり方をキリスト教君主に対する教皇権のあり方にも適用することになる。

[2] George B. Parks, "Tudor Travel Literature: A Brief History," in *The Hakluyt Handbook*, ed. D. B. Quinn (London: The Hakluyt Society, 1974), 98-99.

いった[3]。ヴェネチアは当時のヨーロッパにおける一大出版地であったので、新世界等の情報が英仏などよりも広く早く流通した[4]。例えば、聖務停止令論争においてサルピやマルシリオの著作を出版していたヴェネチアの出版社メイエッティは、16世紀末にヨーロッパで天正遣欧使節のブームが起きていた頃にこの使節に関する著作を出版していた。

　新世界の征服や布教に関するスペイン人たちの否定的な記述がイングランド人などによって利用された。インディアス問題において、インディアス征服の正当性を擁護する者もいれば批判する者もいたように、その征服や布教を好意的に記述する者もいれば否定的に記述する者もおり、両義的に記述する者もいた。新世界への進出において後続国であった英仏などは、新世界におけるスペイン帝国の正当性を弱めるためにスペイン人の否定的記述を利用しようとした。その際に生み出されたスペインの否定的イメージは一般的に「黒い伝説（leyenda negra）」と呼ばれており、例えばスペイン人が獣のようにインディオを虐殺したといったイメージである。さらに、第一部でみたように、教皇主義理論が両インド地域におけるスペイン帝国とポルトガル帝国の理論的後楯になっていたので、英仏などは教皇主義理論を、とりわけアレクサンデルの贈与を批判していった。これらの黒い伝説や贈与批判が17世紀初頭の諸論争へと流れ込んでいく。黒い伝説の詳細は補論で扱い、ここではハクルートの理論を主にみていく。

3　フランスが初めて北米の植民事業に乗り出したのは1540年代であり、成功しなかった。その後、50年代と60年代にブラジルやフロリダの植民を試みるが、再び失敗した。フランスの宗教戦争が激化していく中で、1578年からユグノーが新世界に関する一群の著作を公刊していく。ただし、征服や支配の正当性に関するビトリアやラスカサスなどの議論をユグノーは考慮せず無視していた。Frank Lestringant, *Le Huguenot Et Le Sauvage: L'Amérique Et La Controverse Coloniale, En France, Au Temps Des Guerres De Religion, 1555-1589* (Geneve: Droz, 2004), 23-37.

4　伊語訳されてヴェネチアで出版されたスペイン人の新世界に関する著作については、Donatella Ferro, "Traduzioni Di Opere Spagnole Sulla Scoperta Dell'America Nell'editoria Veneziana Del Cinquecento," in *L'impatto Della Scoperta Dell'America Nella Cultura Veneziana*, ed. Caracciolo Arico (Roma: Bulzoni editore, 1990). を参照。

ハクルートの「西方植民論」

　16世紀のイングランドはフランスと同様に新世界の植民地建設について後続国であった。もっとも、モアの『ユートピア』やメイジャーの自然的奴隷説のように、新世界への関心はイングランドにおいても早くからみられた。ヘンリ7世が北大西洋の航海者に特許状を与えたこともあった。しかし、スペインのような成功を収めず、イングランド王権の関心は低下していった。1570年代に入ると、王権の関心は学者などの働きかけによって復活する。東アジアへ至ると信じられていたいわゆる北西航路の開拓や、エリザベス女王の処女性にちなんでヴァージニアと名付けられた北米地域の植民が試みられた[5]。

　エリザベス期におけるそれらの試みは結局のところあまり成功しなかったが、その立役者がハクルートであった。ハクルート（Richard Hakluyt 1552-1616）は地理学者や聖職者であり、後にイギリス帝国の思想的父祖とみなされる人物である。イングランドの存続には海外の交易や植民が必要だと考え、推進していった[6]。そのために、新世界に関する著作や情報を広く収集し、翻訳を行い、奨励していった[7]。1584年、イングランドの植民事業を後押しすべく、エリザベス女王に謁見して「西方植民論」を手渡した[8]。本書の1/3以上の紙幅を、アレクサンデル

---

[5]　Christopher Tomlins, *Freedom Bound: Law, Labor, and Civic Identity in Colonizing English America, 1580–1865* (Cambridge: Cambridge University Press, 2010), 93-96.

[6]　David Armitage, *The Ideological Origins of the British Empire* (Cambridge: Cambridge University Press, 2000), 70-73.（デイヴィッド・アーミテイジ『帝国の誕生：ブリテン帝国のイデオロギー的起源』平田雅博ほか訳、日本経済評論社、2005年、98 - 104頁）

[7]　ハクルートによる翻訳のリストは、Francis M Rogers, "Hakluyt as Translator.," in *The Hakluyt Handbook*, ed. D. B. Quinn (London: The Hakluyt Society, 1974), 37-46.

[8]　本書においてハクルートは新世界におけるイングランドの植民事業を推進するために、新世界において資源が非常に豊かであると説明したり、スペインがイングランドを攻撃するための費用を新世界の財宝で賄っていると説明したり、コロンブスより三世紀以上前に北ウェールズのマドック王子が西方へ航海しアメリカを発見し定住したという「マドック神話」を用い

の贈与に対する批判に割いている。ここでは、その批判を扱う。

　ハクルートはアレクサンデルによる贈与の正当性を否定する。ハクルートによれば、「いかなる教皇もそのような譲渡を行うための正当な権威を全く持たない」[9]。なぜなら、キリストは自身の王国がこの世界に属さないと述べ、この世界における諸王国の統治や裁定には関わらなかったからである。それゆえ、ペテロや他の使徒たちは自身が異教君主の国を他者へと譲渡するための権威を持つとはいわなかった。特に、この世界に実在するか否かが判然としなかった地域の異教君主についてはそういわなかった。しかも、このアレクサンデル「教皇の極めて不正で悪しき所業は注目すべきことにアタワルバという異教徒によって反駁された」[10]。ここで、ハクルートは宣教師バルベルデのエピソードを挿入する。バルベルデはアタワルバに謁見した際に、アタワルバが教皇の贈与ゆえにスペイン王に服従しなければならないと伝えた。アタワルバは激怒し、スペイン王とは友好を結びたいが、「他者に属するモノを与えてしまうような教皇には全く服従するつもりがない」[11]と反論したのだった。このように、教皇は贈与を行うための権威を欠くので、アレクサンデルの贈与は事実上のもの（de facto）でしかない。アレクサンデルの支持者は贈与という「諸王国へのこの種の干渉が直接的にではなく間接的になされたと認めようとしている。しかし、このような間接的な授与は神法によっても人定法によっても基礎付けられていない」[12]。すなわち、ハクルートは直接的権力論のみならず一律型間接的権力論をも否定して、贈

て新世界におけるスペインの支配権の正当性を批判しイングランドの正当性を示そうとしたりした。マドック神話について、詳しくは川北稔『アメリカは誰のものか：ウェールズ王子マドックの神話』NTT出版、2001年、9－24頁を参照。

9　Richard Hakluyt, "Discourse of Western Planting," in *The Original Writings and Correspondence of the Two Richard Hakluyts*, ed. E. G. R. Taylor (Nendeln, Liechtenstein: Kraus Reprint, 1967), 298.（ハクルート「西方植民論」『イギリスの航海と植民』第二巻、越智武臣訳、岩波書店、1985年、181頁）

10　Ibid., 307.（越智訳、198頁）

11　Ibid., 308.（越智訳、198頁）

12　Ibid., 302.（越智訳、188頁）

与の正当性を否定した。

　仮にアレクサンデルが正当に贈与していたとしても、スペインは布教に関する付帯義務を全うしていないので、新世界の支配権を持たない。第二章で述べたように、アレクサンデルはスペイン王に新世界の支配権を与えようとした際に布教を義務付けていた。ハクルートによれば、この布教という「条件が驚くべきことに無視された」[13]。ハクルートはスペインがインディアス布教を怠ったことの根拠として、ラスカサスやベンゾーニ[14]を利用する。ラスカサスについては、エスパニョーラ島における三百万人のインディオがスペイン人に虐殺されて二百人しか残っていない点や、インディアスでスペイン人が「千五百万人以上の理性的被造物を根絶させてしまった」[15]点で依拠している。ベンゾーニについては、インディオがスペイン人の残酷な所業を目の当たりにしてスペイン人に憎悪を抱き、「海の泡と名付けたり、最も残酷な獣の名を与えたりした」[16]点で依拠している。それらの結果として、ハクルートによれば、インディアスにおいて「スペイン人が支配しているそれらの国は、一部においては、彼らの信じられないような無制限の残酷で野蛮を超えた所業によって破滅させられ、無人と化し、荒廃に晒されている。一部においては、反旗を翻したインディオやシマローンそしてムーア人やチチミン族のひどい巣窟となっている」[17]。このように、スペイン人は布教を口実としているにもかかわらず、布教対象のインディオを滅したり、スペイン人やキリスト教に対する憎悪を抱かせたりしたので、布教の義務を果たしていない。よって、アレクサンデルの「贈与は権利に関して当然無効である」[18]。

　イングランド王こそインディアスの布教事業にふさわしい。ハクルートによれば、北米地域には、いかなるキリスト教君主によっても支配さ

13　Ibid., 308-9.（越智訳、199頁）
14　補論を参照。
15　Hakluyt, "Discourse of Western Planting," 309.（越智訳、199頁）
16　Ibid., 310.（越智訳、201頁）
17　Ibid., 263.（越智訳、117頁）
18　Ibid., 309.（越智訳、199頁）

れていない異教徒が多く存在している。これらのインディオを改宗させるべく、宣教師を送る必要がある。「イングランドの国王や女王は信仰の守護者という名をもっている。この称号により、キリストの信仰を維持し守護するのみならず拡大し前進させる義務を負う」[19]。それゆえ、英国教会においては君主が布教の権利や義務を持つ。インディアスで安全かつ適切な仕方で宣教師が布教活動を行えるようにすべく、現地に植民地をつくるべきである。さらに、強欲で残虐なスペイン人から哀れなインディオを救うよう神がイングランド人を呼んでいるので、イングランド人が助力しに行くべきである。そうすれば、「神は彼の富の無尽蔵な財宝を開示するだろう」[20]。

　海外拡張の後発国であった英仏などは以上のような教皇主義批判を大々的に行っていくことになる。先述のように、教皇主義理論はスペイン帝国やポルトガル帝国の理論的後楯になっていたので、両帝国に追いつき追い越そうとしていた英仏などにとって重大な理論的障害となっていた。それゆえ、英仏などは特にアレクサンデルの贈与を批判することになる。第一部でみたように、俗権ないし布教権の贈与という二種類の解釈が存在した。俗権の贈与はグロティウスなどによって、布教権の贈与は後述のドミニスなどによって批判されていく[21]。このように、ハクルート理論でもみられたように、教皇主義理論は反ローマ陣営が大航海

19　Ibid., 215.（越智訳、20頁）
20　Ibid., 216.（越智訳、23頁）
21　グロティウスは1609年の『海洋自由論』で教皇による俗権の贈与を否定し、新世界におけるスペイン帝国の正当性を批判した（Hugo Grotius, *Mare Liberum Sive De Jure Quod Batavis Competit Ad Indicana Commercia Dissertatio* (London: Elzevirius, 1609), 8-9, 37.）。このグロティウスの批判に対して、ポルトガルのフレイタスなどは新世界の俗権が贈与されていないと認めながらも、布教権の贈与によって後発国による海外拡張を妨げようとした（Serafim de Freitas, *De Iusto Imperio Lusitanorum Asiatico* (Valliseletum: ex officina Hieronymi Morillo, 1625), 75-78.）。さらにフレイタス理論がフランス人などに批判されるなどして、論争が盛んに行われていた（eg. Pierre Bergeron, *Traicté De La Navigation Et Des Voyages De Descovverte & Conqueste Modernes, & Principalement Des François* (Paris: Iean de Hevqveville, 1629), 161-72.）。

時代の下で海外拡張する上でも重大な障害となっていたのである。
　ハクルートはその後イングランドで新世界に関する権威として認められるようになって成功し、イングランドは徐々に北米の植民地を開拓していく。ハクルートは「西方植民論」以外にも新世界に関する重要な著作を翻訳したり執筆したりしたので、次第に新世界に関する情報通として認知されていく。聖職者としても、17世紀に入ってからウェストミンスター寺院に出入りするようになり、1605年に大執事となる[22]。1606年、北米の植民事業に多大な利益を見込んだ商人たちはヴァージニア会社を設立し、ハクルートもそこに参加する。まさにその頃、それまでヴァージニア植民の特許状を所有していた者が火薬陰謀事件の容疑者として逮捕され、特許状を剥奪される。ヴァージニア植民に好意的だったジェームズ1世は特許状をヴァージニア会社に与える[23]。1607年から、この会社は植民事業を開始し、これ以降ヴァージニアの植民事業は何度も苦境に陥りながらも継続していくことになる[24]。まさにこの頃、忠誠宣誓論争が本格化していった。

忠誠宣誓論争 ── 二つの論点 ──

　発端は、1607年のブラックウェルに宛てた手紙の中で、ジェームズの忠誠宣誓を受け入れないようイングランドのカトリックを説得するために、ベラルミーノがジェームズを迫害者として描くべく背教者ユリアヌス帝に準えたことだった。この準えから、二つの重要な論点が生じる。第一に、ジェームズのカトリック性であり、同時に、ジェームズを頭とする英国教会のカトリック性である。第二に、異教君主に対する教皇権である。この論点は、キリスト教君主に対する教皇権の論争の中枢に組

22　Peter C Mancall, *Hakluyt's Promise: An Elizabethan's Obsession for an English America* (New Haven: Yale University Press, 2008), 250.
23　Ibid., 260-61. ハクルートはその特許状の所有者の一人でもあった。
24　初期の植民事業については、メアリー B. ノートンほか『新世界への挑戦：15世紀－18世紀』本田創造監、白井洋子, 戸田徹子訳、三省堂、1996年、30－66頁を参照。

み込まれることになる。

第二節　地理的ないし空間的普遍性というカトリック性の基準

ジェームズと英国教会のカトリック性

　1607年の『忠誠宣誓の弁明』で、ジェームズは自身がユリアヌスとは異なりカトリックであると表明する。ジェームズはローマ・カトリック教会から分離しているが使徒的伝統に基づく信仰を抱いているので、ユリアヌスのような背教者ではなくカトリックであると述べる。異端や背教者であることは教皇が廃位を下す格好の根拠であり、廃位は王殺しの誘因であるとジェームズは考えていたので、カトリックであるという主張が自身の生命や権力を守る上で重要だと考えてもいた。さらに、ユリアヌスは背教者のみならず迫害者でもあったので、ローマの狂信に由来すると思しき火薬陰謀事件の直後において、ジェームズはユリアヌスと異なることを強調する必要があった。それゆえ、匿名で執筆していた『忠誠宣誓の弁明』の中で、「ユリアヌスはかつて表明してきたキリスト教の信仰を全て放棄した背教者であり、再び異教徒に、あるいはむしろ無神論者になった。我々の主権者はキリスト教徒であり、ミルクとともに吸い込んだ宗教を決して変更せず、彼の信仰を恥だと感じなかった」[25]と述べ、自身をユリアヌスから切り離そうとした。

　しかし、1608年の『マッタエウス・トルトゥスの反論』において、ベラルミーノは再度ジェームズをユリアヌスに準え、ジェームズのカトリック性を否定する。ベラルミーノによれば、ジェームズはカトリックの両親から生まれ、カトリックの儀式で洗礼を受けたので、カトリックの信仰を受け入れていた。しかし、カルヴァン主義的異端によって育

25　James VI and I, *Triplici Nodo, Triplex Cuneus. Or an Apologie for the Oath of Allegiance*, 78.

てられたので、異端となった。「カトリックと異端は昼と夜や光と影のように対立している」[26] ので、ジェームズはカトリックではない。それどころか、「ジェームズはカトリックでないので、キリスト教徒でもない」[27]。よって、ユリアヌスと同様に背教者であり、エリザベスなどのように迫害者でもある。

　1609年の『警告』において、ジェームズは自身がカトリックであると再反論する。ジェームズによれば、たしかにジェームズの母はローマ教に属し、ジェームズの洗礼をローマ教の聖職者に行わせた。しかし、ローマ教の儀式において洗礼したわけではないので、ジェームズはその信仰を受け入れたことがない。さらに、ジェームズの父はそもそもローマ教徒ではなかった。それゆえ、ジェームズ自身はローマ教会という「彼らの教会に全く属してこなかったので、彼ら自身の教義における異端になることが不可能である」[28]。同様に、ローマ教会からの背教者になることも不可能である。このようにジェームズはローマ教会に属していないが、「使徒の信条やニケアおよびアタナシウス公会議における信条という三つの信条を信じるようなカトリックのキリスト教徒である」[29]。

　1609年の『ジェームズに対するベラルミーノの反論のための弁明』で、ベラルミーノはより多くの根拠を挙げてジェームズがカトリックではないことを論証する。ベラルミーノは本書においてもジェームズがユリアヌスのような迫害者だと主張する。その上で、新たな根拠を用いてジェームズがカトリックではないことを論証する。その根拠は、例えばジェームズが化体説を否定したことや教皇を反キリストとみなしたことである。それ以外の根拠として、ここでは二つの根拠が重要である。「カトリックとは、常にあらゆる場所で信じられてきたものをいう」[30]。すなわち、時間的な普遍性と空間的な普遍性である。

　一点目の重要な根拠は、王の霊的首位性が新奇であり常に信じられて

26　Bellarmino, *Responsio Matthaei Torti*, 116.
27　Ibid.
28　James VI and I, *A Premonition*, 33.
29　Ibid., 35.
30　Bellarmino, *Apologia Pro Responsione*, 2.

きたわけではない点である。ベラルミーノによれば、1535年に、ヘンリ8世はイングランドの議会において教皇に対してなすべき服従を否定し、「世俗的事柄および霊的事柄における教会の最高の頭として王自身を」[31] 受け入れさせた。この信仰箇条はヘンリ8世によって初めて制定された。それゆえ、「王自身が最大限広めたり守ったりしようとしている王の霊的首位性というイングランドの固有で主要な信仰箇条は、近年のものである」[32]。このように、王の霊的首位性という教義は時間的普遍性を欠くので、カトリックの信仰に属さない。

　二点目の重要な根拠は、ジェームズの信仰があらゆる場所で信じられているわけではない点である。ベラルミーノによれば、「真のカトリックの信仰は、使徒の布教によって全世界に芽生え増大し実を結び始めた」[33]。その後、時間をかけて全世界に拡大していった。異端は世界に広く存在するとしても、相互に分裂しているので各地に点在しているだけであり、統一された教会を形成していない。しかし、カトリック教会は単一の統一された教会として全世界へ拡大している。「真の適切な仕方でカトリックであるローマ教会の信仰は疑いなくヨーロッパにおいて同一である。アジアにおいても、アフリカにおいても同一である。最近発見された世界においても、リバヌス山においても、アメリカにおいても、末端の日本においても同一である」[34]。しかし、異端はそうではない。例えば、「ルター派の異端は北方の一角を占めているが、海を超えておらず、アジアやアフリカに到達していない」[35]。さらに、「イングランドの王国における信仰は実際に単一であるとはいえないので、王の霊的首位性に関するイングランドの信仰はカトリックであるとはいえない。というのも、大ブリテン自体において、カルヴァンの権威に従って教会の首位性が王ではなく牧師たちの元老院に属すると主張しているピューリタ

31　Ibid., 3.
32　Ibid., 2.
33　Ibid., 3.
34　Ibid., 4.
35　Ibid.

ンが多数派だからである」[36]。

　ここで注意すべき点は、地理的普遍性ないし空間的普遍性というカトリック性の基準によって、ジェームズの信仰のみならず国教会原理のカトリック性が否定された点である。第二部でみてきたように、国教会原理はローマ陣営と反ローマ陣営の双方にとって非常に重要だったので、17世紀初頭の諸論争における中心的論点だった。その際に、ベラルミーノやスアレスは国教会原理が教皇の霊権を強奪し越権的だと批判していたように、国教会原理を世俗的理論というよりむしろ教会理論として認識していた。それゆえ、国教会原理は教会理論としての正しさをも問われており、聖句や使徒的伝統などに基づくか否かを問われていた。実際に、ベラルミーノは聖句などを根拠として国教会原理の正しさを否定していた。さらに、全世界的布教という空間的普遍性や上述の時間的普遍性をも根拠として、ベラルミーノは国教会原理が使徒的伝統に基づいておらずカトリックの信仰に属さないと論じ、教会理論としての正しさを否定し、翻ってローマ教会のカトリック性を示そうとしたのである。

　1610年の『枢機卿ベラルミーノの弁明に対する反論』において、アンドリューズはローマ教会の地理的普遍性を否定する。地理的普遍性を根拠としてローマ教会がカトリックであると論じるベラルミーノに対して、アンドリューズは次のように反論する。「ローマの信仰は全世界に広がっていないのみならず、かつて広がったこともない。（中略）実際に、ヨーロッパの大部分を占めていない。そのほぼ中央部分は我々の改革派の下に収まっている。ギリシャや西洋全体をも占めていない。（中略）あらゆる場所を占めていないのみならず、同一でもない。実際に、公会議に対する教皇の優位については、パリ人と同一でない。法や聖職者を超える教皇の最高権については、ヴェネチア人と同一でない。彼の直接的な世俗的支配権については、ローマや枢機卿会議自体において同一ではない」[37]。アンドリューズはこのようにローマ教会がヨーロッパ全体さえ占めていないと論じ、さらにヴェネチアやフランスの反ローマ

36　Ibid.
37　Andrewes, *Responsio*, 26-27.

陣営にも言及しつつ、直接的権力論と間接的権力論に関するローマ内部の対立にも言及して、ローマ教会が同一でもないと論じる。しかも、次のようにヨーロッパ外部をも占めていないと論じる。ベラルミーノはアメリカや日本の布教を誇るが、「アコスタを信用するならば、アメリカにおいて有意義な活動は多くない。そこにおいて、おそらく若干の子供が洗礼を受けた。インディアス自体において、信仰自体に対する偽りの愛よりも、ローマの信仰の宣教師に対する真の憎悪がはるかに大きい」[38]。インディアス布教の現状を改善すべくアコスタが現地の植民者や宣教師に行った批判を[39]、アンドリューズはローマのカトリック性を否定するためにインディアス布教が失敗していることの証拠として利用したのである。アンドリューズは批判をさらに続ける。イエズス会は海を越えて日本へ布教のために行った。イエズス会は「日本への自身の旅が心からの誠実な信仰を全く増大させず教会を大いに拡大させなかったと述べるよりもむしろ、その旅を自身の誇りとして語っている。その地で偽善者を生み出しており、自分より倍も悪い地獄の子を生み出しているが、キリスト教徒を生み出していない。しかも、イエズス会士は自身の説得よりも兵の恐怖によって人々を取り込もうとし、そのような者たちが生み出されている」[40]。第三章で述べたように、16世紀末の日本において、イエズス会のような宣教師がスペインの征服隊の先兵であるという言説が流布していた。17世紀初頭に日本に到来したイングランド人がこの言説を知って本国へ伝えるなどして、アンドリューズはこの言説を知ったのであろう。この言説を利用して、アンドリューズは日本人がいわば中南米におけるインディオのように暴力的で不適切な仕方で改宗を迫られ、偽装的に改宗し、よってイエズス会の日本布教が失敗していると論じたといえる。以上のように、ローマ教会は全世界的布教に失敗しているので、地理的普遍性という基準に基づくならば、カトリックではない。

---

38 Ibid., 27.
39 補論を参照。
40 Andrewes, *Responsio*, 28.。ここで、アンドリューズは日本情報に関する典拠を示していない。

スアレスの『信仰の防衛』

　スアレスもまたジェームズのカトリック性について論じている。ベラルミーノとジェームズの応酬をみていたスアレスは、ベラルミーノと同様に、ジェームズをユリアヌスに準え、迫害者として捉えていた。さらに、様々な根拠を挙げて、ジェームズがカトリックである点を否定していく。例えば、スアレスはベラルミーノと同様に「世俗の王を教会的で霊的な事柄における最高の頭として認めること」[41]という国教会原理を、ヘンリ8世から始まった新奇の教義として挙げている。さらに、カトリック性の基準として、スアレスもまた地理的ないし空間的普遍性を用いる。なぜなら、教父たちが述べていたように、「カトリックという語の広く受け入れられた独自の語源は場所の普遍性にある」[42]からである。

　地理的普遍性の基準において、ローマ教会はカトリックである。ここで、スアレスは地理的普遍性という基準を、法・権利（*de jure*）と事実（*de facto*）の二つに区分する。一点目について、スアレスによれば、第一部で論じたように、キリストは全世界に対する布教の権利や権力を主に教皇に与えているので、ローマ教会は法・権利に関して地理的普遍性を得ている。「権利に関する十分な普遍性と呼びうるこの教会の普遍性によって、教会は真にカトリックであると十分に言えるだろう」[43]。二点目について、第一部で述べたように、スアレスはキリスト教会が事実として全世界的布教の完了に未だ至っていないことを新世界の発見により強く意識し、カトリックの全世界的布教に全生涯強い関心を抱き続けていた。ここでも、そのような意識が垣間見える。布教に関する「キリストの約束は今日に至るまで完全には達成されていない。なぜなら、我々の時代において、いわゆる新世界や、福音が布教されていなかった途方もなく広大な地域が発見されたからである。それらのために、神の下僕たちは信仰の改宗のために到達不可能だった地を遍歴し、そこにおいて教会を新たに立てた。それゆえ、カトリック教会は全世界に広がっ

---

[41] Suarez, *Defensio Fidei*, 70.
[42] Ibid., 78.
[43] Ibid., 83.

ているとは十分にはいえないと正しく結論される」[44]。しかし、ここでローマ教会の事実としての地理的普遍性を完全に否定することは、論敵に資することになる。それゆえ、スアレスによれば、「我々の時代のみならず何世紀も前において、全世界に広まったと十分言えるほどのいわば普遍性の地位をカトリック教会は得ていた」[45]。というのも、聖書や教父はその程度の地理的普遍性が彼らの時代にも既に達成されていたというからである。さらに、その後の布教活動の成果によって、「その時代から我々の時代に至るまでにその地位は失われず、むしろ新たな多数の地域によって高められた」[46]からである。

異端の宗派は権利と事実の両方において地理的普遍性を得ていない。まず、布教の権利はキリストから使徒たちや教皇に委ねられた。異端は「教会の外部に存するので、キリストの信仰を布教するための権力を持つことができない」[47]。次に、異端はキリストの信仰から逸脱したので、事実として、その説教が万人を納得させるような力を欠いている。さらに、異端は自身の私的意見に依拠するのでそもそも内部で分裂していく[48]。よって、普遍的に拡大していない。

特に、国教会原理を信仰箇条としている英国教会は事実として地理的普遍性を得ていないのみならず理論的にみても得ることができない。スアレスによれば、事実として「アングリカンの宗派はブリテンの境界を越えていない」[49]し、越えようともしていない。しかも、ピューリタンなどと教義をめぐって対立しているので、「おそらくブリテン王国の1/3をも占めていない」[50]。ここで重要な点は、英国教会が事実として地理的普遍性を得ていないだけではなく、国教会原理の理論的性質ゆえにその普遍性を得ることができない点である。スアレスによれば、君主の霊的首位性がカトリック教会の信仰箇条として認められた場合、各国の

44　Ibid., 84.
45　Ibid., 85.
46　Ibid.
47　Ibid., 90.
48　Ibid., 89.
49　Ibid., 80.
50　Ibid., 81.

君主が自国の教会における頭となる。この場合、自国の教会について君主は自身の意見に基づいて決定でき、他の対等なキリスト教諸君主に従うよう義務付けられていない。それゆえ、諸君主は自国の教会に関して他君主の意見に従わない。よって、英国教会における君主の霊的「首位性というその意見は、その宗派をその世俗的王国の境界へと制限し押し留める」[51]。その結果、「キリスト教会は世界における世俗的な王国の数だけ多くの部分に分割される」[52]。したがって、国教会原理を信仰箇条とする宗派は全世界どころかキリスト教会全体すら占めることができない。

　以上のように、スアレスは地理的普遍性を根拠として国教会原理を批判した。先述のように、スアレスやベラルミーノにとって、国教会原理は聖職者の全面的な免除のみならず間接的権力論とも真向対立しているので、ヨーロッパ内部における教会全体の統一性を確保する上で主要な障害となっていた。それゆえ、スアレスは聖句などに基づいて国教会原理を特に批判していた。それらの批判に加えて、スアレスは国教会原理の地理的ないし空間的局限性を根拠として、すなわちこの意味における領域性を根拠として、国教会原理がカトリックの信仰に属さず、よって使徒的伝統に基づくような正しい教会理論ではないと批判し、翻って全世界的になりつつある布教にみられるような地理的普遍性を根拠としてローマの信仰や教会理論がカトリックであると論じた。このように、スアレスは国教会原理を否定してヨーロッパ内部における教会全体の統一性を確保するために、ヨーロッパ外部における全世界的布教を利用したのである。

51　Ibid.
52　Ibid.

第三節　異教君主とキリスト教君主に対する教皇権

　先述のように、キリスト教君主に対する教皇権という論点において、異教君主に対する教皇権という論点が中核に組み込まれていく。これらの論点をめぐる論争の中身に入る前に、第一部で扱った後者の論点について簡単に振り返る。

　第一部では、インディアス問題や東アジア布教という文脈で基本的にローマ陣営の論者を扱い、三つの立場に区別した。第一に、直接的権力論である。この立場によれば、キリストと同様に教皇は全世界で両権を持ち、いわば全世界の皇帝として君臨している。それゆえ、異教君主に対しても恒常的に俗権を持ち、異教君主は教皇の世俗的な臣民として恒常的な服従関係にある。したがって、新世界でみられたように、食人や男色そして偶像崇拝や人身御供のような自然ないし自然法に反する罪を異教徒が犯した場合、教皇は彼らの世俗君主として直接的にその罪を罰することができ、そのために戦争を行って異教君主を廃することも許される。第二に、一律型の間接的権力論である。この立場によれば、教皇は世俗的目的ではなく霊的目的のためであれば全世界において最高の支配権を持ち、よって異教君主に対しても恒常的に支配権を持つ。したがって、霊的な罪でもある偶像崇拝を罰したり、布教を安全かつ効率的に行ったりするために、教皇は間接的に異教徒の様々な風習を禁止したり戦争において異教君主を廃したりできる。第三に、峻別抑制型の間接的権力論である。インディアス問題においてビトリアが提示し、スアレスが確立させたこの立場によれば、教皇は世俗的目的のみならず霊的目的のためであっても、異教君主に対して恒常的な仕方で支配権を持たない。このようにスアレスたちが異教君主に対する正規の支配権や裁治権を教皇に持たせない理由は、食人のような自然に反する罪や不信仰のような霊的罪のために異教徒を罰し俗権を奪うことがかえって布教にとって有害であり不正でもあるからである。それゆえ、有益で正しい布教のために、峻別抑制型間接的権力論においては直接的権力論や一律型間接的権力論と異なって、異教君主に対する教皇の裁治権や支配権が欠如してお

り、よって新世界でみられたように異教徒がそれらの罪を犯したとしても教皇は裁治権の欠如ゆえに罰せない。それでも、教皇はキリスト教共同体という国の頭として自己防衛権を持つので、異教君主がキリスト教への改宗者や宣教師を迫害するならば、裁治権ではなく防衛権によって異教君主を廃位できる。

　ここで、峻別抑制型間接的権力論において、教皇は防衛権と裁治権ないし間接的権力のどちらによっても廃位を行えるけれども、防衛権と裁治権の区別が重要である。一方で、教皇はキリスト教君主に対して裁治権を持つので、統治者として恒常的な支配関係にあり、彼らが教会に霊的危害を加えた場合に財産刑や身体刑など多様な手段を適宜採ることができる。他方で、教皇は異教君主に対して裁治権を持たないので、教皇は異教君主とは基本的に支配関係にない。異教君主が教会に重大な霊的危害を加えるような場合になって初めて、教皇は防衛のために異教君主に対して一時的に権力を持つ。しかも、防衛の手段が非常に限られており、スアレスはキリスト教徒の国外転居と、異教君主を廃位するための正戦という二つの手段だけを挙げている。このように、防衛権と裁治権という区別に応じて、異教君主に対する教皇権はキリスト教君主に対する教皇権と基本的に異なっていると同時に大いに制限されている。異教君主に対する教皇権が強力に制限されていることをジェームズ陣営はベラルミーノの理論に見て取り、自身のために利用していく。

　1609年の『警告』の中で、ジェームズは自身が背教者であるならば、ベラルミーノのいうように異教君主として教皇権の対象外であると論じる。先述のように、ベラルミーノはジェームズをユリアヌスに準え、カトリックどころかキリスト教徒ですらないと述べていた。この主張に対して、ジェームズは本書で自身がカトリックであると反論していた。その上で、異教君主に対する教皇権の大幅な制約という峻別抑制型間接的権力論の特徴を利用して、ジェームズはさらに次のように反論を加える。ベラルミーノは「『わたしの羊を牧せ』を根拠として、教皇の望むままに諸王を即位させたり退位させたりするための、諸王に対する広範な権力を与える（しかも、キリスト教の諸王だけをこのような隷属へと服従させている）。（中略）彼は私を異端とみなし、ユリアヌスのような背教者

とみなすので、結果として私は教皇の羊小屋の外部におり、教皇の群れに全く属していない。そのようにして異教君主のような状況にある。異教君主に対して教皇が権力を全く持たないと彼は述べている」[53]。ジェームズは、ベラルミーノ理論において教皇がキリスト教君主に対して廃位権を持つが異教君主に対して全く持たないと理解している。その上で、ベラルミーノの主張が正しいならば、ジェームズがキリスト教徒ではなく、よって教皇権の対象外であるとジェームズは論じ、峻別抑制型間接的権力論の特徴を利用して、自身に対する教皇権を否定しようとした。

　別の論点として、模範とすべき原始教会における両権の関係とは、異教君主による迫害に対して教会が武力で抵抗せず耐え忍ぶという関係だとジェームズは論じる。先述のように、ベラルミーノは聖職者の全面的な免除を論証していた。その際に、原始教会が異教君主の迫害に抵抗しなかった理由は、教会が抵抗権を欠いていたからではなく、事実として抵抗力を欠いていたからだと論じていた。本書において、ジェームズは反乱における主要な役割を聖職者に見出すことで、聖職者の免除を反乱の原理として批判していた。その際に、迫害者の異教君主と原始教会における聖職者の関係について、ベラルミーノを次のように批判していく。迫害を行う異教君主に対して原始教会の聖職者が服従を強制されていたというベラルミーノの主張は、「特に迫害の時期におけるキリスト教徒の謙虚さや原始教会全体の忍耐強さに対する非難である」[54]。なぜなら、原始教会が迫害を耐え忍んだ理由は、抵抗力の欠如ではなく、異教君主に対してであれ良心を満足させるために服従せよというパウロやペテロの言葉にあったからである。それゆえ、迫害を行うような異教君主に対してであれ原始教会は服従を義務付けられていたので、抵抗を行わなかったのである。さらにジェームズは続ける。聖職者の免除という「この不敬で新奇な空想が当時異教皇帝の下で知られていなかったことは、異教皇帝の時代における古代のキリスト教徒にとって幸運であった。さもないと、彼らはその時代において完全に破滅させられ、根絶させられて

53　James VI and I, *A Premonition*, 18-19.
54　Ibid., 112.

いただろう。さらに、抵抗や反乱のための十分な能力や力を与えられればもはや服従しないであろうところの、政治共同体にとっての極めて危険な成員とみなされて、彼らは誰からも同情されなかっただろう」[55]。すなわち、聖職者の免除は誤りであるのみならず、聖職者や平信徒に対する迫害を招き、教会の統一性どころか存立を脅かすのである。

　1609年の『ジェームズに対するベラルミーノの反論のための弁明』の中で、ベラルミーノは異教君主に対する教皇の廃位権を正当化し、さらにキリスト教君主に対する教皇の廃位権を正当化する。ベラルミーノはスアレスと同様に二種類の異教君主を区別し、その上で両方の異教君主に対して教皇が一定の場合に廃位権を持つことができると論じる。第一の異教君主は、ユリアヌスのように一度キリスト教に改宗した後に背教して異教徒に戻った者である。ベラルミーノによれば、この異教君主はキリスト教に改宗した際に教皇に対して霊的に服従し、異端や背教の罪を伴いながら背教して異教徒に戻るが、その罪ゆえに教皇の裁治権下に留まっている。それゆえ、教皇はこの異教君主を背教の罪で廃位できる。第二の異教君主は、新世界でみられたように、一度もキリスト教に改宗したことのない異教君主であり、この異教君主と教皇の関係が第一部の主題だった。たしかに、この異教君主がキリスト教の布教と接点や関わりを全くもたないならば、教皇はこの異教君主に対して廃位権を持つことができない。先述のジェームズによるベラルミーノ理解はこの布教未到達地における異教君主に関してならば正しい。それでも、ジェームズ自身はこの異教君主には該当しえない。さらに、アクィナスが『神学大全』Ⅱ－Ⅱの第十問で述べていたように、「異教君主がキリスト教の土地を力づくで占領したり、臣民のキリスト教徒を信仰から逸脱させようと傾注したりするような一定の場合において、異教君主は信徒に対して持っている支配権を教会の判決によって奪われることが可能である」[56]。このように、第一部でサラマンカ学派がよく行っていた主張を、ベラルミーノが忠誠宣誓論争でジェームズに対して行っている。その上

55　Ibid., 113.
56　Bellarmino, *Apologia Pro Responsione*, 17.

で、ベラルミーノはこの主張を、キリスト教君主に対する教皇の廃位権を正当化するために次のように利用する。すなわち、アクィナスがいうように、教皇は異教君主に対してさえ一定の場合に廃位権を持つことができるので、「異教徒やユダヤ人よりも絶対的かつ無条件に劣った不信仰者である異端については特に」[57]廃位権を持つことができる。

1610年の『枢機卿ベラルミーノの弁明に対する反論』において、アンドリューズはジェームズを擁護すべくベラルミーノを批判する。たしかに、背教した異教君主が依然としてキリスト教会の羊であり続けたならば、教会の霊的罰の対象となったであろう。しかし、背教した異教君主は牧者による支配を望まない狼のようなものであり、牧者の権力から遠ざかり、教会の外部に存している。パウロが「外部の人々を裁くことは、わたしの務めでしょうか」と述べているように、教会の牧者はこの外部者を裁くための権力を持たないので、罰することもできない。ところが、ベラルミーノは教皇が異教君主の支配権を奪えるというアクィナスの意見に従っており、「それゆえ、外部者を裁くことについて、パウロは否定しているがベラルミーノは可能だと肯定する。ベラルミーノはトマスの原理に従うことを望み、我々はパウロの原理に従う。パウロによれば、教会は外部者に対していかなる判決も下さない」[58]。ここで、教皇が異教君主の支配権を奪えるような場合としてベラルミーノによって挙げられていた二つの場合をアンドリューズはみていく。第一に、キリスト教徒の土地を異教徒が不正に占拠している場合である。アンドリューズによれば、このような土地に関する案件は万民法に属するので、教会が教会として関与すべきでない。第二に、異教君主が臣民のキリスト教徒を迫害する場合である。この場合について、「もちろんネロが大々的な迫害において臣民の信徒を信仰から逸脱させようとしてこれに傾注する。ペテロが生きていた頃に、その目前において、ローマ全体に及ぶ仕方でそのようにする。しかし、エクストラバガンテスには、皇帝ネロがローマの信徒に対して持っていた支配権を奪われたというようなペテ

57　Ibid., 157.
58　Andrewes, *Responsio*, 77.

ロの判決は全く存在せず、ペテロはそれを企てたことが一度もなかった。（中略）我々はパウロの原理とペテロの実践に従う。彼らとともに、原始教会全体の原理と実践に従うのである」[59]。すなわち、アンドリューズはパウロの聖句に依拠しつつ、原始教会の慣行を模範としながら、迫害を行う世俗君主に対する教会の抵抗や廃位の正当性を否定し、教会に忍従を義務付けようとした。

　1609年の『教皇権について』において、バークリはベラルミーノが挙げていた異教君主に対する教皇権の根拠を批判する[60]。それらの根拠は、第一部でサラマンカ学派が挙げていた根拠と基本的に同じであり、ここでは主に重要な二点を扱う。第一に、教皇はキリスト教徒と異教徒による婚姻の紐帯を解消することができるので、君臣の紐帯を一層解消できるという根拠である。この根拠について、バークリによれば、「王に対して人民が義務付けられている服従の紐帯は自然法や神法に由来するので、婚姻の相互における紐帯よりも解消が困難であるように思われる」[61]。しかも、そもそも、婚姻と君臣の紐帯は性質が大いに異なるので、「相互の比較対象が全く適切になされていない」[62]。それゆえ、たとえ教皇が婚姻の紐帯を解消できたとしても、それゆえに君臣の紐帯を解消できるとはいえない。第二に、『神学大全』II－IIの第十問におけるアクィナスの主張である。先述のように、その箇所においてアクィナスは、異教徒がキリスト教徒に対して持っている支配権を自身の異教性ゆえに失うに値するので、教会は異教君主からその権力を奪えると論じていた。

59　Ibid., 78.
60　本書では、キリスト教君主に対する教皇の間接的権力を正当化するベラルミーノに対して、バークリは次のように批判していた。たしかに霊的事柄において教皇は最高権を持ちキリスト教君主を服従させている。しかし、世俗的事柄においては全く権力を持たず、キリスト教君主に服従している。なぜなら、神は世俗的事柄を世俗君主に委ねたからである。それゆえ、世俗君主は世俗的事柄において神以外の上位者を認めない。間接的権力は実質的に俗権であるので、教皇はキリスト教君主に対して間接的権力を持たず、よって廃位も行えない。以上のような批判が、異教君主に対する教皇権についての批判によって補強される。
61　Barclay, *De Potestate Papae*, 187.
62　Ibid., 184.

アクィナスに一定の権威を認めているバークリによれば、このような根拠は「悪い根拠であり、この者にとってあまりふさわしくない」[63]。なぜなら、或る者が権力を失うに値するとしても、それゆえに奪われてよいとはいえないからである。それゆえ、「同様に、異教君主は自身の異教性ゆえに権力を失うのに当然値するが、それにもかかわらず、神のみによって立てられ神のみに対して下位であるので、神によってしか統治権を奪われたり廃位されたりすることが可能ではない」[64]。

さらに、バークリは原始教会の教えとして教皇が異教君主に対する廃位権を持たないと論じ、キリスト教君主についても持たないと論じる。バークリによれば、一方で当時のキリスト教徒は異教君主の俗権に従うようキリストや使徒たちによって命じられた。他方で、異教君主は自然法を介して俗権を得ており、神のみを世俗的事柄における上位者として認めていた。使徒は自然法に反することができず、しかも「外部の人々を裁くことは、わたしの務めでしょうか」と述べていたので、異教君主に対する廃位権を持たなかった。さらに、当時迫害されていたにもかかわらず、原始教会において「皇帝は異教徒であれ信仰の迫害者であれ神によって立てられ神のみに対して下位である」[65]と心からキリスト教徒が表明していたように、教皇は迫害を行うような異教君主に対してさえ廃位権を持たなかった。それゆえ、原始教会が廃位の権力を持ち、実力を十分に備えていたならば異教君主を正当に廃することができたというベラルミーノの意見は誤りである。しかも、教皇はキリスト教君主に対しても廃位権を持たない。なぜなら、キリストは「キリストの法が何人に対しても彼ら自身の権利を奪わず、いかなる仕方でも王や皇帝の世俗的な権威や権力に対立しないことを、異教徒や不信仰者に示した」[66]からである。実際に、異教からキリスト教に改宗した君主は自身の俗権を無傷のまま保持した。というのも、「君主は霊的服従によって教皇の息子になるが、この霊的服従は世俗的服従と完全に分離されて異なってい

63　Ibid., 173.
64　Ibid.
65　Ibid., 170.
66　Ibid., 22.

るので、一方から他方は生じない」[67]からである。以上のように、異教君主に対する教皇の廃位権は原始教会の教えや聖句に反しているので誤りであり、異教君主は改宗によって俗権を全く失わないので、キリスト教君主に対する教皇の廃位権や間接的権力もまた誤りである。

　1610年の『世俗的事柄における教皇権について』において、ベラルミーノはバークリの批判に反論する[68]。まず、婚姻等の解消について、ベラルミーノによれば、全ての婚姻は正式に契約された後ならば解消が困難であり、特にキリスト教徒間の婚姻はキリストの聖句ゆえに全く解消できない。それでも、婚姻は「異教徒間において、一方が信仰へと改宗し、他方が異教に留まっている場合においてのみ、合法的に解消できる」[69]。あくまでも信仰のためならば、そのように解消することが許されている。次に、俗権は人民から君主へと委ねられたので、君臣の紐帯は様々な根拠において解消できる。それゆえ、「人民と君主を結びつけている紐帯は夫婦を結びつけている紐帯より弱い」[70]。夫婦の紐帯が信仰のために解消可能であるので、臣民のキリスト教徒に対する異教君主の紐帯もまた信仰のために解消させることができる。

　さらに、ベラルミーノはアクィナスの『神学大全』II-IIの第十問を擁護する。バークリによれば、たしかに異教君主は俗権を失うに値するが、神のみから俗権を直接得ているので神のみによって俗権を奪われる。しかし、ベラルミーノによれば、「この議論は完全に無力である。なぜなら、政治的君主が神のみから権力を得ている点は誤りだからである。（中略）人々の統治者が王か執政官か、一者か多数者か、恒常的な執政

---

[67] Ibid., 27.
[68] 本書で、ベラルミーノは目的間の序列や「わたしの羊を牧せ」の聖句などを再度用いて間接的権力論を正当化していた。さらに、間接的権力論を否定すべくバークリが示した主張として、君主が神から俗権を得ているという主張に対しては、君主の権力が直接的にではなく間接的に人民を介して神授されると反論していた。君主が世俗的事柄において神のみを上位者として認めているという主張に対しては、キリスト教君主が教皇を霊的上位者として認めなければならないと反論していた。
[69] Bellarmino, *De Potestate Summi Pontificis*, 187.
[70] Ibid.

職か一時的な執政職かという点は人々の意志に依存する」[71]。すなわち、君主の権力は神ではなく人民に直接由来するので、臣民のキリスト教徒に対する異教君主の権力が奪われないとはいえない。サルピはこのような反論をみて、君主権の間接的神授や人民の抵抗権が人民の利益ではなく教皇の利益のために論じられたとベラルミーノを批判したのだった。

　パウロの聖句について、ベラルミーノは峻別抑制型間接的権力論の特徴を示しながら、異教君主に対する教皇の廃位権を正当化する。アンドリューズたちと同様に、バークリは「外部の人々を裁くことは、わたしの務めでしょうか」の聖句に基づいて、教皇がどの異教君主をも裁くことができず、よって廃位権などを持たないと論じていた。ベラルミーノによれば、たしかに、「信仰を一度も受け入れたことのない異教徒が異教徒である限り、信徒を支配していない限り」[72]、「教会は異教君主に対する権力を全く持たなかった」[73]。布教と全く接点のない異教君主に対する教皇の強制権はこのように否定される。なぜなら、「教会は異教性だけのために異教徒を裁くことができない」[74]からである。パウロの聖句はこのような異教徒のみにかかわる。あるいは、たしかに教皇はこの聖句ゆえに異教君主に対して権力を持たないが、この異教国のキリスト教徒に対して権力を持つ。したがって、臣民のキリスト教徒を迫害する異教君主に対しては、その聖句にもかかわらず、教皇は結局のところ防衛権を持ち、一定の場合に廃位を行える。

　迫害を行うような異教君主を教皇は廃位できるのみならず、可能な場合に廃位などの対策を講じる義務を負う。バークリによれば、キリスト教徒はいかなる状況下でも信仰を維持するよう神法により義務付けられている。同時に、自身の君主に対する服従を神法により義務付けられている。それゆえ、異教君主が迫害を行う場合、教会は信仰を維持しながら君主に抵抗せず服従しなければならない[75]。ベラルミーノによれば、

71　Ibid., 174.
72　Ibid., 176.
73　Ibid.
74　Ibid.
75　Barclay, *De Potestate Papae*, 182.

たしかに信仰の維持は神法により義務付けられている。しかし、君主権が間接的に神授されているので、個々の君主に対する服従義務は神法でなく人定法に由来する。それゆえ、「真の宗教の維持に関する神法を遵守するために、他の手段によっては真の宗教の維持が不可能であるかほとんど可能でない場合に、人定法を変更して王権を異教徒から信徒へと移転することは正当である」[76]。特に、教会は対策を講じることができる場合には、そのような対策が正当であるのみならず義務でもある。さもなければ、上記の神法に反するからである。

　それゆえ、原始教会は事実として力不足により抵抗を行わなかっただけであり、迫害者である異教君主に対して廃位権を持っていた。迫害者の異教君主に対する原始教会の無抵抗を模範として受容しようとするバークリに対して、ベラルミーノは原始教会によって異教君主が「許容された。その理由は、彼らを打倒するための力を教会が備えていなかったからである。しかも、もし力を備えていたならば、信徒に対するそれらの王の統治権を教会は廃することができ、むしろ廃さなければならなかっただろう」[77]と従来通り反論する。その上で、ベラルミーノは本書にとって注目すべき次のような主張を行う。すなわち、原始教会は力不足のために、迫害に対して武力で抵抗しなかった。それでも、信仰を放棄するよりも殉教を選んだ。

> 今日においてもまた、日本諸島のように異教徒が優勢な場所や、ブリテンのように異端が優勢な場所では、多くの者がなるがままに信仰の放棄へと至るよりもむしろ殉教へと勇気付けられ、実際に極めて強靭な心で殉教を受け入れているようにである。殉教の固有の時期とは、逃亡や正当防衛ではなく受難によってしか信仰の放棄を回避できない時期だと最後に付け加えよう。実際に、主は福音の中で力を力で追い払うことを全く禁止せず、逃亡を許容し、さらに教会にとって大いに有益ないし必要な場合には逃亡を命じた。（中略）

76　Bellarmino, *De Potestate Summi Pontificis*, 181.
77　Ibid., 164.

力が備わっているならば、力を力で追い払ったり異教徒や異端による迫害を戦争の権利によって撃退したりすることが許されることはカトリックにおいて全く疑問の余地が残されていなかった[78]。

ベラルミーノは原始教会の迫害を日本やイングランドという同時代の異教徒や異端による迫害と関連付けながら、異教や異端の世俗君主による迫害に対して教皇が教会を防衛できると主張している。第三章で東アジア布教を扱った本書にとって、この主張は多様な意義を含んでいる。その中でも、ここでは次の諸点を確認しておく。すなわち、スアレスと同様に東アジア布教に関心を抱き続けていたベラルミーノは、この時期において日本を迫害と殉教の地として明確に認識していた点であり、さらに、日本のイエズス会士が秀吉の迫害に際して行っていた主張と符合するかのように日本の異教君主に対する教皇の防衛権を認めていた点である。しかも、忠誠宣誓論争に直結する本書において、同時代における迫害と殉教の地として日本とイングランドを選び出し、双方の世俗君主に対して教皇が応戦できると正当化していた点である。このように、ベラルミーノは千年以上も前の原始教会における異教君主の迫害をアクチュアルな日本の異教君主やイングランドの異端君主と結びつけながら、迫害を行う異教および異端の君主に対する教皇の廃位権を正当化した。

　さらに、異端君主を異教君主とともに教皇の世俗的な間接的権力から解放しようとするバークリに対して、ベラルミーノは反論する。バークリは異教君主が世俗的事柄において原始教会に服従しておらず、改宗によって俗権を奪われなかったので、キリスト教君主も同様に服従していないと論じていた。ベラルミーノによれば、たしかに、「その教会における王や君主は異教の王や君主と同等の政治権力を持っているので、キリストは王や君主から支配権や裁治権を奪わなかった。しかし、秩序付けを行った」[79]。その秩序付けにより、キリスト教に改宗した君主やその俗権は霊的善のために教皇に配慮されるべき地位に置かれることにな

78　Ibid., 72-73.
79　Ibid., 41.

る[80]。それゆえ、教皇に対して霊的に服従するようになり、キリスト教共同体の成員として霊的目的のために世俗的事柄においても服従するようになる。したがって、改宗や信仰自体は君主から俗権を奪わないが、君主の俗権を教皇の霊権に服従させ、よって間接的権力にも服従させる。

　1611年の『君主の権利のための弁明』において、プレストンはベラルミーノを批判する[81]。第一部で論じたように、サラマンカ学派やイエズス会のように、インディアス問題や東アジア布教の論争に参加した論者は、布教を妨害するような異教君主に対する教皇権を認めており、ベラルミーノも同様であった。プレストンがこれらの論者を念頭においていたかは判然としないが、本書で反対の主張を行う。プレストンによれば、世俗君主は神から俗権を直接得ているので、自国の世俗的事柄を対象にでき、世俗的危害を伴うことで世俗的事柄となった霊的事柄をも対象にでき、裁くことができる。それゆえ、キリスト教の宣教師が異教国の平和を乱す場合、「その君主が真に合理的な議論の結果彼らを自身の政治的国家の敵として判断するに至るならば、そのような宣教師を認めるよう義務付けられておらず、死刑によって彼らを自身の王国から追放したり、同一の刑の下で臣民が彼らを家に迎え入れないよう禁止したりできる」[82]。この場合、死刑に処された宣教師は殉教者であるとはいえない。さらに、異教君主は「自身の政治的国家の治安を乱し、国に反乱を扇動するであろう」[83]宣教師を送ってこないよう教皇を強制することが

80　Ibid., 143.
81　本書において、プレストンは次のような議論を展開していた。一方で、教皇はキリストから霊権を得ているので、霊的事柄においてキリスト教君主を支配しており、世俗的事柄が霊的危害を生み出すことによって霊的事柄になるならばそのような世俗的事柄をも対象にできるが、世俗的罰を科すことができず霊的罰しか科せない。他方で、キリスト教君主は神から直接に俗権を得ているので、世俗的事柄において教会を服従させており、霊的事柄が世俗的危害を伴うことで世俗的事柄になるならば、その霊的事柄を対象にできるが、世俗的罰しか下せない。君主に対して廃位のような世俗的罰を下せる者は神のみであるので、異端君主が迫害を行っても、教皇は廃位できず、耐え忍ぶか、せいぜい霊的罰を下すことしかできない。
82　Preston, *Apologia Pro Iure Principum*, 127.
83　Ibid., 128.

できる。「もし教皇がしかるべき仕方で忠告されたにもかかわらずそのような扇動的な宣教師の派遣を止めないならば、君主は力を力で追い払ったり、自身にふりかかってきた不正を武力で駆遂したりできる」[84]。なぜなら、異教君主は自己防衛権を自然法から得ているからである。よって、翻って教皇はこのような布教妨害に際して教会を防衛する権力を正当に持っていない。このように、キリスト教の布教が世俗的危害を伴うならば、異教君主は正当に布教を妨害でき、教皇は布教妨害に対して防衛権を行使できない。

　さらに、教皇は異教君主による迫害に対しても防衛権を持たない。ベラルミーノによれば、個々の君主に対する服従は人定法に基づき、信仰の維持は神法に基づくので、迫害を行うような異教君主に服従するよりも信仰の維持を優先しなければならず、よって教会は迫害に対して防衛権を行使できる。しかし、プレストンは君主権の直接的神授を主張するので、双方が神法に基づくことになり、よって教皇は迫害においても異教君主を廃することができない[85]。それゆえ、原始教会が力不足のためにネロなどを廃せなかったというベラルミーノの主張は誤りであり、「その時代の聖なる教父たちに全く知られておらず、扇動的でキリスト教の信条に反すると信徒たちに考えられていた」[86]。教父たちは迫害下でも人々を反乱へと唆さず、忍従し涙に訴えるよう求めたのである。ここで、ベラルミーノは教皇が迫害に対して防衛権を行使できないならば、教会が滅んでしまうと反論するだろう。しかし、キリストが迫害下の教会を守ってくれるので、「キリスト教の共通の敵であるトルコ自身が、キリスト教徒である君主の王国を侵略しマホメット教を導入し、キリストの信仰や宗教を完全に根絶しようと試みるとしても、それに抵抗することは教会の霊的善を保持する上で絶対に必要なわけではない」[87]。以上より、異教君主による迫害に対して、教会は正当に武力で抵抗することができない。

84　Ibid., 129.
85　Ibid., 217.
86　Ibid., 196.
87　Ibid., 148.

信仰や改宗は君主から俗権を奪わないので、教皇が異教君主に対して行えないことはキリスト教君主に対しても行えない。プレストンによれば、異教君主は神から俗権を得ており、世俗的事柄において神以外の上位者を認めていない。改宗によって、たしかに教皇に対して霊的に服従するようになる。しかし、信仰は君主から俗権を奪わないので、「神法や自然法のみを考慮に入れるならば、信仰へと改宗した王は以前合法的に得ていた自身の王権を失わない。あるいは、信仰に背くという事実自体によって自身のなんらかの権利や世俗的支配権を奪われない。なぜなら、支配権は信仰や恩寵に基づかないからである」[88]。それゆえ、教皇はキリスト教君主に対しても世俗的事柄に関する権力を持たず、よって廃位などを行えない。特に、ベラルミーノが夫婦と君臣の紐帯に関して述べていたように、キリスト教徒同士の夫婦の紐帯は人によって全く解消できないので、「たとえキリスト教君主が人民を異端や不信仰へ引き込もうと努めたとしても、キリスト教の人民がキリスト教君主の権力との紐帯から解放されることは不可能である」[89]。よって、教皇は迫害者のキリスト教君主を廃することができない。

　1610年の『カトリックの信仰の擁護』でムーランはベラルミーノ批判を行う[90]。ムーランによれば、キリスト教君主のみならず異教君主もまた神のみから俗権を得ている。それゆえ、個々の君主に対する服従は信仰の維持と同様に神法によって義務付けられている[91]。そのため、原始教会を迫害していたネロについて、パウロは武力で抵抗するよう説かず、良心を満たし神に対する義務を果たすために服従せよと求めていた。

88　Ibid., 57.
89　Ibid., 232.
90　本書において、ムーランは次のように論じていた。ローマの司教にすぎない教皇は霊権しか持たなかったが、次第に俗権を強奪するようになった。ベラルミーノは間接的権力が霊権だと反論するが、間接的権力は諸君主から俗権を奪うので直接的権力と同様に俗権である。それゆえ、教皇は間接的権力や直接的権力を正当に持たず、よって君主を廃位できない。なぜなら、君主は世俗的事柄について神のみによって立てられ、神のみによって罰せられるからである。
91　Moulin, *Defense De La Foy*, 112.

この原始教会の教えに反するベラルミーノの主張は、ベラルミーノの思惑に反して、教会に不利益をもたらす。なぜなら、ベラルミーノの主張は「諸王をキリスト教から遠ざけ、敬虔さを暴動の原因にさせるような反乱の助言者としてのキリスト教に対する憎悪を彼らに抱かせるからである」[92]。したがって、ベラルミーノの主張は不正かつ有害である。

　信仰や改宗は異教君主の俗権を減じないので、上記の主張はキリスト教君主にも当てはまる。ムーランは反語的に次のように問いかける。「異教の皇帝は世俗的事柄において司教に全く服従していなかったが、君主がキリスト教徒になることでより弱小な主権者になりイエス・キリストの信仰が彼らの帝権を減じたということは合理的だろうか」[93]。すなわち、君主は改宗しても教皇に世俗的事柄について服従することにはならない。それゆえ、キリスト教君主が迫害を行う場合でも、教皇は君主を廃位したり、反乱を扇動したりできない。なぜなら、パウロが良心のために君主に服従するようキリスト教徒に求めていたからである。「今日、我々は一層強力な関係にある。なぜなら、良心のために政治的事柄において異教君主に服従しなければならないなら、キリスト教君主に対してどれだけ一層そうであろうか」[94]。良心のために、キリスト教徒はまさにキリスト教君主による迫害こそ耐えなければならないのである。

　ところが、ベラルミーノは異教君主に対する教皇権を正当化し、誇張している。先述のように、ベラルミーノによれば、異教君主はキリスト教会の成員ではないので、「外部の人々を裁くことは、わたしの務めでしょうか」の聖句にみられるように、教皇は異教君主に対して正規の権力を持たない。それでも、異教国のキリスト教徒に対する霊権を持つので、キリスト教徒を迫害する異教君主に対して防衛権を持つ。裁治権と防衛権というこの区別によって、ベラルミーノはスアレスと同様に、異教君主に対する教皇権を制限していた。しかし、この裁治権と防衛権の区別が明示されていない箇所もあるためか、ムーランはこの区別を理解せずにベラルミーノの主張を次のように批判する。教皇が異教君主に対

---

[92] Ibid., 72.
[93] Ibid., 64.
[94] Ibid., 90.

する権力を持つとも持たないとも言うことは矛盾である。しかも、ベラルミーノは結局のところ教皇が異教君主に対して権力を持つという主張に帰着し、強めてもいる。それゆえ、ベラルミーノは「異教の不信仰な君主さえ、すなわち中国やタルタルならびにペルシャの王やトルコの皇帝さえ教皇に服従させる」[95]。だが、事実としてこのように服従させる非現実であるので、ベラルミーノが主張するような教皇権は机上の空論でしかない。

異教君主に対する教皇の廃位権はキリスト教君主に対する教皇の廃位権とともに否定されなければならない。ここで、ムーランは異教と異端の君主に対する教皇の廃位権について注目すべき主張を行う。教皇は多くの君主を不正に廃位し、反乱の餌食にしてきた。例えば、

> 1492年、教皇アレクサンデル6世はインディアスをポルトガル人とスペイン人の間で分割し、後者に西インドを、前者に東インドを与えたのではなかったか。その中の哀れなペルー王アタワルパは、自身に属さないモノを贈与するようなこの教皇とは何者かと問うたのではなかったか。ピウス5世はエリザベス王の時期におけるイングランドの王国をスペイン王に贈与したのではなかったか。我々の記憶に新しいところだが、破門や雷によって我々の王を中傷して粉砕し、自身の主権的君主に対して人民を蜂起させた我々の近年における混乱については述べまい[96]。

ムーランは黒い伝説を利用しつつ、アレクサンデルの贈与を近年の英仏に対する教皇の廃位と関連付けながら、それらの廃位が不正だと糾弾している。ここで、注目すべき点が二つある。

第一に、贈与が廃位と関連付けられたことである。第一部で論じたように、インディアス問題や東アジア布教の論争に参加していた教皇主義者たちは、基本的に贈与を廃位と関連付けなかった。直接的権力論にお

95　Ibid., 99.
96　Ibid., 52-53.

いて、異教君主はそもそも正統な君主ではないので、廃位によって奪われるべき俗権を持たないとみなされる傾向にあった。間接的権力論において、スアレスやビトリアのように、インディアスの布教権が贈与されたと解釈された場合、インディアスの諸君主は贈与後も俗権を保持していることになる。ラスカサスのように、インディアスの世俗的な支配権が贈与されたと解釈された場合でも、この支配権はいわば帝権とみなされ、よってインディアスの諸君主は贈与後も自国の王権を保持すると考えられていた。したがって、贈与は廃位ではなかった。これらの教皇主義者と異なり、ムーランは贈与を廃位と関連付ける。その結果、アレクサンデルは贈与においてインディアスの諸君主を廃位し、彼らの俗権をスペイン王とポルトガル王へと移転したことになる。このような関連付けによって、教皇の廃位権と世俗君主の神授権という対立構図を、ヨーロッパ外部に関する教皇権の象徴的な行いとしての贈与にも読み込めるようになる。

　第二に、まさに教皇の廃位権が批判されている文脈で、贈与に対する異教君主の批判的な声が反映されている点である。第二部でみてきたように、教皇とキリスト教君主の権力関係に関する諸論争において、論者は教皇側と君主側の双方であった。それゆえ、教皇権の対象となる君主側の論者によって、教皇権が強力に批判されていた。しかし、教皇と異教君主の権力関係に関するヨーロッパ外部の諸論争において、論者は基本的に教皇側の人々だけであった。直接的権力論の支持者にせよ間接的権力論の支持者にせよ、教皇主義者であった。布教先の異教君主側の論者は基本的におらず、教皇主義者の著作に異教君主側の論者がそれとして登場することもほとんどなかった。そのような中で、ムーランはまさに教皇の廃位権を批判するためにアタワルバという異教君主の反論を取り上げた。このようにして、ムーランはキリスト教君主に対する教皇権の批判に、同時代の異教君主に対する教皇権の批判を組み込んだ。しかも、その組み込み方がユグノーに特徴的であった。すなわち、宗教戦争期のユグノーがユグノーとインディオを強欲で野蛮なスペイン人の対立項として立て、その被害者として捉えたように、ムーランはペルー王と英仏の王を世俗的野心に燃える教皇の対立項として立て、その廃位権の

第六章　宗教改革と大航海時代の思想的な影響関係

被害者として捉え、教皇の不正を糾弾したのだった[97]。

　以上のように、反ローマ陣営は異教君主に対する教皇の廃位権に関する議論を利用してキリスト教君主に対する教皇の廃位権を否定した。すなわち、異教君主は神のみから俗権を得ているので、世俗的事柄において神のみを上位者として認め神のみによって罰せられるのであり、教皇を上位者として認めたり教皇によって世俗的罰を下されたりすることは不可能である。それゆえ、原始教会のように、異教君主による迫害に対してさえも武力で抵抗することは許されず忍従せねばならない。異教君主はこのような俗権を持つのである。信仰や改宗は俗権を奪ったり減じたりしない。それゆえ、キリスト教君主もまた同様の俗権を持ち、よって教皇の廃位権が否定される。特に、ジェームズは異教君主に対する教皇権がキリスト教君主に対する教皇権よりも大幅に制限されているという峻別抑制型間接的権力論の特徴に着目し、キリスト教君主に対する教皇の廃位権を否定すべく異教君主に対する教皇権の議論を明示的な仕方で利用していた。

　スアレスの『信仰の防衛』に移る前に、『信仰の防衛』に至るまでのスアレスの両権論を簡単に振り返る。その際に重要な点は、宗教改革における教会防衛の理論と大航海時代における教会拡大の理論が同時進行で発展していった点である。サラマンカ大学で学び、イエズス会に入ったスアレスは、1580年代のローマ学院における講義で異教および異端の君主と教皇の関係について論じた。特に、正戦論や布教論においてインディアス問題に対する関心を示し、その論争から次のように多くを吸収しつつ独自に発展させた。教皇は異教君主に対して裁治権を持たないので、不信仰などの霊的罪や食人ないし偶像崇拝などの自然に反する罪に関して異教君主を罰することができないが、布教妨害や迫害のような教会に対する直接攻撃に関して異教君主に対する自己防衛権を自然法によって持つ。直接的権力論や一律型間接的権力論を批判すべく、このように異教君主に対する教皇権を抑制し、峻別抑制型間接的権力論を展開

---

[97] 補論で述べるように、16世紀フランスの宗教戦争の最中、哀れなインディオとユグノーがともに野蛮なスペインの犠牲者になっているという批判が展開されていた。

した。同様の目的で、キリスト教君主と対等な戦争の権利を異教君主に認めることで、両君主の政治権力の対等性を示した。その後、チナ事業を主唱者のサンチェスから直接知り、サンチェスをその論敵から擁護する上で布教論を発展させ、随兵布教論の考察に着手する。

　17世紀に入り、1601－3年には法学講義を行い、俗権と霊権ないし政治共同体と教会の理論を深化させる。1606年になると、聖務停止令論争が生じた。ヴェネチア陣営がガリカニストとともに聖務停止令を正当化すべく主権論や国教会原理を展開したのに対し、スアレスはヴェネチアが国家理性のために霊的事柄を我がものにしようとしており国教会原理によって教会の統一性を破壊するなどと批判し、聖職者の免除論や間接的権力論によって教会を防衛しようとした。同時期に神学講義を行い、霊的目的から完全に切り離された状態の自然として「純粋な自然」の概念を明確に説明した。『法および立法者たる神について』の執筆が本格化し、1610年頃には完成した。本書で、両権論はより深化した。俗権は純粋な自然に基づけられることで、一方でヨーロッパ外部の文脈に関して、信仰と完全に切り離されても自存できることになり、よって異教君主とキリスト教君主の俗権の対等性が一層基礎付けられることになった。さらに、俗権が純粋な自然の法を介して神から人民へ、人民から君主へと譲渡されるので、俗権が神から教皇を介して君主へと譲渡されるという直接的権力論が否定される。他方でヨーロッパ内部の文脈に関して、俗権はそれ自体において霊的事柄と完全に切り離されることになり、よって独力では霊的事柄を対象にできず、こうして国教会原理が批判されることにもなった。このように純粋な自然の概念はヨーロッパ内外の両文脈において重要であった。改宗によってキリスト教君主の俗権は、純粋な自然ではなく、信仰によって照明された自然に基づくことになる。この変化により、キリスト教君主の俗権が独力で霊的事柄を対象にできるようになったり、異教君主の俗権より大きくなったりするわけではなく、よって俗権としての権能の大きさや両君主の対等性は基本的に変化がない。それでも、キリスト教君主の俗権は教皇の霊権に服従するようになり、特に霊的裁治権や間接的権力の対象となる。厳密にみれば教皇が間接的権力によって純粋な世俗的立法を行えないとして、ス

第六章　宗教改革と大航海時代の思想的な影響関係　　527

アレスは本書で間接的権力を制約付けてもいた。

　以上のように、スアレスは『信仰の防衛』に至るまでに、宗教改革の文脈で反ローマ陣営に対抗してキリスト教共同体ないし教会を防衛し、同時に大航海時代の文脈で直接的権力論や一律型間接的権力論のようなラディカルな教皇主義者に対抗してキリスト教共同体ないし教会を拡大すべく、両権論を発展させていった。キリスト教共同体の防衛と拡大に適した理論として、峻別抑制型の間接的権力論を選び、深化させていった。この理論において、キリスト教君主に対する教皇の正規で恒常的な裁治権と、異教君主に対する教皇の例外的で一時的な防衛権の区別が中心的な基盤となっていた。『信仰の防衛』において、ジェームズ陣営などが忠誠宣誓論争の中で君主の権力と生命を守るべく主権論や国教会原理を展開して間接的権力論や聖職者の免除論を否定していたのに対して、スアレスはローマ中枢におけるペニャのようなラディカルな教皇主義者の圧力下で、教会を防衛すべく再び間接的権力論や聖職者の免除論を正当化していた。その際に、教皇が間接的権力によってあらゆる世俗的事柄を行えると述べている箇所もあり、反宗教改革の影響がスアレスにも窺えた。

　以下、『信仰の防衛』の内容をみていく。先述のようにジェームズは峻別抑制型間接的権力論の特徴を利用しようとして、自身がユリアヌス帝のような背教者ではないが、仮にそうであるならば異教君主として教皇権の対象外になるはずだとベラルミーノに反論していた。この反論に対してスアレスは批判を加えていく。そこで、この反論に対する批判を基軸としつつ、異教君主に対する教皇権の議論を利用した反ローマ陣営の主張に対するスアレスの批判をみていく。すなわち、異教君主が神のみから俗権を得ているので教皇によって世俗的罰を下されず、信仰や改宗が俗権を奪ったり減じたりしないのでキリスト教君主も同様だという主張である。

　異教君主の俗権は自然法を介して神から与えられるが、一定の場合に教皇によって正当に奪われる。俗権が自然法を介して神から直接的に君主へと授与されるというジェームズに対して、スアレスは俗権が自然法を介して神から何らかの仕方で君主へと授与されると認める。それでも、

異教君主が教会を迫害しているならば、教皇は異教君主に対して防衛権を行使できる。なぜなら、教皇がキリスト教徒と異教徒の婚姻の紐帯を解消させるための権力を持っているので、両者間の君臣の紐帯についても、「その服従によって信仰が危険に晒される場合には、信徒を異教徒の軛から解放するための権力が教会に与えられた」[98] からである。ただし、この権力を用いようとしてもしばしば実効性を欠いたり、より大きな躓きが生じたりするので、「教会はこの権力を稀にしか用いることを許されず、稀にしか用いなかった」[99]。

　信仰や改宗は俗権を奪ったり減じたりせず、かえってキリスト教の法によって高めるので、キリスト教君主の俗権と教皇権の関係は異教君主の俗権と教皇権の関係と異なっており、キリスト教君主の俗権はより大きな制約を受ける。信仰が俗権を減じず、よってキリスト教君主が異教君主と同様に教皇によって廃位されないと論じていたジェームズ陣営に対して、スアレスは次のように反論する。

> 信仰や恩寵は自然を破壊せず、完成させ、より高次の規則や法の下で自然を構成する。それゆえ、キリスト教徒の政治的服従は自然法に由来するけれども、その地位にふさわしく、信仰や宗教に反さず、教会の正しい法や命令に従属しているような政治的服従へと規定され、制限される。それゆえ、信仰の光を完全に欠いた状態で純粋な自然のみを考慮して統治できるような人々や異教徒における政治的服従と、キリスト教徒における政治的服従が、全ての面において同じであると考えてはならない。なぜなら、異教徒や洗礼していない不信仰者は教皇や教会の法律に対してキリスト教徒のように服従してはいないからである。それゆえ、世俗的事柄において最高であるようなキリスト教君主が政治的事柄についてであっても自身の臣民に何かを命じるのを教皇の法律によって禁止されるような多くの場合において、異教君主を強制することができない。なぜなら、異教

98　Suarez, *Defensio Fidei*, 232.
99　Ibid.

第六章　宗教改革と大航海時代の思想的な影響関係

君主は群れの中におらず、一度も入ったことがないからである[100]。

スアレスは信仰が自然を破壊せず完成し、同様に俗権の基礎たる自然を破壊せず照明して高め、よって異教君主の俗権を減じる代わりにキリスト教会の法に従うような俗権へと高め、新たな状態にふさわしい制限を付加すると主張している。このように、教皇はカノン法や間接的権力によってキリスト教君主を異教君主よりも大幅に制限付けることができる。しかも、異教君主に対しても一定の場合にキリスト教徒を防衛すべく廃位権を持つことができるので、キリスト教君主に対しては一層持つことができる。すなわち、アクィナスなどが論じるように、「パウロの教義に基づいて、外部の人々については、教会は裁かない。そこから、それらの神学者たちは洗礼していない異教の王を教皇が不信仰や他の罪のために罰せないと理解している。しかし、アクィナスが『神学大全』Ⅱ－Ⅱ, 10－10で教えているように、異教君主が信徒を臣民としているならば、背教の道徳的で明白な危険性を根拠として、教皇が彼らをその服従から解放できる。（中略）したがって、同様の根拠あるいは一層大きな根拠に基づいて、キリスト教の王あるいは教会の臣民は洗礼ゆえに自身の従者に対する権力や支配権を奪われる」[101]。以上のように、教皇は一定の場合に異教君主に対する廃位権を持つことができ、信仰が異教君主の俗権を減じずキリスト教会の法の下で高めるので、教皇はなおさらキリスト教君主に対する廃位権を持つといえる。

　ここまでスアレスの反論は峻別抑制型間接的権力論に基づいていたが、反宗教改革の影響がみられる箇所もある。異教君主に対する教皇権の議論を利用した反ローマ陣営による批判に対して、スアレスは純粋な自然と信仰に照明された自然を使い分けながら、異教君主に対する教皇の防衛権とキリスト教君主に対する教皇の裁治権という区別に基づきながら反論していた。しかしながら、少し触れたように、宗教改革によるローマ教会の失地を回復したり、これ以上の失地が生じることを回避したり

100　Ibid., 730.
101　Ibid., 340.

しようとする反宗教改革（Anti-Reformation）の影響が『信仰の防衛』にもみられた。この影響は、異教君主に対する教皇権に関連した批判についてもみられる。というのも、反ローマ陣営がキリスト教君主に対する教皇の廃位権を否定すべく異教君主に対する教皇権の欠如を論証していたので、異教君主に対する教皇権を大幅に制限することは反ローマ陣営を批判する上で不利であると思われ、よってキリスト教君主と異教君主の区別に関係なく世俗君主に対する教皇権を確立しようとしたからである。その重要な例を一つ取り上げる[102]。

聖職者の全面的な免除を正当化する際に、スアレスは峻別抑制型間接的権力論から逸脱するような主張を行っていく。スアレスによれば、ジェームズやサルピなどは次の理由で聖職者の世俗的免除を否定する。

> もし、現在の日本や中国におけるように、聖職者が洗礼していない異教君主の臣民であるなら、教皇はこの免除を異教君主に関して聖職者に与えることができないからである。それゆえ、キリスト教君主に関してもそれをできない。結論が論証される。世俗的事柄においてキリスト教の王は異教の王と同じくらいの最高者だからであり、キリスト教君主が教皇に対して霊的に服従していたと仮定しても（この点をイングランド王やプロテスタントは認めていない）、この点は彼らからその世俗的裁治権を奪う上で全く関係がないからである[103]。

スアレスによれば、ジェームズたちは教皇が日本や中国のような異教君主に対して俗権を全く持たないので聖職者の免除をそれらの国で授与できず、よって、同様にキリスト教君主に対しても俗権を持たないので授

---

[102] その際に、注意点が一つある。第一部で述べたように、スアレスは教皇の霊的裁治権を間接的権力と呼ぶのみならず、自然法に由来する教皇の自己防衛権をも同一のつづりの *potestas indirecta* と呼び、本書では便宜的に「間接的な権力」と訳していた。それゆえ、スアレスが *indirecte* や *postestas indirecta* という語句を用いる場合、必ずしも霊的裁治権としての間接的権力について論じているわけではない点に注意すべきである。

[103] Suarez, *Defensio Fidei*, 383.

与できないと主張している[104]。この主張に対して、スアレスは次のように反論する。たしかに、教皇は世俗的事柄における最高権を自然法によって得ていないので、全世界の世俗的な支配者ではない。よって、異教君主とキリスト教君主のいずれに関しても、世俗的上位者として自然的権力によって聖職者の免除を与えることができない。このような主張としてジェームズたちの主張を理解するならば、ジェームズたちの主張は正しい。「世俗的事柄において地上の諸王に対して持つような直接的権力によって、教皇は聖職者にこの免除を与えることができない」[105]のである。しかし、教皇はキリストから超自然的な霊権を得た。教皇は霊権によって、「世俗的な諸王の上位者となり、少なくとも間接的かつ霊的事物のためにそうなり、この権力は異教君主に対しても多くの場合に適用される」[106]ので、この霊権によって異教君主に関しても聖職者の免除を与えることができる。よって、キリスト教君主に関しても与えることができる。

　この反論において、スアレスは一律型間接的権力論に接近している。前章で述べたように、スアレスは教皇が間接的権力によってキリスト教の諸国で聖職者の免除を授与できると論じていた。この反論の箇所で、教皇はどの世俗君主に対しても直接的権力を持たないけれども、キリスト教君主のみならず異教君主に対しても間接的権力を持ち、いずれの君主に関しても間接的権力によって聖職者の免除を授与できると論じられた。このようにして、教皇はキリスト教君主に対して間接的権力を持つ

104　なお、ジェームズやサルピは特に日本や中国に言及していないので、スアレスが日本や中国を聖職者の免除論に関連付けたのであり、日本や中国への関心の強さがうかがわれる。なお、第三章でスアレスが読んだ日本布教関連著作として紹介したルセナの『フランシスコ・ザビエルとインドにおけるイエズス会の修道士たちの行いに関する歴史』には、ザビエルたちが日本の仏僧と宗論を行った際に聖職者の免除を一つの論点としていたことが記されている。スアレスの関連付けはこのようなところに由来しているのだろう。João de Lucena, *Historia Da Vida Do Padre Francisco De Xavier, E Do Que Fizerão Na India Os Mais Religiosos Da Companhia De Iesu* (Lisboa: Pedro Crasbeeck, 1600), 710-11.
105　Suarez, *Defensio Fidei*, 385.
106　Ibid.

のとほぼ同様に、異教君主に対しても自己防衛権としての「間接的な権力」というよりむしろ霊的裁治権としての間接的権力を持つと論じられた。スアレスは、聖職者の免除論を正当化して反ローマ陣営の攻撃から教会の統一性を守ろうとして、峻別抑制型間接的権力論から一律型間接的権力論へと急接近した。

　しかし、まさに異教君主に対する教皇権とキリスト教君主に対する教皇権の関係が主題的に問われている箇所で、スアレスは反宗教改革の影響を受けながらも峻別抑制型間接的権力論を保持した点が非常に重要である。ジェームズは自身が世俗的事柄において直接的にも間接的にも上位者を認めないと主張し、スアレスはキリスト教君主が教皇を世俗的事柄における霊的上位者として認めなければならないと反論していた。さらに、ジェームズのこの主張に関連して、スアレスは次のような主張をも取り上げる。異教君主は世俗的事柄において直接的にも間接的にも上位者を認めない最高者であり、信仰が俗権を奪わず、キリスト教君主と異教君主の政治的条件は同じであるので、キリスト教君主も世俗的最高者であり、よって教皇の廃位権の対象ではない。この主張に対するスアレスの反論には、両君主に対する教皇権の相違を強調する全世界的布教の要素と、両君主に対する教皇権の同一性を強調する反宗教改革の要素が両方ともみてとれる。全体的にみれば、全世界的布教の要素がより根底的である。そのような反論を以下では詳しくみていく。

　スアレスは反宗教改革と全世界的布教の狭間で揺れ動き、よって両君主に対する教皇権の同一性と相違をともに指摘していく。まず、スアレスは両君主に対する教皇権の相違を指摘する。スアレスによれば、両権の関係において「キリスト教の王と異教の王が全面的に同質であると認めるべきではない。なぜなら、洗礼されていない王は教会の霊権に直接的に服従させられておらず、それゆえ、指導的力と強制力に関して、彼の俗権が間接的にでさえ霊的裁治権に服従せず依存もしていないことは驚くべきことではないからである。しかし、洗礼された王は先述のように霊権に直接的に服従しており、それゆえ結果的に彼の俗権もまた少なくとも間接的にその目的のために霊権に対する服従に留まっているから

である」[107]。すなわち、キリスト教君主が受洗により教皇の霊的裁治権に服従しているので間接的権力にも服従しているのに対して、異教君主は霊的裁治権に服従していないので間接的権力にも服従していない。従来通りの根本的な相違がまず示された。

　上記引用の直後に、信仰が俗権を減じないという批判に答えるべく、スアレスは相違を考慮に入れつつ同一性にも言及する。スアレスによれば、「それゆえ、俗権は両王において実際に同一であり、対等であり、キリスト教の王の俗権は（いわば）固有の意味で内在的な仕方で減じられていないが、服従を根拠として、信仰や注入された知恵という内的で最奥の規則や、霊的目的へと秩序付けられた限りでの霊的牧師や法ないし彼の権力という外的規則を持ち始めるだけである」[108]。すなわち、キリスト教君主の俗権は異教君主の俗権とそれ自体で同一だが、教皇権との関係については異なっており、教皇の霊権に服従している。それでも、この霊権に対する服従はキリスト教君主の俗権の本性を弱め減じるのではなく、その本性に内在的な変更を加えずに、霊権による支配を付加するだけである。さらに、この霊権に対する服従は俗権をむしろ高めていくので、異教君主の改宗を妨げるような特別な重荷でもない。

　そのように論じた少し後で、ジェームズに対する反論を強めるために、スアレスは教皇権との関係についても両君主の俗権の同一性を強調する。「しかし、最後に付け加えよう。異教の王もまた、彼ら自身の状況のふさわしさに応じて教会の霊権に服従しており、翻って教会の権力は少なくとも間接的な仕方で上位者としての行いを彼らに行使することができる。なぜなら、彼らがキリスト教徒を臣民としているならば、彼らの支配権から彼らを解放できるからである」[109]。ここで、スアレスはキリスト教君主に対する間接的権力を正当化すべく同一性を強調しており、異教君主に対する教皇の「上位者としての行い」について正当化しようとしているので、迫害等における異教君主に対する「間接的な権力」ではなく間接的権力を教皇に認めようとしているといえるだろう。だが、そ

107　Ibid., 369.
108　Ibid.
109　Ibid.

の少し後で、再び両君主に対する教皇権の相違を強調する。「しかし、もし異教君主がキリスト教徒を臣民として一人も持たないならば、偶然的に福音の宣教師を妨害したり、臣民に福音を受容しないよう強制したりしない限り、教会は臣民という根拠においてさえも彼らに対する権力を通常は持たない」[110]。すなわち、キリスト教徒を欠くような異教諸国において、教皇は権力を全く持たない。布教の未到達地における教皇の権力の完全な欠如という主張を、すなわち直接的権力論や一律型間接的権力論には見出されず峻別抑制型間接的権力論に固有なこの主張を、スアレスはここで示したのである。

　反宗教改革と全世界的布教の関心がせめぎ合った末に、スアレスは峻別抑制型間接的権力論を最終的に保持する。直近の引用部分の直後に、スアレスは再びジェームズ批判を考慮して上記の同一性を指摘する。「以上より、多様な人々に対する権力の行使は、彼らの様々な条件や状況に応じてより稀になったり頻繁になったり、大きくなったり小さくなったりするが、権力は（いわば）形相において、あるいは同じ権限や観点の下では同一であるということになるように思われる」[111]。このように、宗教改革と大航海時代という二つの文脈への関心がスアレスにおいてせめぎ合う中で、両君主に対する教皇権が結局のところ本質的に同一であると論じられ、ついに反宗教改革の要素が全世界的布教の要素に優位するような主張が提示されたかのようにみえた。この論調がそのまま続いたならば、ソロルサーノにみられたように、間接的権力論に一定の理を認めながらも直接的権力論を支持するような立場への移行の可能性もでてきたかもしれない。だが、まさにその時、全世界的布教への関心が再浮上する。第一部で述べたように、スアレスは16世紀後半頃には、「我々の時代」における新世界の発見を契機として、カトリック教会が実のところ地理的普遍性をこれまで欠いていたと考え、強く意識するようになり、布教に強い関心を抱くようになっていた。16世紀後半における東アジア布教の進展に伴い、最新の布教地として日本や中国を捉え

110　Ibid., 370.
111　Ibid.

るようになった。というのも、自身の弟子や同僚が自身の著作や講義メモを携えて東アジア布教へ旅立ったり、サンチェスのような宣教師からチナ事業について直接聞いたり、イエズス会の日本年報やイエズス会士のルセナやグスマンの日本布教関連著作を読んだりしたためである。聖務停止令論争に参加していた頃にも、東インド航路の海上ミサに関する意見書を執筆したり、16世紀末からイエズス会総長に依頼されていたイエズス会の弁明書を徐々に執筆したりしていた。後者において、全世界的布教をイエズス会の特徴として提示した。『信仰の防衛』においては、同時代のローマ教会による全世界的布教の成果を根拠としてローマこそカトリックだと論じていた。このようなスアレスの全生涯を貫く全世界的布教への関心により、上記引用の直後に、両君主に対する教皇権の異同を主題的に問うこの一連の議論の結末として、スアレスは再び上記の相違を明示すべく、裁治権と防衛権の区別を提示する。

> しかし、両者の間には相違が存在する。キリスト教君主に対する教皇の権力は固有の意味における裁治権である。霊的であるが、間接的な仕方で世俗的事柄へと拡張される。だが、異教君主に関しては、君主自身に対する裁治権という手段によってではなく、彼らの臣民であるキリスト教徒たちに対する裁治権という手段によって、これらの者たちを守るために、異教徒を遠ざけたりその職務に囲い込んだりすることができる。したがって、彼らに関して行われる全てのことは、異教徒の刑罰や処罰という仕方ではなく、キリスト教徒の防衛という仕方で行われる[112]。

スアレスはキリスト教君主に対する教皇権が霊的裁治権すなわち間接的権力であるのに対して、異教君主に対する教皇権はキリスト教共同体を守るための自己防衛権であり、「間接的な権力」であると主張している。このように、峻別抑制型間接的権力論が最終的に貫徹されたのである。

かくして、対抗宗教改革の代表者とみなされてきたスアレスの両権論

---

[112]　Ibid.

において、反宗教改革の影響が強まる最中、全世界的布教の要素が反宗教改革の要素を凌駕し、両権のあるべき関係を改めて方向づけたのだった。あるいは、プロテスタントのみならず反ローマ的カトリックもまたスアレスの論敵であったので、より正確には、大航海時代におけるキリスト教共同体ないし教会の拡大という要素が宗教改革におけるその防衛の要素に優先し、そのように方向づけた。もっとも、少し前に挙げた例のように、上記の同一性が強調され、一律型間接的権力論に移行しているかのような例もあるので、この優先関係が完全に確立されていたわけではなかった。それでも重要な点は、まさに異教とキリスト教の両君主に対する教皇権の異同が主題的に問われている文脈で、大いなる葛藤の末に、全世界的拡大という要素が防衛という要素を凌駕し、峻別抑制型間接的権力論が最終的に保持された点である。それゆえ、『信仰の防衛』の後でも、1613－15 年のコインブラ大学における「信仰について」の講義をもとにした死後出版の『三つの神学的な徳』において、その結論が引き継がれていく[113]。以上のように、聖務停止令論争や忠誠宣誓論争を経ながらも、全世界的布教によるキリスト教共同体ないし教会の拡大という要素が反ローマ陣営の攻撃に対するその防衛の要素を凌駕し、最終的に峻別抑制型間接的権力論が保持された点にこそ、宗教改革の文脈を理解するために大航海時代の文脈を対象にする意義が存する。

　同時に、大航海時代の文脈を理解するために宗教改革の文脈を対象に

113　本書で、スアレスは異端に対する教会の刑罰を正当化する際に、次のような反論を取り上げる。教会は異教徒に対して刑罰を下せないので、同様に異端に対しても下せないという反論である。この反論に対して、スアレスはこう応答する。一方で、一度も改宗したことのない異教徒のように、教会に「いかなる仕方でも服従していない異教徒が信仰に対して危険かつ有害であるならば、その場合に正当防衛という仕方で遠ざけることができるだろう」(*De Triplici Virtute Theologica, Fide, Spe, & Charitate* (Lugduni: Sumptibus Iacobi Cardon et Petri Cauellat, 1621), 333.)。すなわち、教会は異教徒に対して自己防衛権を持つ。しかし、刑罰権を持たず、よって裁治権を持たない。他方で、教会は異端に対して裁治権を持つので、刑罰権を持つ。それゆえ、「異端に対する禁令は純粋な命令のみならず教会罰という仕方でなされる」(ibid.)。なお、ここで扱った箇所は 1613－15 年の講義ノートに載っていないので、講義後に加筆されたのだろう。第十九問と第二十問は全体的に加筆された部分である。

する意義も見出せる。第一部で論じたように、異教君主による布教妨害という霊的危害に対処するために、インディアス問題においてビトリアなどは教会による事後的な強制力行使を正当化していたのに対して、セプルベダなどは事前の強制力行使を正当化しており、スアレスはビトリアなどの立場を継承した。その後、東アジア布教の文脈で、スアレスはサンチェスのチナ事業を擁護する上で、布教の事前でも事後でもなく同時に布教妨害を追い払う随兵布教論というチナ事業の主要論点について肯定的に論じた。しかし、おそらく日本布教の言説を主な契機として、上述の「信仰について」の講義において随兵布教論を否定するに至った。そのようにして、『信仰の防衛』の後でも、異教君主に対する教皇権を一層制約する方向で布教論を発展させていった。しかしながら、スアレスは異教君主に対する教皇の廃位権を完全に否定するまでには至らなかった。ビトリアやセプルベダのように、異教君主に対する教皇の廃位権を認めるようなインディアス問題や東アジア布教における教皇主義者の共通意見に留まったのである。このアクィナス的な共通意見から脱することは容易ではなかっただろうけれども、スアレスはこの共通意見に意図的に留まったというべきである。なぜなら、聖務停止令論争や忠誠宣誓論争において反ローマ陣営がキリスト教君主に対する教皇の廃位権を否定すべく異教君主に対する教皇の廃位権を否定していたので、スアレスは異教君主に対する廃位権を否定することが困難だったからである。この点にこそ、すなわちスアレスの布教論が教皇権に対する抑制という方向で発展していく上で反ローマ陣営の教皇権批判が妨げになった点にこそ、大航海時代の文脈を理解する上で宗教改革の文脈を対象にする意義が見出される。

　以上より、宗教改革と大航海時代の両文脈を同時に考察することによって初めて、スアレスの両権論における次のような力学的関係が明らかになった。すなわち、インディアス問題で発展したスアレスの峻別抑制型間接的権力論は、一方で、正当で有益な全世界的布教の実現のために直接的権力論や一律型間接的権力論に対抗して展開された布教論により、反宗教改革の影響下でも、それらのラディカルな教皇主義理論への移行を回避した。他方で、聖務停止令論争や忠誠宣誓論争においてキリスト

教君主の権力や生命を守るべく反ローマ陣営によって展開された異教君主に対する教皇の廃位権への批判が妨げとなり、その廃位権の是非についてインディアス問題や東アジア布教における教皇主義的な共通意見から脱することなく留まった。このように、反宗教改革によって教皇権が更に強化されていく流れを布教論が制止しながら両権のあるべき関係を方向づけようとし、全世界的布教によって教皇権が更に抑制されていく流れを反ローマ陣営の教皇権批判が押し留めることになった。まさにこの力学的関係において、宗教改革と大航海時代のダイナミックな思想的関係が如実に表れているのである。

近世という時代とは ── スアレスの視点から ──

　第一部と第二部において、スアレスが直接関わっていた16世紀から17世紀にかけての両権論に関する諸論争をみてきた。この近世という時代は、両権論を基本的視座とした場合、どのような時代だったのか。本書によって、この問いに対する全面的な答えを出すことはできない。それでも、スアレスという当時の代表的な教皇主義者の視点を借りて、一つの重要な答えを示すことはできる。その答えを導く上で適した箇所は、スアレスがアクアヴィヴァから依頼され、スアレスの没年でもある1617年についに完成させた『宗教の徳と聖職者の地位について』の第四巻に見出される。その箇所において、スアレスはイエズス会が誕生した時代について次のように述べている。

> 　1521年、ルターはローマ教会に対して公戦を仕掛け、無数の異端を生み出し、特に肉の自由を認めたり教皇に対する服従や従順を破壊したりできると考えるような異端を生み出していった。そのような手段によって、冒瀆的で不正な彼自身の信奉者や従者を得た。ところで、教会に服しているカトリックの多くの地域において信仰が弱体化され消えていくように思われたまさにこの時、神の偉大なる摂理によって扉や道が開き始め、その結果として、かつて聞かれたことのなかったような無数の異教の諸民族へとその真の信仰とキリ

ストの名を伝えることができるようになった。すなわち、東と西のインディアスであり、先述の時期より少し前にスペインやポルトガルのカトリック諸王が敬虔かつ熱心に注意深く探検した多くの諸王国や諸島である。(中略)信仰の防衛が教会にとって極めて必要であり、布教が大いに好機であり、習俗の再建や完成が極めて有益な時代であった[114]。

スアレスはその時代が信仰の防衛と再建および拡大の時代だと述べている。この信仰は当然ながら教皇主義的なローマ教会の信仰であるので、信仰という語をローマ・カトリック教会やキリスト教共同体と言い換えても問題はない。教会の防衛 (*defensio*) はルターなどのプロテスタントに対して、再建 (*instauratio*) は宗教改革に影響されて信仰を弱め教会に反抗的になったとされたカトリックすなわち反ローマ的カトリックに対して、拡大 (*dilatatio*) はインカやアステカならびに日本のような新たな異教徒に対してである。スアレスからすれば、教会の防衛と再建および拡大によって、あるいは端的に防衛と拡大によって、キリスト教会は真に地理的に普遍的な教会にならなければならないのである。以上より、現代の我々の視点というよりもむしろ当時の代表的な教皇主義者の視点に基づくならば、近世という時代は普遍教会すなわちキリスト教共同体の防衛と再建および拡大の時代である。

---

[114] *Opus De Virtute Et Statu Religionis*, vol. 4 (Moguntiae: sumptibus Hermanni Mylii Birckmann, 1626), 397.

結　論

　本書の目的は、両権論を基本的視座とした場合に近世という時代がどのような時代であったかを明らかにする点であり、そのために主軸を近世の代表的な教皇主義者スアレスの両権論に置いた。あるいは、宗教改革と大航海時代のダイナミックな思想的関係をスアレスの視点から把握しようとしたと言い換えることもできよう。前節でスアレス理論のまとめをほぼ行ったので、以下では本書の意義を示していく。大別して二種類挙げられる。スアレス研究としての意義と、近世両権論研究としての意義である。

本研究の意義（1）── スアレス研究の観点 ──

　従来のスアレス研究は、一部がスアレスをインディアス問題の文脈で論じていたが、大半がスアレスを忠誠宣誓論争の文脈で論じ、対抗宗教改革の代表者として捉えてきた。よって、スアレス理論を主軸として、対抗宗教改革の流れを理解しようとしてきた。そこでは、スアレスが対抗宗教改革の代表者として、プロテスタントであるジェームズの王権神授説に対抗して、教会の統一性を防衛すべく、間接的権力論や人民の抵抗権論を展開したと論じられてきた。この理解は大部分で正しく、重要である。しかし、扱うべき論点や文脈が限られていたことは否めない。特に、宗教改革と大航海時代の両文脈を切り離し続けている支配的慣行が改善されるべき状況であった。そこで、本研究はそれらの問題に対処し、近世両権論におけるスアレス理論のポテンシャルを最大限に引き出すべく、スアレス理論の位置付けや意義を再考してきた。その結果、従来のスアレス研究に対して、本研究は大別して五つの意義を新たに得たといえる。

　第一に、17世紀初頭の諸論争における聖職者の免除論の重要性を示したことである。聖職者の免除は、特に聖職者集団としての狭義の教会

を世俗君主の野心から守る主要な手段として、よってそのような仕方で広義の教会の土台を守る主要な手段として、スアレスに重要視されていた。この聖職者の免除論において、サラマンカ学派第一世代のビトリアやソトなどとスアレスの間に重要な相違がみられた。聖務停止令論争の際にローマとヴェネチアがヴェネチアの聖職者の忠誠を奪い合い、忠誠宣誓論争の際に聖職者が君主に対する抵抗を唱道したとされた時期において、聖職者に対する統治権の在り処が反ローマ陣営にとっても重要であった。それゆえ、反ローマ陣営はスアレスなどの全面的な免除を否定すべく、ビトリアなどの理論を利用したり、自国の全成員に対する世俗的最高権の理論を展開したりした。後者の主権論的主張は反ローマ陣営において最も広く共有されたものの一つであった。

　第二に、ヨーロッパ内部の文脈として、聖務停止令論争を射程に入れたことである。管見の限り、聖務停止令論争はスアレス研究の主題となってこなかったのみならず、近世西洋政治思想史においても近年になるまで注目されてこなかった。しかし、聖務停止令論争において中世以来の反ローマ的カトリックの流れが見出され、忠誠宣誓論争において宗教改革による反ローマ陣営と合流していくので、聖務停止令論争は非常に重要であった。この論争では、ヴェネチア陣営がガリカニストとともに公会議主義や国教会原理などを展開して教皇権を弱体化させようとしたのに対して、スアレスはキリスト教共同体を防衛ないし再建すべく、間接的権力論や聖職者の免除論を展開した。その際に、ヴェネチアが世俗的最高権や国家理性によって普遍教会を解体して国教会を確立しようとしていると批判した。ここに、富国強兵や政治秩序解体の回避のためではなく、国教会原理のための国家理性論をヴェネチアに見出すというスアレス独自の批判が展開されたのだった。スアレスはこのように国教会原理の危険性をプロテスタントのみならず反ローマ的カトリックにも見出し、反ローマ陣営の主要な共通問題として捉えていた。その際に、ヴェネチアが世俗的最高権や国家理性という世俗的根拠に、イングランドが王の霊的首位性という霊的根拠に国教会原理を基づけているとして、両者にコントラストを描いていた。翻って、ヴェネチア陣営の立場に立つならば、宗教戦争の恐れを免れていたヴェネチアには、英仏とは異な

る面もみられた。すなわち、ヴェネチアはアナーキーを回避するためにではなく、自国の伝統としての国教会原理を教皇主義から守るために、主権論を展開したことである。

　第三の意義は東アジア布教を射程に入れたことである。ここまでの意義はヨーロッパ内部に関する意義であり、対抗宗教改革の枠内でも論じうるものだった。しかし、外部の文脈も同様に重要だった。一部のスアレス研究はスアレスをインディアス問題の文脈で主題化し、重要な貢献をしてきたが、スアレスをサラマンカ学派の二次的論者として捉えてきた。しかし、スアレスはインディアス問題が現象面で収まってきた頃に論じていたので、その全貌を見渡すことができるような位置に立っていた点では、インディアス問題においても有利であった。さらに、より重要な点として、東アジア布教の論争にも関わっていた。野蛮とみなされ征服されたインディアスと異なり、自律的な華夷秩序を形成し、文明的とみなされ征服が困難だった東アジアで、キリスト教会はインディアスにおける布教の経験と理論を踏まえて新たな布教のあり方を模索した。東アジア布教の主要アクターはイエズス会であったので、スアレスはその最新情報を得ていた。スアレスはサラマンカ学派としてインディアスにおける布教の理論と経験を吸収し、イエズス会士として東アジア布教の理論と経験を吸収して、キリスト教共同体をより有益で正しい仕方で全世界的に拡大すべく、ラディカルな教皇主義者に対抗して教皇権を抑制する方向で布教論を発展させていった。それゆえ、スアレスは近世の布教論においても主要論者の一人だといえる。

　第四の意義は、ヨーロッパ内外の文脈を同時に射程に入れるのみならず、双方の思想的影響を主題的に論じたことである。双方を同時に射程に入れることは、既にCourtineがスアレスの国家論に関して適切に行っていた。それでも、本研究は両文脈の下で両権論を主軸としつつ、両文脈間の思想的影響を主題的に論じた点で独自である。スアレス研究に限らず、近世政治思想史の研究においても、両文脈を同時に射程に入れた研究は徐々に増えつつあるが[1]、未だに少ない。しかし、両文脈の分断

1　このような最近の研究として、Annabel Brett, "Political Thought," in The

という支配的慣行を乗り越えるべきである。本研究はそのための試みを具体的に行った。その結果、スアレスがヨーロッパ内部の文脈でキリスト教共同体を防衛すべく主要な理論的障害としての国教会原理を批判するために、外部の布教によるローマ普遍教会の全世界的拡大を根拠として利用したことを示した。さらに、スアレスが内部におけるキリスト教共同体の防衛と外部におけるその拡大に最適の理論として峻別抑制型間接的権力論を選んだことを示した。このようにして、両文脈を架橋する際の具体的道筋について、異教君主に対する教皇権や国教会原理を経由点として提示したのである。

　第五の意義は、これまでの意義の総まとめでもあるが、スアレスの位置付けに関わる。対抗宗教改革の代表者という従来の位置づけに対して、本研究は近世の基本的特徴として宗教改革に大航海時代を加えた上で、スアレスを両権論に関する近世の代表者として位置づけてきた。本論でみてきたように、近世においてヨーロッパ内外の両文脈を相互に関連付けて論じることは散見された。しかし、スアレスのように、両文脈に精通し、なおかつ主題的に論じていた者はやはり相当に限られており、貴重であった。先行研究が気づかなかったスアレスのこの利点に本研究は着目し、両文脈の思想的流れを架橋する論者としてスアレスを捉え、四つの論争の下でその理論を論じてきた。その結果、スアレスがキリスト教共同体の防衛と再建および拡大のために、反ローマ陣営やラディカルな教皇主義者との論争の中で、峻別抑制型間接的権力論を選び取ったことを示した。大航海時代における未曽有の好機と宗教改革における存亡の危機に面してスアレスが提示した両権のあるべきヒエラルキーは、この峻別抑制型間接的権力論に見出される。このようにスアレス理論の全貌を明らかにして初めて、スアレス理論に主軸を置いて近世という時代を理解することが可能になった。

Oxford Handbook of Early Modern European History, 1350-1750, ed. H. M. Scott (Oxford: Oxford University Press, 2015). が挙げられる。

本研究の意義（2）── 近世両権論研究の観点 ──

　序論で述べたように、近世という時代に関する古典的見方とその問題は次の通りだった。古典的見方において、近世は宗教改革が中世の普遍的なキリスト教共同体の理念を破壊し、宗教戦争をもたらし、そこにおいて人民の抵抗権論や教皇権論が主権論と対決し、近代の領域的な主権論が勝利していく時代として理解されてきた。この古典的見方は、当時主流であった教皇主義の流れを捨象ないし周辺化するという問題を抱えていた。第二部でみてきたように、教皇主義者は宗教改革においてキリスト教共同体が攻撃されているが崩壊しておらず、防衛されるべしと論じていた。近世教皇主義に関する研究は宗教改革におけるこのキリスト教共同体の防衛について適切に論じてきた。しかし、古典的研究と近世教皇主義研究は、射程をヨーロッパ内部の宗教改革に限定するという根本的な問題を抱えていた。

　近世の基本的特徴として大航海時代を射程に入れ、近世両権論の視野をグローバルに拡大する必要があった。第一部でみてきたように、新世界の発見などにより、キリスト教共同体は拡大していったと考えられた。キリスト教共同体は宗教改革によって解体するどころか、大洋を越え未曽有の規模で全世界へと拡大していったのである。このキリスト教共同体の拡大に、ヨーロッパ内部のみならず外部をも射程に入れる意義の一つが見出される。おそらく、宗教改革における防衛のみに着目したならば、近代のヨーロッパで領域的な主権国家が支配的になっていったという歴史的後知恵により、崩壊を宿命づけられたキリスト教共同体に着目してもあまり意味がないと指摘されたかもしれない。仮にこの指摘を認めたとしても、ヨーロッパ外部におけるキリスト教共同体の拡大はラテンアメリカのようにむしろ成功し、ヨーロッパとその外部の間において中世には存在していなかった新たな政治的秩序が形成されていく。それゆえ、近世という時代を理解する上で、近世教皇主義における普遍的なキリスト教共同体の理念とその全世界的拡大にも注目しなければならない。

　教皇主義的なキリスト教共同体の防衛と拡大に対して、反ローマ陣営

結論　545

は反撃を試みていた。まず、ヨーロッパ内部の文脈について、中世以来の反教皇主義と宗教改革による反教皇主義が 17 世紀初頭の諸論争で合流した。自国の政治秩序を守るべく、自国の全成員に対する世俗的最高権の直接的神授という主権論を展開した。さらに、本研究が両権論を基本的視座とするからこそ特に指摘したのは、国教会原理の重要性だった。あるいは、君主が自国の霊的最高権を少なくとも教会統治権に関して持つことの重要性だった。理由は大別して二つあった。第一に、教皇は国教会原理によってキリスト教君主に対する霊的裁治権を失うので霊的罰を下せず、間接的権力という霊権の一部をも失うので世俗的罰をも下せず、よってキリスト教共同体を防衛し再建するための主要な手段を失うからである。第二に、キリスト教共同体という広義の教会と国教会は両立しえないので、国教会原理それ自体によって、教皇のみを頭とするキリスト教共同体は分断され解体していくからである。というのも、キリスト教共同体全体を単一の統治体たらしめている教皇の普遍的な霊的裁治権は、国教会原理において各君主の自国における霊的最高権に反するとして否定されるからである。したがって、宗教改革という文脈においては、反ローマ陣営の主張が受容されていくならば、キリスト教共同体という普遍的共同体から領域的な主権国家への移行が進められていくことになる。

　ヨーロッパ外部について、海外拡張の後発国であった英仏などはスペイン帝国やポルトガル帝国の理論的後楯として教皇主義理論を捉え、批判していった。例えば、アレクサンデルによる布教権の贈与において、教皇は広義の教会というキリスト教共同体の頭であるとの理由によって、布教によるその拡大の責任を負い、そのための最高権を持つとされ、布教のために交易や航海の自由をキリスト教君主に対して制限できるとされた。このような封じ込めに対して反ローマ陣営は反論し、この反論がさらにヨーロッパ内部の諸論争に流れ込んでいった。

　このようにみてくると、教皇主義的なキリスト教共同体は反ローマ陣営にとって自国の防衛と拡大における重大な理論的障害となっていたことがわかる。一方で、キリスト教共同体は教皇による世俗的介入の根拠となっていた。すなわち、教皇はキリスト教共同体の頭であるという理

由によって、四肢としてのキリスト教君主に対して世俗的に介入できると教皇主義理論で論じられていた[2]。他方で、教皇がキリスト共同体の頭であるという同様の理由で、すなわち広義の教会の頭であるという理由で、海外拡張という方法は教皇権の管轄下に置かれることになる。よって、反ローマ陣営にとって、キリスト教共同体は解体させるなどの何らかの対策を採るべき普遍的共同体であった。

したがって、近世に関する古典的研究には反教皇主義的イデオロギーの負荷という問題が見出され、この問題にも対処する必要がある。おそらく、宗教戦争を経験した人々などには、キリスト教共同体が宗教改革によって解体したと自ずと考えた人も少なくないだろう。それでも、一方で反ローマ陣営は、キリスト教共同体が重大な理論的障害であったので、教皇の普遍的霊権に対する君主の服従を否定するなどして、キリスト教共同体の理念を意図的に破壊しようとした。他方でローマ陣営は、キリスト教共同体が自身の理論にとって極めて重要であったので、聖句などを駆使して反論し、その理念を意図的に守ろうとした。それゆえ、近世におけるキリスト教共同体の理念は重大なイデオロギー的争点であり、この理念の存亡をかけた激しい攻防が主権論イデオロギーと教皇主

---

[2] それゆえ、例えばホッブズは『リヴァイアサン』第三巻において、ベラルミーノを次のように批判している。『教皇について』の中でベラルミーノが教皇の世俗的介入を正当化すべく広義の教会というキリスト教共同体の概念を上述のように根拠として用いた箇所について、ホッブズはベラルミーノが次の点で誤っていると批判する。すなわち、「あらゆるキリスト教の王や教皇ならびに聖職者や他の全てのキリスト教徒が単一の国を形成しているということである。なぜなら、フランスが一つの国であり、スペインが他の国であり、ヴェネチアが三つ目の国であるなどということは自明だからである。そして、これらはキリスト教徒から成る。それゆえ、これらはキリスト教徒の各々の団体すなわち各々の教会でもある。そして、彼らの各々の主権者が彼らを代表する。その結果、彼らは自然人と同様に、命令したり服従したり、行ったり被ったりすることができるようになる。全体的ないし普遍教会は代表者を持たない限りそのようにできないが、地上において代表者を持たない」(Thomas Hobbes, *Leviathan* (Oxford: Clarendon Press, 2012), 914-16(水田洋訳『リヴァイアサン(3)』岩波書店、1982年、319 − 20頁))。このように、ホッブズは教皇の世俗的介入を否定すべく、その根拠となっていた広義の教会というキリスト教共同体の存在を否定し、諸国の諸国教会へと解体させるのだった。

義イデオロギーの間で繰り広げられていた。この攻防で、キリスト教共同体の理念を国教会原理によって破壊し代替させるために論じたのは反ローマ陣営であり、よって、キリスト教共同体という普遍的共同体を諸領域国家に代替させる流れを生み出していったのは反ローマ陣営であった。それゆえ、近世に関する古典的見方は、キリスト教共同体の理念の存亡という重大なイデオロギー的争点について、反ローマ陣営の論証に妥当性を認め、軍配を上げるような、反ローマ陣営に与する見方でもあるといえる。この古典的見方にみられる反教皇主義的イデオロギーの負荷という問題は、序論でも述べた二つの問題とは異なる第三の問題として指摘できる。この第三の問題について、二つの対策を提示できる。一つは、古典的見方が反教皇主義的イデオロギーの負荷を帯びていると自覚することである。もう一つは、バランスをとるために、教皇主義的な見方を対として提示することである。先述のように、近世教皇主義は当時主権論より主流であったなどの理由により、着目されるべきであることを既に示していたので、新たな理由がここで追加されたことになる。

最終的結論と意義および今後の課題

　本研究の結論として、スアレスの教皇主義的な両権論を主軸に据えた場合に、近世は以下のような時代として捉えることができる。宗教改革と大航海時代は同時期であった。宗教改革により、それまでのヨーロッパ秩序は大きく変容した。宗教戦争では、周知のように、主権論が登場して抵抗権論と対立したり、寛容論が唱道されたりした。地理的諸発見により、植民地主義帝国の基礎が築かれていった。新世界を征服し、東アジアなどで交易や商業のネットワークに新たに参入した。近世の教皇主義は極めて活発であり、宗教改革の下でキリスト教共同体をプロテスタントの攻撃に対して防衛したり、反ローマ的カトリックの再統合によって再建したり、大航海時代の下で、全世界的布教によって未曾有の規模で拡大させたりしようと試み、双方の文脈で広範な影響力を行使した。英仏などは自国を防衛するために、あるいは海外拡張を成功させるために、宗派の違いを超えて反ローマの連携を行うほどだった。以上より、

射程をヨーロッパ内部に狭めながら主権論やプロテスタント理論に主軸を置いてきた古典的研究と異なり、近世は宗教改革によって中世の普遍的なキリスト教共同体が崩壊し、近代の領域的主権論に代替された時代ではないといえる。教皇主義を基本的視座とした場合、近世はキリスト教共同体の防衛と再建および拡大の時代である[3]。このような時代認識がスアレス理論を主軸に据えたことで得られたのである。

キリスト教共同体の防衛や拡大といった教皇主義的なビジョンは単なる斜陽として捨象あるいは周辺化されてはならず、近世ひいては近代を理解する上で不可欠な軸の一つとして認識される必要がある。その理由は以下の通りである。啓蒙の時代を世俗化の時代とみなす通説が修正を迫られている中で、近代における教皇主義と反教皇主義の対決の重要性もまた再検討が必要となる。というのも、スアレスやベラルミーノの両権論はローマ教会の公式理論となっていくので、啓蒙やフランス革命の時代において、第二部で扱ってきた17世紀初頭の諸論争におけるセルヴァンやリシェないしサルピなどに依拠した教皇主義批判が展開される中で、教皇主義者たちはスアレスやベラルミーノの間接的権力論に依拠して応戦し、よって同様の論争が新たに生じていくからである[4]。さらに、20世紀に入ってもなお、その影響力はみられることになる[5]。

---

[3] 補論で論じるように、この教皇主義的なビジョンは海外拡張的な主権論のビジョンに対抗されることになるだろう。

[4] それらの時代において、第二部の諸論争は主な参照点となっていた。詳しくは、Sylvio Hermann de Franceschi, "L'autorité Pontificale Face Au Legs De L'antiromanisme Catholique Et Régaliste Des Lumières" *Archivum Historiae Pontificiae* 38(2000); "Le Pouvoir Indirect Du Pape Au Temporel Et L'antiromanisme Catholique Des âges Pré-Infaillibiliste Et Infaillibiliste" *Revue d'Histoire de l'Eglise de France* 88, no. 1 (2002). を参照。

[5] 例えば、20世紀前半のフランスにおけるジャック・マリタンの『霊性の首位性』である。この著作は教皇庁とアクシオン・フランセーズの対立を背景として書かれた。アクシオン・フランセーズは20世紀の節目に誕生した極右的政治同盟であり、その雑誌名や日刊名でもある。反革命や王政復古を標榜した。共和派がローマと対立を深めていたのに対して、当初からローマ・カトリック教会の擁護者を自認し、ローマとの協力関係を築き、カトリック層を重要な支持基盤として獲得した。だが、第一次世界大戦後、国際情勢の変化によりローマと思惑がズレていく。ローマはアクシオン・

しかも、キリスト教共同体の理念はヨーロッパで収まることなく大洋を越え、例えばラテンアメリカでも受容されていく。もっとも、その理念を拒否したラテンアメリカの論者も少なからず存在した。それでも、植民地時代においてキリスト教共同体はヨーロッパから大洋を越えて少なくともラテンアメリカにまで拡大していると現地の人々に認められ、この普遍共同体に対する帰属意識が示され、教皇はその頭として植民地統治に対する介入を求められることになる[6]。独立革命の際にも、教皇に

フランセーズの影響力を警戒し、1926年に公けに非難する。アクシオン・フランセーズは依然として教皇権をフランスの霊的事柄に関して認めるが、世俗的事柄に関して否定すると反論し、妥協せず対立する。同年末、ついに教皇は教皇座に反するとしてアクシオン・フランセーズを断罪し、『アクシオン・フランセーズ』紙の発禁に至り、大打撃を加えることになる（ジャック・プレヴォタ『アクシオン・フランセーズ：フランスの右翼同盟の足跡』斎藤かぐみ訳、白水社、2009年、7－82頁）。このような背景で、マリタンは『霊性の首位性』を執筆する。
　マリタンはスアレスなどの間接的権力論に基づいて教皇による断罪を正当化する。マリタンによれば、間接的権力とは「世俗的事柄としての世俗的事柄ではなく霊的事柄や魂の秩序に関わる世俗的事柄に対して、追求すべき世俗的善ではなく告発し避けるべき罪や保持すべき魂の善および教会の自由を根拠として、教会が持つ権力である。（中略）それは霊権それ自体であり、目下の永遠的利益を根拠として現世的事物を対象とする霊剣である」（Jacques Maritain, *Primauté Du Spirituel* (Paris: Plon, 1927), 23-24.）。マリタンは目的間の序列などによって間接的権力論を正当化した上で、その普遍的な正しさを指摘する。間接的権力論は「不変である。（中略）中世において、少なくとも聖ベルナールや聖トマス・アクィナスの意味で両剣論と呼ばれていたものは、ベラルミーノやスアレス以降に間接的権力論と呼ばれているものと本質的に同一である」(ibid., 28.)。アクシオン・フランセーズの誤りは、この教皇の間接的権力に従わない点に存する。「アクシオン・フランセーズという宗教的でなく政治的な団体への断罪は世俗的秩序に関わる。しかし、その実質的な目的や動機は、その団体に見出されることを教会が教皇の声によって宣言したところの霊的秩序に関する危険を回避することだった。（中略）この断罪は霊的利益の名の下になされたのであり、教皇だけがその利益に関する最高の裁判官である。カトリック的良心の下で唯一可能な態度は服従だった」(ibid., 77-78.)。

6　ここでは植民地時代における例を二つ挙げる。
　第一に、アレグレの『神学教育』である。アレグレ（Francisco Javier Alegre 1729-1788）はベラクルス生まれのイエズス会士である。その著作の中で、主にベラルミーノに依拠しながら教会の政体について論じている。

アレグレによれば、教会の政体を民主制とみなす謬見が存在する。この謬見において、執政者は人民から統治権を得ているので、アテネやローマのように、教会においても人民による問責や廃位の対象になりうる。「しかし、キリスト教共同体（Christiana Respublica）においては、これらは全く見いだされない。それゆえ、キリスト教会（Christiana Ecclesia）の政体は民主制ではない」（Francisco Javier Alegre, *Institutionum Theologicarum Libri* XVIII, vol. 5 (Typis Antonii Zattae et filiorum, 1790), 66.）。さらに、教会の政体は、ベラルミーノなどが論じていた理由により、教皇の王制である。「ローマ教皇は西洋全体の総主教であり、この権限の下で彼に七つの属州が服従していた。すなわち、イタリア、イリュリア、（かつては全）ゲルマニア、ガリア、ブリタニア、ヒスパニア、アフリカである。その後、両インド地域や隣接する諸島が加えられた。それゆえ、教皇はキリストの普遍的な代理人であり、ペテロの後継者である」（ibid., 161.）。このように、植民地時代における新世界の土着の聖職者はキリスト教共同体が両インドにも拡大し、教皇がその頭であると認めている（アレグレについて、より詳しくは José Ignacio Saranyana and Carmen José Alejos-Grau, *Teología En América Latina*, vol. 2-1 (Madrid: Iberoamericana, 2005), 239-42. を参照）。

　第二に、より重要な著作として、18世紀の『アメリカのペルーにおけるキリスト教徒のインディオの嘆き』である。この著作は著者や執筆年などが十分に判明していない。それでも、インディオやメスチーソなどに対するスペイン植民地政府の抑圧や搾取に起因した18世紀半のペルーなどにおける反乱を背景として、土着のメスチーソの修道士などが執筆したと考えられている（José María Navarro, *Una Denuncia Profética Desde El Perú a Mediados Del Siglo XVIII: El "Planctus Indorum Christianorum in America Peruntina"* (Lima: Pontificia Universidad Católica del Perú, 2001), 20-54.）。この著作は当時の教皇ベネディクト14世に宛てられたものであり、上記の反乱の原因がスペイン人の僭主的統治に存するので、反乱の原因となった一連の問題を抜本的に解決すべく教皇が植民地統治に介入するよう求めている。その介入が次のように正当化される。「ローマ教皇は最高の王かつ聖職者であり（中略）ペテロや闘う教会の頭」（*Planctus Indorum Christianorum in America Peruntina*, (1759?), 79.）である。さらに、「ローマ教皇は自身のキリスト教徒の羊たちに霊的目的を達成させるべく十全な俗権を持つ。今件において、救済という目的はインディオにおいてもスペイン人においても妨げられている。なぜなら、改宗したインディオは不敬な牧者たちによって教育を受けられずに専制の下で信仰から離反させられているからである」（ibid., 80.）。新世界における専制などの問題はまずスペイン王によって解決されるべきだが、スペイン王は十分に対処してこなかった。それゆえ、教皇に「全てのキリスト教徒が、とりわけこのアメリカの打ちのめされて散り散りになった群れが属している」（ibid., 82.）ので、かつての教皇がフィリップ美王やバイエルン公ルートヴィヒなどの僭主に対して行ったように、

よる正当化を求めるような動きがみられたようである[7]。したがって、同時期において主権国家システムがヨーロッパ内部に留まったとするならば、キリスト教共同体の拡大によって中世には存在していなかった新たな政治的秩序がヨーロッパとその外部の間で形成されていき、この拡大されたキリスト教共同体の頭として教皇が少なくとも思想上は両大陸間の秩序の形成や変更において一定の重要な役割を担うことになるだろう。かくして、近世は中世以来のキリスト教共同体という一種の政治共同体が宗教改革の下で、存亡の危機に面して主権論者やプロテスタントなどに対し自身を防衛および再建していくと同時に、大航海時代の下で、スペインなどの日の沈まぬ帝国とともに、中世におけるヨーロッパ大のキリスト教共同体から近世における日の沈まぬキリスト教共同体へと拡大していった時代である。日の沈まぬキリスト教共同体は、ヨーロッパを本拠地とする点でいわゆる主権国家システムと同じであるがヨーロッパの外部にも展開していた点で異なり、非ヨーロッパ地域のみに展開していたのではない点で華夷秩序などと異なりつつ、これらとは交易や布教において協力や競合ないし敵対の関係にあったところの、主権国家システムの対立軸を成していた構想であるといえる[8]。

今件においても「最高の立法者であるローマ教皇はキリスト教徒のインディオの全体やその自由にとって有害なこれらの法を廃止でき、そのようにしなければならず」(ibid., 63.)、すなわち霊的目的のために世俗的に介入すべきである。

[7] Guillermo C. Fúrlong, *La Santa Sede Y La Emancipación Hispanoamericana* (Buenos Aires: Ediciones Theoría, 1957), 31-45.

[8] 山下たちによれば、国際関係論において、近現代の主権国家システムの起源を1648年のウェストファリア条約に帰す「ウェストファリア史観」への批判が活発になされ、進展してきた。だが、最重要主体を領域主権国家とみなし最重要関係を主権国家間関係とみなすような、ウェストファリア史観の根本的部分については、未だ批判が成功していない(山下範久, 安高啓朗, 芝崎厚士編『ウェストファリア史観を脱構築する:歴史記述としての国際関係論』ナカニシヤ出版、2016年、233 − 35、246 − 49頁)。本研究は主権論の草創期において、通常の世俗国家よりむしろキリスト教共同体に考察の基軸を据えることによって、崩壊どころか未曽有の規模で拡大していった一種の政治共同体としての普遍的なキリスト教共同体という近世の主要な構想を、領域的主権国家という構想のオルタナティブないし対立項として提示している。同時に、補論で少し論じるように、単に領域的な

本研究には、次のような課題が残されている。まず、本研究は近世の特徴としてルネサンスをそれとして扱わなかった。それゆえ、例えば新ストア主義者とスアレスの関係を明らかにすることが今後の課題として残された。次に、国家理性論について、スアレスをリバデネイラなどの他の主要論者と詳細に比較することでその特徴を示すことが残された。その他に、反ローマ陣営に関する課題が挙げられる。本研究はスアレス理論を主軸としながら、近世の教皇主義理論を主題的に扱ってきた。それゆえ、反ローマ陣営については、スアレス理論を理解するために必要な限りで扱ってきた。その論者は当時の論争における重要性を基準としつつ、スアレスとの関係をも基準として選定してきた。それゆえ、反ローマ陣営の流れについてはさらなる研究の余地があり、今後の課題として残されている部分もある。このような課題を達成することで、近世という時代の理解をより一層掘り下げていくことが今後の方針となるだろう。

主権国家という理解もまた再考が必要となるだろう。

補論　17世紀初頭におけるスアレス批判の様相

　スアレスの『信仰の防衛』はスペインで成功を収めたが、イングランドで大きな反発を生み、論争の中心に組み込まれていった。主にこの著作ゆえに、反ローマ陣営はスアレスをローマ陣営の主要論者の一人として認知し、批判していく。補論では、それらの批判のあり方を示していく。その際に、先述の黒い伝説を理解することも重要となる。それゆえ、第一節では黒い伝説について、第二節ではスアレス批判について論じていく。

第一節　スペインとローマの黒い伝説

　黒い伝説という概念はスペイン史研究において生み出されたので、なによりスペインの黒い伝説が研究対象となってきた。しかし、近世のスペインはローマと緊密な同盟関係にあるとしばしば表象されていたので、ローマの黒い伝説にも注目する必要がある。

黒い伝説の始源としてのラスカサス

　まず、一般的に黒い伝説の始源とみなされているラスカサスの『インディアス破壊小史』をみていく。第二章で述べたように、ラスカサスは1552年にインディアスに関する一連の著作を公刊しており、その中に本書が含まれていた。本書において、ラスカサスはスペインの王や宣教師ではなく征服者を批判対象としており、インディオに対する征服者の蛮行をスペイン王室に報告することによって、インディアス征服を規制するようスペイン王室に働きかけた。本書の中で、後に反ローマ陣営が利用する部分を以下ではみていく。

一方で、インディオは善良な人々であり、キリスト教の信仰を容易に受け入れることができる。第二章で述べたように、オビエドやセプルベダなどはインディオを獣と大差のない愚鈍な野蛮人として描き、この野蛮性をインディアス征服の正当化における根拠として利用していた。しかし、この正当性を否定するラスカサスによれば、インディオは全人類の中で「最も素朴であり、悪意や二心を持たず、キリスト教徒の支配者自身のもともとの支配者に対して極めて従順かつ忠実であり、より謙虚で忍耐強く、温厚で平和を好む」[1]。他の著作と同様に、ラスカサスはインディオを善良で平和的な人々として描くことで、インディアスにおける戦争の非をインディオではなくスペイン人に帰す。

　他方で、スペイン人は極めて野蛮かつ残虐である。セプルベダはスペイン人を有徳な人間として描くことで、インディオに対するスペイン人の戦争を文明化のための戦争として正当化していた。しかし、ラスカサスによれば、インディオではなくスペイン人こそ「非人間的であり、あまりに憐れみを欠いた凶暴な獣のようであり、人類を根絶させるようなその主たる敵」[2]である。なぜなら、スペイン人はインディオを大量に虐殺したからである。例えば、「エスパニョーラ島ではかつて三百万人ほどの魂をみかけたが、現在は現地人が二百人すら残っていない」[3]。対象地域をエスパニョーラ島からスペイン人の支配地域全体に拡大するならば、「四十年間で、千二百万以上の魂が、男女や子供が、キリスト教徒による先述の横暴や地獄のような所業において暴虐な仕方で不正にも命を奪われた。さらに、間違えることを考慮せずに思うところによれば、実のところ千五百万人以上である」[4]。

　スペイン人はインディアスで布教を行わなければならないが、怠り、妨げ、金や野心のためにのみ行動する。ラスカサスによれば、スペイン

---

[1] Bartolomé de Las Casas, *Brevissima Relacion De La Destruycion De Las Indias* (Sevilla: Sebastian Trugillo, 1552), 4.（ラス・カサス『インディアスの破壊についての簡潔な報告』染田秀藤訳、岩波書店、2013年、28頁）
[2] Ibid., 7.（染田訳、40頁）
[3] Ibid., 5.（染田訳、30頁）
[4] Ibid., 5v.（染田訳、32頁）

王はインディアスの支配権を布教の義務とともに教皇から贈与されたので、スペイン人はインディアスにおいて適切な仕方で布教しなければならない。さらに、インディオは頭脳明晰であり、善良であるので、キリスト教の教えを受け入れ実践するための十分な素質を備えている。ところが、「最初から今日まで、あれらの人々が犬か他の獣のようであった場合にイエス・キリストの信仰を彼らに布教する関心を抱かなかった場合と同じくらい、スペイン人は彼らに布教する関心を抱かなかった。むしろ、多くの苦痛や迫害を加えながら、聖職者に対して主要な目的の布教を彼らに行わないよう禁止した。なぜなら、彼ら自身の強欲を満たすであろう金や富の獲得における障害になると彼らには思われたからである」[5]。まさに、金や立身出世だけのために、スペイン人はインディアスで行動していたのである。インディアスにおいて「キリスト教徒たちがあれほど無数の魂を破壊し殺した理由は、金を自身の究極目的とし、極めて短期間で財を成し、自身の人間性に不釣り合いな極めて高い地位を獲得しようとした点にのみ存する」[6]。

　以上のように、スペイン人の征服者を断罪した『インディアス破壊小史』は、1578年に仏語に、1583年に英語に、1626年に伊語に翻訳され、版を重ねて広まっていく。

ベンゾーニの『新世界の歴史』

　『インディアス破壊小史』の伊語訳は17世紀であったので比較的遅かったが[7]、代わりにベンゾーニがイタリアでスペインの黒い伝説を流布した。ベンゾーニ（Girolamo Benzoni 1519-1570）はイタリアの商人や探検家であり、16世紀後半において新世界に十年以上滞在し、帰国し

5　Ibid., 48v.（染田訳、220－21頁）
6　Ibid., 5v.（染田訳、33頁）
7　インディアス征服の関連著作が伊語訳されていった時期も17世紀であった。Giuseppe Bellini, "Las Casas, Venezia E L'America," in *Il Letterato Tra Miti E Realtá Del Nuovo Mondo: Venezia, Il Mondo Iberico E L'Italia*, ed. Angela Caracciolo Aricò (Roma: Bulzoni, 1994), 57.

て1565年に『新世界の歴史』を伊語で執筆し、ヴェネチアで出版した。黒い伝説の代表的著作として知られる本書は、数年間で三十刷の大成功を収め、他国語にも翻訳されていく[8]。

　スペイン人はインディアスで残酷な行為を尽くしてきたので、インディオの憎悪の対象となっている。ベンゾーニによれば、スペイン人はインディアスで残虐な振る舞いを続けてきた。例えば、メキシコやキューバ島において、「スペイン人がそれを征服すべく進入した頃、四十万人以上のインディオがいたが、私がそこに行った時、八千人しかいなかった。なぜなら、スペイン人が戦争で殺したり、奴隷として売ったり、鉱山で消尽したり、他の耐えられない労苦や苦悩を与えたりすることで彼らを悲惨にも破滅させたからである」[9]。このようなスペイン人の非人間的で残酷な行いを見て、ペルーのインディオはスペイン人がキリスト教徒として神の使いであると信じるどころか、人間であることさえ疑った。インディオはヨーロッパ人の我々が「地上で生まれるという誕生の仕方を信じようと欲せず、我々が母から生まれ人から生まれることは残忍な動物のように不可能だと言い、そのようにして我々が海の子であるという結論に至り着いた」[10]。すなわち、スペイン人の残虐な行為ゆえに、インディオはスペイン人を人間として認めようと欲せず、「世界を破壊するために地上へと到来した」[11]ビラコチェという海の怪物の子とみなしたのだった。

　さらに、スペイン人は布教においてインディオを虐殺したので、布教によってインディオの憎悪の対象になった。ベンゾーニによれば、エスパニョーラ島のインディオはスペイン人に殺されたり、奴隷として使役されたりした。それゆえ、そのような悲惨な目に遭うより自殺を選ぶ者も多く存在した。その結果、「この島に暮らしていた二百万人のインディオは、自殺したり、抑圧的な労苦や堕落したスペイン人の残酷な行い

8　Laura Silvestri, "Lo Sguardo Antropologico Di Girolamo Benzoni," ibid., 491.
9　Girolamo Benzoni, *La Historia Del Mondo Nvovo* (Venetia: Francesco Rampazetto, 1565), 98v.
10　Ibid., 170v.
11　Ibid.

によって殺されたりして、今や百五十人すらいない。これこそ、彼らをキリスト教徒にする方法であった。このようなことがこれらの諸島で生じ、他の全ての場所でも同様であった」[12]。すなわち、スペイン人は布教においてその対象者を虐殺などして死に至らしめてきた。それゆえ、ベンゾーニは「スペイン人がこれらの諸国における彼らの大事業について書いた歴史書を読んで次のように思う。或る事柄において、適切な程度を少し超えた程度に自らを称賛していた。特に、インディアスにおいて彼らにより征服された全ての人々や民族を改宗させキリスト教徒にしたので彼ら自身が大いなる称賛に値すると述べていることにおいてである。（中略）しかし、我らの神および救済主キリストの教義を抱いて考えるならば、名と事実の間には大きな相違が存在する」[13]。というのも、改宗させるべきインディオは大量に死滅させられていたり、偽装的に改宗だけしてキリスト教徒を憎悪していたりするからである。

　スペイン人に対する批判のみならず、ローマ教皇に対する批判をもベンゾーニは挿入する。すなわち、アレクサンデル6世の贈与に対するペルー王アタワルバの批判を挿入する[14]。この批判は次のようなエピソードの中で登場する。スペイン人のピサロがインカ帝国の征服に着手する際、まずドミニコ会士のバルベルデをインカ皇帝ないしペルー王のアタワルバへと送った。バルベルデはアタワルバに謁見し、新世界の支配権をスペイン王に与えた教皇やスペイン王自身の命令によって、この地へと布教のために送られてきたことを伝えた。さらに、アダムとイヴの誕生やキリストの到来や復活、ペテロの権威と世界の王としてのスペイン王の権威について語り、アタワルバがキリスト教への改宗を義務付けられているので拒否すれば戦争だと通告した。アタワルバという「王は全

12　Ibid., 52v.
13　Ibid., 109.
14　なお、この批判はそもそもスペイン人のフランシスコ・ロペス・デ・ゴマラが1552年に公刊した『インディアス全史』に登場していたものである。この著作の日本語における抄訳は、ゴマラ『拡がりゆく視圏』清水憲男訳、岩波書店、1995年である。その批判の箇所はこの邦訳書に載っていない。Francisco López de Gómara, *La Historia General De Las Indias* (Anuers: Juan Stelsio, 1554), 149-50.

てのことを聞くと、こう答えた。世界の王と友好関係を築くかもしれないが、自由な王としては、一度も会ったことのない者に献納を行うつもりはない。教皇は他者のモノをこれほど自由に与えるので、大変な狂人であるに違いない」[15]。さらに、アタワルバは改宗を拒否したため、バルベルデは開戦を求め、ピサロがその合図を出し、残酷な征服が始まった[16]。このように、アレクサンデルの贈与を無効とみなすような、キリスト教君主ではなく布教対象の異教君主による批判をベンゾーニは紹介した。

アコスタの『インディオの救済を求めて』

　第一部で述べたように、アコスタは新世界で実際に布教活動を経験していたイエズス会士である。当時、改宗したと思われたインディオが隙をみてはキリスト教徒の下から脱走するようなことが頻繁にみられた。そのため、インディアスにおける布教熱は次第に冷めていった。そのような流れに抗して布教を再活性化させることを一つの目的として、アコスタは1588年に『インディオの救済を求めて』を公刊する。本書において、アコスタはインディオに或る程度の野蛮性を見出しながらも、キリスト教を受容するための素質を見出す。それゆえ、インディアスの布教を諦めてはならないことになる[17]。同時に、インディアス布教における現在の失敗をインディオのみならずスペインの植民者や宣教師にも帰する。そのため、インディアス布教は成功しているところもあるが現に失敗しているところもあり、失敗の原因がスペイン人にあるとアコスタは批判することになる。

　インディアス布教が失敗している原因はスペインの植民者や聖職者に

15　Benzoni, *La Historia*, 121v.
16　このバルベルデは後にスペインに帰国してペルー征服についてビトリアなどに説明し、ビトリアの『インディオについて』執筆などのきっかけをつくったバルベルデである。
17　José de Acosta, *De Promulgando Evangelio Apud Barbaros Sive De Procuranda Indorum Salute* (Lugduni: Anisson, 1670), 1-35.（青木訳、1－43頁）

ある。アコスタによれば、植民者はインディオを保護したり世話したりせず、反対に私利私欲のために情け容赦なく追い剥ぎを行い、戦争だけが原因でないにせよインディオを死滅させたこともあった。同様の強欲さは宣教師にもみられる。「たしかに、新たな改宗者のために信心深く敬虔に活動し、自身の利益を考慮しながらもインディアスの救済や命運を蔑ろにしないような聖職者や俗人の人々が非常に多いことを私は知っていた。しかし、預言者の言葉通りの人々も、他にいる。しかし、これは驚くべきことではない。なぜなら、資源や銀が大量にあるこの地においては、強欲さの影響力が間違いなく甚大だからである。実際に、極めて遠い地域へと到来してくる理由は他にあるだろうか。なぜ骨を折って広大な海洋を渡って来るのか。極めて控え目に言うならば、もちろんインディアスで銀を集めることによって自身や家族の貧困から脱しようと決意して、自身の運命に対処しようと考えるからである」[18]。すなわち、聖職者の多くが金銀のためにインディアスで布教している。宣教師において、まさに「信仰の布教や崇拝を甚だしく妨害しているのは、強欲と不貞と暴力の三つである」[19]。俗人と宣教師におけるこのような強欲や暴力が、布教を成功させる上で「最も重大な困難である。なぜなら、野蛮人たちは我々の宗教について無知であるので、我々全員が似ていてあたかも同じような外観をしていると考えているので、誰かが罪を犯すと悪評は全員に帰されるからであり、このようにしてキリスト教の名自体がより一層異教徒たちの憎悪の対象となるからである」[20]。このように、スペインの征服者や宣教師が強欲で横暴な振る舞いによってインディオを苦しめ滅ぼし、その結果キリスト教が憎悪の対象になるなどして、布教が失敗している。

ブリーの『アメリカ』

イタリアでベンゾーニが黒い伝説を流布していた頃、フランスでも黒

---

[18] Ibid., 53-54.（青木訳、53－54頁）
[19] Ibid., 55.（青木訳、64頁）
[20] Ibid., 146.（青木訳、165頁）

い伝説への関心が高まっていった。例えば、宗教戦争の時期に、ユグノーは黒い伝説を利用して次のような批判を行った。すなわち、極めて野蛮なスペインは新世界の征服において残虐な仕方でインディオを破滅させ、フランスの宗教戦争においてもリーグと組んで極めて残虐な仕方でユグノーを破滅させており、ユグノーとインディオはともにスペインの野蛮性の犠牲者だという批判である[21]。この時期のユグノーの著作の中に、ブリーの『アメリカ』が含まれていた。ブリー（Theodre de Bry 1528-1598）は編集者や版画家であり、ラスカサスの『インディアス破壊小史』の仏語版における挿絵を担当していた。1590－96年にかけて全六巻の『アメリカ』を公刊する。本書は新世界に関する既刊書を翻訳などして収録したアンソロジーのようなものであり、第一巻と第二巻は後述のハクルートによる発案であった。第四巻から第六巻にかけて、ベンゾーニの『新世界の歴史』を羅語訳して収録している。以下では、第四巻の冒頭におけるブリーの序言を扱う。

　スペインは布教という口実でインディオに残虐な振る舞いをしてきたので、キリスト教の名が憎悪されるに至っている。ブリーによれば、インディオは金銀や名誉への欲求にとらわれておらず、スペイン人と友好な関係を築こうとしていた。しかし、強欲なスペイン人はインディオを服従させ、金銀などを奪い取り、財産のないインディオを暴力的に奴隷化した。しかも、「スペイン人は言葉の上ではキリスト教の布教という目的でそれらの地域へと航海したが、実際には豊かなそれらの地方を服従させて恒久的な支配の基礎をそこに据えるためであった。すなわち、もっともらしい権限は強欲や他の悪しき欲求の口実であった」[22]。このような見せかけにおいて、スペイン人は「自認しているキリストの弟子である以上にマキャベリの弟子」[23]である。それゆえ、スペイン人は新世

21　Frank Lestringant, *Le Huguenot Et Le Sauvage: L'Amérique Et La Controverse Coloniale, En France, Au Temps Des Guerres De Religion, 1555-1589* (Geneve: Droz, 2004), 371-78.
22　Theodor de Bry, *Americae Pars Quarta* (Francofurti ad Moenvm: typis Ioannis Feyrabend, 1594), 2.
23　Ibid.

界の統治を安定させるために、例えば心から信仰していないにもかかわらず敬虔であるかのように振る舞ったり、インディオに悪習を吹き込むべく神の冒涜を広めたりした[24]。布教にそぐわないこれらの行いに加えて、「キリスト教徒になることを望まないという理由で、あらゆる場所の自由人をも奴隷とすべく掠ったり、売ったり、殺したりし始めた」[25]。そのような結果として、スペイン人は「自身のみならずキリスト教の名全体に対するとても収まりそうにない憎悪を全ての野蛮人において引き起こしたので、キリスト教徒は人から生まれた人ではなく、泡の野蛮な要素が凝集したなんらかの海の汚物や怪物であると一般的に確信されている」[26]。

以上のようなスペインとローマの黒い伝説は、前章で確認したように、ハクルートやアンドリューズの教皇主義批判に流れ込んでいった。さらに、他の論者によるスアレス批判にも流れ込んでいくことになる。

第二節　スアレスの『信仰の防衛』に対する批判と弁護

先述のように、『信仰の防衛』はイングランドで大きな反発を生み出し、忠誠宣誓論争を一層加熱させていく。例えば、ジェームズは『信仰の防衛』によって生命の安全が保たれなくなると激怒し、1613年末に焚書に処し、フランスにも同様の対応を求めその流通を妨げようとする[27]。さらに、以下でみていくように、プレストンやアボットやドミニスのような主要論者がスアレス批判を展開していく。

ラヴァイヤックがアンリ4世を暗殺した後のフランスでも、『信仰の

24　Ibid., 3-4.
25　Ibid., 5.
26　Ibid.
27　Sylvio Hermann de Franceschi, *La Crise Théologico-Politique Du Premier Age Baroque: Antiromanisme Doctrinal, Pouvoir Pastoral Et Raison Du Prince : Le Saint-Siège Face Au Prisme Français (1607-1627)* (Rome: École française de Rome, 2009), 460, 70.

防衛』はイングランドと同様に大きな反発を生み出す。アンリ4世の暗殺以降、セルヴァンなどのパリ議会におけるガリカニストはイエズス会を暗殺の共謀者や扇動者として大々的に批判し、その追放を試み、この流れで、マリアナの著作を批判の的とした。問題は、マリアナの見解とイエズス会の一般的見解の関係であった。フランス王権はマリアナの僭主征伐論を断罪したが、イエズス会を断罪しなかった。アクアヴィヴァは僭主征伐論を論じることに関する禁止令をイエズス会士全体へと送った。さらに、アンリ4世の告解師であったイエズス会士のコトンは、1610年の『イエズス会神父たちの原理を弁明する書簡』においてマリアナを批判し、マリアナとイエズス会を引き離そうとし、一定の成功を収めた。しかし、その頃にパリ議会がベラルミーノの『世俗的事柄における教皇権について』を断罪したため、イエズス会に対する攻撃は止まなかった。さらに、セルヴァンは王の世俗的最高権やガリカンの信条をフランスのイエズス会士に誓わせようとする。ローマが反対したにもかかわらず、苦境に陥っていたフランスのイエズス会士は1612年にそれらの信条に関する宣誓をパリ議会の下で認める。このように、パリ議会のガリカニストがフランス王の暗殺に関してイエズス会を批判し、フランスのイエズス会士がその対応においてローマとの対立を抱えていった頃、スアレスの『信仰の防衛』が1614年にセルヴァンによりパリ議会へと持ち込まれ、断罪されるに至る。中心的論点は僭主征伐論であった[28]。

セルヴァンの『議会が1614年6月26日に下し27日に執行した判決』

セルヴァンは王権に敵対的な著作がイエズス会によって近年非常に多く出版されていると批判する。パリ議会はイエズス会士が僭主征伐論について論じることの禁止をアクアヴィヴァに要請し、アクアヴィヴァは

---

28 Eric Nelson, *The Jesuits and the Monarchy: Catholic Reform and Political Authority in France (1590–1615)* (Aldershot: Ashgate, 2005), 147–211.

その要請に応じていた。しかし、セルヴァンによれば、この禁止は全く功を奏していない。なぜなら、ベカンやリシュオムの著作のように、「神によって秩序付けられた王や君主の主権的権力に反する諸原理を含むような著作が近年多く出回っている」[29] ためである。このままでは、彼らの危険な思想が正論として流布されてしまうので、断罪しなければならない。特に重要な著作として『信仰の防衛』が注目される[30]。

『信仰の防衛』は王権にとって非常に有害であるので、断罪されなければならない。セルヴァンは『信仰の防衛』の中から間接的権力論や僭主征伐論に関する部分を引用しながら、次のようにスアレスを批判する。スアレスは臣民が自身や国の生命を守るためなら王を殺せると述べた。さらに、君主は廃位されると権限の僭主になり、それにもかかわらずその座に留まるなら、私人でも殺害できると述べた。しかも、教皇が霊的目的のために王の廃位について国に同意のみならず命令もでき、その征伐の執行者をも選べると述べた。このように述べることで、スアレスは「幾つかの王国の強奪を権威付けようと試みている。これは、ナヴァルの王権における我々の王の諸権利にとって有害となる」[31]。特に、王の国家や命を守る上で、妨げとなる。それゆえ、「スアレスの主張に対して攻撃を加える必要がある」[32]。

それゆえ、『信仰の防衛』の売買や所持などの禁止令がパリ議会で下された。セルヴァンは上述のように考えたので、『信仰の防衛』の抜粋をパリ議会に提出し、こう結論付けた。スアレスの主張は公会議の教令や議会の命令に反しており、「王や君主の人物と国家に対して陰謀を企てるよう臣民や他の者を扇動する」[33] ので有害である。よって、その売買や教授などを禁止すべきである。セルヴァンの主張がパリ議会で認められ、議会は次のように決定を下した。すなわち、スアレスの主張は

29　Parlement de Paris, *Remonstrance Et Plaincte Des Gents Du Roy a La Cour De Parlement, & Conclusions Par Eux Prises Le Xx. De Juin 1614* (Paris: P. Mettayer, 1614), 3.
30　Ibid., 10-11
31　Ibid., 8.
32　Ibid., 12.
33　Ibid., 13.

「扇動的であり、国家の転覆を志向しており、主権的な王や君主の聖なる人格に対して陰謀を企てるよう彼らの臣民や他の者を唆すことも志向している」[34] ので、出版や売買などを禁止する。主権的な聖的王に対する陰謀の扇動は断じて許されないのである。

リシュオムの『イエズス会の正当化の訴え』

　セルヴァンに名指しで批判されていたフランスのイエズス会士リシュオムは、1615年に偽名で『イエズス会の正当化の訴え』を公刊してセルヴァンを批判し、『信仰の防衛』を擁護する。ただし、以下で論じるように、その目的は『信仰の防衛』というよりもフランスのイエズス会士を擁護する点にあった。

　リシュオムはイエズス会の敵としてセルヴァンを名指しする。リシュオムはコトンと同様に、近年のフランスにおいてイエズス会に対する不当な非難が増大してきたという。リシュオムは特にセルヴァンを問題視する。なぜなら、セルヴァンは「王の安全や彼の王国の善を求めることよりもイエズス会の名を憎悪すべきものにすることに熱心でこの修道会の破滅を目論んでいると公言しており」[35]、スアレスの『信仰の防衛』に対する禁令などを実際に主導したからである。それゆえ、セルヴァンなどの攻撃からイエズス会を守るべき時がきた。

　ここで注意すべき点は、フランスのイエズス会を守るために、リシュオムが『信仰の防衛』の内容を都合よく曲解した上で『信仰の防衛』を擁護している点である。リシュオムは、たしかにスアレスが僭主に対する廃位などを正当化していたが、正統な王に対する廃位などについては論じていなかったとして、僭主と正統な王の区別を『信仰の防衛』に見出す。しかし、『信仰の防衛』において、統治の僭主は正統な王であるので、リシュオムの区別は正確ではない。それでも、リシュオムはスアレスの僭主征伐論がフランスのイエズス会士に与える悪影響を減らすべ

34　Ibid., 16.
35　Louis Richeome, *Plaincte Justificative De Louis De Beaumanoir Pour Les Pères Jésuites* (1615), 10.

く、スアレスの僭主征伐論をフランス王のような正統な王に適用されない理論として説明する。

　イエズス会の共通意見として、正統な王に対する廃位などは許されない。リシュオムは僭主と正統な王を区別した上で、イエズス会が次のような主張を支持するという。すなわち、王は神によって立てられ、自国の世俗的事柄において主権者であることや、その人格は不可侵であること、「いかなる者であっても彼らを廃位できないこと」[36] や、王に対する反抗は反逆罪になることなどである。これらの主張を支持しているので、イエズス会は「神によって設立され秩序付けられた王の主権的権力に反するような原理を全くもたない」[37]。

　僭主に対する廃位などは許され、スアレスはこの主張を行った。リシュオムによれば、僭主に対して、特に異端である僭主に対して、「廃位や矯正を行うための権威を、主自身が矯正策として自身の教会に与えた。この原理に対して、セルヴァン氏は何と言うだろうか。これこそ、聖なる公会議や古代の博士たちと教令の原理である」[38]。それゆえ、教皇は正当に僭主を廃位できる。スアレスは「古代の教令や正統的な博士たちならびに聖なる公会議から自身の原理を取り出しながら、僭主のみに対して」[39]『信仰の防衛』で論じていたので、王に対する反逆を説いておらず、正統的である。

　スアレスではなくセルヴァンこそフランス王権の敵である。リシュオムによれば、セルヴァンは「王が自身の王国において世俗的統治のみならず教会政治の頭である」[40] という信条を抱いている。すなわち、セルヴァンは「世俗および教会における主権的権力」[41] をイングランド人のように王に帰そうとしている。そのようにして、両権を混同し、ペテロの普遍的権威を否定し、カトリックの信仰に反しているのである。しか

36　Ibid., 12.
37　Ibid., 11.
38　Ibid., 19.
39　Ibid., 14.
40　Ibid., 23.
41　Ibid., 24.

も、セルヴァンは「口では王に対する自身の熱意を示すよう全ての者に要求しながら、彼の心ではイングランド王の意志を達成しようと試みていた」[42]。すなわち、フランス王のためと口ではいいながら、上述の有害な信条をフランスで広めようと試みていた。このように、セルヴァンは『信仰の防衛』に対するパリ議会の禁令を引き出すなどしてイングランドの有害な国教会原理を普及させようとしたので、最たるカトリック国フランスの王権や宗教の敵である。

三部会における第三身分の第一条項

セルヴァンが『信仰の防衛』をパリ議会で断罪した1614年6月頃、パリ議会のガリカニストは別の方法でもイエズス会に対する攻撃を試みる。すなわち、三部会の召集である。同年7月、第三身分は三部会における陳情書の内容を議論し、決定していく。その中で、第一条項が重要である。第一条項は次のような内容を含んでいたので、ジェームズの忠誠宣誓と非常に類似しており、当時もそのように考えられていた。例えば、フランス王は「彼の国家における主権者として認知されており、自身の王権を神のみから得ている。それゆえ、現世においては、霊権であれ俗権であれいかなる性質の権力であれ、我らが王の聖なる人格から彼自身の王国を奪ったり、いかなる根拠や理由においてであれ彼ら自身の臣民が彼に対して負う忠誠や服従を解いたり免れさせたりするような権利をその王国において持つような権力は存在しない」ことや、「反対の意見は、すなわち、我々の王に対する廃位や殺害および反抗や反乱ならびに何らかの理由で彼らの服従の軛を払いのけることが許されるという意見は、不敬で憎悪すべきである」ことである[43]。その最初の草稿において、スアレスやベラルミーノおよびマリアナが名指しで断罪されていた。だが、議論が重ねられていく中で、名指しの部分は最終的に削除されることになった。

42　Ibid., 27.
43　第一条項の本文は、Pierre Blet, *Le Clergé De France Et La Monarchie* (Rome: Université grégorienne, 1959), 42-43. を参照。

第一条項は第一身分から猛烈な反発を受け、ペロンの演説により削除されることになった。同年12月、『信仰の防衛』に対するパリ議会の禁令を摂政のマリーがローマの圧力下で停止させる。この頃、第三身分の第一条項が三部会で検討され、第一身分から反対される。第一身分は第二身分の支持を得ることに成功し、第三身分との論戦に挑む。フランス人の枢機卿ペロンがその役目に選ばれ、1615年1月に第三身分に向けて第一条項に関する演説を行い、成功する。その結果、第一条項は削除され、二月末に三部会が閉会する。ガリカニストの企てはこうして失敗に終わり、それ以降のフランスでは一連の論争が鎮静化していくことになる[44]。

ペロンの『聖職者の裁判所で行われた演説』

　ペロンが第三身分に向けて行った演説は同年3月頃に出版される。本項ではこの著作を扱う。本書においてペロンはまずフランスの根本法の内容を三つ挙げ、その次に第一条項の問題点を四点挙げて批判していく。

　根本法の内容に入る前に、ペロンはアンリ4世の暗殺に触れる。ペロンによれば、この暗殺は断罪されるべきである。しかしながら、第三身分が行っているように、このような暗殺に対する予防策を世俗的手段に見出すことは無益である。なぜなら、ラヴァイヤックのように、誤った宗教的観念に基づいて行動する者は人定法や世俗的罰だけでは十分に抑制されないからである。それゆえ、暗殺を防ぐためには、「魂に働きかけ、永遠の刑罰の恐怖によって彼らを威圧する良心の法律が必要である」[45]。すなわち、カトリック教会によって立てられているカノン法が必要である。

　フランスにおける根本法の内容として、ペロンは三点を挙げる。一点

44　Ibid., 54-64; Franceschi, *La Crise Théologico-Politique*, 497-526; *Salvo Mastellone, La Reggenza Di Maria De' Medici* (Messina: G. d'Anna, 1962), 106-8.
45　Jacques Davy Du Perron, *Harangue Faicte De La Part De La Chambre Ecclesiastique :En Celle Du Tiers Estat, Sur L'article Du Serment* (Paris: Antoine Estienne, 1615), 7.

目は、「いかなる理由であっても王に対する暗殺が許されない」[46] 点であり、神的な仕方で正しい。二点目は、フランス王が自国の純粋な世俗的事柄において主権者である点であり、人的な仕方で、歴史的にみて正しい。三点目は、君主が死ぬまでカトリックとして生きると神や人民に誓ったにもかかわらず異端等に堕してキリスト教を破壊するようになった場合、臣民が君主に対する忠誠から解放される点であり、第三身分とペロンの争点である。第三身分は第一条項において臣民がその場合でも忠誠から解放されないと主張している。ペロンはこの主張を主に批判していく。

　第一条項の問題点は四つある。第一に、第三身分ではなくペロンの主張が伝統的な正しい意見だという点である。例えば、ガリカン教会の自由の源とされているコンスタンツおよびバーゼル公会議、アルマンやジェルソンのようなパリ大学の論者もまた臣民の忠誠が解消されると論じていた。第二に、教会権力の転覆や強奪である。なぜなら、第一条項は反対意見を不敬として断罪しようとする点で、霊権を強奪しようとしているからである。第一条項によって、「俗人が聖職者に対して宗教の法律を課している」[47] のである。第三に、シスマが招来されることである。なぜなら、不敬かつ異端的で神に反する第一条項がフランスで認められたならば、信仰の統一性が破れ、よって教会の統一性が維持できなくなるからである。第四に、王の命がむしろ危険に一層晒されることになる点である。上述のように、第一条項はシスマをもたらす。シスマは必然的に宗教に対する軽視や無関心を引き起こす。その結果、「我々が神の愛や宗教の崇敬ゆえに王に対して抱いてきた敬意が地に落ちる」[48]。それゆえ、第一条項は暗殺の対策として「無益であるのみならず危険で有害」[49] である。

　最後に、ペロンはジェームズの忠誠宣誓と第一条項の関係について指摘する。ペロンによれば、第一条項は「イングランドから海を泳いで到

46　Ibid., 10.
47　Ibid., 84.
48　Ibid., 96.
49　Ibid., 95.

来した。なぜなら、イングランドの宣誓がより穏和かつ穏健である点を除けば、それはまさに純然たるイングランドの宣誓だからである」[50]。ここで、ペロンはジェームズに敬意を示しており、イングランドのカトリックに対する処遇や忠誠宣誓の強制を特に非難しようとはしていない。ペロンにとって、問題はジェームズがイングランドのカトリックに強制した宣誓をフランスでも強制すべきかである。強制がなされるならば、フランスの聖職者は宣誓を受け入れるよりも殉教を望むであろう。しかし、幸いなことに、フランスは勅令によって良心の自由を認めているので、忠誠宣誓が強制されてはならないのである[51]。このようにペロンがジェームズの忠誠宣誓を引き合いに出したことも一因となって、ジェームズはペロンに対する批判書を公刊することになる。

ジェームズとムーランの『ジェームズの声明』

　三部会が第一条項について紛糾していた頃、ローマとイングランドはともにフランス王権に圧力をかけていた。当然ながら、ジェームズは第一条項が三部会で認められることを望んでいた。しかし、ペロンの演説などにより、第一条項は削除されることになった。ペロンの『聖職者の裁判所で行われた演説』を入手したジェームズは、反論を試みる。その際に、別件でイングランドへ招いていたムーランに協力を求めた。両者の共著としての『ジェームズの声明』が1615年に仏語版として、1616年に英語版として出版される[52]。

　ジェームズたちは第一条項の経緯や内容について説明する。彼らによれば、近年、教皇はアンリ3世などのフランス王に対して激しい攻撃を加えていた。その際に、王の殺害や廃位を正当化する一群の著作が登場

50　Ibid., 100.
51　Ibid., 102.
52　W.B. Patterson, *King James VI and I and the Reunion of Christendom* (Cambridge: Cambridge University Press, 2000), 181-89; Franceschi, La Crise Théologico-Politique, 510-15. なお、ムーランは当時その著者として認知されていたが、その名が著者名として記載されていなかった。

した。そこで、それらに対抗する手段として、第三身分は第一条項を作成し、その中で「教皇が王を廃位できること」や「王の殺害によって殉教の冠を獲得できること」を否定した[53]。それゆえ、第一条項の主な論点は、王を廃位することや人民の忠誠を解消することであった[54]。

　教皇は王を廃位したり、人民の政治的忠誠を解消したりできない。ジェームズたちによれば、原始教会がネロなどに対して抵抗せず服従を義務付けられていたように、教皇の廃位権は長らく認められてこなかった[55]。ところが、グレゴリウス7世の頃から、教皇は廃位権によって、宗教という口実の下で世俗的野心のために諸王国を転覆させていった[56]。その際に、ローマは教皇の廃位権を教会の共通意見として喧伝してきた。しかし、「極めて名高いヴェネチア共和国がこの問題で教皇と闘って勝利した」[57]ように、教皇の廃位権は共通意見ではなく、誤りでもある。もっとも、人よりも神に従うべきであるので、「君主が神の言葉に直接反するようなことを命令したり、教会の転覆を目論んだりする場合、聖職者は彼に対する服従を人民に免れさせるのみならず、それを明確に禁止する必要がある」[58]。それでも、それ以外の場合において、君主に対する服従を人民に説かねばならない。さらに、君主に対する不服従の命令を超えて、廃位を行うことはできない。なぜなら、「悪をより大きな悪によって回避してはならない。誤りを背信によって、異端を自身の王や神に対する反乱や反逆によって防止してはならない」[59]からである。さらに、そもそも教皇の廃位権は教会にとって必要ではなく、むしろ有害だからである。したがって教皇の廃位権は否定される。

　ここで、ジェームズたちは新世界の事例によって教皇の廃位権に対す

53　King James VI and I and Pierre Du Moulin, *Declaration Du Serenissime Roy Iaqves I, Roy De La Grand' Bretaigne France Et Irlande, Defenseur De La Foy* (London: Iehan Bill, 1615), 4.
54　Ibid., 137.
55　Ibid., 125.
56　Ibid., 141-42.
57　Ibid., 111.
58　Ibid., 71.
59　Ibid., 110.

る批判を一層強める。ジェームズたちによれば、ペロンは教皇が霊的善のためにキリスト教君主のみに対して権力を持ち、よって異端や背教の罪でキリスト教君主を廃位できると主張する。ところが、この主張は実際の教皇の行いに反している。というのも、「教皇はペルー王アタワルバを廃位し、その王権をスペイン王に贈与した。その哀れな王が全く異教徒以外の何者でもなかったにもかかわらずである。しかも、これは彼を改宗させるための手段ではなかった」[60]からである。すなわち、教皇は新世界において霊的善以外の目的で異教君主を事実として廃位していたからである。教皇は世俗的野心のために、廃位権を行使するという言い分の下で異教徒の国をも転覆させる暴君なのである。

さらに、教皇は王殺しを廃位の手段として利用しようとする。ジェームズは王に対する廃位と殺害の命令を人々が区別しないと述べていた。本書においても、ジェームズたちは教皇の廃位権と王殺しの正当性が密接であり、よって両者をともに否定する必要があると論じる[61]。ここで、スアレスの僭主征伐論が批判される。先述のように、スアレスは教皇が正当な理由の下で君主を廃位でき、廃位後もその座に留まる事実上の君主を排する手段として僭主征伐を認めていた。その際に、教皇が征伐者を任命でき、任命された者がいなければ、まずその国の正統な後継者が征伐者になると主張していた。ジェームズたちは『信仰の防衛』におけるこれらの主張を次のように批判する。これらの主張は

> 極めて注目に値する。なぜなら、王の正統な後継者は彼の息子であり、この教えによれば、教皇が彼を廃位したらすぐに、息子が彼の父を殺害しなければならないからである。このことは次の理由により、一層重要である。すなわち、この嫌悪すべき著作は意図的に私に対して書かれており、結果として、私の息子がローマのカトリックになって教皇がすぐさま私に対して廃位の判決を下す場合に息子が彼自身の父の殺害者にならなければならないと息子に教えている

---

60 Ibid., 87.

61 Ibid., 110.

からである。これこそ、教皇聖下の支配権を守る聖なる神父たちの宗教である。これと比べるならば、異教徒の間で存在してきた不敬虔は仁慈でしかなく、食人種の間で存在してきた野蛮性は人間性でしかない[62]。

ジェームズたちは、教皇が親殺しを息子に義務付けるというスアレスの僭主征伐論を異教徒よりも反宗教的で野蛮人よりも野蛮だと批判する。先述のように、ジェームズたちは世俗的野心による俗権の強奪者として教皇を描いてきた。スアレスの僭主征伐論を介して、この描き方がいわば強化されたといえる。すなわち、教皇は宗教を口実としながら世俗的野心を隠して俗権を奪ってきたのみならず、子による親殺しという最も反宗教的で野蛮的な方法を廃位と結びつけてその支配権を守ろうとしているのである。

それゆえ、王殺しへの対策は教会に見出されてはならず、第一条項でなければならない。その対策として、ペロンは第一条項を退け、代わりに教会の法律や刑罰を挙げていた。しかし、ジェームズたちはペロンの対案を否定すべく、次のようにローマ陣営の危険性を指摘する。

> 我々が回避しようとしている全ての悪は、聖職者から生じたのではないか。あまりに多くの血を流させ、アンリ3世の殺害を引き起こした近年の内戦は、その王に対する聖職者の頭による廃位から始まったのではなかったか。高位聖職者や司祭や告解師は扇動的な説教や秘密の告解によってこの炎に油を注いだのではなかったか。ギナールはイエズス会士ではなかったか。ジャン・シャツテルは同会の出身者ではないか。ラヴァイヤックは彼自身をあの憎悪すべき犯行へと駆り立てたものについて尋問で問われた時に、尋問者たちを前の四旬節における説教へと送り、そこにおいて彼らはその原因について少し理解したのではなかったか。ベラルミーノやエウダエモノヨハンネス、スアレスやベカンそしてマリアナ、親殺しを教え、裁

---

62 Ibid., 121-22.

判や秘密の告解では曖昧表現を続ける同様の怪物たちは聖職者でなかったか。彼らの著作は一群の博士たちが花押を添えて承認しなかったか。さらに、私の王国においても、火薬の陰謀における主な発案者や共犯者は聖職者ではなかったか。(中略)彼らの間では、聖職者が王に対して全く服従していないと一般的に信じられている[63]。

ジェームズたちは、近年の英仏においてまさにスアレスやベラルミーノのような聖職者が反乱の扇動や王殺しの企てとその完遂を通して君主の生命や国を脅かすので危険であり、なおかつ聖職者の免除を吹聴するので一層危険だと主張している。よって、この聖職者の免除論が原始教会において認められていたならば、キリスト教は異教君主たちによって根絶させられていただろう[64]。ジェームズたちからすれば、フランスの文脈においても、ラヴァイヤックのような暗殺者に誤った宗教的観念を吹き込んで暗殺へと至らせた者はまさしくローマの聖職者であるので、ローマ教会の法律や刑罰は王殺しの対策にはなりえない。反対に、ローマ教会の刑罰等を封じ込めることこそ、真の対策となる。それゆえ、ジェームズの忠誠宣誓のように、第一条項が批准されるべきだった。

プレストンの『忠誠宣誓の神学論争への付録』

1613 年、プレストンはベラルミーノなどのイエズス会士たちを批判すべく、『忠誠宣誓の神学論争』を公刊していた。本書において、スアレスは『法および立法者たる神について』が批判対象として登場していたが、他のイエズス会士と同程度にしか注目されていなかった。だが、同年に『信仰の防衛』が公刊されると、プレストンは『忠誠宣誓の神学論争への付録』を執筆し、『忠誠宣誓の神学論争』の付論として公刊する。三百頁程度のこの付論において、プレストンは主にスアレスの『信仰の防衛』のみを批判している。序において、極めて博識なスアレスの

63　Ibid., 18-19.
64　Ibid., 142-43.

『信仰の防衛』を批判せぬまま放置すれば、多くの人々が忠誠宣誓について誤った考えを抱いてしまうので、プレストンは付論を執筆したと述べている。付論は二部で構成されている。第一部で、『信仰の防衛』の第三巻における教皇の廃位権が批判される。第二部で、第六巻における忠誠宣誓自体への批判に対する反論が行われる。

　教皇の廃位権はカトリックの共通意見ではない。スアレスが直接的権力論を否定していたので、プレストンにとっても直接的権力論は主な論点とならず、よって教皇の廃位権は間接的権力論との関連で論点となった。スアレスはベラルミーノなどと同様に、間接的権力をカトリックの共通意見として提示していたので、間接的権力論の下で教皇の廃位権を共通意見として提示していた。しかしプレストンによれば、この主張は「極めて誤りである」[65]。なぜなら、教会の多くの論者はその主張に反対だからである。教会の正しい伝承に反して、教皇の廃位権はグレゴリウス7世から唱道されるようになったにすぎない。それゆえ、アルマンなどのパリ大学の論者によってしばしば批判されてきたのであり、スアレスの『信仰の防衛』もまたこの主張ゆえに近年パリ議会によって断罪されたのである[66]。

　もっとも、教皇が霊的最高権を持つことは認められる。スアレスは君主が俗権を持ち、教皇が俗権ではなく霊権のみを持ち、教会の頭として破門などの霊的罰を下せると主張していた。プレストンはこの主張を認める。「キリスト教会という教会は、霊的な牧師や司教たちの、特に教皇の霊的で教会的な権威によって統治されており、その権威の最たる目的は魂を天の国へと導くことにある。（中略）政治的ないし世俗的な国は、政治的な皇帝や王ならびに最高君主や共同体の権威によって統治されており、その最たる目的は人々の政治社会における公的平和を外的に守ることである」[67]。このように、プレストンは教皇の霊的最高権を認めている。

65　Thomas Preston, *Appendix Ad Disputationem Theologicam De Iuramento Fidelitatis* (Albionopoli: Apud Ruardum Phigrum, 1616), 5.
66　Ibid., 12-14.
67　Ibid., 145.

問題は教皇の霊権が世俗的事柄へと拡張する点であり、特に廃位のような世俗的罰へと拡張する点である。バークリはその拡張を否定していた。しかし、スアレスはその拡張を次のように論証していた。キリストは「わたしの羊を牧せ」などと命じた時に、霊的目的の達成に必要な全ての権力をペテロに与えた。霊的目的の達成において、霊的罰では不十分であるので世俗的罰が必要である。それゆえ、教皇の霊権は世俗的罰をも下せる。プレストンはこの論証を批判し、バークリと同様にその拡張を否定していく。

　世俗的罰は霊的目的の達成において不要であるので、霊権は上述のように拡張しない。プレストンによれば、たしかに、「主のキリストは聖ペテロや彼の後継者に対して、彼の教会を統治し魂を天国へと導くための必要かつ十分な権力を無制限に絶対的な仕方で与えた」[68]。すなわち、スアレスの三段論法における大前提をプレストンは認めた。しかし、霊的目的の達成には霊的罰が不十分だという小前提を次のように否定する。まず、私人が教会罰を無視した場合、「教会への助力や防衛をキリストの法によって義務付けられているキリスト教君主によって容易に矯正され刑罰を下されることが可能である」[69]。次に、君主たちが教会罰を無視した場合である。「破門という教会の霊的罰は震撼すべき非常に重い罰であるので、（中略）あらゆるキリスト教君主を矯正し改善させ相応に罰する上で、それ自体やその権力自体の側からすれば、たしかに十分である。しかし、もし反抗的な君主を実際に改善させ悪しき道から連れ戻す上で十分でなかったとしても、このことは権力自体の不足に由来するわけではなく、その教会罰を恐れなかった君主に十分な気質が備わっていなかったことに由来する」[70]。それゆえ、教会は実際に君主の改善をもたらすところまでは責任を負っていないので、そのための権力を持つ必要がない。このように強弁することで、プレストンは教会には霊的罰で十分だと論じる。さらに、教会が世俗的罰を君主に対して下せないという。なぜなら、「王や君主は世俗的事柄における最高者であり、神のみ

68　Ibid., 78.
69　Ibid., 95.
70　Ibid., 83.

を世俗的事柄における上位者として認める神の下位者であるので、神のみによって世俗的罰を下されることができる」[71]からである。以上より、霊権は世俗的罰へと拡張しない。

　さらに、間接的権力が俗権であるので、教皇は間接的権力を持つことができず、よって世俗的罰を下せない。スアレスは教皇が霊権のみを持ち、その霊権が世俗的事柄へと間接的に拡張すると論じていた。だが、プレストンは次のように間接的権力が俗権だと批判する。まず、「あらゆる服従は教会的あるいは政治的であり、もし一方であるならば、同一の視点において他方であることはできない。なぜなら、それら二つの服従は形相において、自身の本性ゆえに相互に異なるからである」[72]。霊的服従は霊的事柄のみについて教皇に対して負うものであり、世俗的服従は世俗的事柄について君主に対して負うものである。間接的権力は霊的善のために世俗的事柄としての世俗的事柄を対象とするので、間接的権力という「その権威や、それに対する服従は、霊的でなく世俗的であることが極めてもっともらしいであろう」[73]。教皇は霊権しか持たないので、間接的権力という俗権を持つことができない。

　僭主征伐論もまた批判される。プレストンによれば、スアレスの理論において、「最高君主の支配権のみならず生命をも奪うための権威がキリストの設立として教皇に与えられている」[74]という問題点がみられる。しかも、スアレスは彼以前の論者よりも自由で率直に僭主征伐論について論じており、「教皇が君主を殺害する権力を持つのみならず、君主を殺すための許可を他者へ与える権力をも持つ」[75]という新奇な主張さえ行っている。しかし、スアレスの主張は誤りである。なぜなら、先述のように、君主は世俗的事柄において神以外の上位者を認めないので、神しか世俗的罰を下せないからである。さらに、人民を僭主から防衛すべ

71　Ibid., 141.
72　Ibid., 146.
73　Ibid., 148.
74　Ibid., 128.
75　Ibid., 133.

きであるにしても、「神によって命じられ許容された方法によって」[76] でなければならないからである。

　忠誠宣誓に対するスアレスの批判にもプレストンは反論する。スアレスは、忠誠宣誓が教皇権を奪い王の霊権を確立しようとするので、信仰に反すると批判していた。しかし、プレストンによれば、忠誠宣誓に対するスアレスの批判は、「君主を廃位したり、世俗的罰によって強制的に罰したり、結果として臣民を忠誠宣誓から解放したりする権力が教皇の下に存しないと主張することが異端であるというこの唯一の基礎に大いに依存している。（中略）しかし、彼自身はそれを強固に論証しなかった」[77]。それゆえ、忠誠宣誓に対する批判もまた以下のように脆弱である。まず、忠誠宣誓はローマ陣営が君主から奪って教皇へと与えようとしている権力について論じているが、真の教皇権について何も否定していない[78]。次に、忠誠宣誓は王に霊権を与えてもいない[79]。たしかに、ジェームズが認めたように、信仰箇条の制定を行う霊的権威を君主は持たない[80]。それでも、忠誠宣誓は王殺しを異端として断じることによって、王に霊権を与えていない。なぜなら、忠誠宣誓はそもそも異端的である王殺しを異端的なものとして認めさせようとしたにすぎないからである[81]。したがって、忠誠宣誓は教皇の霊的首位性に反しておらず、王の霊的首位性を確立してもないので、信仰に反していない。

アボットの『王の最高権について』

　1619年、英国教会のアボットが『王の最高権について』を公刊し、

76　Ibid., 141.
77　Ibid., 251.
78　Ibid., 176.
79　先述のようにプレストンは、教会における最高の統治権を教皇に認めているので、国教会原理に反対である。しかし、ジェームズとの対立を避けるために、ここで、プレストンは国教会原理について、特に王の教会統治権について明確な主張を行うことを避けている。
80　Preston, *Appendix*, 236.
81　Ibid., 236-37.

スアレスとベラルミーノを批判する。その冒頭で、アボットは本書の経緯として次のように述べる。「今日においてキリスト教界のほぼ全体を苦しめるような大論争が生じており、（中略）王の最高権に関するものであり、それに対してイエズス会が最も激しく攻撃している」[82]。イエズス会の中でも、特にベラルミーノとスアレスが危険な論者である。それゆえ、本書は両者を主たる批判対象としている。

アボットは君主が自国の全事柄において全成員を統治する権力を神授されていると主張する。ここで、マルシリオなどと同様に、アボットもまた「全ての魂は、上位の権力に従うべきである。なぜなら、神に由来しない権力は存在せず、存在する権力は神によって立てられたからである」（ロマ書13）の聖句を重視する。アボットによれば、この聖句により、「自身の王国における全ての者に対して全ての事柄について命令する最高権を王が神に次いで持つ」[83]といえる。それゆえ、王に対する服従を全面的に免除される成員は存在しない。さらに、王は「人の社会や神の宗教に関わる事柄」[84]について、すなわち霊俗の両事柄を対象にできる。というのも、神が両事柄における頭であるので、王もまた神の代理人として同様の頭だからである。ただし、神が霊的事柄の執行を自ら行わずキリストに任せたので、王もまた霊的事柄の執行をキリストの代理人としての牧師たちに任せている。それでも、王が両事柄の最高者である点に変わりはない[85]。このように、君主は両事柄において全成員を統治する権力を神授されている。

アボットは聖職者の全面的な免除が反乱を惹起すると批判する。アボットによれば、たしかに「聖職者や司教たちに対して多くの免除や特権が君主の特別な好意によって与えられてきた」[86]。しかし、この免除は部分的なものでしかなかった。ところが、ベラルミーノたちは全面的な免

82　Robert Abbot, *De Suprema Potestate Regia* (London: Office Nortoniana, apud I. Billium, 1619), 2.2
83　Ibid., 18.
84　Ibid., 19.
85　Ibid., 25.
86　Ibid., 35.

除を主張し、聖職者を君主の臣民ではなくさせようとしている。同時に、ベラルミーノは君主が聖職者の君主であるとも主張しているが、君主が聖職者に対して強制力を持たないとも主張しているので、聖職者は望む限りで君主に服するにすぎない[87]。イエズス会は聖職者のこのような偽装的服従を説いている。しかも、エリザベスに対するパーソンンズやキャンピオンのように、その心中は教皇に「命令されたならば常に反乱を起こせるよう準備しているだろう」[88]。したがって、聖職者の全面的な免除は否定されなければならない。

　次に、アボットは教皇の間接的権力を否定すべく、まずキリストの間接的権力を否定する。アボットによれば、たしかに、キリストは我々の支配者である。しかし、キリストはカエサルに対して事実としてのみならず法・権利においても服従していたので、「俗権や現世的な支配において支配者なのではない。（中略）信仰のために、霊的王国への関心のために支配者である」[89]。それゆえ、キリストは霊権のみを持つのであり、忠誠宣誓のような「我々の問題に関係しうる限りで、霊的事物のために強制力を獲得しなかった。その強制力の中に、上位者の権力が含まれている」[90]。すなわち、間接的権力を得なかった。

　次に、アボットはペテロの権力について二点批判する。第一に、霊権の大きさについて、ペテロは他の使徒に優位せず対等であった。なぜなら、キリストは「わたしの羊を牧せ」と命じて鍵の権力を委ねた時に、教会全体の主要な成員としてのペテロに対してそのように命じたので、他の使徒たちも鍵の権力を同様に受け取ったからである[91]。第二に、鍵の権力は廃位権ではない。アボットによれば、一般的に、鍵の権力は霊的な紐帯を解いたり結んだりする権力として認識されており、例えば破門を行える。しかし、スアレスやベラルミーノは鍵の権力が世俗的な紐帯についても同様に行えるという新奇な説を唱える。しかし、「パウロ５世の

87　Ibid., 45-46.
88　Ibid., 33.
89　Ibid., 73.
90　Ibid., 26.
91　Ibid., 147-48.

ヴェネチアやパリのソルボンヌはこのような絶対権力を信じただろうか」[92]。スアレスたちが共通意見として提示するこの説は広く認められていない。

さらに、アボットは教皇がペテロの後継者ではないと批判する。アボットによれば、たしかにペテロは他の使徒とともにではあれキリストから鍵の権力を与えられ、教会全体を委ねられた。しかし、教皇はペテロの後継者としての権力や職務を継承していない。なぜなら、ペテロは教会全体の主要な成員として鍵の権力を受け取ったので、教会全体がペテロの後継者だからである。それゆえ、ローマという特定の座がペテロの後継者という地位を独占することはできない。したがって、「キリストはペテロに与えたものを教皇に与えていない。よって、ペテロへと言われたことが教皇に言われたと理解することはできない」[93]。

最後に、アボットは教皇の間接的権力を否定する。ここまでみてきたように、キリストの権力は霊権のみであり、世俗的事柄へと拡張しない。キリストはペテロへこの霊権を与えたが教皇には与えていない。それゆえ、教皇は間接的権力どころか普遍的霊権すら持たない。ところが、教皇は次第に普遍的牧者を自認するようになり、普遍的霊権の獲得を目指し始めた。グレゴリウス7世の頃には、廃位権をも得るようになった。キリストが地の国の権力を直接的にも間接的にも与えなかったにもかかわらず、教皇は間接的という口実によって「王を彼自身の王権や権威から直接的に追放する」[94]。このようにして、教皇は「天の国を卑下しながら、霊的な命令権を口実として、地の国へと全面的に傾斜しながら、全ての王たちの王冠を付けこの世のあらゆる権力や栄光を渇望している」[95]。しかし、鍵の権力は霊的であり、世俗的事柄ではなく霊的事柄にしか関わることができない[96]。なぜなら、「霊的な鍵と世俗的な剣を結合

92　Ibid., 126.
93　Ibid., 169.
94　Ibid., 231.
95　Ibid., 170.
96　Ibid., 242-43.

させることはできない」[97] からである。したがって、教皇は仮に霊権をキリストから与えられたとしても、廃位などを行うことができない。実際に原始教会がネロなどに抵抗しなかった理由は教皇が異教君主に対して廃位権を持たなかったからであり、原始教会が服従を義務付けられていたからである[98]。

ドミニスの『教会という国について』

スアレスの『信仰の防衛』に対して、これまでの論争を最も包括的に反映しつつ[99]、最も包括的な仕方で批判を試みた者はドミニスである。その内容に入る前に、ドミニスの略歴を説明する。ドミニスはカトリックであり、イエズス会に入ったことがある。脱会後、ヴェネチアのスパラートにおける大司教となり、ヴェネチアからその聖職位を受けていた。聖務停止令論争の際には、ヴェネチアを擁護し、これ以降教皇権について関心を抱き続けた。1612 年からイングランドの駐ヴェネチア大使と定期的に連絡を取るようになり、ローマとの関係悪化により身の危険を感じるようになったので 1616 年にイングランドへ亡命する。反ローマ的カトリックとして有用であったので、イングランドで歓待されつつ、同時に監視対象ともなっていた。1617 年、それまでに執筆していた『教会という国について』の第一巻を公刊する。ベラルミーノを主な批判対象としている本書は、公刊前からローマに知られていたので公刊前から禁書目録に入れられており、公刊後にローマによって流通を妨害された。フランスでは、第一条項等に関する論争で敗北していたガリカニストはこの一件について沈黙した。1619 年、サルピの有名な『トリエント公会議史』がイングランドで公刊される際に、ドミニスはこの公刊に一

---

[97] Ibid., 231.
[98] Ibid., 86-92.
[99] Franceschi は、スアレスに対するドミニスの批判において、ガリカニストやサルピそしてジェームズの影響を見て取る。特に、教皇の俗権に対する批判、王権の神授、皇帝教皇主義ないし国教会原理について彼らの影響をみている。Franceschi, *La Crise Théologico-Politique*, 847.

役買っていた。1620年、『教会という国について』の第二巻を公刊する。その付論において、スアレスの『信仰の防衛』に対する批判を行っている。その後に、ドミニスはローマへ復帰することを望み、1622年にイングランドを去る。ローマにおいて、それまでの自身の主張を誤りと認めたが、この改心を疑われ、1623年に異端の嫌疑で逮捕され、1624年に獄中で病死し、その後に異端判決を下される[100]。

ドミニスはイングランドにおけるキリスト教会が今日までカトリックであり続けていると主張する。スアレスはイングランドの教会が当初カトリックであったがヘンリ8世によって異端に堕したと論じていた。ドミニスによれば、イングランドの教会は時を経るにつれて腐敗を経験しながらも原始教会の教えを継承しており、よってカトリックであった。教会の腐敗は化体説や教皇の専制にみられ、ヘンリ8世はまさにこのような腐敗を除去して教会を改革した。それゆえ、イングランドの教会は今日まで外的に大きな変化を被ってきた。しかし、内的には変化を被っておらず、すなわち信仰は常に同一であった。それゆえ、イングランドの教会はカトリックであり[101]、よってイングランドのカトリックはその宗教儀式に出席してよい[102]。

イングランド王は迫害を行わず寛容であったが、ローマが陰謀を企ててきた。スアレスはヘンリ8世以降のイングランド王が自国のカトリックを迫害してきたので教皇が正当に介入したと述べていた。しかし、ドミニスによれば、イングランド王はカトリックを迫害したことがなく、寛容であった。しかし、ローマはイングランド王に対して陰謀を企ててきた。特に、イエズス会はローマにおけるイングランド学院において反乱の原理をイエズス会士に教え、それらのイエズス会士がイングランドに到来して、「反乱へと快く向かうようにさせるべく人民にローマの迷

---

100 Patterson, *King James VI and I and the Reunion of Christendom*, 332-51; Franceschi, *La Crise Théologico-Politique*, 531-91.
101 Marcus Antonius de Dominis, *De Republica Ecclesiastica, Pars Secunda* (London: Ex Officna Nortoniana, Apud Jo. Billium, 1620), 880-88.
102 Ibid., 989.

信とともに反逆の種を教え込んだ」[103]。まさに、反乱の扇動という理由により、ローマはイングランドで憎悪の対象になっており[104]、さらにヴェネチアの場合と同様にイングランドからも反逆罪でイエズス会が追放された。このように、イングランドはカトリックを迫害してこなかったが、一部のカトリックを陰謀のために処罰してきた。火薬陰謀事件と忠誠宣誓についても同様である。

　ここで、ジェームズの忠誠宣誓が教皇権の否定に関わっておらず、よって信仰に反していないことを示すためにも、ドミニスは教皇の間接的権力が誤りである点を示そうとする。

　一方で、教皇は教会全体の頭ではないので、普遍的霊権を持たない。スアレスは教皇が教会全体の頭として普遍的霊権を持つと主張していた。しかし、ドミニスによれば、キリストは鍵の権力をペテロだけではなく全ての使徒に与えた。それゆえ、「真の霊的首位性は、すなわち教会の霊的最高権は、教皇一人ではなく教会全体に存する」[105]。よって、教皇ではなく公会議に存する。さらに、教皇はペテロの後継者であるとはいえない。なぜなら、そのような根拠となる聖句が存在しないからである。それゆえ、「ローマ教皇の実際の司牧的統治はローマ自身の教区を越えて広がらない」[106]。すなわち、教皇は教会全体ではなくイタリアのローマだけを管轄とし、ローマの司教にすぎない。

　他方で、君主は自国の教会統治権を持つ。スアレスは『信仰の防衛』の中で、イングランド王が霊権を強奪していると強く批判していた。ドミニスによれば、たしかに、君主は固有の意味の霊権や教会権力を持たず、霊権に固有の事柄について聖職者の霊権に服している。しかし、この霊権は人の外面ではなく内面に関わっており、説教や秘蹟を主な対象としている。さらに、「力や強制はこのような霊的統治と完全に対立する」[107]ので真の裁治権としての強制力を帯びていない。それゆえ、「霊

103　Ibid., 996.
104　Ibid., 901.
105　Ibid., 968.
106　Ibid., 937.
107　Ibid., 926.

的事柄における教会自身の真の固有の意味における教会権力は教会の外的統治と適切に区別され、後者における最高の地位は世俗的事柄や外的事物における最高君主が占める」[108]。君主がこのような教会統治権を持ち、教会改革を聖職者に行わせたり聖職者を罰したりできることは、ジェームズが示したように、聖書や公会議によって認められている[109]。キリスト教会は、このような国教会が多く集まり、キリストによって導かれて統一体を成したものである。

さらに、君主は自身の権力を神から直接得ている。スアレスは君主が神から直接的にではなく人民を介して権力を得ているので、人民が一定の場合に権力を奪い返せると主張していた。ドミニスによれば、スアレスは君主の権力を人民に由来させることで君主を神ではなく人民の代理人としているので、不敬である。さらに、人民が君主から権力を奪返できると論じているので危険であり、反乱を扇動している。しかし、サムエル記でジェームズという「王はダビデとサウルに関して、彼らが王権を人民からではなく神から直接得たことを申し分なく論証した」[110] ように、たとえ人民が選挙によって王を選んだとしても神が王権を直接与える。したがって、神だけが王から王権を奪える。

両権の関係として、君主は教皇の霊的裁治権ないし間接的権力に服しておらず、霊権を強奪してもいない。先述のように、スアレスは間接的権力を霊的裁治権として捉えていたので、国教会原理が教皇の霊的裁治権に対する服従から各国の君主を解放し、さらに霊的裁治権を君主へと移転させ、よって間接的権力を奪うという理由で、国教会原理を特に危険視し、重点的に批判していた。この批判を理解した上で、ドミニスはそもそも教会権力を真の裁治権として認めない。それゆえ、教皇はそもそも霊的裁治権や間接的権力を持たないので、君主はそれらの霊権に服従していない。さらに、自国教会の外的統治に関わる「統監については、

108　Ibid., 927.
109　Ibid., 943. なお、残念ながらドミニスは聖職者の免除について『教会という国について』の第三巻で論じると予告しながら、実際には論じないまま没した。
110　Ibid., 922.

王が自身の領地において最高の地位を占める。これらは全て外的でしかなく、これについて教会は最高の権力や裁治権を持たず、強制権もまた持たない」[111]。したがって、君主は教会の霊的裁治権や間接的権力に服従しないと同時に、真の霊権を強奪していないにもかかわらず、国教会原理ゆえに、教会を外的に統治できる。

　さらに、霊権は世俗的罰という世俗的強制力へと拡張しない。スアレスは霊権が霊的目的のために世俗的事柄へと拡張すると論じていた。ドミニスによれば、たしかに、君主は霊的事柄に関して神以外の上位者を認めており、霊的事柄に関連した世俗的事柄においても同様である[112]。さらに、君主が霊的事柄に関して信仰に反する命令を下すならば、臣民は不服従を義務付けられている[113]。同様に、君主による俗権の行使が霊的危害を加えるならば、教会は「霊的事物のために王権を適切な行使に関して教えたり論じたり忠告したり懇願したり叱責したりしながら教育者のような仕方で指導することができる」[114]。しかし、教会はこのような場合でも「強制力を全く持たない。なぜなら、根拠をもって剣を携えている者に対してしか、それは神によって与えられなかったからである」[115]。すなわち、神は強制権を君主にしか与えなかったからである。さらに、先述のように、強制力の行使は教会にふさわしくないからである。それゆえ、教会は魂の救済のために君主を指導でき、不従順な君主に対しては真の強制力を伴っていないような教会罰を下せるにせよ、これらの正当な霊的手段によって君主を矯正できなかった場合に、強制力の行使を許されておらず、「涙というそれ自身の最終的な武器へと向かう」[116]しかない。

　特に、教皇の廃位権は認めることができない。スアレスやベラルミーノは、君主の権力が直接的に神法や自然法ではなく人定法に由来するの

111　Ibid., 926.
112　Ibid., 942.
113　Ibid., 981.
114　Ibid., 939.
115　Ibid.
116　Ibid., 948.

で、教皇という人間が廃位によって君主の権力を奪えると論じていた。ドミニスによれば、君主の権力が神法や自然法に直接由来するにもかかわらず、スアレスは人定法に由来させ、そのようにして教皇に廃位権を与えようとする。その帰結は二つある。第一に、教皇の廃位権は神法や自然法に反するので、認められない。第二に、スアレスは上記のように論じることによって、「教皇を地上における神となし、両権における最高者とする」[117]。というのも、スアレスは間接的権力を霊権だと主張しているにもかかわらず、廃位が世俗的事柄であるので、廃位権を認めることによって「教皇に世俗的な直接的権力を帰属させている」[118]からである。このように王権を全面的に教皇権に服従させるスアレスの『信仰の防衛』は、「反逆の教師であり反乱のラッパである」[119]ので、フランスで命じられたように焚書が妥当である。

　教皇の廃位権は王殺しと直結するので、両者とも否定されなければならない。先述のように、統治の僭主に対する陰謀を臣民が知ったなら密告する義務を負うが、統治の僭主が教皇に廃位されて権限の僭主になった場合、権限の僭主と臣民の対立は正戦へと移行するので、臣民はその義務から解放されると、スアレスは主張していた。しかし、ドミニスによれば、「教皇によって生み出されたならば、叛逆や背信の陰謀は叛逆や陰謀ではない」というスアレスのこの主張は、「反乱や王殺しの声である」[120]。さらにスアレスは、君主を自ら廃位する権力のみならず、その殺害を委任する権力を教皇に認めた。しかし、君主は神のみにしか服従しない神の代理人であるので、その主張は「極めて誤りであり、恐るべきもの」[121]である。しかも、スアレス理論において、ジェームズが批判したように、王の兄弟や息子が王を殺害するよう義務付けられている場合がある。「しかし、この野蛮で残忍な役目は誰にとってもふさわしくない」ような、「あらゆる野蛮さを超えた残酷なもの」であるので、

117　Ibid., 942.
118　Ibid.
119　Ibid.
120　Ibid., 957.
121　Ibid., 963.

認められない[122]。

　以上のように、ドミニスはキリスト教君主に対する教皇権を批判した。第六章で論じたように、キリスト教君主に対する教皇権を批判すべく、異教君主に対する教皇権を論点とする流れが忠誠宣誓論争でみられた。ドミニスもまた、このヨーロッパ内外の思想的影響関係がみられた論点を扱う。さらに、同様の論点として、スアレスは国教会原理を批判する際に、地理的普遍性をカトリック性の基準として選び、イングランドがカトリックでないが、ローマこそカトリックだと論じていた。ドミニスはこの論点についてもスアレスを批判しているので、異教君主に対する教皇権についてみていく前に、まずこの論点からみていく。

　ドミニスは地理的普遍性の基準に基づくならば、事実という面でローマ教会がカトリックではないとスアレスを批判する。ここで、ドミニスはアンドリューズと同様に黒い伝説の下で次のように批判していく。ドミニスによれば、スアレスは全世界に広がっていることをカトリック性の基準とし、英国教会が布教を行わないのに対してローマ教会が全世界で布教を行うと誇っている。このようなスアレスに対して、こう反論すべきである。「あなたは優れた勝者であるだろう。実際に、諸民族を著しく改宗させたどころか、破滅させたのであり、これはインディアスにおいて徹底的に行われたのである。（中略）これらをより完全な仕方で観察した者は、我々のイエズス会の神父たちと同様に、次のことを理解した。キリストの名が聞かれ、キリスト教が今や栄えていると自慢されている地で、かろうじてキリスト教徒としての外見をとどめたり、確実に根付いたりしている地がわずかであるかほぼないことをである。（中略）野蛮人たちは、キリストの救済についておそらくほぼ一度も聞いたことがないので、全く知らない。悪魔から憐れな人々の魂をはぎ取るためではなく、彼らから彼らの金や他の財宝をはぎ取るために、軍人や兵士や修道士はそこに急行するのである」[123]。すなわち、強欲なローマの宣教師は兵士たちとともに金銀を求めてインディアスなどに到来し、適

122　Ibid.
123　Ibid., 894.

切な仕方で布教を行わず、その代わりに布教対象の異教徒から金銀を奪い取ったり破滅させたりした。それゆえ、それらの地でキリスト教が根付かなかったり、そもそも布教対象の人々が死滅してしまったりしたので、ローマの布教は失敗した。したがって、ローマ教会は地理的普遍性という基準においてカトリックでない。

　さらに、ドミニスは同一の基準において英国教会が少なくともローマ教会に劣らぬぐらいカトリックだと論じる。先述のように、スアレスは異端が布教を行わないと主張していた。この主張に対して、ドミニスは次のように反論する。イングランド人はこの布教において不毛なことをせず、「新世界の小さからぬ部分において、福音を届けた。ヴァーニジアにおける教化すべき大量の異教徒に対する我々の時代のイングランド教会による働きについてあなたがかつて聞いたことがあるかどうか、私は知らない。そこには、特にイングランドの植民地のために福音の宣教師たちがおり、支えられている。それでも、機会を得る度に、その教会は明白な奇蹟を伴いながら異教徒の下へと自身の分枝を広げており、改宗という果実を得ている」[124]。端緒について日の浅いイングランドのヴァージニア布教を根拠にして、ドミニスは英国教会もまた新世界で拡大していると主張している。もっとも、実際には、ヴァージニアというイングランドの布教地域はまだローマ教会の布教地域と比肩できないほど小さかった。それでも、ドミニスはローマ教会の布教が大部分で失敗したと論じ、ヴァージニア布教の成果を誇張することによって、英国教会が上記の基準においてローマ教会に劣らないほどカトリックだと述べた。それゆえ、「ローマ派とプロテスタント派のどちらがカトリックであるかを理解するための議論をスアレスは全くもっていない」[125]。

　次に、異教君主に対する教皇権の論点について、異教君主は神から俗権を直接得ているので神によってしか罰せられず、よってスアレスの主張はキリスト教徒に対する正当な迫害をもたらしてしまう。ドミニスによれば、スアレスは異教君主が正当に俗権を持っており、自国のキリス

---

[124]　Ibid.
[125]　Ibid.

ト教徒に対しても持つと正しく述べている。しかし、異教君主が自国のキリスト教徒に対して霊的危害を加えるならば、それらのキリスト教徒に対する異教君主の権力を教会が例外的に廃せるなどと主張し、その際に夫婦と君臣の紐帯を根拠として挙げている。だが、これらの主張と根拠は誤りである。まず、この主張が否定される。なぜなら、「神的実定法によって、王の権力は王やどの政治的支配者の下にも存するからであり、神の実定的な意志の下で神によって直接それらの人々へと帰されるからであり、したがって彼からそれを正当に奪える者は神だけである」[126]からである。次に、根拠について、夫婦と君臣の紐帯は似ていない。夫婦の紐帯は人定的であり、解消可能であるが、君臣の紐帯は神法に基づくので、人間によって解消不可能である。よって、迫害のような霊的危害においても、教皇は異教君主を廃位できない。それゆえ、原始教会がネロなどに抵抗しなかった理由は、力不足ではなく服従を義務付けられていた点にあったといえる[127]。それにもかかわらず、スアレスは異教君主に対する廃位権を教皇に例外的に認めようとするので、「この例外は扇動的であり、躓きをもたらし、キリスト教徒に対する正当な迫害を誘発する」[128]。すなわち、ドミニスからすれば、たとえ異教君主がキリスト教徒に迫害を行ったとしても、その原因がスアレスにみられたような主張であるならば、その迫害は迫害であるにもかかわらず「正当な迫害」（iusta persecutio）なのである。ジェームズは『警告』の中で、ベラルミーノの聖職者の免除論が原始教会で認められていたならば、異教君主が原始教会を根絶させていただろうと述べたが、この迫害が正当だとは明言していなかった。ドミニスはジェームズを超えて、そのような迫害が正当だと明言したのである。

　教皇は異教君主に対して廃位権を持たないので、キリスト教君主に対しても持たない。ここで、全世界的布教が反宗教改革を凌駕したスアレスの先述の箇所が重要となる。キリスト教君主に対する教皇の廃位権を否定すべく異教君主に対する教皇の廃位権を否定しようとした反ローマ

126　Ibid., 924.
127　Ibid., 800.
128　Ibid., 925.

陣営を批判する際に、スアレスは反宗教改革の影響を受けながらも、最終的に異教君主に対する防衛権とキリスト教君主に対する裁治権の区別を維持し、よって異教君主に対する教皇権を大幅に制限し続けていた。それでも、反ローマ陣営の主張を考慮して、大航海時代の文脈における教皇主義者の共通意見と同様に、異教君主に対する教皇の廃位権を認め続けた。この廃位権を認め続けた点に、スアレスの理論的限界がみられるといえる[129]。ドミニスは裁治権と防衛権という上記の区別を重視せず、むしろこの理論的限界に着目する。そこで、「教会がなんらかの根拠や機会によって異教君主からその首位性を奪うことができる点は同様に誤りである」[130]と批判する。なぜなら、異教君主の俗権は神法に由来するからである。神法に由来する点で、キリスト教君主の俗権は異教君主の俗権と同じであるので、教皇はキリスト教君主をも廃位できない。もっとも、教会は頑迷なキリスト教君主を破門できる。「しかし、自然的事柄や世俗的事柄そして政治的事柄においては、その結果として何も失わず、全ての私的権利と公的権利が全く損なわれずに無傷のまま完全な形で彼の下に留まる。この点で、異教君主と全く同等の状態になる」[131]。以上のように、教皇は異教君主に対してもキリスト教君主に対しても廃位権を持たない。

さらに、ドミニスは国教会原理によってイングランドの海外拡張を正当化していく。ここに、近世の主権論者による海外拡張の理論がみられる。

君主は自国における最高の教会統治権を持つ。ドミニスによれば、キリスト教会は霊権を持つ。霊権は秘跡や説教のような霊的事柄のみを対

---

[129] この理論的限界の意味合いは二種類ある。第一に、反ローマ陣営との論争というイデオロギー的理由ゆえに、教皇権の抑制がその程度に留まったという意味合いである。第二に、スアレスによる教皇権の抑制はインディアス問題や東アジア布教の論者と比較すればラディカルであるが、反ローマ陣営の論者と比較すると結局のところ教皇主義の枠内に留まるという意味合いである。それでも、第一部でみてきたように、教皇主義内部の多様性は根本的に重要である。

[130] Dominis, *De Republica Ecclesiastica*, 948.

[131] Ibid., 981.

象とし、人間の内面のみに関わる。ここで、二点が重要である。第一に、教皇の普遍的霊権が否定される。なぜなら、教皇はそもそもペテロの地位を継承していないからである。第二に、教会統治のような教会の外的事柄は君主が最高権を持つ。なぜなら、君主は自国の統治に関する権力を自然法や神法により持っており、その統治が宗教に大いに依存しているので、その統治に関わる限りで宗教に関する権力を持つからである。君主は教会統治権によって、例えば公会議を召集したり、ヴェネチアのように教会新設法を立てたり、聖職者を選任したりできる[132]。

　君主は国教会原理の下で布教により自国を拡大できる。君主は教会統治権を持つので、自国教会が適切な教義や聖職者の下で維持されるよう外的行為によって強制できる。さらに、自国教会の聖職者を宣教者として選び海外植民地などへ派遣することによって、すなわち布教によって、自国教会を拡大できる。ただし、君主は教会の霊権を持っていないので、布教において宣教師のように説教などを行うことが許されていない。それゆえ君主は、宣教師のように「福音の布教や拡大を直接行うことにおいてではなく、その布教や拡大を促進することにおいて」[133]、すなわち布教活動の統括において自らの布教権を行使できる。

　ところが、スアレスは布教権を教皇に独占させ、布教による拡大を教皇に統括させようとしている。先述のように、スアレスにおいて、一方で教皇が最高の霊権を持ち、よって最高の布教権を持つ。他方で、世俗君主は独力で霊権を全く持たず、よって布教権を持たない。ここで、教皇による布教権の独占について、二点が重要である。第一に、教皇から布教権を委ねられて初めて、君主は布教に従事できる。しかし、異端君主は教皇から布教権を実質的に得られないので、イングランドは布教権を持たず、正当に布教できないことになる。第二に、教皇は布教の成果を確実にすべく、宣教地の航海や交易などの独占を一部の君主に対して排他的に許可できる。アレクサンデルが布教権の贈与によってスペイン王に新世界の航海や交易の独占を許可したとも論じられていたので、英

---

[132]　Ibid., 578-79.
[133]　Ibid., 977.

仏のような後発国は海洋の自由を制限され、新世界に進出することが困難になる。

しかし、ドミニスは国教会原理によってイングランドの海外拡張を正当化する。スアレスからすれば、教皇から布教権を得ていない君主は布教によって自国を正当に拡大できない。しかし、ドミニスは先述のようにイングランドがヴァージニア布教において植民地を建設し拡大したと述べていた。その後に、キリスト教会の布教権を教皇に独占させようとするスアレスを次のように批判する。「驚くべきことに、スアレスは真のキリスト教を拡大させようとするキリスト教君主の敬虔さを、これにおいてあたかも使徒の権威が強奪されることになるかのように非難している。信仰の布教と、布教の促進や援助および鼓舞は異なっており、前者が使徒に、後者が君主に属していることを、スアレスは全く知らないのである」[134]。このように、ドミニスは君主が独力で自国教会の布教権を持ち、よって自国を布教によって正当に拡大できるとスアレスを批判する。ドミニスからすれば、原始教会の頃から「キリスト教君主はまさにキリスト教の防衛や拡大という義務を神に負っている」[135]のである。

最後に、ドミニスはキリスト教君主と異教君主に対する教皇の廃位権というローマの原理によって、キリスト教会が統一性の維持と全世界的拡大という二大目的で失敗してしまうと批判する。この失敗について、ドミニスは次のように論じる。

> 我々が我々の虚偽や誤謬ならびに有害さや誤りによって、あらゆる治療を無力なものにし、イングランドやガリアならびに北方全体のみならず東方全体を普遍教会との統一へと引き戻すための道を閉ざしてしまうことは、涙が出るほど嘆かわしい。さらに述べよう。この世界における世俗的支配権や諸王権に対する教皇の最高権についてのローマのペスト的原理（これが極めて誤りであり、聖書にも反することを私は既に論証した）によって、我々の信仰と宗教の維持

---

[134] Ibid., 894.
[135] Ibid., 580.

や拡大は著しく妨害されている。というのも、ローマ教会と敵対している諸君主は、かつて大きな恐怖を植え付けられた後に、ローマ教皇庁とその子分および従者が自身の廃位のみならず殺害を企てようとしているという疑念を抱かないなら、そこまで彼らに対して警戒しなかっただろうからである。しかし、贈り物を持参したとしてもギリシャ人を恐れるがごとく、当然のように恐れているのである。ベラルミーノが何と言おうとも、そうである。なぜなら、彼らの中で幾人かがすでに何度も経験しているが、宗教のためにではなく、人民を反乱へと駆り立て王という頭やその命に対する陰謀を生み出すために、ローマの従者が派遣され、集まっていくからである。畏怖すべき崇高なるトルコの王自身が、ローマ教会の信仰と教義を教えている聖職者たちを犬や蛇以下の者として憎悪している。聖職者たちが臣民のキリスト教徒（トルコ帝国に無数に存在している）を彼らの仕業としての反乱へと駆り立てることが恐ろしいという理由のみに基づいて、トルコ王は彼らを追放し、迫害して死に至らしめ、非常に分かりやすい仕方で彼らに警戒している。（中略）そのような疑念が存在しないならば、非常に広大なヨーロッパやアジアおよびアフリカの諸国へと福音を布教する道は極めて自由かつ開かれたものになるだろう[136]。

ドミニスは、教皇の廃位権というローマの原理や、この原理に基づく反乱や王殺しの扇動が両君主に恐怖を抱かせ、よって教会の統一性維持や全世界的拡大を妨げてしまうと批判している。これら二大目的は、まさにスアレスが異教君主に対する教皇の防衛権とキリスト教君主に対する裁治権を区別し、峻別抑制型間接的権力論を展開することによって達成しようとしていた目的であった。しかし、スアレスの理論的限界である両君主に対する教皇の廃位権を根拠としながら、ドミニスは二大目的が失敗してしまうとして、スアレスの両権論を包括的に批判しようと試みた。以上の総括として、ドミニスにおいて、結局のところキリスト教共

---

136 Ibid., 950.

同体の防衛と再建および拡大というビジョンは、海外拡張的な主権論というビジョンによって対抗されたのだった。

　補論における最後の論者として、ブリテン帝国の思想的父祖の一人として知られているパーチャスを取り上げる。先述のように、近世においてスペインを追いかける立場にあった英仏などにとって、異教君主に対する教皇の支配権は大きな理論的障害であった。というのも、アレクサンデルの贈与は15世紀末に発見されたばかりの地域のみならず未発見の地域にも関わっていたからである。17世紀に入っても、教皇の影響力は未だ健在であり、ヨーロッパ全体に及ぶような大論争を引き起こすほどであった。それゆえ、ハクルートやグロティウスは植民地主義的帝国の形成という流れで教皇の贈与を批判対象として取り上げ、グロティウスはさらにフレイタスやソロルサーノから批判されることになった。さらに、忠誠宣誓論争などにおいて、反ローマ陣営は主にキリスト教君主の権力と生命を守るために、異教君主に対する教皇権を批判対象として取り上げ、アレクサンデルの贈与などを否定していった。しかも、忠誠宣誓論争などにおいて主権的領域国家の形成という流れで反ローマ陣営が行ったその贈与批判などが、翻って再び植民地主義的帝国形成の理論的障害を除去する際に利用されていく。その好例が、ハクルートの後継者と目されたパーチャスである。それゆえ、パーチャスはここでスアレスを名指しながら批判してはいないけれども、パーチャスに着目する。パーチャス（Samuel Purchas 1575-1626）は、イングランドの聖職者であり、ハクルートが収集していた植民地関連の史料を引き継ぎ、イングランドの海外植民に関する著作を執筆した。反ローマや反スペインの著作も執筆していた[137]。

　1625年の『パーチャス　その巡礼者』の中で、パーチャスはビトリアを利用してアレクサンデルの贈与を否定する。パーチャスによれば、ローマ教皇すなわちローマの司教は当初聖的であったが、次第に僭主的になり、グレゴリウス7世の頃から「キリスト教諸君主の君主」になろ

---

[137] パーチャスについては、David Armitage, *The Ideological Origins of the British Empire* (Cambridge: Cambridge University Press, 2000), 81-90.（平田ほか訳、111－21頁）を参照。

うとし、「諸王や諸王国に対する主権」を獲得しようとして、「今やこのアレクサンデルにおいて世界の神」になろうとしている[138]。しかし、この無制限な教皇権はキリストに由来しない。なぜなら、キリストはピラトに正統な俗権を認め、服従していたからである。同様に、使徒にも由来しない。「聖パウロは、『外部の人々を裁くことは、わたしの務めでしょうか』と述べている。これは、スペインの神学者ビトリアによって教皇が教会の内部においてしか権力を持たないので異教徒の地において支配権を持たないことを論証するために引用されている」[139]。ここで、パーチャスは異教君主に対する教皇権を否定するために、自身にとって都合の悪いビトリアの主張に言及せずに、すなわち、教皇が一定の場合に異教君主に対する権力を持つという主張に言及せずに、ビトリアを利用している。

　さらに、パーチャスは黒い伝説をも利用する。新世界という「これらの部分におけるスペイン人の司教ラスカサスに基づいて示すならば、この教書の執行が（中略）教皇アレクサンデルのこれにとって鍵であった。（中略）コルテスが皇帝に対して送った報告書によれば、我々が諸王について論じてきたこの全てがモクテスマ（まさしく異教君主である）において生じた。さらに、ベンゾーニの報告書によれば、強大なインカのアタワルバにも生じた。ドミニコ会士のバルベルデは教皇の贈与について宣べ伝え、もし彼がこれに進んで従わないならば、彼は強制されるだろうと言った。その異教徒はこれを不正だとして拒否し、教皇が他人の財産をそれほど惜しげなく贈与するので短慮で愚かだと言った」[140]。他にも、パーチャスはアコスタなどにも言及しながら、異教君主に対する教皇権や贈与を批判していく。

　そのような批判を展開していく中で、パーチャスはさらに聖務停止令論争や忠誠宣誓論争にも依拠する。教皇の全世界的な俗権を批判する上で、「私はこの論争のために言葉をさらに重ねるべきだろうか。そこに

138　Samuel Purchas, *Purchas His Pilgrimes: In Five Bookes*, vol. 1 (London: William Stansby, 1625), II 21-22.
139　Ibid., II 23.
140　Ibid., II 24.

おいて、我々の人々がこの者の頭から（中略）この重い冠を取り上げてダビデの頭に置いたのみならず、彼ら自身の人々でさえ、大学教授や法律家そして大学や諸身分が書き、判決を下し、（近年のヴェネチアのように）三重冠からの王権の自由をペンと剣によって維持しようとしたのである。メルキオール・ゴルダストがこの種の蔵書を大々的に公刊した。しかし、この論争には王権側の著者が、王という著者が、諸々の著者たちの王が、他の学識の模範やパトロンとして、それゆえここには信仰の守護者が登場したのである」[141]。このように、パーチャスはアレクサンデルの贈与を批判する上で、忠誠宣誓論争や聖務停止令論争における反ローマ的カトリックやプロテスタントによる教皇主義批判を引き合いに出し、依拠したのである[142]。かくして、17世紀初頭の諸論争は主権論と植民地主義論の双方において影響を与えていくことになるだろう。

　最後に、以上の補論を踏まえて、今後の課題にも触れながら、主権論に関する次の問いを扱うことで補論を閉じる。キリスト教共同体の防衛と再建および拡大という教皇主義的ビジョンや、日の沈まぬキリスト教共同体という構想は、近世の古典的見方が重要視してきた主権論の理解にどのような影響を与えるかという問いである。古典的見方は宗教改革でキリスト教共同体が崩壊し主権論に代替されたと考えてきたので、視野がヨーロッパに局限されてきた。しかし、本研究はキリスト教共同体が崩壊どころか未曽有の規模で拡大したという当時の主要な見方の一つを発掘することで、主権論に関しても視野を拡大させる。なぜなら、教皇主義的なキリスト教共同体が自身を防衛のみならず拡大しようとしていたので、英仏蘭のような海外拡張の後発国はヨーロッパ内部における自国の防衛ないし確立のみならず外部における拡張でもこの極めて活発な教皇主義に対抗する必要があり、よって、主権論者が教皇主義に対抗すべく海外拡張についても論じる必要が生じていくからである。このよ

---

[141]　Ibid., II 22.
[142]　パーチャスはこれらの論争から例えば次の批判を学び取っていた。ローマ陣営の主張が正しいならば、異教君主は改宗によって教皇に服従し、教皇の命令に従わないならば廃位の対象になってしまい、よって王殺しの対象にもなってしまうという批判である。Ibid., II 25.

うに反教皇主義という視点を導入することで、主権論者の植民地主義論へと目が向けられ、あるいは新興植民地主義帝国の主権論へと関心が向けられ、主権論に関してもヨーロッパに局限されていた視野がグローバルに広がっていく。その際に、君主の最高の教会統治権がヨーロッパ内外の双方で重要となる。すなわち、自国領域を教皇の介入から守ったり、スペイン帝国やポルトガル帝国の理論的後楯としての教皇権を攻撃したりするなどのために、重要な論拠となる。この教会統治権は、次第に主権の一部として統合されていく。翻って、主権論はこの教会統治権を吸収することで、全世界へと教えを弘めようとするキリスト教会の普遍主義的性格をも吸収し、よって海外拡張の正当化でも依拠されていく。かくして、反教皇主義の視点を導入することで、領域性を中核的要素として捉えてきた主権論の通説的理解は根本的な再考を求められることになる。もっとも、これらは今後の課題でもある。それでも、考慮すべき重要な点として、キリスト教共同体の防衛と再建および拡大という教皇主義的ビジョンや日の沈まぬキリスト教共同体の構想は、主権論の通説的理解に根本的な再考を迫り、近世の主権論が至るであろう知られざる新境地について明らかにするほどの理論的インパクトの可能性を秘めているのである。

あとがき

　本書は、2016年度、早稲田大学政治学研究科に提出した博士論文に加筆修正を行ったものである。2007年に修士課程に進んで以来、十年間にわたる研究プランがようやく完結した。スアレスの没後400周年に公刊できたのも幸いだった。本書を完成し公刊することができたのは、当然ながら、多くの方々の学恩やご協力のおかげである。

　誰よりもまず、修士課程以来指導教授を務めていただいてきた佐藤正志先生に感謝申し上げたい。修士課程に進み、新しい研究課題を漠然と近世に見出そうとしていた著者に、スペインの政治思想という重要だが日本であまり注目されていなかった研究対象を選択肢の一つとして示していただいた。本書のようなテーマの研究でも拙いながら仕上げることができたのは佐藤先生の中長期的なご指導と度量の大きさゆえである。

　また、学部時代の指導教授であり、それ以降さまざまな面でご指導を賜り、副査も務めていただいた齋藤純一先生や、同様に副査をお務めくださり、博士論文や今後の研究についても重要なコメントをいただいた厚見恵一郎先生、同じく副査をつとめていただき、博士論文完成の折などに祝宴を催していただくなど、様々な面でご支援くださった田上雅徳先生にも改めて感謝申し上げたい。さらに、故飯島昇藏先生にも途中までながら副査をお願いし、本書全体にとって重要な数多のコメントをいただいた。本書を飯島先生に献呈できなかったことが大変悔やまれるが、ここで感謝の意を表したい。

　他大の先生方で、研究上のご指導などを含めて最もご支援いただいたのは川出良枝先生だった。博士課程に入り、モンテスキューに関する先生のご講義に参加して以来、諸々の論文や研究計画書でも何度もご指導を賜り、ランチをご一緒いただくなど多面的に支えてくださった。また、木部尚志先生にも博士論文全体にお目通しいただき、全体や細部に関して多くの重要なコメントをいただいた。

　研究会クオバディスでは、田上先生も含め、慶應義塾大学などの先生

方や学生参加者のみなさんにもお世話になってきた。キリスト教政治思想を主題の一つとする本研究会への参加は、キリスト教徒ではない筆者にとって実に貴重な機会であり、本書の大きな糧になってきた。本研究会の主催者の鷲見誠一先生、堤林剣先生、川添美央子先生、沼尾恵先生などの学恩に少しでも報いることができれば幸いである。

　修士論文などの執筆の際には、押村高先生や松森奈津子先生にもご指導を賜った。さらに、幸いにも、他の研究分野の先生方にもお力添えをいただいた。修士論文の副査を務めていただいた西洋史の仲内英三先生は、ラテン語の学習を始めた頃に、週に一度お時間をくださり、スアレスの『信仰の防衛』をテクストとしてラテン語の読解を手ほどきしていただいた。スペイン語の学習を始めた頃には、中南米史の山﨑眞次先生のスペイン語購読の授業に参加し、インディアス問題などについてご教授いただいた。第三章に関しては、キリシタン史の浅見雅一先生に様々なご指摘やご助言など賜った。ここで改めて感謝申し上げたい。

　さらに、ゼミなどでの諸先輩や同僚ないし仲間たちにも支えていただいた。ゼミでは、特に髙山裕二さんに研究上の様々なご助言を賜るなど色々な面でお世話になってきた。同年代の仲間としては、やはり同期を中心とした勉強会が有意義な時間であった。

　また、本書は各地の古文書館や図書館のご厚意により入手できた多くの貴重な資料を用いている。とくに、インディアス総合古文書館、ヴァチカン図書館、グレゴリアン大学、コインブラ大学、国立スペイン図書館、国立フランス図書館、国立ポルトガル図書館、スペイン王立歴史アカデミー、大英博物館、京都外国語大学付属図書館、東洋文庫、東京大学総合図書館、松浦史料博物館、宮城県図書館、リヨン市立図書館、ローマのイエズス会古文書館、早稲田大学図書館からは、貴重な手稿や図版などの資料をご提供いただいた。

　「出版社泣かせ」な本書を、著者が若手研究者であるという状況に鑑みて格別なご配慮の下で公刊してくださったのは文生書院の方々だった。助手の頃にもお世話になっていた小沼良成社長、本書の分量にもかかわ

らず非常に迅速かつ丁寧に仕事を進めていただいた編集の目時美穂さんにも心より御礼申し上げる。また、出版の過程で、白峰社の西村立美さんにもお世話になった。

　なお、本書の執筆や公刊には、早稲田大学特定課題研究助成費（課題番号 2014S-010, 2015B-020, 2016B-016）や、同大学の現代政治経済研究所の若手研究者出版助成費を使用している。

　最後に、著者をいつも支えてくれた両親の、亡き父の慶一と、母の素子にも感謝を記しておきたい。

参考文献

一次資料（手稿）

フランシスコ・スアレス

① "In Summam D. Thomae. Secunda Secundae. Quaestiones de Fide, Spe et Charitate", FC 452, fols. 1-710, Archivio Storico della Pontificia Università Gregoriana（1580 年代のローマ学院の講義ノート）

② Francisco Suarez to Camille Cajetan, 15 January 1594. fols.72-78. Hisp.144. Archivum Romanum Societatis Iesu（チナ事業に関する書簡）

③ "De Legibus Tractatus a Doctore Francisco Suario Hispano e Societate Iesu", MS 1924, fols. 1-557, Biblioteca Geral da Universidade de Coimbra（1601－3 年のコインブラ大学における法学講義ノート）

④ "De Divina Gratia Tractatus", MS 1885, fols.1-427, Biblioteca Geral da Universidade de Coimbra（1606－8 年のコインブラ大学における神学講義ノート）

⑤ "Tractatus de Virtute Fidei DD. Francisci Soarii e Societate Jesu 1609", 1609, MS 1866, fols. 1-397, Biblioteca Geral da Universidade de Coimbra（1609 年における「信仰について」の加筆修正された手稿）

⑥ "De Fide. In D. Thomam 2, 2, D. Franciscus Soaris in Conimb. Academ.", 1609, MS 224, fols. 80-219, Biblioteca Pública de Braga（⑤のより不完全な手稿）

⑦ "Tratatus de Fide. Pars 2 Moralis", COD 5236, fols. 289-415, Biblioteca Nacional de Portugal（1613－15 年のコインブラ大学における「信仰について」の講義ノート）

フランシスコ・ペニャ

① "Assertio Regni Christi, Pontificae Auctoritatis et Ecclesiasticae Immunitatis, adversus Novum Marsilium", Vat. Lat. 7194, fols. 1-59, Biblioteca Apostolica Vaticana

イエズス会士の書簡等

SEVILLA, ARCHIVO GENERAL DE INDIAS
Filipinas 74/22

Filipinas 74/25
Filipinas 79/10
Filipinas 79/13
Filipinas 84/40
Patronato 25/21

ROMA, ARCHIVIUM ROMANUM SOCIETATIS JESU
Jap. Sin. 9/ Ⅱ
Jap. Sin. 10/ Ⅰ
Jap. Sin. 10/ Ⅱ
Jap. Sin. 11/ Ⅱ
Jap. Sin. 13/ Ⅱ
Jap. Sin. 17
Jap. Sin. 37
Jap. Sin. 45/ Ⅰ

MADRID, BIBLIOTECA NACIONAL DE ESPAÑA
MS 287

MADRID, REAL ACADEMIA DE LA HISTORIA
Cortes 565

一次資料（公刊物）

Abbot, Robert. *De Suprema Potestate Regia*. London: Office Nortoniana, apud I. Billium, 1619.

Acosta, José de. *De Promulgando Evangelio Apud Barbaros Sive De Procuranda Indorum Salute*. Lugduni: Anisson, 1670.（『世界布教をめざして』青木康征訳、岩波書店、1992 年）

―――. "Respuesta a Los Fundamentos Que Justifican La Guerra Contra La China." In *Obras Del P. Jose De Acosta*, edited by Francisco Mateos, 334-45. Madrid: Atlas, 1954.

Alegre, Francisco Javier. *Institutionum Theologicarum Libri XVIII*. Vol. 5: Typis Antonii Zattae et filiorum, 1790.

America Pontificia Primi Saeculi Evangelizationis, 1493-1592. Metzler, Josef ed. Città del Vaticano: Libreria editrice vaticana, 1991.

Andrewes, Lancelot. *Responsio Ad Apologiam Cardinalis Bellarmini*. London: Robertus Barkerus, 1610.

"Antequam Essent Clerici." In *Three Royalist Tracts, 1296-1302*, edited by R.W. Dyson, 2-11. Bristol: Thoemmes, 1999.

Antonino, Pierozzi. *Summae Sacrae Theologiae, Juris Pontificii Et Caesarei, Prima Pars, Secunda, 3, 4*. Venetiis: Junctas, 1582.

Aquinas, Thomas. *De Regimine Principum Libri Quatuor*. Lugduni Batavorum: officina J. Maire, 1630.（『君主の統治について』柴田平三郎訳、岩波書店、2009 年）

―――. *In Quattuor Libros Sententiarum. Opera Omnia*. edited by Roberto Busa. Vol. 1, Stuttgart: Frommann-Holzboog, 1980.

―――. *Summa Theologica. Secunda Secunde*. Venetiis: J. Rubeus Vercellensis, 1496.

Arrest De La Covr De Parlement Donné Le 26, Et Execvté Le 27 Ivin 1614. Contre Le Libvre Imprimé a Cologne. Hillebrant Iacopsz, 1614.

Ascension, Martin de la. "Relaciones De Las Cosas Que Es Necesario Acuda Su Majestad Para La Cristiandad De Japon." In *Documentos Franciscanos De La Cristiandad De Japon (1593-1597)*, edited by José Luis Alvarez-Taladriz, 111-45. Osaka: Eikodo, 1973.

Azpilcueta, Martín de. *Commentarivs Utilis in Rubricam De Iudiciis*. Romae: Tornerius & Berecchia : (Bonfadino & Diani), 1585.

Bañez, Domingo. *De Fide, Spe & Charitate*. Salmanticae: S. Stephanum Ordinis Praedicatorum, 1584.

Barclay, William. *De Potestate Papae*. London: F. du Bois and I. Garnich, 1609.

Barlow, William. *Answer to a Catholicke English-Man*. London: Thomas Haueland, 1609.

Baronio, Cesare. *Paraenesis Ad Rempublicam Venetam*. Avgvstae Vindelicorvm: Davidem Francvm, 1606.

Bautista, San Pedro. "Carta Del Santissimo Martyr Fray Pedro." In *Cartas de San Pedro Bautista*, edited by Lorenzo Pérez, 128-32. Madrid: G. López del Horno, 1916.

Bellarmino, Roberto. *Apologia Pro Responsione Sua Ad Librum Jacobi*. Roma: N. Zannetti, 1609.

―――. *Auctarium Bellarminianum*. Paris: Gabriel Beauchesne, 1913.

―――. *De Membris Ecclesiae Militantis*. Ingolstadii: Sartorius, 1587.

―――. *De Potestate Summi Pontificis in Rebvs Temporalibus. Aduersus Gulielmum Barclaium*. Roma: Typographia B. Zannetti, 1610.

———. *De Summo Pontifice*. Ingolstadii: Sartorius, 1587.

———. *Disputationes Roberti Bellarmini De Controversiis Christianae Fidei Adversus Hujus Temporis Haereticos*. Vol. 1-2, Parisiis: ex officinis Tri-Adelphorum bibliopolarum, 1608.

———. *Responsio Matthaei Torti Presbyteri, Et Theologi Papiensis, Ad Librum Inscriptum, Triplici Nodo Triplex Cuneus*. Coloniae Agrippinae: Sumptibus Bernardi Gualtheri, 1608.

———. *Risposta Alla Difesa Delle Otto Propositioni Di Giouanni Marsilio Napolitano*. Roma: Tarquino Longo, 1606.

———. *Risposta Alle Oppositioni Di Fra Paolo Seruita*. Roma: Guglielmo Facciotto, 1606.

———. *Risposta Del Card. Bellarmino a Due Libretti*. Viterbo: Girolamo Discepolo, 1606.

———. *Risposta Del Card. Bellarmino Al Trattato De I Sette Theologi Di Venetia*. Roma: Appresso Guglielmo Facciotto, 1606.

Benavides, Miguel de. "De La Preparación Evangélica Y De El Modo De Predicar El Sancto Evangelio." *Unitas* 21-22 (1948-1949): 162-80, 389-97, 607-21, 902-17, 171-89.

Benzoni, Girolamo. *La Historia Del Mondo Nvovo*. Venetia: Francesco Rampazetto, 1565.

Bergeron, Pierre. *Traicté De La Navigation Et Des Voyages De Descovverte & Conqueste Modernes, & Principalement Des François*. Paris: Iean de Hevqveville, 1629.

Bry, Theodor de. *Americae Pars Quarta*. Francofurti ad Moenvm: typis Ioannis Feyrabend, 1594.

Buchanan, George. *De Iure Regni Apud Scotos, Dialogus*. Edinburgi: Apud Iohannem Roffeum, 1579.

Cajetanus, Thomas de Vio. *Secunda Secundae Partis Summae Sacrosanctae Theologiae Sancti Thomae Aquinatis*. Lugduni: apud Hugonem a Porta, 1558.

*Canones, Et Decreta Sacrosancti Oecumenici, Et Generalis Concilii Tridentin*i. Roma: apud Paulum Manutium, Aldi F., 1564.

Capocci, Giacomo. *De Regimine Christiano: A Critical Edition and Translation*. Leiden: Brill, 2009.

Cartagena, Alfonso de. "Allegationes Factas Per Reuerendum Partrem Dominum Alfonsum De Cartaiena Episcopum." In *Descobrimentos Portugueses*, edited by João Martins da Silva Marques, 295-320. Lisboa: Instituto para a alta cultura, 1944.

Casalorci, Enrico. "De Potestate Papae." In *Die Publizistik Zur Zeit Philipps Des Schönen Und Bonifaz' VIII.: Ein Beitrag Zur Geschichte Der Politischen Anschauungen Des*

Mittelalters, edited by R. Scholz, 459-71. Stuttgart: F. Enke, 1903.

Cherubini, Laerzio, and Angelo Maria Cherubini, eds. *Magnum Bullarium Romanum.* Lugduni: sumptib. Philippi Borde, Laur. Arnaud, & Cl. Rigaud, 1655.

Colonna, Egidio. *Giles of Rome's on Ecclesiastical Power: A Medieval Theory of World Government : A Critical Edition and Translation.* New York: Columbia University Press, 2004.

Contarini, Gasparo. *De Magistratibus Et Republica Venetorum.* Basileae: Froben, 1544.

Coton, Pierre. *Lettre Declaratoire De La Doctrine De Peres Jesuites.* Paris: Claude Chappelet, 1610.

Covarrubias, Diego de. *Practicarum Quaestionum.* Venetiis: Haeredres Melchiovis Sessae, 1568.

———. *Regulae Peccatum.* Lvgdvni: Honoratus, 1560.

Curzola, Vicente Palatino de. "Tratado Del Derecho Y Justicia De La Guerra Que Tienen Los Reyes De España Contra Las Naciones De La India Occidental." In *Cuerpo de Documentos del Siglo XVI sobre los Derechos de España en las Indias y las Filipinas,* edited by Hanke Lewis, 11-37. Mexico: Fondo de Cultura Económica, 1943.

Davenport, Frances G., and Charles O. Paullin, eds. *European Treaties Bearing on the History of the United States and Its Dependencies to 1648: 1455-1648.* Vol. 1. Washington, D.C.: Carnegie Institution of Washington, 1917.

David, Owen. *Herod and Pilate Reconciled: Or the Concord of Papists, Anabaptists, and Sectaries, against Scripture, Fathers, Councils, and Other Orthodoxical Writers, for the Coercion, Deposition, and Killing of Kings.* London: Chapman, 1663.

Decrees of the Ecumenical Councils: Nicaea I to Lateran V. London: Sheed & Ward, 1990.

"Disputatio Inter Clericum Et Militem Super Potestate Commissa Praelatis Ecclesiasticis Atque Principibus Terrarum." In *Three Royalist Tracts, 1296-1302,* edited by R.W. Dyson, 12-45. Bristol: Thoemmes, 1999.

Dominis, Marcus Antonius de. *De Republica Ecclesiastica, Pars Secunda.* London: Ex Officna Nortoniana, Apud Jo. Billium, 1620.

Freitas, Serafim de. *De Iusto Imperio Lusitanorum Asiatico.* Vallisoletum: ex officina Hieronymi Morillo, 1625.

Fróis, Luis. *De Rebus Iaponicis Historica Relatio.* Moguntiae: Ex officina Typographica Ioannis Albini, 1599.

Gerson, Jean. "De Potestate Ecclesiastica." In *Oeuvres Complètes*, edited by Mgr Glorieux, 210-49. Paris: Desclée & Cie, 1965.

Giustiniani, Benedetto. *Ascanii Torrii Theologi Romani Pro Libertate Ecclesiastica Ad*

Gallofrancvm Apologia. Roma: Zanettus, 1607.

Gómara, Francisco López de. *La Historia General De Las Indias*. Anuers: Juan Stelsio, 1554.

Green, Mary Anne Everett, ed. *Calendar of State Papers, Domestic Series, of the Reign of James I., 1611-1618*. London: Longman, 1858.

―――, ed. *Calendar of State Papers, Domestic Series, of the Reign of James I., 1619-1623*. London: Longman, 1858.

Gregorius IX, Pope. *Decretales Gregorii Papae IX*. Venetiis: Giunta, Luca Antonio, il giovane, 1591.

Gregorius VII, Pope. *Das Register Gregors VII*. München: Monumenta Germaniae Historica, 1990.

Grotius, Hugo. *Mare Liberum Sive De Jure Quod Batavis Competit Ad Indicana Commercia Dissertatio*. London: Elzevirius, 1609.

Guzman, Luis de. *Historia De Las Missiones Que Han Hecho Los Religiosos De La Compañia De Jesus Para Predicar El Sancto Evangelio En Los Reynos De Japon*. Alcala: la biuda de J. Gracian, 1601.（『グスマン東方伝道史』上下巻、新井トシ訳、天理時報社、1944 － 45 年）

Hakluyt, Richard. "Discourse of Western Planting." In *The Original Writings and Correspondence of the Two Richard Hakluyts*, edited by E. G. R. Taylor, 211–326. Nendeln, Liechtenstein: Kraus Reprint, 1967.

Hobbes, Thomas. *Leviathan*. Oxford: Clarendon Press, 2012.

Innocentius IV, Pope. *Commentaria Innocentii Quarti Pont. Maximi Super Libros Quinque Decretalium*. Francofurti ad Moenum: Feierabendt Sigismundus, 1570.

James VI and I, King. *Basilikon Doron*. Edinburgh: Robert Walde-graue printer to the Kings Maiestie, 1599.

―――. *Basilikon Doron. Or His Maiesties Instructions to His Dearest Sonne, Henrie the Prince*. London: Richard Field, for Iohn Norton, 1603.

―――. *The Political Works of James I.* edited by Charles H. McIlwain Cambridge: Harvard University Press, 1918.

―――. *Præfatio Monitoria Sacratiss. Cæsari Rodolpho II. Semper Augusto, Cæterisque Christiani Orbis Sereniss. Ac Potentiss. Monarchis Ac Regibus*. Londini: Ioannes Norton, serenissimæ Regiæ Maiestatis, 1609.

―――. *A Premonition of His Maiesties to All Most Mightie Monarches, Kings, Free Princes and States of Christendome*. London: Robert Barker, 1609.

―――. *A Remonstrance of the Most Gratious King Iames I. King of Great Britaine, France, and Ireland, Defender of the Faith, &C. For the Right of Kings, and the Independance*

———. *of Their Crownes. Against an Oration of the Most Illustrious Card. Of Perron, Pronounced in the Chamber of the Third Estate. Ian. 15. 1615.* Cambridge: Cantrell Legge, 1616.

———. *Triplici Nodo, Triplex Cuneus. Or an Apologie for the Oath of Allegiance against the Two Breues of Pope Paulus Quintus, and the Late Letter of Cardinal Bellarmine to G. Blackvvel the Archpriest.* London: Robert Barker, printer to the Kings most excellent Maiestie, 1607.

———. *Triplici Nodo, Triplex Cuneus. Siue Apologia Pro Iuramento Fidelitatis.* London: Robertus Barkerus, illustrissimae Regiae Maiestatis typographus, 1607.

———. *The True Lawe of Free Monarchies.* Edinburgh: Robert VValdegraue, printer to the Kings maiestie, Anno Dom, 1598.

James VI and I, King, and Pierre Du Moulin. *Declaration Du Serenissime Roy Iaqves I, Roy De La Grand' Bretaigne France Et Irlande, Defenseur De La Foy.* London: Iehan Bill, 1615.

Las Casas, Bartolomé de. *Apologetica Historia.* Madrid: Atlas, 1958.

———. "Aquí Hay Una Disputa O Controversia Entre Fray Bartolomé De Las Casas Y Doctor Ginés De Sepúlveda." In *Tratados de Fray Bartolome de Las Casas*, 217-459. Mexico: Fondo de Cultura Economico, 1965.

———. *Brevissima Relacion De La Destruycion De Las Indias.* Sevilla: Sebastian Trugillo, 1552.

———. "Tratado Comprobatorio Del Imperio Soberano Y Principado Universal Que Los Reyes De Castilla Y Leon Tienen Sobre Las Indias." In *Tratados de Fray Bartolome de Las Casas*, 921-1233. Mexico: Fondo de Cultura Economico, 1965.

Leschassier, Jacques. *Consultatio Parisii Cujusdam De Controversia Inter Sanctitatem Pauli Quinti Et Serenissimam Rempublicam Venetam.* 1607.

Lucena, João de. *História Da Vida Do Padre Francisco De Xavier.* Vol. 1, Lisboa: Agência Geral do Ultramar, Divisão de Publicações e Biblioteca, 1952.

———. *Historia Da Vida Do Padre Francisco De Xavier, E Do Que Fizerão Na India Os Mais Religiosos Da Companhia De Iesu.* Lisboa: Pedro Crasbeeck, 1600.

———. *Vida Do Padre Francisco Xavier.* Lisboa: União Gráfica, 1959-60.

Maffeius, Petrus. *De Vita Et Moribus Ignatii Loiolae.* Coloniae: apud Maternum Cholinum, 1585.

Major, John. *In Secundum Sententiarum.* Paris: Edibus Ioannis Parui et Iodoci Badii Ascensii, 1510.

Mariana, Juan de. *De Rege Et Regis Institutione Libri Tres.* Toleti: Petrum Rodericum, 1599.

Maritain, Jacques. *Primauté Du Spirituel.* Paris: Plon, 1927.

Marsilio, Giovanni. *Difesa Di Giovanni Marsilio a Favore Della Risposta Dell'otto Propositioni Contro La Quale Hà Scritto L'illustriss. Mo Et Rever.Mo Sig. Cardinal Bellarmino.* Venetia: Meietti, 1606.

———. *Risposta D'un Dottore in Theologia Ad Vna Lettera Scrittagli Da Vn Reuerendo Suo Amico.* Venezia, 1606.

Marta, Giacomo Antonio. *De Jurisdictione Per, Et Inter Iudicem Ecclesiasticum Et Secularem Exercenda.* Moguntiae: Albinus, 1609.

Martène, Edmond. *Thesaurus Novus Anecdotorum.* Vol. 2, Lutetiae Parisiorum: Sumptibus F. Delaulne, 1717.

Mazzolini, Silvestro. *Sylvestrina Summa, Quae Summa Summarum Merito Nuncupatur.* Antverpiae: Nutius, 1579.

Minucci, Antonio. "Parecer." In *Monumenta Henricina*, edited by Manuel Lopes de Almeida, 265-320. Coimbra: Oficina Gráficas d'Atlantida, 1963.

Morejon, Pedro. *Relacion De La Persecucion Que Uvo En La Yglesia De Iapon.* Mexico: en casa de J. Ruyz, 1616.（『日本殉教録』佐久間正訳、キリシタン文化研究会、1974 年）

Moulin, Pierre Du. *Defense De La Foy Catholique Contenue Au Livre De Jaques I.* Geneve: Pierre Aubert, 1631.

Ockham, William. *The De Imperatorum Et Pontificium Potestate: Of William of Ockham.* Oxford: Clarendon Press, 1927.

Orfanel, Jacinto. *Historia Eclesiastica De Los Sucessos De La Christiandad De Japon, Desde El Año De 1602, Que Entro En El La Orden De Predicadores, Hasta El De 1620.* Madrid: Viuda de Alonso Martin, 1633.（『日本キリシタン教会史：1602－1620 年』井手勝美訳、雄松堂書店、1977 年）

Orlandinus, Nicolaus. *Historia Societatis Iesu.* Coloniae Agrippinae: sumptibus Antonij Hierat, 1615.

Padua, Marsilius de. *Defensor Pacis.* Francofvrti: Moenvm Becker, 1612.

Palacios Rubios, Juan López de. *De Las Islas Del Mar Océano.* Pamplona: EUNSA, 2013.

Parlement de Paris. *Remonstrance Et Plaincte Des Gents Du Roy a La Cour De Parlement, & Conclusions Par Eux Prises Le XX. De Juin 1614.* Paris: P. Mettayer, 1614.

Parsons, Robert. *The Judgment of a Catholicke English-Man.* Saint-Omer: English College Press, 1608.

Payva, Andrada D. *De Societatis Jesu Origine Libellus.* Lovanii: apud Rutgerum Velpium, 1566.

Paz, Matías de. "Del Dominio De Los Reyes De España Sobre Los Indios." In *De las*

Islas del Mar Oceano, edited by Silvio Zavala and Agustin Millares Carlo, 211-62. México: Fondo de Cultura Económica, 1954.

Pelayo, Alvaro. *Collyrium Fidei Adversus Haereses*. Lisboa: Instituto de Alda Cultura, 1954.

———. *De Statu Et Planctu Ecclesiae*. Lisboa: Instituto Nacional de Investigação Científica, 1988-1990.

Peña, Francisco. "De Regno Christi." In *Bibliotheca Maxima Pontificia*, edited by Juan Tomás de Rocaberti, 279-385. Roma: Typographia Ioannis Francisci Buagni, 1698.

Peña, Juan de la. *De Bello Contra Insulanos*. Madrid: Consejo Superior de Investigaciones Científicas, 1982.

Perron, Jacques Davy Du. *Harangue Faicte De La Part De La Chambre Ecclesiastique :En Celle Du Tiers Estat, Sur L'article Du Serment*. Paris: Antoine Estienne, 1615.

Planctus Indorum Christianorum in America Peruntina. 1759?

Possevino, Antonio. *Risposta Di Teodoro Eugenio Di Famagosta, All'auiso Mandato Fuori Dal Signore Antonio Quirino Senatore Veneto*. Bologna: Stampa Archiepiscopale, 1606.

Preston, Thomas. *Apologia Cardinalis Bellarmini Pro Iure Principum*. Cosmopoli: apud Theophilum Pratum, 1611.

———. *Appendix Ad Disputationem Theologicam De Iuramento Fidelitatis*. Albionopoli: Apud Ruardum Phigrum, 1616.

———. *Disputatio Theologica De Iuramento Fidelitatis*. Albionopoli: Fabri, 1613.

Purchas, Samuel. *Purchas His Pilgrimes: In Five Bookes*. Vol. 1, London: William Stansby, 1625.

"Quaestio Disputata in Utramque Patrem Pro Et Contra Pontificiam Potestatem." In *Three Royalist Tracts, 1296-1302*, edited by R.W. Dyson, 46-111. Bristol: Thoemmes, 1999.

Querini, Antonio. *Aviso Delle Ragioni Della Republica Di Venetia Intorno Alle Difficolta Che Le Sono Promosse Dalla Santita Di Papa Paolo V*. Venetia: Deuchino, 1606.

Quidort, Jean. *De Regia Potestate Et Papali*. Stuttgart: Klett, 1969.

Remontrance Et Conclusions Des Gens Du Roy Et Arrest De La Cour De Parlement Du 26. Novembre 1610. 1610.

Ribadeneyra, Pedro de. *Vida Del P. Ignacio De Loyola Fundador De La Compañia De Iesus*. Madrid: Alonso Gomez Impressor de su Magestad, 1583.

Ribetti, Pietro Antonio, Paolo Sarpi, Bernardo Giordano, Marco Antonio Capello, Michel Agnolo, Camillo Agustiano, and Fulgenzio Manfredi. *Trattato*

Dell'interdetto Della Santità Di Papa Paulo V. Venetia: Roberto Meietti, 1606.

———. "Trattato Dell'interdetto Della Santità Di Papa Paulo V." In *Istoria Dell'interdetto, E Altri Scritti Editi E Inediti*, edited by Manlio Duilio Busnelli and Giovanni Gambarin, 3-39. Bari: G. Laterza, 1940.

Ricci, Matteo. *Opere Storiche Del P. Matteo Ricci S. I.* 2 vols. Vol. 2, Macerata: Premiato stab. tip. F. Giorgetti, 1913.

Richeome, Louis. *Plaincte Justificative De Louis De Beaumanoir Pour Les Pères Jésuites*. 1615.

Richer, Edmond. *De Ecclesiastica Et Politica Potestate*. Paris, 1611.

Roselli, Antonio. "Parecer." In *Monumenta Henricina*, edited by Manuel Lopes de Almeida, 320-43. Coimbra: Oficina Gráficas d'Atlantida, 1963.

Sainsbury, W. Noel, ed. *Calendar of State Papers, Colonial Series, East Indies, China and Japan, 1513-1616*. London: Longman, 1862.

———, ed. *Calendar of State Papers, Colonial Series, East Indies, China and Japan, 1617-1621*. London: Longman, 1870.

Salas, Juan de. *De Legibus in Primam Secundae S. Thomae*. Lugduni: Officina Loannis de Gabiano, 1611.

Salazar, Domingo de. "Carta-Relación De Las Cosas De La China Y De Los Chinos Del Parián De Manila, Enviada Al Rey Felipe Ii Por Fr. Domingo De Salazar, O. P, Primer Obispo De Filipina." In *Archivo Del Bibliófilo Filipino*, edited by Wenceslao Emilio Retana, 49-80. Madrid: casa de la viuda de M. Minuesa de los Rios, 1897.

San Francisco, Diego de. *Relacion Verdadera Y Breue De La Persecucion Y Martirios Que Padecieron Por La Confession De Nuestra Santa Fee Catholica En Iapon*. Manila: el Colegio de S. Thomas de Aquino, por Thomas Pimpin, 1625. (『ディエゴ・デ・サン・フランシスコ報告・書簡集』佐久間正訳、キリシタン文化研究会、1971年)

Sanchez, Alonso. "De La Entrada De La China En Particular." In *Labor Evangelica*, edited by Francisco Colín, Pedro Chirino and Pablo Pastells, 438-45. Barcelona: Impr. y litografía de Henrich y compañía, 1900.

Sanders, Nicolaus. *De Origine Ac Progressu Schismatis Anglicani*. Coloniae Agrippinae: Jean de Foigny, 1585.

Sarpi, Paolo. *Apologia Per Le Oppositioni Fatte Dall'illustrissimo,, & Reuerendissmo Signor Cardinale Bellarminio*. Venetia: Roberto Meietti, 1606.

———. "Con Che Occasione E Da Chi Principasse Lo Scrivere Al Tempo Dell'interdetto." In *Consulti*, edited by Corrado Pin, 700-19. Roma: Istituti editoriali e poligrafici internazionali, 2001.

———. *Considerazioni Sopra Le Censure Della Santita Di Papa Paolo V Contra La Serenissima Republica Di Venetia.* Venetia: Roberto Meietti, 1606.

———. *Della Potestà De Prencipi.* Venezia: Regione del Veneto, 2006.

———. "In Diffesa Della Potestà E Uso Della Serenissima Republica Di Venezia Di Giudicar Le Persone Ecclesiastiche." In *Consulti*, edited by Corrado Pin, 263-91. Roma: Istituti editoriali e poligrafici internazionali, 2001.

———. "In Diffesa Di Due Ordinazioni Della Serenissima Repubblica." In *Consulti*, edited by Corrado Pin, 191-215. Roma: Istituti editoriali e poligrafici internazionali, 2001.

———. *Lettere Ai Gallicani.* edited by Boris Ulianich Wiesbaden: F. Steiner, 1961.

———. *Lettere Ai Protestanti.* edited by Manlio Duilio Busnelli Vol. 2, Bari: G. Laterza & figli, 1931.

———. "Principio Di Scrittura Della Potesta D'i Concili." In *Consulti*, edited by Corrado Pin, 351-58. Roma: Istituti editoriali e poligrafici internazionali, 2001.

———. "Protesto." In *Consulti*, edited by Corrado Pin, 420-24. Roma: Istituti editoriali e poligrafici internazionali, 2001.

———. "Trattato E Resoluzione Sopra La Validita Delle Scommuniche Di Giovanni Gersone." In *Istoria Dell'interdetto, E Altri Scritti Editi E Inediti*, edited by Manlio Duilio Busnelli and Giovanni Gambarin, 171-84. Bari: G. Laterza, 1940.

———. "Trattato Sopra La Forza E Validita Della Scomunica Giusta E Ingiusta." In *Consulti*, edited by Corrado Pin, 220-47. Roma: Istituti editoriali e poligrafici internazionali, 2001.

Segusio, Henricus de. *Lectura Sive Apparatus Domini Hostiensis Super Quinque Libris Decretalium.* Argentini: Schott, 1512.

Sepúlveda, Juan Ginés de. *Demócrates Segundo. Apología En Favor Del Libro Sobre Las Justas Causas De La Guerra.* Pozoblanco: Ayuntamiento de Pozoblanco, 1997.（『征服戦争は是か非か』染田秀藤訳、岩波書店、1992 年）

Servin, Louis. *Pro Libertate Status Et Reipublicae Venetorum.* Paris, 1607.

Solórzano Pereira, Juan de. *De Indiarum Iure.* Madrid: ex typographia Francisci Martinez, 1629.

Soto, Domingo de. *De Iustitia Et Iure Libri Decem.* Lugdunum: Apud Gulielmum Rovillium, 1559.

———. *In Quartum Sententiarum.* Vol. 2, Venetiis: Ioannem Mariam a Terranoua, 1569.

———. *Relección "De Dominio".* Granada: Universidad de Granada, 1964.

Suarez, Francisco. *Conselhos E Pareceres.* 3 vols, Coimbra: Por ordem da Universidade,

1948-1952.

———. *De Censuris*. Conimbricae: officina Antonija á Mariz, 1603.

———. *De Censuris*. Venetiis: apud Ioan. Baptistam Ciottum Senensem, 1606.

———. "De Fide, Secunda Pars, 1583." *Archivo Teológico Granadino* 32 (1969): 79-232.

———. "De Fide, Secunda Pars, 1583." *Archivo Teológico Granadino* 33 (1970): 191-305.

———. "De Immunitate Ecclesiastica a Venetis Violata." In *Opuscula Sex Inedita*, edited by Jean-Baptiste Malou. Bruxelles: A. Greuse, 1859.

———. "De Iustitia Et Iure." In *Die Gerechtigkeitslehre des Jungen Suárez*, edited by Joachim Giers, 29-122. Freiburg: Verlag Herder, 1958.

———. *De Triplici Virtute Theologica, Fide, Spe, & Charitate*. Lugduni: Sumptibus Iacobi Cardon et Petri Cauellat, 1621.

———. *De Virtute Et Statu Religionis*. Vol. 1, Conimbricae: Officina Petri Crasbeeck, 1608.

———. *De Virtute Et Statu Religionis*. Vol. 2, Conimbricae: Officina Petri Crasbeeck, 1609.

———. *Defensio Fidei Catholicae Et Apostolicae Adversus Anglicanae Sectae Errores*. Conimbricae: Didacum Gomez de Loureyro, 1613.

———. *Mysteria Vitae Christi*. Compluti: ex officina Ioannis Gratiani, 1592.

———. *Opera Omnia*. 28 vols, Parisiis: Ludovicum Vivès, 1856-1878.

———. *Opus De Religione*. Vol. 3, Lugduni: Jacobi Cardon, 1625.

———. *Opus De Virtute Et Statu Religionis*. Vol. 4, Moguntiae: sumptibus Hermanni Mylii Birckmann, 1626.

———. *Opuscula Sex Inedita*. Bruxelles: A. Greuse, 1859.

———. "Quaestio 90 De Legibus." In *De Legibus I*, edited by L. Pereña, 184-204. Madrid: Consejo superior de investigaciones cientificas, 1971.

———. "Quaestio 90 De Legibus." In *De Legibus II*, edited by L. Pereña, 192-209. Madrid: Consejo superior de nvestigaciones cientificas, 1972.

———. "Quaestio 90 De Legibus." In *De Legibus III*, edited by L. Pereña, 190-209. Madrid: Consejo superior de investigaciones cientificas, 1974.

———. "Quaestio 90 De Legibus." In *De Legibus IV*, edited by L. Pereña, 173-86. Madrid: Consejo superior de investigaciones cientificas, 1973.

———. *Tractatus De Legibus Ac Deo Legislatore*. Conimbricae: Didacum Gomez de Loureyro, 1612.

———. "Utrum Possit in Navibus Indicis Celebrari Sacrificium Missae?" In *Conselhos e pareceres*, Vol.3, 81-91. Coimbra: Por ordem da Universidade, 1952.

"Suplica Dirigida Pelos Embaixadores De El Rei D Duarte Ao Papa Eugenio IV." In

Monumenta Henricina, edited by Manuel Lopes de Almeida, 254-58. Coimbra: Oficina Gráficas d'Atlantida, 1963.

Thesaurus Novus Anecdotorum. Vol. 2, Lutetiae Parisiorum: Sumptibus Florentini Delaulne, 1717.

The Vatican Decrees in Their Bearing on Civil Allegiance. New York: Catholic Publication Society, 1875.

Torquemada, Juan de. *Summa De Ecclesia.* Venetia: apud Michaelem Tramezinum, 1561.

Trionfo, Agostino. *Summa De Potestate Ecclesiastica.* Roma: Ferrarius, 1584.

Valignano, Alejandro. *Apología De La Compañía De Jesús De Japón Y China (1598).* Osaka, 1998.

Vitoria, Francisco de. *Comentarios a La Secunda Secundae De Santo Tomás.* Vol. 1, Salamanca: Spartado, 1932.

―――. "De Indis Prior." In *Relectiones Theologicae XII,* 282-374. Lugduni: Jacobus Boyerius, 1557.（『人類共通の法を求めて』佐々木孝訳、岩波書店、1993年）

―――. "De Potestate Civili." In *Relectiones Theologicae XII,* 172-211. Lugduni: Jacobus Boyerius, 1557.

―――. "De Potestate Ecclesiae Posterior." In *Relectiones Theologicae XII,* 107-71. Lugduni: Jacobus Boyerius, 1557.

―――. "De Potestate Ecclesiae Prior." In *Relectiones Theologicae XII,* 11-107. Lugduni: Jacobus Boyerius, 1557.

Vladimiri, Paulus. "Opinio Hostiensis." In *Paulus Vladimiri and His Doctrine Concerning International Law and Politics,* edited by S.F. Belch, 864-84. The Hague: Mouton, 1965.

Xavier, Francisco. *Epistolae S. Francisci Xaverii Aliaque Eius Scripta.* Vol. 1, Roma: Monumenta Historica Soc. Iesu, 1944.

ヴィエイラ「一六一九年二月一五日付、下発、フランシスコ・ヴィエイラのイエズス会総会長宛て書翰」高瀬弘一郎訳、『イエズス会と日本』第二巻、岩波書店、1988年、228－237頁

「かの〔日本の〕地域のイエズス会士たちに対して、〔一〕六〇七年一月一四日に日本から書き送られた一通の書翰に対し、〔一〕六〇九年一一月にこの〔マドリード〕政庁において与えられた回答」高瀬弘一郎訳、『イエズス会と日本』第二巻、岩波書店、1988年、365－427頁

コックス、リチャード『イギリス商館長日記』原文編之上・中・下、東京大学史料編纂所、1978－1980年（『イギリス商館長日記』訳文編之上・下、東京大学史料編纂所、1979－1982年）

崇伝「排吉利支丹文」海老沢有道校注、『キリシタン書・排耶書』岩波書店、1970 年、419－421 頁

バスケス、ガブリエル「日本の倫理上の諸問題について」川村信三訳、『中世思想原典集成』第 20 巻、2000 年、965－995 頁

不干斎ハビアン『破提宇子』海老沢有道校註、『キリシタン書・排耶書』岩波書店、1970 年、423－447 頁

松田毅一監訳『十六・七世紀イエズス会日本報告集 . 第 3 期』第 6 巻、同朋舎出版、1991 年

松田毅一監訳『十六・七世紀イエズス会日本報告集 . 第 2 期』第 2 巻、同朋舎出版、1996 年

二次資料（欧語）

Abellan, José Luis. *Historia Crítica Del Pensamiento Español*. Vol. 2, Madrid: Espasa-Calpe, 1979.

Abril Castelló, Vidal. "Francisco Suárez, Padre De Los Derechos Humanos." *Cuadernos Salmantinos de Filosofía* 7 (1980): 43-52.

Accati, Luisa. "Volontà E Autorità. Francisco Suarez E La Naturale Privazione Dell'etica." *Quaderni storici* 35 (2000): 623-54.

Agostino Gemelli, O.F.M. "La Sovranità Del Popolo Nelle Dottrine Politiche Di F. Suarez." In *Scritti Varî Pubblicati in Occasione Del Terzo Centenario Della Morte Di Francesco Suarez*, edited by Agostino Gemelli O.F.M, 95-120. Milano: Vita c Pensiero, 1918.

Alluntis, Félix. "El Tiranicidio Según Francisco Suárez." *Verdad y vida* 88 (1964): 657-82.

Alvarez-Taladriz, Jose Luis. "La Apologia (1598) De Valignano En La Historia (1601) De Guzman (Primera Parte)." *Sapientia* 23 (1989): 225-30.

———. "La Apologia (1598) De Valignano En La Historia (1601) De Guzman (Segunda Parte)." *Sapientia* 24 (1990): 191-208.

———. "La Razón De Estado Y La Persecución Del Cristianismo En Japón Los Siglos XVI Y XVII." *Sapientia* 2 (1967): 57-80.（「十六・七世紀の日本における国是とキリシタン迫害」佐久間正訳、『キリシタン研究』第 13 号、6 頁）

———. "Valignano (1598) Sobre Su "Apologia"." *Sapientia* 19 (1985): 165-78.

Alves, Paulo Durão. *A Filosofia Politica De Suarez*. Braga: Livraria Cruz, 1949.

Amezúa Amezúa, Luis-Carlos. "Libertad Natural Y Esclavitud Voluntariareflexiones

De F. Suárez Sobre La Esclavitud." *Archiv für rechts-und sozialphilosophie* 108 (2007): 191-98.

―――. "Orden Internacional Y Derecho Cosmopolita: El Ius Gentium De Suárez." In *¿Hacia Un Paradigma Cosmopolita Del Derecho?. Pluralismo Jurídico, Ciudadanía Y Resolución De Conflictos*, edited by Alfonso de Julios Campuzano Nuria Belloso Martín, 23-48. Madrid: Dykinson, 2008.

Arico, Caracciolo. " Il Nuovo Mondo E L'Umanesimo: Immagini E Miti Dell'editoria Veneziana." In *L'impatto Della Scoperta Dell'America Nella Cultura Veneziana*, edited by Caracciolo Arico, 25-34. Roma: Bulzoni editore, 1990.

Armitage, David. *The Ideological Origins of the British Empire*. Cambridge: Cambridge University Press, 2000.(『帝国の誕生 : ブリテン帝国のイデオロギー的起源』平田雅博他訳、日本経済評論社、2005 年)

Arnas, Pedro Roche. "Dos Poderes, Una Autoridad: Egidio Romano O La Culminación Del Pensamiento Teocrático Medieval Cristiano." In *El Pensamiento Político En La Edad Media*, edited by Pedro Roche Arnas, 113-40. Madrid: Fundación Ramón Areces, 2010.

Asch, Ronald G. *Sacral Kingship between Disenchantment and Re-Enchantment: The French and English Monarchies 1587-1688*. New York: Berghahn Books, 2014.

Azevedo, Luís Gonzaga de. "O Regalismo E a Sua Evolução Em Portugal Até Ao Tempo Do P. Francisco Suárez." *Brotéria* 24 (1937): 293-303, 481-98.

Baciero, Carlos. "Polémica Entre Jacobo I De Inglaterra Y Roberto Bellarmino." In *De Iuramento Fidelitatis: Estudio Preliminar Conciencia Y Politica*, edited by Luciano Pereña Vicente, 341-445. Madrid: Consejo superior de investigaciones cientificas, 1979.

Baciero Ruiz, Francisco T. "El De Legibus De Suarez Y Locke." *Revista española de filosofia medieval* 10 (2003): 387-93.

Barbosa, João Morais. *O De Statu Et Planctu Ecclesiae*. Lisboa: Universidade Nova de Lisboa, Faculdade de Ciências Sociais e Humanas, 1982.

Bastit, Michel. *Naissance De La Loi Moderne: La Pensée De La Loi De Saint Thomas à Suarez*. Paris: Presses Universitaires de France, 1990.

Battaglia, Felice. "I Rapporti Dello Stato E Della Chiesa Secondo Francesco Suarez." *Rivista Internazionale di Filosofia del Ditrito* 28 (1951): 691-704.

Beau, Albin Eduard. "O Conceito E a Função Do "Imperium" Em Francisco Suárez." *Boletim da Faculdade de. Direito da Universidade de Coimbra* 25 (1949): 47-98.

Belda Plans, Juan. *La Escuela De Salamanca Y Renovación De La Teología En El Siglo XVI*. Madrid: Biblioteca de Autores Cristianos, 2000.

Belligni, Eleonora. "Marcantonio De Dominis, Paolo Sarpi, Roberto Bellarmino E Il Problema Dell'autorita Dopo Il Concilio Tridentino." In *Paolo Sarpi: Politique Et Religion En Europe*, edited by Marie Viallon, 257-308. Paris: Classiques Garnier, 2010.

Bellini, Giuseppe. "L'America in Italia Nei Secoli XVI E XVII." In *Varia Americana*, edited by Silvana Serafin, 109-21. Venezia: Mazzanti Editori, 2007.

―――. "Las Casas, Venezia E L'America." In *Il Letterato Tra Miti E Realtá Del Nuovo Mondo: Venezia, Il Mondo Iberico E L'Italia*, edited by Angela Caracciolo Aricò, 39-59. Roma: Bulzoni, 1994.

Bernard, Henri. "La Théorie Du Protectorat Civil Des Missions En Pays Infidèle; Ses Antécédents Et Sa Justification Théologique Par Suarez." *Nouvelle revue théologique* 64 (1937): 261-83.

Bertelloni, Francisco. "Acerca Del Lugar De La Voluntas En La Teoría De La Ley Y De La Ley." In *La Gravitación Moral De La Ley Según Francisco Suárez*, edited by Juan Cruz Cruz, 61-72. Navarra: EUNSA, 2009.

Black, Anthony. *Political Thought in Europe, 1250-1450*. Cambridge: Cambridge University Press, 1992.

Blet, Pierre. *Le Clergé De France Et La Monarchie*. Rome: Université grégorienne, 1959.

Blythe, James M. *The Life and Works of Tolomeo Fiadoni (Ptolemy of Lucca)*. Turnhout: Brepols, 2009.

Bosca, Roberto. "Suárez Y Rousseau. La Controversia Sobre La Legitimidad De Una Paternidad Revolucionaria." In *La Gravitación Moral De La Ley Según Francisco Suárez*, edited by Juan Cruz Cruz, 201-12. Pamplona: EUNSA, Ediciones Universidad de Navarra, 2009.

Bosch, David Jacobus. *Transforming Mission: Paradigm Shifts in Theology of Mission*. Maryknoll: Orbis Books, 1991.（『宣教のパラダイム転換』上下巻、東京ミッション研究所訳、東京ミッション研究所、1999 年）

Bourdin, Bernard. *La Genèse Théologico-Politique De L'État Moderne: La Controverse De Jacques Ier D'Angleterre Avec Le Cardinal Bellarmin*. Paris: Presses Universitaires de France, 2004.

Bouwsma, William J. *Venice and the Defense of Republican Liberty: Renaissance Values in the Age of the Counter Reformation*. Berkeley: University of California Press, 1968.

Braga, Theophilo. *História Da Universidade De Coimbra*. Vol. 2, Lisboa: Tip. da Academia, 1895.

Brandão, Mário. "Contribuições Para a História Da Universidade De Coimbra: A

Livraria De O P. Francisco Suarez." *Biblos* 3 (1927): 325-49.

Brandi, Sandra. "Suárez Y Hooker, Intérpretes De La Noción Tomista De "Ley"." *Cuadernos de Pensamiento Español* 36 (2009): 71-82.

Brasio, A. "Principios Missiologicos Do Padre Suarez." In *Historia E Missiologia*, 668-85. Luanda: Instituto de Investigação Cientifica de Angola, 1973.

Brett, Annabel. "Individual and Community in the "Second Scholastic": Subjective Rights in Domingo De Soto and Francisco Suarez." In *Philosophy in the Sixteenth and Seventeenth Centuries : Conversations with Aristotle*, edited by Constance Blackwell and Sachiko Kusukawa, 146-68. Aldershot: Ashgate, 1999.

———. "Political Thought." In *The Oxford Handbook of Early Modern European History, 1350-1750*, edited by H. M. Scott, 29-55. Oxford: Oxford University Press, 2015.

———. "Scholastic Political Thought and the Modern Concept of the State." In *Rethinking the Foundations of Modern Political Thought*, edited by Annabel Brett, James Tully and Holly Hamilton, 130-48. Cambridge: Cambridge University Press, 2006.

Briguglia, Gianluca. *La Questione Del Potere :Teologi E Teoria Politica Nella Disputa Tra Bonifacio Viii E Filippo Il Bello.* Milano, Italy: FrancoAngeli, 2010.

Brufau Prats, Jaime. *La Escuela De Salamanca Ante El Descubrimiento Del Nuevo Mundo.* Salamanca: Editorial San Esteban, 1989.

Brust, Steven J. "Retrieving a Catholic Tradition of Subjective Natural Rights from the Late Scholastic Francisco Suarez, S.J." *Ave Maria law review* 10, no. 2 (2012): 343-63.

Burgess, Glenn. *British Political Thought, 1500-1660: The Politics of the Post-Reformation.* Basingstoke: Palgrave Macmillan, 2009.

Cacciavillani, Ivone. *Paolo Sarpi: La Guerra Delle Scritture Del 1606 E La Nascita Della Nuova Europa.* Venezia: Corbo e Fiore, 2005.

Calafate, Pedro. "A Ideia De Soberania Em Francisco Suárez." In *Francisco Suárez (1548-1617) : Tradição E Modernidade,* edited by Adelino Cardoso, António Manuel Martins and Leonel Ribeiro dos Santos, 251-63. Lisboa: Centro de Filosofia da Universidade de Lisboa, 1999.

———. "Frei Alvaro Pais." In *História Do Pensamento Filosófico Português,* Vol.1, edited by Pedro Calafate, 231-52. Lisboa: Caminho, 1999.

Canavan, François. "Subordination of the State to the Church According to Suarez." *Theological Studies* 12 (1951): 354-64.

Canning, Joseph. *Ideas of Power in the Late Middle Ages, 1296–1417.* New York: Cambridge University Press, 2011.

Capestany, Edward J. "Four Dimensions of Natural Law in Suarez: Objectivity-Knowledge-Essence-and Obligation." *Catholic Lawyer* 16 (1970): 58-77.

Carducci, Luigi Guarnieri Calo. *Nuovo Mondo E Ordine Politico: La Compagnia Di Gesù in Perù E L'attività Di José De Acosta*. Rimini: Il Cerchio, 1997.

Carlos, Baciero. "Conclusiones Definitivas De La Segunda Generación." In *La Etica En La Conquista De América: Francisco De Vitoria Y La Escuela De Salamanca*, edited by Demetrio Ramos Pérez, 413-56. Madrid: Consejo Superior de Investigaciones Científicas, 1984.

Carpintero, Francisco. "Francisco Suarez." In *Justicia Y Ley Natural : Tomas De Aquino Y Los Otros Escolasticos*, 318-48. Madrid: Universidad Complutense, Facultad de derecho, 2004.

Carroll, Clare. "Custom and Law in the Philosophy of Suárez and in the Histories of O'Sullivan Beare, Céitinn, and Ó Cléirigh." In *The Irish in Europe* 1580-1815, edited by Thomas O'Conner, 65-78. Dublin: Four Courts Press, 2001.

Cassi, Aldo Andrea. "Note a Margine Per Un'edizione Del De Bello Di Francisco Suarez." In *Guerra E Diritto : Il Problema Della Guerra Nell'esperienza Giuridica Occidentale Tra Medioevo Ed Età Contemporanea*, 39-57. Soveria Mannelli: Rubbettino, 2009.

Castañeda Delgado, Paulino. *La Teocracia Pontifical En Las Controversias Sobre El Nuevo Mundo*. México: Universidad Autónoma de México, Instituto de Investigaciones Jurídicas, 1996.

Castanedo, Alfonso Corral. *España Y Venecia, 1604-1607*. Valladolid: Universidad de Valladolid, Facultad de Filosofía y Letras, 1955.

Castaño, Sergio Raúl. "Legitimidad Y Titulos Del Poder." In *La Gravitación Moral De La Ley Según Francisco Suárez*, edited by Juan Cruz Cruz, 123-36. Pamplona: Eunsa, 2009.

Castro, Benisto de. "La Doctrina De Suarez Sobre El Deber De Cumplir Las Leyes." In *España Y America En El Reencuentro De 1992*, edited by Ramón L. Soriano Díaz and Cinta Castillo Jiménez, 37-44. Huelva: El Monte Caja de Huelva y Sevilla, 1996.

Castro, Eugénio de. "O P. Francisco Suarez Em Coimbra : Notas Sobre Alguns Dos Seus Contemporâneos E Amigos." *Revista da Universidade de Coimbra* 6 (1917): 5-41.

Cauti, Fernando Iwasaki. *Extremo Oriente Y Perú En El Siglo XVI*. Madrid: Editorial MAPFRE, 1992.

Chaojie, Wang. "Western Missionaries and the Introduction of International Law to

China." *Chinese Cross Currents* 8, no. 2 (2011): 80-90.

Coleman, Janet. *A History of Political Thought: From the Middle Ages to the Renaissance*. Oxford: Wiley, 2000.

Colín, Francisco, Pedro Chirino, and Pablo Pastells. *Labor Evangelica : Ministerios Apostolicos De Los Obreros De La Compañia De Iesvs, Fvndacion, Y Progressos De Su Provincia En Las Islas Filipinas*. Nueva ed. ilustrada con copia de notas y documentos para la critica de la historia general de la soberania de España en Filipinas por el p. Pablo Pastells, S. J. ed. 3 vols Barcelona: Impr. y litografía de Henrich y compañía, 1900-1904.

Correia-Afonso, John. *Jesuit Letters and Indian History, 1542-1773*. 2nd ed. Bombay; New York: Oxford University Press, 1969.

Cortina, Adela. "Los Fundamentos Relacionales Del Orden Politico En Suarez." In *Francisco Suárez, "Der Ist Der Mann"*, 89-104. Valencia: Facultad de Teología "San Vicente Ferrer", 2004.

Costa, Horacio de la. *The Jesuits in the Philippines, 1581-1768*. Cambridge: Harvard University Press, 1961.

Coujou, Jean-Paul. *Bibliografía Suareciana*. Navarra: Universidad de Navarra, 2010.

Courtine, Jean-François. *Nature Et Empire De La Loi : Etudes Suaréziennes*. Paris: Éditions de l'École des hautes études en sciences sociales : J. Vrin, 1999.

Coxito, Amândio A. "Francisco Suárez: As Relações Entre a Igreja E O Estado." In *Francisco Suárez (1548-1617) : Tradição E Modernidade*, edited by Adelino Cardoso, António Manuel Martins and Leonel Ribeiro dos Santos, 239-49. Lisboa: Centro de Filosofia da Universidade de Lisboa, 1999.

Cozzi, Gaetano. "Fra Paolo Sarpi, L'Anglicanesimo E La Historia Del Concilio Tridentino." *Rivista Storica Italiana* 68 (1956): 559-619.

———. *Paolo Sarpi Tra Venezia E L'Europa*. Torino: G. Einaudi, 1978.

Cruz Cruz, Juan. "La Costumbre Como Fundamento Del Derecho De Gentes." In *La Gravitación Moral De La Ley Según Francisco Suárez*, edited by Juan Cruz Cruz, 13-42. Pamplona: EUNSA. Ediciones Universidad de Navarra, 2009.

Dalbosco, Hugo. "Los Elementos Del Pacto En Suárez Y En Hobbes. Una Comparación." *Cuadernos de pensamiento español* 36 (2009): 83-92.

Demus, Otto. *The Church of San Marco in Venice*. Washington: Dumbarton Oaks Research Library and Collection, Trustees for Harvard University, 1960.

Donicelli, Martha. "La Influencia Del Pensamiento De Suárez En Los Actores De La Revolución De Mayo De 1810. Aspectos Historiográficos." In *Proyecciones Sistemáticas E Históricas De La Teoría Suareciana De La Ley*, edited by María Idoya

Zorroza, 99-106. Pamplona: Servicio de Publicaciones de la Universidad de Navarra, 2009.

Downs, John E. *The Concept of Clerical Immunity*. Washington, D.C.: Catholic University of America Press, 1941.

Doyle, John P. "Francisco Suárez on the Interpretation of Laws." In *Collected Studies on Francisco Suárez, S.J. (1548-1617)*, edited by Victor M. Salas, 357-88. Leuven: Leuven University Press, 2010.

———. "Francisco Suárez on the Law of Nations." In *Collected Studies on Francisco Suárez, S.J. (1548-1617)*, edited by Victor M. Salas, 315-32. Leuven: Leuven University Press, 2010.

———. "Francisco Suárez: On Preaching the Gospel to People Like American Indians." *Fordham International Law Journal* 15 (1992): 879-951.

Dyson, Robert W. *Normative Theories of Society and Government in Five Medieval Thinkers: St. Augustine, John of Salisbury, Giles of Rome, St. Thomas Aquinas, and Marsilius of Padua*. Lewiston, N.Y.: Edwin Mellen Press, 2003.

Eguren, Esteban Peña. "El Concilio De Constanza (1414-1418)." In *Doctrinas Y Relaciones De Poder En El Cisma De Occidente Y En La Epoca Conciliar (1378-1449)*, edited by Jose Antonio de C. R. de Souza and Bernardo B. Aznar, 265-95. Zaragoza: Prensas de la Universidad de Zaragoza, 2013.

Elorduy, Eleuterio. "La Soberanía Popular Según Francisco Suárez." In *Defensio Fidei III*, edited by Eleuterio Elorduy and Luciano Pereña, XV-CCI. Madrid: Consejo Superior de Investigaciones Científicas, 1965.

Fabre, Pierre-Antoine. "Ensayo De Geopolítica De Las Corrientes Espirituales: Alonso Sánchez Entre Madrid, Nueva España, Filipinas, Las Costas De China Y Roma, 1579-1593." In *Ordenes Religiosas Entre América Y Asia*, edited by Corsi Elisabetta, 85-103. Mexico: El Colegio de Mexico, 2008.

Ferro, Donatella. "Traduzioni Di Opere Spagnole Sulla Scoperta Dell'America Nell'editoria Veneziana Del Cinquecento." In *L'impatto Della Scoperta Dell'America Nella Cultura Veneziana*, edited by Caracciolo Arico, 93-105. Roma: Bulzoni editore, 1990.

Fincham, Kenneth, and Peter Lake. "The Ecclesiastical Policy of King James I." *Journal of British Studies* 24, no. 2 (1985): 169-207.

Finzi, Claudio. *Gli Indios E L'impero Universale: Scoperta Dell'America E Dottrina Dello Stato*. Rimini: Il Cerchio, 1993.

Frajese, Vittorio. "Il Mito Del Gesuita Tra Venezia E I Gallicani." In *I Gesuiti E Venezia*, edited by Mario Zanardi, 289-346. Venezia: Gregoriana libreria editrice, 1994.

———. "Regno Ecclesiastico E Stato Moderno. La Polemica Fra Francisco Peña E Roberto Bellarmino Sull'esenzione Dei Chierici." *Annali dell'Istituto storico italo-germanico in Trento* 14 (1988): 273-339.

———. *Sarpi Scettico: Stato E Chiesa a Venezia Tra Cinque E Seicento.* Bologna: Il Mulino, 1994.

Franceschi, Sylvio Hermann de. *La Crise Théologico-Politique Du Premier Age Baroque: Antiromanisme Doctrinal, Pouvoir Pastoral Et Raison Du Prince : Le Saint-Siège Face Au Prisme Français (1607-1627).* Rome: École française de Rome, 2009.

———. "L'autorité Pontificale Face Au Legs De L'Antiromanisme Catholique Et Régaliste Des Lumières: Réminiscences Doctrinales De Bellarmin Et De Suárez Dans La Théologie Politique Et L'ecclésiologie Catholiques De La Mi-XVIIIe Siècle à La Mi-XIXe Siècle.". *archhistpont Archivum Historiae Pontificiae* 38 (2000): 119-63.

———. "Le Pouvoir Indirect Du Pape Au Temporel Et L'Antiromanisme Catholique Des âges Pré-Infaillibiliste Et Infaillibiliste: Références Doctrinales à Bellarmin Et Suárez Dans La Théologie Politique Et L'ecclésiologie Catholique Du Début Du XIXe Siècle Et La Mi-XXe Siècle.". *Revue d'Histoire de l'Eglise de France* 88, no. 1 (2002): 103-49.

———. *Raison d'État et Raison d'Église: La France Et L'interdit Vénitien, 1606-1607: Aspects Diplomatiques Et Doctrinaux.* Paris: Honoré Champion Éditeur, 2009.

Franco, Antonio. *Ano Santo Da Companhia De Jesus Em Portugal.* Pôrto: Bibliotheca do "Apostolado da Imprensa", 1930.

Fúrlong, Guillermo C. *La Santa Sede Y La Emancipación Hispanoamericana.* Buenos Aires: Ediciones Theoría, 1957.

García de Bertolacci, Ángela. "Origen Y Naturaleza Del Poder Politico En La Defensio Fidei." In *La Gravitación Moral De La Ley Según Francisco Suárez,* edited by Juan Cruz Cruz, 173-86. Pamplona.: Eunsa, 2009.

García y García, Antonio. "El Sacro Imperio Romano En Francisco Suarez.". *Revista da Universidade de Coimbra* 31 (1985): 373-84.

Gay, Jesus Lopez. "Las Primeras Relaciones Del Colegio Romano Con El Extremo Oriente." *Zeitschrift für Missionswissenschaft und Religionswissenschaft* 86 (2002): 277-85.

Giers, Joachim. "Die Römischen Vorlesungen Des Franz Suarez De Iustitia Et Iure." In *Die Gerechtigkeitslehre Des Jungen Suárez,* 11-28. Freiburg: Herder, 1958.

Gomez, Thomas. *Droit De Conquête Et Droits Des Indiens: La Société Espagnole Face Aux Populations Amérindiennes.* Paris: Armand Colin, 2014.

Gordley, James "Suárez and Natural Law." In *The Philosophy of Francisco Suárez*, edited by Benjamin Hill. Henrik Lagerlund, 209-29. Oxford ; New York: Oxford University Press, 2012.

Greco, Joseph. *Le Pouvoir Du Souverain Pontife a L'égard Des Infidèles*. Rome: Presses de l'Université Grégorienne, 1967.

Gregorio, Faustino De. *Omnis Potestas a Deo. Tra Romanità E Cristianità*. 2 vols. Vol. 2, Torino: Giappichelli, 2013.

Grendler, Paul F. "Giacomo Antonio Marta: Antipapal Lawyer and English Spy, 1609-1618." *The Catholic historical review* 93, no. 4 (2007): 789-814.

Guerín, Jorge Otaduy. "La Doctrina De Martín De Azpilcueta Sobre La Potestad Civil Y Su Influjo En La Teoría Del Poder Indirecto." In *Estudios Sobre El Doctor Navarro: En El Iv Centenario De La Muerte De Martín De Azpilcueta*, 313-30. Pamplona: Ediciones Universidad de Navarra, 1988.

Guerrero, Eustaquio. "Precisiones Del Pensamiento De Suárez Sobre El Primer Sujeto Del Poder Y Sobre La Legítima Forma De Su Transmisión Al Jefe Del Estado." *Razón y Fe* 138 (1948): 443-77.

Guilhermy, Elesban de. *Ménologe De La Compagnie De Jésus: Assistance De Portugal, Comprenant Les Provinces Et Missions Du Japon, De La Chine, Du Brésil, Des Indes Orientales, De L'Ethiopie Et De La Guinee*. 2 vols, Poitiers: Henri Oudin, 1867-68.

Hanke, Lewis, ed. *Cuerpo De Documentos Del Siglo XVI : Sobre Los Derechos De España En Las Indias Y Las Filipinas*. Mexico: Fondo de Cultura Económica, 1943.

Hernández, Ramón. "La Hipótesis De Francisco De Vitoria." In *La Etica En La Conquista De America: Francisco De Vitoria Y La Escuela De Salamanca*, edited by Demetrio Ramos Pérez, 345-81. Madrid: Consejo superior de investigaciones cientificas, 1984.

Herrera, Daniel Alejandro. "Ius Gentium ¿Derecho Natural O Positivo?". *Cuadernos de pensamiento español* 36 (2009): 45.

Höpfl, Harro. *Jesuit Political Thought: The Society of Jesus and the State, c.1540-1630*. Cambridge, UK: Cambridge University Press, 2004.

Hsia, R. Po-chia. *The World of Catholic Renewal, 1540-1770*. 2nd ed. Cambridge: Cambridge University Press, 2005.

Hubeñak, Florencio. "La Defensio Fidei En El Contesto Historico-Ideologico De Su Epoca." In *La Gravitación Moral De La Ley Según Francisco Suárez*, edited by Juan Cruz Cruz, 147-72. Pamplona: Eunsa, 2009.

Idoya Zorroza, María. "Interpretación Y Equidad." In *La Gravitación Moral De La Ley Segun Francisco Suárez*, edited by Juan Cruz Cruz, 109-22. Navarra: EUNSA,

2009.

Irwin, Terence H. "Obligation, Rightness, and Natural Law: Suárez and Some Critics." In *Interpreting Suárez: Critical Essays*, edited by Daniel Schwartz, 142-62. Cambridge, UK ; New York: Cambridge University Press, 2012.

Izaga, Luis. "La Soberanía Civil Según Suárez." *Razón y Fe* 124 (1941): 191-205, 314-26.

Izbicki, Thomas M. *Protector of the Faith: Cardinal Johannes De Turrecremata and the Defense of the Institutional Church.* Washington, D.C.: Catholic University of America Press, 1981.

―――. "The Reception of Marsilius." In *A Companion to Marsilius of Padua*, edited by Gerson Moreno-Riano and Cary Nederman, 305-34. Leiden: Brill, 2011.

Jansen, A. "L'origine Du Pouvoir Civil." *Revue de la Suisse catholique* 10 (1892): 609-20.

Jarlot, Georges. "Les Idées Politiques De Suarez Et Le Pouvoir Absolu." *Archives de Philosophie* 18, no. 1 (1949): 64-107.

Jombart, E. "Le « Volontarisme » De La Loi D'après Suarez." *Nouvelle revue de théologie* 59 (1932): 34-44.

King, Margaret L. "The Venetian Intellectual World." In *A Companion to Venetian History, 1400-1797*, edited by Eric R. Dursteler, 572-614. Boston: Brill, 2013.

Koch, Bettina. "Marsilius of Padua on Church and State." In *A Companion to Marsilius of Padua*, edited by Gerson Moreno-Riano and Cary Nederman, 139-80. Leiden: Brill, 2011.

Lach, Donald F. *Asia in the Making of Europe.* Vol. 1, Chicago: University of Chicago Press, 1971.

Le Bachelet, Xavier-Marie. "Bellarmin à L'Index." *Études* 111 (1907): 227-46.

Lefebvre, Charles, Marcel Pacaut, and Laurent Chevailler. *Les Sources Du Droit Et La Seconde Centralisation Romaine.* Paris: Éditions Cujas, 1976.

Lestringant, Frank. *Le Huguenot Et Le Sauvage: L'Amérique Et La Controverse Coloniale, En France, Au Temps Des Guerres De Religion, 1555-1589.* Geneve: Droz, 2004.

Leturia, Pedro. "Maior Y Vitoria Ante La Conquista De America." *Estudios eclesiásticos* 11 (1932): 44-82.

Lopetegui, León. *El Padre José De Acosta, S.I. Y Las Misiones.* Madrid: Consejo Superior de Investigaciones Científicas, Instituto Gonzalo Fernández de Oviedo, 1942.

López Atanes, Francisco Javier. "El Derecho a La Guerra Y La Ley Natural." In *En La Frontera De La Modernidad: Francisco Suarez Y La Ley Natural*, edited by Carmen Fernández de la Cigoña and Francisco Javier López Atanes, 112-27. Madrid: CEU, 2010.

Losada, Angel. *Juan Gines De Sepulveda : A Traves De Su "Epistolario" Y Nuevos*

Documentos. Madrid: Instituto Francisco de Vitoria, 1949.

Love, Thomas T. "Roman Catholic Theories of "Indirect Power"." *A journal of church and state* 9 (1967): 71-86.

Maccarrone, Michele. "«Potestas Directa» E «Potestas Indirecta» Nei Teologi Del XII E XIII Secolo." In *Sacerdozio E Regno Da Gregorio VII a Bonifacio VIII*, 27-47. Roma: Pontificia Università gregoriana, 1954.

Maltby, William S. *The Black Legend in England: The Development of Anti-Spanish Sentiment, 1558-1660*. Durham, N.C: Duke University Press, 1971.

Mancall, Peter C. *Hakluyt's Promise: An Elizabethan's Obsession for an English America*. New Haven: Yale University Press, 2008.

Marcocci, Giuseppe. *A Consciência De Um Império : Portugal E O Seu Mundo, Séc. XV-XVII*. Coimbra: Imprensa da Universidade de Coimbra, 2012.

Mariani, Ugo. *Chiesa E Stato Nei Teologi Agostiniani Del Secolo XIV*. Roma: Edizioni di Storia e Letteratura, 1957.

Marquer, Eric. "La Controverse Entre Francisco Suárez Et Jacques Ier D'Angleterre." In *Les Jésuites En Espagne Et En Amérique (Xvie-Xviiie Siècles) : Jeux Et Enjeux Du Pouvoir*, edited by Annie Molinié-Bertrand, Alexandra Merle and Araceli Guillaume-Alonso, 161-78. Paris: PUPS, 2007.

Martins, Diamantino. "Um Manuscrito Bracarense Do Doutor Exímio." *Revista Portuguesa de Filosofia* 4, no. 4 (1948): 395 - 408.

Massarella, Derek. "The Early Career of Richard Cocks (1566-1624), Head of the English East India Company's Factory in Japan (1613-1623)." *Transactions of the Asiatic Society of Japan* 20 (1985): 1-46.

Mastellone, Salvo. *La Reggenza Di Maria De' Medici*. Messina: G. d'Anna, 1962.

Matos, Manuel Cadafaz de. "A Produção Tipográfica Da Companhia De Jesus No Oriente, Entre Os Séculos XVI E XVII Ao Serviço Da Missionação Portuguesa: Alguns Dados Para a História Da Leitura a Partir De Catálogos Bibliográficos Macaenses (1584-1700) ". In *África Oriental, Oriente E Brasil*, edited by Congresso Internacional de História Missionação Portuguesa e Encontro de Culturas, 407-44. Braga: Universidade Católica Portuguesa, 1993.

Mattei, Rodolfo De. *Il Pensiero Politico Italiano Nell'età Della Controriforma*. 2 vols. Vol. 1, Milano: R. Ricciardi, 1982.

Medina, Miguel Angel. "La Preparación Evangélica Y El Modo De Predicar El Santo Evangelio, Según Fr. Miguel De. Benavides." In *Hispania Christiana*, edited by José Orlandis and José Ignacio Saranyana, 637-58. Pamplona: Ediciones Universidad de Navarra, 1988.

———. "La Primera Comunidad De Dominicos En Filipinas Y La Defensa De Los Derechos De Los Naturales (1587-1605)." In *Los Dominicos Y El Nuevo Mundo: Actas Del II Congreso Internacional Sobre Los Dominicos Y El Nuevo Mundo, Salamanca, 28 De Marzo-1 De Abril De 1989*, edited by J.B. Barquilla, 573-600. Salamanca: Editorial San Esteban, 1990.

Meyjes, G.H.M. Posthumus. *Jean Gerson Et L'assemblée De Vincennes, 1329: Ses Conceptions De La Juridiction Temporelle De L'Église*. Leiden: E. J. Brill, 1978.

Migliore, Joaquin. "Suarez En Inglaterra." In *La Gravitación Moral De La Ley Según Francisco Suárez*, edited by Juan Cruz Cruz, 187-200. Pamplona: Eunsa, 2009.

Migliorino, Francesco. "Rileggendo Francisco Suarez." In *Amicitiae Pignus : Studi in Ricordo Di Adriano Cavanna*, edited by Antonio Padoa Schioppa, 1453-75. Milano: A. Giuffrè, 2003.

Molina Meliá, Antonio. *Iglesia Y Estado En El Siglo De Oro Español: El Pensamiento De Francisco Suárez*. Valencia: Universidad de Valencia, Secretariado de Publicaciones, 1977.

Monreal, Porfirio. "Doctrina Del P. Suarez Sobre La Salvacion De Los Infieles." *El Siglo de las misiones* 4 (1917): 321-28, 361-69, 401-10.

Morali, Ilaria. "Gratia Ed Infidelitas: Nella Teologia Di Francisco De Toledo E Francisco Suarez Al Tempo Delle Grandi Missioni Gesuitiche." *Studia missionalia* 55 (2006): 99-150.

Motta, Franco. *Bellarmino: Una Teologia Politica Della Controriforma*. Brescia: Morcelliana, 2005.

Muldoon, James. *The Americas in the Spanish World Order: The Justification for Conquest in the Seventeenth Century*. Philadelphia: University of Pennsylvania Press, 1994.

———. *Empire and Order: The Concept of Empire, 800-1800*. Houndmills, Basingstoke, Hampshire; New York: Macmillan Press ; St. Martin's Press, 1999.

———. *Popes, Lawyers and Infidels: The Church and the Non-Christian World, 1250-1550*. Philadelphia: Liverpool University Press, 1979.

Murillo Ferrol, Francisco. "Sociedad Y Política En El "Corpus Mysticum Politicum" De Suárez." *Revista Internacional de Sociología* 8 (1950): 139-58.

Murphy, Paul. ""God's Porters": The Jesuit Vocation According to Francisco Suarez." *Archivum historicum Societatis Iesu* 70, 139 (2001): 3-28.

Navarro, José María. *Una Denuncia Profética Desde El Perú a Mediados Del Siglo XVIII: El "Planctus Indorum Christianorum in America Peruntina"*. Lima: Pontificia Universidad Católica del Perú, 2001.

Nelson, Eric. *The Jesuits and the Monarchy: Catholic Reform and Political Authority in France (1590–1615)*. Aldershot: Ashgate, 2005.

Noreña, Carlos G. "Francisco Suárez on Democracy and International Law." In *Hispanic Philosophy in the Age of Discovery*, edited by Kevin White, 257-71. Washington, D.C: Catholic University of America Press, 1997.

Nuñez Rojo, David. "El Origen De La Sociedad Y Autoridad Civil, Según El Doctor Eximio, Padre Francisco Suárez." *Revista Internacional de Sociologia* 10 (1952): 459-87.

Oakley, Francis. *The Conciliarist Tradition : Constitutionalism in the Catholic Church 1300-1870*. Oxford: Oxford university press, 2003.

———. *Empty Bottles of Gentilism: Kingship and the Divine in Late Antiquity and the Early Middle Ages (to 1050)*. New Haven: Yale University Press, 2010.

———. *The Mortgage of the Past: Reshaping the Ancient Political Inheritance (1050-1300)*. New Haven: Yale University Press, 2012.

———. *The Watershed of Modern Politics: Law, Virtue, Kingship, and Consent (1300–1650)*. New Haven: Yale University Press, 2015.

O'Callaghan, Joseph F. "Castile, Portugal, and the Canary Islands Claims and Counterclaims, 1344-1479." *Viator* 24 (1993): 287–309.

Oïffer-Bomsel, Alicia. "Systeme Politico-Juridique, Philosophie Et Théologie Dans Le Tractatus De Legibus Ac Deo Legislatore De Francisco Suárez." In *Les Jésuites En Espagne Et En Amérique : Jeux Et Enjeux Du Pouvoir (XVIe-XVIIIe Siècles)*, edited by Araceli Guillaume-Alonso and Alexandra Merle et Annie Molinié, 179-203. Paris: Presses de l'université de Paris-Sorbonne, 2007.

Ollé, Manel. *La Empresa De China : De La Armada Invencible Al Galeón De Manila*. Barcelona: Acantilado, 2002.

O'Malley, John W. *Trent and All That: Renaming Catholicism in the Early Modern Era*. Cambridge: Harvard University Press, 2002.

Öry, Nikolaus. "Suarez in Rom: Seine Römische Lehrtatigkeit Auf Grund Handschrifilicher Uberlieferung." *Zeitschrift für Katholische Theologie* 133 (1959): 133-62.

Osuna, Antonio. "El Poder Temporal De La Iglesia: De Vitoria a Suárez." *Cuadernos Salmantinos de Filosofía* 7 (1980): 81-106.

Pace, Paul. "Los Límites De La Obediencia Civil En El Siglo De Oro: Francisco Suárez." In *Cristianismo Y Culturas : Problemática De Inculturación Del Mensaje Cristiano*, edited by Facultad de Teología San Vicente Ferrer, 341-50. Valencia: Facultad de Teología de San Vicente Ferrer, 1995.

Pacheco, Diego. "Misioneros Ocultos." *Missionalia Hispanica* 20 (1963): 89-110.

Pagden, Anthony. *The Fall of Natural Man: The American Indian and the Origins of Comparative Ethnology*. Cambridge: Cambridge University Press, 1986.

―――. *Lords of All the World : Ideologies of Empire in Spain, Britain and France c.1500-c.1800*. New Haven: Yale University Press, 1995.

Parks, George B. "Tudor Travel Literature: A Brief History." In *The Hakluyt Handbook*, edited by D. B. Quinn, 97-132. London: The Hakluyt Society, 1974.

Parsons, Jotham. *The Church in the Republic: Gallicanism and Political Ideology in Renaissance France*. Washington D.C.: Catholic University of America Press, 2004.

Patterson, W.B. *King James VI and I and the Reunion of Christendom*. Cambridge: Cambridge University Press, 2000.

Pécharman, Martine. "Les Fondements De La Notion D'unité Du Peuple Selon Suarez." In *Aspects De La Pensée Médiévale Dans La Philosophie De La Pensée Politique Moderne*, edited by Yves Charles Zarka, 104-26. Paris: Presses universitaires de France, 1999.

Peña, Javier. "Souveraineté De Dieu Et Pouvoir Du Prince Chez Suárez." In *Potentia Dei. L'onnipotentia Divina Nel Pensiero Dei Secoli XVI E XVII*, edited by Guido Canziani, Miguel A. Granada and Yves Charles Zarka, 195-213. Milano: Franco Angeli, 2000.

Pennington, Kenneth. *The Prince and the Law, 1200-1600: Sovereignty and Rights in the Western Legal Tradition*. Berkeley: University of California Press, 1993.

Pereña, Luciano. "Francisco Suárez, Pionero De La Democracia Europea." *Arbor* 363 (1976): 27-34.

―――. "Genesis Del Tratado De Las Leyes." In *De Legibus I*, edited by L. Pereña, XVII-LIX. Madrid: Consejo Superior de Investigaciones Científicas, 1971.

―――. *Teoria De La Guerra En Francisco Suarez*. 2 vols, Madrid: Consejo Superior de investigaciones cientificas, 1951.

Pérez Luño, Antonio Enrique. "La Concepción Democrática De Juan Roa Dávila Y El Orden Jurídico En Francisco Suárez." In *La Polémica Sobre El Nuevo Mundo: Los Clásicos Españoles De La Filosofía Del Derecho*, 205-21. Madrid: Editorial Trotta, 1992.

Perez-Bustamante Monasterio, Jose. "Génesis Y Avatares De La Edición Suareciana De La "Defensio Fidei Catholicae"." *Studium Ovetense* 8 (1980): 223-34.

Pérez-Cuesta, Luis. "Los Jesuitas Y La Autoridad: La Teoría De Francisco Suárez." *Iberoamericana Pragensia* 32 (1998): 31-42.

Pfister, Louis. *Notices Biographiques Et Bibliographiques Sur Les Jésuites De L'ancienne Mission De Chine 1552-1773*. 2 vols. Vol. 1, Chang-hai: Imprimerie de la Mission catholique, 1932.

Piaia, Gregorio. *Marsilio Da Padova Nella Riforma E Nella Controriforma*. Padova: Antenore, 1977.

Piazzi, Alessandro. "Lo Stato Moderno Dei Gesuiti: Bellarmino E Suarez." In *Il Politico : Antologia Di Testi*, edited by Mario Tronti, 227-69. Milano: Feltrinelli economica, 1979.

Powell, James M, ed. *Innocent III, Vicar of Christ or Lord of the World?* Boston: Heath, 1963.

Prodi, Paolo. *Il Paradigma Tridentino: Un'epoca Della Storia Della Chiesa*. Brescia: Morcelliana, 2010.

———. "La Chiesa E La Societa Veneziane." In *Storia Di Venezia :Dalle Origini Alla Caduta Della Serenissima*, edited by Gaetano Cozzi and Paolo Prodi, 305-40. Roma: Istituto della Enciclopedia italiana, 1994.

———. *The Papal Prince: One Body and Two Souls: The Papal Monarchy in Early Modern Europe*. Translated by Susan Haskins. Cambridge: Cambridge University Press, 1987.

Puy Muñoz, Francisco. "Los Conceptos De Derecho, Justicia Y Ley En El "De Legibus" De Francisco Suárez (1548-1617)." *Persona y derecho: Revista de fundamentación de las Instituciones Jurídicas y de Derechos* 40 (1999): 175-96.

Reichberg, Gregory M. "Suárez on Just War." In *Interpreting Suárez : Critical Essays*, edited by Daniel Schwartz, 185-204. Cambridge, UK ; New York: Cambridge University Press, 2012.

Rinaldi, Teresa. "Moralità E Prassi Politica Nel Diritto Di Guerra in Francisco Suarez." *Rivista internazionale di filosofia del diritto* 79 (2002): 53-87.

Rivera de Ventosa, Enrique. "El Agustinismo Político a La Luz Del Concepto De Naturaleza En Suárez." *Cuadernos Salmantinos de Filosofía* 7 (1980): 107-19.

Rodríguez, Félix. "La Docencia Romana De Suárez (1580-1585)." *Cuadernos Salmantinos de Filosofía* 7 (1980): 295-313.

Rogers, Francis M. "Hakluyt as Translator.". In *The Hakluyt Handbook*, edited by D. B. Quinn, 37-47. London: The Hakluyt Society, 1974.

Saak, Eric L. *High Way to Heaven: The Augustinian Platform between Reform and Reformation, 1292-1524*. Leiden: Brill, 2002.

Salmon, John Hearsey McMillan. "Catholic Resistance Theory, Ultramontanism, and the Royalist Response." In *The Cambridge History of Political Thought 1450–1700*, edited by James H. Burns, 219-53. Cambridge: Cambridge University Press, 1991.

———. *Renaissance and Revolt: Essays in the Intellectual and Social History of Early Modern France*. Cambridge: Cambridge University Press, 2003.

Sánchez Garrido, Pablo. "El Contractualismo Político Suareciano: ¿Antecedente Premoderno O Alternativa Tardomedieval?". In *En La Frontera De La Modernidad: Francisco Suárez Y La Ley Natural*, edited by Carmen Fernández de la Cigoña and Francisco Javier López Atanes, 127-38. Madrid: CEU, 2010.

Santos, Domingos Maurício Gomes. "Suárez Conselheiro Do Seu Tempo." *Boletim do Ministério da Justiça* 9 (1948): 81-116.

Saranyana, José Ignacio, and Carmen José Alejos-Grau. *Teología En América Latina*. Vol. 2-1, Madrid: Iberoamericana, 2005.

Scheifler, José Ramón. "El Origen Del Poder Político Según Francisco Suárez." *Estudios Centro-Americanos* 4 (1949): 1029-32.

Schoder, Raymond. "Suarez on the Temporal Power of the Pope." *Studies: An Irish Quarterly Review* 30 (1941): 425-38.

Schurhammer, Georg. *Francis Xavier: His Life, His Times*. Translated by M. Joseph Costelloe. 4 vols. Vol. 2, Rome: Jesuit Historical Institute, 1977.

Schütte, Josef Franz. *Introductio Ad Historiam Societatis Jesu in Japonia, 1549-1650, Ac Prooemium Ad Catalogos Japoniae Edendos Ad Edenda Societatis Jesu Monumenta Historica Japoniae Propylaeum*. Roma: Institutum historicum Soc. Jesu, 1968.

———. *Monumenta Historica Japoniae*. 3 vols. Vol. 1, Roma: Monumenta historica Soc. Jesu, 1975.

Schwartz, Daniel. "Francisco Suárez on Consent and Political Obligation." *Vivarium* 46, no. 1 (2008): 59-81.

———. "Francisco Suárez Y La Tradición Del Contrato Social." *Contrastes: revista internacional de filosofía* 10 (2005): 119-38.

Scorraille, Raoul de. *François Suarez, De La Compagnie De Jésus*. 2 vols Paris: P. Lethielleux, 1912.

Semeria, Giovanni. "Il Regicidio Nelle Morale Del Suarez." In *Scritti Varî Pubblicati in Occasione Del Terzo Centenario Della Morte Di Francesco Suarez*, edited by Agostino Gemelli, 121-26. Milano: Vita e Pensiero, 1918.

Silvestri, Laura. "Lo Sguardo Antropologico Di Girolamo Benzoni." In *Il Letterato Tra Miti E Realtá Del Nuovo Mondo: Venezia, Il Mondo Iberico E L'Italia*, edited by Angela Caracciolo Aricò, 491-502. Roma: Bulzoni, 1994.

Skinner, Quentin. *The Foundations of Modern Political Thought*. Vol. 2, Cambridge:

Cambridge University Press, 1978.（『近代政治思想の基礎——ルネッサンス、宗教改革の時代』門間都喜郎訳、春風社、2009 年）

Solano, Jesús. "Ideas-Guiones Para Una Teología Misionera Del Padre Francisco Suárez." *Misiones Extranjeras* 2 (1949): 48-55.

Sommerville, Johann P. "From Suarez to Filmer: A Reappraisal." *The Historical Journal* 25, no. 3 (1982): 525-40.

———. "Introduction." In *King James Vi and I: Political Writings*, edited by Johann P. Sommerville, xv-xxviii. Cambridge: Cambridge University Press, 1994.

———. *Royalists and Patriots: Politics and Ideology in England, 1603-1640*. London: Taylor & Francis, 1999.

Sommervogel, Carlos. *Bibliothèque De La Compagnie De Jésus. Première Partie, Bibliographie*. Nouv. ed. 9 vols, Mansfield, CT: Martino Fine Books, 1998.

Souza, Jose Antonio de Camargo R de, and João Morais Barbosa. *O Reino De Deus E O Reino Dos Homens: As Relacões Entre Os Poderes Espiritual E Temporal Na Baixa Idade Média : Da Reforma Gregoriana a João Quidort*. Porto Alegre: EDIPUCRS, 1997.

Stoetzer, Carlos. *The Scholastic Roots of the Spanish American Revolution*. New York: Fordham University Press, 1979.

Tavares, António Barata. "O Direito Natural E O Direito Das Gentes Em Francisco Suárez." *Revista Portuguesa de Filosofia* 11, no. 3-4 (1955): 490 - 99.

Tierney, Brian. *Foundations of the Conciliar Theory : The Contribution of the Medieval Canonists from Gratian to the Great Schism*. Cambridge: Cambridge University Press, 2010.

———. *The Idea of Natural Rights: Studies on Natural Rights, Natural Law, and Church Law, 1150-1625*. Atlanta, Ga.: Scholars Press, 1997.

Toledano, Andre. "La Concepción De La Souveraineté Dans La Philosophie Politique De Francisco Suárez." In *Actas Del Congreso Internacional De Filosoffa Barcelona*, 293-300. Madrid: Instituto "Luis Vives" de Filosofia, 1949.

Toledo, Cezar de Alencar Arnaut de. "Francisco Suárez E O Nascimento Do Direito Internacional." *Acta scientiarum* 21, no. 1 (1999): 147-51.

Tomlins, Christopher. *Freedom Bound: Law, Labor, and Civic Identity in Colonizing English America, 1580–1865*. Cambridge: Cambridge University Press, 2010.

Torre Ángel, Jesús Antonio de la. "Democracia Y Ley Natural Desde El Iusnaturalismo Católico De Suárez." *Revista de Investigaciones jurídicas* 24 (2000): 413-26.

Truyol y Serra, Antonio. "Francisco Suárez En La Evolución Del Concepto Del Derecho De Gentes." *Cuadernos Salmantinos de Filosofía* 7 (1980): 27-41.

Turchetti, Mario. *Tyrannie Et Tyrannicide De L'antiquité à Nos Jours*. Paris: Presses universitaires de France, 2001.

Tutino, Stefania. *Empire of Souls: Robert Bellarmine and the Christian Commonwealth*. Oxford: Oxford University Press, 2010.

———. *Law and Conscience: Catholicism in Early Modern England, 1570-1625*. Aldershot, England: Ashgate, 2007.

Vasconcelos, António de. *Escritos Varios: Relativos a Universidade Dionisiana*. 2 vols. Vol. 2, Coimbra: Coimbra editora, 1941.

Viallon, Marie F ed. *Paolo Sarpi: Politique Et Religion En Europe*. Paris: Classiques Garnier, 2010.

Vieira, Mónica Brito. "Francisco Suárez and the Principatus Politicus." *History of Political Thought* 29, no. 2 (2008): 273-94.

Villey, Michel. *La Formation De La Pensée Juridique Moderne*. Paris: Presses universitaires de France, 2006.

Vivo, Filippo de. "Francia E Inghilterra Di Fronte All'interdetto Di Venezia." In *Paolo Sarpi: Politique Et Religion En Europe*, edited by Marie Viallon, 163-88. Paris: Classiques Garnier, 2010.

———. *Information and Communication in Venice: Rethinking Early Modern Politics*. Oxford: Oxford University Press, 2007.

Voderholzer, Rudolf. *Meet Henri De Lubac*. Translated by Michael J. Miller. San Francisco, Calif.: Ignatius Press, 2008.

Watt, John A. "Spiritual and Temporal Powers." In *The Cambridge History of Medieval Political Thought c.350–c.1450*, edited by James H Burns, 367-423. Cambridge: Cambridge University Press, 1988.

Watt, Lewis. "Suarez on the Sovereignty of the People." *Studies: an Irish quarterly review* 5, no. 18 (1916): 188-200.

Westermann, Pauline C. "Suárez and the Formality of Law." In *Politische Metaphysik. Die Entstehung Moderner Rechtskonzeptionen in Der Spanischen Scholastik*, edited by Matthias Kaufmann and Robert Schnepf, 227—37. Frankfurt: Lang, 2007.

Wright, Herbert. "Suarez and the State." In *Francisco Suárez: Addresses in Commemoration of His Contribution to International Law and Politics Delivered at the Catholic University of America*, edited by Catholic University of America, 29-43. Washington: Catholic University of America Press, 1933.

Zerolo Durán, Armando. "La Ley Natural En Suarez: El Estaticidio O El Anacronismo De La Tirania." In *En La Frontera De La Modernidad : Francisco Suárez Y La Ley Natural*, edited by Carmen Fernández de la Cigoña and Francisco Javier López

Atanes, 139-52. Madrid: CEU, 2010.

二次資料（邦語ないし邦訳）

浅見雅一『キリシタン時代の偶像崇拝』東京大学出版会、2009 年
阿南成一「スアレツの慣習法論」『季刊法律学』14 号、1952 年、39 – 56 頁
─── 「スアレスの「法律」概念：トマスとの相違を中心として」『中世思想研究』6 号、1965 年、43 – 50 頁
筏津安恕『義務の体系のもとでの私法の一般理論の誕生：スアレス・デカルト・グロチウス・プーフェンドルフ』昭和堂、2010 年
井手勝美『キリシタン思想史研究序説』ペリカン社、1995 年
─── 「キリシタン知識人ハビアンと『破提宇子』（一六二〇年）」『比較思想研究』23 号別冊、1997 年、54 – 57 頁
─── 「校註 ハビアン著『破提宇子』（一六二〇年）」『キリスト教史学』51 号、1997 年、93 – 127 頁
伊藤不二男『スアレスの国際法理論』有斐閣、1957 年
─── 『ビトリアの国際法理論：国際法学説史の研究』有斐閣、1965 年
稲垣良典「自然法における理性と意志：スアレス自然法理論の再検討」『自然法の復権』阿南成一, 水波朗, 稲垣良典編、自然法研究会、1989 年、21 – 49 頁
大内一, 染田秀藤, 立石博高『もうひとつのスペイン史：中近世の国家と社会』同朋舎出版、1994 年
大塚桂『ヨーロッパ政治理念の展開（普及版）』信山社、2006 年
折井善果「対抗宗教改革と潜伏キリシタンをキリシタン版でつなぐ」『キリシタンと出版』豊島正之編、八木書店、2013 年、169 – 191 頁
川北稔『アメリカは誰のものか：ウェールズ王子マドックの神話』NTT 出版、2001 年
川村信三『戦国宗教社会＝思想史：キリシタン事例からの考察』知泉書館、2011 年
岸野久『西欧人の日本発見：ザビエル来日前日本情報の研究』吉川弘文館、1989 年
桐藤薫『天主教の原像：明末清初期中国天主教史研究』かんよう出版、2014 年
五野井隆史『日本キリシタン史の研究』吉川弘文館、2002 年
小林麻衣子『近世スコットランドの王権：ジェイムズ六世と「君主の鑑」』ミネルヴァ書房、2014 年
桜井景雄『続南禅寺史』大本山南禅寺、1954 年
佐々木毅「自然法の世俗化とヨーロッパ国際社会」『政治思想史の基礎知識：西欧政

治思想の源流を探る』有賀弘ほか編、有斐閣、1977 年、126 － 27 頁
将基面貴巳『ヨーロッパ政治思想の誕生』名古屋大学出版会、2013 年
染田秀藤『大航海時代における異文化理解と他者認識：スペイン語文書を読む』溪水社、1995 年
高瀬弘一郎『キリシタン時代の研究』岩波書店、1977 年
─── 『キリシタン時代対外関係の研究』吉川弘文館、1994 年
─── 『キリシタン時代の文化と諸相』八木商店、2001 年
高橋裕史『武器・十字架と戦国日本：イエズス会宣教師と「対日武力征服計画」の真相』洋泉社、2012 年
田口啓子『スアレス形而上学の研究』南窓社、1977 年
圭室文雄編『政界の導者天海・崇伝』吉川弘文館、2004 年
チーリスク監修、太田淑子編『キリシタン』東京堂出版、1999 年
藤内哲也『近世ヴェネツィアの権力と社会：「平穏なる共和国」の虚像と実像』昭和堂、2005 年
ノートン、メアリー・ベス他『新世界への挑戦：15 世紀－ 18 世紀』白井洋子 , 戸田徹子訳、三省堂、1996 年
ハンケ、ルイス『スペインの新大陸征服』染田秀藤訳、平凡社、1979 年
平山篤子「アロンソ・サンチェス神父とシナ遠征論（1）」『帝塚山論集』71 号、1991 年、1 － 42 頁
─── 『スペイン帝国と中華帝国の邂逅：十六・十七世紀のマニラ』法政大学出版局、2012 年
古谷大輔 , 近藤和彦編『礫岩のようなヨーロッパ』山川出版社、2016 年
プレヴォタ、ジャック『アクシオン・フランセーズ：フランスの右翼同盟の足跡』斎藤かぐみ訳、白水社、2009 年
増田義郎『新世界のユートピア：スペイン・ルネサンスの明暗』中央公論社、1989 年
松本香「パオロ・サルピとヴェネツィア聖務禁止令紛争」『イタリア学会誌』35 号、1986 年、98 － 117 頁
松森奈津子『野蛮から秩序へ：インディアス問題とサラマンカ学派』名古屋大学出版会、2009 年
─── 「近代スペイン国家形成と後期サラマンカ学派：ルイス・デ・モリナの権力論を中心に」『多元的世界における「他者」』孝忠延夫 , 安武真隆 , 西平等編、関西大学マイノリティ研究センター、2013 年、239 － 260 頁
的場節子『ジパングと日本：日欧の遭遇』吉川弘文館、2007 年
森義宣『政治思想史』世界思想社、1952 年
山内進「入るように強制せよ（compelle intrare）：伝道の思想と異教的フロンティア」『比較法史研究』第 6 号、1997 年、9 － 27 頁

―――「異教徒に権利はあるか：中世ヨーロッパの正戦論」『「正しい戦争」という思想』山内進編、勁草書房、2006 年、45 － 74 頁
山下範久 , 安高啓朗 , 芝崎厚士編『ウェストファリア史観を脱構築する：歴史記述としての国際関係論』ナカニシヤ出版、2016 年
ヨンパルト , ホセ『人民主権思想の原点とその展開：スアレスの契約論を中心として』成文堂、1985 年
―――「スアレスの万民法理論と現代国際法」『自然法と国際法：ホセ・ヨンパルト教授著作集』吉田脩 , 石司真由美編、成文堂、2011 年、67 － 82 頁

事項索引

あ

アウグスブルクの宗教和議 92
アステカ 108, 119, 129, 143, 540
アナーキー 32, 413, 421, 436, 542, 543
アビニョン捕囚 69, 79
アフリカ 42, 84, 87, 503, 551, 594
アメリカ 41, 89, 142, 496, 497, 503, 505, 545, 550, 551, 560, 561
　中南米 27, 220, 336, 505, 545, 550
　北米 495, 496, 498, 500
アルマダ 197, 389
暗殺 340, 382, 391, 392, 399, 409, 411, 435,438-440, 442, 456, 562, 563, 568, 569, 574

い

イエズス会 15-17, 42, 52, 57, 59, 147, 149, 151, 161, 172, 177, 179-182, 184, 185, 187-189, 191, 192, 194, 195, 197, 198, 201, 204-207, 210, 216-219, 222, 227, 229, 231, 238-240, 242-245, 247-251, 253, 255-265, 277, 278, 288, 289, 294, 302, 304, 305, 328, 335, 336, 340, 341, 360, 369, 375, 388, 389, 392, 396, 399, 400, 404, 407, 409, 412, 413, 415, 417-419, 421, 422, 437-440, 444, 455-457, 459, 505, 519, 520, 526, 532, 536, 539, 543, 551, 559, 563, 565-567, 573, 574, 579, 580, 582-584, 588
異教 41, 43, 45, 46, 50, 54-56, 58, 60, 61, 64-67, 71, 73, 77, 78, 81, 83-86, 88, 89, 96, 102-107, 109-112, 114-118, 121-123, 126-140, 142-148, 155-157, 160, 161, 163-172, 174, 175, 191, 201-204, 207, 208, 212-214, 218-220, 224, 228, 230-235, 237, 256, 266-270, 272-275, 279, 280, 297, 300, 310, 325, 407, 410, 497, 499, 501, 509-520, 523, 524, 529, 535, 537, 539, 540, 560, 572, 575, 589, 596
異教性 78, 98, 99, 104, 131, 147, 159, 163
異教君主 39, 51, 54-56, 58-60, 64, 71, 73, 77, 78, 81, 83-86, 88, 89, 95-97, 99, 102-106, 111, 112, 115, 118, 121-123, 132-140, 143-150, 155-157, 159, 164, 166-171, 173-176, 178, 202, 211-214, 223, 224, 227-229, 233, 234, 237, 242, 252, 267, 268, 270, 271, 273, 275, 277-280, 282, 297, 300, 322, 493, 494, 497, 500, 509-536, 538, 539, 544, 559, 572, 574, 582, 588-591, 593-597
威厳 309, 321, 337, 434, 435
意志 22, 25, 28, 30, 66, 90, 91, 103, 131, 152, 153, 173, 186, 215, 252, 343, 352-354, 371, 407, 432, 517, 567, 590
イスラム 87, 110, 122, 126, 200, 224
イタリア 75, 85, 258, 260, 283, 284, 287, 320, 336, 341, 342, 345, 551, 556, 560, 584

異端　73, 75, 77, 80, 82, 109, 111, 116, 121, 129, 135, 139, 147, 157, 165, 170, 213, 214, 222, 237, 245, 246, 262, 288, 293, 294, 300, 317, 319, 320-322, 334, 357, 360, 361, 366, 377, 380-382, 384, 386, 402, 404, 406, 410, 433, 441, 453, 460, 474, 475, 484, 486, 487, 491, 501-503, 507, 510, 512, 513, 518-520, 522, 524, 526, 537, 539, 566, 569, 571, 572, 578, 583, 589, 592

　異端審問所　15, 198, 288

イデオロギー　13, 54, 87, 547-549

生命　33, 158, 203, 488-490, 493, 501, 528, 539, 562, 564, 574, 577, 595

インカ　108, 113, 116, 540, 558, 596

イングランド　16-18, 24, 31-33, 49, 52, 181, 197, 217, 218, 237, 242-249, 253, 254, 277, 282, 283, 287, 294, 300, 301, 319, 320, 348, 361, 381, 382, 384, 386-392, 395-399, 401, 403-414, 417, 419, 422, 424, 433, 438, 449, 455, 457-461, 474, 475, 476, 494-500, 503, 505, 519, 524, 531, 542, 554, 562, 563, 566, 567, 569, 570, 582-584, 588, 589, 591-593, 595

インディアス　98, 101, 104, 106-108, 113-117, 119, 120, 124, 125, 127-129, 131, 132, 134, 138-143, 146, 147, 150, 161, 162, 165, 172, 174, 208, 225, 226, 235, 246, 275, 314, 317, 325, 495, 498, 499, 505, 524, 525, 540, 543, 554-561, 588

インディアス問題　15, 17, 31, 39-45, 47, 48, 51, 52, 80, 83, 88, 98-178, 203, 224, 280, 282, 296, 495, 509, 520, 524, 526, 538, 539, 541, 543, 591

インディオ　42, 98, 101, 102, 105, 107-110, 113, 114, 116-120, 123-132, 137-140, 142-144, 147-149, 159-163, 165, 174, 195, 202, 495, 498, 499, 505, 525, 526, 551, 552, 554-562

インド　50, 51, 141, 180, 185, 186, 216, 217, 219, 236, 238, 260, 261, 495, 532, 536, 551

　西インド　141, 254, 524

　東インド　219, 254, 258, 259, 261, 524

　東インド会社　243, 247-249

　東インド航路　16, 49, 50, 217, 286, 536

陰謀　80, 323, 389, 396, 402, 403, 405, 406, 408-412, 415, 417, 419, 422, 423, 442, 452, 459, 491, 564, 565, 574, 583, 584, 587, 594

う

ヴァージニア　496, 500, 589, 593

ウェストファリア　18, 552

ヴェネチア　16, 17, 39, 49, 50, 52, 217, 218, 282, 284-290, 301-312, 315, 318, 319, 324-332, 334-336, 338, 339, 341-348, 356-364, 366-368, 370-387, 401, 414, 415, 420, 424, 432, 433, 439, 453, 461, 463, 470, 494, 495, 504, 527, 542, 543, 547, 557, 571, 581, 582, 584, 592, 597

　ヴェネチア神話　287, 288, 338, 346

え

永遠法　89, 90, 152, 153, 173

エル・ドラド　177

事項索引　637

お

王の聖性 61, 62, 79, 394, 395, 474, 565-567
王法 62, 252
岡本大八事件 181, 245, 246
オランダ 181, 242, 244-247, 249, 253-255, 277, 597
恩寵 16, 44, 46, 50, 51, 67, 93, 101, 214, 215, 241, 270, 277, 529
 恩寵論争 16, 147, 198, 206, 207
 恩寵に基づく支配権 80, 116, 121, 139, 147, 155, 173, 223, 224, 522

か

懐疑主義 153
海禁 197, 199, 205
改宗 41, 46, 56, 66, 67, 73, 83, 85-87, 94, 96, 104, 106, 110, 117, 120, 121, 127, 132, 139, 140, 144, 147, 148, 163, 165, 167, 179-182, 185, 193, 196, 202, 203, 208, 212, 213, 219, 228, 229, 232, 234, 236, 239, 241, 242, 248, 257, 259, 264, 267, 268, 270-273, 275, 297, 298, 339, 340, 482, 483, 493, 499, 505, 506, 510, 512, 515, 516, 519, 520, 522, 523, 526-529, 534, 537, 551, 558, 559, 572, 588, 589, 597
 改宗の強制 131, 136, 230, 268, 269
華夷秩序 543, 552
海洋帝国 286, 287
海洋の自由 96, 178, 224, 499, 593
鍵 314, 349, 431, 447, 477, 580, 581, 584
カトリック 12, 15-17, 19, 56, 57, 80, 100, 101, 138, 165, 167, 170, 181, 190, 208, 238, 244-248, 250, 263, 266, 279, 300, 322, 330, 338, 339, 341, 376, 377, 380, 383, 385-390, 392, 395-398, 404-406, 408-413, 415, 417, 419-421, 423, 424, 442, 446, 449, 451, 454, 455, 457-460, 476-478, 485, 493, 500-508, 510, 519, 522, 535, 536, 539, 540, 549, 550, 566-570, 572, 575, 582, 583, 584, 588, 589, 597
 カトリック性 500-508, 588
 反ローマ的カトリック 17, 52, 340, 341, 387, 389, 396, 399, 415, 432, 449, 451, 476, 493, 537, 540, 542, 548, 582, 597
カノン法 15, 16, 18, 62, 64, 90, 93, 447, 448
カノニスト 63, 85, 307, 478
火薬陰謀事件 17, 237, 244, 248, 387, 389, 395, 396, 401, 403, 407-412, 415, 417, 419, 423, 438, 444, 455, 457-459, 500, 501, 584
ガリカン主義 81, 308, 339
 ガリカニスト 17, 282, 304, 305, 339-341, 347, 382-384, 392, 399, 433, 434, 438, 439, 449, 527, 542, 563, 567, 568, 582
 ガリカン教会 312, 319, 327, 328, 343, 344, 347, 383, 443, 448, 563, 569
カルヴァン主義 225, 391, 501
慣習 67, 110, 216, 220, 236, 265, 300, 307, 314, 315, 344, 345, 368, 370, 470, 487
 慣習法 20, 90, 236, 307, 315, 337, 346, 347, 364, 368, 370

間接的権力 19, 30, 31, 37-39, 47, 48, 57-60, 64, 82, 83, 93, 95-97, 109, 117-119, 122, 123, 130-133, 135, 136, 138, 140, 144-149, 156, 157, 163, 168, 169, 173, 174, 213, 221-223, 225-227, 229-231, 233, 237, 268, 271, 277-279, 291, 293, 294, 296-300, 317, 321, 326, 327, 329, 332-334, 339, 347, 348, 356-358, 361-364, 366, 371, 375, 384, 385, 403, 414, 415, 418, 426-428, 430, 431, 435, 442, 443, 445, 448-452, 455-458, 467, 471, 472, 476-486, 489, 493, 494, 505, 508-510, 514, 516-518, 520, 522, 525, 527, 528, 530-536, 541, 546, 549, 550, 564, 575, 577, 580, 581, 584-587

「間接的な権力」 39, 96, 97, 169, 174, 271, 531, 534, 536

一律型間接的権力論 59, 60, 97, 102, 118, 130, 133, 135, 138, 144, 146-149, 163, 169, 173, 174, 221, 227, 268, 277, 279, 486, 497, 509, 526, 528, 532, 533, 535, 537, 538

峻別抑制型間接的権力論 59, 60, 97, 118, 122, 123, 144, 147, 157, 173, 174, 221, 229, 231, 237, 277, 279, 296, 494, 509-511, 517, 526, 528, 530, 531, 533, 535-538, 544, 594

世俗的（な）間接的権力 427, 451, 519

完全な共同体 292, 293, 350, 351, 486
カンブレー同盟 286, 287
寛容 360, 369, 389, 396, 404, 408, 412, 417, 444, 455, 459, 548, 583

き

貴族 155, 287, 288, 304, 334, 390, 447, 468

教会
　教会会議 88, 282, 325, 341, 447, 475-476, 485
　教会統治権 19, 72, 74, 75, 92, 211, 299, 308, 315, 321, 328, 343, 346, 350, 383, 388, 407, 418, 427, 431, 447, 470-473, 478, 542, 546, 576, 578, 584, 585, 591, 592, 598
　教会の自由 16, 62, 289, 305, 306, 312, 319, 326, 328, 343, 347, 348, 359, 372, 381, 448, 550, 569
　教会の統一性 38, 237, 348-350, 359, 365, 382, 384, 385, 458, 472, 475, 476, 478, 479, 485, 493, 508, 512, 527, 533, 541, 569, 593, 594
　教会罰 16, 73, 304, 307, 310, 315, 330, 334, 338, 348, 356-362, 365, 377, 378, 380, 382, 384, 414, 446, 484, 537, 576, 586
　ギリシャ教会 476, 504
　原始教会 19, 139, 191, 272, 300, 322, 404, 406, 413, 444, 493, 511, 514-516, 518, 519, 521-523, 526, 571, 574, 582, 583, 590, 593

境界設定 100, 224, 228, 297, 314, 325, 524

教皇権 11, 14, 17, 19, 28, 36, 39, 56, 58, 59, 63-65, 70, 71, 73, 76-79, 81, 82, 86, 87, 99, 102, 114, 118, 122, 123, 130, 131, 133, 139, 146, 148, 163, 168, 169, 173, 174, 178, 211, 213, 223, 230, 232, 234, 238, 277-

事項索引　639

280, 294, 298, 300, 302, 310, 317, 319-322, 324, 325, 327, 328, 330, 333, 346-348, 362, 363, 366, 367, 370, 371, 373, 377, 379, 380, 384, 385, 398-400, 408, 419, 424, 426, 428, 432, 434, 435, 437-442, 444-446, 448, 449, 453, 456, 460, 476, 477, 479, 481, 485, 494, 500, 509-511, 514, 516, 520, 523-526, 528-531, 533-539, 542-545, 547, 550, 563, 578, 582, 584, 587-589, 591, 595, 596, 598

偶然的な仕方で 63, 70, 71, 73, 133, 450, 479

俗権の委任 60, 71, 72, 77, 78, 88, 101, 105, 107, 224, 479

俗権の行使 63, 69-73, 77, 78, 88, 105, 136, 223, 224, 226, 228, 232, 324, 325, 454, 478

俗権の強奪 63, 74, 76, 346, 350, 405, 412, 438, 444-446, 476, 485, 522, 564, 573

罪を根拠として 63, 70, 97, 118, 137, 214, 223, 226

濫用 74, 81, 302, 312, 319, 347, 448, 449

教皇国 94, 283, 284, 299, 327, 452, 480

教皇主義 10-14, 16-19, 30-32, 36, 37, 39, 47, 52, 61, 62, 71-76, 78, 79, 82, 87, 89, 92, 97, 109, 221-223, 279, 280, 283, 308, 310, 311, 349, 359, 368, 395, 403, 412, 413, 444, 446, 453, 480, 493, 495, 499, 524, 525, 528, 538-541, 543-549, 553, 562, 582, 591, 597, 598

世俗的野心 329, 332, 414, 452, 485, 525, 571-573

反教皇主義 16, 17, 19, 52, 74, 283, 546-549, 598

教書 62-64, 69, 75, 87, 99-102, 107, 108, 120, 173, 180, 181, 227, 283, 289, 309, 328, 358, 596

贈与大教書 87, 100, 107, 120, 173

共通善 25, 55, 123, 151

教会の共通善 358, 466

国の共通善 33, 45, 46, 94, 369, 373, 374, 380, 385, 463, 466, 468, 487, 488

教父 412, 441, 506, 507, 521

恐怖 379-381, 505, 568, 594

共和制・主義 74, 287

キリスト教界 188, 227, 229, 232, 241, 245, 254, 257, 298, 325, 398, 579

キリスト教共同体 10, 11, 13, 14, 17, 18, 40, 53, 55, 56, 92, 95-97, 110, 145, 163, 166, 167, 169, 174, 225, 232, 233, 268, 269, 277, 279, 281, 282, 298-300, 359, 382, 385, 425, 426, 429, 432, 434, 475, 493, 510, 520, 528, 536, 537, 540, 542-552, 594, 597, 598

日の沈まぬキリスト教共同体 552, 597, 598

キリスト教君主 39, 47, 52, 55, 58, 59, 64, 67, 71, 85, 95-97, 106, 107, 109-111, 136, 144, 156, 157, 159, 162, 164, 166, 168-171, 174, 175, 211, 213, 214, 233, 234, 237, 240, 271, 277, 279, 280, 282, 300, 322, 348, 371, 427, 472, 478, 482, 493, 494, 498, 500, 509-516, 519, 520, 522-534, 536, 538, 539, 546, 547, 559, 572, 576, 588, 590, 591, 593-595

キリストの代理人 62, 64, 68, 69, 75, 84,

87, 88, 102, 135, 298, 314, 349, 410, 465, 579
金銀財宝 101, 196, 496, 499, 515, 516, 560, 561, 588, 589
禁書目録 222, 582

く

偶像崇拝 46, 60, 64, 84, 89, 97, 105, 120, 128, 129, 131-135, 139, 144, 147, 159, 163, 170, 171, 177, 187, 263, 269, 280, 395, 409, 473, 509, 526
グレゴリウス改革 61, 62, 288
黒い伝説 495, 524, 554, 556, 557, 560-562, 588, 596

け

刑罰権 158, 159, 214, 370, 377, 537
啓蒙 549
契約 20-22, 27-30, 32, 33, 36, 37, 92, 211, 277, 486, 487, 491, 516
　社会契約 21, 29, 30, 90, 155, 211, 277, 352, 486
　統治契約 90, 92, 93, 155, 468, 487, 491
化体説 502, 583
権利 22-24, 35, 40, 41, 47, 64, 65, 67, 76-78, 82-86, 89, 97, 101, 106, 110, 114, 115, 119-121, 132, 134, 140-142, 145, 146, 151, 158, 164-167, 169-172, 174, 175, 193, 196, 200, 211, 224, 232, 235, 236, 266, 267, 270, 277, 279, 298, 307, 344, 354, 356, 357, 365, 368, 372, 393, 399, 417, 418, 439, 443, 449, 454, 461, 465, 466, 477, 479, 488, 490, 498, 499, 506, 507, 515, 519, 520, 522, 527, 564, 567, 580, 591

こ

ゴア 184, 186, 187, 258
コインブラ 15-17, 50, 179, 210, 214, 216, 221, 233, 258-260, 265, 266, 268, 272, 277, 348, 356, 537
交易 87, 119, 120, 181, 199, 230, 231, 240, 257, 286, 496, 546, 548, 552, 592
航海 183, 216, 217, 496, 497, 546, 548, 561, 592
公会議 12, 17, 19, 56, 62, 68, 74, 79-85, 88, 89, 92, 282, 283, 288, 295, 307, 309, 310, 312, 318, 319, 325, 331, 347-350, 367, 379, 380, 383, 384, 412, 413, 421, 423, 433, 439, 446-448, 456, 457, 476, 477, 487, 502, 504, 564, 566, 569, 582, 584, 585, 592
　コンスタンツ公会議 79-81, 83, 84, 312, 331, 413, 421, 423, 439, 448, 457, 477, 487, 569
　トリエント公会議 12, 17, 56, 288, 295, 318, 325, 383, 433, 582
　バーゼル公会議 79, 85, 331, 477, 569
公会議主義 74, 79-82, 109, 125, 282, 283, 309, 311, 319, 328, 331, 348, 349, 380, 413, 414, 446-448, 456, 457, 475, 477, 542
香辛料 101
皇帝 283, 308, 313, 320, 322, 341, 343, 344, 363, 366, 406, 409, 414, 432, 469, 480, 509, 511, 513, 515, 523, 524, 558, 575, 582, 596
　皇帝教皇主義 74, 308, 582

事項索引　641

強欲　499, 525, 556, 560, 561, 588
国王至上法　388, 406, 407, 409, 411, 418, 455-457, 460
国際法　20, 26, 44, 54, 55, 112, 237
国事詔書　443
国法　23, 90, 95, 117, 156, 233, 234, 236, 291, 292, 294, 295, 314, 367, 372, 383, 425, 430, 459, 463, 485
　　国法遵守義務　93, 316, 429, 467-470
国家　11, 14, 18, 20, 21, 26, 30, 31, 35, 36, 38, 43-45, 47, 48, 55, 90, 98, 139, 157, 236, 244, 251-254, 284, 305, 309, 336, 337, 343, 363, 374, 398, 402, 415, 418, 437, 442, 444, 493, 520, 543, 545, 546, 548, 552, 564, 565, 567, 595
告解　253, 419, 440, 491, 563, 573, 574
国家理性　262, 263, 282, 318, 360, 362, 368, 374-376, 378, 385, 386, 527, 542
　　国家理性論　52, 262, 360, 368, 369, 385, 542, 553
国教会　283, 308, 341, 348, 365, 381, 382, 384, 385, 388, 395, 398, 401, 462, 499-501, 507, 508, 542, 546, 547, 578, 585, 588, 589, 592, 593
国教会原理　19, 36, 37, 74, 79, 81, 237, 283, 308, 313, 316, 322, 324, 332, 346, 347, 360, 383, 386, 395, 407, 418, 448, 455-459, 470-472, 474, 475, 479, 493, 504, 506-508, 527, 528, 542-544, 546, 548, 567, 578, 582, 585, 586, 588, 591-593
婚姻　300, 514, 516, 529
混合政体　354
コンコルダート　365
コンスタンティヌスの寄進　94, 283

さ

最高権　19, 65, 88, 105, 134, 146, 155, 156, 299, 313, 337, 343, 346, 349, 354, 365, 373-377, 383, 393, 422, 433, 434, 436, 476, 481, 546, 579, 592, 593
　　世俗的最高権　10, 52, 63, 155, 229, 230, 235, 346, 347, 363-367, 384-386, 414, 475, 481, 482, 493, 504, 514, 532, 542, 546, 563
　　霊的最高権　10, 211, 234, 349, 378, 386, 406, 410, 457, 474, 475, 546, 575, 584
財産　75, 82, 114, 115, 135, 158, 242, 263, 288, 290, 292, 295, 306, 307, 313, 315, 324, 336, 337, 341, 343, 344, 346, 348, 372-374, 380, 420, 440, 443, 451, 456, 458, 465, 488, 510, 561, 596
再洗礼派　395
裁治権　18, 58, 63-65, 70, 72, 74, 75, 77, 78, 81-85, 88, 89, 92, 96, 97, 101, 105, 113, 114, 118, 134-140, 142, 152, 155-159, 163, 165, 166, 168, 169, 174, 213, 214, 222-226, 232, 237, 267-271, 279, 280, 292, 293, 296-298, 300, 317, 322, 323, 326, 331, 342, 350, 351, 357, 370, 371, 377, 378, 385, 413, 418, 419, 426, 444, 447, 451, 453, 461, 462, 464, 465, 470, 471, 473, 477-479, 488, 490, 509, 510, 512, 519, 523, 526-528, 530, 531, 533, 534, 536, 537, 546, 584-586, 591, 594
裁判　75, 113, 140, 146, 158, 260, 309, 314,

324, 329, 337, 338, 345, 357, 358, 362, 369, 444, 448, 450, 451, 464, 470, 550
　教会裁判所　62, 295, 299, 327, 342, 350, 358, 362, 447
　裁判権　63, 155, 358, 364, 444, 453
　世俗裁判所　70, 291, 292, 294, 295, 299, 342, 350, 358, 362, 369, 444, 450
サラマンカ学派　17, 23, 40, 44, 47, 57, 99, 108, 109, 112, 141, 143, 147, 159, 163, 169, 171, 174, 175, 224, 225, 280, 290, 293, 295, 296, 308, 323, 331, 364, 383, 458, 487, 512, 514, 520, 526, 542, 543
サンフェリペ号事件　181, 240, 242, 263, 273, 274

し

司教　19, 62, 80, 85, 116, 142, 146, 181, 185, 192, 200, 219, 220, 256, 268, 272, 288, 409, 444, 522, 523, 575, 579, 582, 584, 595, 596
私人　111, 113, 157, 158, 335, 371, 375, 452, 487-491, 564, 576
シスマ　81, 312, 319, 321, 331, 350, 357, 361, 379, 380, 382, 407, 428, 433, 440, 477, 484, 487, 491, 569
　大シスマ　79, 80, 319, 331
自然
　自然的自由　91, 351, 352, 466
　自然に反する罪　118, 119, 143, 144, 147, 159, 163, 269, 509, 526
　純粋な自然　45-48, 93, 94, 96, 172, 211, 214, 215, 233, 234, 277, 279, 462, 464, 473, 483, 485, 527, 529, 530
　信仰に照明された自然　46, 47, 94, 233, 483, 527, 530
自然的奴隷説　99, 125-129, 140, 147, 159, 160, 175, 265, 279, 496
　自然的奴隷　123, 127-129, 140, 147, 148, 160-162
自然法　20, 22, 23, 25-27, 29, 34, 37, 42, 46, 47, 60, 64, 78, 84-86, 88-94, 96, 105, 114, 116, 119, 128-130, 132-135, 140, 152-157, 161, 163, 164, 166, 167, 169-171, 173, 174, 211, 212, 214, 233, 236, 270, 291, 297, 315, 316, 328, 331, 351-353, 369, 371, 412, 429, 436, 448, 449, 461-464, 466-470, 473, 474, 481-483, 486, 487, 491, 509, 514, 515, 521, 522, 526, 528, 529, 531, 532, 586, 587, 592
　許容的自然法　91, 466
　自然法の不変性　25, 90, 153, 154
十戒　90, 133, 153, 170, 251
使徒　75, 82, 87, 101, 130, 131, 165, 190, 191, 201-203, 211, 217, 275, 287, 293, 308, 313, 316, 341, 342, 349, 380, 406, 409, 413, 441, 444, 493, 497, 502, 503, 507, 515, 580, 581, 584, 593, 596
　使徒的伝統　415, 459, 476, 493, 501, 504, 508
支配権　18, 60, 64-68, 71, 77, 78, 80, 82-87, 89, 97, 100-104, 106, 110, 111, 113-117, 120-122, 128, 129, 132-135, 139, 140, 142, 146, 147, 155, 156, 167, 168, 173, 174, 178, 223, 224, 226, 228, 230, 231, 237, 251, 298, 317, 324, 351, 356, 357, 421,

事項索引　643

423, 432, 451-454, 497, 498, 504, 509, 512-514, 519, 522, 525, 530, 534, 556, 558, 573, 577, 593, 595, 596
市民　291, 292, 294, 295, 308, 316, 338, 369, 373, 374, 376, 424, 426, 429, 430, 439, 450, 458, 467, 488-490
指名　333, 354, 437
社会的動物　91, 134, 154, 351, 352
主意主義　20-22, 24, 25, 173
首位性　80, 224, 410, 503, 508, 549, 550, 584
　　王の首位性　52, 406, 409, 410, 432, 456, 457, 459, 460, 470, 471, 474, 502, 503, 507, 542, 578, 591
　　教会の首位性　76, 405, 406, 409, 411, 418, 456, 457, 460, 476, 477, 479, 578
宗教　19, 46, 56, 84, 92, 94, 122, 160, 162, 164, 167, 171, 175, 188, 217-219, 221, 259, 260, 262, 263, 272, 288, 332, 335, 338, 351, 357, 360, 368, 369, 375, 382, 383, 385, 389, 390, 396, 397, 403, 404, 407, 413, 417, 421, 436, 440, 458, 459, 463, 465, 467, 475, 501, 521, 526, 529, 549, 550, 552, 560, 567-569, 571, 573, 574, 579, 583, 590-594, 597
　　宗教戦争　11, 18, 39, 44, 45, 339, 415, 422, 495, 525, 526, 542, 545, 547, 548, 561
　　真の宗教　300, 518
宗教改革　11-14, 17, 18, 43-45, 47, 48, 52, 56, 57, 227, 283, 294, 390-392, 485, 493, 526, 528, 530, 535, 537-542, 544-549, 552, 597
　　カトリック改革　56

対抗宗教改革　12, 17, 37, 47, 56, 57, 95, 179, 237, 284, 536, 541, 543, 544
反宗教改革　56, 294, 485, 528, 530, 531, 533, 535, 537-539, 590, 591
十全な権力　65, 71, 74-76, 87, 88, 101, 227, 447, 448
習俗・風習　80, 126, 128, 140, 154, 180, 183, 197, 229, 265, 335, 509, 540
主権　11, 13, 336, 402, 414, 418, 435-437, 441, 442, 446, 475, 493, 524, 545, 546, 552, 564-566, 595, 596, 598
　　世俗的事柄で上位者を認めない　63, 69, 70, 326, 329, 343, 414, 427, 442, 446, 456, 514, 515, 522, 526, 566, 569, 576, 577, 579, 587
　　全成員に対する権力　75, 312, 313, 323, 338, 342, 346, 347, 383, 425, 426, 436, 441, 443, 456, 542, 546, 579
主権国家　11, 14, 18, 545, 546, 552
主権者　23, 284, 403, 405, 411, 415-417, 435-437, 442, 475, 501, 523, 547, 566, 567, 569
主権論　11, 13, 45, 46, 74, 237, 312, 346, 347, 383, 384, 424, 429, 435, 441, 455, 493, 527, 528, 542, 543, 545, 546, 548, 549, 552, 591, 595, 597, 598
主知主義　21, 24, 25
出版・印刷　11, 14, 21, 49, 62, 125, 134, 141, 150, 176, 177, 179, 181, 191, 204, 206, 214, 217, 218, 221, 258-260, 302-305, 311, 312, 315, 327, 356, 359, 397, 424, 442, 495, 497, 537, 552, 557, 563, 565, 568, 570

殉教 182, 187, 188, 227, 240, 242, 246, 251, 254, 276, 404, 408, 455, 458, 518-520, 570, 571

叙階 72, 81, 92, 296, 342, 350

食人 118, 143, 148, 509, 526, 573

植民地 101, 124, 141, 201, 496, 499, 500, 550, 551, 589, 592, 593, 595

 植民地主義 13, 14, 55, 279, 548, 595, 597, 598

所有権 88, 101, 102, 108, 220, 335

信仰

 信仰箇条 308, 407, 503, 507, 508, 578

 信仰の秘匿 271, 272, 404

 不信仰 60, 66, 67, 73, 83, 96, 106, 109-111, 114, 116, 121, 122, 128, 135, 147, 163-165, 167, 213, 214, 224, 233, 271, 272, 300, 509, 513, 515, 522, 524, 526, 529, 530

神授 62, 70, 73, 225, 322, 327, 333, 347, 480, 521, 525

 王権神授説 32, 37, 47, 541

 間接神授 432, 436, 438, 473, 516-518

 直接神授 37, 321, 322, 346, 353, 364, 394, 408, 410, 431, 436-438, 481, 521, 546, 579, 582

新ストア主義 552

新世界 12, 15, 18, 31, 40, 41, 44, 45, 54, 55, 89, 96-101, 108, 110, 113, 125, 146, 153, 173, 178, 190, 195, 203, 204, 224, 228, 230, 231, 235, 242, 246, 252, 279, 297, 494-500, 506, 509, 510, 512, 535, 545, 548, 551, 556-559, 561, 571, 572, 589, 592, 593, 596

新法 124, 446

神法 67, 74, 84, 111, 114, 119, 121, 134, 135, 169, 211, 252, 270, 290-296, 298, 300, 307, 308, 310, 311, 313, 314-316, 318, 321-323, 325-327, 331, 333, 334, 337, 346, 347, 359, 363, 364, 367, 370, 371, 378-380, 383-385, 413, 425, 429, 432, 437, 438, 443, 448, 449, 451, 458, 461, 463, 464-467, 470, 482, 483, 497, 514, 517, 518, 521, 522, 586, 587, 590-592

 神的自然法 331, 464, 466

 神的実定法 90, 93, 464, 465, 590

臣民 44, 55, 58, 80, 84, 86, 93-95, 109, 110, 115, 121, 122, 127, 137-139, 145, 148, 152, 155-157, 167, 171, 208, 212-214, 228, 243, 244, 268-270, 300, 313, 316, 319, 321, 323, 324, 330, 335, 337, 338, 351, 357, 361, 367, 381, 383, 395, 402, 403, 405, 406, 414, 416, 418, 423, 424, 433, 435, 437, 442-444, 446, 455, 456, 460, 461, 482-484, 486-488, 509, 512, 513, 516, 517, 520, 529-531, 534-536, 564-567, 569, 578, 580, 586, 587, 594

人民 11, 21, 25, 27-29, 34, 36, 37, 47, 61, 68, 73-75, 91, 92, 123, 127, 137, 154, 155, 158, 173, 248, 262, 270, 313, 316, 321, 323, 332, 333, 338, 344, 347, 352-354, 357, 361, 380, 384, 392-394, 407, 408, 413, 416, 417, 420-422, 432, 435-438, 440, 455-457, 473, 486, 487, 514, 516, 517, 522, 524, 527, 541, 545, 551, 569, 571, 577, 583, 585, 594

深慮 128, 130, 239, 300, 434, 476, 491

人類 44, 55, 64, 91, 158, 159, 236, 269, 555

事項索引 645

す

スコットランド 125, 361, 387, 389-394, 413, 421-423

スコラ主義 15, 27, 112

スペイン 13, 15, 16, 21, 31, 34, 40, 42, 44, 54, 84-87, 99-102, 104, 106-108, 113, 115-117, 119-121, 124-132, 134, 137-139, 141-143, 146-148, 159, 160, 162, 165, 166, 173, 174, 177, 178, 181, 192, 193-200, 203, 204, 206, 210, 224, 226-231, 238-243, 246, 254, 255, 257, 260, 261, 263-265, 283, 287, 289, 297, 314, 325, 340, 343, 388, 389, 392, 445, 494-499, 505, 524-526, 540, 546, 547, 551, 552, 554-562, 572, 592, 595, 596, 598

せ

正義 23, 71, 83, 89, 111, 113, 150, 152, 162, 237, 269, 356, 360, 368, 441, 488

政治共同体 14, 27, 28, 30, 32-35, 46, 47, 55, 72, 91, 93, 94, 151, 154, 155, 211, 350-353, 369, 466, 468, 469, 486, 512, 527, 552

聖書 10, 45, 61, 64, 117, 128, 190, 211, 309, 331, 393-395, 407, 410, 412, 460, 473-475, 507, 585, 593

 サムエル記 393, 394, 585

 コリント1 5-12 83, 97, 117, 130, 135, 144, 159, 230, 232, 234, 268, 297, 310, 325, 513, 515, 517, 523, 596

 マタイ 16-19 349, 431, 447, 477

 マタイ 17-25 156, 290, 296, 318, 464

 ヨハネ 18-36 230, 310, 453, 473

 ヨハネ 21-17 64, 82, 92, 103, 232, 234, 297, 300, 317, 329, 349, 377, 414, 427, 431, 472, 476-478, 483, 484, 510, 516, 576, 580

 ロマ書 13-1 313, 323, 367, 424, 436, 441, 443, 461, 579

聖職者 16, 18, 19, 37, 39, 48-50, 52, 61, 62, 65, 68-72, 74, 75, 79, 80, 92, 93, 105, 156, 167, 185, 218, 219, 246, 247, 260, 263, 284, 288, 289, 291-296, 301, 306-311, 313-316, 318, 322-324, 326-330, 332-334, 336-338, 341-359, 363-374, 376, 378-385, 400, 401, 414-417, 419, 423-426, 429, 430, 436-438, 441, 443, 444, 450, 456, 458, 461-471, 473, 475, 477, 484, 496, 500, 502, 504, 508, 511, 512, 532, 539, 541, 542, 547, 551, 556, 559, 560, 568-571, 573, 574, 579, 580, 584, 585, 592, 594, 595

聖職者の免除 16, 19, 31, 36, 37, 39, 47-50, 52, 69, 74, 93, 237, 285, 286, 290-296, 305-308, 316, 326, 331-333, 345, 347, 356, 357, 359, 360, 363, 365, 367, 383, 408, 410, 413-416, 420, 422-424, 429, 435, 436, 443, 450, 455-458, 461-467, 470, 493, 511, 512, 527, 528, 531-533, 541, 542, 574, 585, 590

 国の弱体化批判 74, 337, 344-346, 373, 374, 414, 415, 420, 423, 436, 443, 444, 456, 461, 463

反乱の原理批判 415, 416, 420, 421, 423, 424, 444, 456, 457, 511, 512, 574, 579, 580

全面的免除 294, 296, 307, 308, 327, 331, 332, 337, 346-348, 359, 364, 369, 381, 383-385, 408, 410, 411, 414, 420, 423, 424, 426, 429, 436, 441, 443, 444, 450, 456, 461, 508, 531, 542, 579

部分的免除 291, 294, 296, 337, 338, 346, 383, 429, 466

法源 290-296, 307, 308, 314-316, 318, 323, 325-327, 331-334, 337, 346, 363, 364, 367, 383-385, 425, 426, 458, 463-467

聖地 64, 110, 328

清貧 68, 70, 74, 202, 336

清貧論争 77

征服 13, 15, 40, 44, 46, 54, 57, 85, 87, 99, 101, 107, 108, 113, 115, 116, 119, 124, 125, 128, 129, 131, 132, 139, 141, 142, 150, 159, 162, 163, 176, 193, 196, 200, 203, 204, 225, 227, 231, 238, 240-243, 245, 246, 249-253, 255-257, 263-265, 273, 274, 277, 279, 336, 394, 494, 495, 505, 543, 548, 554-561

聖務停止令 16, 17, 39, 49, 73, 285, 286, 288, 289, 301, 302, 305-307, 309-312, 315, 320, 329, 332, 334, 339, 341, 342, 345-348, 356, 357, 361, 377-385, 527

聖務停止令論争 16, 17, 48-50, 52, 282, 285-387, 397, 414, 421, 424, 429, 431-437, 439, 442, 453, 455, 456, 470, 495, 527, 536-538, 542, 582, 596, 597

世俗化 27, 31, 45, 46, 549

説教 101, 103, 204, 206, 269, 270, 308, 327, 330, 332, 377, 407, 444, 446, 477, 507, 573, 584, 591, 592

絶対権力 65, 71, 311, 331, 406, 407, 448, 581

絶対主義 29, 32-36, 38, 45-47, 455

選挙 283, 313, 316, 321, 333, 344, 585

僭主征伐 33, 39, 80, 340, 391, 392, 399, 400, 421-423, 438-440, 455-458, 486-490, 563-566, 572, 573, 577

僭主 25, 27, 80, 92, 106, 138, 173, 208, 229, 265, 272, 322, 333, 354, 393-395, 404, 439, 454, 485, 487-491, 551, 552, 564-566, 577, 587, 595

専制 136-138, 155, 241, 381, 436, 485, 489, 552, 583

全世界 19, 40, 55, 65, 71, 74, 77, 78, 85, 88, 90, 96-98, 102-107, 114, 115, 117, 130, 131, 135, 138, 152, 156, 173, 220, 222, 224-226, 228-237, 268, 277, 279, 280, 297, 298, 309, 314, 453, 454, 475, 476, 509, 545, 596, 598

全世界の支配者 62, 68, 82, 83, 97, 103, 104, 107, 113-115, 117, 142, 143, 148, 227, 277, 297, 326, 509, 532, 596

戦争 11, 18, 27, 39, 40, 43-45, 58, 62, 69, 84-86, 90, 103, 104, 106, 107, 109, 111-113, 116-121, 125-129, 131-133, 139-145, 147, 149, 150, 157-159, 161-167, 170, 171, 174, 175, 193, 194, 196, 197, 200, 202-204, 208, 212, 229-231, 235, 238,

事項索引 647

239, 241, 246, 248, 254, 260, 265, 271, 273, 275, 277, 279, 286, 287, 289, 297, 339, 362, 390, 391, 415, 422, 428, 488-490, 495, 509, 519, 525-527, 542, 545, 547, 548, 555, 557, 558, 560, 561

　正当戦争　15, 17, 26, 27, 29, 40, 44, 52, 54, 65, 72, 77, 85, 86, 97, 98, 111, 112, 119-121, 126, 130-132, 157-159, 170, 171, 174, 214, 230, 274, 275, 313, 321, 401, 510, 520, 587

　扇動　80, 84, 243-246, 248, 253, 333, 392, 417-419, 422, 437, 442, 455, 456, 520, 521, 523, 563-565, 573, 574, 584, 585, 590, 594

　洗礼　31, 92, 145, 220, 246, 248, 264, 310, 501, 502, 505, 529-531, 533

そ

　贈与　87, 89, 96, 101, 107, 119, 120, 173, 212, 225, 230, 231, 314, 325, 430, 495, 499, 524, 525, 558, 559, 572, 595, 597

　　俗権の贈与　100, 104, 106, 115, 132, 138, 139, 142, 146, 148, 230, 231, 314, 497-499, 525, 556, 596

　　布教権の贈与　120, 131, 132, 146, 169, 297, 317, 499, 525, 546, 592

　訴追派　389, 396

　俗権　10, 19, 30-34, 38, 39, 56, 59, 62, 63, 66, 68-74, 76-78, 81-83, 86, 88-96, 99, 102, 105-107, 114, 115, 117, 118, 134, 135, 139, 140, 144, 145, 148, 173, 202, 211-214, 223-226, 228-236, 270, 273, 279, 290-292, 294, 296-300, 307, 308, 313, 314, 316, 317, 322, 324-327, 329, 332, 333, 336, 337, 346, 347, 349, 350, 352-354, 362, 363, 367, 369, 370, 372, 374, 384, 412, 416, 425-431, 436, 444-446, 450, 453-455, 457, 458, 460-462, 466, 468, 470, 471, 473, 474, 476, 478-480, 482, 483, 485-487, 499, 509, 514-516, 519, 520, 522, 523, 525-531, 533, 534, 551, 567, 573, 575, 577, 580, 582, 586, 589, 591, 596

　俗　人　37, 49, 61, 62, 75, 92, 93, 135, 219, 288, 294, 313, 315, 316, 334, 336, 342-344, 363, 368-374, 385, 395, 415, 416, 423, 430, 437, 438, 461, 464, 465, 467-469, 474, 560, 569

　　単なる俗人　61, 62, 395

た

　大航海時代　12, 13, 41, 48, 53, 57, 84, 102, 108, 177, 279, 282, 493, 499, 526, 528, 535, 537-539, 541, 544, 545, 548, 552, 591

　魂の救済　41, 45, 46, 66, 68, 69, 94, 105, 119, 130, 133, 135, 136, 164, 165, 169, 172, 174, 226, 266, 274, 275, 298, 336, 351, 374, 375, 405, 411, 415, 450, 477, 483, 491, 551, 560, 586, 588

　タルタル　524

ち

　秩序付け　68, 72, 82, 93, 117, 130, 133,

145, 148, 211, 212, 215, 371, 374, 450, 519, 534, 564, 566
チナ事業 15, 43, 50, 176-178, 189, 192, 194-199, 202, 203, 205-207, 209, 210, 242, 255, 271, 276, 285, 527, 536, 538
地の国 329, 581
中国 15, 41, 43, 52, 161, 176, 177, 182-187, 192-205, 209, 220, 229, 235, 236, 238, 247, 249, 255, 257, 258, 261, 272, 336, 524, 531, 532, 535
忠誠 80, 357, 388, 389, 396, 402, 403, 405, 408, 409, 411, 412, 419, 442, 455, 460, 481, 482, 486, 487, 542, 567, 569, 571
忠誠宣誓論争 16, 17, 31, 32, 34-36, 39, 43, 45, 47, 48, 52, 237, 244, 282, 285, 290, 297, 387-494, 500-542, 562, 588, 595-597
　忠誠宣誓 17, 32, 320, 396-398, 400, 401, 403-412, 414, 415, 418, 419, 433, 439, 455-461, 474, 481, 486, 500, 501, 569, 570, 574, 575, 578, 580, 584
直接的権力 19, 30, 31, 37, 38, 58, 73, 83, 89, 97, 102, 107, 109, 112, 115, 117, 118, 122, 130, 148, 156, 157, 163, 173, 221-223, 225, 229, 231, 235, 268, 277, 279, 297-299, 314, 317, 321, 322, 347, 348, 357, 403, 426, 427, 430, 445, 449, 453, 457, 476, 478-480, 482, 493, 497, 505, 509, 522, 524-528, 532, 535, 538, 575, 587
地理的新発見 12, 18, 40-42, 44, 45, 54, 89, 97-101, 104, 110, 119, 126, 154, 164, 165, 177, 190, 192, 227, 230, 231, 260, 276, 279, 297, 494, 496, 503, 506, 535, 545, 548, 595

て

帝権 60, 62, 71, 78, 114, 117, 128, 134, 139, 142, 146-149, 169, 174, 225, 228, 234, 298, 344, 523, 525
　帝権移転論 63, 74, 75, 138, 223, 235, 236
抵抗 27, 33, 74, 173, 194, 300, 307, 311, 312, 319, 330, 338, 339, 347, 354, 384, 394, 407, 421, 428, 457, 487, 488, 512, 514, 542
　抵抗権 11, 22, 27, 29, 32-34, 36, 37, 44, 47, 357, 361, 389, 391-393, 395, 413, 416, 420-422, 435-438, 440, 455-457, 486, 488, 511, 517, 541, 545, 548
　不抵抗 300, 395, 456, 493, 511, 517, 518, 521, 522, 526, 571, 582, 590
帝国 13, 14, 40, 43, 54, 55, 62, 69, 76, 77, 87, 90, 96, 98, 108, 110, 113, 114, 116, 119, 129, 143, 177, 192, 194, 195, 198, 235, 236, 262, 263, 286, 287, 308, 495, 496, 499, 546, 548, 552, 558, 594, 595, 598
天正遣欧少年使節 15, 172, 180, 181, 240, 247, 253, 259, 495
天の国 310, 327, 329, 349, 427, 431, 447, 477, 575, 581

と

同意 28, 29, 34, 73, 91, 92, 94, 123, 132, 155, 193, 211, 237, 320, 321, 326, 328,

事項索引 649

332, 333, 335, 342, 343, 345, 348, 352, 354, 365-367, 384, 415, 439, 447, 466-469, 473, 478, 491, 564
独立革命　27, 550
土地　65, 85-88, 104, 111, 120, 126, 142, 196, 220, 241, 273, 288, 335, 344, 375, 414, 443, 512, 513
トマス主義　23, 24, 109, 173
ドミニコ会　15, 16, 101, 102, 116, 141, 181, 189, 192, 197-200, 205, 206, 245, 246, 255, 259, 261, 262, 271, 277, 307, 558, 596
トルコ　521, 524, 594

な

涙　395, 452, 521, 586, 593

に

26聖人事件　181, 227, 240, 242, 246, 251, 261, 263-265, 273, 274
日本　17, 19, 20, 22, 41, 47, 50-52, 54, 161, 176-188, 191-193, 196, 202-204, 210, 212, 213, 218-221, 227-229, 231, 235, 236, 238-265, 271-279, 285, 290, 328, 336, 404, 496, 503, 505, 518, 519, 531, 532, 535, 536, 538, 540, 558

は

廃位　33, 62, 68, 73-75, 121, 123, 127, 228, 300, 390, 391, 402, 406, 411, 413, 414, 445, 449, 451, 452, 456, 459, 460, 490-492, 501, 510, 524, 525, 551, 564-567, 570-573, 587, 594, 597
廃位権　71, 117, 120, 138, 148, 173, 223, 280, 300, 333, 393, 396, 402, 403, 408, 409, 413, 414, 417, 418, 420, 422, 426, 427, 432, 437, 438, 451, 455-457, 460, 479, 483-487, 491, 492, 510-513, 515-520, 522-526, 529-531, 533, 538, 539, 571, 572, 575, 576, 578, 580-582, 586, 587, 590, 591, 593, 594
背教　163, 213, 361, 412, 415, 500-502, 510, 512, 528, 530, 572
迫害　17, 60, 66, 106, 112, 120-122, 145, 146, 149, 157, 167-169, 171, 174, 177, 180-182, 187, 188, 203, 210, 214, 238-242, 245, 246, 248, 249, 251, 253-258, 263-265, 268, 270-274, 276, 277, 300, 389, 395, 404-412, 417, 427, 428, 440, 452, 455-459, 493, 500-502, 506, 510-515, 517-523, 526, 529, 534, 556, 583, 584, 589, 590, 594
伴天連追放令　180, 191, 238-240, 257, 261
破門　73, 82, 87, 101, 289, 301-303, 306, 307, 309, 312, 319, 326, 330, 334, 338, 356-359, 361, 363, 377, 378, 383, 388, 402, 404, 405, 409, 452, 460, 484, 486, 524, 575, 576, 580, 591
パリ　49, 50, 73, 98, 177, 234, 286, 305, 328, 504, 581
　パリ学派　283, 448
　パリ議会　305, 339, 399, 400, 438-440, 442, 445, 449, 563, 564, 567, 568, 575
　パリ大学　392, 399, 439, 446, 449, 569, 575

バリャドリード論争 133, 134, 141, 174
　バリャドリード会議 99, 125, 141
反逆 106, 126, 243, 253, 254, 257, 323, 339, 340, 388, 402, 403, 406, 416, 417, 433, 440, 446, 454, 490, 566, 571, 584, 587
万民法 20, 22, 26, 40, 43, 44, 47, 54, 83, 85, 86, 90, 96, 98, 119, 156, 172, 233, 236, 237, 277, 486, 487, 513
反乱 33, 75, 124, 157, 167, 239, 243-245, 248, 253, 257, 262, 323, 333, 335, 336, 361, 379-381, 392, 393, 403, 405, 408, 409, 413, 415-418, 420-423, 437, 440, 442, 446, 452, 455-457, 511, 512, 520, 521, 523, 524, 551, 567, 571, 574, 579, 580, 583-585, 587, 594

ひ

東アジア 15-17, 42, 43, 47-52, 54, 132, 172, 176-179, 182-187, 189, 205, 210, 217, 218, 220, 221, 227, 249, 258, 259, 276, 277, 279, 280, 282, 496, 509, 519, 520, 524, 535, 536, 538, 539, 543, 548, 591
ビザンツ 235, 308
秘蹟 74, 92, 121, 185, 218, 220, 253, 308, 310, 327, 330, 332, 350, 377, 383, 407, 419, 446, 471, 475, 477, 479, 584, 591
人身御供 118, 119, 129, 140, 143, 144, 160, 269, 509
ピューリタン 392, 393, 395, 413, 421, 444, 460, 503, 507

ふ

フィリピン 176, 181, 183, 184, 193, 195, 196, 199, 201, 204, 205, 217, 227, 239, 240-242, 245-247, 252, 254, 256, 264, 265
不可謬 92, 311, 447
布教 12, 15-17, 27, 31, 41-43, 46-52, 54-57, 59, 60, 65, 83, 85-87, 96, 98, 103, 104, 107, 110, 111, 115, 119, 120, 123, 126, 127, 131-133, 136, 139, 140, 142, 145, 149, 161, 163-167, 169-172, 174-184, 186, 187, 189-197, 200-205, 207-209, 212, 217-221, 227-230, 232, 238, 240, 241, 245, 247, 254-280, 282, 335, 336, 388, 494, 495, 498, 499, 503, 505-509, 512, 517, 519-521, 524, 525, 532, 535-540, 543, 544, 546, 547, 552, 555-562, 588, 589, 591-594
　随兵布教 178, 200-205, 209, 210, 271-278, 527, 538
　全世界的布教 13, 18, 48, 119, 164, 165, 169, 189-191, 218, 262, 266-268, 503-508, 533, 535-539, 543-545, 548, 588, 590, 593, 594
　布教の権利 41, 96, 115, 119, 120, 131, 132, 136, 139, 145, 146, 165, 167, 169, 170, 172, 174, 200, 211, 235, 266-268, 270, 276, 297, 317, 325, 499, 506, 507, 525, 546, 592, 593
　布教の聴聞 133, 136, 145, 165, 269
　布教の予防戦争 131, 132, 140, 142, 143, 145, 165, 166, 174, 202, 273

布教妨害　60, 64, 84-86, 115, 120, 122, 126, 127, 132, 136, 137, 140, 144-146, 148, 149, 170, 171, 174, 202, 225, 228, 229, 267, 270, 273, 275, 279, 520, 521, 526, 538
　　布教論　12, 13, 15, 17, 40-43, 47, 50, 52, 54-57, 98, 177, 178, 195, 202, 203, 209, 214, 221, 237, 266, 276-279, 526, 527, 538, 539, 543
複合国家　14
二人の主人　56, 252, 470
仏教　250, 252
　　仏僧　179, 239, 254, 257, 260, 263, 532
普遍教会　43, 348, 359, 364-367, 380-382, 384, 385, 475, 493, 540, 542, 544, 547, 593
普遍性　40, 190, 192, 276, 501-508, 535, 588, 589
　　地理的普遍性　192, 276, 504-508, 535, 588, 589
フランシスコ会　181, 197, 227, 242, 246, 261, 277
フランス　17, 54, 63, 68-70, 73, 78, 79, 137, 249, 282, 287, 289, 301, 304, 305, 311, 312, 319, 328, 339, 340, 342-345, 383, 387, 390-392, 399, 400, 407, 414, 415, 421, 422, 428, 432, 433, 438-443, 446, 449, 461, 494-496, 499, 504, 526, 547, 549, 550, 560-563, 565-570, 574, 582, 587
　　根本法　339, 340, 568
　　フランス革命　549
ブリテン　398, 400, 496, 503, 507, 518, 595
ブルゴス会議　100, 101, 108, 127
プロテスタント　18, 32, 47, 56, 181, 250, 253, 308, 386, 387, 390, 391, 396, 421-423, 433, 457, 471, 485, 493, 531, 537, 540-542, 548, 549, 552, 589, 597
文明化　161, 162, 555

へ

平穏なる共和国　286, 307
平和　58, 63, 65, 74-76, 81, 83, 84, 90, 100, 104, 106, 111-113, 136, 139, 149, 157-159, 163, 165, 174, 175, 200, 203, 237, 262, 269, 283, 292, 318, 326, 338-340, 343, 350, 351, 364, 407, 408, 415, 417, 418, 450, 467, 478, 479, 489, 520, 555, 575
ペルー　193, 199, 224, 240, 264, 524, 525, 551, 557-559, 572
ペルシャ　235, 524

ほ

防衛権　39, 96, 97, 157, 167-169, 171, 174, 214, 237, 267, 268, 270, 271, 273, 275, 361, 371, 510, 517, 519, 521, 523, 526, 528-531, 533, 536, 537, 591, 594
法実証主義　22-25, 89, 90, 151-153, 355
包摂　31, 72, 77, 81, 130, 133, 215, 480, 481
冒涜　66, 106, 112, 204, 539, 562
牧者　294, 300, 329, 332, 362, 363, 367, 377, 429, 438, 484, 513, 551, 581
ポリティーク　262, 369, 385
ポルトガル　13, 16, 84-87, 89, 100, 166, 178, 179, 181, 196, 199, 210, 224, 228, 241-243, 248, 258-260, 264, 286, 314, 325, 494, 495, 499, 524, 525,

540, 546, 598

ま

マキャベリ主義 318, 326, 360, 369
マドック神話 496, 497

み

民主制・主義 21, 27, 28, 392, 551

む

無神論 369, 436, 501

め

メキシコ 195, 204, 205, 240, 557

も

目的 10, 14, 17-19, 32, 33, 49, 50, 58, 60, 68, 73, 81, 91, 93-96, 98, 99, 103-105, 114, 117, 130-133, 135-138, 140, 142, 151, 152, 163, 173, 174, 192, 194, 196, 200, 211, 212, 215, 219, 223, 226-230, 233, 234, 238, 246, 251, 254, 265, 283, 291, 294, 297-299, 310, 312, 315, 318, 320, 334, 338, 351, 352, 357, 358, 361-363, 372, 373, 378, 403, 406, 420, 425, 427, 431, 432, 445, 446, 448, 452, 457, 458, 460, 467, 477, 478, 480-485, 509, 520, 527, 533, 534, 541, 550-552, 556, 559, 561, 564, 565, 572, 575, 576, 586, 593, 594
　権力の目的 33, 45, 93-95, 351
　目的間の序列 68, 82, 95, 233, 431, 457, 481, 516, 550
モナルコマキ（王殺し）32, 80, 406, 415, 422, 437, 439, 452, 455-457, 501, 572-574, 578, 587, 594, 597

や

野蛮 124, 128, 131, 142, 160-162, 174, 203, 205, 228, 498, 525, 526, 543, 555, 561, 562, 573, 587
　野蛮人 121, 131, 132, 140, 148, 162, 193, 204, 205, 228, 555, 560, 562, 573, 588
　野蛮性 98, 123, 124, 147, 148, 159, 161, 162, 176, 555, 559, 561, 573
　野蛮な教育 124, 162, 265, 279

ゆ

唯一神 129, 170, 171, 174
ユグノー 304, 340, 391, 398, 432, 433, 442, 449, 495, 525, 526, 561
ユダヤ 109, 110, 136, 218, 224, 513
ユトレヒト条約 18

よ

ヨーロッパ 11, 12, 14, 17, 18, 21, 22, 27, 39, 43, 47-49, 51, 52, 57-60, 62, 75, 84, 97, 177, 179, 185, 195, 198, 205, 218, 220, 221, 227, 245, 249, 253-257, 279, 280, 282, 346, 390, 493, 495, 499, 503-505, 508, 525, 527, 528, 537, 538, 542-546, 548-550, 552, 557, 588, 591, 594, 595, 597, 598
　ヨーロッパ中心主義 54, 55

り

利益 38, 76, 78, 88, 123, 124, 138, 196, 272, 286, 291, 293, 318, 338, 360, 368, 369, 373-376, 378, 384-386, 414, 428, 440, 443, 500, 517, 523, 550, 560

リーグ 340, 369, 392, 561

理性 22, 25, 44, 67, 90, 94, 112, 123, 124, 129, 140, 147, 152, 153, 160, 162, 174, 176, 180, 193, 274, 275, 282, 309, 316, 318, 329, 355, 356, 409, 416, 429, 464, 465, 468, 469, 498, 542, 553

立憲主義 22, 27, 29, 32-36, 38, 47, 125

立法 24, 34, 62, 70, 74, 81, 89, 92, 95, 136, 233, 291, 293, 308, 313, 315, 316, 322, 324, 328, 336, 337, 343, 345, 346, 348, 350, 354, 356, 370, 374, 435, 448, 451, 468, 473, 480, 485, 527, 552, 574

領域 11, 14, 508, 545, 546, 552, 598
　領域教会 365, 367, 508
　領域国家 493, 548, 595

良心 353, 401, 402, 404, 435, 511, 522, 523, 550, 568, 570

旅行 119, 494

る

ルター派・主義 198, 319, 329, 330, 361, 384, 503

ルネサンス 552

れ

霊権 10, 11, 19, 30, 31, 39, 59, 66, 68-74, 82, 83, 88, 89, 92-96, 105, 118, 144, 169, 213, 225, 226, 232, 233, 291, 292, 294, 295, 298-300, 314, 322, 324, 326, 327, 329, 348-351, 358, 362, 367, 372, 374, 375, 384, 388, 407, 425-431, 444-446, 450-453, 457, 460, 462, 463, 470-476, 478-481, 483-485, 504, 520, 522, 523, 527, 532-534, 546, 547, 550, 567, 569, 575-578, 580-582, 584-587, 591, 592
　霊的な間接的権力 451, 479, 482
　霊的な直接的権力 479, 482

礫岩国家 14

レコンキスタ 100

ろ

ローマ 10, 13, 16, 17, 31, 49, 51, 68, 78, 86, 182, 217, 222, 225, 232, 235-237, 248, 254, 261, 268, 271, 280, 282-285, 287-289, 295, 297, 298, 301, 302, 304-306, 309, 312, 318, 321, 326, 327, 331, 338-341, 343, 346-348, 377, 379, 382-384, 387, 388, 392, 398, 399, 405, 406, 408-415, 417, 419, 420, 423, 432, 433, 436, 439, 446, 449, 451, 453, 455-459, 461, 466, 474, 476, 477, 479, 481, 483, 493, 494, 499, 501, 502, 504, 505, 508, 509, 526, 528, 530, 531, 533, 536-540, 542, 544-554, 558, 562, 563, 568, 570-574, 578, 582-584, 588-591, 593-595, 597

ローマ（地名） 15, 16, 69, 71, 172, 179, 180, 183, 186, 187, 197, 206, 208, 253, 258-260, 289,

　　　　305, 306, 388, 413, 444, 513,
　　　　522, 581, 584, 595
ローマ学院　15, 42, 50, 52, 149, 150,
　　　　172, 176, 182, 187, 189, 190,
　　　　205, 206, 211, 213, 221, 233,
　　　　237, 265-270, 272, 277, 279,
　　　　294, 356, 526
ローマ教会　165, 218, 283, 284, 288,
　　　　332, 388, 412, 501-507, 530,
　　　　536, 539, 540, 549, 574, 588,
　　　　589, 594
ローマ帝国　90, 114, 142, 143, 235,
　　　　236, 287
ローマ法　40, 62, 64, 341-343

人名索引

あ

アウグスティヌス 185
アクアヴィヴァ 195, 198, 205, 206, 210, 217, 218, 222, 238, 240, 241, 259, 261, 262, 439, 440, 539, 563
アクィナス 21, 24, 26, 65-68, 71, 73, 83, 84, 88, 89, 94, 106, 109-112, 114, 116, 121, 122, 133, 134, 146, 149, 152, 167, 173, 185, 189, 268, 298, 299, 310, 321, 322, 355, 369, 487, 512-516, 530, 538, 550
アコスタ 195, 196, 198, 202, 203, 209, 336, 505, 559, 560, 596
アゴスティノ 78, 87-89, 117
アスピルクエタ 185, 223
アセンシオン 220, 227-231, 242, 261, 277
アダムズ（三浦按針）181, 243, 245, 248
アタワルパ 497, 524, 525, 558, 559, 572, 596
アベンダニョ 206, 207, 210
アボット 401, 562, 578, 579-581
アリストテレス 125, 127, 129, 134, 142
有馬晴信 180, 181
有馬義貞 180
アレクサンデル6世 87, 99-101, 106, 107, 120, 131, 132, 138, 139, 142, 146-148, 166, 169, 173, 224-226, 228, 230-232, 297, 314, 317, 325, 495-499, 524, 525, 546, 558, 559, 592, 595-597
アレグレ 550, 551
アンジェリス 185
アンジロー 179, 259, 260
アンドリューズ 398, 422-424, 429, 430, 444, 456, 504, 505, 513, 514, 517, 562, 588
アンリ3世 39, 340, 391, 392, 407, 409, 411, 415, 442, 456, 570, 573
アンリ4世 305, 339, 340, 382, 391, 392, 399, 433, 435, 438-440, 442, 456, 562, 563, 568

い

インノケンティウス3世 62, 63
インノケンティウス4世 63-65, 77, 78, 83-86, 88, 89, 102, 163, 224, 280

う

ヴァニョーニ 204
ヴァリニャーノ 180, 181, 194, 227, 229-231, 238, 240-242, 257, 261, 264
ヴァレンテ 185
ヴィエイラ 187, 188
ウィクリフ 80, 116, 135, 147, 317, 366, 421, 423, 453
ヴィニエ 304
右衛門尉 263, 264
ウラディミリ 83

え

エギディオ 71-73
エリザベス1世 243, 244, 388, 389, 404-

406, 408, 410, 411, 415, 417, 445,
458, 459, 496, 502, 524, 580
エンリケ航海王子 84, 87
エンリコ 70, 73

お

大友宗麟 180
大村純忠 180, 181
岡本大八 181, 245, 246
織田信長 180, 239, 254
オッカム 24, 76, 79, 449
オトマン 391
オルファーネル 245
オルランディヌス 259, 260

か

カエサル 66, 441, 493, 580
カザウボン 304
カジェタン（教皇大使） 206, 207, 210
カジェタヌス 109-112, 175, 283, 487
ガスパル 205, 206, 217
ガマ 286
カリクトゥス3世 87
カール1世 138, 235
カール5世 124, 215
カルヴァン 225, 421, 501, 503
カルタヘナ 85, 86

き

キケロ 355
ギーズのマリー 390
キプリアヌス 188
キリスト 62, 64-66, 68-72, 74-78, 80, 82, 84-88, 92-94, 96, 102, 104-106, 111, 114, 115, 117, 126, 128, 130, 132, 133, 135, 142, 144, 145, 156, 163, 165, 169, 170, 189-191, 203, 204, 206, 207, 211, 224-230, 232, 234, 235, 254, 266, 275, 294, 296, 298, 300, 303, 308-310, 313, 314, 317, 320, 321, 324, 329, 334, 348-351, 361, 371, 378, 410, 418, 425-427, 431, 436, 441, 444, 446, 447, 448, 450, 452-454, 460, 464-466, 472, 473, 476-480, 483, 493, 497, 499, 506, 507, 509, 515, 516, 519-521, 523, 532, 539, 551, 556, 558, 561, 576, 577, 579-582, 584, 585, 588, 596

く

グスマン 260-265, 272, 536
クランマー 388
クルソラ 99, 141-143, 166, 174
グレゴリウス7世 62, 414, 571, 575, 581, 595
グロティウス 26, 29, 54, 178, 224, 499, 595

け

ケーツビー 396, 422
ゲラシウス 298, 469
ケリーニ 304, 334-336, 338, 344, 370, 375, 435
ケンピス 184

こ

コウロス 262
コエリョ 238-240, 259

人名索引　657

コックス　243-249
コトン　249, 439, 440, 563, 565
小西行長　180, 239
コバルビアス　185, 292, 293, 307, 314, 318, 325, 331, 337, 346
ゴマラ　558
ゴメス　259
ゴルダスト　597
コレイア　216
コロンブス　12, 54, 100, 496
コンタリーニ　287

さ

ザビエル　51, 54, 176, 177, 179, 180, 188, 202, 257, 259-262, 336, 532
サラサール　43, 192, 194, 197-200, 202, 203, 205, 255-257
サラス　231-233
サルピ　52, 285, 301-304, 306-312, 315, 319, 327-332, 334-338, 344-346, 362, 367, 370, 375, 377-380, 382, 383, 399, 432-438, 440, 458, 461, 495, 517, 531, 532, 549, 582
サンチェス　15, 43, 192-203, 205, 206, 209, 210, 255, 261, 271, 277, 527, 536, 538
サンフランシスコ　246

し

ジェームズ1世　16, 17, 32, 35-38, 45-47, 52, 181, 222, 237, 244, 249, 387-400, 402-425, 433, 435, 439, 440, 443, 444, 454-462, 468, 471-478, 481, 482, 485-487, 492, 500-504, 506, 510-513, 526, 528, 529, 531-535, 541, 562, 567, 569-574, 578, 582, 584, 585, 590
ジェルソン　81, 82, 283, 302-304, 311, 312, 315, 319, 327-330, 334, 347, 414, 477, 569
ジャコモ　72, 73, 79, 479
シャルル8世　287
ジュスティニアーニ　305, 341, 343-345
ジョアン3世　179, 258, 259
徐光啓　204
シルヴェストロ　88
シルバ　184
ジロ　434

す

スアレス　10, 14-52, 54, 55, 59, 61, 89-99, 110, 149-178, 182-198, 205-207, 209-221, 225, 231, 233-238, 241, 255-280, 282, 283, 285, 286, 291, 305, 306, 325, 326, 339, 346, 348-387, 399-401, 404, 412, 425-427, 454-492, 504, 506-510, 512, 519, 523, 525-544, 548-550, 553, 554, 562-598
崇伝　250, 251
スミス　248
スーリウス　421

せ

聖アントニノ　88
セシル　243, 246, 247, 396
セプルベダ　42, 52, 99, 124, 125, 128-134, 139, 141-145, 159-161, 163, 166, 174, 202, 215, 268, 269, 273, 280, 481, 494, 538, 555

セルヴァン 305, 339, 341, 343-345, 399, 400, 432, 438-442, 456, 549, 563-567
セルケイラ 185

そ

ソト 23, 99, 108, 111-115, 141, 143, 173, 235, 292, 293, 296, 299, 307, 308, 314, 317, 318, 323, 325, 331, 333, 334, 346, 347, 364, 453, 464, 542
ソリス 240
ソロルサーノ 178, 222, 224-226, 277, 535, 595

た

高山右近 180, 181, 257
ダーンリー卿 390

て

テオドシウス 313
テルトゥリアヌス 446

と

土井利勝 244
徳川家康 181, 243-250, 254, 258
トマス荒木 253
ドミニス 401, 499, 562, 582-591, 593, 594
豊臣秀吉 180, 181, 238-242, 248, 254, 257, 261, 263-265, 273, 519
トルケマダ 82, 83, 112, 117, 118, 479

な

ナバロ 182, 187

に

ニコラス5世 87, 89, 284
忍室 179, 260

ね

寧波 186
ネロ 300, 395, 487, 493, 513, 521, 522, 571, 582, 590

の

ノックス 390, 391

は

バウティスタ 242
パウロ（使徒）117, 130, 136, 146, 235, 301, 310, 325, 369, 511, 513, 514, 517, 522, 523, 530, 596
パウロ3世 108
パウロ5世 237, 289, 302-307, 309, 311, 315, 319, 320, 324, 326, 329, 330, 334, 341, 363, 377-379, 399, 403-405, 453, 580
バークリ 394, 398, 399, 424-431, 433, 434, 439, 440, 445, 449, 453, 456, 457, 458, 461, 471, 480, 483, 493, 514-519, 576
ハクルート 494-500, 561, 562, 595
パス 99, 101-104, 117, 118, 121, 173
バスケス 21, 183

パーソンズ　388, 389, 392, 397, 410, 411, 417
パーチャス　595-597
バニェス　99, 141, 147-149, 160, 161, 168, 169, 174, 198, 200, 202, 232
パラシオス・ルビオス　99, 101, 104-108, 121, 173, 225
パリのジャン　73, 74, 79
バルドゥス　225
バルトルス　138
バルベルデ　116, 497, 558, 559, 596
パルメイロ　183
バルロー　397, 417, 418
バロニオ　303, 315
パントハ　183, 204

ひ

ビトリア　17, 21, 26, 40, 47, 52, 95, 99, 108, 109, 111-113, 115-124, 128, 132, 141, 143, 144, 146, 147, 150, 157, 160, 162, 167-169, 171, 173, 174, 202, 213, 215, 222, 225, 231, 267, 268, 280, 283, 290-294, 296, 297, 299, 300, 308, 317, 323, 325, 364, 464, 465, 471, 480, 495, 509, 525, 538, 542, 559, 595, 596
ピラト　314, 317, 596

ふ

フィリップ美王（4世）　69, 441, 551
フィルマー　29, 32
フェリペ2世　16, 193-196, 198, 201, 210, 215
フェリペ3世　215
フェレイラ　263

フォークス　396, 407
不干斎ハビアン　251-253
ブキャナン　390, 391, 393
フーゴー　69
フス　80, 257, 317, 366
フッカー　24
フランソワ2世　421
ブリー　560, 561
フリードリッヒ3世　361
プリニウス　142
フレイタス　178, 499, 595
プレストン　399, 449-452, 520-522, 562, 574-578
フロイス　240, 241, 261

へ

ペイヴァ　259
ベカン　399, 564, 573
ペテロ（使徒）　65, 69, 71, 72, 74, 75, 77, 78, 84-86, 92, 102, 104, 105, 226-228, 232, 234, 283, 292, 294, 300, 314, 320, 324, 329, 334, 348, 349, 371, 406, 411, 413, 427, 431, 444, 447, 454, 460, 465, 472, 474, 476-480, 483, 497, 511, 513, 514, 551, 558, 566, 576, 580, 581, 584, 592
ベナビデス　147, 198, 200-205, 209, 277
ペニャ, J.　99, 141, 143-147, 149, 161, 166, 168, 169, 174
ペニャ, F.　303, 320-323, 347, 348, 366, 383, 453, 454, 457, 528
ペラヨ　76-78, 87, 155, 225, 479
ベラルミーノ　17, 37, 52, 64, 222-224, 231, 283, 289, 290, 293-300, 302-305, 308, 314-319, 321, 323-334, 345, 347, 348, 359, 364, 366-368,

377, 379-381, 383, 385, 397-401, 403, 405-432, 434-440, 442-445, 448-453, 457-461, 464, 465, 467, 468, 470, 471, 473, 479-481, 486, 500-506, 508, 510-524, 528, 547, 549-551, 563, 567, 573-575, 579, 580, 582, 586, 590, 594

ベルナール 69, 550
ベルナルド（日本人）179, 259
ペロン 400, 568-570, 572, 573
ベンゾーニ 498, 556-561, 596

ほ

ホスティエンシス 11, 64, 65, 77, 83, 84, 86, 89, 102, 105, 117, 128, 135, 155, 163, 173, 224, 225, 280
ボダン 31, 336
ポッセヴィーノ 289, 304, 334-336
ホッブズ 23, 28, 29, 33, 283, 294, 547
ボニファティウス8世 30, 69, 71, 95, 428, 441
本多正純 181

ま

マキャベリ 259, 318, 326, 360, 369, 561
マタ 183, 184, 186
松平忠輝 243
マリアナ 392, 399, 400, 423, 438-440, 563, 567, 573
マリー（1世）390, 391, 393, 395
マリタン 549, 550
マルコ（使徒）119, 177, 287, 341
マルシリウス 74-77, 79, 82, 283, 317, 320, 322, 350, 366, 471, 477
マルシリオ 302-304, 312-318, 320-326,

331-333, 346, 359, 364-367, 378, 382, 383, 453, 495, 579
マルタ 222-224, 226, 277
マルティニ 185

み

ミヌッチ 85, 86

む

ムーラン 398, 400, 432, 442-445, 522-525, 570

め

メイジャー 125-127, 160, 268, 269, 283, 449, 496

も

モクテスマ 596
モリナ 16, 147, 198, 206
モレホン 251, 253, 254

ゆ

ユスティニアヌス 62, 313, 316, 341, 344
ユリアヌス 300, 361, 406, 407, 409, 411, 412, 460, 500-502, 506, 510, 512, 528
ユリウス2世 287

よ

横田角左衛門 244, 248
ヨーステン 243

ら

ラスカサス 99, 124, 125, 133-144, 146-150, 166, 169, 171, 174, 192, 275, 276, 278-280, 495, 498, 525, 554, 555, 561, 596

り

リシェ 339, 399, 446-448, 456, 549
リシュオム 400, 564-566
リッチ 43, 183, 192, 194-196
リバデネイラ 259, 553

る

ルジェリ 192, 194, 196, 197, 205
ルセナ 260-262, 532, 536
ルソー 29
ルター 45, 88, 139, 283, 361, 453, 539, 540
ルートヴィヒ（4世）69, 551

れ

レシャシエ 305, 339, 341-343, 382, 439, 440
レデスマ 183

ろ

ロア・ダビラ 27
ロゼッリ 85, 86
ロック 29, 32, 282, 283
ロヨラ 184, 259
ロンバルドゥス 125, 292

執筆者紹介

小田 英（おだ あきら）

1984年東京都生まれ。2007年、早稲田大学政治経済学部政治学科卒。2015年、早稲田大学政治学研究科博士課程単位取得退学。 2014－17年早稲田大学政治経済学術院助手。 2017年、早稲田大学政治学研究科で博士号（政治学）取得。

宗教改革と大航海時代におけるキリスト教共同体
フランシスコ・スアレスの政治思想

2017年9月13日　初版発行

　　　　　　定価はカバーに表示してあります。

　　　著　者　　小田　英
　　　発行者　　小沼良成
　　　発行所　　株式会社 文生書院
　　　　　　　　〒113-0033　東京都文京区本郷6-14-7
　　　　　　　　Tel 03-3811-1683　Fax 03-3811-0296
　　　印刷・製本　株式会社 精興社

ISBN978-4-89253-612-0　　　無断複製を禁じます。
ⓒ Oda Akira, Printed in Japan　　乱丁・落丁はお取り替え致します。